Серия: *ЭСХАТОЛОГИЯ*

ББК   86.39
       К 64

Составитель А.Дугин

Художник К.Чувашев

*Редакция выражает признательность Азеру Алиеву (сейид Мирсалим)
и Олегу Мартемьянову за помощь в издании этой книги.*

К 64 Конец Света (эсхатология и традиция). - Москва,
     "Арктогея", 1997- 408с.

Книга является учебным пособием по истории религий, освещает центральные для многих духовных учений темы конечности человеческой истории, смысла Последних Времен, грядущих космических трансформаций, духовного развития человека.

В издании содержатся оригинальные религиоведческие и этнографические материалы крупнейших исследователей XX века - Мирчи Элиаде, Рене Генона, Юлиуса Эволы, Германа Вирта, Титуса Буркхарта, Алистера Кроули и т.д. Наряду с оригинальными переводами публикуются новые религиоведческие тексты Александра Дугина, составителя и автора большинства комментариев книги.

Знакомство с публикуемыми материалами рекомендуется всем изучающим историю философии и религии, культурологию, социологию, этнологию, а также всем тем, кто интересуются духовной проблематикой.

"Конец Света" является логическим продолжением серии публикаций, начатых авторским коллективом альманаха "Милый Ангел".

К $\dfrac{0301030000 - 020}{98}$ **Без объявл.**

ISBN 5-85928-020-3

ЭСХАТОЛОГИЯ
и
АНГЕЛОЛОГИЯ

ФУТУРОЛОГИЯ КАК ЭСХАТОЛОГИЯ

1. Разные системы координат — разные представления о будущем

Когда мы ставим перед собой вопрос о прогнозировании будущего, о проектах, предсказаниях, предвидениях и т.д. мы, в первую очередь, должны выбрать, в какой системе координат будет рассматриваться ход истории. Эту проблему обычно упускают из виду, довольствуясь либо наукообразными футурологическими моделями (если речь идет о позитивистском подходе), либо эмоциональными и нарочито туманными пророчествами (если речь идет о мистическом подходе). Но в обоих случаях базовая установка остается за кадром. Она-то, на самом деле, наиболее интересна.

Будущее можно рассматривать в нескольких системах координат.

2. Традиция и религии видят историю как циклический процесс

Первая — циклическая. Она свойственна всем мировым религиям и сакральным традициям (кроме иудаизма и христианства, но об этом речь пойдет особо). Для этой системы координат характерно рассматривать историю как циклический, круговой (точнее, спиралевидный) процесс, который на каждом витке повторяет, в сущности, единственную модель с различиями в деталях. Годовой цикл — наглядный пример того, как Традиция представляет себе историю. Начальная и конечная точка совпадают — это Новый Год, зимнее солнцестояние. Рождение Света, весна, расцвет, пик летнего цветения, осеннее увядание, безжизненный холод зимы... И снова Мировая Весна. Так видит человеческую историю индуистская традиция, учащая о четырех веках (югах), и греческая (изложенная довольно полно у Гесиода). Начинается все с Золотого века, затем идет век Серебряный, затем Бронзовый, затем Железный. Потом Конец Света, и все начинается сначала. Приходит Новое Человечество, старое человечество исчезает или гибнет во вселенской катастрофе. Понятно, что в такой перспективе для предсказания будущего важнее все-

го определить, в какой именно фазе (в каком веке) в данный момент человечество находится. Если идет Золотой век, то следует ждать Серебряного. Если Серебряный, то — Медного. Если Медный, то — Железного, если Железный, то — катастрофы и Нового Золотого.

Сразу заметим, что, практически, все традиции и религии, уходящие корнями в глубокую древность, рассматривают наш век исключительно в пессимистических тонах, однозначно отождествляя его с Железным веком ("кали-юга" индусов, "великое сокрытие", "гайба", исламских эзотериков и т.д.). Иными словами, в циклической перспективе, свойственной Традиции, мы живем в большей или меньшей близости к концу всего цикла, в последнем периоде Железного века. Это автоматически окрашивает футурологические теории традиционалистов в мрачные, катастрофические тона, которые несколько уравновешиваются лишь уверенностью в скором наступлении нового Золотого Века (хотя, надо заметить, что этот век наступит уже для другого человечества, которое придет на смену нашего, поэтому "радость" — довольно относительная, если судить с эгоистической точки зрения).

3. Зарождение идеи линейного времени — иудаистический пессимизм

Другие перспективы имеют дело с линейным временем, которое предполагает необратимость истории, однонаправленность времени. В физике это называется "необратимыми процессами" или "неинтегрируемыми системами". Такая позиция, несмотря на то, что она является приоритетной в современной цивилизации и доминирует в научном подходе, является довольно уникальной мировоззренческой позицией и резко выделяется на фоне всех религиозных и традиционных учений. Линейное время и связанное с ним понятие об однонаправленной истории впервые появилось в недрах иудейской религии, которая именно за счет такого подхода и связанных с ним богословских особенностей, разительно отличалась от всех сакральных учений других народов. Это не преминуло сказаться на протяжении всей этнической истории евреев, которые и сами воспринимали себя как носителей уникального знания и другими народами воспринимались как нечто аномальное.

В современной культуре и науке концепция "необратимого времени" давно уже оторвалось от своих иудаистических корней, обособилось от религиозной терминологии, стала чем-то само собой разумеющимся. Но, тем не менее, забывать об этом источнике не следует.

Итак, время течет в одном направлении. Такой подход делает возможным следующие системы координат.

Первая теория — пессимистическая. Теория деградации. Качество бытия постепенно ухудшается. В истории доминирует закон энтропии. После первотолчка, приведшего к возникновению человечества, реальность только остывает. Все закончится "тепловой смертью цивилизации". Эта ужасающая теория основывается на некоторых тонких наблюдениях и в чем-то схожа с традиционным подходом сакральных доктрин. Разница лишь в том, что циклический взгляд предполагает возможность исключительного духовного пути во все фазы цикла (даже в самые темные), так как пульсации веков есть, в конечном итоге, не что иное, как выражение постоянства Вечного Первоначала, стоящего по ту сторону времени, но организующего время по своему образу и подобию. Теория дегенерации рассматривает "убывание бытия" как тотально необратимый процесс, а следовательно, само Божество считается пребывающим во времени — в Золотом веке Истока.

Эта пессимистическая теория, несмотря на теоретическую корректность и некоторую убедительность (особенно если признать то, что духовные процессы в человеческой цивилизации повторяют физические процессы материальной Вселенной, где все происходящее лишь производит энтропию по второму закону термодинамики Клаузевица), имеет крайне мало приверженцев, что, возможно, объясняется психологией человека, не способной выносить тотального пессимизма. Но сбрасывать ее со счета было бы неправильно. Такой пессимизм был характерен для некоторых крайних позднеиудаистических сект, — к примеру, саддукеев и фарисеев, — которые отрицали все те моменты библейской доктрины, где приводились недвусмысленные опровержения такого взгляда (в частности, идея воскрешения мертвых и т.д.). Вообще говоря, такой исторический пессимизм — пусть не столь радикальный и последовательный, как в чистом варианте — свойственен всей еврейской духовности, что во многом сформировало сам еврейский тип с характерной "иудейской тоской", "печальной иронией", трагизмом гонимости, лишенности и т.д.

4. Теория эволюции — технократия и "нью эйдж"

Вторая теория — теория эволюции — в отличие от первой чрезвычайно распространена в современном мире. Она не имеет аналогов ни в одной традиции (даже такой парадоксальной и особенной, как иудейская). Это нечто совершенно новое, возникшее несколько веков назад и представляющее собой обратный аналог однонаправленного времени теории дегенерации. Вообще, никто еще не ставил вопрос о происхождении самого эволюционистского подхода, который, конечно же, не сводится к Дарвину и его теориям, предшествуя им по времени. Рене Генон писал, что истинный источник этой теории темен и таится в довольно сомнительных организациях. Однако под гипнозом убедительности научных или наукообразных демонстраций и опытов современное человечество настолько сжилось с теорией эволюции, что иначе истории просто не мыслит. Слово "прогресс" является для наших современников чем-то настолько само собой разумеющимся, что сама возможность посмотреть на вещи под иным углом зрения кажется нелепостью. И, тем не менее, нельзя забывать, что те люди, которые в настоящее время продолжают придерживаться традиционных религиозных взглядов (т.е. все христиане, мусульмане, индуисты, буддисты, большинство иудеев и т.д.) — а это как-никак большинство населения планеты — уже на уровне своих догматов исповедуют взгляды, исключающие эволюционистский подход к истории, т.е. отвергающие один из основных постулатов современного мышления. Это создает деликатную ситуацию: либо представители эволюционистского подхода должны как-то канализировать изложение своей позиции, оформив ее в своего рода ограниченный "культ", либо излагать ее в полемической форме, учитывая, что речь идет об изложении не само собой разумеющихся истин, но мнения категории людей, представляющей меньшинство населения планеты.

Таким образом, если быть до конца "политически корректными", футурологические прогнозы, касающиеся всего человечества должны строиться исходя из приоритетности циклического подхода и лишь во вторую очередь учитывать систему координат, основанную на концепции "однонаправленного времени". При этом если радикальный пессимизм крайнего иудаизма хоть как-то перекликается с нормальными циклическими взглядами, то эволюционизм представляет собой совершенную аномалию, выпадающую из всех систем религиозных взглядов.

Все это вытекает из простой логики и основывается на презумпции, что следует принимать в расчет точку зрения всех людей и типов цивилизаций, на какой бы позиции они ни стояли. Однако достаточно бросить самый беглый взгляд на состояние футурологии, как мы тут же убедимся, что, на самом деле, вещи обстоят прямо противоположным образом. Религиозные взгляды — и циклический и пессимистический — сегодня вообще серьезно не учитываются и не разбираются, так как их по умолчанию считают "пережитками темных эпох". Так сам дух современности, претендующий на демократизм и уважение к инаковому мнению, открывается как довольно навязчивый и жестко настаивающий на своем мировоззренческий подход. Маленькое (относительно всего человечество) сообщество западных технократов, не связанных ни с традицией, ни с религией, ни с какой-либо древней культурной традицией, фактически навязывают большинству собственное представление о будущем, способствуя таким образом появлению этого "будущего". Причем такая асимметрия лежит гораздо глубже каких-то конкретных футурологических проектов, которые могут быть крайне разнообразными и противоречивыми. Эволюционизм чаще всего не артикулируется и не провозглашается: он подразумевается, а, следовательно, некорректность подхода к футурологии является общим фоном для подавляющего большинства проектов или прогнозов.

Это соображение касается не только чистых технократов или т.н. "научное сообщество", но и многих неоспиритуалистических движений, которые, часто сами того не замечая, захвачены современным духом гораздо в большей степени, чем им хотелось бы думать. Так дело обстоит со спиритизмом, теософизмом, оккультизмом и т.д. Русский космизм представляет собой характерную разновидность подобного неоспиритуализма, насквозь пропитанного эволюционистским подходом.

Вообще говоря, футурология, основанная на эволюционистском подходе, имеет две разновидности — технократическую и неоспиритуалистическую. Технократы видят сущность развития цивилизации в развитии технологий, информационных систем, научных методик. С их точки зрения, цивилизация и общество движутся по пути прогрессирующей рационализации своего существования, по пути оптимализации своего бытия и своих возможностей. Они отождествля-

ют технический прогресс с прогрессом как таковым, и это лежит в основе технократической футурологии. Все ее версии сводятся к прогнозированию дальнейшего развития технического потенциала, которое позволит расширять сферу прогресса во все стороны — отсюда идея освоения человеком Вселенной, перемещения в далекие регионы галактики и т.д. Решения всех кризисных проблем видятся в напряженности инженерной мысли, способной избежать худшего. Таким образом, технократы видят будущее в технических терминах, выделяя ряд грядущих проблем и стремясь дать на них оптимальное техническое решение, которое мыслится возможным (и даже, в некоторой степени, неизбежным) именно в силу оптимизма, вытекающего из подспудного эволюционистского подхода.

Неоспиритуалистическая футурология — обобщенная под названием "эра Водолея" или "заговор Водолея" — предполагает, что технический прогресс будет дублироваться прогрессом "духовным", т.е. человечество каким-то образом расширит свои психологические и интеллектуальные возможности, дойдя "до совершенства". Описание "эры Водолея" у неоспиритуалистов и представителей течения "нью эйдж" (которое сегодня обобщает массовый спиритуализм) дается в терминах "расширения сознания", открытия паранормальных возможностей и т.д. В этом случае проблемы будущего видятся в несколько ином ключе: "вторжение инопланетян", оккультная борьба с представителями "темных сил", желающих воспрепятствовать эволюции и т.д. При этом

все традиционные религии и сакральные традиции считаются устаревшими, преодоленными, фрагментарными; они не отрицаются прямо, но считаются подлежащими усовершенствованию через "новое сознание", через вхождения в контекст "нью эйдж". Если, на первый взгляд, нью-эйджевская философия отличается от прагматичной технократии "терпимостью" и "спиритуализмом", то на самом деле, их объединяет гораздо большее — общность эволюционистского подхода, молчаливое согласие относительно того, что время движется однонаправлено и "в лучшую сторону", т.е. что прогресс есть единственная, безальтернативная и не ставящаяся под сомнение истина.

Это последнее соображение прекрасно объясняет, почему сегодня все чаще возникают смешанные формы футурологического анализа, основывающиеся одновременно и на технократическом, научном подходе и на неоспритуалистических идеях "теории эры Водолея". Все больше авторов предлагают смешанные модели, где технический прогресс рассматривается в совокупности с прогрессом "духовным", и прогнозы новых технологий переплетаются с парапсихологическими элементами. Возникла целая школа ученых и неоспиритуалистов, находящихся между нью-эйджем и классической наукой, которые стремятся выработать т.н. "новую парадигму", т.е. общий цивилизационный код для "нового этапа эволюции человечества". Особенно ярким представителем этого направления можно считать физика Фритьофа Капра, а предтечей — русских космистов от Н.Федорова до В.Вернадского. Теория "ноосферы" является как бы промежуточным и удобным концептом, от которого легко перейти как к "нью-эйджевскому" "расширению сознания", так и к "технологическому рывку".

5. Христианство: взгляд на историю и на будущее

Прежде чем двигаться дальше, следует коснуться христианской традиции. Эта традиция также является особой в ряду других сакральных учений, у нее своя собственная точка зрения на смысл и направление истории. С одной стороны, христианство заимствует из иудаизма идею однонаправленной деградации, которая начинается с момента изгнания праотцев из рая и заканчивается апокалиптической катастрофой — концом света. Однако в отличие от иудаизма христианство полагает в непосредственной близости от конца света особое уникальное событие, которое придает всему историческому процессу иной смысл — это рождение Господа Иисуса Христа, Сына Божия в человеческом обличии. Факт добровольного спасительного Воплощения придает истории деградации радикально иной смысл. То, что казалось безвозвратно утраченным в ходе нисходящей исторической траектории, вновь обретается; страдания и подвиги оказываются не напрасными, однонаправленное энтропическое время и его законы попираются свободной жертвой Божественной Любви. Вся ткань истории и до Христа и после Христа как бы двоится: избранные (и умершие ранее — их Христос вывел из ада вместе с первым человеком Адамом и патриархами — и живущие после Христа) соединяются с Божеством (чего нельзя себе представить в ортодоксальном иудаизме), а проклятые отвергаются. Смысл развертывающейся истории — процесс таинственного отделения, предуготовление этого отделения, которое станет свершившимся и явным фактом в момент Страшного Суда, который положит абсолютный конец истории.

В такой перспективе нет ни ужасающего пессимизма иудаистического подхода, ни стоического отношения к Духу, свойственного циклическим религиям (ислам, индуизм, буддизм и т.д.). Это нечто третье. Однако и христианское представление об истории не имеет ничего общего с эволюционистской доктриной, так как на внешнем плане речь идет о признании дегенерации космоса (как и в иудаизме), на которую, однако, накладывается парадоксальный и "сверхразумный" процесс спасения избранных через волевое стяжание Божьей благодати и через напряженный драматический путь внутренней борьбы. Никакого совершенствования человечества, никакого прогресса. Напротив, христианский Апокалипсис дает ужасную картину последних времен, которые будут предшествовать мигу Второго Пришествия: торжество антихриста, катастрофы, страдания, отступление, полное одичание и вырождение останков человеческого рода. Зверь, дракон, всадники смерти, звезда полынь, чаши гнева, гроздья наказания. Человеческие души уподобляются винограду, брошенному на точило. Дар, принесенный Христом в благодати святого Крещения, не есть момент эволюции. Это нечто парадоксальное, врывающееся во Вселенную из мира божественной полноты, как молния. Показательно, что первыми учениками и лучшими христианами становятся простые рыбаки, мытари. Дар им, не по логике "эволюции", но от полноты Божественной Любви, которая выбирает "своих" не по внешним признакам, учитывая особые знаки, вся парадоксальность которых в христианской традиции очевидна уже в перечислении чинов блаженств: "Блаженны нищие духом, ибо тех есть царство Божие; блаженны плачущие, ибо они утешатся и т.д."

Одним словом, христианский взгляд на футурологию однозначен: грядут апокалиптические катастрофы, ужас, приход антихриста, апостасия, предел вырождения, и лишь в момент пика этого кошмарного процесса явится сам Христос во Втором Пришествии, но уже не как Человек рожденный, а как Бог и Сын Божий во всем своем трансцендентном величии — "на облацех". И никакого промежуточного этапа не будет. Евангелие подчеркивает: "Гряду как тать" (т.е. "неожиданно", "внезапно"). Или в другом месте: "Приход Сына Человеческого будет подобен молнии". В утренних молитвах православные произносят каноническую формулу: "Внезапно Судия приидет и коегождо деяния обнажатся". Все это однозначно исключает возможность эволюции. В будущем для христианина — только испытания, катастрофы и, наконец, сверхисторический, парадоксальный момент Второго Пришествия, когда время исчезнет, упразднится, а материальная Вселенная — с ее законами, стихиями и нормативами — опрокинется в вечный световой мир Божественной Троицы.

6. Скрытые конфликты на "нулевом цикле"

Итак, мы выделили несколько систем координат, в которых можно рассматривать проблему будущего как в смысле его проектирования, так и в смысле его прогнозирования. Прежде чем подойти к вопросу о нашей собственной версии будущего (пожеланиях, ожиданиях, предвидениях и т.д.), мы уже столкнулись с серьезнейшими трудностями, так как прежде всего необходимо определиться с выбором того плана, в котором должно протекать наше изложение, а этот выбор совсем не так прост, как может показаться на первый взгляд. Но уже на этом "нулевом цикле" футурологического исследования мы столкнулись с весьма конфликтной ситуацией, так как эти системы координат не просто различны и равновероятны, между ними существует напряженное противостояние, они имеют на счет друг друга самые серьезные подозрения. Например: как может оценивать циклическая доктрина индусов, утверждающая, что мы живем в конце "темного века (кали-юги), современных оптимистов "нью-эйдж", ожидающих нового рывка в эволюции и без того уже довольно "высокопрогрессивного" человечества? Ясно, что ортодоксальный индус (равно как и мусульманин, буддист и т. д.) увидит в таком мистическом эволюционисте (как, впрочем, и в технократе) "агента влияния темной богини", так как говорить о "прогрессе" в момент пика "регресса" может только представитель "демонических миров". Кстати, сходная позиция относительно футурологического "эволюционизма" будет и у ортодоксального иудаиста и у христианина. Объявить "дегенерацию" "эволюцией" в перспективе этих традиций может только персонаж, символически называемый "сатаной".

Но представителей неэволюционистского сознания среди футурологов крайне мало (если они вообще есть). И, безусловно, эволюционисты платят носителям традиционного подхода той же монетой, считая их "темными", "мракобесными", "средневековыми", "примитивными", "отсталыми" и т.д. При этом противодействие традиционному взгляду на будущее со стороны "прогрессистов" чаще всего осуществляется не через прямую критику, а через умолчание, игнорирование самой альтернативной позиции, через искусственное создание такой атмосферы полемики, исследований, анализа, в которой любое отклонение от изначально и неявно заданных рамок практически невозможно. Так как в футурологических дискуссиях хозяевами являются почти исключительно эволюционисты, то альтернативные системы координат изначально отвергаются.

Намного тоньше различия между неэволюционистскими моделями. Здесь есть и сходства и различия. Так, в частности, иудаизм и циклическая доктрина других (чаще всего индоевропейских) традиций имеют между собой общий элемент — утверждение о деградации бытия, но различаются в оценке этой деградации: ортодоксальный иудаизм видит ее необратимой (но вместе с тем ряд гетеродоксальных иудаистических мистических учений — каббала, хасидизм, ранее меркаба-гнозис и ессеи) и мессию понимают не как реставратора золотого века, но как восстановителя среди народов земли центрального статуса евреев как нации, наделенной страшным знанием об энтропическом устройстве реальности, тогда как для индуса или буддиста это такой же эпизод, как осень или зима, только в космическом масштабе.

Христианство отличается и от иудаизма и от религий, утверждающих циклический характер истории (в этом смысле также показательна фраза св. апостола Павла "несть ни иудея, ни эллина", т.е. истиной не обладают ни те, ни другие). Для христианства важен исключительно момент Нового Года, та удивительная точка истории, где время соприкасается с вечностью. И момент Конца Времен становится мигом великого события — трансцендентный Бог становится имманентным человеком, Непознаваемое и Абсолютное воплощается в тело, тем самым даруя благодатную возможность твари проделать путь в обратном направлении — тело отныне может стать духом, а человеку открыт путь обожения. То, что было до Христа, не принципиально. Принципиально то, что свершается в миг его Пришествия. Это Событие

9

меняет всю логику истории, отменяя и неизбывный пессимизм иудаистического мировоззрения, и необходимость бесконечного повторения индуистских циклов — юг, кальп, манвантар и т.д.

Итак, футурологическая дискуссия между представителями различных конфессий также теоретически будет проходить в довольно конфликтном режиме, так как здесь сталкиваются глубинные посылы разных религий, а от этого недалеко и до отождествления оппонента с негативными персонажами соответствующих эсхатологических учений. Неудивительно, что в христианской перспективе иудаистическая футурология будет носить "сатанинский характер", так как отрицание божественности Христа у иудеев придаст в глазах ортодоксального христианина иудаистическому мессии зловещие черты. Не многим лучше выглядят и циклические эсхатологии иных традиций, также отрицающих "революционный" смысл главного события истории, согласно христианству — Воплощения.

И наоборот, иудаизм (если он хочет быть тем, чем он есть) не может не считать христианское учение ересью, а следовательно, расшифровывать эсхатологию христиан как антииудаистическую тенденцию. На этом основано, в частности, требование израильских религиозных учителей к Ватикану, настаивающее на том, чтобы католическая церковь официально признала себя виновной в "холокосте", т.е. массовом уничтожении евреев нацистами на том основании, что Гитлер был католиком. Так как "холокост" имеет для иудаизма самое прямое отношение к наступлению "мессианской эры", значение такого требования трудно переоценить. Тем самым современный иудаизм стремится до конца перевернуть отношения с христианским миром: до самого последнего времени христианское учение настаивало на том, что евреи виновны в теологическом грехе богоубийства, так как Христа распяли по требования синедриона. Теперь же из-за ослабления веса христианства в западной цивилизации и определенного усиления позиций иудаизма раввины стремятся обвинить в аналогичном грехе (а "холокост", точнее, "шоа", и есть, фактически, "богоубийство", в талмудической оптике) христианскую церковь.

При этом и христиане и иудеи рассматривают главных позитивных персонажей иных религиозных эсхатологий (Калки индусов, Майтрейю буддистов, Махди мусульман и т.д.) чаще всего как воплощения библейских "гогов и магогов" и посланцев "князя мира сего".

Следовательно, и в данном случае футурологический прогноз или проект уже изначально столкнется с необходимостью выбора определенного идеологического лагеря, который и определит в дальнейшем рамки и логику исследования.

Таким образом, очевидно, что рассуждение о будущем вряд ли не может претендовать на "общечеловечность", "объективность", "беспристрастность", "научность" или "истинность". Футурология — поле драматического духовного противостояния некоторых основополагающих мировоззрений, сама история которых доказывает, что никакого прагматического или синкретического консенсуса между ними быть не может.

Когда мы пытаемся затронуть тему футурологии, будущего, желательного или вероятного, мы должны прежде всего уточнить — кто мы? Каких позиций мы придерживаемся? Какую веру исповедуем? Какой традиции принадлежим? Какие ценности защищаем?

Даже речи пророков расшифровывались в зависимости от школ или мистических организаций. Православный понимает Иезекииля по-одному, талмудист совершенно по-другому. Что же говорить о смутных догадках наших современников — даже самых прозорливых из них!

В нашем издании мы попытались наметить основные силовые линии религиозных сакральных учений, связанных с проблематикой эсхатологии, Конца Света. Эта тема чрезвычайно сложная, но вместе с тем необычайно актуальная. На границе тысячелетия концепции "конца мира", "мессианской эры", "апокалипсиса" и т.д. не могут не быть в центре нашего внимания.

Итак, Эсхатология и Традиция. Эсхатология как часть Традиции, как ее самая таинственная и, видимо, самая важная часть.

В этой крайне напряженной и непростой проблеме много сложных мест и темных парадоксов, многое стоит под вопросом, многое требует глубинного духовного, религиозного и экзистенциального выбора. Одно лишь вне сомнений — *"Будущее принадлежит Концу"*.

А.Д.

БРЕМЯ АНГЕЛОВ

1. Сущность «ангелического»

Фигура Ангела в богословии, столь важная и значительная в древности, постепенно стала отступать на второй план. На профаническом уровне «ангел» превратился в метафору, в некий идеальный образ, лишенный своего онтологического объема и вынесенный целиком за рамки реального опыта. С другой стороны, в рамках самой Церкви «ангелы» настолько отождествились с некоторыми вспомогательными, второстепенными духами, что богословское сознание долго не задерживается на исследовании их сущности и их проблематики, прямо переходя от человека непосредственно к Богу и созерцанию Божества. Ангелология в современных формах традиции практически не существует: она не интересует ни слишком-человеческих моралистов, ни абстрагирующихся от конкретики созерцателей, ни догматических консерваторов... Сложилась некая парадоксальная во многом ситуация, когда Высший Принцип, Трансцендентный Бог ближе к людям, чем иерархии небесных «посредников», крылатых и бесплотных огненных существ, населяющих высшие регионы сакрального космоса.

В этой специфике современного богословия (конечно, это касается лишь тех редких сфер, где еще существует интерес к богословской проблематике) обнаруживается очень важный духовный факт: действительная десакрализация человечества, его разрыв с внутренними, световыми измерениями мира зашли настолько далеко, что всякое представление о Божественном проявляется исключительно либо в моральной, либо в рациональной форме, а индивидуум остается один на один с самим собой и со своей мыслью об Абсолютной Причине. В такой ситуации и религиозный консерватизм и практические атеизм и материализм, в сущности, обнаруживаются как две стороны одной медали — и в том и в другом случае фатально отсутствует живая ткань, конкретная реальность светового опыта, которая в нормальном случае должна сопровождать подлинный путь от человека к Богу. Отсюда логически следует неизбежный налет фарисейства во всем, что касается религиозных вопросов — утверждение (вполне справедливых, впрочем) истин, не подкрепленных, однако, никаким опытным, преображающим переживанием. Парадоксально, но в наше время с большим пониманием относятся к людям, утверждающим, что они находятся в контакте с Божеством (и даже, что они и есть сам Бог), чем к довольно скромным претензиям на «ангеличность».

Однако даже самый поверхностный анализ функции ангелов в традиционной космологии вскрывает совершенную неадекватность такого подхода и его несоответствие подлинно традиционной позиции в этом вопросе. Ангелы, по определению, занимают промежуточное положение между человеком и миром, с одной стороны, и Богом, Высшим Принципом, с другой. Ангелы — это магические зеркала, в которых осуществляется таинство сопряжения двух несопоставимых между собой реальностей —реальности Проявления (или Творения) и реальности Истока (или Творца). Если, строго говоря, между миром и Богом нет общей меры, то определенная парадоксальная и таинственная связь все же наличествует, и именно эта связь персонифицируется Традицией в образе ангелов, что по гречески означает «посланники»; это «посланники» от Бога к миру, но и от мира к Богу. В Вефильском видении патриарха Иакова подчеркивается, что ангелы не только нисходили по небесной лестнице, но и восходили по ней.

На уровне мифа это «посредничество» описывается, как правило, в терминах соучастия Принципа в администрировании сакрального порядка Вселенной: ангелы приносят вести из высших регионов, помогают праведникам, наказуют грешников, предуготовляют провиденциальные события и т.д. Но существует и еще один, гораздо более важный и глубокий, смысл ангельской функции: ангелы активно соучаствуют в решении важнейшей проблемы Онтологии, в решении вопроса о Бытии. В хайдеггеровских терминах они воплощают в себе главнейшую онтологическую проблему: каким образом Dasein (наличное бытие, факт существования человека, мира и т.д.) соотносится с Sein (Чистым Бытием и источником всего сущего) или, иными словами, почему есть нечто, а не ничто? Ангелы созданы из высшего элемента — огня, но это огонь Интеллекта, огонь глубинной онтологической мысли, обращенной (в отличие от простого рассудка) к Высшей Трансцендентной Причине и только к ней. Не случайно в богословии ангелы связаны с Умом. В некотором аспекте ангелы и есть грани Мысли, но не рациональной, индивидуальной, человеческой, затемненной бременем души и тела, а развоплощенной Мысли, зажегшейся на верхней границе существования, там, где впервые проявляется мистическое и необъяснимое отчуждение Бога от своей Божественной сущности для того, чтобы могло возникнуть нечто внешнее по отношению к нему самому, нечто не тождественное ему, т.е. Мир.

2. Спроецированный ангел

Ангелы не просто вечно славят Бога, они вечно думают о Нем, непрестанно сопоставляя себя (и все, что лежит в мире, под ними) с Принципом. Моральное объяснение падения Сатаны и Люцифера (гордыня) — это лишь довольно примитивное и упрощенное толкование того факта, что некоторые ангелы думают о Принципе не так, как остальные. Или, иными словами, ответы на важнейший онтологический вопрос могут быть как верными (хотя и довольно разнообразными — множество ангелов света), так и неверными (и здесь тоже существует определенное разнообразие; Давид в знаменитом псалме говорит о «тысяче» павших ангелов). Но это выражение «думать» не совсем точно, так как предполагает наличие некоторой личности, являющейся источником мысли. В случае ангелов это не так, там есть Мысль, но нет личности; есть дух, но нет души и тела, которые он оживлял бы; есть отношение одного к другому, но, строго говоря, нет ни того, ни другого. И именно такое качество ангелов предопределяет их появление на самом первом этапе Творения, до возникновения земли и неба, до сотворения человека. Человек был создан как проекция ангельского духа вниз (или вовне), в волнующиеся стихии душевного и телесного миров. Конечно, тем самым человек приобрел некоторые дополнительные сакральные возможности, но ни его появление, ни трагичная история его скитаний по земле ничего, по сути, не добавили к ангельской кристальной структуре небес, где все события вре-

мени существуют в вечном настоящем — от момента Первотворения до мига Страшного Суда. И поэтому всякое возвышение человека, всякая истинная мысль о Первопричине, об Истоке, о Бытии с неизбежностью возводит его в ангельские миры, вскрывает огненную искру в душе, «ангелизирует» его, заставляет проникнуть в тайные сферы мира, населенного развоплощенными, но до предела напряженными Мыслями о Сущности, о Принципе, о Боге, о Sein.

Человек не может ничего утверждать о Боге или Бытии вне ангелического контекста, вне огненного пространства застывших в вечности энергий. Онтологическая мысль безличностна и надиндивидуальна; она не может быть затронута низшими стихиями психики и подвергаться влиянию грубо материального мира. Но этот вечный огонь для мятущейся души воспринимается, скорее, как холод, как неподвижность, как царственный полюс, звездный гвоздь, вокруг которого вращаются сферы проявленной реальности. Любопытно заметить, что по-древнееврейски слово «ангел» звучало как «мелеак», а слово «царь» — «мелек», что явно указывает как на этимологическую, так и на смысловую близость этих концепций. Не случайно также и в христианской ангелологии Дионисия Ареопагита ангельские чины характеризуются сугубо царскими атрибутами: могущества, власти, троны и т.д. Для человека вступление в глубины Мысли, в ангельский мир характеризуется как раз царским преображением — душа и жизнь обретает неподвижный центр, и динамика личного существования превращается из хаотических или поступательных рывков в мерное круговое движение, по спирали ориентированное к упорядочивающей внутренней точке, к стихии умственного огня. Человек прекращает быть рабом внешних импульсов и сил, становясь «автократом», «самодержцем» души. Видимый извне ангел предстает подвижным, крылатым, бесплотным и невесомым существом, но в процессе «ангеломорфоза» человек понимает, что, на самом деле, в движении пребывает его собственная душа (и тело), а также сама реальность мира, с головокружительной скоростью проносящаяся мимо Вечного Настоящего, мимо вертикальной оси ангелического присутствия. В самих себе ангелы неподвижны и весомы как камни, а душевные и психические миры, проносящиеся перед их ликами — быстры и легковесны. Мысль о Боге делает все остальные мысли (не говоря уже о чувствах и ощущениях) бесплотными призраками, коптящим, темным пламенем.

Но сущность «ангелического» не в том, чтобы служить для человека последним ответом, предельной точкой на пути духовной реализации. Отнюдь нет. Ангелы, через вовлеченность в решение открытого онтологического вопроса, также подвержены динамике, но только в высшем вертикальном смысле. Ангелы — не цель; они — вопрос, но вопрос, поставленный самым серьезным и самым серьезным образом. Этот вопрос страшнее жизни и смерти, радости и горя, победы и поражения. Его весомость тяжелее всех масс Вселенной. И полнота истины откроется только в Последний Час мира, точную меру которого не знает никто.

3. Страшная тайна эона

Ангелы пребывают в эоне. Это — первое из Творений, согласно христианской догматике. В миг создания (или проявления) эона ангелы реализовали данную им свободу: часть выбрала один Ответ в отношении онтологической проблематики, другая — другой. Так произошло первое разделение и падение Сатаны. Рай и Ад одинаково вечны. Они возникли одновременно и одновременно же исчезнут — когда закончится мир. Но пока в полной неподвижности, как два противоположных центра, два полюса пребывают они в застывшей эонической драме надвременного, вечного противостояния, не имеющего ни событий, ни сюжета, ни длительности. Лишь безмерное ледяное напряжение между двумя эоническими центрами, война застывших взглядов, окаменелых и грозных форм, абсолютная дуэль темного и белого Света.

Часть ангелов (их принято называть «благими», «райскими») выбрала «кенозис», «самоуничижение» перед лицом непроявленной изначальной апофатической трансцендентности Бога. Они по своей свободной воле объявили о своей онтологической вторичности (в пределе — фиктивности) в сравнении с Творцом. Эти остались в раю. Метатрон, Михаил, Гавриил, Рафаил, Уриил и сонмы с ними. Реализация «ангеломорфоза» в случае этих ангелов у человека сопряжена со световым опытом «смирения» (но не морального и психологического, а онтологического), с волевым отказом от личной субъектности, с признанием своей сущности, как полученной извне. Иными словами, признавая Dasein за ничто, такие ангелы и подобные им люди становятся смиренными жрецами и слугами Sein как Иного, нежели они сами.

Другая часть предпочла заявить о своей онтологической самодостаточности, о сущностном единстве своего ангельского естества с природой Высшего Принципа. Иными словами, эти «проклятые» ангелы заявили о своей «божественности». Их имена Гекатриил, Люцифер, Самаил, Сатана, Аза и Азаил и еще 994 других. Им отведен эонический Ад. В их случае Ответ был противоположным; они настаивали на единоприродности Творения и

Твари, на своей законной онтологической родственности Бытию и отказывались от апофатического признания Трансцендентного, как единственной онтологической реальности. В «Ветхом Завете» встречается загадочное упоминание о неких «сынах Божиих», «бне Элохим». Возможно, речь шла именно об этих духах, но увиденных в не столь суровом свете монотеистическими толкователями. Для этой ангельской тысячи Dasein — не ничто, но прямое проявление Sein, его катафатический лик.

История космоса и история человека проходит во времени и пространстве на телесном уровне, и в условиях особой отличной от времени формы длительности — на уровне души. Но все, что случается с человеком и миром, уже существует раз и навсегда, неизменно и предопределенно в огненном эоне. Содержание цикла, Истории в ее самом широком понимании есть последовательное развертывание ангельского эона, где царит закон одновременности. Лучи Рая и всполохи Ада организуют ритмы Вселенной, вращая механизмы вещей. Эон — содержание мира. В мире нет, не было и не будет ничего, чего не было бы в эоне в Вечном Настоящем, чего уже не произошло бы в нем. Глядя из эонической реальности — все, что должно было произойти, уже произошло, все возникло и исчезло. Для большинства вещей эон выступает как Судьба, как внешняя сила. Лишь человек, этот спроецированный в материю ангел, способен к полноценному соучастию в эоне, если, конечно, он восстановит в себе по своей воле то, что пребывает в нем глубже, чем его собственная душа — свой ангелический дух; если он проникнется мыслью о Бытии, о Первопричине, о Боге. Тогда эон становится внутренним измерением, не ограничивающим, но обеспечивающим полноту свободы в рамках Творения. Но и в этом случае человек не меняет курса горизонтальных колес Судьбы. Он уходит по вертикали в огненный мир ангельского холода, в высшую сферу невыносимых статических напряжений Великого Вопроса. И вторая смерть, «смерть души» не властна более над ним. Так Пречистая Дева Мария после Успения возглавила ангельские чины, но это событие не могло произойти во времени; это некий вечный, над-временной, провиденциальный факт. В некотором смысле она всегда была ангелом и, быть может, еще чем-то намного большим...

4. Это неизбежно

Помыслить об эоне и ангелах страшно и трудно. Эти реальности слишком высоки и глубоки, с одной стороны, и слишком конкретны, с другой. Уютная структура живого индивидуума и отчасти его душа подвергаются при столкновении с этой реальностью глубинной трансформации, во многом напоминающей разрушение. В Традиции это называется инициатической смертью. В некоторых фрагментарных архаических культах само приближение к этой сфере головокружительного ужаса становится центром религиозного опыта. Хотя в полной онтологической перспективе — это только незначительная частица подлинного Страха Божьего. Во всей полноте ощутить Страх Божий способны только сами ангелы. Реализация «ангеломорфоза» чаще всего воспринимается человеком как потрясение, как «землетрясение души» («трус душевный» по-старославянски). Уже на этом пути возможны ошибки и падения, заблуждение, погружение в «Элевсинские топи», падение в регионы «тьмы кромешной»: нельзя забывать о той чудовищной центробежной силе, с которой ангельские миры действуют на плотные аспекты Вселенной (в том числе и на человека). Вспомним, к примеру, ангела с пылающим мечом, преграждающего вход в земной рай после грехопадения... И все же и в эоне нет благодати последнего понимания. И в этой высшей сфере остается вся тяжесть выбора, решения, что и составляет сущность Битвы Ангелов. Извне невозможно понять драму эона, бремя онтологической проблематики. Неудивительно поэтому, что иногда разные религиозные традиции позитивно оценивают *разные* стороны ангельских войск. Впечатляющий пример контраста между едиными некогда индийской и иранской традициями: в индуизме дэвы считаются богами («благими ангелами»), а асуры — демонами («злыми ангелами»), тогда как в зороастризме наоборот

дэвы — демоны, а ахуры — боги. Споры об ангельских и эонических структурах были также очень бурными в первые века христианства, когда некоторые христианские гностические секты, настаивавшие на радикальном антииудаизме, призывали пересмотреть иудейскую ангелологию (а соответственно, и оценки двух ангелических лагерей) в духе противопоставления принципов Нового Завета и Завета Ветхого. Но кроме таких резких и тотальных трансформаций в отношении проблематики эона, гораздо чаще встречаются более нюансированные теологические разногласия. Бесспорно, отягощенному своей душевно-телесной природой человечеству предельно трудно адекватно понять кристальную чистоту страшного небесного спора. Упрощенные же рецепты и примитивные разъяснения моралистов в этом вопросе вообще смехотворны.

Все это довольно страшно. Но все это неизбежно. Миновать эон, спастись от невыносимого напряжения великой Битвы Ангелов для людей невозможно. Даже если мы вообще откажемся от духа, погрузившись целиком и полностью в страсти души и телесную инерцию, и в этом случае молнии ангелов не минуют нас, превратившись во внешний катаклизм, в неосмыслимый нами, но действительный шок объективной судьбы, — личной, общественной, мировой, — управляющейся с нами как с предметами или животными. Никто не свободен от сил, могуществ, тронов, князей огненного царства.

Остается двинуться в путь по вертикали сознательно и решительно. И не к спасительной гавани, а в высоты нечеловеческого, невыносимого риска, где нет времени, и исправить ошибку до Страшного Суда невозможно. Это происходит мгновенно, как вспышка нездешнего света.

К счастью или к несчастью, в человеке есть тайное место, алтарь внутреннего храма, где находится лестница, ведущая в эон. Это — лестница Мысли о Бытии. По ней можно зайти не туда. Но если мы вообще не пойдем — погибнем под тяжестью падающих небес, как насекомые.

МЕТАФИЗИКА

Небытие (как возможность) по отношению к чистому бытию (как к действительности) выступает в качестве *предела*, содержащего это чистое бытие. Несмотря на то, что небытие содержит среди других возможностей возможность бытия, а значит, и его метафизический и сверхонтологический исток, оно *не только может* превратить чистое бытие в действительность, оно *должно* это сделать, повинуясь высшей и трансцендентной по отношению к нему *Необходимости*[1]. Эта Необходимость является отрицанием категории

чистого бытия в данной ситуации двойственна: *чистое бытие как действительное возникает из небытия (возможного) благодаря Необходимому, не совпадая при этом с Необходимым*. Чистое Бытие, появившись, ввергается не только в Печаль, но и ставится перед Проблемой, перед загадкой собственного Происхождения, несущего в себе помимо очевидного "логического" следа объемлющей его Всевозможности-Небытия, "сверхлогическую" и проблематичную тайну. Это — тайна Необходимости.

ИНОЕ - НЕОБХОДИМОСТЬ

ЧИСТОЕ НЕБЫТИЕ - ВСЕВОЗМОЖНОСТЬ

ЧИСТОЕ БЫТИЕ - ВСЕДЕЙСТВИТЕЛЬНОСТЬ

ПЕРВОМАТЕРИЯ

ПРОЯВЛЕННЫЙ ДУХ - МИР СВЕРХФОРМАЛЬНОГО ПРОЯВЛЕНИЯ (АНГЕЛИЧЕСКАЯ РЕАЛЬНОСТЬ)

ПРОМЕЖУТОЧНЫЙ МИР ТОНКИХ ФОРМ (ДУШ)

МИР ПЛОТНЫХ ФОРМ (ТЕЛ)

возможность как наивысшей, и утверждает за ее пределом Иное, превосходящее любую возможность, даже самую всеохватывающую. В рамках самой Всевозможности это выражается в том, что среди всех частных и включенных в нее возможностей наличествует *возможность самоотрицания*, т.е. возможность становления действительным. Эта возможность самоотрицания есть выражение метафизической недостаточности возможности или, иными словами, отражение Необходимости как инстанции высшей и по отношению к возможности и по отношению к невозможности. Поэтому появление бытия *"из"* небытия, помимо того, что возможно, *еще и необходимо*.

С другой стороны, появление чистого бытия отнюдь не тождественно Необходимости, т.к. оно прямо проистекает из Всевозможности небытия и сущностно является принадлежащим ему как одна "бесконечно малая" его частица, тогда как чистая Необходимость абсолютным образом превосходит любую возможность. Значит, позиция

Чистое Бытие, явившись, "понимает", что должно исчезнуть уже хотя бы потому, что "оно есть", а "есть", будучи самым универсальным, тем не менее является "определением", а значит "ограничением", вне пределов досягаемости которого лежит все то, что "не есть". Все ограниченное "рано или поздно" должно столкнуться с тем, что его ограничивает и что, тем самым, является безграничным, поэтому бытие рано или поздно должно перейти в ограничивающее его небытие, преодолев тем самым свою ограниченность. Таким образом, чистое бытие с необходимостью сознает свою единственную метафизическую перспективу — перспективу "не быть", вернуться в лоно Всевозможности. И тем не менее, у чистого бытия есть и еще один путь — путь постижения не того, *откуда* оно возникло, а того, *почему* оно возникло.

На это "Почему?" имеется два ответа. Первый ответ формулируется так: *"Бытие появилось, потому что могло появиться"*. Этот ответ, утверждающий неизбежную двойственность, не являет-

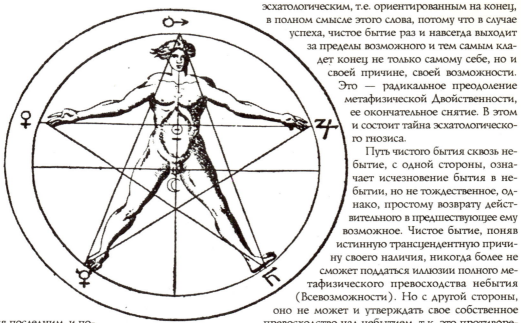

эсхатологическим, т.е. ориентированным на конец, в полном смысле этого слова, потому что в случае успеха, чистое бытие раз и навсегда выходит за пределы возможного и тем самым кладет конец не только самому себе, но и своей причине, своей возможности. Это — радикальное преодоление метафизической Двойственности, ее окончательное снятие. В этом и состоит тайна эсхатологического гнозиса.

Путь чистого бытия сквозь небытие, с одной стороны, означает исчезновение бытия в небытии, но не тождественное, однако, простому возврату действительного в предшествующее ему возможное. Чистое бытие, поняв истинную трансцендентную причину своего наличия, никогда более не сможет поддаться иллюзии полного метафизического превосходства небытия (Всевозможности). Но с другой стороны, оно не может и утверждать свое собственное превосходство над небытием, т.к. это противоречило бы истине, коль скоро чистое бытие есть не что иное, как перевод в действительное логически предшествующих возможностей небытия. Поэтому, чистое бытие утверждает не свое превосходство над небытием, но превосходство над ним *иного* — иного, нежели наличие бытия, и иного нежели "наличие" небытия.

Однако обоснованность этого утверждения может быть доказана только в том случае, если чистое бытие сумеет, вернувшись в небытие, сохранить свое новое *знание*, которого у него не было до первопоявления. Именно сохранение этого знания и является доказательством того, что, уйдя в небытие, чистое бытие прошло *сквозь* него и, в конце концов, отождествилось с *абсолютно иным*.

Это *знание* тождественно эсхатологическому гнозису, т.к. здесь акцент падает именно на то *новое*, что бытие постигает *после* своего появления, и чего не содержалось в его истоке. Полнота этого нового означает истинный конец, т.к. навсегда избавляет бытие от периодического удаления от иного, навсегда излечивает его от Великой Печали.

Конец чистого бытия, *стяжавшего новое знание о нетождестве небытия и трансцендентного*, и есть "свершение всех свершений", т.к. именно для этой великой цели метафизически и появилось бытие, и даже само небытие, провиденчески способствовавшее обнаружению Необходимости и тайно направлявшееся самой этой Необходимостью. И в самой точке конца концентрируется все это новое знание, не подвержен-

ся последним, и поэтому обрекает чистое бытие всякий раз на новое появление после того, как оно будет втянуто как действительное в несравнимо более полное метафизически небытие (Всевозможность). Если возможность самоотрицания в пределах Всевозможности была бы следствием простого произвола, т.е. *метафизической случайностью*, бытие было бы обречено на постоянное циклическое возникновение, порождаемое игрой возможности. Иными словами, в таком случае чистое бытие было *бы не необходимым, случайным и, в конечном счете, бессмысленным* фантомом, простой функцией от небытия.

На самом деле, этот ответ характерен для определенных школ традиционной метафизики, считающих небытие (Всевозможность) последней инстанцией. За этим скрывается отголосок заблуждения, в которое может впасть сам высший онтологический Принцип, не постигший тайны Необходимости и обреченный на новое появление, на "псевдобесконечность" великого невежества.

Второй ответ характерен для *эсхатологического гнозиса*. Он формулируется так: "Бытие появилось как доказательство того, что содержавшее его до появления небытие не является последней инстанцией, и что за его пределом наличествует Иное, не совпадающее ни с бытием, ни с небытием. Подобный ответ открывает для чистого бытия новый и парадоксальный путь *сквозь* небытие, не просто в метафизическую Всевозможность, а *за ее пределы*, по ту сторону этой Всевозможности.

Путь чистого бытия сквозь небытие является

ное уничтожению — вечное знание об Ином, великий результат бытия. Понявшее тайну Необходимости чистое бытие и есть спасительный Посланник для самого себя, в той мере, в которой оно осознало себя символически причастным к великой Необходимости, посланным Ею для того, чтобы спасти себя, а также и небытие от первоиллюзии неснимаемой метафизической двойственности. Евангельская фраза, прямо указующая на "свершение всех свершений" — "тогда последние станут первыми" — может быть отнесена и к самому чистому бытию, которое действительно является последним в триаде (Необходимость — Возможность — Действительность), но имеет шанс слиться с самой Необходимостью, т.е. стать *первым* в самом абсолютном смысле этого слова[2].

Такова парадигма эсхатологического гнозиса в наивысших пластах метафизики. Все внутрибытийные уровни, естественно, подчинены чистому бытию и сопричастны его великой проблематике, хотя и в отраженном смысле. Вся иерархия действительных бытийных уровней, стоящих ниже чистого бытия, в конце концов, поставлена перед той же эсхатологической альтернативой: либо, достигнув своего логического предела, вернуться к объемлющей их частной внутрибытийной возможности, предполагающей непременно новые переходы в действительность, либо пройти *сквозь* данную непосредственно, объемлющую конкретный уровень возможность и тем самым повторить шаг эсхатологического гнозиса на своем уровне.

Наличие самого чистого бытия и вытекающего из него проявления, существующего на нижних планах в форме циклического развития, всегда оставляет выбор между двумя эсхатологическими возможностями *открытым*. И более того, пока не наступает важнейшего метафизического момента совпадения концов *всех* бытийных (проявленных или принципиальных[3]) циклов, две эсхатологические или телеологические перспективы так накладываются друг на друга, что ясно отделить одну от другой просто невозможно. В этом проявляется *сомнение* чистого бытия, его *колебание* относительно однозначного разрешения тайны Необходимости. И лишь в момент "свершения всех свершений" в точке, где все уровни метафизики соприкасаются со своим концом, происходит последнее откровение, однозначно раз-

водящее по разные стороны две перспективы возврата к истоку, что соответствует в христианской традиции идее Страшного Суда, в ходе которого "праведники будут отделены от грешников". Втягивание конкретного действительного в конкретное возможное, неминуемо происходящее в конце любого внутрибытийного цикла, в обычном случае означает событие *нейтральное* в отношении эсхатологического гнозиса, т.е. оно может сопровождаться особым знанием, догадкой об истинной и глубокой причине конца цикла, а может и не сопровождаться. Такая неопределенность сохраняется вплоть до момента циклического резонанса — такого мгновения, когда конец настает одновременно для всех бытийных кругов.

Точка конца бытия есть точка конца всех бытийных уровней, и хотя она является одной единственной для всех, каждый из уровней "видит" или "предчувствует" ее в соответствии со своей особой перспективой. В мирах, подчиненных различным видам длительности, эта точка может быть определена как точка конца длительности: в частном случае, конца времени, как в плотном телесном мире. В мирах Принципов, естественно, не может идти речи о длительности, но конец может быть "представим" и в них как некоторое логическое и онтологическое событие, резко отделяющее наличие Принципа от его отсутствия.

Каждый из миров, подходя к моменту Страшного Суда, т.е. к своему концу, подобно чистому бытию, поставлен перед важнейшей эсхатологической проблемой. Наступление самого этого момента удостоверяет то или иное решение, суммирует результат развития данного мира и соответственно с этим определяет его последующую "судьбу".

Так, конец плотного телесного мира может быть *только* возвратом к тонкому миру, а может означать восхождение *сквозь* тонкий мир в небесный рай Первого Ума. Эта перспектива отражена в сюжете о восхождении на небо в теле пророка Илии и Эноха. Та же проблема, в сущности, стоит и перед тонким миром — либо быть втянутым в Логос-Ум, либо прозреть *сквозь* него факт его проявленности, а значит распознать его онтологическую вторичность: иными словами, увидеть, по выражению герметиков, "нагую Диану", чистую природу. Небесный Ум также конечен, коль скоро он принадлежит к проявлению, а значит, и перед ним стоит эсхатологический выбор: либо отождествиться со своей непосредственной субстанциальной причиной (универсальной природой) — пассивным полюсом всего проявления, либо *сквозь* него, взойти к чистому бытию. Сама универсальная природа должна решить ту же задачу: либо слиться с чистым бытием, от которого она отделилась на принципиальном уровне, либо "понять", что само ее отделение произошло из-за наличия небытия, объемлющего бытие и понудившего чистое бытие продолжить цепочку отрицаний, но на сей раз внутрибытийных, начинающихся с универсальной природы.

Внутри частных модусов бытия также осуществляется эсхатологическое становление "последних первыми", хотя и на относительном уровне. Но поскольку эсхатологический момент Страшного Суда является единым и не имеющим ни онтологической, ни логической, ни, тем более, временной протяженности, то в нем оценивается лишь само *намерение* того или иного конкретного мира (или существа этого мира), и относительное превращается в абсолютное, поскольку для Иного нет ни малого, ни большого, ни близкого, ни далекого.

Итак, "свершение всех свершений" — конец бытия — уравнивает между собой все метафизические планы, но тут же заново разделяет их уже на ином основании. Можно сказать, что в этом священном событии *все* стремящееся к абсолютной Необходимости становится Иным, в то время как *все остальное* возвращается к потенциальному, возможному состоянию, будучи обречено на неизбывную и фатальную цикличность и, в конечном счете, иллюзорность.

Здесь происходит эсхатологическая и окончательная перегруппировка метафизики, где деление осуществляется более не на онтологической или принципиальной основе, а на основе солидарности (пускай символической!) с окончательным выбором чистого бытия, по отношению к разгадке его причины, его "Зачем?".

Все уровни бытия, вплоть до самых мельчайших его крупиц, познавшие тайну Необходимости, приравниваются в миге "свершения всех свершений" к самому Абсолюту, а все поддавшееся иллюзии в отношении достаточности Возможности, удовольствовавшееся признанием произвола реальности, метафизически исчезает в имманентном и фиктивном ничто, независимо от своего метафизического статуса, даже в том случае, если этот статус максимально высок.

Конец бытия, как и конец одного из его миров, часто символизируется в Традиции приходом спасительного Посланника. Этот Посланник может иметь различные формы и различные имена, в зависимости от того, о каком из миров идет

речь. Естественно, что эти формы и имена должны максимально соответствовать наиболее субъектным модальностям[4], возможным в данном мире, т.к. конец мира в некотором смысле совпадает с открытием его субъектного измерения. В отличие от конца частного цикла, откровение в абсолютном конце мира также абсолютно. Поэтому спасительный Посланник открывается в момент "свершения всех свершений" как абсолютный полюс. Соответственно, в каждой из метафизических модальностей этот полюс имеет особое обозначение. Однако специфика сугубо эсхатологического откровения состоит в том, что различие в этих особых обозначениях, в особых именах полюсов для разных миров полностью стирается и, с другой стороны, каждый из этих полюсов раскалывается сам по себе как бы на две составляющие. Причем все эсхатологически гностические аспекты всех полюсов сливаются в одно, образуя единый для всей метафизики луч Иного — самого Спасителя, а все не эсхатологически гностические аспекты собираются в фиктивную фигуру его антипода. Эта идея запечатлена в раннехристианском символе амфисбены, представляющего собой единого змея с двумя головами: одна из них принадлежит Христу, другая — антихристу. Кроме того, традиционное имя Христа — царь мира ("князь мира"), а антихриста — или дьявола — царь мира сего ("князь мира сего"). Это разделение царских, т.е. полярных функций, этот раскол полюса на две составляющие представляет собой сугубо эсхатологическое явление, нечто, осуществляющееся в момент конца бытия. Подобный раскол характерен и для самых высших регионов метафизики, т.к. в момент конца само чистое бытие "понимает" нетождество небытия и Иного, что соответствует распознанию *двойственности полюса* на всех нижних уровнях.

Поскольку эсхатологическая проблематика является всеохватывающей, персонажи эсхатологических сценариев приобретают уникальную метафизическую нагрузку. Гностически ориентированный аспект субъектного архетипа и его эсхатологический (негностический) двойник связываются с аналогичными фигурами высших и низших миров уже не символически и типологически, но *напрямую*, и поэтому их конфликт и их противоборство наделяются бесконечно важным смыслом и принципиальной необратимостью. Этот смысл и эта необратимость проистекают из того, что в эсхатологии сталкиваются не просто полюс и периферия, как это имеет место в обычной онтологии, но *два лика самого полюса*, и поэтому конфликт не может быть снят посредством относительного решения, как не может быть и отложен, переведен "по циклической спирали" на иной план. Именно *необратимостью* отличается эсхатологическая мистерия, и этот необратимый характер конца особенно подчеркивает христианская традиция, утверждающая, что после Второго Пришествия Христа во Славе и Страшного Суда — *"времени уже не будет"*. Решительность такого утверждения отнюдь не свидетельствует об узости христианского видения, как бы не могущего разглядеть другого цикла и другого времени, за пределом данного[5]. Напротив, Христианство, будучи сугубо *эсхатологическим* откровением, с предельной жесткостью и строгостью представляет истинную метафизическую картину конца бытия, полностью выводящего трансцендентно ориентированного субъекта за границы циклов, времен и самого метафизического наличия.

Иисус Христос в христианском богословии традиционно именуется "Богочеловеком". С точки зрения эсхатологии это абсолютно точно соответствует самой сути проблематики, т.к. человек, являющийся субъектом нашего мира, и Бог, являющийся субъектом всей реальности, в конце Времен в фигуре спасительного Посланника, строго совпадают. С другой стороны, отличительная черта Христа в том, что он пришел *"не во имя свое, а во имя Богово"*, в отличие от антихриста, который приходит как раз *"во имя свое"*, как Человекочеловек, "князь мира сего". Христос, будучи эсхатологическим полюсом полюсов, Богочеловеком, тем не менее, утверждает нетождество себя себе самому и верность Иному, т.е. свое посланничество. Антихрист, напротив, — это полюс сам по себе, без вертикали эсхатологического гнозиса, т.е. выразитель полноты возможности (могущества), заставляющий считать любую действительность

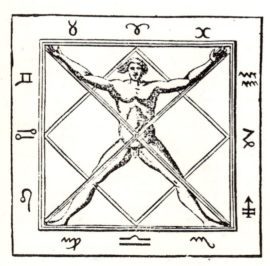

своей причиной лишь чистый произвол самой этой возможности — потому антихрист приходит "во имя свое". Но Человекочеловек, антихрист, имеет глубинное обоснование и в высших метафизических сферах. Этим обоснованием является эсхатологический апофатизм, т.е. *попытка небытия обесценить знание чистого бытия о тайне Необходимости, бросив на это знание тень сомнения через сопоставление этого знания как действительного, т.е. катафатического, утвердительного, с непроницаемой бездной своей апофатической отрицательности*. Иными словами, небытие (Всевозможность) хочет представить себя как Богобога, как скрытый праисток, отрицающий правомочность самой эсхатологической постановки вопроса, желая спутать догадку чистого бытия о неабсолютности небытия и приписать только самому себе таинство возникновения и исчезновения. Иными словами, это — то же утверждение полярного самотождества, что и в случае с Человекочеловеком, только на несравнимо высшем уровне, на уровне предельных метафизических регионов, где тождество Бога и Бога[6], тем не менее также является ложью, как и в случае с Человекочеловеком, антихристом, поскольку ничто в метафизике не равно самому себе, а все есть не что иное, как указание на абсолютно Иное.

В эсхатологии, в этой уникальной точке метафизики, Иное действительно обнаруживается, но не само по себе (что было бы абсурдным), а *через знание* о нем, милосердно данное чистому бытию, поставившему в абсолютности своей Печали страшный и парадоксальный вопрос о причине и цели своего возникновения, уже этим бросая тень сомнения на самодостаточность произвола небытия в качестве истинного мотива и источника происхождения бытия.

Христу, Богочеловеку, истинному знанию о тайне Необходимости, противостоит Человекочеловек, но одновременно он же является строго тождественным в силу эсхатологических условий Богобогу, а значит, обладает той "тайной беззакония", о которой говорит апокалипсис. Именно такое соотношение фигур в последней битве и делает ее столь фундаментальной на любом бытийном уровне, независимо от его относительности. То, что имеет отношение к концу — абсолютно, и поэтому китайская традиция утверждает, что "воля неба" непосредственно и прямо вторгается в судьбу существа только однажды — в момент его смерти, тогда как в остальное время она влияет на него лишь косвенно и опосредованно. Так и в конце миров воля Иного открывается прямо, уравнивая иерархию метафизики и наделяя эсхатологический конфликт даже ее мельчайших частей сверхзначимостью и великим абсолютным смыслом.

Эсхатологическим в относительном и ограниченном смысле является всякий период завершения цикла, т.е. тот его сектор, который непосредственно прилегает к точке размыкания, к точке прерыва любой части окружности. Поэтому внутри самой эсхатологической перспективы также есть особая иерархия, но во многом отличная от онтологической иерархии. Сущность этого отличия — *в возможности отмены дистанции между символизируемым и символизирующим*, которая и является основной идеей эсхатологии. В эсхатологической перспективе теряется смысл градации внутрибытийных уровней, т.к. здесь важно не то, к какому уровню принадлежит какой-нибудь оканчивающийся цикл, а сам факт его снятия, его прекращения. В сугубо метафизических рамках различных состояний существует определенная непрерывность, обеспеченная в проявленных мирах общей причастностью к универсальной природе, в мирах Принципов — причастностью к чистому бытию, и, наконец, в мире самого чистого бытия, сталкивающегося с небытием, причастностью к общей метафизике. Поэтому при неэсхатологическом подходе к циклическим событиям метафизики, даже на самых высших ее уровнях, акцент при рассмотрении конца цикла падает на переход от одного состояния к другому: инерциально и имманентно в случае пассивного и "центробежного" существа, и инициатически и трансцендентно в случае активно противостоящего иллюзии реализатора субъектного архетипа. И хотя при инициатической реализации также существует переход через точку разрыва, через точку смерти (что, впрочем, верно и для обычного перехода существа из состояния в состояние, хотя, конечно, разрыв здесь гораздо менее радикален), всякий раз посвящаемый сохраняет свою непрерывную связь с контекстом метафизики, и стремление к истинно Трансцендентному остается для него *только стремлением*, следом причастности к Великой Печали чистого бытия. Вся метафизика является целым, обращенным к своему загадочному истоку, но окончательная реализация этого истока возможна только при конце метафизики как таковой. Поэтому эсхатология отбрасывает свою тень на *все* финальные моменты частных циклов, давая всем существам одновременно уникальный шанс *сразу* в момент конца частного цикла избежать давления всех возможных циклов или метафизических состояний, *абсолютизировать* частный конец, *предельно трансцендентализировать* точку разрыва.

Эсхатологическая перспектива подчеркивает не то, с какого *на какой* план переходит существо, но тот факт, что оно *переходит*. Здесь строится новая иерархия — не иерархия планов, а иерархия концов планов, *иерархия точек разрыва*. Именно

в этих точках заложено негативное равенство всей метафизики, т.к. в них на уникальный и не имеющий ни онтологического, ни метафизического объема "момент" проявляет себя Иное. В обычном случае формула конца цикла на санскрите звучит как "нети", что логически подразумевает: "не то, но то" — "не одно, так другое", "не то" — конец "того". Эсхатологический же аспект выражен, напротив, формулой "нети, нети", т.е. "ни то, ни то" ("ни одно, ни другое"). И здесь следует заметить, что в реальности за обнаружением апофатического Принципа в конце какого-то цикла, мгновенно следует начало нового цикла, т.е. затемнение, сокрытие этого Принципа. Эсхатологический гнозис же ставит акцент на отождествлении существа со своей собственной смертью в момент ее прихода, на вступление с ней в священный брак. Именно это может сделать смерть существа на частном уровне его *абсолютной смертью*, его слиянием с Иным, выводя навсегда из всех хитросплетений бытийной иерархии.

Иерархия эсхатологии основана на *успехе смерти*, на способности существ *ускользать в конце цикла от фатального возобновления*, причем не только возобновления подобного и однородного, а *от возобновления вообще*. Поэтому, с эсхатологической точки зрения, метафизический уровень вообще не играет никакой роли; важно лишь то, что он имеет предел, который можно достичь и, слившись с ним, застыв на нем, реализовать "свершение всех свершений", свободное от любых ограничений.

В этой связи приобретает особенную ценность конец всякого, даже самого частного цикла, такого, как конец земного человечества и вплоть до смерти отдельного человека. Поэтому конец *человеческой* цивилизации и *смерть* человека выделялись в особые традиционные учения — в частные эсхатологии, в учение о конце человечества и в искусство смерти, *ars morendi*.

Конец человеческой истории, манвантары, считался в Традиции наиболее важным эсхатологическим событием, уступающим по значимости лишь концу кальпы, т.е. всего миропорядка. Конец манвантары — это конец Ману, т.е. исторического субъекта, представляющего собой сумму индивидуальных человеческих субъектов. Смерть Ману — это смерть земного человека в его архетипе, это архетип человеческой смерти. Поэтому всякий человек, умирая, причащается к этому универсальному архетипу вступает в свой индивидуальный Страшный Суд, тождественный Страшному Суду конца манвантары, в согласии с эсхатологической логикой единства символизируемого и символизирующего. И более того, следуя этой логике, конец манвантары (т.е. *смерть Ману*) тождественен концу кальпы, т.е. смерти Вайшванары[7]. А в общеметафизическом комплексе между смертью Праджапати и погашением чистого бытия, с эсхатологической точки зрения, также не существует никакой разницы. Именно это строгое тождество "свершения всех свершений" на любых метафизических уровнях лежит в основе *искусства смерти* — высшего из традиционных, инициатических искусств практика которого дает возможность выйти за все причинно-следственные цепи метафизики, минуя промежуточные инстанции.

Смерть конкретного человека на практике теснее всего связана именно с концом человечества, к которому этот человек принадлежит, т.к. непрерывность родовой фамильной цепи (родовое имя — "нама-гаутрика") реально нарушается только в конце манзантары, и в этот момент человеческая личная душа (*личное имя* — "нама-наумика") действительно сталкивается с пределом земного человеческого уровня, тогда как простая индивидуальная смерть человека в нормальном случае не отделяет его окончательно от рода, и определенная часть его души продолжает жить в потомках и родственниках. Лишь в конце манвантары личная и родовая смерть человека совпадают. Именно поэтому в тех традициях, в которых эсхатологические аспекты наиболее развиты, искусство смерти всегда соприкасается с акцентированием конца манвантары, с концентрацией инициатического внимания именно на этом историческом событии. Личная смерть, (смерть касающаяся нама-наумика, "именного имени") представляет собой субъектную сторону эсхатологии, а смерть человечества (как универсального "семейного имени", нама-гаутрика) — объектную сторону. Концентрация внимания на конце истории позволяет практикующему искусство смерти носителю эсхатологического гнозиса яснее понять масштабы духовной проблематики, предвосхитить универсальную значимость своего инициатического пути. Индивидуальная смерть как эсхатологический минимум, данный человеческому существу, имеет своим наиболее непосредственным дополнением конец времен, и именно эти два конца замещают собой все остальные эсхатологические аспекты метафизики, суммируют их для человека и являются в то же время достаточными для реализации наиболее трансцендентных аспектов "свершения всех свершений".

Эсхатологический гнозис в земной Традиции вращается вокруг фигуры спасительного Посланника, в котором воплощается земное человеческое представление о конце бытия и о "свершении всех свершений". Видимый в исторической перспективе, этот спасительный Посланник приобретает черты Кого-то, Кто придет к человечеству в конце

времен и принесет с собой истинный духовный конец, осуществит то, к чему стремятся имманентные тенденции цикла, не могущие, однако, поставить точку без вмешательства сверху.

Эти эсхатологические фигуры могут трактоваться одновременно в двух метафизических перспективах, о которых мы говорили выше. Один и тот же персонаж теоретически может истолковываться в двух смыслах — как выразитель эсхатологического гнозиса или лишь эсхатологического факта, как полагающий окончательный предел цикла или как возобновляющий одновременно новый цикл. Эти два аспекта могут вкладываться в одну и ту же эсхатологическую персону, и тогда все зависит от ее интерпретации в рамках конкретной традиции. Но вместе с тем существует иерархия и между религиями, и в этом случае эсхатологический дуализм создает межрелигиозное напряжение — финальная манифестация Принципа в одной религии, взятая позитивно, выступает в контексте другой религии как нечто прямо противоположное. Ярче всего такая межконфессиональная напряженность применительно к эсхатологии проявляется в радикальном противопоставлении эсхатологических перспектив Православия и иудаизма, в одном случае, и индуизма и буддизма, в другом[8].

Важно подчеркнуть особую значимость той манвантары, в которой, по мнению индусов, живет современное человечество. Эта манвантара — седьмая, последняя в цепи "манвантар удаления", за которой должна последовать цепь из семи "манвантар возврата". Естественно, что эсхатологический смысл этой седьмой манвантары должен быть особенным в пределах нашей кальпы, т.к. в этой точке осуществляется изменение ориентации всего потока реальности нашего космоса. Поэтому конец седьмой манвантары рассматривается как совершенно уникальный со всех точек зрения, а спасительный Посланник, стоящий между седьмой и восьмой манвантарами, является главным в эсхатологической иерархии. Шесть предыдущих Посланников, приходивших в конце прошлых манвантар, были его "пророками", а семь последующих будут его "апостолами". Сам же Он "пребывает" именно на границе седьмого и восьмого человеческого цикла, представляя собой "священное зеркало", дойдя до которого, гравитационный поток бытия поворачивает вспять.

Поэтому Калки, десятый аватара, "воин с мечом на белом коне", является центром истории, результатом всех прошлых манвантар и сущностью всех будущих, наиболее ценной вещью всего бытия.

Точно такое же представление характерно и для исмаилитских гностиков, считающих, что седьмой "воскреситель", "кайим", в отличии от шести предыдущих "воскресителей"[9], является главным и наиболее ценным, т.к. только ему окончательно удастся победить иблиса-дьявола в форме даджала (антихриста) и навсегда покончить с той великой двойственностью, которая присуща даже самым высшим регионам метафизики, но которая разоблачается и отражается только на ее предельной периферии, на нижней границе плотного космоса. Одно из имен седьмого "кайима" ("воскресителя") — "совершенный ребенок", т.к. именно Он является истинной тайной целью всей метафизики, видимой, естественно, с эсхатологических позиций.

Эсхатологический гнозис, будучи совершенно универсальным, тем не менее, имеет свои

наиболее центральные точки приложения, и такой точкой является конец Кали-юги седьмой манвантары — т.е. символический момент максимального удаления космического потока от своего полюса, центра. Здесь в окружении разложившегося, хаотизированного и демонизированного мира, на пороге "мглы кромешной", низшего предела бытия, должна произойти великая мистерия "свершения всех свершений", самая важная и самая фундаментальная для всех уровней метафизики, т.к. только она сможет ответить на эсхатологический вопрос "Зачем?", поставленный Великой Печалью чистого бытия.

ПРИМЕЧАНИЯ

(1) *Изложению устройства высших метафизических реальностей посвящена вся книга "Пути Абсолюта". Уточненный вариант (применительно к православной Традиции) изложен также в "Метафизике Благой Вести". Выделение Необходимости в отдельную высшую метафизическую категорию, превосходящую и Небытие и Бытие, но не совпадающую ни с тем, ни с другим, является результатом уникальной позиции "метафизического тринитаризма", который предлагает особое рассмотрение всей духовной проблематики. Нетроический "монотеизм" рассматривает эти трансцендентные уровни в сущностно ином свете. Для него низшие инстанции всегда без остатка поглощаются высшими, а само изначальное возникновение низших из высших обосновывается "щедростью", "изобилием" и "плеромичностью" нетроического*

Абсолюта, т.е. "чистым произволом", лишенным глубинного метафизического смысла. В "тринитарной метафизике", напротив, моменты появления и свертывания реальности наделены колоссальным значением, особым уникальным смыслом. В них проступает ткань послания Абсолюта относительно его внутренней Троической Природы. Необходимость, заставляя Небытие породить Бытие, обнаруживает таким образом самую себя через ограничение Небытия, которое, в противном случае, оставалось бы высшей и последней метафизической реальностью. С этой "тайной Необходимости" и связан весь комплекс "эсхатологического гнозиса".
(2) *Более подробно эта метафизическая тематика изложена к книге А.Дугина "Метафизика Благой Вести (православный эзотеризм)", которая представляет собой под-*

робное развитие всей тематики эсхатологического гнозиса в его метафизических и циклологических аспектах.
(3) *Проявленный цикл характеризует два нижних уровня бытия, где существует длительность в полном смысле этого слова — телесный мир и мир тонкого проявления. Принципиальный цикл относится к тем мирам, где нет длительности, но все же есть момент возникновения и исчезновения. Это относится к третьему миру — миру сверхформальных проявлений. Подробнее об этом в книгах А.Дугина "Пути Абсолюта" и "Метафизика Благой Вести".*
(4) *Метафизическая теория Субъекта подробно развита в книге "Пути Абсолюта". Субъект есть полюс и центр любого бытийного плана или какого-то его сектора, так как все бытие Традиция представляет в виде сферы и ее многообраз-*

ных сечений. Субъектное измерение — это полярное, световое, осевое измерение бытийного уровня. Цикл рассматривается как периферийное существование, как феноменологический круг, как путь по окружности. Конец цикла представляет собой обнаружение центральной точки, Субъекта, полюса, т.е. втягивание феноменологической окружности в ноуменальный центр. Само наличие объектной окружности проистекает из сокрытия субъектного полюса. И наоборот, открытие субъектного центра означает окончание иллюзии автономности окружности, остановку движения вещей и существ по ней.

(5) Подробно эта тема развита в "Метафизике Благой Вести".

(6) На уровне экзотеризма и конфессиональных догматических формулировок мы видим, с одной стороны, Христианство, с его доктриной Богочеловека и теснейшим образом сопряженной с ней формулой Божественного Триединства, а с другой, иудаистический и исламский строгий монотеизм, утверждающий вместе с тем сугубо тварную человеческую природу эсхатологического Послания (машиаха или махди). В иудаизме этот момент развит настолько отчетливо, что чисто метафизическая полярность, выделенная нами на уровне принципов, строго ложится на противопоставление эсхатологических доктрин Христианства и иудаизма. Богочеловек Христианства как откровение Триединства Бога противопоставляется Человекочеловеку иудейской традиции, который крайне сближается с фигурой машиаха. Исламская традиция занимает в этом отношении промежуточное положение — шиитский (и суфийский) полюс максимально приближается к христианской перспективе, суннитский — к иудаистической. Такое очевидное сопоставление подтверждает наши выводы относительно сущности контринициации, о чем подробно говорится в соответствующей статье из данного сборника.

(7) Иерархия субъектных аспектов и соответствующих индуистских доктрин разобрана в "Путях Абсолюта". Ману — субъект конкретного человеческого цикла, манвантара. Он есть спецификация Вайшванары, субъектного принципа всей кальпы, состоящей из 14 манвантар. В свою очередь, Вайшванара есть аспект Праджапати — полюса всех плотных и тонких циклов. Сам Праджапати есть проекция, отражение Бодхи — Первого Ума. Бодхи, в свою очередь, есть замещение в проявленной реальности Пуруши, субъектного аспекта чистого бытия. Но и Пуруша есть отражение параматмана, высшей совершенно трансцендентной субъектности, выходящей по ту сторону чистого бытия.

(8) Православная эсхатология почти однозначно подходит к отождествлению еврейского машиаха со зловещей персоной "антихриста". Вместе с тем, протестантский фундаментализм, напротив, склонен отождествлять машиаха со Вторым Пришествием Христа. Католическая перспектива расположена где-то посредине. См. "Метафизика Благой Вести". Индуистская эсхатология наделяет негативной эсхатологической функцией "буддистов", которые выступают как "служители Кали". См. статью Кристофа Лавалуа "Калки" в этом издании.

(9) Исмаилитская доктрина представляет собой версию крайнего шиизма, признающего только первых семь имамов, и отождествляющего последнего, седьмого имама с "кайимом" и "махди". Общая модель исмаилитского гнозиса такова. — Высшее Божество порождает вначале Первый Ум, потом — Второй Ум, потом — Третий Ум. Первый Ум именуется просто "ум" или "дух". Второй Ум — "мировая душа". Третий Ум — "сын". Этот Третий Ум и лежит в основе космологической драмы. Вместо того, чтобы покорно продолжать цепочку излияний световой силы и дальше, Третий Ум впадает в сомнение. Он отказывается признавать верховенство Первого и Второго Ума на том основании, что их исток является столь скрытым и темным, столь "трансцендентным", что несопоставимо превосходит все последующие различия между проявленными градусами. Из этого Третий Ум делает вывод относительно равенства всех трех Умов перед лицом Абсолюта, трансцендентность которого аннулирует все внутрибытийные дистинкции. Это приводит к его "падению". Сомнение замутняет его природу и он последовательно пролетает мимо остальных "Умов" пока не достигает дна и становится вместо "Третьего Ума", последним Десятым. Чтобы очиститься от "сомнения", от тени, он испускает из себя космос, в котором его световая сущность переходит в осевые аспекты мира, а его тень все более экстериоризируется в особой модальности — в "дьяволе"-иблисе. Световое "Я" Десятого (=Третьего)Ума воплощается в серию "кайимов" ("воскресителей"), которые появляются в конце каждого из семи циклов, на которые подразделяется созданный мир. Световая сила все более концентрируется по мере развития мира, и каждый новый "кайим" становится все более и более совершенным. На обратном полюсе — полюсе зла — все полнее концентрируется "теневая" сторона. Таким образом Десятый Ум очищается от тени, повлекшей за собой падение. В конце концов приходит к концу седьмой цикл, и тогда появляется "совершенный ребенок" (al-walid al-tamm), седьмой "кайим", который провозглашает "воскресение воскресений" ("qai'amat ul-qai'amat"). В этот момент тень полностью экстериоризируется в фигуре "даджала", победа над которым кладет конец всей отрицательной тенденции онтологии, начавшейся с "сомнения" и повлекшей за собой падение. Победа над "тенью" дает Десятому Уму энергичный световой импульс, и начинается возврат. "Совершенный ребенок" сливается с Десятым Умом, сам Десятый Ум начинает подниматься по лестнице иных Умов пока не достигает триумфально Третьей Позиции. Но вместе с таким возвратом восстанавливается и вся полнота метафизической гармонии, потревоженной самим изначальным моментом появления Первого Ума, которое и является истоком драмы, реализовавшейся лишь на уровне Третьего Ума и составившей ткань позднейшего творения.

ХРИСТИАНСТВО

ТРАДИЦИОНАЛИЗМ ГЕНОНА И ХРИСТИАНСКАЯ ЦЕРКОВЬ

Традиционализм Генона и традиционализм, характерный для определенных кругов нынешней христианской Церкви, как на Востоке, так и на Западе, безусловно, являются двумя различными течениями, сходными лишь отчасти. Генон делает основной акцент на эзотерической стороне Традиции, хотя при этом внешняя экзотерическая сторона не только не отрицается, но, напротив, утверждается как необходимый и важнейший компонент, без которого эзотеризм просто не может существовать (поскольку в профаническом обществе по определению отсутствуют сакральные опоры для духовной реализации). Христианская Церковь, со своей стороны, в том случае, если она следует традиционалистской, консервативной ориентации, как правило, в лучшем случае делает упор на сохранении экзотерической ритуальной и догматической стороны. При этом даже такой довольно ограниченный традиционализм становится все более и более редким, так как чаще всего Церковь либо ограничивает свою внелитургическую деятельность упрощенным морализаторством, либо, что хуже, пытается заниматься апологетикой на основе сугубо профанических, современных и антитрадиционных доктрин, либо, что совсем уже страшно, тяготеет к смешению, экуменизму и даже нижайшему неоспиритуализму, пытаясь сочетать несочетаемое — догмы и нормы ортодоксальной священной традиции и хаотический мир «космистской» прелести.

В такой ситуации на первый взгляд представляется, что традиционализм Генона не может иметь никакого места в нынешнем состоянии христианского сознания, так как его позиция настолько «правее» самых крайних консерваторов, что вообще выпадает из спектра возможных ориентаций в рамках актуальной христианской жизни. Такая особенность традиционализма Генона приводит подчас к тому, что церковные консерваторы ошибочно принимают эзотеризм и синтез, о которых он говорит, за оккультизм и синкретизм, т.е. за антихристианские и еретические по сути явления. В то же время для церковных модернистов или моралистов он остается «реакционным экстремистом». Подобные заблуждения объясняются тем, что современная кос-

мическая среда, в которой живет человечество, настолько удалена от «нормального» сакрального состояния, что сама «интеллектуальная норма» представляется подчас не только редчайшим исключением, но и своего рода «патологией». Тем не менее, без сомнений, если лишить умеренную, консервативную оппозицию «современному миру», которую можно еще встретить в обычном христианском (чаще всего православном) консерватизме, невидимой опоры и поддержки радикальной оппозиции ему со стороны интегрального традиционализма (а именно от его имени и говорит Генон), то не только такой инерциальный консерватизм станет чрезвычайно шатким, но и ему грозит быстрое и полное исчезновение. Конечно, послание Генона обращено далеко не ко всем. Даже не ко всем верующим. Даже не ко всем консервативно и «традиционалистски» настроенным верующим. Но, без сомнения, всегда существует очень небольшой процент людей, которому жизненно необходимо знать объяснение того или иного принципа вплоть до самого глубокого уровня. Всегда есть кто-то, кого не удовлетворяет банальное и плоское истолкование бездонных тайн, приоткрываемых религией. И от качества понимания и проживания Традиции такими существами зависит подчас устойчивость ее ортодоксии и ее подлинности.

Генон не много места в своих трудах посвятил христианству, а о Православии он не говорил почти ничего. Тем ценнее для традиционалистов, следующих за Геноном, но одновременно принадлежащих Православной Церкви, любой его намек и любое пояснение, касающиеся темы христианства. Именно этой насущной необходимостью вызвана публикация перевода этой статьи Рене Генона.

Но надо заметить, что основную работу по применению принципов интегрального традиционализма к Христианству и особенно к Православию предстоит сделать непосредственно православным последователям Генона (в отношении католичества работы в этом направлении были осуществлены аббатом Стефаном в его книге «Введение в христианский эзотеризм»). Но это не просто интеллектуальный, исследовательский и богословский труд. Это предприятие сродни осуществлению духовного «умного делания» или «сердечного делания», так как постижение духовных реальностей возможно только при непосредственном и прямом отождествлении с ними. Следовательно, такая задача не только не является чисто теоретической, но прямо связана с конкретикой инициации и духовной реализации в рамках христианской традиции.

Милый Ангел

Рене ГЕНОН

ХРИСТИАНСТВО И ИНИЦИАЦИЯ

Мы не собирались возвращаться к вопросам, связанным с выяснением истинного характера христианства, так как нам казалось, что все высказанное нами по этому поводу (часто вскользь) в предыдущих статьях и книгах достаточно ясно отражает наше мнение на этот счет. Причем, мы и представить себе не могли, что наши идеи могут быть столь неверно истолкованы некоторыми нашими читателями[1]. К сожалению, мы вынуждены констатировать, что такое неверное и глубоко ошибочное истолкование действительно имело место, причем у довольно значительного числа наших читателей, и это заставило нас уточнить некоторые наиболее существенные аспекты этого вопроса. Мы должны признать, что делаем это с некоторой неохотой, так как мы никогда не испытывали особого желания затрагивать данную тему. Этому есть много причин, одной из которых является тот странный и почти непроглядный мрак, которым окутано все, имеющее отношение к происхождению и первым векам христианства. Если внимательно вдуматься в этот феномен, приходишь к убеждению, что вряд ли такая пелена неизвестности и тайны является чистой случайностью и что, скорее всего, за этим кроется чья-то сознательная воля. Это последнее замечание следует постоянно иметь в виду по ходу нашего дальнейшего изложения.

Несмотря на все трудности, возникающие при рассмотрении этого вопроса, есть один момент, который не подлежит сомнению. Его не отрицают и те, кто согласен с нашей позицией относительно христианства, и те, кто возражает нам, причем часто именно этот момент ставится во главу угла таких возражений. Он заключается в следующем: христианство, которое сегодня безусловно представляет собой религиозную и экзотерическую традицию, изначально имело совершенно иной характер, характер сугубо эзотерический и инициатический, что проявлялось и в его ритуалах, и в его доктринах. Подтверждением этого служит традиционное отношение исламской традиции к раннему христианству как к «тарике», т.е. как инициатическому пути, а не как к версии «шариата», т.е. ко внешней и всеобщей социальной экзотерической доктрине. Это настолько очевидно, что христианству пришлось позднее заимствовать «каноническое» право (т.е. экзотерическую догму) извне[2], и таковым явилось не что иное, как несколько адаптированное римское право. Таким образом, христианский экзотеризм был не проекцией вовне внутренних принципов, заключенных в самой христианской доктрине, а целиком был почерпнут из иной, нехристианской традиции. В этом нет никаких сомнений, так как в Евангелии нет ни одного предписания, которое можно было бы истолковать как экзотеричес-

---

(1) *Мы не могли не удивиться, узнав, что кое-кто посчитал, будто наша книга «Замечания об инициации» затрагивает вопрос христианской традиции более, нежели другие наши работы. Мы спешим уверить читателей, что и в этой книге, как и во всех других, мы затрагивали эту тему ровно в той степени, в какой это было необходимо для ясного изложения основного предмета, в зависимости от того, какой вопрос конкретно мы рассматривали. Еще более удивительно, что некоторые наши внимательные читатели, которые, по их словам, пристально следили за нашим творчеством, сообщили нам, что нашли какие-то новые аспекты в освещении христианства, но все приводимые ими в качестве примера пассажи были, на самом деле, взяты из наших ранних статей, опубликованных в «Покрывале Изиды» и «Etudes Traditionnelles».*
(2) *Интересно заметить в этом отношении, что в арабском языке слово «канун», заимствованное из греческого, обозначает всякий закон, принятый на основании случайных и преходящих обстоятельств и не являющийся, соответственно, необходимым элементом шариата, традиционного законоуложения.*

30

РЕНЕ ГЕНОН
Литография К. Чувашева

ства пребывали страны Запада, входившие в состав Римской Империи, то без «снисхождения» христианства на экзотерический уровень все эти страны, вместе взятые, в скором времени лишились бы всякой традиции, поскольку их собственные традиции, и особенно доминирующая греко-романская традиция, достигли точки предельного вырождения, что свидетельствовало о неминуемом и скором конце цикла их существования[11]. Это «снисхождение» не было ни случайностью, ни извращением; напротив, оно носило «провиденциальный» характер, поскольку только это помешало Западу скатиться тогда в такую же пропасть (или близкую к ней), в какой он находится в настоящий момент. Но время для окончательной утраты традиции тогда еще не настало; Западу было суждено дождаться для этого современной эпохи. Провиденциально требовалась «реставрация», а ее способно было осуществить только христианство. Но для этого ему надо было отказаться от своего эзотерического и «закрытого» характера, который был присущ ему изначально[12]. Такая «реставрация» традиции была не только спасительной и благодатной для западного человечества (это и так очевидно), но одновременно, как и всякое «провиденциальное» событие, свершающееся в ходе истории, строго соответствовала самим циклическим законам.

Почти невозможно точно определить время превращения христианства в религию в полном смысле этого слова, т.е. в такую форму традиции, которая апеллирует ко всем без разбора. Во всяком случае ко времени правления Константина и Никейского Собора такое превращение уже произошло[13],

и Никейский Собор лишь «санкционировал» свершившийся факт, открыв эру поиска «догматических» формул, чтобы закрепить чисто экзотерическое содержание вероучения[14]. Это, однако, проходило не без некоторых неизбежных накладок, так как заключение доктрины в строго определенные и разграниченные формулировки во многом затрудняло глубинное постижение ее смысла даже для тех, кто был на это способен. Кроме того, истины собственно эзотерического уровня отныне могли восприниматься только как «таинства» в обыденном смысле слова, а коль скоро они были определены именно таким образом, уже только один шаг оставался до представления об этих «таинствах» как о чем-то сущностно непостижимом, как о чем-то, объяснения чему не только не возможно найти, но и не должно искать. Эти трудности не могли, однако, лишить традицию ее легитимности, или перевесить той огромной выгоды, которую учреждение христианства как экзотерической организации несло всему западному миру. Впрочем, если христианство в целом и перестало быть инициатическим, внутри него сохранилась возможность специфически христианской инициации, предназначенной для элиты, которая по определению не могла довольствоваться лишь экзотерической точкой зрения и признавать свойственные такой точке зрения ограничения. Но к этому вопросу мы вернемся несколько позднее.

Такое сущностное изменение характера и даже самой природы христианства прекрасно объясняет то обстоятельство, что предшествующий инициатический период его существования начиная с опре-

(11) Надо подчеркнуть, что, говоря о западном мире в целом, мы выносим за скобки элиту, которая не только способна понимать свою собственную традицию, но и продолжает получать аутентичную инициацию в мистерии. Традиция продолжала существовать во все более и более замкнутых группах довольно долго, но это не меняет сути сказанного нами, так как не затрагивает подавляющее большинство жителей Запада, и именно ради этого большинства христианство было вынуждено принять «экзотерическую» форму, чтобы заменить собой предшествующие традиционные формы в тот момент, когда они выродились до уровня «предрассудков» в самом прямом смысле этого слова.

(12) В этом отношении можно сказать, что переход от эзотеризма к экзотеризму являлся настоящим «самопожертвованием», как, впрочем, таковым является и всякое нисхождение духа.

(13) Такое уточнение Генона опровергает тезис А.Дугина об инициатической природе Православия, и в этом вопросе между двумя точками зрения существует, действительно, неснимаемое противоречие. Заметим только один момент: в этом конкретном вопросе возможно сказался тот факт, что Генон по своему вероисповеданию был мусульманином, и без противоречия со своей собственной религией он не мог, даже оставаясь на чисто эзотерическом уровне, относиться к христианству как-то иначе. Инициатичность христианства видится Генону в «несторианской» перспективе, типологически близкой христологии исламской традиции, и не случайно Генон в другом месте («Король Мира») говорит о несторианах, как о носителях аутентичного, эзотерического христианства. На наш взгляд, догматические постановления и утверждения Никейского Собора и богословские формулировки «догматов» веры могут быть прекрасно расшифрованы и в эзотерическом и инициатическом ключе, и при этом речь пойдет отнюдь не об экзотерической мистике, как могли бы подумать наиболее ортодоксальные «генонисты». Как бы то ни было, даже задолго до разделения Церквей на Восточную и Западную, задолго до споров о filioque, между «восточными» и «западными» отцами существовали очень глубокие различия, предопределившие в дальнейшем сам дух и глубинную природу двух ветвей христианства. — прим. «Милого Ангела»

(14) Одновременно с этим, «обращение» Константина означало признание (посредством официального акта высшей императорской власти) того факта, что греко-римскую традицию с этого времени следует считать угасшей, хотя, естественно, остатки ее еще долго продолжали существовать, вырождаясь все больше и больше, пока не исчезли окончательно, и именно эти выродившиеся остатки были названы позднее уничижительным термином «язычество».

деленного момента был покрыт непроницаемым мраком, о чем мы говорили в начале статьи. Иначе просто не могло быть. Совершенно очевидно, что природа изначального, эзотерического и инициатического христианства не могла быть более понятной для всех тех, кто был допущен в лоно трансформированного, экзотерического христианства. И поэтому все, что намекало на истинное качество изначального христианства, скрывалось от новообращенных непроницаемым покровом. Само собой разумеется, мы не можем здесь исследовать, каким конкретно образом это было осуществлено, так как такая задача должна решаться историками, если, конечно, идея подобного исследования может прийти кому-нибудь из них в голову. Но, скорее всего, этот вопрос окажется для них принципиально неразрешимым, так как здесь неприемлемы их обычные методы и, особенно, их привычка опираться на «документы», поскольку никаких «документов» в данном случае просто теоретически не могло быть. Нам же важно лишь зафиксировать сам факт и указать на его глубинное значение. Заметим лишь, что вопреки вероятным объяснениям любителей рационального метода, который на деле остается всегда крайне поверхностным и упрощенным, подобное «затемнение» истоков христианства никак нельзя объяснить простым невежеством тех, кто осуществлял трансформацию этой традиции из эзотерической в экзотерическую, и уже то обстоятельство, что они сознательно участвовали в этом процессе, говорит об их полной компетентности в эзотерической сфере. Кроме того, совершенно неправильно приписывать, как это любят наши современники, свою собственную ментальность людям иной цивилизации, и искать за подобной трансформацией какие-то «политические» или личные цели, и мы даже теоретически не видим, какие выгоды можно было из этого извлечь кому бы то ни было. Напротив, переход христианства на экзотерический уровень строго соответствовал самой природе вещей и законам традиционной ортодоксии, которая настаивает на четком разделении экзотерической и эзотерической областей[15].

Могут задать вопрос: что произошло в ходе подобной трансформации с учением самого Христа, которое по определению лежит в основе всего христианства, без чего данная традиция не имела бы оснований называться этим именем, а кроме того, если это учение было отброшено, то неясно, что же стало на его место, так как без апелляции к «сверхиндивидуальному» источнику (и в данном случае им является сам Христос) аутентичной традиции просто не может быть. На самом деле, учение Христа в ходе экзотеризации традиции не было затронуто ни в коей мере во всем, что относится к «буквальному» его изложению. Об этом однозначно свидетельствует нетронутость самих Евангелий и других текстов Нового Завета, которые, несомненно, восходят к первому инициатическому периоду христианства[16]. Изменилось лишь понимание этого учения, или, если угодно, разъяснения его смысла и значения. При этом такое изменение смысла не несло в себе ничего противозаконного, так как одни и те же истины могут быть применены к весьма различным уровням реальности в силу соответствий и аналогий, которые наличествуют между всеми этими уровнями. Лишь определенные предписания, касающиеся специального инициатического пути и поэтому адресованные ограниченной и качественно однородной группе людей, стали практически невозможными, применительно ко всему человеческому обществу в целом. Это на практике признается и Церковью, считающей определенные правила лишь «советами по самосовершенствованию», а не строго обязательными нормами[17]. Это означает, что каждый должен следовать евангельским путем не только по мере своих личных возможностей (что очевидно), но сообразуясь с конкретными обстоятельствами, в которых он находится, а именно только этого и можно требовать от людей, не имеющих никакого стремления выйти за рамки экзотерической практики[18]. С другой стороны, в учении Христа есть такие истины, которые могут быть истолкованы как эзотерически, так и экзотерически, в зависимости от их приложения к различным уровням реальности, но есть и другие, относящиеся ис-

---

(15) Мы замечали в другом месте, что смешение этих двух сфер является часто причиной возникновения гетеродоксальных сект, и в истории христианства большинство сект имело именно такое происхождение. Именно для того, чтобы избежать подобного смешения, Церковью было принято столько предосторожностей, которые в целом были совершенно оправданы, хотя, с иной точки зрения, они, вместе с тем, в качестве вторичного эффекта создали непреодолимые трудности для глубокого и полноценного исследования христианства.

(16) Даже если допустить (хотя мы и не согласны с этим), что выводы современных историков, руководствующихся, впрочем, откровенно антитрадиционными побуждениями, относительно «позднейшей», в сравнении с христианской хронологией, даты написания Евангелий верны, то эта дата все равно будет относиться к периоду, предшествующему трансформации, о которой идет речь.

(17) Мы не хотим затрагивать здесь возможных злоупотреблений, к которым могла привести такая «минимализация» традиции, но она тем не менее остается в принципе необходимой, когда происходит ее адаптация к социальной среде, составленной из самых разнообразных и духовно разнородных индивидуумов, к каждому из которых, однако, эзотеризм по определению должен апеллировать.

(18) Эта экзотерическая практика может быть определена как необходимый и достаточный минимум для обеспечения «спасения души», поскольку это и является ее непосредственной целью.

ключительно к эзотерической области и вне ее совершенно неприменимые. Такие истины совершенно непонятны, если их рассматривать с чисто экзотерической точки зрения, и не остается ничего иного, как провозгласить их «догматическими» утверждениями, не пытаясь дать им какого бы то ни было объяснения. Это и есть то, что называют христианскими «таинствами». Само существование этих «таинств» было бы непонятным, если отрицать эзотерический характер изначального христианства. Если же признать этот характер, то наличие «таинств» легко объяснить как следствие той нормальной и неизбежной «экстериоризации», проделав которую, христианство в своем учении и в своих ритуалах, сохраняя нетронутой внешнюю форму, превратилось в ту экзотерическую и специфически религиозную традицию, которую мы знаем сегодня под этим именем.

* * *

Среди христианских ритуалов (и особенно среди «таинств», являющихся самыми существенными из них) наибольшее сходство с ритуалом инициации имеют те ритуалы, которые совершаются только один раз, и, в первую очередь, речь идет о крещении. Именно такие ритуалы следует рассматривать как «экстериоризацию» инициации как таковой в изначальном эзотерическом христианстве[19]. Крещение, благодаря которому неофит допускается в христианскую общину и «инкорпорируется» в нее, в эпоху, когда христианство было инициатической организацией, составляло первую инициа-

цию и соответствовало началу «малых мистерий»[20]. Именно поэтому речь идет в данном случае о «втором рождении», и это выражение до сих пор применяется к крещению, даже после того, как этот ритуал перешел на экзотерический уровень. Добавим, что ритуал «конфирмации» некогда означал переход к более высокой степени, и скорее всего, отмечал собой завершение «малых мистерий». Рукоположение в сан, которое сегодня дает лишь возможность исполнять определенные функции, является «экстериоризацией» сугубо жреческой инициации, относящейся к «великим мистериям».

Чтобы убедиться в том, что христианство во второй фазе своего существования утратило инициатический характер своих «таинств» и превратило их в чисто экзотерические ритуалы, достаточно рассмотреть случай с крещением, от которого по логике вещей должно непосредственно зависеть все остальное. В отношении изначального христианства, несмотря на весь «мрак», который его окутывает, известно совершенно точно, что в нем крещение давалось только при соблюдении множества строгих предписаний и после длительной подготовки. Сейчас же все обстоит прямо противоположным образом, и кажется, что Церковь делает все возможное, чтобы упростить и облегчить процедуру осуществления этого таинства, которое не только может быть дано любому человеку без всякой подготовки и независимо от его качеств, но и считается действительным, кто бы его не осуществил, в то время как остальные таинства могут производиться только свя-

---

(19) *Говоря здесь о ритуалах инициации, мы имеем в виду те, целью которых является передача инициатического влияния. Само собой разумеется, что существуют и иные инициатические ритуалы, предназначенные для тех, кто уже получил инициацию. Так, Евхаристия изначально была, безусловно, инициатическим ритуалом, но не ритуалом самой инициации.*

(20) *Тема «малых» и «великих мистерий» является центральной для понимания инициации как таковой, и следовательно, для адекватного уяснения мысли Генона. Традиционная картина мира делит бытие на три уровня — физический (материальный, плотный, грубый), субтильный (психический, душевный, тонкий) и духовный (небесный, ангелический). Обычные люди живут в основном интересами первого мира. Если они участвуют в сакральной цивилизации, то им соответствует сфера экзотерической традиции; если они, по тем или иным причинам, выходят за рамки сакральной цивилизации, они становятся «профанами» в полном смысле этого уничижительного термина, чем бы они ни занимались — материальной деятельностью или гуманитарными вопросами — во всех случаях не только духовный, но и душевный статус таких людей, с традиционной точки зрения, строго равен нулю. Для того, чтобы полноценно и сознательно реализовать потенции второго уровня, субтильного мира (мира души), простому участнику сакрального экзотерического общества (но не профаническому!) необходимо пройти первую инициацию —«малые мистерии». В процессе такой инициации человек подвергается особому преображению и сознание его фиксируется на субтильном уровне. Процесс посвящения является мгновенным, но процесс полной реализации этого посвящения может быть крайне долгим и вообще не увенчаться успехом. Иными словами, инициация может остаться только виртуальной, т.е. не реализованной, а может стать* **эффективной**. *Это зависит уже от личных усилий и воли человека, который, тем не менее, сохранит виртуальную инициацию, даже если не сделает ничего для ее реализации. Пределом реализации инициации в «малые мистерии» является реставрация «райского» адамического состояния, что предполагает полную реализацию архетипа человеческой души, постановку «Я» в центр субтильного, тонкого мира. Далее следуют (а точнее, могут последовать, а могут и не последовать) «великие мистерии», инициация в которые переводит существо (которое после реализации «малых мистерий» уже нельзя, строго говоря, назвать человеком) на третий, духовный план, где ему предстоит также реализовать полученную в инициации возможность. Пределом реализации «великих мистерий» является полное обожение, слияние с Полюсом Неба, со Словом, стоящим в центре высшего духовного мира. Переход от «малых мистерий» к «великим» описывается в традиции как переход от «земного рая» к «раю небесному». Все эти соображения следует иметь в виду, чтобы адекватно понять смысл данной статьи Генона. — прим. «Милого Ангела»*

щенником определенного сана и исполняющего конкретные функции. Такое упрощение в отношении основополагающего «таинства», а также обычай крестить детей как можно раньше, желательно сразу после рождения (что, естественно, исключает возможность какой бы то ни было подготовки к крещению), можно объяснить только радикальной переменой самого смысла крещения. Начиная с определенного момента, крещение стало интерпретироваться как таинство, совершение которого является необходимым условием для «спасения души», и следовательно, его следует осуществить над как можно большим количеством индивидуумов. Раньше же оно имело совершенно иной смысл. Догмат о том, что «спасение души», которое есть конечная цель всех экзотерических ритуалов, возможно только через вступление в лоно Церкви, является следствием характерного «эксклюзивизма», неизбежно присущего всякому экзотеризму как таковому. Мы не считаем нужным останавливаться на этом дольше, так как слишком очевидным является тот факт, что ритуал, совершенный над новорожденным ребенком и без каких-либо традиционных способов определения его внутреннего врожденного качества, не может носить характер инициации, даже понимаемой как инициация чисто виртуальная[21]. Впрочем, к сохранению виртуальной инициации в христианстве мы скоро вернемся.

Заметим еще одну важную особенность: в современном христианстве, в противоположность христианству изначальному, все обряды носят публичный характер. При них может присутствовать кто угодно, даже если речь идет о наиболее «закрытых» ритуалах — какими должны были бы являться рукоположение в сан или посвящение в епископы, и с еще большим основанием крещение или конфир-

мация. Когда речь идет о подлинной инициации, ничего подобного не может иметь места, так как инициация может совершаться только в присутствии тех, кто ее уже получил[22-22а]. Инициация и эзотеризм, с одной стороны, и прозелитизм с другой, взаимоисключают друг друга. Однако этот аргумент мы не считаем основным в доказательстве нашего главного тезиса, так как если бы он был единственным, на него можно было бы возразить, что речь идет о некотором вырождении традиции, как это имеет место иногда в инициатических организациях, не перестающих от этого являться аутентичными хранительницами виртуальной инициации. Но мы видели, что нисхождение христианства на экзотерический уровень нельзя никоим образом рассматривать как «вырождение», а кроме того, другие высказанные нами соображения достаточно убедительно доказывают, что в данном случае ни о какой инициации речь идти не может.

Если бы в христианстве сохранялась виртуальная инициация, как полагают наши оппоненты, и если бы соответственно прошедшие через христианские таинства и даже через одно только крещение, отныне были избавлены от необходимости искать какой бы то ни было иной инициации[23], то чем объяснить существование специфически христианских инициатических организаций, без всяких сомнений наличествовавших на протяжении всего Средневековья, ведь в этом случае их особые инициатические ритуалы являлись бы излишним и ненужным в принципе повторением таинств Церкви? Могут возразить на это, что таинства Церкви имели отношение только к «малым мистериям», а поиск иных форм инициации был характерен для тех, кто стремился быть посвященным в «великие мистерии». Но подобное соображение по меньшей мере нело-

---

(21) *На самом деле, это утверждение не так очевидно, как это может показаться, поскольку в таких традиционных цивилизациях как исламская или индуистская есть немало случаев, когда к определенным инициатическим организациям принадлежит поголовно все население какого-то региона или какой-то области. В Индии в пример можно привести сиккхов, а в исламе некоторые северо-африканские регионы, где все жители с рождения принадлежат к той или иной суфийской тарике. Аналогичную картину можно наблюдать и в Чечне, причем вплоть до настоящего времени, где практически все население республики состоит в каком-то одном из распространенных там суфийских орденов, которые, впрочем, конкурируют между собой. Безусловно, такие случаи можно рассматривать как аномалию, но тем не менее вряд ли можно утверждать, что виртуальная инициация в них отсутствует.* — прим. «Милого Ангела»

(22) *После публикации статьи Кумарасвами, о которой мы упоминали в одной из предшествующих сносок, мы задали А.К.Кумарасвами вопрос по этому поводу. Он подтвердил нам, что посвящение в буддийские монахи проходит только в присутствии членов Сангхи, которая состоит исключительно из тех, кто уже прошел посвящение. Присутствовать при этом ритуале не могут не только небуддисты, но и те, кто исповедуют буддизм, оставаясь при этом «мирянами».*

(22а) *Это правило до сих пор почти всегда соблюдается в Восточных Церквях, и, в первую очередь, в Православии, где некрещенные не могут присутствовать при крещении, а нерукоположенные в сан — при рукоположении.* — прим. «Милого Ангела»

(23) *Честно говоря, нам кажется, что основным мотивом тех, кто стремится любой ценой доказать, что христианские ритуалы сохранили свою инициатическую природу, является именно нежелание предпринимать усилия по поиску регулярной инициации. Видимо, они не хотят утруждать себя поиском аутентичной инициатической организации и одновременно с этим претендуют на получение сугубо инициатических эффектов в результате прохождения «церковных таинств». Даже в том случае, когда они признают, что такие результаты являются в наше время вещью исключительной, каждый легко причисляет к этому исключению самого себя, что, на самом деле, есть иллюзия, достойная глубокого сожаления.*

гично, так как трудно вообразить, что все члены средневековых инициатических организаций были заинтересованы именно областью «великих мистерий». Напротив, сам факт существования и широкого распространения христианского герметизма уже говорит об обратном, поскольку герметизм как таковой имеет отношение почти исключительно к области «малых мистерий». То же самое касается и профессиональных цеховых инициаций, которые, даже если они и не были полностью христианскими, тем не менее, требовали от членов своих организаций практики христианского экзотеризма.

Теперь попытаемся прояснить другой аспект так как кое-кто может сделать из нашего изложения следующее ложное заключение: если христианские таинства не имеют никакого инициатического характера, то они принципиально и ни при каких условиях не могут произвести инициатического эффекта, а это утверждение, в свою очередь, опровергается многими историческими фактами[24]. На самом деле таинства не могут сами по себе являться причинами этих эффектов, так как их воздействие строго ограничено экзотерической сферой, поэтому подобные случаи нуждаются в особом объяснении. Там, где существует подлинная инициация, связанная с конкретной традицией и опирающаяся на экзотеризм этой традиции, экзотерические ритуалы могут быть «перенесены» на иной уровень, но только в том случае, когда речь идет о тех, кто получил соответствующую инициацию, и ни о ком другом. Такие люди могут использовать экзотерические ритуалы как опору для инициатического делания, а следовательно для таких посвященных эффекты чисто экзотерических таинств перестают ограничиваться исключительно экзотерической сферой, как это имеет место для подавляющего большинства, практикующего соответствующую экзотерическую традицию. В этом отношении христианство не отличается от других аутентичных традиций, но для того, чтобы это было возможно, должно выполняться основное условие — должна существовать подлинная сугубо христианская инициация. При этом инициатическое использование экзотерических обрядов никоим образом не отменяет предварительного получения регулярной и ортодоксальной инициации, и более того, только наличие такой инициации является необходимым условием самой возможности такого использования. И никакая исключительная личная квалификация не может заменить собой данное условие, при несоблюдении которого все способности, превышающие

средний уровень, приведут лишь к той или иной форме религиозного мистицизма, а он, в свою очередь, остается целиком и полностью в рамках религиозного экзотеризма.

Эти пояснения помогают нам понять истинное качество тех средневековых авторов, которые оставили после себя тексты откровенно инициатического характера, но которых совершенно ошибочно причисляются сегодня к категории «мистиков», тогда как они являлись чем-то совершенно иным. В таких случаях речь шла не о какой-то «спонтанной» инициации и не об исключительном воздействии виртуальной инициации, связанной с церковными таинствами и ставшей по каким-то причинам вновь эффективной, но о вполне регулярных инициатических организациях, существовавших в ту эпоху под прикрытием определенных религиозных орденов, не смешиваясь при этом с ними самими. Мы не можем здесь подробнее остановиться на этом и укажем лишь на тот факт, что как раз в тот момент, когда такие инициатические организации прекратили свое существование, или по меньшей мере, стали крайне трудно доступными для того, чтобы возможность участия в них продолжала оставаться сравнительно открытой, и появился феномен мистицизма в полном смысле этого слова, и такое хронологическое совпадение однозначно указывает, что оба эти явления тесно связаны между собой[25]. Заметим, однако, что все сказанное нами имеет отношение только к католической Церкви, и весьма показательным является тот факт, что в Восточных Церквях никогда не существовало такого феномена, как западный мистицизм в том виде, в каком он возник в XVI веке. Это обстоятельство наводит на мысль, что определенные формы христианской инициации еще сохранились в этих Восточных Церквях, и это полностью подтверждается в случае исихазма, инициатический характер которого не вызывает никаких сомнений, даже тогда, когда он значительно потускнел под воздействием современного мира. Иммунитетом против такого воздействия, которое является естественным следствием общего качества нашей эпохи, обладают только исключительно редкие и малораспространенные формы инициации, независимо от того, были ли они таковыми всегда или их хранители сознательно приняли решение «закрыться», чтобы ускользнуть от неизбежного в нынешних условиях вырождения. В исихазме инициация в полном смысле этого слова заключается в ритуальной и регулярной передаче определенных формул[26], напоминающих мантры

---

(24) Генон намекает здесь на определенные исторические события, связанные с историей некоторых священников и богословов и с их текстами, т.е. с теми случаями, когда христианские таинства порождали откровенно инициатические эффекты. — прим. «Милого Ангела».
(25) Мы не хотим утверждать, что никакие формы христианской инициации не сохранились и позднее, и более того, мы имеем все основания думать, что они существуют и до сих пор, но это относится к группам настолько недоступным и замкнутым, что их просто нельзя принимать в расчет. Конечно, все это справедливо лишь для Католической Церкви, и в Восточных Церквях дело обстоит несколько иначе.

индуистской традиции или «вирд» исламских тарикатов. Существует также особая «техника» призывания божественного имени, как средство внутреннего делания[27]. Такая «техника» не имеет ничего общего непосредственно с христианскими экзотерическими ритуалами, но при этом исихаст может опираться в своем внутреннем делании и на эти ритуалы, как мы объяснили выше, при условии, что в результате инициации через конкретные формулы ему было передано особое инициатическое духовное влияние, использующее эти формулы как «оболочку». Но такая передача предполагает наличие непрерывной инициатической цепи, так как передать можно только то, что от кого-то было ранее получено[28]. И на этом вопросе мы, к сожалению, не можем остановиться подробнее, хотя тот факт, что исихазм сохранился вплоть до наших дней, открывает возможность найти в нем определенные разъяснения относительно характера и методов других форм христианской инициации, которые, увы, безвозвратно утрачены.

В заключение, мы могли бы резюмировать все вышесказанное следующим образом: несмотря на свое инициатическое происхождение, христианство в настоящий момент является исключительно религией, т.е. традицией сугубо экзотерического уровня, и следовательно, оно не несет в себе никаких иных возможностей, кроме возможностей, свойственных всякому экзотеризму. Само оно и не претендует ни на что большее, так как его задачей является лишь обеспечение «спасения». Естественно, соответствующая инициация может накладываться на эту традицию, и более того, в нормальном случае она должна накладываться, так как воистину полноценная традиция всегда имеет два уровня — эзотерический и экзотерический. Но на современном Западе такой формы инициатического христианства более не существует. Безусловно, строгого соблюдения экзотерических обрядов совершенно достаточно для обеспечения «спасения». И это уже много, и в нашу эпоху это единственное, на что может рассчитывать подавляющее большинство современных человеческих существ. Но что делать в таких условиях тем, о ком некоторые суфии говорят, что «рай для них не более, чем тюрьма»?

(26) *В классическом позднеисихастском произведении «Откровенные рассказы странника духовному своему отцу», крайне популярном в Православной Церкви вплоть до настоящего времени, процесс инициации описан достаточно подробно. В начале красочно описывается как верующий ощущает неудовлетворенность экзотерической стороной религии и ищет особой духовной практики. Позже он встречает старца (а традиция старчества и является той христианской инициатической цепью, о которой говорит Генон), и тот передает ему три вещи: формулу Иисусовой молитвы (вместе с конкретными техническими правилами ее произношения и другими дополнительными деталями), четки и книгу «Добротолюбия», которую можно считать сводом технических советов, касающихся практики православного эзотеризма. В принципе, было бы крайне интересно подробно разобрать это произведение, которое может служить ярчайшим свидетельством сохранения инициатического и эзотерического измерения в православной традиции вплоть до самого недавнего времени. — прим. «Милого Ангела»*

(27) *Заметим, что это призывание божественного имени по-гречески называется «мнеме», т.е. «память» или «воспоминание», что является точным эквивалентом арабского «дхикр».*

(28) *Заметим, что среди современных исследователей исихазма многие стараются «минимализировать» собственно его «техническую» сторону, то ли потому, что это соответствует их личной позиции, то ли чтобы избежать ненужной критики, порожденной полным невежеством в инициатических вопросах. Как бы то ни было, это — яркий пример того «потускнения» инициатической традиции, о котором мы упомянули выше.*

В качестве приложения к тексту Рене Генона мы приводим статью, в которой проблема инициации рассматривается применительно к православной традиции, и особенно к русской православной традиции. Поскольку в ней затрагиваются основы традиционалистского взгляда на важнейшие аспекты реальности, —циклологию, эзотеризм и т.д., — ее вполне можно рассматривать как развернутый комментарий к статье самого Генона.

Александр ДУГИН

РУССКОЕ ПРАВОСЛАВИЕ И ИНИЦИАЦИЯ

Исследование сакрально-географической проблематики России и шире, Евразии, которое мы начали в серии наших статей, объединенных в сборнике «Мистерии Евразии», привело нас к необходимости рассмотреть и чисто религиозный аспект «русской особости», аспект, связанный непосредственно с Православной Церковью, в которой сосредоточен один из важнейших элементов идентичности «Континента России». Необъятность данной темы заставляет нас выбрать изначально какой-то один пласт этой проблемы, определить тот угол зрения, который ляжет в основу нашего исследования. Мы считаем, что наиболее сущностным и наиболее интересным определением специфики Русского Православия было бы ее рассмотрение в контексте трудов великого эзотерика нашей эпохи — Рене Генона. Для того, чтобы сделать это или, точнее, для того, чтобы заложить основу подобному подходу, предполагающему неограниченные возможности глубокого и неожиданного понимания русского Православия, нам придется вкратце изложить важнейшие положения Генона в отношении экзотеризма и эзотеризма, инициации и контр-инициации. Отталкиваясь от этих положений, мы сможем лучше и яснее постичь тайну России и смысл ее исторической миссии.

1. Религия и инициация по Генону

Согласно Генону, Традиция (то есть совокупность сакральных знаний, восходящих к примордиальному и нечеловеческому божественному источнику) в последние периоды нашего цикла, Кали-Юги, насчитывающей уже несколько тысячелетий, обязательно разделяется на две части — на экзотеризм и эзотеризм, причем экзотеризм может проявляться как в форме религии (иудаизм, христианство, ислам), так и в иной нерелигиозной форме (индуизм, конфуцианство, буддизм и т.д.) Это различие, сделанное Геноном, для нас не так уж важно, так как две традиции, к которым мы собираемся апеллировать в данной статье — христианство и ислам — являются религиями в полном смысле этого слова, и поэтому именно в качестве религий отождествляются с экзотеризмом. Но, тем не менее, оно важно для понимания логики самого Генона, разделяющего экзотерический уровень Традиции на западный (=религиозный) и восточный (=внерелигиозный).

Экзотеризм представляет собой социально-психологический, упорядочивающий аспект Традиции, то есть лик Традиции, обращенный исключительно вовне, к людям, и доступный для всех членов традиционного общества без исключения. Эзотеризм, со своей стороны, это сфера чисто духовная. На этом своем уровне Традиция апеллирует к «элите», к «избранным», призванным углубиться внутрь сакральных доктрин и догм. Эзотеризм является внутренней стороной Традиции, экзотеризм — внешней.

В нормальном случае религиозное общество имеет два типа ритуалов, предназначенных для вхождения неофита в лоно Сакрального: первый тип — это прием в экзотерическую организацию («обращение»); второй тип — это инициация, прием в эзотерическую организацию. Инициация — это основа эзотеризма, и в определенных случаях ее можно толковать расширительно не только как сам ритуал, но и как комплекс эзотерических и символических доктрин, с ним связанных, и даже как проявление конкретных духовных влияний, превышающих сферу внешней экзотерической традиции.

В рамках трех религий эзотерическими и инициатическими группами были каббалисты (в иудаизме), христианские гностики и герметики (позднее христианские масоны) в христианстве и суфии в исламе.

Наличие именно такой двойственной структуры

в традиционном обществе является, согласно Генону, необходимым условием для того, чтобы это общество было нормальным и полноценным.

2. Особенность христианства [1]

Но такое схематическое представление нуждается в особом пояснении касательно христианской религии. Генон считает, что христианская традиция, в отличие от иудаизма и ислама, была изначально неполной и соответствовала лишь эзотерическому и инициатическому уровню. В доказательство этого приводится, в частности, соображение, что в Новом Завете отсутствует легислативный, социальный аспект, составляющий суть экзотеризма. И лишь в позднейшие эпохи христианство как бы спустилось на экзотерический уровень, приняв в качестве социальной религиозной базы переработанный кодекс римского права. Этот изначальный и сущностный эзотеризм христианской традиции следует иметь в виду для понимания дальнейших соображений.

3. Шиитская проблема в оптике А.Корбена.

Картина деления Традиции на внутреннюю и внешнюю неприменима также и в особом случае исламской традиции — в случае шиизма. Наиболее авторитетный из западных исследователей ислама Анри Корбен указал на очень интересную особенность иранского ислама, являющегося, по-преимуществу, шиитским. Этот шиитский ислам, с одной стороны, изобилует явными и многочисленными ссылками на эзотеризм, и в частности, основа шиитской доктрины заключается в признании центрального места «Света Имамата» и сакральной миссии Али, первого из имамов, что соответствует глубинно-эзотерическому уровню мусульманской религии. С другой стороны, именно в шиизме менее всего распространены собственно «суфийские» инициатические организации. А. Корбен утверждает, что шиитский суфизм — это вещь редчайшая и исключительная. Таким образом, шиитский ислам не соблюдает нормы строгого деления на внешнее и внутреннее, как это имеет место в суннизме. И сам Генон, впрочем, признает, что иранский ислам — это явление особое, и связывает при этом отсутствие в нем запретов на изображение фигур людей и животных в сакральной живописи — запретов, строго соблюдаемых в суннизме, — со спецификой арийского происхождения иранцев, менее склонных, нежели семиты к идолопоклонничеству.

Итак, в шиизме (и особенно в иранском шиизме) мы имеем дело с традицией эзотерической, более открытой и менее формализованной и институционализированной, нежели ат-тасаввуф, суфизм. В случае крайнего шиизма — исмаилизма — это совсем уже очевидно, так как там экзотеризма фактически вообще нет.

Заметим также, что в рамках исламской уммы — повторяющей в общих чертах контуры Халифата — иранцы и географически и интеллектуально занимают наиболее «восточные» регионы (вспомним «Восточную Теософию» Сохраварди).

4. Православие и Восток

Принимая во внимание все вышесказанное, аналогия между католичеством и суннизмом, с одной стороны, и православием и шиизмом, с другой, напрашивается сама собой. Во-первых, в отличие от католицизма, в Восточной Церкви исторически практически невозможно зафиксировать наличия никаких особых эзотерических организаций — герметических орденов, компаньонов, гностических братств. Но при отсутствии их явных следов эзотерическая подоплека православия очевидна — в сакральной архитектуре церквей, в инициатической иконописи, в широко распространенной апофатической теологии (фактически отмененной экзотерическим католицизмом при введении догмата о филиокве[2]), в монастырских контемплативных практиках, в исихазме, старчестве, традициях юродивых и т.д.

Во-вторых, православие (и особенно Русское Православие) никогда не превращалось в сугубо социальную религию, оставаясь над этим уровнем. Православный Патриарх, в отличие от Папы, был в первую очередь духовным центром Церкви, и его влияние прямо общественно-политическую жизнь вообще не затрагивало. Именно социальная роль Римского Папы и была объектом суровой критики со стороны православных. Можно сказать, что на Востоке того «снисхождения» христианства в социум, которое произошло на Западе, вообще никогда не было. В некотором смысле в России реализовался «гибеллинский архетип» Сакрального Императора как центра государства, и «Духовный Властитель», Патриарх, там выполнял сугубо духовные функции[3].

В-третьих, этот «гибеллинский архетип», о котором мы упомянули, воплотился в отношении к Русским Царям. Именно Царь был сакральным центром русской имперской эйкумены, и в его фигуре концентрировались все имманентные религиозные энергии народов. В частности, в отличие от католической эсхатологии, где в апокалиптической перспективе говорится об анти-Папе, об узурпаторе престола святого Петра, православные пророчества нигде не упоминают «анти-Патриарха», и все негативные контр-сакральные силы «соединяются там в персоне анти-Царя», императора-Антихриста. В принципе, этот «гибеллинский» аспект типологически близок шиитскому пониманию сакральной природы Власти, так как шиитская доктрина (в отличие от суннитской) настаивает на правлении только Алидов, священного рода потомков первого из Имамов, так как шииты считают, что вне этого рода никакие люди не имеют «светового» «инициатического права» на правление.

В-четвертых, восточное географическое расположение Русского Православия логически поставило его в непосредственную близость с линией Восточных Отцов — Св. Отцов из Анатолии, Сирии, Ливана, Каппадокии и т.д.

В-пятых, в рамках русского Православия, традиция «исихазма», «светового гнозиса», идущая от Афонского монастыря и от св. Георгия Паламы, не была достоянием какой-то формализованной организации. Исихазм буквально пропитывает православную традицию вплоть до наиболее внешних ее аспектов. Конечно, деление на внутреннее и внешнее остается, однако никаких структурных разграничений между исихастами и старцами, с одной стороны, и клиром и верующими, с другой стороны, в Православии никогда не существовало, в отличие от строгой организации инициатических орденов в католичестве, где эта грань была четко обозначена.

И наконец, в-шестых, эзотерическая специфика Православия сохранилась в самом церковном ритуале и, в частности, в наличии иконостаса[4], отделяющего алтарь Таинства от прихожан. Католический ритуал предполагает открытость алтаря, его доступность для взглядов всех прихожан в любое время службы и вне ее. Тем самым алтарное таинство, действительно, становится экзотерическим, «снисходит» на внешний уровень. В Православии же врата Иконостаса — Царские врата — открываются только на короткий срок в ключевые моменты литургии (кроме особых праздничных дат). Это символизирует уникальное раскрытие самого апофатического, непознаваемого Принципа по ту сторону катафатического видения сакрального мира, в обычном состоянии представленного лишь его символами — образами иконостаса, деисусным рядом и т.д. — как бы замещающими алтарь. С этой особенностью православного ритуала связано и историческое отсутствие развитой «схоластической» и рациональной богословской традиции в России, поскольку само богослужение относится в Православной Церкви к инициатическому и сверх-рациональному уровню, тогда как открытость алтаря в Католической Церкви низводит таинство в сферу рационального и догматического. Там, где католик в поисках инициации должен обращаться к особым, внецерковным инстанциям — эзотерическим общинам, братствам, сообществам и т.д., православный может обрести искомое в самой литургии, проникнув в ее наиболее глубокие трансцендентные измерения без помощи других сакральных институтов.

Таким образом, следует предположить, что Православная Церковь, подобно шиитскому течению ислама, не подлежит строгому делению на экзотерический и эзотерический уровень, по меньшей мере, это справедливо на уровне ее архетипа, ее организационного сакрального устройства. Это, однако, не означает, что все Православие, а точнее, все православные, являются гностиками. Безусловно, деление на «внутренних» и «внешних» сохраняется здесь, как везде, в зависимости от личного качества, от «духовной касты» того или иного человеческого существа. Однако в данном случае это деление не формализовано, и степень «инициированности» зависит здесь исключительно от внутренней природы верующего и от его усилий, направленных на совершенную реализацию данных ему духовных возможностей.

Конечно, градация духовной реализации, строго соответствующая общей структуре инициатической сферы, сохраняется и здесь, однако ее характер является более гибким и менее структурализованным, нежели в закрытых эзотерических организациях.

5. Вопрос о «виртуальной инициации»

Говоря об инициации, Генон различает «виртуальную инициацию» и «инициацию эффективную», «реализованную». С его точки зрения, христианская религия, став «экзотеризмом» для Запада, не может дать «инициации» вообще. Хотя в католическом ритуале, в католическом таинстве, также участвуют чисто духовные энергии — той же природы, что и в инициатических практиках — они не ориентированы здесь на подлинную интериоризацию, а следовательно, затрагивают лишь внешнюю сторону индивидуальной структуры верующих, гарантируя «спасение», но не открывая пути к высшим сверх-индивидуальным уровням существования, как это происходит в сугубо эзотерических мистериях.

Однако в эзотеризме полученная инициация может навсегда остаться лишь «виртуальной», лишь неиспользованной возможностью, если отсутствует знание секретов «инициатической работы», «Великого Делания», или если «посвященный» предпочитает использовать полученное богатство в целях, противоположных великой цели духовного возвышения и реализации чисто небесных, духовных состояний.

Таким образом, Генон выносит вопрос о действительной ответственности за духовную судьбу государств и наций за рамки христианства как религии, так как, с его точки зрения, истинные вожди истории имеют отношение только к «эзотерическому « уровню — и только на этом уровне скрыты действительные «причины» исторических процессов. В его оптике «виртуальная инициация» может быть обращена как в сторону духовной реализации — «подлинной инициации», так и в противоположном направлении. Этот негативный вариант использования инициации определяется Геноном как контр-инициация. Христианская Церковь логически помещается им как бы между этих двух инициатических полюсов и испытывает на себе их обоюдное, пересекающееся влияние. Позитивно ориентированная «виртуальная инициация» служит гарантом духовной подлинности экзотерической религии, поддерживает ее полноту и неизменность. Негативно ориентированная «виртуальная инициация», контр-инициация, напротив, разрушает религию, разлагает ее основы, старается переориентировать «экзотерический культ» в обратном, «дьявольском» ключе.

Такое видение «инициации» и «религии», их взаимодополняющих функций удивительно наглядно подтверждается историческими фактами, так как практически во всех религиозных реформах и трансформациях Запада легко можно заметить влияние или инициатических, или контр-инициатических групп «вне-религиозного» или «сверх-религиозного» происхождения. Но все это применимо лишь к западному христианству, а также к иудаизму, суннитскому исламу и т.д. — то есть к сугубо «западным» — духовно и географически — традициям[(5)]. На Востоке, по крайней мере, на религиозном Востоке (напомним, что не-авраамические традиции Генон к религии не относит) — дело обстоит несколько иначе, и в этом случае мы логически должны особенно разобрать все то, что относится к «виртуальной инициации» в этом регионе, так как именно этот фактор является там наиболее важным.

6. Православная инициация

Исходя из особенности Православной Традиции и основываясь на типологической параллели с шиитской традицией, можно сделать одно чрезвычайно важное заключение: Православное христианство является оперативным инструментом для передачи «виртуальной инициации», и сам православный ритуал, в отличие от католического, сохранил интактным инициатический характер, свойственный изначальному христианству.

На символическом уровне Церковь св. Андрея Первозванного, Православная Церковь, не разделилась окончательно с эзотерической церковью св. Иоанна, как это произошло в случае Церкви св. Петра. Это, кстати, находит свое косвенное подтверждение и в том факте, что, как и многие меньшие по масштабу христианские инициатические организации, Православная Церковь была объявлена католичеством «ересью» и «сектой». И одновременно с этим средневековая легенда о «царстве священника Иоанна», расположенного на Востоке, символически могла относиться не только к главному сакральному центру Примордиальной Традиции, но по аналогии и к самой России, где, кстати, самым распространенным именем всегда было «Иван», «Иоанн».

Подобная особенность и уникальность Русского Православия имеет и свое доктринальное отражение в православной «Формуле Веры», где неприятие католического нововведения — «FILIOQUE» — то есть утверждения об исхождении Святого Духа, имманентного аспекта Бога, не только от Отца, Первого Лица Троицы, но и от Сына, Второго Лица — имело характер отказа от «опосредующей» инстанции между сакральным, духовным Космосом («Святой Дух») и Перво-Причиной, то есть, в иных терминах, характер отказа от экзотеризма как от опосредующей инстанции между верующим и инициацией. Вездесущесть и прямая связь Святого Духа непосредственно с Отцом, с апофатической ипостасью Троицы, означает для православных прямую тотальность «Духовного Света», разлитого повсюду в Бытии и открывающегося в акте православного делания, инициатического «домостроительства». Этот православный принцип «домостроительства» — центральный для всей Восточной Церкви и ее практики — точно соответствует «храмо-строительной» линии западной христианской инициации, вынесенной, однако, там в сферу особых вне-церковных инициатических организаций и в позднейшие времена сконцентрированной в «христианском масонстве» и «компаньонаже»[(7)].

Такая инициатическая специфика Православия и, в частности, отсутствие FILIOQUE объясняют то, что в отличие от католического эзотеризма, в Православии нет следов «герметизма», выделенного в отдельную и самостоятельную дисциплину. «Герметизм» как сакральная космология фактически сконцентрирован в самом освящении Сакрального Космоса —области Святого Духа — прямым происхождением от Отца, то есть в непосредственной «Богоявленности» Космоса, в «теофании» Космоса, свободном от прохождения «цензуры Логоса». Если в случае нормальных условий сакральной цивилизации сам Логос-Сын, естественно, помещается на сверх-индивидуальный уровень, трансцендентный по отношению к человеческому разуму, то на последних этапах цикла — а именно так видит актуальную историю христианская эсхатология — эта ипостась Святой Троицы подвергается опасности отождествиться с этим человеческим разумом, что в принципе и случилось с католической теологией, начавшей с исключения апофатического подхода, а закончившей «рационализмом» и «гуманизмом» полупрофанического характера.

Православная же доктрина в силу своего естественного, «неформального» «герметизма» не подверглась подобной трансформации, сохранив свою инициатическую, сверх-индивидуальную и сверхрациональную природу.

Однако здесь следует отметить и другой довольно тревожный аспект подобного положения дел. Будучи распространенной на весь народ без строгого разделения на «элитарную» и «всеобщую» форму духовности, Русская Православная Церковь также подвергалась риску, но только другого рода, нежели католическая традиция. «Виртуальная инициация», передаваемая Православием всем христианам, не могла логически быть доведенной до своей позитивной и окончательной цели в подавляющем большинстве случаев, что вполне логично, учитывая необходимое различие внутренней природы разных людей, и в целом исключительность полноценного инициатического пути (много «званых», но мало «избранных»). Помимо этого, ориентация на «сверхличный» или «вне-личный» аспекты апофатического православного богословия сужала или почти вовсе исключала дискурсивно-рациональные формы инициатических доктрин, иногда чрезвычайно важные в качестве подготовительного этапа. Таким образом, реализация «виртуальной инициации» постепенно становилась все более и более проблематичной.

Избранные, святые, исихасты, старцы, монахи или просто исключительные личности, конечно, могли дойти до конца этого пути, но большинство вынуждено было ограничиваться лишь одной «виртуальной инициацией». Такое положение дел объясняет, в частности, феномен широчайшего распространения традиции «юродивых» на Руси, то есть людей, обретших возможности духовного созерцания, но не способных гармонически сочетать их с нормальным функционированием индивидуально-рациональных уровней личности. «Юродство» как тотальный феномен русской духовности в высшей степени показателен для Русского Православия, и еще раз подтверждает как инициатическую природу всей Восточной Церкви (ведь никакого специального «посвящения» в юродивые не существовало), так и вполне логичную трудность, связанную с полноценной реализацией «виртуальной инициации».

Учитывая все вышесказанное, становится ясно, что, в отличие от католической цивилизации, судьбоносные «причины» религиозных и общественных трансформаций «Континента-России» следует искать не во вне-религиозных организациях, но в лоне самой Церкви, являющейся непосредственно ареной и истоком противостояния двух «инициатических» тенденций — полноценной и совершенной инициации, традиции «русской святости», «старчества» и т.д. и «контр-инициации», обращающей полученную священную «энергию» к «дьявольской», антидуховной цели.

7. Темная тайна космизма

Когда Рене Генон говорил о «контр-инициатических» организациях Запада, он, естественно, не ставил точки над i в данном вопросе, так как сама специфика этой темы требует определенных предосторожностей. Однако, если суммировать все высказанное им по этому поводу (в том числе в форме намеков или предположений), сложится следующая картина: «контр-инициация» в последние столетия наиболее ярко проявляется в деградировавших западных инициатических организациях «герметического типа». Это могут быть как «ответвления масонства», так и неорозенкрейцеровские или неоалхимические организации. Представители именно этих групп, унаследовавших секреты и ритуалы «виртуальной инициации», породили в XIX веке весь спектр псевдоинициатических оккультистских и теософистских групп, составивших в дальнейшем то, что принято называть «неоспиритуализмом»[6]. Сам «неоспиритуализм» не является прямо «контр-инициатическим»; это, скорее, инструмент, направленный на разрушение остатков истинной Традиции на Западе, и под видом «возврата к духовности» ведущий профанов к бездне растворения в психическом хаосе. Но «контр-инициация» принадлежит к гораздо более глубокому уровню реальности, будучи связанной с тем, что теология называет «Миссией Дьявола».

Одной из наиболее опасных «контр-инициатических» организаций Рене Генон считает «Герметическое братство Луксора» («Hermetic Brotherhood of Luxor»[8]). От него тянутся нити ко всем более массовым и подчас противоположным по своим внешним учениям неоспиритуалистическим течениям: к теософизму, к оккультизму, к извращенному неоиндуизму («Ауровиль», Шри Ауробиндо Гош) и т.д. Чрезвычайно показательно, что свое учение «Герметическое братство Луксора» называло «Космической философией»,»Космической Доктриной» и иногда «космизмом». Сущность «космизма» «Герметического братства Луксора» состояла в контакте с «космосом» или «космическим сознанием», что предполагало постижение «световой природы» Космоса (эта тема «Света» запечатлена в самом названии Ордена: Luxor —египетский город — подобен латинскому Lux — « свет», и Lucifer — «световосный»). «Космистская Доктрина» все свое внимание концентрировала на «психическом», «субтильном» плане, фактически отождествляя «духовное» и «сверх-психическое» с «душевным» («психическим»)[9]. Это была особая форма «пантеизма», но не философски-абстрактного, а «магического», «конкретного», «оперативного» и «агрессивного». Кроме фактического игнорирования трансцендентных аспектов Духа, «космизм» «Герметического Братства Луксора» был опасен также перенесением многих «инициатических» сакральных и духовных символов и ритуалов на «психический» и материальный уровень, что заключало в себе «пародию» на истинную инициацию, ее гротескную и опасную имитацию. Члены «Герметического Братства Луксора», обладавшие бесспорными паранормальными способностями, не только впервые сформулировали основные «нео-спиритуалистские» теории, но и через провоцирование загадочных явлений добились их быстрейшего внедрения в самые разнообразные культурные и научные среды[10]. Исторически корни этого тайного общества уходили в некоторые германские масонские ложи XVIII века, где высшие градусы практиковали «оперативную магию», а также в иррегулярную «Масонерию Египетского Обряда» («Мемфис-Мицраим») и в группы «сексуальной магии» Рэндольфа, с подчеркнуто «сатанинской спецификой». Фактически, «космизм» контр-инициатической группы «Герметического Братства Луксора» был унаследован и более поздними , откровенно «сатанинскими» центрами — такими, как «Орден Тамплиеров Востока» (O.T.O.) Алистера Кроули, называвшего себя «зверем 666», «Движением 93» и т.д. Продолжатели «Герметического Братства Луксора» в современном мире представляют собой наиболее серьезные и наиболее зловещие уровни и современного «неоспиритуализма» («неорозенкрейцеры», «уфологи», «экстрасенсы» и т.д.), так как именно «контр-инициация» является «источником» той анти-традиционной диверсии, чьими марионетками (в большей или меньшей степени бессознательными) являются все неоспиритуалистические течения.

Если обратиться к России второй половины XIX века, то мы обнаружим в ней одно поразительное явление, которое называется «русским космизмом».

Его наиболее известным представителем был Николай Федорович Федоров, автор труда «Философия Общего Дела». В биографии Федорова нет никаких указаний на контакты с какими бы то ни было «контр-инициатическими» организациями, но его труды являются компендиумом контр-инициатических доктрин, почти точно соответствующих доктринам «Герметического Братства Луксора». У Федорова есть даже теория «искусственного воскресения из мертвых», что в Традиции считается откровенным знаком «Царства Антихриста». Кроме того, федоровские идеи являются образцом и, в некотором смысле, парадигмой перенесения духовных, символических и религиозных доктрин на психо-материалистический уровень: теория «управления атмосферными явлениями», «превращение Церквей в Музеи» и, наконец, «Проект установления всеобщего и нераздельного братства людей, которое должно включить в себя всех «воскрешенных любовью предков» и стать венцом истории». Моральный утопизм и пантеистический мессианизм Федорова вдохновил многих философов, ученых, писателей, теоретиков России, а кроме того, его «космизм» был крайне популярен в «большевистских» кругах, отождествлявших грядущее «братство воскресших и воскресивших» (sic!) с «коммунизмом». В некотором смысле идеи Федорова были отражением экзальтированного революционного мессианизма той эпохи.

Однако федоровский коммунизм, кстати, имеющий чисто христианскую православную форму[11], был не единственным (хотя, быть может, наиболее ярким) проявлением «контр-инициатического» космизма в России. В расширительном смысле «русским космизмом « можно назвать ясно сформулированные тенденции православной «виртуальной инициации» (напомним, что она была здесь всеобщей, обеспеченной только простым фактом конфессиональной принадлежности), которая реализовалась не по пути позитивного восхождения сквозь мир психический в мир чисто духовный, небесный, сверх-индивидуальный, а по пути «сплавления» с промежуточным, средним миром, с миром психики, то есть с плотным и тонким космосом. В этой «космистской» специфике «естественной» русской «контр-инициативности» негативным образом отразился вопрос о filioque, так как, если путь от одухотворенной Вселенной, от Космоса Святого Духа к самому апофатическому Принципу Отца не совершался (а это, несмотря на «виртуальную инициацию» было доступно лишь немногим), то никакие «рациональные» и «формализованные» структуры более не удерживали индивидуальных существ от «сплавления» с тонким планом, от погружения в Хаос и волнения того, что Традиция называет «нижними водами». Русский космизм — это форма предельной деградации «православного юродства», демоническая форма этого юродства, в которой «юродивые во Христе» становятся «юродивыми во Антихристе». И этот специфический «космизм» резко отличает практически всю русскую философию, науку и культуру от европейского профанизма, так как «космистское» сознание тяготеет именно к внерациональному, к парадоксальному, к силовому узлу «тонких» энергий, прорывающихся сквозь структуры логических построений. «Космизм» в русской философии XIX-XX вв. проявляется в стремлении любой ценой совершить насилие над логи-

ниц, впавшей в крайние формы демонического космистского агрессивного и анархического «юродства», «юродства во Анти-Христе»?

8. Заключение

Разобранные нами аспекты Русской Церкви и ее специфики, быть может, помогут понять тот причудливый и странный мир русского сознания, который так не похож ни на западные, ни на восточные формы. Генон в своей книге «Восток и Запад» (L'Ori-

кой, и чаще всего это выражалось в постановке принципов «нравственности» (одних из самых второстепенных в гносеологии) или «соборности» (синкретического математического суммирования разнородных онтологических элементов) над всеми остальными категориями — скрыто у «религиозных» философов (В. Соловьев) и открыто у «атеистических», но «крещеных» (заметим это! — как богостроители: Богданов, Базаров , Луначарский и т.д.). В науке «космизм» ярче всего проявился у профессора Вернадского, создавшего учение о «ноосфере» и предвосхитившего «контр-инициатические доктрины» Тейяра де Шардена[12].

И если в России в XX веке произошли самые чудовищные гонения на Церковь при коммунистическом режиме, не должны ли мы видеть в этом «естественный контр-инициатизм» православной нации, лишенной своей вертикальной святой перспективы, и не имея рациональных, «логосных» гра-

ent et l'Occident) определил русских как «народ, имитирующий» архетипы, свойственные «истинно восточным» людям. В другом месте он отмечал широкое распространение «оккультистских» и «спиритических» практик в России, видя в этом подтверждение особой склонности русских к «психизму». И наконец, он высказал довольно загадочную фразу о том, что «русский коммунизм» скорее всего является чем-то иным, нежели то, чем его обыкновенно считают. Эти оценки, несмотря на всю их критичность, действительно, очень справедливы для описания православного народа, истинно духовная элита которого стала слишком малочисленной и слишком слабой, но при этом «виртуальная инициация» продолжала оставаться всеобщей, и массы на низшем уровне как бы имитировали обладание подлинной тайной духовного Востока. Возможно, и сама русская идея «соборности», «всеобщности» (у славянофилов) и позже идея «всеобщего равенства» у

46

коммунистов и социалистов была выражением смутного осознания «всеобщей посвященности» нации, «всеобщего братства» (именно «братьями» называли себя члены всех эзотерических организаций — как «орденов» и «лож», так и монастырских общин). И не исключено, что и большевистская революция явилась взрывом этой отчасти обоснованной уверенности во «всеобщей посвященности», стремившейся отменить «экзотерическую» иерархию, «строй господ» как нечто ненужное и порочное, как навязанное «чуждым Западом», «Великим Инквизитором» Достоевского, как социальное filioque, ставящее преграду между народом и «световым Космосом Святого Духа». Но, собственно говоря, те же тенденции, только на закрытом, конспирологическом уровне, оживляли и большинство «контр-инициатических» организаций, также являвшихся анти-католическими и не чуждыми «социалистического» или «коммунистического» пафоса. (В частности, посвятителем Алистера Кроули, Зверя 666, в эзотеризм был известный анархист и социалист, а также неорозенкрейцер Теодор Ройсс). Однако ни в одной стране, ни в одном регионе земли проявление контр-инициатических, тотально космистских, мистико-коммунистических течений не было столь тотальным, как в России, ставшей на 70 с лишним лет воплощением «Красной Женщины» Апокалипсиса, Вавилонской Блудницы.

Но уже задолго до этого и в темной политической мистике Смутного времени (сопряженной с чередой Самозванцев), и в бутафорских, но грандиозных инсценировках Апокалипсиса зловещим императором Петром I[(13)], и в гротеске пародийного русского Просвещения времен Екатерины, и, наконец, в тревожной и психоделической русской литературе — Гоголь, Достоевский, Чехов, Сологуб, и в построенной на парадоксах философии — Хомяков, Соловьев, Розанов, Бердяев и т.д.) зрели рост-

ки «красного космизма», цветы Русского Зла, посеянные щедрой «виртуальной инициацией» Русского Православия, но давшие цветы не вверх, к солнцу русской святости, к духовному солнцу Сергия Радонежского, Нила Сорского и Серафима Саровского, но вниз, к «Черному Солнцу» Полуночи, к Демону Сорат, чье число равно 666, к лицу Бездны.

И сегодняшнее состояние России также нельзя определить в чисто экономических или политических терминах. Семена «виртуальной инициации» (а не надо забывать, что при коммунистической диктатуре большинство русских все же крестило своих детей!) слишком значительны и действенны, чтобы ожидать в скором будущем превращение России в чисто светское, капиталистическое и профаническое государство «западного» образца. Корни «русского феномена» слишком глубоки и трагичны, чтобы можно было рассчитывать на такой исход. «Русская Душа», а точнее совокупность «русских виртуальных посвященных», образующих мистическое тело «Внутренней Церкви», не может отказаться от своей «инициатической» и судьбоносной функции: либо катастрофа будет еще более страшной и еще более глубокой, чем при коммунизме, либо появившаяся вопреки всем внешним обстоятельствам «духовная элита» остановит стремительное падение в бездну и «мгновенно» бросит «нацию Красного Зверя» в Духовные Небеса Святой Троицы — подобно самому Христу, освободившему Ветхого Адама из тенет Ада. И если возможность спасения еще существует для всей нашей «контр-инициатической» цивилизации, то не является ли «инициатическая» Православная Россия наилучшим местом для восхождения, ведь именно здесь впервые была достигнута низшая точка духовного упадка, предел «извращения» и дьявольской имитации «земного рая»?

Москва, весна 1991

Примечания

(1) Эта подглавка является кратким резюме вышеприведенной статьи Генона.
(2) Подробнее см.»Vers la Tradition»; Nicolas Vardhikas «Est et Ouest» N 43, 1991. Filioque — догмат об исхождении Святого Духа не только от Отца, но и от Сына (Filio) был введен по настоянию Карла Великого.
(3) Такое соотношение между «autorite spirituelle» («духовным владычеством») и «pouvoir temporel» («светской властью») Генон рассматривал как единственно нормальное, так как оно строго соответствует иерархической структуре реальности в целом. Важно заметить, что «светская власть», «власть императоров

и царей» отнюдь не рассматривается в Традиции как нечто профаническое. Напротив, имперская сакральность практически отождествляется с экзотерической стороной традиции. Поэтому процитированное в статье Генона «Христианство и инициация» высказывание Христа, — «Кесарю кесарево», — можно рассматривать как признание и «санктификацию» имперской сакральности. Стремление же представителей «духовного владычества», т.е. Церкви в нашем случае, вмешиваться в административно-политические вопросы (что является характерной чертой католицизма), есть признак вырождения духовной природы этой

формы власти, и претензия на восстановление достоинства имперской функции проявляется в таком случае не как феномен узурпации «кшатриями» (второй кастой) функций первой касты («жрецов»), а легитимным отстаиванием своих сакральных прав. Это соображение помогает нам понять, почему сам Генон, будучи радикальным противником «революции кшатриев» и однозначным сторонником превосходства «брахманов» («первая каста») над «кшатриями» (в противоположность Юлиусу Эволе), с такой симпатией относился именно к гибеллинам и гибеллинской традиции, а в частности, к великому гибеллинско-

му поэту Данте Алигьери.

(4) Важно заметить, что появление иконостаса в древней церкви хронологически совпадает с тем переходом от экзотеризму к эзотеризму, о котором говорит Генон в своей статье. Если параллельно с действительной «экзотеризацией» Западной Церкви алтарь, как «сверхнебесный» («*hyperuranios*») элемент храма, стал визуально и пространственно общедоступным, то его сохранение в Восточной Церкви означало ее «воздержание» от совершения «экзотеризации», при сохранении эзотерического элемента в центре самой Церкви, а не вне ее, как в случае католичества. «Сверхнебесный», «гиперуранический» элемент, действительно, не может быть выставлен на всеобщее созерцание без того, чтобы не изменилось само качество духовных влияний, «теургически» сопряженных с этим местом. Но его пребывание в тайне, за запретной (для экзотериков) стеной иконостаса, которая одновременно и «открывает» сущность алтарного таинства через священное присутствие икон деисусного ряда и «скрывает» его от неквалифицированных взглядов, символизирует совершенно иную ситуацию. Кстати, именно такой смысл содержится этимологически в термине «*revelare*», который означает одновременно и «скрывать» и «открывать». Сходная идея заложена и в латинском слове «*coelus*», «небо», которое происходит от корня, означающего «крыть», «покрывать», что может означать как «скрывать», так и «открывать».

Важно также отметить символизм трехчленного деления православного храма, имеющего три части — алтарную часть, «сверхнебесный компонент», сам храм, «небесный компонент» и притвор, «земной компонент». Симеон Солунский сопоставляет эти три части с лицами Святой Троицы, с тремя триадами ангельских чинов и с тремя категориями православного народа — иереями, «совершенными верными» и «кающимися оглашенными». Прохождение по этим трем этапам православной иерархии соответствует типологически (или виртуально) трем фазам инициации — «работе в черном», «работе в белом» и «работе в красном». Возможно, однако, что при перенесении инициатических ритуалов Православия на всю массу людей, особые изменения претерпела собственно подготовительная, первая фаза — «оглашения и покаяния», так как крещаемый младенец очевидно не может ни покаяться, ни стать оглашенным, то есть

воспринять теоретические аспекты доктрины. «Работа в черном» была перенесена на послекрестильную стадию духовной реализации человека, а ответственность за «покаяние и оглашение» брали на себя крестные отцы и матери, выступавшие как своего рода «залог» за эффективную реализацию той стадии, которую обошли при крещении младенца. Такая особенность в некоторых случаях давала крайне негативный результат, так как в таком случае духовное присутствие инициатического зерна, получаемого в момент ритуала «второго рождения», хронологически опережало элементарное интеллектуальное вхождение в учение Церкви, а следовательно, такое присутствие не могло не порождать особого специфического состояния человека, превышающего профанический уровень, но затрудняющего последовательную духовную реализацию. Православие называет такое состояние «прелестью», и чрезвычайно широкое распространение этого феномена в России среди прихожан обнаруживает ту плату, которую Восточная Церковь вынуждена платить за сохранение своей инициатической природы.

(5) Генон полагает, что иудаизм и авраамизм вообще — это продолжение западной, атлантической традиции (см. «Милый Ангел» No 1, Рене Генон «Атлантида и Гиперборея»).

(6) В последние века западное масонство, несомненно, во многом изменило свой оперативный и инициатический характер, свойственный раннему масонству. В данном случае, мы имеем дело с тем явлением, о котором говорили несколько выше, т.е. о превращении «виртуальной инициации» в контр-инициацию, и именно в таких терминах только и можно рассматривать антихристианскую, антицерковную и антитрадиционную деятельность всего позднего масонства.

(7) К неоспиритуализму Генон причислял магнетизм, спиритизм, теософизм Блаватской и Безант, оккультизм Папюса, антропософию Штайнера, а также все продолжения и вариации такого рода неомистических и псевдоэзотерических течений. В настоящее время большинство разновидностей нео-спиритуалистских организаций объединены под знаком синкретического движения «Нью Эйдж».

(8) Как нам стало известно от компетентного представителя одной западной инициатической организации, Генон имел самую достоверную информацию об этом ордене, так как сам входил в юности в его состав!

(9) По мнению Генона, это смешение является главным источником дьявольской подмены, осуществляемой контр-инициатическими силами. В книге «Царство количества и знаки времени» Генон подробно разъяснил «механизм» этого феномена: Дьявол — сущность тонкого, психического мира, мира души. Чисто духовные регионы, области Духа, для него закрыты. В особые периоды циклической истории (в конце циклов) он может занимать «центральное» положение в мире души, но такая «центральность» является мнимой, иллюзорной, и эта иллюзорность становится очевидной при обращении к сугубо духовной реальности. Поэтому создание иллюзии «всемогущества дьявола» возможно лишь при условии «сокрытия» собственно духовного уровня и переведения основного акцента на средний, душевный мир, где эффективность дьявола, действительно, подчас бывает почти тотальна. Следовательно, смешение духовного с душевным — это не только заблуждение или естественное вырождение, но опаснейшая и зловреднейшая тенденция, активно и сознательно проводимая в жизнь «агентами сатаны» или «святыми сатаны» («авлии-эш-шайтан»).

(10) См.R.Guenon «Teosophisme»,«L'erreur spirite».

(11) Космистский вектор в рамках самого Православия также имел свое особое место. Крайне показательным является тот факт, что в настоящее время православные круги, близкие к Московской Патриархии и особенно к митрополиту Питириму, стоят практически официально на «космистских» и «федоровских» позициях. Такие же феномены можно обнаружить и в Русской Православной Церкви начала века, особенно у богословствующих интеллигентов-соловьевцев, именуемых «софиологами» (Флоренский, Булгаков и т.д.). Это замечание вновь обращает нас к тому, что мы сказали о противодействии в рамках Православия инициатических и контр-инициатических кругов, причем часто без участия каких-то внецерковных «эзотерических» групп, в противоположность тому, как аналогичное противостояние проявляется в католичестве.

(12) После прочтения в Сорбонне в рамках коллоквиума межуниверситетской ассоциации «Политика-Герметика» нашего доклада на тему «Идеологический заговор русских космистов» мы встретились с историками, долгие годы занимавшимися теориями де Шардена, и они под-

твердили нам не только наличие типологической связи между концепциями Вернадского и Шардена, но и рассказали об историческом пути влияния одного на другого. По их свидетельству, в той же Сорбонне в начале двадцатых годов Вернадский читал лекции, посвященные своей чисто космистской теории «ноосферы». На его лекциях присутствовал Ле Руа, ближайший сподвижник и сотрудник Тейяра де Шардена. И только после этих сорбоннских бесед в лексиконе Шардена, этого «мистического эволюциониста», чьи концепции представляют собой откровенную сатанинскую пародию на христианское богословие, появилось выражение «ноосфера». Теперь остается только исследовать связи Шардена с оккультизмом и нео-спиритуалистическими организациями, и картина планетарного «заговора» космистов будет полной!

(13) См. красочное описание «эсхатологических» развлечений Петра у Мережковского — «Антихрист (Петр и Алексей)».

Александр ДУГИН

"ЯКО НЕ ИСПОЛНИЛОСЬ ЧИСЛО ЗВЕРИНОЕ..."

(об эсхатологической сущности русского раскола)

1. Книга Сергея Зеньковского

В 1995 году была переиздана книга историка религии, известного слависта Сергея Зеньковского "Русское старообрядчество (духовные движения семнадцатого века)". В ней дано детальное описание духовной истории русского раскола — важнейшего, переломного момента сакральной истории Руси. Зеньковский затрагивает в своем труде самые существенные аспекты раскола, связанные с центральными понятиями традиционализма — соотношение духовного владычества и временной власти, понимание эсхатологии, геополитические влияния, роль обряда и доктрины и т.д.

2. Русь, Богом избранная

Зеньковский совершенно точно указывает на то, что "в России, в древней Руси, идея особого положения русского народа в мире как народа, удостоенного православной веры, развивается уже в первый же век по принятии христианства". Уже

в своем "Слове о законе и благодати" митрополит Илларион, первый этнически русский глава Русской Православной Церкви, писал об особой богоизбранности русской нации: "сбысться о *нас* (разрядка наша — А.Д.) языцех реченое: открыет Господь мышцу свою святую пред всеми языки и узрят все концы земли спасение, еже от Бога нашего".

После падения Византии интуиции о национальной избранности русских становятся фактически официальной религиозной доктриной. Так, в "Слове о восьмом соборе" в 1461 году уже официально записано: "в восточной земле суть большее православие и высшее[(1)] христианство — Белая Русь". В 1492 году митрополит Зосима развивает эту идею и говорит об Иване III как о прямом наследнике мистической и эсхатологической миссии византийских императоров; он называет его "новым царем Константином нового града Константинополя — Москвы и всея Руси".

Сходную идею мы встречаем и у современника Зосимы знаменитого русского святого Иосифа Волоцкого, который говорит в своем "Просветителе": "... *яко древле нечестием превзыде русская земля, тако ныне благочестием всех одоле.*"

Особенно законченную форму идея мессианской избранности Руси получает в "Повести о Белом Клобуке", которая была впервые исторически зафиксирована в то же время и, возможно, в кругу архиепископа новгородского Геннадия, сподвижника Иосифа Волоцкого по разгрому ереси "жидовствующих".

Зеньковский пишет: "Белый клобук" — символ чистоты православия и "светлого трехдневного Воскресения Христова", — был, по словам легенды, дарован императором Константином папе Сильвестру. Из Рима Белый Клобук попал в Константинополь, — второй Рим, — который в течение долгих веков[(2)] был центром православия. Оттуда Клобук был "переслан [опять-таки, по словам легенды] в Новгород", на Русь, так как *там воистину есть славима вера Христова*". Нахождение Белого Клобука на Руси очень многозначительно, по словам легенды, так как оно указывает не только на то, что *"ныне православная вера там почитается и прославляется больше, чем где-либо на земле"*, но и обещает духовную славу России. По мнению авторов легенды, ... *"в третьем же Риме, еже есть на русской земле — благодать святого Духа воссия"*.

Другим аргументом в пользу избранности Руси служила апокрифическая история о пророчестве апостола Андрея, проповедовавшего Евангелие на севере Греции и в Скифии. По словам летописца, апостол, остановившись на берегах Днепра, предсказал: *"На сих горах воссияет благодать Божия, имать град великий и церкви многи Бог воздвигнути имать."*

Окончательную формулу богоизбранности Руси дал псковский инок старец Филофей в самом начале XVI века. Филофей особо уточнил сакральную миссию Москвы и московского царя, развивая линию митрополита Зосимы. Обращаясь к великому князю московскому, Филофей писал:

"Старого убо Рима церкви падося неверием аполинариевы ереси; второго же Рима, Константинова града церкви, агаряне-внуци секирами и оскордми рассекоша двери. Сия же ныне третьего нового Рима державного твоего царствия святая соборная апостольская церковь, иже в концах вселенныя в православной христианской вере во всей

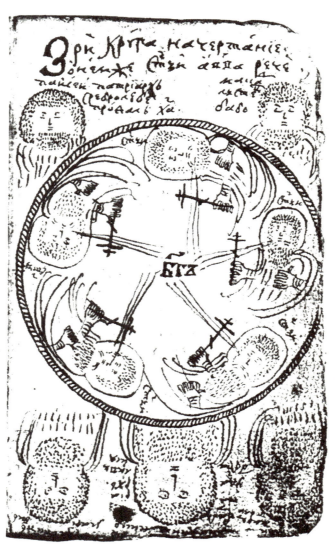

поднебесной паче солнца светится... *два Рима падоша, а третий стоит, а четвертому не быти: уже твое христианское царство инем не останется."* Третий Рим — Москва и православный царь наделены эсхатологической функцией, собрать под свою спасительную сень все народы мира перед концом света. — *"Все христианские царства снидоша, придоша в конец и снидошася во единое царство нашего государя, по пророческим книгам, то есть Российское царство. Два Рима падоша, а третий стоит, а четвертому не быти,"* — писал тот же Филофей.

Эти эсхатологические доктрины относительно богоизбранности Руси нашли свое отражение и в идее особой чистоты русского церковного обряда, сохранившего, по мнению русских XVI века, древнюю структуру, утраченную или попорченную во всех остальных православных церквях. Все эти учения — и о национальной избранности, и о совершенстве русского обряда — были закреплены постановлением "Стоглавого собора" 1551 года.

Зеньковский справедливо указывает на важность циклологических аспектов понимания русскими своей священной истории. Константинополь, твердыня православия, пал в 1453 году, т.е. незадолго перед окончанием седьмого тысячелетия по православному летоисчислению, основанному на библейской хронологии. Этот конец должен был наступить в 1492 году. Следовательно, Святая Русь как бы замыкала своей верностью православию и своей политической независимостью всю священную историю мира. К ней от павшей Византии переходила миссия быть "избранной землей", эсхатологическим пространством Нового Израиля, уготованного для того, чтобы служить проводником Второго Пришествия, явления Нового Иерусалима. Но так как сама Византия, в согласии с православной доктриной, была универсальным царством, вмещавшим в себя и хранившим в себе полноту спасения, замыкавшим всемирную историю, то Москва, став наследницей Византии, также обретала всемирно-историческую функцию. Белый Русский Царь отождествлялся с Царем Мира, а русский народ становился избранным сосудом благодати, спасителем, богоносцем, нацией Святого Духа.

В некоторых версиях эсхатологических пророчеств — в частности, в т.н. "Кирилловой книге"

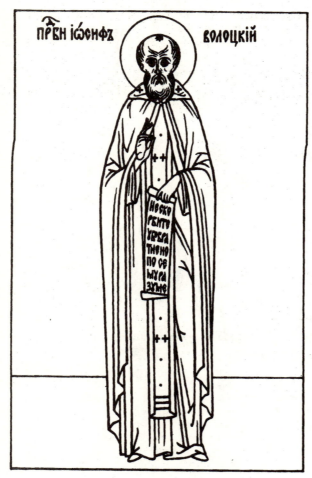

ПРВН ІѠСИФЪ ВОЛОЦКІЙ

— указывалась иная дата: 1666 год. Так расшифровывали некоторые богословы указание Апокалипсиса на секрет цифры 666. В этом случае, эсхатологическое ожидание несколько отодвигало дату Конца Света, но общее настроение оставалось тем же. Ко всем этим моментам стоит добавить, что проблема эсхатологического Царства была изначально центральной в христианском мировоззрении. Единое православное царство, отмеченное симфонией властей, т.е. гармонией между церковным владычеством и императорской властью, рассматривалось христианами как важнейший богословский элемент — как "катехон", "удерживающий", о котором говорит апостол Павел. Отпадение Запада, католичества от Византии распознавалось как следствие нарушения симфонии, как неправомочная узурпация Римом светских функций. Иными словами, католичество воспринималось как "ересь", искажавшая сотериологические пропорции в структуре последнего царства, как удар, нанесенный по "*катехону*".

Сама Византия (нерасторжимое единство Восточной Церкви и восточного Царства) оставалась "катехоном" и после отпадения Запада. Однако политические мотивы (не являлись ли они отражением провиденциальных, циклологических закономерностей?!) заставили Константинополь перед лицом турецких завоевателей подписать Флорентийскую унию, что означало ни больше ни меньше как отказ от однозначности полноценного эсхатологического учения. За этим отчаянным шагом, символически снимавшим с Византии особую мессианскую функцию, последовала утрата политической независимости в результате турецкого завоевания. Так как в православном сознании светская власть была неразрывно связана с церковно-религиозной сферой, и вместе они прямо сопрягались с расшифровкой циклического момента священной истории, то Флорентийская уния и падение Константинополя воспринимались как грани единого апокалиптического процесса: отхода от среды "держащего" и полного триумфа сына погибели. Без священного христианского царствия и симфонии властей обычные пути спасения были более неприемлемы... Христианское сознание сталкивалось с труднейшей проблемой — существования в мире восторжествовавшего антихриста.

Единственным исключением из этого поствизантийского периода была православная Русь, уникальное царство, в котором сохранились оба аспекта "катехона" — политическое могущество, крепкая и ни от кого политически не зависимая царская власть и православная вера как единственная и главенствующая, канонизировавшая симфонию властей и твердо держащаяся обрядов и догм древности.

Профанические историки могут списать все эти совпадения и сопутствующие им мировоззренческие сдвиги на "случайности" или "искаженное отражение социальных трансформаций"... Традиционалистское сознание понимает их как глубинный онтологический и циклологический факт.

Русь, *действительно*, стала избранным царством, русские, *действительно*, приняли на себя эсхатологическую миссию.

3. Церковь и Царство перед концом света

Уже перед первым предполагаемым концом света в 1492 году в русской церкви проявились тревожные признаки: с одной стороны, возникновение ереси жидовствующих, с другой — спор иосифлян с заволжскими старцами относительно монастырских имений. Близость конца активизировала в религиозном сознании идею о "порче" христианства, которая логически должна была бы наличествовать в последней, "лаодикийской" церкви, о которой говорил Апокалипсис. Реальные недостатки иерархии, частные просчеты и т.д. воспринимались гипертрофированно. Тень ангела лаодикийской церкви, который "не холоден и не горяч, а тепл", падала на все русское православие.

С одной стороны, потребность в реформе, в очищении веры пошла по "ветхозаветному пути". Ересь "жидовствующих" предлагала в качестве возврата к истокам христианства обращение к иудейским источникам. Возможно, речь шла о некоем эзотерическом направлении, пришедшем с Запада, а не о настоящем иудаистическом влиянии. Характерно упоминание в деле об этой ереси о "звездозаконии", "астрологии", которая была свойственна скорее герметическим европейским организациям, чем ортодоксальному иудаизму. Как бы то ни было, для "жидовствующих" критика церковной иерархии была тесно связана с эсхатологическими аспектами. "Жидовствующие" предлагали свой путь для исправления положения. Одновременно, во всем этом ясно чувству-

ются латинские веяния, и весьма вероятно, что агенты Ватикана постарались воспользоваться эсхатологическими настроениями на Руси, чтобы внедрить свою (предельно политизированную и в высшей степени корыстную) версию конца истории — объединение всех христиан под властью Папы. Вторым эсхатологическим течением было движение исихаста Нила Сорского, который настаивал на отказе церкви от светских владений, на необходимости возврата монашества к абсолютной бедности, на десоциализации церкви. Не исключено, что на Нила Сорского и заволжских старцев повлияла ситуация на греческом Афоне, где православные исихасты, геополитически принадлежащие отныне неправославной державе, разрабатывали предпочтительно пути личной духовной реализации, индивидуального спасения, полностью отвернувшись от социальных проблем. Ведь они *уже* пребывали в десакрализованном царстве, в мире апостасии, под светской властью антихриста... Русским же только предстояло то же самое, причем эсхатологические оптимисты — подобные Иосифу Волоцкому или новгородскому митрополиту Геннадию —

53

к царю Михаилу Федоровичу, который ценил старца за дар пророчества и предвидения. Одно время к нему благоволили и церковные власти, но потом радикальность аскезы и довольно высокомерное отношение к церковной иерархии вызвало их немилость. Он и его последователи были объявлены еретиками, на них начались гонения. Скрывшиеся в леса старцы видели в гонениях властей лишь подтверждение своей духовной правоты и повод для дополнительных страданий. Нарастало и эсхатологическое напряжение.

"Лесные старцы" и их последователи уже тогда практиковали строжайший пост, нередко приводивший к смерти, и иные крайние формы аскезы.

Другим, более оптимистическим, течением того же периода было движение боголюбцев, возглавляемое Иваном Нероновым. Это были представители белого духовенства, — попов и протопопов, — которые в отличие от "лесных старцев" наследовали линию иосифлян, т.е. ориентацию на благодатность православного царства, на мироустроительство в согласии с эсхатологическим предназначением Святой Руси. Но и у них наличествовала резкая критика церковных властей, идея о порче иерархии и даже элементов обряда.

Так, боголюбцы настаивали на "единогласии", т.е. последовательном произнесении всех частей литургии, тогда как в современной им церкви сплошь и рядом практиковалось "многогласие", одновременное чтение причтом разных фрагментов службы — в целях сокращения ее длительности. Кроме того, боголюбцы были крайними моралистами, настаивали на буквальном соблюдении норм христианской этики[3]. Несмотря на то, что они были истовыми приверженцами православного обряда, у них заметны многие "протестантские" черты.

К боголюбцам благоволил сам царь Алексей Михайлович. К их кругу принадлежали, кроме Неронова, духовник царя Вонифатьев, будущий патриарх Никон, протопоп Аввакум и другие яркие религиозные деятели. Боголюбцам, несмотря на противодействие многих архиереев, удалось воплотить в жизнь свои реформы. Но параллельно с этим они довольно сильно потревожили духовную жизнь на Руси, поставив под вопрос те аспекты, которые казались ранее незыблемыми и освященными авторитетом старины. *Боголюбцы дали прецедент обращения к прошлому, к традиции, к древности в целях осу-*

вообще склонны были отрицать грядущее падение Руси, которая могла, по их мнению, чудесно избежать апостасии и слиться с Новым Иерусалимом в последний момент священной истории. Но в 1492 году конца света не наступило.

Русь оставалась православной державой, а впереди зловеще сияла новая страшная дата — 1666 год. В преддверии этого года эсхатологическая проблематика разгорелась с новой силой. По мере приближения к середине XVIII века снова начинают нарастать подозрения о "порче" церковной иерархии. С одной стороны, это проявляется в движении "лесных старцев", учеников некоего Капитона. Оно было особенно активно в 1630-1640-х годах. "Лесные старцы" распространились именно в Заволжье, излюбленном месте тех монахов и отшельников, которые искали спасения от мира. Не исключено, что к Капитону тянулись нити и от последователей Нила Сорского. "Лесные старцы" отличались крайним аскетизмом, предельно строгим постом, полной сосредоточенностью на духовной практике, оставлением всех мирских попечений. Одно время Капитон был лично близок

щствления перемен, "нововведений" в настоящем. В дальнейшей истории русского православия этот ход повторится еще не раз.

Все с новой силой становится в русском обществе вопрос о соотношении между Церковью и Царской Властью. "Лесные старцы" де факто отрицают сакральный характер царской власти и внешней церкви, считая единственным духовным путем только крайний аскетизм. Но это уже за гранью православия. Боголюбцы же настаивают на увеличении удельного веса религии в обществе и на буквальном соблюдении христианских правил мирянами и клиром. Иногда у них проявляются мотивы "превосходства церкви над царством", что свидетельствует о некотором влиянии католицизма... Но все же верность православной симфонии властей сохраняется.

Первым серьезным отходом от этой симфонии становится деятельность патриарха Никона. У него явно сквозят нотки полного и прямого превосходства церкви над государством. В период отсутствия царя он ведет себя как русский самодержец. В Никоне теократические черты, заложенные в боголюбческом движении, проявляются со всей силой.

К середине XVII века незадолго до фатальной даты 1666 патриарх Никон резко нарушает гармонию властей. Книжная справа, которую он затевает, имеет своей целью ту же теократическую мечту — превратить престол московского патриарха в главную инстанцию православного мира, стать православным "папой". Средством для этого Никон выбирает униформизацию православного обряда, которая выражается в подстройке русского обряда под современный ему новогреческий (распространенный также среди православного населения Польши, Малороссии, Белоруссии и у южных славян).

5. Догматические основания раскола

Никон явился не только проводником радикально боголюбских тенденций. Он совершил (причем, скоропалительно, по ходу дела, как убедительно показывает Зеньковский) важнейшую обрядовую реформу. Относительно обрядовых споров, послуживших главным поводом для русского раскола, существует множество различных мнений, в зависимости от того, какой позиции (никонианской или старообрядческой) придерживаются авторы. Зеньковский ставит в этом вопросе все точки над i.

К началу XX века труды русских историков Каптерева, Бороздина и Голубинского окончательно прояснили смысл обрядовых споров XVII века. Зеньковский пишет по этому поводу:

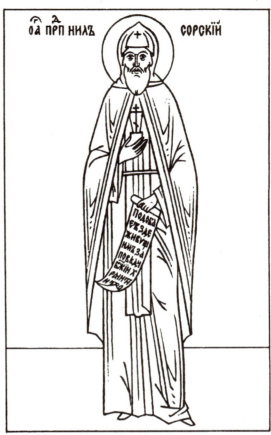

"В годы принятия христианства Русью, в Византии господствовало два близких друг к другу, но все же несколько различных между собою устава: на востоке Византии наиболее распространенным был так называемый устав Иерусалимский, составленный св. Саввой Освященным, а на западе, наоборот, преобладал так называемый Студийский или Константинопольский устав. По принятии Россией христианства греки принесли туда Студийский или Константинопольский устав, который и стал основой русского устава, в то время, как в Византии, в двенадцатом и тринадцатом веке, преобладающим стал устав св. Саввы (Иерусалимский). В конце четырнадцатого и начале пятнадцатого веков, митрополиты московские Фотий и Киприан (первый из них — грек, а второй — болгарин греческой школы) стали вводить в России устав св. Саввы (Иерусалимский), заменяя им Студийский, но они не успели довести свою реформу до конца. Поэтому в русском уставе осталось много более древних, архаических, ранневизантийских черт из Студийского устава, чем в уставах, которыми пользовались греки четырнадцатого и пятнадцатого веков. Так как после 1439[4] года в России больше не было греческих митрополитов, то русская церковь так и сохранила до середины семнадцатого века этот переходный устав, в котором более архаические элементы устава Студийского отличали его от во всем нового греческого Иерусалимского устава. Но, к сожалению, история перемены уставов, и в греческой церкви и в русской, была утрачена, и греки, забывшие Студийский устав, считали старые черты русского устава русскими нововведениями." Таким образом, русский устав был архаическим и истинно православным византийским уставом, а вовсе не отклонением поместной церкви от универсальной линии всей восточной церкви.

Следовательно, идея отказа от русского устава и от двухперстного, изначально-христианского, ранне-византийского перстосложения была ничем не оправданным, с историко-богословской точки зрения, *нововведением*. Более того, идея унификации православного обряда по новогреческому образцу (Зеньковский правильно отмечает, что Никон правил русские богослужебные тексты по *новогреческим* изданиям итальянской печати) идет радикально *против* основной для того времени мировоззренческой церковной позиции, отождествлявшей Русь с *единственной* державой, сохранившей православие в чистоте.

Безусловно, самого Никона вдохновляло именно русское мессианство, надежда на то, что русский патриарший престол станет первым в православном мире, а русская империя освободит православные нации и объединит их под владычеством России. Сам Никон определенно видел унификацию обряда как прагматический ход для распространения влияния именно русской церкви. Но такой ход нес в себе слишком важное отступление от русских эсхатологических традиций. Одно дело, если отпавшие народы и церкви сами придут к Святой Руси и русскому Царю как к оплоту спасения и чистоты, как к избранному народу и обетованной земле; другое дело, если в угоду геополитической экспансии царства приносятся важные основы русского православия. Действительно, в Никоне нельзя не заметить того явного отступления от православной симфонии и русской эсхатологии Москвы-Третьего Рима, которого так опасались "эсхатологические пессимисты".

Но Никон был еще не последней точкой в рас-

коле, хотя его борьба со сторонниками старого обряда носила отвратительно жестокий, несдержанный и грубо насильственный характер (чего стоят гонения на Неронова, одного из самых уважаемых духовных авторитетов тогдашней Руси). Особенно возмущало русских традиционалистов, что книжной справой ведали совершенные проходимцы, типа греческого авантюриста Паисия Легарида, не раз менявшего конфессию в зависимости от материальных выгод. Реформы Никона были прелюдией к воистину страшному событию

— к церковному собору 1666-67 годов. К этому времени Никон уже был низложен. На первой части собора присутствовали одни русские архиереи, хотя царь непосредственно перед собором, проверяя их на верность церковной реформе, особенно настаивал на авторитете иностранных православных патриархов — константинопольского, антиохийского и иерусалимского. Иными словами, в данном случае от имени Руси на соборе выступал теперь сам царь Алексей Михайлович, а высшим духовным авторитетом признавались православные патриархи из стран (это крайне важно!), где православной симфонии властей уже давно не существовало, и где отношения между духовными православными авторитетами и светской властью не имели ничего общего с православным учением об эсхатологической функции христианского царства как "катехона".

Иными словами, собор 1666 года был первым радикальным шагом к секуляризации царской власти, к переходу Руси от православной модели эсхатологического царства к светской империи почти европейского образца, православие которого было лишь номинальным. *От не совсем православной теократии Никона собор 1666 года сделал решительный шаг к совсем неправославной светской империи полупротестантского типа.* Вторая половина собора (конец 1666 года - начало 1667) была и вовсе ужасной. Греческие православные патриархи подвергли анафемствованию практически весь период Святой Руси, осудив "Стоглав", отвергнув эсхатологическую функцию Москвы как Третьего Рима, подвергнув беспощадной критике русский устав как "еретическое нововведение" (хотя речь шла о ранне-византийском Студийском уставе(!)), поставив вне церковного общения всех сторонников "древлей веры" и утвердив совершенно не православное почитание царя, поставляемого выше (или почти выше) религиозного духовного владычества. Хотя аргументация греков была формально православной (борьба с "папистским", теократическим уклоном Никона), вместо возврата к полноценной симфонии был канонизирован квазиангликанский суррогат, агрессивно отвергающий все то, что составляло уникальность и высшую чистоту религиозного опыта Святой Руси. Петр и остальные Романовы пришли не на пустое место. Все они — наследники 1666-го года и его метафизической русофобии, к которой особо приложили руку иностранные проходимцы, многократные ренегаты, агенты враждебных России держав и церквей.

Если еще добавить к этому установленные сегодня достоверные факты о полной справедливости позиций защитников старообрядчества относительно древности русского устава, то весь собор, роковым образом приходящийся именно на *1666* (!) год, выглядит, действительно, дьявольским наваждением, национальной апостасией, странным помутнением эсхатологического сознания, столь ясного до этого момента у русских архиереев и царей. Будто прелесть — теократическая ли, абсолютистская ли, индивидуалистическая ли — охватила Русь в 1666... И все грозные, могущественные, мученические, героические воззвания старообрядцев, их отчаянное сопротивление апостасии, их абсолютная преданность идее Святой Руси не смогли переломить навязчивого вторжения антихриста, коварно оперирующего "благими намерениями", спекулируя на национальных чувствах великого богоносного народа... *С догматической православной точки зрения, староверы — особенно в первые моменты своего сопротивления — были абсолютно правы,* тогда как их противники утверждали и творили дела под явным знаменем апостасии. Цари и архиереи Москвы своими руками и при участии международных авантюристов уничтожали последний эсхатологический оплот Белого Царства... После 1666 года Святой Руси больше не стало. Она ушла в бега, в леса, в гари, в далекие провинции России. Эсхатологическое пророчество сбылось, хотя период между отступлением и Вторым Пришествием оказался неожиданно долгим. Впрочем, с чем-то подобным столкнулись в свое время и первые христиане, ожидавшие Конца Света в самом скором времени. Но окончательных сроков не знает никто. Хотя определенные эсхатологические знаки оказываются поразительно верными.

6. Святая Русь в бегах и гарях

С того момента, как старообрядцы оказались поставленными вообще вне закона, — религиозного и социального, — они были вынуждены каким-то образом определить свое отношение к окружающей их реальности. Ясно, что их внутренний духовный мир был несовместим с современной им Россией, альтернативен ей, как альтернативна Святая Русь Руси отпавшей. Поэтому часто старообрядцев можно было найти среди политических радикалов — у бунтующих казаков, в отрядах Степана Разина и т.д. Но какой бы путь они отныне ни выбирали, сущность их позиции сводилась к абсолютному отвержению своей страны, ее церкви, ее быта, ее политического истеблишмента, ее властей...

Старообрядчество очень скоро разделилось на множество толков или согласий. Их учения различались в деталях, но сущность — отвержение существующего строя — была общей для всех.

В целом, все толки можно разделить на два основных направления: поповцы и беспоповцы. Поповцы признавали священство, но считали, что необходимо подвергать попов, переходящих в старообрядчество, очистительному ритуалу. Но у поповцев в скором времени встал важнейший вопрос относительно того, где найти основание для своей собственной иерархии, так как среди старообрядцев не было ни одного деятеля в сане епископа. Следовательно, поставление в попы и создание своей религиозной иерархии было невозможно, а рассчитывать только на перебежчиков из официальной церкви — трудно. Поповцы были наименее радикальны в своих богословских установках и, признавая апостасию внешней церкви, не отвергали брака и таинств, считали изуверством самосожжение в гарях, воздерживались от прямого социального сопротивления властям. У них особенно ясно прослеживаются многие мотивы боголюбского движения — крайний морализм, любовь к ритуалу, детальное исполнение обрядовой стороны. Для поповцев Святая Русь ушла в скиты, в староверческие поселения. Но она живет, хотя бы и в подпольном состоянии, и должна смиренно ожидать лишь Второго Пришествия, стараясь сохранить во всем объеме верность традиции, ее ритуалам, обрядам и т.д.

Беспоповцы, делящиеся, в свою очередь, на множество толков, были более радикальны. Они считали, что апостасия Руси как последнего прибежища означает полное торжество мира антихриста. Следовательно, спасение становится проблематичным не только в официальной церкви (об этом и говорить не приходится), но и вообще как таковое. Апостольская передача благодати иссякла. Таинства потеряли мистическую силу. Поэтому ситуация человека — русского человека — отныне в высшей степени трагична. Ему остается только отрицание внешнего мира и упование на неизреченную и сверхразумную благодать Христа. Самые крайние беспоповцы, чья линия восходит к последователям Капитона и "лесным старцам" (не исключено, что и к заволжцам Нила Сорского), стояли за жесточайшую аскезу, отказывались от браков и поощряли добровольное самоубийство — либо через запащивание до смерти[5], либо через самосожжение. Спасение перед концом мира достигается чрезвычайными средствами. Любовь к Святой Руси, удалившейся, ставшей недоступной, была так велика, что только очистительный огонь гарей мог быть путем к спасительному свету. Сам Аввакум говорил: *"иже сами себя сжигают, тому же прилично; яко и с поста умирают, добре творят"*. Он же писал о проповедниках самосожжения: *"русачьки же, миленькия, не так! — во огнь лезет, а благоверия не предает..."* Сравнивая самосожженцев с комарами, Аввакум говорил: *"так же и русаки[6] бедные, пускай глупы, рады: мучителя дождались; полками во огнь дерзают за Христа Сына Божия — света"*.

В физический огонь ради метафизического света. Это тождество огня и света в эсхатологической ситуации как бы предвосхищает сам миг Второго Пришествия. Возвращение на Святую Русь, путь в Новый Иерусалим через огонь.

Описания гарей поражают: матери бросались в костер вместе с новорожденными младенцами, сестры прыгали в пламя, взявшись за руки, мужчины плакали слезами восторга и безмятежной радости... Столь ощутимой, конкретной, плотски достоверной была для аввакумовских "русачков" их Святая православная родина, Русь Святого Духа, последнее Царство. В сравнении с этой реальностью обычная земная жизнь превращалась в ад; ее утрата была страшнее пыток и смерти. Неудивительно, что старообрядцы встречали с радостью палачей. Так они избегали еще и греха самоубийства.

Но это касалось лишь самых радикальных беспоповцев, оживляемых, к тому же, уверенностью в наступающем конце света и в близости Второго Пришествия, которое они лишь *немножечко* приближали...

Другие беспоповцы были не столь радикальны. Некоторые признавали брак, осуждали самоубийство и т.д. Однако для всех них был общим полный отказ от священства и таинств, считавшихся потерявшими силу.

Из беспоповщины вышли позже многие русские секты — от скопцов до бегунов, хлыстов и т.д. Хотя на некоторые из них серьезное влияние оказали и неправославные — особенно протестантские — ереси.

В любом случае парадигма старообрядчества стала с некоторых пор основной формулой духовной оппозиции, духовной революции в России, причем революции глубоко консервативной, противопоставляющей актуальному миру антихриста и апостасии сверхконсервативный идеал Святой Руси.

Начиная с 1666 года, раскол становится духовной базой всех радикальных социальных и религиозных движений в России, даже в том случае, если внешне они заимствуют западные учения и воодушевляются вопиющей социальной несправедливостью. Старообрядцем был Пугачев, к старообрядчеству апеллировали революционные демократы (Герцен), позже народники, многие староверы поддержали на ранних этапах большевиков. Вообще русский "нигилизм" в отличие от западного был глубинно родственен именно национальной религиозной стихии, структурно близок к радикальному беспоповству, один из толков которого (Спасово согласие) так и назывался — "нетовщина", так как его сторонники вообще отрицали всякую возможность спасения, кроме прямой и немотивированной воли Господа.

7. Раскол в оптике интегрального традиционализма

История русского раскола, если выразить ее смысл на языке традиционализма геноновского типа, представляет собой разрыв между эпохой традиции и началом современного мира в рамках России. Если не учитывать особости христианства как уникального религиозного и метафизического учения и если рассматривать Россию просто как одну из европейских (или евроазиатских) стран, то в расколе мы фиксируем разрыв общественного бытия и государственного строя с полноценной духовной традицией. Кстати, сам Генон считает, что окончательно представители эзотерической традиции исчезли из Европы практически в это же время — в 1648 году, по окончании 30-летней войны. Сразу же после этого Запад активно двинулся по пути профанизма, рационализма, индивидуализма — стал "современным миром", как его понимают традиционалисты, т.е. полным и всесторонним отрицанием Традиции и ее вечной надчеловеческой истины.

Вместе с тем, старообрядцев нельзя рассматривать как полноценных носителей традиции в последующие за расколом века, так как они вынуждены были вести подпольное существование, скрываться от преследований властей, и с неизбежностью их учение мало помалу обрело характер сектантский, во многом еретический. Дробление на толки и согласия только усугубило все дело. Подобно протестантизму, искренний и метафизически обоснованный духовный порыв постепенно превратился почти в свою противоположность. Однако это вовсе не исключает возможности сохранения староверами многих эзотерических аспектов, утраченных официальным православием последующих времен. Кстати, то же самое справедливо и для различных (особенно исконно православных) сект, сохранивших подчас в поразительной чистоте некоторые эзотерические доктрины и культы. Особенно это касается исихастских практик, которые были чрезвычайно распространены в среде радикальных староверов. О делании "молитвы Иисусовой" настойчиво повторяют многие авторитеты старообрядчества, начиная с самого протопопа Аввакума[7].

Таким образом, в оптике строгого традиционализма старообрядчество представляет собой фрагментарное наследие полноценной традиции, тогда как официальное русское православие отождествляется с середины XVII века с чистым экзотеризмом, а само русское общество все больше профанизируется. Иными словами, русский раскол есть ни больше ни меньше как один из моментов общей циклической деградации христианского мира и один из многочисленных знаков приближающегося конца цикла.

Но если взглянуть на то же самое с сугубо православной точки зрения, то все приобретает еще более трагический и драматический смысл[8]. В этой перспективе католический Запад даже в самые лучшие свои периоды (Средневековье) был фактически ересью и заблуждением, миром апостасии с испорченной по духу и букве верой. Если перевести это на традиционалистский язык, то можно сказать, что католичество (а о "католичестве" идет речь только после отпадения Запада от православия) изначально было лишь экзотеризмом, отрицавшим эзотеризм в отличие от полноценной православной христианской традиции Востока, всегда сохранявшей в неприкосновенности оба измерения — внутренее (эзотерическое) и внешнее (экзотерическое). Даже в последние века Византии православный мир знал подъем исихазма вместе с св. Григорием Паламой, а исихазм является не только инициатической практикой христианского делания, но и полноценной православной метафизикой. Именно

инициатическая неполнота западной церкви и привела к возникновению внецерковных инициатических организаций — орденов, тайных обществ, герметических братств, цехов, ателье и компаньонажа.

Далее. Если Византия являлась "тысячелетним царством", в котором на некоторое время древний змей был укрощен и скован (на эзотерическом уровне это расшифровывается как достижение симфонического соотношения между духовным владычеством и светской властью), то судьба восточной Церкви и православного учения (включая обряд) является, действительно, резюме мировой истории, главнейшим и центральным событием священного космоса, основным звеном екклесиастической реальности. В этом случае циклы византийской истории становятся гораздо более важными и исполненными эсхатологического смысла, нежели все остальные события христианского и нехристианского мира. Богословское отступничество Константинополя (Флорентийская уния) и последовавшее вскоре военное поражение от рук турок означают объективно и строго конец "хилиастического режима", завершение триумфального периода екклесиологического становления. Одним словом, исторически начало апостасии датируется серединой XV века. Именно отсюда полноценная православная доктрина должна отсчитывать эпоху воцарения антихриста, прихода сына погибели. Если бы падение Византии сопровождалось потерей политической независимости всеми остальными православными государствами или если бы эти государства сменили конфессию и отказались от основополагающих догматов православной церкви, то отныне *все православные* оказались бы в равном положении, и им ничего не оставалось бы делать, как отделить духовное от светского и либо восстать против неправославной власти, либо примириться с ней и приспособиться к бытию в мире, где властвует сын погибели. Но существовало русское царство, которое являлось исключением из апокалиптической ситуации на православном Востоке. Поэтому *логично было отодвинуть окончательный приход сына погибели еще на некоторый срок, а Святая Русь, Москва-Третий Рим, переняв эсхатологическую функцию, должна была продол-

жить на "малое время" полноценный екклесиастический эон, период "тысячелетнего царства". Иными словами, в Святой Руси как бы воплотилось резюме этого "тысячелетнего царства". Русский Царь на какое-то время стал единственным персонифицированным носителем миссии катехона, "удерживающего", а судьба русского народа и русской церкви стала *выражением судьбы всего творения*. Отсюда универсалистские мотивы русской национальной идеи. Так — несмотря на сотрясения, смутное время, несчастья и катастрофы — продолжалось вплоть до середины XVII века, когда вместе с реформами Никона заканчивается история Святой Руси, т.е., на самом деле, наступает подлинный *конец света*, поскольку для православного сознания последние века русской истории были последними веками истории вообще, резюмированными в драматических событиях последнего подлинно христианского царства. То, что происходило в России *после 1666 года*, не обладало больше и близко тем смыслом, которым были насыщены предыдущие события. Свет действительно кончился, и его последними отблесками были зарева староверческих гарей... "Полками во огнь дерзают за Христа Сына Божия — света". Страшен смысл русского раскола, даже если понимать его в терминах традиционализма — гораздо страшнее и однозначнее большевистской революции, формально отменившей последние внешние атрибуты традиционного общества. Но если видеть в христианстве и православии последнюю истину, высшую и единственную метафизическую весть, завершающую мировую историю, сущность русского раскола открывается в совершенно жутком свете. Все апокалиптические аллегории и утверждения старообрядцев обретают объективный смысл. Видения протопопа Аввакума из метафор и стилистических фигур становятся ужасными и возвышенными откровениями, описания антихриста воспринимаются буквально.

Высший авторитет старообрядчества и автор "Ответа Православных" дьякон Феодор писал: "И в наше православное русское царство, до сих времен многажды вселукавый враг заглядывал, мысля от веры правыя отступити нас, но непопустившу Бога тогда, яко не у исполнися писание и число звериное, по тысяче лет 666 (т.е. 1666)"

Иными словами, мученичество ревнителей древней веры было циклологически оправданным, их понимание эсхатологического символизма было совершенно справедливым, и дальнейшие события — царствование Петра, отменившего патриаршество и перенесшего столицу из священной Москвы-Третьего Рима в северную болотистую пустыню; профанизм и европейская культура последующих за ним царей и цариц, наконец, падение трона и большевистские гонения на церковь — представляются лишь простым развертыванием единого фатального рокового апокалиптического события, — 1666 года, — после которого ни в России, и, строго говоря, во всем мире *вообще ничего существенного не произошло.*

Не изуверство, не фанатизм, не религиозная истерика двигали старообрядцами в их отчаянном духовном подвиге: они душой и телом прониклись смыслом священной русской истории, они были воистину русскими людьми, богоизбранной святой нацией, жизнь которой неотделима от бытия Святого Духа и от драматизма его домостроительной судьбы.

Примечание

(1) Превосходную степень здесь следует понимать буквально.

(2) Почему-то религиозные историки редко отмечают тот факт, что Новый Рим, Константинополь, и сама православная Византийская империя существовали не просто "долгие века", но приблизительно 1 000 лет, что указывает на ее эсхатологическое, сакральное значение, на ее тождество "тысячелетнему царству", о котором говорится в Священном Писании. Этот аргумент был основным у сторонников "эсхатологического пессимизма", которые противостояли "эсхатологическим оптимистам", считавшим, что "тысячелетнее царство" — дело будущего. Эта аргументация предельно ясна для православного сознания (несмотря на окончательный эсхатологический выбор перспективы, который может либо признавать это тождество, либо отрицать), тогда как для католиков (не говоря уже о протестантах) екклесиастическая циклология была гораздо более запутанной. Именно влияниям католичества Россия была обязана путаницей в этом вопросе, который стал неразрешимым уже к началу XVIII века.

(3) Рене Генон в одном месте указывал на то, что первые судебные процессы по "охоте за ведьмами" в Европе совпадали по времени с формальным запретом на проведение карнавалов, т.е. народных процессий, в ходе которых как бы профанировалась служба, короновался антипапа и осуществлялись иные

странные ритуалы, напоминающие древние сатурналии. С его точки зрения, до определенного момента средневековая церковь была интегральной, охватывая всю полноту человеческого существования — возвышая духовное, но нейтрализуя своим вниманием и контролем и темные аспекты, с необходимостью присущие человеку и обществу. Как только моралистические тенденции возобладали в самой церкви и сатурналии были формально запрещены, темные культы обособились и стали внешней опасностью, породив сатанинские секты, колдовство и т.д. Характерно, что аналогичные признаки мы встречаем и в боголюбском движении: борьба с пьянством у клира, навязывание прихожанам молитвенных и литургических практик, подходящих более священникам или монахам, и особенно, гонения на скоморохов, которые выполняли на Руси функцию сакрализации нецерковных проявлений жизни, сохраняя и продолжая древнейшие национальные традиции, связывающие между собой многие поколения русских.

(4) Год заключения Флорентийской унии, который являлся для русского православного сознания годом духовной апостасии Византии. Естественно, что отношение к греческой церкви тут же радикально изменилось. Ведь отныне Византия утратила свое эсхатологическое качество "катехона"!

(5) Пост до смерти явно напоминает аскетические практики европейских катаров, которые совершали самоубийства через голодание, endura. Кстати, предшественники катаров богомилы были православной сектой, возникшей на севере Византии и оттуда распространившейся через Балканы и Альпы в Пиренеи и земли Прованса. Священники катаров, "совершенные", носили высокие головные уборы, похожие на митры православных иереев, и добавляли после чтения "Отче наш" славословие из православной службы, произносимое священником — "яко Твое есть царство и сила и слава Отца и Сына и Святаго Духа, и ныне и присно и вовеки веков, аминь" (которого нет в мессе католической). Конечно, это еще не повод говорить об исторических связях европейских катаров и русских старообрядцев, хотя многие моменты в обоих движениях поразительно схожи. Катары считали, что царство Света Иисуса Христа и Пресвятой Троицы отделено от нынешнего чело-

вечества преградой, и что католическая церковь является не дорогой к спасению, но препоной на этом пути, узурпацией, сосудом дьявола, антихристом. Почти точно такое же отношение ко внешней церкви после никонианских реформ и собора 1666 года было и у русских старообрядцев. Вряд ли и в случае катаров и, тем более, в случае старообрядцев уместны упреки в дуализме и двоебожии: речь шла лишь об утверждении катастрофической дистанции между человеческим миром и миром божественным, точнее, церковным, световым, просвещенным обожающими лучами. Причем, эта дистанция была результатом особых чрезвычайных эсхатологических обстоятельств. Учитывая роль богомилов в возникновении движения катаров, можно предположить, что идею о еретичности католичества и апокалиптической функции римского Папы катары почерпнули косвенно из православных источников. А если это так, то мы имеем дело с очень сходными эсхатологическими движениями в христианстве, которые с одинаковой пронзительностью и силой осознают негативные моменты конца цикла.

Также явные параллели прослеживаются между учением Иоакима де Флора, известившем о начале "царства Святого Духа" и идеей Святой Руси в "Повести о Белом Клобуке". Кстати, многие старообрядческие авторы пользовались выражением "Вечное Евангелие", которое было характерным термином Иоакима де Флора. Один из трактатов самого Аввакума называется "Книга обличений или Евангелие Вечное"! Вообще говоря, все эти соображения наводят на мысль о необходимости проследить наличие православных элементов во всех европейских антикатолических тенденциях после схизмы, отпадения латинствующего Запада. Так, к примеру, гибеллинские императоры Штауфены (позже гибеллин Данте) отстаивали именно симфоническое православное устройство государства вопреки гвельфскому папизму. Многие греко-православные черты встречаются и в европейских мистических тайных обществах, христианских и антикатолических одновременно. Не исключено, что нечто подобное можно обнаружить и у истоков реформации Лютера. Но все это требует дальнейшего исследования.

(6) Следует обратить внимание, в каком смысле использует Аввакум слово "русачки", "русаки" и т.д.

Как будто речь идет не о национальной принадлежности самосжигателей, а о тайном духовном братстве, объединенном высшим единством. Государственный официоз — никониане и отпавший царь — для Аввакума не просто не христиане и еретики, но и нерусские! В этих выражениях заключена вся естественная и ненарочитая идея отождествления Святой Руси с землей последнего спасения, а русского народа — с последним исполнителем вселенской мировой миссии. Именно такое напряженно-эсхатологическое, вселенское понимание русской нации и лежало в основе радикальных форм религиозности вплоть до самосожжения. В гари шли не фанатики и не изуверы, а "нация", "этнос", осознающий себя общиной Нового Израиля, ведомого не через море, как евреи Моисея, а через эсхатологический огонь, через апокалиптическое "озеро огненное".

(7) Очень показательно также в этом отношении начало "Пустозерского сборника", в котором Аввакум описал свое житие. Аввакум приводит там фрагмент из преподобного аввы Дорофея, в котором в христианской терминологии описана основная модель соотношения эзотеризма и экзотеризма. Это излюбленный Геноном (взятый им из исламского эзотеризма) образ из трех частей — центр круга, окружность и линия соединяющая периферию с центром. В исламском эзотеризме эти элементы соответствуют: окружность — шариату (внешнему закону), центр круга — хакикату (божественной истине), а радиус — тарикату (эзотерическому пути от внешнего ко внутреннему). Сам Генон интерпретирует Традицию преимущественно на основании этого символа, который был для него, видимо, важнейшей формулой, позволяющей структурировать и упорядочить огромную область традиционных данных. Приведем этот отрывок из жития Аввакума, который дает представление о терминологии исконно русского православного эзотеризма:

"Подщитеся соединитися друг другу: елико бо соединяется кто искреннему, толико соединяется богови. И реку вам прикладъ от отецъ, да познаете силу слова. Положи ми круг быти на земли, якоже начертание некое обло от прехождения остна, глаголеть же ся свойственне остень, еже посреднее круга, даже до остна. Положите убо умъ вашъ во глаголемое: сей кругъ ра-

Безусловно, аналогичный символизм можно найти и во многих других традициях, где речь идет о соотношениях материального и духовного миров, но китайский пример представляется нам настолько выразительным и исчерпывающим, что все схожие сюжеты можно свести именно к нему.

Сакральный знак России

Тот факт, что именно эта икона была первой, чудесно принесенной в Россию, и осенившей своим присутствием Киевско-Печерскую лавру, которая, в свою очередь, была первым центром распространения Православия в России, заставляет считать, что Россия находится под особым покровительством именно этой иконы. Так считают и русское православное предание и Русская Церковь. Если мы примем во внимание все богословское и онтологическое, а также эсхатологическое содержание самого сюжета этой иконы, естественно будет связать его с сакральной миссией и духовной судьбой самой России.

На историческом уровне такой символизм, примененный к России, будет указывать на постоянное участие Богородицы в истории русского государства, причем не только в периоды его полноценного православного существования, но и в темные периоды запустения и упадка. Как исполнение предначертания, с которого началось расширение православной веры на всей русской земле, примерно через тысячу лет после основания Киевско-Печерской лавры, в момент крушения православного порядка в России, Богородица явилась одной верующей и объявила о том, что «отныне берет Она на себя ответственность за Россию и державную Власть в ней». Этому посвящена икона, называемая «Державной». «И в успении мира не оставила».

На онтологическом уровне, наш символизм может прекрасно объяснить культурную и психологическую особенность русской православной цивилизации, которая всегда была ориентирована созерцательно, вовлекаясь духом в небесные сферы, где истинные пропорции установлены раз и навсегда, и подчас пренебрегая при этом земными практическими, материальными вещами, представляющимися религиозному сознанию русских такими же бесконечно малыми, как крохотная фигурка Богородицы на руках Спасителя.

И наконец, на уровне эсхатологическом, идея миссии России, связанной с Концом Времен, ясно осознавалась православной мыслью, откуда, в частности, возникла идея «Москвы-Третьего Рима», «Последнего Рима», которому суждено стоять вплоть до финального момента земной истории. Если онтологически икона «Успение» описывает идеальную сущность русской православной души, то на эсхатологическом плане она указывает на деятельную сторону русской цивилизации, на миссию, которую ей суждено осуществить в человеческой истории. И эта миссия, безусловно, связана с реализацией Конца Времен и с провиденциальным предуготовлением Второго Пришествия.

Важно также напомнить знамения, которые были посланы св. Антонию Печерскому перед строительством первого и главного храма Киевско-Печерской лавры в честь «Успения Пресвятой Богородицы». Антоний молил Бога послать ему знак, указующий на то место, где надо было поставить Церковь. На утро всюду была роса, а в одном месте земля была совершенно сухой. На следующий день чудо повторилось, но в обратном порядке. Росы нигде не было, и только на вчерашнем месте все было покрыто росой. И наконец, когда святой собрал хворост, с неба сошел Огнь и поджег его. После этого сомнений в выборе места не осталось. Все три чуда имеют строго символическое и доктринальное толкование, связанное как раз с духовным смыслом «Успения». Сухое место будущей Церкви посреди пространства, покрытого росой, символически тождественно иконе «Богородицы с младенцем», где огненное, сухое, световое начало, Христос, окружен влажным, земным началом, Богородицей. На следующий день происходит обратное, т.е. собственно сюжет иконы «Успение», где сухость (т.е. огненность, духовность) земли окружает небольшое влажное пространство (материя). Третье чудо связано непосредственно с тайной Конца Времен, когда приготовленные заранее дрова (церковь верных, верующих) будут зажжены и преображены небесной световой силой, силой Второго Пришествия. В этой таинственной истории, связанной с основанием Киевско-Печерской лавры, запечатлено глубиннейшее пророчество о судьбе России, о судьбе христианства и Православия, о его славном и великом будущем.

А.Д.

ИСЛАМ

«РАССВЕТНОЕ ПОЗНАНИЕ» ВОСТОЧНОГО ШЕЙХА

Путь Посвященного

Великий шейх эзотерического ислама, одна из самых грандиозных фигур универсального эзотеризма и инициатической доктрины, шейх Шихабоддин Яхья Сохраварди, называемый также «шайх аль-Ишрак» и «шайх аль-мактул» (его последователи вместо слова «мактул», «убиенный» употребляют слово «шахид», «мученик за веру»), родился на северо-западе Ирана в 1155 году (549 год хиджры) в провинции Джебал. Эта территория лежит на границе с Азербайджаном, и надо подчеркнуть, что для иранской сакральной географии (как доисламского периода, так и иранской версии исламского эзотеризма) Азербайджан был «священной землей», к которой были отнесены важнейшие сакральные события зороастрийской традиции и Авесты.

Когда Сохраварди исполнилось двадцать лет, он отправился в Исфаган, где вошел в контакт с учениками Авиценны. Позже он поселился в Руме, в Анатолии, но вскоре переехал в Харпут, где посвятил один из своих инициатических трактатов сельджукскому эмиру Имадоддину. Но окончательно он остановился в Алепе в Сирии, где вскоре стал близким другом своего сверстника юного принца аль-Малика аль-Захира, сына султана Саладина. Начиная с его пребывания в Анатолии, у него постоянно возникали неприятности с «факихами», экзотерическими учителями закона и сунны. В то время шиизм или даже шиитские мотивы в исповедании ислама были фактически под запретом, и одно подозрение в приверженности этим идеям могло стоить жизни. Возможно «шайх аль-Ишрак» был неосторожен и доверил свои инициатические знания какому-то неквалифицированному персонажу... Сейчас об этом можно только догадываться. Как бы то ни было, 29 июля 1191 года (587 год хиджры) по настоянию «учителей закона» и под особым давлением самого Саладина, который категорически настаивал на смерти шейха, Сохраварди был жестоко казнен как еретик. Не помогла ему даже дружба с сыном Саладина.

После него остались, быть может, самые яркие и блистательные эзотерические памятники не только Ирана, но и всего ислама, и, шире, всего человечества. Кроме того, он стал основателем («полюсом», «кутбом») особой инициатической школы, называемой «Ишрак», которая существует до сих пор и является если не главной, то по меньшей мере самой влиятельной линией иранского эзотеризма.

В его биографии есть один важнейший инициатический намек — возраст, в котором он был казнен — 36 лет. Эта цифра отнюдь не является случайной, но свидетельствует о провиденциальной миссии Сохраварди, как особого эзотерического посланника. Поясним это. Символическая длительность человеческой жизни в Традиции — 72 года. (Отметим, что в случае «аватарических» реализаций, эта цифра равна не 72, а 66). Эта цифра лежит в основании всех циклологических доктрин. На физическом уровне она совпадает с перемещением точки весеннего равноденствия на 1 градус в силу феномена прецессии относительно «неподвижного» зодиака. Но эти 72 года не мыслятся Традицией как прямая, подобно профаническому представлению. Жизнь есть цикл, круг, начинающийся и кончающийся внетелесным существованием. Первая половина цикла — восходящая, символически расположенная между «зимним солнцестоянием» и «летним солнцестоянием» личности. Развитие духовных энергий в этот период совпадает с психическим и материальным становлением. 36 лет — критическая точка. В этот момент происходит выяснение духовной судьбы человека. Это — момент высшей инициации. (Данте не случайно начинает повествование «Божественной Комедии», этого величайшего памятника инициатической традиции, с фразы «Жизни путь пройдя до половины»: и на самом деле, в момент начала спуска в ад, начала «nigredo» ему было 36 лет.) Если инициация совершается, посвященный отныне избавлен от «роковой», нисходящей половины жизненного цикла. Он более не подвержен законам «экзистенциальной гравитации», и импульс, данный в момент рождения, продолжает увлекать существо вверх, по Оси Мира, по ту сторону пика личного материального совершенства. Но в случае «шайх аль-Ишрак» мы имеем дело не просто с инициацией, но с буквальным исполнением эзотерической теории. В кульминационный момент личной судьбы он стяжал «мученический венец», был поражен «Мечом Любви» и вышел в сознании и вере за пределы материального существования. Высшей формой инициации, полученной ровно в срок, для Сохраварди стала Смерть.

Школа «Духовного Востока»

Доктрина и школа Сохраварди носит название «Ишрак», что означает «Восток». Но речь здесь идет, естественно, не о географическом Востоке, но о Востоке Метафизическом, о Востоке Духа. Эзотеризм Сохраварди понимает под Востоком духовный мир Истока, «Малакут» (дословно «Обитель Ангелов»). Такой Восток есть истинный источник, центр и цель всех вещей. Оттуда начинается путь существ по Вселенной, и туда же он приводит их после прохождения испытаний «колодцами Запада», Мраком Изгнания.

Спецификой этой инициатической школы было подчеркивание необходимости особого, прямого знания, которое строго совпадало с отождествлением с познаваемой вещью, с соучастием в ее внутренней природе. Такое знание, называемое «ильм хозури», резко отличалось от опосредованного знания, свойственного экзотерическим доктринам («ильм сури»). Интеллектуальное познание в школе Сохраварди понималось как духовный факт прямого контакта и последующего отождествления с Ангелом, который является, согласно традиции «Ишрак», «Востоком вещи», ее «световой причиной». При этом в отличие от теоретического обскурантизма некоторых суфийских школ, которые настаивали исключительно на опыте, Сохраварди считал необходимым сочетание теоретической подготовки с практикой духовного преображения, которая должна была не просто дополнять теорию, но совпадать с теорией, взятой не как отвлеченное описание реальности, а как пребывание и соучастие в этой реальности. Высшей инициатической формулой такого инициатического знания была знаменитая формула: «Ана-ль Шамс», «Я — Солнце!», в которой фиксировалась кульминация отождествления посвященного с «Востоком вещей», со «Светом Светов» самого Востока, с духовным Солнцем, освящающим тайный мир «Малакут».

В западном эзотеризме аналогичный опыт называется «cognitio matutina», т.е. «рассветное познание», и в соответствии с этим можно перевести эзотерический титул Сохраварди «шайх аль-Ишрак» как «Doctor cognitionis matutinae», т.е. как «Доктор рассветного познания».

В концепции Сохраварди особую роль играла «метафизика Света», так как трансцендентное понимание Света близко к инициатическому термину "Восток", "Ишрак"[1], кото-

рый дал название всей школе. При этом элементы исламского эзотеризма соседствовали у Сохраварди с доисламскими инициатическими концепциями Ирана, т.е. с эзотерической стороной зороастризма, что делало инициатическую доктрину "ишракийун" ("озаренных") воистину универсальной. Так, Сохраварди часто пользуется сугубо зороастрийским термином «Хварено», дословно «Свет Славы». В зороастризме это понятие означало инициатический факт Божественного Присутствия, имманентную ипостась самого Бога. «Хварено» — это аналог Святого Духа в христианском эзотеризме, а также Архангела Гавриила в исламе. Будучи увиденными в лучах «Света Славы», космические реальности обнаруживают перед посвященным свое внутреннейшее сущностное бытие. В лучах этого Света материальные и количественные аспекты меркнут, а духовное и качественное зерно обнажается. Эзотеризм «Хварено» являлся важной частью всего метода «рассветного познания».

Для Сохраварди и его школы вообще характерно особое акцентирование важности промежуточных сакральных сфер, расположенных между конкретным миром людей и далеким миром метафизических принципов. Эта промежуточная сакральная область может получать как личностную форму — Ангел, Мудрец («пир»), Симург, Гавриил, Царь Саломон, Хизр и т.д., — так и безличностную — «Хварено», Десятый Интеллект, «Восток», «Сакина» («Божественное Присутствие»), «Свет», гора Каф и т.д. Как бы то ни было, именно погружение в эту сферу (или самоотождествление с личностью Посвятителя) составляет главный момент инициатической теории и практики школы «Ишрак», так как в данном контексте наиболее ценным представляется именно особое конкретное и строго верифицируемое духовное событие, в результате которого интеллектуальные структуры человека, касающиеся горнего мира, из абстракций и предчувствий превращаются в реальности ощутимого и несомненного опыта. Посвященный в «Ишрак» оперирует, в отличие от многих других тарикатов ислама, сложной и развернутой космогонической доктриной, но эта доктрина сужается и опускается, как в духовной воронке, к особой точке, расположенной в самом низу небесного мира, на границе между землей и небом. К этой же точке, но только снизу, движется психофизический организм посвященного. Когда оба импульса соприкасаются, происходит кульминация инициатического опыта — отныне очевидной реальностью начинают обладать вещи, бывшие ранее лишь теоретическими построениями, а материальный мир становится гипотетической абстракцией. Общая инициатическая установка именно на такое особое событие, на встречу с Ангелом-Посвятителем, отличает доктрину и школу Сохраварди от учений обычных экзотерических теологов, которые предпочитают иметь дело с самыми высшими категориями — с Богом, Первопричиной, Творцом и т.д. — пренебрегая мирами, расположенными в промежуточных регионах сакральной Вселенной, поскольку в подобном случае они избавлены от необходимости поверять свои утверждения личным опытом. В пределе это граничит с фарисейством, настаивающем на тем большей трансцендентности Бога, чем меньше удается реализовать на практике хотя бы малейшее качество, сопряженное с Божественной, чисто духовной реальностью. Все это объясняет инициатический интерес Сохраварди ко всем промежуточным иерархиям сакрального, к имманентным аспектам Божественного. В его текстах часто речь идет об особой стране, Хуркалья, которая, собственно, и есть та пограничная область между небом и землей, где происходит решающая встреча, инициация в «мир Востока», «Малакут». (Заметим, что в христианском эзотеризме аналогичный акцент падает на третье Лицо Божественной Троицы, на Параклета, Святого Духа).

О трактате «Багряный Ангел»

Публикуемый нами трактат «Багряный Ангел» является характерным для Сохраварди текстом. Его персидское название «Акли сорх», что дословно означает «Красный Интеллект», мы вслед за Корбеном переводим как «Багряный Ангел», поскольку речь идет о встрече с персонажем, определяемым в школе Сохраварди и как «Десятый Интеллект», и как «Ангел», «Ангел-Посвятитель».

В отличие от более развитых теоретических работ «шайх аль-Ишрака», здесь речь идет об основных символах инициатического обряда. Можно сказать, что это описание самой инициации. Согласно мнению определенных компетентных в данном вопросе эзотериков, речь идет даже не просто об описании инициации, но об особом тексте, лежащем в основе определенного инициатического ритуала, практиковавшегося (и практикующегося до сих пор) в ордене «Ишрак». Текст имеет четыре уровня смысла. На первом уровне речь идет о странной истории, события которой следует понимать буквально (в противоположность аллегорическим рассказам, подлинно инициатические тексты не исключают самого буквального понимания написанного, но напротив, основываются на грубой конкретике происходящего, которое надо понимать как описание реально случившихся событий). На втором уровне иносказательные выражения и описания следует поместить в теологический, научно-астрономический или физический и мифологический контекст. На третьем уровне все происходящее следует поместить в эзотерический контекст (как исламский, так и зороастрийский, а также в универсальный, соотносящийся с самой Примордиальной Традицией). Наконец, на четвертом уровне предполагается тотальное отождествление читателя (или слушателя) с субъектом, проходящим через описываемый опыт на трех предыдущих уровнях одновременно. Первые три уровня — теоретические, четвертый относится к сфере инициатической практики.

Приводимый нами аппарат сносок и комментариев поможет, насколько это возможно, в воссоздании доктринального контекста на втором и третьем смысловом уровнях, по этой причине он является важным компонентом всей публикации, так как источники, которые могли бы помочь в этом, либо крайне труднодоступны на русском языке, либо вообще отсутствуют.

В заключение особо отметим, что предварительные замечания и комментарии к тексту написаны на основании исследований замечательного французского традиционалиста и глубокого знатока эзотерического ислама и особенно иранского ислама (как, впрочем, и иранской эзотерической традиции в целом, включая маздеизм, манихейство, зороастризм, доктрины магов, несторианство, восточный гнозис и т.д.) АНРИ КОРБЕНА. Мы предпочли для простоты не выделять отдельно цитаты из подготовленной и переведенной им книги «Пурпурный Архангел», на которых мы основывались, так как из соображений краткости и удобства восприятия мы почти всегда пересказывали его мысли другими словами, так как в противном случае пришлось бы писать целый трактат о взглядах и трудах самого Корбена.

Как бы то ни было, именно к трудам Анри Корбена в первую очередь следует обращаться всем, кто захочет подробнее узнать об эзотеризме школы «Ишрак», Сохраварди, и шире, об исламском и иранском эзотеризме.

МИЛЫЙ АНГЕЛ

---

(1) Термин "ишрак" может быть переведен также как "озарение", "Illuminatio" по латыни. Напрашивается сопоставление с "иллюминатами" и испанскими "alumbrados".

Шихабоддин Яхья СОХРАВАРДИ (Шайх аль-Ишрак)

БАГРЯНЫЙ АНГЕЛ

Слава Тому, кто владычествует над двумя вселенными. Прошлое бытие всего, что было, что существовало Его существованием. Настоящее бытие всего, что есть, что существует его существованием. Будущее бытие всего, что будет, что будет существовать его существованием. Он — Первый и Последний, Явленный и Скрытый; Он Видящий всякую вещь. Молитвы и Приветствия да пребудут над Посланниками ко всем существам, и особенно над Мухаммадом, Избранным, кем была поставлена печать на пророчествах. Приветствие его Компаньонам и Ученым от Религии; да пребудет на них божественное Милосердие!

Один из моих самых дорогих друзей задал мне однажды такой вопрос:

— Понимают ли птицы язык друг друга [1]?

— Конечно, — ответил я, — они его понимают.

— Откуда ты знаешь об этом? — возразил мой друг.

— Я знаю об этом потому, что в самом начале вещей, когда подлинный Создатель хотел проявить иное бытие, которого еще не было, он создал меня в образе сокола. Но в стране, где я обитал, были и другие соколы. Мы говорили друг с другом, мы слушали речи друг друга и мы понимали друг друга [2].

— Очень хорошо, — сказал мой друг, — но как случилось, что ты оказался сейчас здесь?

— А вот как: однажды охотники, Закон и Судьба натянули сеть Предназначения. Они положили в нее как приманку семя притяжения, и таким образом они заполучили меня в пленники. Из той страны, где находилось мое гнездо, они унесли меня в далекую страну. Мои веки смежились; четыре вида пут сжали меня [3]; наконец, десять тюремщиков были поставлены охранять меня: пять из них смотрели на меня, повернувшись спиной наружу, а пять смотрели наружу, повернувшись спиной ко мне [4]. Те пять, которые смотрели на меня, повернувшись спиной наружу, так плотно стискивали меня в мире неподвижности, что я забыл свое гнездо, далекую страну; все что я знал когда-то, я забыл. Я вообразил себе, что я всегда был таким, как сейчас.

Но вот прошло какое-то время, и мои глаза начали постепенно открываться, и по мере того, как я начинал видеть, я стал осматриваться вокруг. Я снова начал видеть вещи, которых я давно не видел, и я пришел в восторг от них. С каждым днем мои глаза открывались все больше и больше, и я наблюдал вещи, которые повергли меня в изумление. Наконец, мои глаза открылись окончательно, и я увидел мир таким, как он есть. Я увидел, что связан тугими веревками, и понял, что я пленник тюремщиков. И я сказал самому себе: «Видимо, никогда не придет то время, когда я освобожусь от пут и тюремщиков, смогу расправить крылья и свободно и беззаботно взлететь».

Прошло еще какое-то время. И вот я заметил, что мои тюремщики ослабили свое внимание [5]. «У меня не будет больше такого подходящего случая», подумал я. Я быстро выскользнул и сделал это так успешно, что скоро оказался на дороге в пустыне, хотя все еще связанный моими узами. И там в пустыне [6] я увидел человека, который приближался ко мне. Я пошел ему навстречу и приветствовал его. С совершенным изяществом и изысканностью он ответил на мое приветствие. Судя по красному цвету [7], сияние которого покрывало его лицо и его волосы пурпуром, я решил, что нахожусь в компании юноши.

— О юный путник, — воскликнул я, — откуда ты идешь?

— Дитя, — ответил он мне, — ты ошибся, назвав меня таким именем. Я самый старший из детей самого Творца [8], а ты обращаешься ко мне «юный путник»?!

— Но в таком случае почему же ты не побелел, как положено старцам?

— На самом деле я, действительно, бел. Я очень стар, я — Мудрец, чья сущность есть свет. Но тот, кто поймал тебя в сети, кто связал тебя веревками и кинул тюремщикам, когда-то очень давно сделал то же самое и со мной, он бросил меня в темный Колодец. С тех пор пошел и этот пурпуровый цвет, в каком ты меня видишь. Если бы не он, я был бы белым и светящимся. Когда к какой-нибудь белой вещи, чья белизна связана со светом, примешивается немного черного, она приобретает красноватый оттенок. Посмотри на закат и восход, они должны быть белы, как свет солнца. Но закат и восход —

это двойственное состояние: со стороны дня они белы, со стороны ночи — черны, откуда и пурпуровые цвета восхода и заката [9]. Посмотри на звездную массу Луны в момент ее восхода. Хотя свой свет она заимствует, она окружена светом, но одна ее сторона обращена ко дню, а другая к ночи. Поэтому она и кажется пурпурной. Простой светильник обнаруживает то же самое. Снизу пламя белое, сверху оно переходит в черный дым, в середине же оно красноватое. В отношении этого закона можно было бы привести еще множество примеров!

— О Мудрец, откуда же ты идешь?

— Я иду с той стороны горы Каф [10]. Там мой дом. Там было когда-то и твое гнездо. Увы! Ты забыл о нем.

— Но что ты делаешь здесь, внизу?

— Я вечный странник. Я без конца путешествую по миру и созерцаю его чудеса.

— А какие чудеса ты созерцаешь в мире?

— Воистину семь чудес: первое — это гора Каф, твоя и моя родина. Второе — Сокровище, которое освещает ночь. Третье — Дерево Туба. Четвертое — двенадцать цехов. Пятое — кольчуга Давида. Шестое — Меч. Седьмое — Источник Жизни.

— Расскажи, я прошу тебя, историю всего этого.

— Вначале о горе Каф. Она возвышается на краю мира, который она окружает. На деле она состоит из одиннадцати гор. Туда ты и отправишься, когда освободишься от пут, потому что именно оттуда тебя однажды похитили, а все всегда возвращается к своей изначальной форме.

— Но как я доберусь дотуда?

— Действительно, дорога трудна. Вначале ты увидишь две горы [10a], одну и другую, они уже часть горы Каф. Одна из них имеет теплый климат, другая — холодный. Но ни жар, ни холод этих мест не имеют пределов.

— Но это же так просто. Зимой я перейду через гору с жарким климатом, а летом — с холодным.

— К сожалению, ты заблуждаешься. Ни в одном сезоне атмосфера в этих регионах не улучшается [11].

— Каково расстояние до этих гор?

— Сколько бы ты ни шел, ты снова лишь придешь в начальную точку, подобно циркулю, ножки которого поставлены одна в центр, другая на периферию: сколько бы он ни вращался, он придет лишь туда, откуда начал движение.

— Может быть, я смогу проложить туннель внутри этих гор и вылезти с обратной стороны?

— Невозможно проложить туннель в этих горах. Но тот, кто наделен Умением, может преодолеть эти горы в одно мгновение, и не роя туннель. Умение — это качество, подобное бальзаму. Если ты подставишь ладонь под солнечные лучи и будешь держать ее, пока она не накалится, а потом нальешь по капле в ладонь бальзам, то скоро он пропитает ладонь и проступит на тыльной стороне. Бальзам проходит сквозь ладонь благодаря его природному качеству. Так же и ты, если ты пробудишь в себе естественную способность переходить через горы, ты преодолеешь обе горы в одно мгновение.

— Но как пробудить в себе это качество?

— Я уже намекнул тебе на это, если ты способен постигнуть смысл моих слов.

— А когда я перейду за эти две горы, легко ли будет преодолеть остальные?

— Конечно, легко, если только уметь. Некоторые навсегда остаются узниками этих двух гор, другие достигают третьей горы и остаются там [12]. Третьи доходят только до четвертой, до пятой и так вплоть до одиннадцатой. Но птица тем умнее, чем дальше она долетает.

— Теперь, когда ты мне рассказал про гору Каф, поведай, прошу тебя, историю о Сокровище, которое освещает ночь.

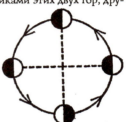

рисунок 1

— Сокровище, которое освещает ночь, также находится в горе Каф, а еще точнее, оно находится в Третьей Горе. Именно из-за того, что оно существует, темная ночь становится сверкающей. Однако это Сокровище не всегда пребывает в одном и том же состоянии, его свет проистекает из Дерева Туба [13]. Всякий раз, когда оно находится напротив Дерева Туба (по отношению к той области, в которой ты сейчас находишься), Сокровище кажется целиком светящимся, подобно сверкающему шару. Когда оно находится не напротив Дерева Туба, а ближе к нему, часть его затемняется, а другая часть продолжает светиться. Чем ближе оно подходит к Дереву Туба, тем больше зона тени надвигается на световую часть. Но все это лишь в отношении тебя, так как для самого Дерева Туба полусфера Сокровища остается светлой. Когда оно приближается вплотную к Дереву Туба, тебе оно видится совершенно темным, но со стороны Дерева Туба оно является абсолютно светлым. И наоборот, когда оно удаляется от Дерева Туба, оно начинает сверкать для тебя, и чем дальше оно удаляется от него, тем все больше возрастает для тебя его яркость, но это означает не увеличение света самого по себе, просто масса Сокровища впитывает в себя все больше света и параллельно этому зона тени уменьшается. И так продолжается до тех пор, пока оно не окажется напротив Дерева Туба. И тогда Сокровище полностью удерживает весь свет в себе. Вот для наглядности тебе пример. Возьми шар и проколи его иглой по диаметру. Вставь в отверстие нить. Наполни чашу водой и положи шар на ее поверхность, чтобы половина была над водой, а половина — под водой. Представим, что в какой-то момент вода в десять приемов омыла всю поверхность этого шара, вращающегося вокруг себя. Если кто-то будет смотреть со дна чаши, он увидит полшара, находящегося все время под водой. Если наблюдатель, ранее находившийся под чашей, будет постепенно поднимать свой взгляд, вначале ниже линии поверхности воды, он перестанет видеть все полушарие, погруженное в воду, и начнет видеть часть полушария, возвышающуюся над водой. Чем выше он будет подниматься к уровню воды, тем меньше он будет видеть подводную часть шара и больше надводную. Когда его глаза достигнут этого уровня, он будет видеть полшара под водой и полшара над водой. Если его взгляд будет подниматься над водой, он будет видеть все больше надводной части шара и все меньше

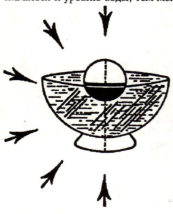

рисунок 2

подводной. Когда взгляд остановится на вертикальной по отношению к уровню воды линии, он будет видеть всю полусферу, расположенную над водой. Нам могут возразить, что, находясь под чашей, нельзя увидеть ни воды, ни шара. Мы ответим на это, что достаточно сделать чашу из стекла или какой-нибудь прозрачной субстанции, и это станет возможным. Когда мы имеем дело с чашей и шаром, вокруг чаши перемещается наблюдатель, смотрящий на то и на другое. Но когда речь идет о Сокровище, освещающем ночь, и Дереве Туба, то в этом случае они вращаются вокруг наблюдателя [14].

— Но что такое Дерево Туба?

— Дерево Туба — это огромное дерево. Тот, кто неплохо знает рай, видит его всякий раз, когда по нему прогуливается. В центре этих десяти гор, о которых я тебе говорил, есть одна, там и находится Дерево Туба.

— Но приносит ли оно плоды?

— Все плоды этого мира растут на этом Дереве. Плоды, которые сейчас перед тобой, тоже растут на этом Дереве. Если бы этого Дерева не существовало, перед тобой сейчас не было бы ни плода, ни дерева, ни цветка, ни растения.

— Плоды, деревья и цветы, какое отношение они имеют к этому Дереву?

— Симург свил свое гнездо на вершине Дерева

Туба. На заре он вылетает из своего гнезда и простирает свои крылья над землей. От воздействия его крыльев появляются плоды на деревьях, а растения прорастают из Земли.

— Я слышал, что Симург [15] воспитывал Зала, и с помощью Симурга Рустам убил Эсфандияра.

— Да, это так.

— Как это произошло?

— Когда из лона своей матери Зал вошел в существование, цвет его волос был совершенно белым, и лицо его — совершенно белым. Его отец Сам приказал выбросить его в пустыню. Его мать также была сильно опечалена тем, что родила его. Видя, как уродлив ее сын, она согласилась с этим приказанием. И так Зала бросили в пустыне. Была зима; было холодно. Никто и подумать не мог, что ребенок проживет хотя бы короткое время. Прошло несколько дней: у матери рассеялось чувство гнева и сердце ее исполнилось жалости к своему ребенку. «Я пойду в пустыню и посмотрю, что стало с моим дитем.» В пустыне она нашла его: ребенок был еще живой, так как Симург накрыл его своими крыльями. Когда взгляд младенца встретился со взглядом его матери, он улыбнулся ей. Тогда мать взяла его на руки и стала кормить грудью. Она хотела забрать его к себе, но сказала себе: «Нет, пока я не узнаю, как случилось так, что Зал выжил эти несколько дней, я не вернусь домой.» Она оставила маленького Зала на том же месте под крыльями Симурга и сама спряталась неподалеку. Когда настала ночь и Симург улетел из пустыни, появилась газель, приблизилась к колыбели Зала и опустила свою грудь на губы младенца. Пока он пил ее молоко, она заснула рядом с ним, охраняя его от всех несчастий. Тогда мать поднялась, отодвинула газель от колыбели своего сына и унесла его домой.

— Какой секрет в этом скрывается?

— Я спросил об этом случае самого Симурга, и вот что он мне ответил: «Зал явился в этот земной мир под взглядом Туба. Мы не могли позволить, чтобы он умер. Мы оставили павлина беззащитным перед охотником и вложили жалость к Залу в сердце газели, его матери, чтобы она позаботилась о нем и дала ему свое молоко, в течение же дня я сам держал его под своим крылом [16].

— А в случае с Рустамом и с Эсфандияром?

— Вот как это было. Рустам был недостаточно сильным, чтобы победить Эсфандияра. Его отец Зал стал умолять Симурга. Однако у Симурга есть одна особенность, в силу которой, если поставить перед ним зеркало или какой-то подобный ему объект, всякий, кто взглянет в него, ослепнет. Зал приказал сделать железные доспехи и тщательно отполировать их поверхность. Он одел в них Рустама. На голову ему он одел отполированный шлем, а лошадь покрыл кусочками зеркала. Потом он послал Рустама встать на поле брани перед лицом Симурга. Эсфандияр должен был приблизиться к Рустаму. В тот момент, когда он приблизился, лучи Симурга, отражаясь на доспехах и зеркалах, ослепили глаза Эсфандияра и он перестал видеть. Ему показалось, что он ранен в оба глаза, поскольку он увидел лишь две острые точки. Он упал с лошади и умер от руки Рустама. Можно подумать, что два конца стрелы из дерева Газ, о котором говорят предания, — это два Крыла Симурга [17].

— Ты хочешь сказать, что во всей вселенной не существует никого, кроме Симурга?

— Только тот, кто не знает, может так думать. Если бы Симург постоянно не спускался на Землю с Дерева Туба, и одновременно с этим не исчезал другой Симург, который был перед этим на Земле, то есть если бы постоянно не появлялся новый Симург, ничего из того, что существует, не существовало бы. И так же, как Симург приходит на Землю, он отправляется с Дерева Туба в двенадцать цехов.

— О Мудрец! Что это за двенадцать цехов?

— Во-первых, знай, что когда наш Король захотел создать свое царство, он вначале создал нашу страну. Потом он заставил работать нас самих. Он учредил двенадцать цехов [18] и в каждом из них назначил несколько учеников. Потом он заставил работать этих учеников, и под двенадцатью цехами появился новый цех, в котором наш Король назначил Мастера («остад»). Этого Мастера он также заставил работать, и под новым цехом появился еще один. Тогда он приказал трудиться второму Мастеру, который организовал третий цех, доверенный попечению третьего Мастера, и так вплоть до седьмого цеха. Каждому цеху был назначен Мастер. Тогда каждому из учеников, распределенных по двенадцати Домам, он дал почетную мантию. Он дал такую же мантию первому Мастеру и доверил ему два цеха из двенадцати высших. Второму Мастеру он также дал почетную мантию и доверил ему два других цеха из высших двенадцати. С третьим Мастером он поступил так же. Четвертому он дал почетную мантию, которая была прекраснее, чем у остальных; он дал ему лишь один цех из двенадцати верхних, но зато приказал ему надзирать надо всеми двенадцатью. С пятым и шестым Мастерами он поступил так же, как со вторым и с третьим. Когда дошло дело до седьмого, из двенадцати цехов остался только один. Этот цех ему и был дан, но почетной мантии он не получил. Седьмой Мастер издал тогда крик. «У всех Мастеров по два цеха, а у меня только один! Всем дали почетную мантию, а мне нет!» Ему сказали тогда, что под его цехом будут созданы еще два цеха, над которыми ему будет дана власть. И под всеми цехами, вместе взятыми, было организовано пространство под посев, заботу о котором также поручили седьмому Мастеру. Также условились, что из поношенной мантии четвертого Мастера будет постоянно изготовляться маленькая

мантия для седьмого Мастера, так что одежда будет переходить от одного к другому; и все происходило точно также, как я объяснил тебе в случае Симурга [19].

— О Мудрец, что ткут в этих цехах?

— Обычно там ткут парчу, но там ткутся также и другие вещи, даже мысль о которых еще никому не приходила в голову. Именно в этих цехах ткут кольчугу Давида.

— О Мудрец, что такое кольчуга Давида?

— Кольчуга Давида — это те путы, которыми ты связан [20].

— Как их делают?

— В каждой из четырех триад, входящих в двенадцать высших цехов, производят по одному кольцу. Так получаются четыре кольца из всех цехов. Но на этом ничего не заканчивается. Эти четыре кольца отдаются седьмому Мастеру, чтобы он обработал каждое из них. Когда они попадают к нему, он отсылает их на поле, в котором он их сеет, так что они остаются некоторое время в незаконченном состоянии. Потом четыре кольца смыкаются друг с другом и образуют вместе плотную и замкнутую форму. Когда ловят сокола, как тебя, например, на него набрасывают кольчугу Давида, так что она плотно сжимает его.

рисунок 3

— Сколько колец в каждой кольчуге?

— Если можно было бы сказать, сколько капель воды в Оманском море, можно было бы вычислить, сколько колец в каждой кольчуге.

— Но существует ли средство, с помощью которого можно было бы освободиться от этой кольчуги?

— Это средство — Меч [21].

— А где взять этот Меч?

— В нашей стране есть палач; Меч в его руках. Заведено правило, что когда кольчуга полностью исполнит свою миссию в течении определенного времени и когда придет время испустить дух, палач бьет своим Мечом; и этот удар такой сильный, что все кольца раскалываются и распадаются.

— Есть ли различия в том, как получает удар облаченный в кольчугу?

— Конечно, есть различия. Для одних шок настолько велик, что даже если они провели целый век в размышлении о природе самого невыносимого страдания и даже если их воображение рисовало им муки самые страшные, никогда их мысль не могла представить себе жестокость удара, наносимого этим Мечом. Другие же выносят этот удар легче.

— О Мудрец, я прошу тебя, что сделать мне, чтобы это страдание было облегчено?

— Найди Источник Жизни. Заставь воду из этого Источника потоком течь на твою голову, пока эта кольчуга не станет легкой одеждой, сидящей на тебе легко и просторно. Тогда ты станешь неуязвимым для удара Меча. Эта Вода действительно смягчает кольчугу (Коран 34/10), и когда она окончательно размягчится, удар Меча больше не причинит страданий.

— О Мудрец, а где находится этот Источник Жизни?

— Во Тьме. Если ты хочешь отправиться на поиск этого Источника, одень те же сандалии, что и Хизр, пророк, и двигайся по пути самоотречения, пока не достигнешь региона Тьмы [22].

— А в какую сторону надо идти?

— В какую бы сторону ты ни шел, если ты истинный паломник, ты совершишь это путь.

— Что укажет мне на регион Мрака?

— Темнота, которая овладеет сознанием. Потому что ты сам, ты есть сейчас во Мраке. Но ты не знаешь об этом. Когда идущий по пути видит самого себя во Мраке, он понимает, что всегда он пребывал только в Ночи, и что никогда свет Дня еще не касался его взгляда. Вот каков первый шаг подлинных паломников. Только с этого момента начинается восхождение. Когда доходят до этой стоянки, да, отсюда можно двигаться вперед. Ищущий Источника Жизни проходит во Мраке через все виды ужаса и печали. Но если он достоин найти этот Источник, после Мрака он узрит Свет. Тогда не нужно бежать от этого Света, потому что этот Свет — сияние, нисходящее с Неба на Источник Жизни. Когда путь совершен и паломник искупался в этом Источнике, он неуязвим более для удара Меча. Вот стихи (Санаи):

Дай убить тебя Мечом любви,
Чтобы обрести вечную жизнь,
Потому что от Меча ангела смерти,
Никто, сдается, еще не воскресал.

Тот, кто искупался в этом Источнике, не будет никогда запачкан. Тот, кто постиг смысл истинной Реальности, тот достиг этого Источника. Когда паломник выходит из Источника, он достигает Способности, которая делает его подобным бальзаму, который, будучи налит на ладонь, подставленную жаркому солнцу, проступает с тыльной стороны. Если ты есть Хизр, то через гору Каф и ты, ты тоже сможешь пройти без труда.

... Когда я рассказал эти происшествия моему дорогому другу, который просил меня об этом, он воскликнул:

— Ты на самом деле есть сокол, который попался в силки и который сейчас уже на охоте за добычей. Итак, поймай меня; привязанный к седлу охотника, я буду неплохой добычей».

— Да, это я, тот сокол, в котором все охотники мира нуждаются каждое мгновение.

Мои жертвы — газели с черными глазами,
Потому что Мудрость подобна слезам, проступающим сквозь веки.
Передо мной в бегство обращена буква слов,
Рядом со мной собирается урожай скрытого смысла» [23].

Примечания «МИЛОГО АНГЕЛА»

(1) «Язык птиц» означает в эзотерической традиции особую форму передачи специальной инициатической информации. Он называется также «ангельским языком». В коранической традиции дар понимания «языка птиц» был открыт Соломону (Коран 27/16). Исламский эзотерик Фаридоддин Аттар (XII век) назвал так своей трактат «Мантик ат-Тайр» («Язык Птиц»). По выражению Анри Корбена, «язык птиц» — это язык сущности, язык чистого бытия, на котором внутреннее и духовное существо передает информацию другому внутреннему и духовному существу о качестве своего бытия. «Языком птиц» считался язык алхимической традиции. Можно утверждать, что общечеловеческий язык, предшествующий вавилонскому смешению, был как раз таким «языком птиц» в его наиболее чистой форме. Крайне интересны в этом отношении модели реставрации структуры примордиального гиперборейского языка, предпринятые немецким исследователем Германом Виртом. Выявленные им связи между календарем, проторуническими иероглифами, древнейшим символизмом и базовыми фонемами позволяют практически вплотную подойти к реставрации «языка птиц» в этом предвавилонском варианте. Самое удивительное заключается в том, что сопоставление некоторых семантических структур, относимых Виртом к тем или иным звукам, особенно гласным, со спецификой пения реальных птиц дает потрясающие результаты, ибо такая специфика каждого вида птиц в отдельности почти точно соответствует символическим функциям этих птиц в мифологических и инициатических сюжетах! Приведем в качестве примера пение соловья, традиционного символа Любви: в его трелях, которые он обычно поет в период, близкий к летнему солнцестоянию, доминирует звук, напоминающий гласный «i»; и именно этот гласный в разработанной Виртом модели примордиального языка соответствует летнему солнцестоянию. Аналогичные связи можно выявить и относительно пения петуха, криков ворона, клокотания орла и т.д.

В принципе, в этом нет ничего удивительного, так как истинная традиция основывает свой символизм не на абстрактных и искусственных аллегориях, но на конкретной и реальной ткани мира, в котором, однако, в отличие от профанического

МАХДИ И АНТИХРИСТ

Аль-тарика аль-ШАДИЛИЙЯ
Аль-ДУСУКИЙЯ
Аль-БУРХАНИЙЯ

I

Сейдна Мухаммад, да пребудет на нем молитва и спасение Аллаха, сказал: «*Распространяй знание о Махди . Он будет нашим потомком. Аллах поставит им последнюю печать в Традиции, которую он оставил через нас.*»

Его появление будет знаком наступления Последнего Часа. Явление Махди вместе с другими событиями — восстанием Дадджала (Обманщика), вторым пришествием Христа, набегами орд Гогов и Магогов, вознесением Корана, появлением Зверя, восходом солнца на Западе — означает конец времен.

Имя отца Махди будет тем же, что и имя отца Посланника (Расула), т.е. Абд Аллах. Он будет одним из потомков Фатимы от Сейдна ва Мавляна Аль Имам Хусейн.

Имя его матери будет Амина. Абд Аллах женится на Амине, которая произведет на свет сейдну Мухаммад Абд Аллах аль Махди аль Мунтазара.

Его родители, уроженцы Хиджаза (область между Меккой и Мединой), будут принадлежать к ветви курейшитов и хаимитов.

Махди будет последним из «сильсиля» (цепь рода) — из «людей дома», да пребудет на них милость Аллаха.

Махди будет печатью Традиции, явленной через Мухаммада, Печать Пророков и Посланника.

Традиция говорит, что аль Махди аль Мунтазар будет человеком арабской наружности, темным, высоким и крепкого телосложения. Его взгляд будет подобен «сияющей звезде», и лоб его будет высок. Глаза его будут черными, а брови — прямыми и сросшимися. У него будет густая борода и разделенные зубные резцы. На его правой щеке будет прекрасная родинка, и такая же родинка будет на правой руке. Нос его будет подобен клюву орла.

Он будет последним представителем Аллаха на земле.

Все будут довольны его представительством — и люди Неба, и люди Земли.

Аллах пошлет его после того, как общество лю-

дей подвергнется чудовищным притеснениям со стороны временной власти.

За всю историю сыновей Адама Аллах не посылал больших мучений людям.

Об этом сказал сам Пророк, да пребудет на нем молитва и спасение Аллаха: «*Увидите время, когда выполнение религиозной практики будет так же жечь, как жгут руки раскаленные угли*». Будет такой неурожай и такой голод, что люди будут есть свои сандалии и тетиву своих луков.

Тогда Аллах, да будет благословенен Всевышний, пошлет своих ангелов, чтобы повести в «харам» Медины и Мекки тех, в чьем сердце осталась хотя бы крупица веры.

Вне «безопасного места» останутся только безумные и те, которые должны пройти испытания.

Тогда появится Дадджал, Обманщик.

Цвет лица его будет красным, тело крепкое, волосы курчавые. Глаз его будет подобен косточке сухой виноградины. На его лбу будут написаны буквы: **каф, фа, ра**. Эти буквы прочтут и те, кто умеют читать, и те, кто не умеют.

Когда он появится, он принесет с собой «рай» и «огонь». Но его «рай» будет «огнем», а его

«огонь» — «раем». Аллах вселил в него все виды хитрости, соблазна, похоти и обмана.

Он пройдет по всей земле.

Он будет выдавать себя за «наби», пророка. Поэтому Пророк, да пребудет на нем молитва и спасение Аллаха, говорит: «*После меня не будет уже ни пророка, ни посланника.*» Дадджал будет сражаться, говоря: «*Я — князь мира*». Он будет претендовать тем самым на царство.

О его власти сказано: он подойдет к дереву и прикажет: «*Дай мне свои плоды.*» И они полетят к нему, как пчелиный рой.

Он будет бахвалиться тем, что может воскрешать мертвых. И особенно он будет воскрешать родителей людей. На самом деле, это будут посланные Дьяволом призраки, которые скажут: «*Сын наш, следуй за этим человеком. Он — твой господин*».

Так, схватит Дадджал одного человека и рассечет его надвое, так, что обе половины падут на землю.

Тогда он скажет: «*Смотрите на этого моего слугу. Я воскрешу его*». Он заявит, что нет выше господина, чем он сам.

Тогда Аллах воскресит того слугу и даст ему силу противостоять Дадджалу.

Этот слуга скажет: «*Господин мой — Аллах, а ты — обманщик и враг Аллаха*».

Дадджал приблизится, чтобы схватить этого человека, но Аллах спасет его. Дадджал пребудет на земле семь дней. День как год, день как месяц, день как неделя и все остальные как обыкновенные дни. Объяснение этому могут дать только «господа инициатического откровения», а не мы.

Обманщик пройдет по земле быстро, как облако, гонимое ветром.

Он придет к народу, и призовет его, и народ поверит в него и будет подчиняться ему.

Тогда он улучшит условия жизни людей, заставит их сбиться с пути. Тогда он пойдет к другому народу и призовет его. Но этот народ отвергнет его слова, и он оставит этот народ.

Они останутся бедными, но чистыми.

Тогда Дадджал станет во главе армии, которая разорит всю землю, кроме Мекки и Медины.

Потом Дадджал подойдет к воротам «освященного города», т.е. к «Медине Пророка», но не сможет пройти через горы, которые охраняют вход в него. Аллах со своими ангелами воспрепятствует этому. Также и Мекка будет спасена подобным образом.

Когда Дадджал приблизится к вратам Медины, Махди будет 41 год.

Тогда Махди даст о себе знать, но и до этого в небе появятся два знака начала его миссии — лунное затмение в первую ночь месяца Рамадан и солнечное затмение в конце этого месяца. Это

вообще никогда не случалось, с тех пор, как Аллах сотворил небо и землю.

Аллах будет помогать Махди с его божественными людьми. Эти божественные люди родятся в невидимом месте и станут его сподвижниками и помощниками.

Один из этих людей будет пребывать на своем посту некоторое время и будет обладать особой наукой, которая позволит ему выделиться среди других. Все эти люди будут информировать Махди о ситуации вовне, и Махди начнет собирать и готовить свои силы.

Потом волнами пойдут «божественные авлийя» (святые) и 70 учеников сейдны Иса. Ему будут помогать также «люди пещеры» и «благородные люди» Египта. Заместители людей Шама (Сирия) и Асайб из людей Ирака.

Верующие изберут дорогу между аль-рукн и аль-макам (между углом черного камня и стоянкой Авраама, да пребудет на нем спасение).

Во главе войска Махди встанет человек Тамима, с редкой бородой, по имени Шу'айб бен Салих.

В авангарде войск Махди будет архангел Гавриил, а в арьергарде — архангел Михаил.

Среди врагов Традиции будет один человек, называемый аль-Суфьяни.

Он будет потомком сына Халида ибн Язида ибн Му'авийа бен Аби Суфьяни.

У него будет большой череп, и на его лице будут явные отметины оспы.

Один из его глаз будет отмечен особо: на нем

появит-
ся белая капля.

Аль Суфьяни пошлет против
Махди войско, но этот отряд врагов Тра-
диции углубится в пустыню — между Меккой и
Мединой, и не спасется оттуда никто.

Не успокоившись после этого первого поражения, аль Суфьяни снова выступит из Дамаска с
теми воинами, которые не участвовали в первом
походе. Большинство из его последователей на
сей раз будут из племени Кальб, т.е. племени «пса».
Они будут сеять повсюду разорение и разрушение и уничтожат племя Кайш.

Но они не успеют продвинуться очень далеко,
т.к. Махди со своим войском выйдет им навстречу. Столкновение будет иметь место рядом с аль-
Гутан (оазисом к югу от Дамаска). Махди победит своих врагов и убьет аль Суфьяни рядом с
деревом.

Тогда все мусульмане выступят против Дадджала, который, будучи не в силах сопротивляться
божественной силе Махди, бежит вместе со своими людьми. Махди со своими сподвижниками
будет преследовать их. Эти сподвижники будут
проповедовать и восстанавливать Традицию на путях своего следования.

Дадджал, между тем, скроется в пещере, расположенной в Палестинской земле и называемой
Баб аль лудд.

Начнется битва между войском Махди и людьми
Запада, но победа достанется Махди. Те, кто будут со-
противляться, будут
разгромлены. Однажды мусуль-
мане, готовясь начать войну с Дадджалом,
соберутся все вместе для утренней молитвы. Пред-
стоять им будет Махди аль Мунтазар. В этот момент с небес снизойдет сейдна Иса, да пребудет
на нем спасение, рядом с белым восточным минаретом Дамаска.

Он спустится, опираясь руками на крылья двух
ангелов.

В руке у него будет меч с огненным лезвием.
Он преподнесет его Махди, как знак его имамата, но тот откажется его принять.

Сейдна Иса, да пребудет на нем спасение, совершит молитву позади от Махди аль Мунтазара,
символически подтверждая тем самым подчинение своего традиционного закона традиционному закону Мухаммада. Посланник Аллаха, да пребудет на нем спасение и молитва, сказал: «Если
бы Сейдна Муса, да пребудет на нем спасение,
Господин Торы жил в мое время, у него не было
бы другого выбора, кроме как следовать за мной».
Этим наш Посланник, т.е. посланник всему человечеству, хотел сказать, что после появления его
закона, все остальные типы закона обязаны быть
с ним согласованы.

Скажет Сейдна Иса, да пребудет на нем спасение, обращаясь к тем, с кем он совершал молитву: «Вы — община избранных, выделенных среди
всех остальных».

Сейдна Иса будет таким, каким его описывают традиционные доктрины: человеком среднего телосложения, с розовой кожей, «как будто он вышел из воды, с прямыми волосами и широкой грудью». Он будет в желто-шафрановых одеждах и с его головы будут «падать капли», хотя она будет сухой.

После утренней молитвы Махди и Сейдна Иса приблизятся, чтобы выгнать Даджжала из пещеры, в которой он спрятался. Как только Даджжал их увидит, он растает от их вида, как лед тает на солнце.

Тогда Сейдна Иса ударит его своим мечом между глаз и убьет. Потом будут казнены все те, кто помогал Даджжалу, пока от них не останется только один человек, который спрячется в дереве.

Тогда это дерево скажет: «*О мусульманин, во мне прячется неверный. Приди и убей его*»

Тогда Аллах прикажет Сейдне Исе, да пребудет на нем спасение, отвести в безопасное место своих соратников, на гору аль-Тур. И когда они будут в безопасности, Аллах откроет отверстие в той стене, которая закрывала путь для орд Гогов и Магогов, которые ворвутся через него и начнут все опустошать.

Первые посланники этих орд выпьют воду в Тевириадском озере и осушат его. Потом они выпьют воду Тигра и Евфрата. Они разрушат и сожрут все на поверхности земли. Аллах, да благословен будет Всевышний, уничтожит потом эти вредоносные орды и сотрет их с лица земли.

Этот период будет расцветом Традиции, когда миру откроются сокровища, приготовленные Мухаммадом Ахмадом аль Махди бен Хасан аль Аскари[1].

Эти два сокровища оставались на берегу Тигра 41 год.

Мухаммад Ахмад положил эти сокровища в ящик и бросил его в воды Тигра, в ожидании описываемых нами событий.

Со смертью Махди и Сейдны Иса закончится этот золотой период, за которым последует смерть всех добрых мусульман и деградация человеческого рода.

Смешение и разложение в мире увеличатся.

За этим последуют иные знаки последнего Часа, — о которых мы не решаемся говорить, — но высший Час падет на голову только худших из тварей.

II.

Сиди Мухьиддин в «Мекканских откровениях» сказал: "Знай, что Махди, да пребудет на нем спасение, появится обязательно, но лишь тогда, когда земля наполнится беспорядками и несправедливостью".

Он должен восстановить порядок и справедливость.

Махди будет из семьи Пророка, потомком сына Фатимы: родоначальником Махди является Имам Хусейн, сын Имама Али бен Аби Талиба, да пребудет на нем милость Аллаха.

Его имя будет таким же, как имя Посланника Аллаха.

Мусульмане пойдут к нему путем между аль-рукн и аль-макам, т.е. между углом черного камня и стоянкой Авраама. — Махди будет во всем подобен Посланнику Аллаха по сравнению со всеми остальными людьми, но в то же время он будет уступать ему внутренне, т.к. нет существа равного Посланнику Аллаха. (Намек на знаменитый хадис о «драгоценном камне меж обычных камней».)

Среди людей больше всего им будут довольны люди Куфы, ведь он будет распределять богатство праведно.

Аль-Хизр будет идти перед ним.

Он проживет 5, 7 или 9 лет.

Он будет стоек на путях Посланника и не отклонится.

Царство его будет столь огромно, что его нельзя будет охватить взглядом.

Он победит аль-мадина аль-румийя при помощи такбира («Аллах Величайший») вместе с 70 тысяч мусульман. Аллах усилит благодаря ему Ислам, и его будут любить после его смерти.

Он будет призывать к Аллаху мечом, а тот, кто воспротивится ему, будет убит, тот, кто восстанет на него, будет побежден.

Он сделает нормой «чистый культ», и во всех юридических решениях его точка зрения будет отличаться от точки зрения ученых, которых он унизит своей справедливостью.

Когда Махди появится, к нему примкнут все мусульмане, как элита, так и простые люди. С ним будут «божественные люди», которые пойут его «призыв» и будут помогать ему.

Они станут его «министрами» и будут разделять с ним бремя правления.

---

[1] *Некоторые считают, что аль Махди аль Мунтазар, который появится в последние времена, чтобы дать бой Даджжалу (антимессии), и будет имамом Мухаммадом ибн Хасаном аль Аскари. Это отождествление основано на рассказе, что Сейдна Мухаммад ибн Хасан аль Аскари построил «халва» (круглое убежище) на берегу Тигра и удалился в него. Через несколько дней его пошли искать в его «халва» и не нашли. Некоторые считают, что он скрылся для того, чтобы снова появиться в последние времена.*

Эти «министры» будут не арабами, но говорить будут по-арабски. Махди не будет предпринимать ничего, не проконсультировавшись с ними. Они будут самыми достойными среди его окружения.

Будет с ним «хранитель» другого рода, нежели они, который, однако, тоже будет подчиняться Аллаху.

Этот последний будет выделяться среди министров.

Министров будет не более 9, но не менее 5, так как Расул не определил точно время своего представительства: от 5 до 9.

Эти «министры» будут обладать наукой, выделяющей их изо всех остальных.

Они все погибнут за исключением одного в саду Акка, который Аллах сделал местом пантер, птиц и зверей.

Тот, из них, кто останется в живых, — говорит Сиди Мухьяддин, — не знаю, будет ли одним из тех, о ком Аллах упомянул в своих Словах: «*Будет знак ангельских труб, и населяющие и землю и небо будут сожжены, за исключением тех, кто угоден Аллаху*» (39,68). Или умрет вместе со всеми, когда раздастся звук труб.

Я сомневался, — говорит Сиди Мухьяддин, — в отношении точного количества лет, которые Махди проведет как Имам этого мира, пока Аллах не послал мне человека, который сообщил мне количество министров. «*Но я*, — говорит шейх аль Акбар, — *получил разрешения того*

сомнения при «*обучении*» *в столкновении со Всевышним*.»

Установив с точностью время правления Махди, Сиди Мухьяддин говорит: «Он будет править в согласии с тем, что скажет ему ангел вдохновения в отношении традиционного законоуложения. Надо сказать, что магометанский закон будет ему внушен, и он будет править, основываясь только на нем, как сказано в хадисе: «*Он будет тверд на путях моих и не собъется с них.*»

О нем сказано, что он будет из тех, кто «следует», а не «изобретает», и он будет «непогрешим» в своем правлении.

Он запретит «кийас» (рассуждение по аналогии), несмотря на то, что будет по этому поводу внушать ему ангел вдохновения.

Многие ученые отрицают второе пришествие Сейдны Исы, да пребудет на нем спасение, говоря, что об этом не сохранилось письменных доказательств. Мы приведем им в ответ как неопровержимое доказательство верстя Святого Корана, в котором Всевышний говорит: «Не будет никого из людей книги, кто не уверует в него до смерти.» (Коран,3,159), где местоимение «его» относится к смерти Сейдны Исы, да пребудет на нем спасение.

Во время своего второго пришествия Сейдна Иса будет членом исламской общины в качестве «вали», сохраняя при этом свой статус «наделенного силой», «Посланника», «пророка».

Он будет знать в совершенстве исламский закон, переданный ангелом вдохновения, и будет следовать во всем сунне нашего Пророка. Он будет печатью универсальной святости и получит привилегию в день Воскресения быть в обществе Пророка и Посланников со знаменем «рисала», в окружении тех, кто будет следовать за ним. Он будет с нами, т.е. он объединится с нами, мусульманами, как «вали» в общине «авлийя» под знаменем Мухаммада. Аллах вложил в него — в Ису — святость и пророчество. Но в день воскресения, среди посланников не будет тех, кто был среди последовавших лишь двум «посланникам», а не Расулу, —Сейдне Мухаммаду, — за кем последуют сами Иса и Илия...

Сейдна Иса разобьет крест и убьет «свинью», и останется с нами 7 лет, хотя, согласно Суйути, Иса останется после своего нисхождения 40 лет. Но разрешения этих видимых противоречий не дано нам.

III.

Пророк сказал: «*Расцвет иерусалимского царства наступит, когда Ятриб будет лежать в развалинах (Ятриб = Медина), развал государства Ятриб будет во время великой войны. Великая война начнется с завоевания Константинополя,*

а Константинополь падет, когда Даджжал впервые появится». (Абу Давуд).

Пророк сказал: «Великая война, падение Константинополя и приход Даджжала произойдут в течение 6 месяцев». (Тирмиди и Абу Давид)

Пророк сказал: «Между великой войной и падением города пройдет 6 лет. Даджжал появится на седьмой». (Абу Давуд)

Пророк сказал: «Заключите безопасный мир с людьми Запада (ахль-ар-рум). Вместе сможете сражаться с врагами позади вас и победить их. Вы разделите добычу и будете опьянены. Но потом вы опуститесь на луг с холмами и один из христиан воздвигнет крест и скажет: «Крест победил!». Один мусульманин впадет в ярость и сломает его, и люди Запада ответят на это жестокостью и будут готовиться к битве.» Некоторые источники добавляют: «Мусульмане будут потрясать оружием и будут биться, и Аллах почтит их войско мученичеством». (Абу Давид).

Пророк сказал: «Не увидите последнего Часа, пока не сразитесь с народом, который носит сандалии из кожи, и пока не сразитесь с турками, у которых маленькие глаза, красные лица, короткие носы, и чьи лица подобны щитам, покрытым кожей.» (Букхари и Муслим.)

Пророк, согласно одной из традиций, что люди с маленькими глазами (турки) будут сражаться против мусульман: «Вы будете биться с ними три раза, пока не встретитесь с ними в Аравии. В первый раз, когда вы с ними столкнетесь, спасутся только те, кто обратится в бегство. Во второй раз, некоторые погибнут, а некоторые выживут. Но в третий раз с ними будет покончено.» (Абу Давуд).

Пророк сказал: «Последний Час не наступит до тех пор, пока наследство не сможет быть разделенным (т.е. только после великих жертв и множества убийств, благодаря которым останется такое количество наследников, когда можно будет разделить между ними наследство и радости в разделе добычи не будет.) Потом, указав пальцем в сторону Сирии: «Враги направят свои силы против мусульман, а мусульмане направят свои силы против врагов». Один из товарищей Пророка спросил: «Имеешь ли Ты в виду Рим ?»

«Да, — он ответил, — будет ужасная битва, и мусульмане снарядят военный отряд (чтобы биться до смерти), который сможет вернуться с победой. И они будут биться, пока ночь не опустится на них. Никому не удастся стяжать победу, и все будут уничтожены. И тогда мусульмане снарядят второй военный отряд, чтобы бороться до смерти, который сможет вернуться с победой. На четвертый день новый военный отряд будет сформирован из остатков мусульман, и Аллах дарует им победу над врагом. И разразится такая битва, подобно которой не было еще никогда. Если птица полетит над воюющими, она упадет замертво прежде, чем достигнет другой стороны поля битвы. (Будет такое смертоубийство, что при подсчете останется только один из ста). Какая может быть радость в подсчете, и какое наследство сможет быть разделенным ? Они будут находиться на этом месте, когда придет еще более страшное несчастье. Раздастся крик: «Даджжал уже рядом с вами, среди ваших потомков!» Тогда они бросят то, что у них в руках и выступят, послав вперед авангард из десяти всадников. Это будут лучшие воины на Земле в те дни, лучшие из лучших воинов на земле в те дни». (Муслим)

Пророк сказал: «Вы нападете на Аравию, и Аллах даст вам силу победить ее. Потом вы нападете на Персию, и Он даст вам силы победить ее. Потом вы нападете на Рим (т.е. ар-Рум, что включает в себя Сирию и Анаталию), и Аллах даст вам силы победить его».(Муслим)

Пророк сказал: «От творений Адама и до Последнего Часа не будет ничего страшнее появления Даджжала».(Муслим)

Пророк сказал: «Не было такого пророка, который бы не предупреждал свой народ об опасности одноглазого обманщика. Я говорю вам, что у него только один глаз, а у Господа вашего не один глаз. На лбу обманщика — буквы **к-ф-р** (куфр, кафир). (Бухари и Муслим).

Пророк сказал: «Даджал появится и принесет с собой воду и огонь, и то, что люди считают водой, будет жгучим огнем, а то, что люди будут считать огнем, будет, на самом деле, свежей и сладкой водой. И те, кто будут жить в те времена, должны падать в то, что кажется огнем, поскольку это будет свежей сладкой водой.» (Бухари и Муслим).

Пророк сказал: «Если он (Даджал) придет тогда, когда я еще буду с вами, я выступлю против него с вашей стороны, но если он придет, когда меня больше не будет с вами, каждый должен выступить против него сам по себе, и Аллах встанет на мое место, чтобы позаботиться о каждом мусульманине. Он будет молодым человеком с кудрявыми волосами и кривым на один глаз, и будет напоминать Абдель Уззаб бен Катана. Те, кто будут жить в эти времена, должны будут повторить против него версеты начала суры Аль-кахф (XY 11). Он будет на дороге между Сирией и Ираком и будет творить зло налево и направо. Будь твердым, о слуга АЛЛАХА!»

Тогда кто-то спросил о длительности его пребывания на земле, и Пророк ответил: «Сорок дней из которых один как год, один как месяц, один как неделя, и остальные дни как ваши дни».

Тогда снова спросили, будет ли достаточен «саловат» (молитва) одного дня на весь день, который будет длится как год, и Пророк ответил: «Нет, вы должны будете считать все время».

Тогда задали вопрос, с какой скоростью он будет передвигаться по земле и Пророк ответил: «Как облако, гонимое ветром».

Он пойдет к одному народу и призовет его к себе, и тот поверит ему. Он прикажет небу, и небо даст дождь, и земля произведет урожай. Потом к вечеру стада вернутся с высоких холмов, с сосцами, полными молока, и полными желудками. Потом он пойдет к другому народу и призовет его к себе, но этот народ откажется от него, и Даджал оставит их. На утро они не найдут ничего из своих прежних богатств. Потом Даджал пойдет в пустынные земли и прикажет им отдать свои сокровища, и эти сокровища предстанут пред ним во множестве, подобно пчелиному рою. Потом он призовет к себе юношу, и разрубит его мечом надвое, и положит две его части на расстоянии, которое обычно отделяет лучника от его цели. Потом он позовет его (юношу), и он снова пойдет к нему, улыбаясь, со светящимся взглядом, и как раз в этот момент Аллах заставит снизойти Мессию, сына Марии. Тот спустится на землю рядом с белым минаретом у восточного края Да-

маска, одетый в легкие шафрановые одежды из двух частей, опираясь на крылья двух ангелов. Когда он склонит свою голову, с его лба упадут капельки пота, и когда он поднимет голову капельки, как жемчужины, разлетятся вокруг. Лицемерно верующие, которые почувствуют запах его дыхания, умрут, и его дыхание распространится так далеко, как только может объять взгляд. Тогда он встретит его (Даджала) у ворот Лудд и убьет его. Потом группа людей, которых Аллах охранит, подойдет к Иисусу, сыну Марии, и он ударит их по лицу, и он выстроит их по достоинству ранга, которое они имели в Раю, и тогда Аллах откроет Иисусу эти слова: «Я избрал этих людей среди моих слуг, и против них никто не сможет биться. Отведи этих людей в безопасности к аль-Тур «(т.е. к «Горе» по преимуществу, иногда отождествляемой с горой Синай)». Тогда Аллах пошлет Гогов и Магогов, и они заполнят склоны этой горы. Первый из них пройдет мимо Тивериадского озера и выпьет воды из него. И когда последний из них будет проходить там, он скажет: «Здесь раньше была вода!» Иисус и его соратники будут осаждены там (у аль-Тура и будут подвергаться суровым нападениям), так что воловья голова будет для них дороже ста динаров. И Посланник Аллаха Иисус и его соратники будут молить Аллаха, чтобы Он послал на них насекомых (которые стали бы кусать их шеи), и к утру все они, как один, будут мертвы. Посланник Аллаха Иисус и его соратники спустятся тогда на землю, но не найдут на земле пространства и пяди, свободной от гниения и вони. (Насекомые нападут на шеи Гогов и Магогов, и они умрут как один, наполнив землю гниением и вонью). Посланник Аллаха Иисус и его соратники снова призовут Ал-

89

лаха, и Он пошлет птиц с шея-
ми, как у верблюдов Бактрии, которые возьмут (трупы) и унесут, куда укажет Аллах. Потом Аллах пошлет дождь, который не выдержит ни один глиняный дом, ни одна
палатка из верблюжьей шкуры, и он омоет землю так, что она будет подобна зеркалу. Тогда
он скажет земле дать свои плоды и возобновить
свое плодородие, и в результате вырастет такой большой гранат, что целая толпа людей сможет питаться им и искать свое прибежище в его
листве, и молочная корова даст столько молока, что его будет пить целая толпа людей. И
молочная верблюдица даст столько молока, что
целое племя сможет напиться им, и овца даст
столько молока, что целая семья будет пить
его. И тогда Аллах пошлет нежный ветер, кото-

рый проникнет вплоть до
подмышек, и заберет жиз-
ненный дух (ар-рух) всех верую-
щих и всех мусульман, и выживут только самые слабые, которые совершили прелюбодеяние,
как ослы, и над ними пробьет Последний Час.
«(Муслим).

Пророк сказал:" ... как знаете, но с таким до-
бавлением: Гог и Магог дойдут до холма аль-
Хамар и этот холм гора Байт-аль-Макдис (Иерусалим) и скажут: «Мы убили тех, кто на земле, убьем теперь тех, кто на небесах», и обратят свои стрелы в небеса, и стрелы вернутся,
залитые кровью...» (Муслим)

Пророк сказал: «За Даджжалом будут следовать семьдесят тысяч евреев Исфагана, закутан-
ные в персидские платки». (Муслим)

90

Пророк сказал: "За Даджалом будут следовать семьдесят тысяч моих людей, одетые в темные одежды". (Шарх ас-суна)

Пророк сказал: «Люди побегут от Даджала, пока не достигнут горы» (Муслим).

Пророк сказал: «Прежде, чем он (Даджал) придет, пройдет три года: в первый год небо удержит треть своих дождей, а земля — треть своей растительности, во второй год небо удержит две трети своих дождей, а земля — две трети своей растительности, в третий год небо удержит весь свой дождь, а земля — всю свою растительность, и все животные с копытами и клыками погибнут. Одним из величайших соблазнов будет, когда он подойдет к кочевому арабу и скажет ему: «Скажи, если я верну к жизни сейчас твоего верблюда, признаешь ли ты, что я — твой господин?», и араб ответит: «Конечно!» И он сделает так, что демоны обернутся его верблюдами, с полным выменем и высокими горбами. Потом он пойдет к человеку, у которого умер отец и брат, и скажет: «Ответь мне, если я верну к жизни твоего отца и твоего брата, признаешь ли ты меня своим господином?», — и человек ответил: «Конечно!» И тогда он сделает так, что демоны обернутся его отцом и его братом.»

И Пророк удалился на отдых. Когда он возвратился, его товарищи спросили: «Как должны вести себя верующие в то время?» Он ответил: «Прославление Аллаха и провозглашение его святости (тасбих ва такдис), которые достаточны для ангелов, будут достаточны и для них!» (Ахмад)

Пророк сказал: «Даджал выйдет из страны Востока, называемой Хурасан, в окружении людей, чьи лица будут подобны щитам, покрытым кожей.» (Титмиди).

Пророк сказал:"Он (Даджал) придет, но ему не будет позволено преодолеть холмы Медины. Так он остановится на пустых дорогах недалеко от Медины. И тогда один человек, который будет лучшим из людей, или одним из лучших, скажет ему: «Свидетельствую что — ты Обманщик (ад-даджал), о котором Посланник Аллаха (салла Ллаху алайхи ва саллам) нас предупреждал.» Даджал скажет (тем, кто будет вокруг него): «Что вы скажете, если я убью этого человека, а потом верну его к жизни? Останутся ли еще у вас сомнения в отношении этого дела?» Ему ответили: «Нет!» Тогда он убил его (этого человека) и потом снова вернул его к жизни. Когда он вернул его к жизни, тот сказал: «Клянусь Аллахом! У меня никогда не было лучших доказательств (того, что ты — Даджал), как в этот момент.» Тогда Даджал (снова) захотел убить его, но не смог». Абу Исхак указывает, что было также сказано: «Этим человеком будет аль-Хадир (радийа Аллаху анху)». (Бухари и Муслим.)

Пророк сказал: Даджал покажется и один человек из верующих подойдет к нему. Вооруженные люди Даджала встретят его и спросят: «Куда ты хочешь пройти?» Он ответит: «Хочу пройти к тому, кто пришел.» Тогда они спросили его: "Ты не веришь в нашего Господина?» И он ответит: «Нет ничего скрытого от взгляда нашего Господина!» Тогда они скажут: «Убейте его!» Но кто-то из них вмешается и скажет: «Разве наш хозяин (Даджал) не запретил нам убивать без «его согласия?» Тогда его подведут к Даджалу, и когда верующий придет, он скажет: «О люди, он — Даджал, о котором уведомлял нас Посланник Аллаха!» Тогда Даджал отдаст приказание отрубить ему голову». И его начнут бить по спине и животу. Потом Даджал спросит его: «Ты не веришь в меня?» И тот ответит: «Ты — лже-Мессия.» Тогда он прикажет распилить его на куски пилой от корней волос и до ступней ног. После чего, Даджал встанет между двух половин. Потом он скажет: «Поднимись!», и тот встанет на ноги, поднимется. Он спросит снова: «Не веришь в меня?» И тот человек ответит: «Я только лучше понял твою внутреннюю (подлинную) природу», и добавит: «После меня уже ни с кем так не обойдутся.» Тогда Даджал схватит его, чтобы убить (второй раз, нанося удары по горлу). Но пространство между ключицами и подбородком превратится в медь, и он не сможет найти способа, чтобы убить его. Тогда его схватят за ноги и за руки и бросят в воздух, и люди подумают, что его бросили в адский огонь, но, на самом деле, его бросят в Рай». И Пророк добавил: «Он будет самым великим среди мучеников за Господа миров.» Пророк сказал: «Даджал появится моей умме (общине) и останется в мире сорок (Абд Аллах бен Амр, товарищ Пророка, который сообщает эти традиционные данные, уточняет, что он не знает, имел ли в виду Пророк дни, месяцы или года). Потом Аллах пошлет Иисуса, сына Марии, который будет подобен Урвабу бен Ма'суду. Он приблизится к нему (Даджалу) и убьет его. Потом люди будут жить семь лет, в которые не будет ни одной ссоры между двумя людьми. Потом Аллах пошлет холодный ветер из Сирии, и ни один из тех, кто имеет в

своем сердце хотя бы гран добра и веры, не останется на земле, (дух его) будет взят. И даже если кто-то укроется в горе, ветер настигнет его и там, найдет его и возьмет его. Останутся только слабые, непоседливые, как птицы, с разумом диких зверей. Они будут не в состоянии, ни предписывать благо, ни порицать зло. Тогда Сатана придет к ним в человеческом облике и скажет: «Не повинуетесь?» И они скажут: «Что нам прикажешь?» И он прикажет им поклоняться идолам, и за это у них будет в изобилии пища, и жизнь их будет легкой. И тогда раздастся трубный глас, который услышат только те, чья шея будет склонена в одну сторону и приподнята в другую — и первым, кто услышит его, будет мужчина, занятый прилаживанием питьевого бака для верблюда. Он упадет в обморок, а также другие люди упадут в обморок. Тогда раздастся второй трубный глас, и все они поднимутся и станут смотреть по сторонам. Тогда будет сказано: «Люди, идите, к вашему Господу». И их заставят остаться, чтобы подвергнуть допросу. Тогда будет сказано: «Изберите из них группу для адского Огня». И спросят: «Сколько?» «Девятьсот девяносто девять из тысячи — для Огня». И в этот день младенцы станут стариками из-за ужаса, и этот день будет тем, о котором сказано: «День, когда будет обнажен крестец» (Коран LXУ111.42)» (Муслим).

Пророк сказал: «Во имя того, в чьих руках моя душа, Сын Марии спустится к нам как справедливый судья. Он разобьет кресты, убьет свинью и уничтожит джизьях (пошлину, выплачиваемую людьми книги мусульманам). Благосостояние будет таким, что никто не захочет принимать больше, и саджда (поклон) будет наилучшей вещью в этом мире со всем тем, что в нем есть.» (Бухари и Муслим).

Пророк сказал: «...как знаете, но надо добавить дополнительные указания: как вы будете вести себя, когда снизойдет сын Марии, и ваш Имам будет среди вас?» (Бухари и Муслим)

Пророк сказал: «Группа моих людей не прекратит битву за Истину и останется вплоть до дня Воскресения. Иисус, сын Марии, снизойдет, и их (мусульман) командующий (Махди) пригласит его руководить молитвой (салах), но он откажется и скажет: «Нет. Никто из вас не сможет руководить другими. Это — честь Аллаха для вашей Уммы». (Муслим).

Пророк сказал: «Иисус, сын Марии, снизойдет на землю, женится, будет иметь детей и останется сорок пять лет, и не умрет, и будет похоронен рядом со мной, в моей могиле. Потом Иисус, сын Марии и я, мы поднимемся из наших могил за (могилой) Абу Бакр Омара». (Ибн альДжази).

Пророк сказал: «Мир не увидит конца, пока арабы не будут управляться человеком из моей семьи, чье имя не будет таким же, как мое». (Тирмиди и Абу Давуд).

Пророк сказал: «Если этому миру останется только один день, Аллах удлинит его, чтобы Он смог вывести человека, который будет от меня (от моей семьи), чье имя будет точно таким же, как мое, и имя его отца будет таким же, как имя моего отца (Махди будет носить имя Мухаммад ибн Абд Аллах), и этот человек наполнит землю справедливостью и равновесием, столь же полно, как она была раньше терзаема тиранией и подавлением». (Абу Давуд)

Пророк сказал: «Махди будет из моей семьи, из потомков Фатимы». (Абу Давуд).

Пророк сказал: «Будет спор после смерти Халифа, и один человек (Махди) из людей Медины выйдет, спасаясь, в Мекку. Некоторые люди из Мекки придут к нему, и против его воли понесут его вовне и заключат с ним пакт верности между Углом (Каабы, содержащей Черный Камень) и Макамом (стоянкой Авраама). Тогда из Сирии против него будет послано войско, но оно погибнет в пустыне между Меккой и Мединой. Когда люди увидят это, Абдал из Сирии и лучшие люди Ирака пойдут к нему и заключат с ним пакт верности ему. Тогда появится человек из племени Курайш, чей дядя с материнской стороны будет (принадлежать к племени) Кальб и пошлет против него отряд, превосходящий их численно, и с силами войска Кальб. Потом он будет управлять сунной своего Пророка и установит Ислам на земле. Он останется семь лет, потом умрет, и мусульмане будут молиться за него». (Абу Давуд).

Пророк сказал: «Когда увидите черные флаги со стороны Хурасана, идите на них, поскольку Халиф Аллаха, Махди, будет среди них». (Ахмад и Байхаки).

ИНДУИЗМ

Рене ГЕНОН

РОЖДЕНИЕ АВАТАРА

Отмеченная нами связь между символизмом сердца и символизмом "Яйца Мира" подводит нас в вопросе "второго рождения" к новому аспекту. Этот аспект рассматривает "второе рождение" как рождение духовного принципа в центре человеческой индивидуальности, а эта индивидуальность в целом и символизируется, как известно, сердцем. На самом деле, духовный принцип всегда пребывает в центре всякого существа, но в случае обычного человека, он наличествует в скрытом состоянии, а когда речь идет о "рождении", то под этим понимают отправную точку явственного и действенного развития. Вот эта отправная точка и предопределяется или, по меньшей мере, становится возможной благодаря инициации. С одной стороны, духовное влияние, передаваемое в ходе инициации, отождествляется с самим этим наличествующим духовным принципом. С другой стороны, если учитывать, что этот духовный принцип уже заведомо наличествует в существе, инициация "оживляет" его ("оживляет" не для него самого, но в отношении существа, в центре которого он пребывает). Иными словами, инициация делает "действительным" присутствие этого принципа, который без этого оставался бы только "возможным". Символизм рождения может применяться и в первом и во втором значении.

Теперь следует уяснить, что в силу аналогии, существующей между "макрокосмом" и "микрокосмом", то, что называют "Яйцом Мира" (едва ли надо специально указывать на то, что яйцо

естественным образом связано с рождением, с началом жизни нового существа), на самом деле, строго тождественно символическому содержанию сердца[1]: речь идет о духовном "зародыше", который на макрокосмическом уровне соответствует реальности, называемой индуистской традицией "хираньягарбха"[2]. Этот "зародыш", в отношение мира, в центре которого он находится, и есть собственно примордиальный Аватара[3]. Однако место рождения Аватара, как и той реальности, которая соответствует ему на макрокосмическом уровне, изображается в виде сердца, отождествляемого в данном случае с "пещерой", а инициатический символизм "пещеры"[4] слишком объемен для того, чтобы развить его здесь. Все это ясно выражено в текстах, подобных следующему: "Знай, что Агни, который является основой вечного (принципиального) мира, и посредством которого, этого мира можно достичь, скрывается в пещере (сердца)"[5]. Могут возразить, что в данном случае, как и во многих других, Аватарой назван Агни, но в "Мировое Яйцо" был помещен не Агни, а Брахма, чтобы родится из него как Хираньягарбха, по этой причине само "Мировой Яйцо" и названо "брахманда". На это можно ответить следующее: помимо того, различные имена на самом деле описывают лишь различные божественные аспекты или атрибуты, которые, естественно, неразрывно связаны друг с другом, и отнюдь не являются раздельными "сущностями", в более узком смысле хираньягарбха считается принципом световой, а следовательно, огненной природы[6], а значит "золотой зародыш" тождествен самому Агни[7].

Переходя теперь к макрокосмическому уровню, напомним об аналогии между пинда, тонким семенем индивидуального существа, и Брахмандой ("Яйцом Мира")[8]. Но пинда, будучи постоянным и неразрушимым "семенем" существа, отождествляется в свою очередь с "ядром бессмертия", называемым в еврейской традиции "luz"[9]. Конечно, в большинстве случаев нахождение luz в человеческом организме указывается в иных местах, нежели сердце, или иными словами, хотя такую "локализацию" в человеческом теле и нельзя исключить вовсе, она не является, безусловно, самой распространенной. Но что касается "второго рождения", то именно luz неизменно упоминается в этом контексте. Что же касается этих "локализаций", связанных с индуистской доктриной чакр или тонких центров человеческого существа, то они могут меняться в зависимости от состояний или фаз духовного развития этого существа, которые соответствуют действительным фазам реализованной инициации: в основании позвоночника luz пребывает в состоянии "сна", т.е. у обычных существ; в сердце он расположен в начальной стадии развития, т.е. в стадии "второго рождения" или "произрастания"; на месте "третьего глаза" он находится в состоянии совершенствования человеческого существа, т.е. в после его реинтеграции в "примордиальное состояние"; и наконец, на макушке головы — в период перехода к сверхиндивидуальным состояниям, который должен в конечном счете привести к "Высшему Тождеству".

Мы не можем более настаивать на исследовании этих символов, которые связаны, в свою очередь, с цепочкой других символов и т.д., так как это лучше сделать в отдельной книге. Здесь же мы хотели высказать лишь самые общие соображения, а разбор символов был привлечен лишь в качестве "иллюстраций". В заключение скажем лишь, что инициация как "второе рождение" на самом деле является "актуализацией" в человеческом существе того принципа, который в рамках универсального проявления проявляется как "Вечный Аватара".

ПРИМЕЧАНИЯ

[1] Другой символ, который столь же синонимичен сердцу, как и яйцо, — это плод, в центре которого семя и есть та реальность, о которой здесь идет речь. В каббале это семя обозначается буквой "йод", которая в еврейском алфавите рассматривается как принцип всех остальных букв. — Р.Г.

[2] "Золотой зародыш" санскр. — А.Д.

[3] Здесь речь идет не об особенных Аватарах, проявляющих себя в ходе различных циклических периодов, но о том, что в действительности изначально является началом всех Аватар, подобно тому, как в исламской традиции Er-Ruh el-muḥammadiyah ("Дух Мухаммада") является началом всех пророческих манифестаций, и этот же принцип лежит в основе всего творения. — Напомним, что слово "аватара" обозначает как раз "спуск" принципа в область манифестации, а с другой стороны, выражение "зародыш" во многих библейских текстах применяется к Мессии. — Р.Г.

[4] В высшей степени интересное развитие символизм пещеры получил в исследованиях Германа Вирта. Он возводит его к графическому начертанию примордиальной руны UR, которая изначально была образом дугообразного движения солнца над точкой Юга перед зимним солнцестоянием (началом арктической ночи) и после него (концом арктическою ночи), как эти сезонные события видятся на крайнем севере, где согласно Вирту (равно как и Генону) находился изначальный континент Гиперборея. Эти две дуги, два символа UR обозначали изначально точку самого зимнего солнцестояния, Юла, который рассматривался как главный сакральный и инициатический праздник, давший начало всему существующему символизму, всем ритуалам, мифам и доктринам Традиции. Юл и его символизм имел самое прямое отношение и к теме Аватара, так как именно в этот миг, в сердце, середине зимы и тьмы рождался Новый Свет как циклическое откровение Вечности. Пещера-UR есть вместе с тем графическое изображение горы, и у Генона, в "Царе Мира" также исследуется связь "горы" и "пещеры" в связи с местопребыванием Шакраварти и подземной страны. Эта подземная страна также имеет прямое отношение к зимнему солнцестоянию, так как календарная модель года в гиперборейском комплексе связывалась с тремя регионами пространства, где зима относилась к "подземному миру". Интересно заметить, что в русском языке слово "пещера" происходит от глагола "печь", "жарить", а значит и здесь налицо связь с огненным началом. Поразительным образом, шумерское название "огня" — UR. Этот же корень мы встречаем в названии древних божеств греков — Уран и индусов Варуна. В графическом смысле "дуга" UR может быть понята как "небесный свод", отсюда связь иероглифа UR с богами неба. Будучи перевернутой, руна UR дает иероглиф Чаши, которая также имеет отношение к сердечному символизму (см. Рене Генон "Царь Мира"), примордиальному Центру и т.д. Индийский Варуна, часто выступающий в паре с Агни, является богом Воды, что тесно связано, в свою очередь с символизмом чаши. Агни (бог Огня) и Варуна могут быть рассмотрены как мифологическое развитие двух солнечных полярных дуг. Варуна — дуга перед Юлом, Агни — после Юла. Иногда в древнейших пещерных рисунках и символах, а также в протоиероглифах, послeновогодняя дуга изображается с лучами — это Агни. Герман Вирт считает, что древние рисунки в пещерах были помещены там не случайно, но в соответствии с самим символизмом пещеры.

В ином значении "пещера" есть знак утробы, земли, ночи, матери. Это снова, на сей раз с иной стороны, соответствует символизму "рождения".

Важно отметить также библейский сюжет о пещере Макпела, где Авраам похоронил Сару. Название "Макпела" на иврите означает "двойная", т.е. — два UR, "две горы" или "две пещеры", две дуги перед зимнем солнцестоянием и после него. В этой пещере, по преданию, Авраам увидел Адама и Еву, т.е. первых людей, так как зимнее солнцестояние — точка Истока. Здесь же находится "вход в рай", что точно соответствует "центральности" этого пространственно-временного символа. Эти же два UR ("две горы") изображаются традиционно в иконописных сюжетах. (См. А.Дугин "Метафизика Благой Вести", М., 1996). К этой же парадигме восходит и две масонские колонны — Иакин и Боаз. Инициация, "рождение Аватара", происходит между "двух гор", в "пещере" ("в двойной пещере" и т.д.) Подробнее см. А.Дугин "Гиперборейская теория", М. 1994 — А.Д.

(5) *Katha Upanishad, 1 Valli, shruti 14.* — Р.Г.

(6) Огонь (теджас) содержит в себе два взаимодополняющих аспекта — тепло и свет. — Р.Г.

(7) По этой причине, равно как и из-за центрального положения хираньягарбха, есть все основания отождествить его с солнцем. — Р.Г.

(8) *Yatha pinda tatha Brahmanda.* — Р.Г.

(9) См. "Царь Мира". Можно заметить также, что отождествление "второго рождения" с посадкой семени luz напоминает описание инициатического процесса в даосизме, где он назван "прививкой бессмертия". — Р.Г.

Кристоф ЛЕВАЛУА

КАЛКИ ДЕСЯТЫЙ АВАТАРА

«Происходящий из лунной и солнечной династий, он появится, чтобы положить конец Кали-юге, а потом возвратиться на небо»
Калки-Пурана

Цикл состоит из четырех веков: золотого, серебряного, медного и железного. Эти века «*отражают четыре фазы постепенного затемнения примордиальной духовности(...)*»[1]. Но это общее деление на века не предполагает их одинаковой длительности. В рамках каждого цикла есть множество подциклов, которые протекают в убыстренном темпе. Но в любой момент для некоторых избранных остается открытой возможность преодолеть циклические силы и познать изначальный свет.

В начале каждого цикла божественный дух, воплощаясь, проявляет себя, чтобы разогнать тьму и установить новый золотой век. Дух-основатель всякий раз проявляет себя. Вот, что говорит по этому поводу Фритьоф Шуон: «*Исток (...) это почти вневременной момент, когда Небо было так близко и когда земные вещи были еще наполовину небесными. Для цивилизаций, знающих исторических основателей, это время является периодом, в который Бог обращался непосредственно к ним, обновляя таким образом изначальный завет с данной ветвью человечества. Следовать Традиции значит оставаться верным Истоку, а следовательно, пребывать в Центре. Это*
значит также оставаться в Первочистоте и в рамках универсальной Нормы».[2]

Во многих традициях фигуры таких эсхатологических основателей нового золотого века ясно названы: потомок Заратустры, Саошьянт в маздеизме; Махди и двенадцатый Имам в Исламе; Христос-в-силах в Христианстве[3]; Аполлон в греческой и латинской традиции, Бальдр в скандинавской мифологии, Калки в ведической традиции.

В истории с Калки нас интересует три важнейших пункта: во-первых, что представляет собой Темный век, железный век? Во-вторых, каковы его характеристики? И наконец, кто такой сам Калки? Мы также остановимся на его роли и его действиях.

Темный век

Темный век или железный век, называемый индусами "Кали-юга", «век конфликтов», это обратное отражение Золотого века. Некоторое сходство, присущее обратному отражению, может кое-кого ввести в заблуждение, но, на самом деле, речь идет о его радикальной противоположности. Так, единая, чисто духовная человеческая каста изначального века соответствует обратным образом единственному классу, порожденному эгалитарной униформизацией современного мира. Веку внутреннего изобилия противостоит век видимого материального богатства, прикрывающего собой духовную нищету. Золотой век — это век Бытия, Железный век — век Обладания. Вопреки тому, что думают многие, Золотой век не был периодом «легкой жизни». Пьер Гордон замечает:

«Это была эра беспримерной аскезы и отказа от феноменального мира. Роскошь и чрезвычайное долголетие, характеризующие эти далекие времена, были не признаками внешней легкости существования, но проистекали из тотального контроля человеческой мысли над чувствами, а также из крайне ограниченного количества потребностей[4]. В концепции Золотого века ничего не возможно понять, если не учитывать, что это чисто теократическая концепция, основанная на абсолютном превосходстве духа и на крайнем умалении плоти».

Вот как некоторые древние тексты описывают последний век. Представитель традиции Запада, Гесиод утверждает:

«Люди этого века будут относиться к стареющим родителям лишь с презрением. Жалуясь на них, они будут употреблять грубые слова, эти негодяи! У них не будет никакого страха перед Небесами. Старикам, которые выкормили их самих, они откажут в пище. Исполненная клятва, справедливость, добро не будут иметь никакого веса; преступникам и развратникам будет отдано все уважение. Единственным законом будет закон силы; совесть исчезнет. Трусливый нападет на смелого лживыми словами; победит его ложными клятвами. Эти мерзкие люди шагу не смогут ступить без зависти, без горьких слов, без ненависти, написанной на челе, без злорадства»[5].

Индуистская традиция также дает много деталей. Линга-Пурана говорит:

«Самые низшие инстинкты будут править

людьми кали-юги. Они будут отдавать предпочтение ложным идеям. Жадность будет мучить их. Священные книги перестанут уважать. Люди утратят мораль, станут раздражительными, склонными к сектантству. В кали-югу распространятся ложные учения и обманные писания. Зародыш станут убивать в материнском чреве[6], а героев станут уничтожать[7]. Шудры станут вести себя как брахманы, а жрецы как рабочие (...) Стабильность и равновесие четырех классов общества и четырех фаз человеческого существования повсюду будут разрушены.»

Вишну-Пурана предсказывает:

«Люди кали-юги будут делать вид, что не знают о разнице рас и о священной сущности брака (...), об отношении ученика к учителю, о важности ритуалов. (...) Люди будут стараться лишь приобрести больше денег, самые богатые и будут обладать полнотой власти (...). Жизнь будет униформизированной, во всем будет царить смешение и неразборчивость. (...) Единственной связью между полами будет удовольствие, единственное средство достичь успеха — конкуренция, ложь[8]».

Калки-Пурана, в которой мы и можем почерпнуть все, что касается этой божественной инкарнации, так описывает происхождение Темного века:

«В конце времен Брахма, создатель вселенной, позволит упасть на его спину грехам, которые он породил[9]. Так родится Адхарма[10].

(...) Супруга Адхармы, красавица Митхья (ложь), с кошачьими глазами, родит Шамбу (обман) своего отвратительного сына. Его сестра Майя (иллюзия) даст жизнь Лобхе (желанию), и ее дочь, названная Викрити (болезнь) даст жизнь Кродхе (бешенству), чья сестра Химса (наси-

лие) родит Кали-югу. Эта ужасная Кали-юга держится на могуществе священных ароматов, на лжи, вине, женщинах и золоте. Ее сестра Дуркрити (дурные поступки) даст жизнь мальчику по имени Бхайя (ужас) и девочке по имени Мритью (смерть), которые создадут Нирайя (ад)».

В дальнейшем мы продолжим перечисление характеристик, наличествующих в данном тексте. Перед лицом этого вырождения, согласно той же Калки-Пурана, *«божества, удрученные печалью, ведомые Матерью-Землей»*, отправятся в жилище Брахмы. Тот, в свою очередь, обратится к Вишну, и Вишну пообещает снизойти на землю.

«Чтобы восстановить Дхарму и уничтожить кали-югу Вишну появится в городе Шамбхала как аватара[11]*».*

Так начинается история Калки, так как Вишну выбирает себе это имя.

Калки

Шамбхала, место рождения Калки, — это место, о котором упоминается во многих сакральных текстах. Оно эквивалентно Туле греков, Таре ирландцев, Иерусалиму христианской традиции или Мекке мусульман. Шамбхала представляет собой Центр и Исток.

Калки объединяет в себе две высшие функции: духовное владычество и временную власть. Он одновременно жрец и воин. Он *«посещает традиционную школу, учась у гуру, чтобы продолжить свой поиск знаний»*. Он изучает Веды, стрельбу из лука[12] и воинские искусства.

Текст уточняет также другой элемент: *«Происходящий из лунной и солнечной династий, он появится, чтобы положить конец Кали-юге, а потом возвратиться на небо».* Это означает, что он объединяет и трансцендирует пары противоположностей и являет образ земного единства, Золотого века. В этом ясно указание на изначальный союз божественного Духа, Солнца, с materia prima, с Луной.

Это вмешательство Единого для регенерации мира символизируется цветом одежд Калки: желтым и зеленым. Желтый связан с золотом, солнцем, т.е. с Центром и Золотым веком. Зеленый символизирует обновление, переход от одного состояния к другому. Золото означает побеждающий Дух, зеленый — природу, возрождающуюся Землю. Итак, через два этих цвета Калки описывает свою эсхатологическую роль.

Действие реставратора Дхармы

Существует такое определение Калки: *«Он — тот, кто смоет грязь с лица земли».* Если с этимоло-

гической точки зрения это весьма спорно, то по смыслу довольно точно.

В Калки-Пурана можно проследить четыре главных события в истории десятого аватара: его женитьба, его военные походы, его правление, его учение и учение мудрецов, упоминаемых в повествовании.

Помимо соединения в изначальном Единстве двух полюсов, пребывающих в состоянии взаимодополнения, а не вражды, брак Калки означает примирение Неба и Земли, материи и Духа. Текст называет кали-югу, темный век *«ужасом Вселенной»* и *«господином женщин»*. В этом следует видеть объяснение того, что все претенденты на руку Падмы, будущей супруги Калки, сами превращаются в женщин, как только бросят на нее вожделенный взгляд. Нужно понимать эту метаморфозу как знак верховенства материи, чувств, «эго» над человеческим духом. Сказано: *«Порабощенные тщеславием, князья, забыв о своем долге и своем ранге, пали, подчинившись животным страстям.(...)»* Они достигли адского полюса и стали его служителями. Падма в этом случае означает *«красоту дьявола»*, красоту разлагающую, которая обращает за малейшую слабость в рабство. Когда Калки вступает в дело, князья снова обретают свой пол, они благодарят его за то, что *«он избавил их от женственности»*.

Здесь идет речь о негативной стороне женского начала, аналогичной негативному аспекту мужского начала, воплощенному в титанизме. Против этого титанизма боролся седьмой аватара Вишну — Рама с двойным топором[13].

Следует подчеркнуть, что все эти трансмутации претендентов на брак происходят без желания самой Падмы, потому что она есть образ чистоты. Текст уточняет:

«Поведение девушки — знак уничтожения грехов четырех каст, находящихся на острове Синхала».

Но эта чистота доступна исключительно божественному воплощению, которое одно только может освободить *«Мать-Землю от бремени прискорбных поступков».* После встречи с Калки *«Падма чувствует себя оглушенной, (будто*[14]*) она только что проснулась».* После их свадьбы она также облекается в желто-зеленые одежды, знак отождествления с миссией мужа. Она — первая из освобожденных. Впоследствии она рождает на

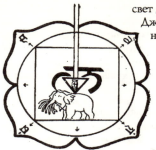

свет двух сыновей — Джайя и Виджайя, называемых всадниками, так как они ведут и большую и малую (духовную и материальную) святую войну.

Текст также смутно упоминает и о второй жене Калки, «мудрой Раме». Она означает вместе со своей семьей ту часть человечества, которая сохранила веру, но окаменела в предписаниях, затрудняющих доступ к божественности. Свадьба и в этом случае означает примирение.

В первой битве Калки сталкивается с «буддистами». Под этим именем следует понимать тех, кто отошел от прямого пути Вед, удалился от духа, чтобы предаться материи. Текст говорит о них:

«Оставив практику традиционных молитв и знание о реализации Атмана (высшего Я), они увлеклись материальными вещами, женщинами, едой и питьем, как единственными целями существования. Не умея отличить «Атмана» (высшее «Я») от эго, они предались пьянству; все жители этого города были извращенцы».

Неразличение высшего Я и низшего — характерная черта индивидуализма и материализма, отказа от сверхиндивидуальной судьбы.

Сказано также: «(...) Этот народ оживлялся лишь делами, свойственными миру мертвых». Мир мертвых — это мир материи в ее грубом, сыром состоянии, который радикально противостоит миру духа, подобно тому, как Темный век противостоит Золотому веку. Показательно, что в ходе битвы именно Майя (иллюзия, форма) вмешивается в ход событий как высшее божество и последняя надежда врагов аватара. Все это однозначно указывает на современный мир, последний век, порабощенный гипнотическим могуществом иллюзии.

«Уже само появление Майи могло парализовать богов, апсар и людей (...). При виде Майи (...) все воинство Калки поникло и застыло с оружием в руках, как статуи[(15)]».

В этот момент, когда решается судьба мира, между собой сталкиваются мир и сверхмир.

«Когда Калки увидел своего брата и своих подданных в этом околдованном состоянии, вызванном видением Майи, он вышел вперед и пристально посмотрел на врагов. Калки, воплощенный бог, узнал черты Лакшми в фигуре Майи. Она же, увидев лицо возлюбленного, влилась в него.»

Лакшми — жена Вишну. Она представляет собой materia prima, которую оплодотворяет Единое, но которая в конце цикла становится негативной. Далее:

«Ошеломленные исчезновением Майи, буддисты потеряли свои силы и свою смелость, и принялись рыдать, спрашивая друг друга, как могла их богиня исчезнуть так внезапно».

Об этом писал Рене Генон в конце книги «Царство Количества и Знаки Времени»:

«(...) Строго говоря, можно утверждать, что «конец мира» никогда не был и не мог быть ничем иным как концом иллюзии.»

Потом Калки сталкивается с гигантом Кутходари. Вначале он терпит поражение. Демон проглатывает божественное воплощение и его воинов. Но бог зажигает огонь в его чреве и протыкает стенки желудка. В этом явно присутствует указание на зимнее исчезновение Солнца, потом на его новое появление в период весеннего равноденствия, после победной битвы в недрах Земли. Калки в данном случае есть «neos helios», «новое Солнце».

Согласно китайской традиции, как ее излагает Марсель Гране:

«(...) Во время зимы ян, охваченный инь, подвергается на дне подземных Источников под ледяной землей некоторому ежегодному испытанию, из которого он возвращается оживленным. Он убегает из своей темницы в начале весны, стуча пяткой по почве: тогда лед тает сам по себе и источники оживают.»

Следующая битва аллегорическая, в ней сталкиваются принципы — Дхарма и Крита-юга борются с их врагами.

«Истина, счастье, смелость, мир, радость, единство, плодородие, умеренность, отвлеченность, традиция, богатство, альтруизм (...) идут в свите Дхармы. Вера, дружба, сострадание, мир, сдержанность, процветание, стыд, равно как и все другие атрибуты Дхармы, приносят свои клятвы Калки.

С началом войны разгневанная Дхарма объединилась с Крита-югой, чтобы сражаться с Кали-югой. Кали-юга, осыпаемая стрелами

100

Крита-юги[16]), была вынуждена отступить в свой город, бросив свое средство передвижения — осла[17]). Кали-юга — его колесница разбита в щепки, истекающий кровью по всему телу, объятый ужасом, смердящий, проклинаемый женщинами — бросился к своему дому. Оставив обман и женщин, раненый стрелами, представший как уничтожитель своей династии[18]), он отошел от дел и закрылся в своем жилище. Жадность, бросив свои колесницы, запряженные псами, отбивалась, отступая и изблевывая кровь. Спокойствие победило Бешенство, которое, оставив свою повозку, было убито. Нищета была препровождена в ад энергичными нападками Счастья. Страдание и Болезнь, разделившись, скрылись в противоположных направлениях. Дхарма, союзник Крита-юги, поджег город, чтобы совершенно покончить с Кали-югой. Его жены и его подданные погибли, но сам он, весь в ожегах, спасся[19]».

В это время Калки борется против двух сыновей дракона Вритры: Коки и Викоки[20]). Несмотря на все усилия поначалу Калки не может их убить, так как, пока они смотрят друг на друга, смерть не причиняет им вреда. Эти две сущности явно напоминают современные псевдодуальности: правые — левые, консерватизм — прогрессизм, капитализм — марксизм, работа — отдых и т.д.

Последняя битва Калки после сражения с Кокой и Викокой, на первый взгляд, представляется парадоксальной. Калки бьется со своими собственными почитателями! Они же вынуждены сделать ужасный выбор — или вступить в бой с аватарой, или ослушаться сакральных законов[21]. Продолжение еще более удивительно: бога берут в плен! Но те, кто пленили его, подчиняются ему. Свадьба Калки ставит печать под примирением. Эта удивительная

битва и ее исход, возможно, означает инкорпорацию остатков предыдущих традиций мира, который заканчивается, в новую Традицию мира, который начинается.

Конец иллюзии и восстановление Золотого века

Кроме описаний битв и свадеб бога, Калки-Пурана содержит также духовные учения, которые, в общих чертах, описывают новый Золотой век.

Многие мудрецы и аскеты повествуют о своих паломничествах. В них основными являются три момента:

— битва с Майей;
— заблуждения тех, кто ищут;
— преданность Вишну.

Духовная реализация, т.е. соединение своей души с высшим Духом, венец всех этих повествований, предполагает прежде победоносное сражение с Майей.

«Эта Майя управляет всеми мирами через невежество и страх, но сама она неуничтожима (...). Через Майю все творение пребывает в состоянии смешения, но познай, что без обращения к высшему Началу нет ни спасения, ни утешения».

Сама Майя в своем разговоре с «живым существом» утверждает:

«Лишь силой Майи живое существо, теряя сознание, направляет свой дух к желаниям. Ты принимаешь преходящие вещи, как если бы они были постоянными, подобно тому, как слон принимает пустой сосуд за обильную пищу».

Странствия представляют собой сложные ситуации, испытания, навлеченные Майей, которые преодолевает существо в поисках высшего Сознания. Эти перипетии многочисленны и сложны. Они подвергают испытанию веру тех, кто ищут.

«Пленник моих чувств и потерявший способность к суждению под влиянием Майи, я потерял разум. Побежденный

пристрастием, с духом, ослепленным иллюзией, я не мог нигде найти мира. Ослепленный, я не мог понять, как все это произошло».

Единственное прибежище — это преданность Вишну. Только он освобождает от плутаний в мире и заблуждений.

«Подчинение духа Вишну приносит мир и уничтожает следствия всякого действия. Эта преданность разрушает чувство дуальности и приносит вечное блаженство».

Калки-Пурана описывает в общих чертах новый Золотой век.

«Нерелигиозные люди, те, которые умирают молодыми, бедные, еретики и эгоисты исчезнут. Физические страдания и умственная слабость будут неизвестны. Все живые существа, лишенные эго, будут пребывать в покое.

Божества будут вести мирную дисциплинированную жизнь. Мать-Земля обнаружит богатства пищи. Злоба, желание, болезнь и нищета исчезнут.

При царствовании Калки, Веда, Дхарма, Крита-юга, божества, твари, которые движутся и которые не движутся — весь мир будет счастлив во всех смыслах. Люди будут поклоняться различным богам через традиционные ритуалы. Они распространятся повсюду и будут верными своему религиозному долгу. При царствовании Калки ни у кого не будет мысли о превосходстве над другими. Повсюду можно будет увидеть только людей, несущих на челе знаки благочестивого поклонения».

Текст настаивает на восстановлении кастовой системы вследствие победы Калки. На самом деле, одним из признаков Кали-юги является смешение каст. Так, «буддисты», враги Калки, вступят в союз с «миллионами внекастовых существ». Но при царствовании Калки «брахманы займутся изучением Вед и совершением благих поступков, женщины предадутся жертвоприношениям и мо-

липвам, будут примерно вести себя. Кшатрии будут приносить жертвоприношения. Вайшьи, занятые куплей-продажей[22], обратят к Вишну свои молитвы. Шудры предложат свои услуги всем, и будут прислуживать брахманам, слушая и пересказывая истории Хари».

Калки-Пурана сама себя определяет как священный текст, призванный «принести знание Вед брахманам, могущество кшатриям, богатство вайшьям и отличие шудрам».

Поразительно, что Золотой век будет иметь кастовую структуру. Согласно другим источникам, индусская традиция (как и другие индоевропейские традиции) утверждает, что в Золотом веке будет существовать только одна каста, называемая "хамса". Это указывает на относительность ценности Калки-Пурана как сакрального источника. Здесь речь идет не о революции, в ее подлинном, этимологическом смысле, т.е. о возврате к истокам, но о реставрации, о возобновлении,

заложенном в рамках самого цикла. В этом тексте отсутствует катаклизмический объем Апокалипсиса. Миссию Калки лучше сравнивать с мессианской ролью Заратустры или Иисуса Христа и, до некоторой степени, Мухаммада. Кстати, Калки-Пурана была составлена приблизительно в этот период.

Закончив освободительные войны, Калки остается в Шамбхале несколько тысяч лет. Потом он передает царское достоинство своему сыну, и перед тем, как оставить мир, он просит Дхарму и Крита-югу оставаться «на земле еще долгое время».

От Валгаллы до Шамбхалы

Валгалла — это небесное жилище, куда уходят герои после их смерти, согласно скандинавской мифологии. Один готовит их там к битве, которая закроет наш цикл и откроет цикл грядущий. Те, кто попадают в рай викингов, заняты строительством Шамбхалы, полюса будущего мира, какое бы имя ни давали этому понятия в разных традициях.

Вот почему Калки-Пурана призывает созерцателей, почитателей Единого становиться также воинами Традиции. Так, Калки, обращаясь к двум князьям-аскетам, говорит:

«*Вы — два знаменитых князя, способные защитить Дхарму. Я приказываю вам снова при-*

ступить к управлению вашими царствами. (...) Из Матхуры, где я нахожусь, я рассею все ваши страхи и убью демонов. Вы, кто прекрасно знаете искусство войны, оставьте одежды аскетов, поднимитесь в свои колесницы и отправляйтесь в путешествие по миру.»

В общем, Калки призывает их к священной войне. В этом же смысле следует понимать мораль истории Рамы, седьмой инкарнации Вишну, «*искусного в делах войны*», который «*появился на земле, чтобы истребить демонов*». Текст содержит еще один пассаж, напоминающий Бхагават-гиту и "*De laude novae militiae ad milites Templi*" святого Бернарда Клервосского, оправдывающего войну на основании принципов Традиции:

"*Самый великий из толкователей Вед, Вьяса, сказал: "Так же, как злом является убийство кого-то, кто нуждается напротив в защите, так же злом является и защита того, кого следует убить. (...) Если Вишну есть все, кто убьет его? Я учу вас этому, основываясь на Ведах. Согласно Ведам, Вишну есть тот, кто убивает, и тот, кого убивают. В жертвоприношении битвы убивать или быть убитым одинаково не имеет значения. (...) Я в одинаковой степени почитаю войну, жертвоприношение и поклонение Вишну*».

Всем, кто носит внутри себя — тем или иным образом — частицу Традиции, кто уготовляя зарю, свидетельствует о небесном свете, остается лишь отчаянно биться в свите Калки за свое спасение, за спасение мира настоящего и наступление мира будущего.

ПРИМЕЧАНИЯ

(1) Рене Генон, «Кризис современного мира», Москва, Арктогея, 1993

(2) Позволим себе одно замечание. Подход Фритьофа Шуона, ученика Генона, восставшего впоследствии на своего мэтра, внешне представляет собой следование строгому традиционализму. Но с точки зрения «Милого Ангела», существует гигантская разница между ним и Геноном. Идеи и высказывания Шуона, формально оставаясь адекватными, в выборе формул, в стиле, в особом примирительной, почти «интеллигентской» манере изложения как бы пародируют традиционализм, являясь, скорее, академическим примиренческим эйкуменистическим «гуманизмом», нежели радикальным и бескомпромиссным нонконформизмом, а истинный традиционализм может быть в наших циклических условиях только таким. Показательно и название основного труда Шуона — «Трансцендентальное единство религий». Внешне это похоже на идею о единой Примордиальной Традиции, изложенную Геноном, но обращение к «религии», а не к эзотеризму, в сущности, переводит весь дискурс в план синкретического эйкуменизма. В данном пассаже Шуона, приводимом Левалуа, использование терминов «Первочистота» и «универсальная Норма», на наш взгляд, настолько безответственно и неуместно (а главное, бессодержательно), что скорее вписывается в рамки неоспиритуалистической демагогии «рерихианского» типа, чем в аутентичный традиционализм. Кстати, среди современных западных традиционалистов ясно прослеживается деление на строгих «генонистов» и на последователей Шуона. Эти последние, как правило, занимают в отношении «современного мира» на практике довольно примиренческую позицию, несмотря на все свои разглагольствования о кали-юге. Воинственное противостояние эсхатологической элиты кошмару богооставленной реальности у них превращается в абстрактные рассуждения о «Первочистоте» и «универсальной гармонии». Признаем, что различие в дискурсе очень субтильно, часто используются одни и те же формулы и идеи (заимствованные из Генона), но дух совершенно различен. Эвола, в свое время, заметил все признаки вырождения «генонизма» в безответственную схоластику, элементы которой различимы уже у

Титуса Буркхардта, Мишеля Вальсана и т.д. Но в случае Шуона этот аспект является наиболее впечатляющим.

(3) В отношении Христианства такая аналогия не верна. Спас-в-силах, согласно православной догматике, не является «аватарическим» основателем нового золотого века и «регенератором» времени. Христос в своем Втором Страшном Пришествии вообще остановит циклическое развитие, безвозвратно переведя преображенную реальность, обоженную через Церковь, во вневременное существование, трансцендентное по отношению к плоскости циклического развертывания. В этом заключается метафизическая уникальность христианской традиции. Подробно данная тема развита в книге А.Дугина «Метафизика Благой Вести (православный эзотеризм)», Москва, Арктогея, 1996

(4) Это очень любопытное и точное замечание объясняет одну из наиболее парадоксальных сторон «советского большевизма», который был секуляризированной (во многом пародийной) попыткой восстановления Золотого века. Идея «материального изобилия», связанного с наступлением коммунизма, на самом деле, скрывала под собой версию чисто «теократической утопии», где «изобилие» проистекало из материальной аскезы и минимализации материальных потребностей, а также из равного распределения, а не из реального накопления вещей и предметов.

(5) Такое впечатление, что за два тысячелетия Гесиод в точности провидел картину нашего современного, такого знакомого общества...

(6) Аборты были неизвестны в традиционном обществе. Аналогичная практика существовала лишь в некоторых темных культах (близких к черной магии), где фетус использовали для заклинания низших демонов. Легализация абортов является одним из самых ярких признаков социальной десакрализации.

(7) В современном мире неприязнь к типу «героя» стала одной из социальных догм. В книге В.Зомбарта «Герои и торговцы» выпукло показан дуализм между этими двумя типами и соответствующими им социальными устройствами. Современная «цивилизация торговцев» основана на догматическом исключении типа «героев», чья цивилизация, в свою очередь, имеет во всем противоположную структуру. Лю-

бопытно, что сам Зомбарт считал социализм — «идеологией героического типа».

(8) Очень показательно, что калиюгические характеристики в индуистской традиции описывают исключительно капиталистическое общество. Это объясняет, между прочим, довольно позитивное отношение Индии к бывшему СССР и социализму как таковому. Многие аспекты социализма имели явно более «традиционные» черты, нежели западное «общество потребления», идеально соответствующее самому страшному образу «темного века». В этом смысле, падение социалистического лагеря не может восприниматься иначе, как резкое ухудшение состояния земной среды и углубление катастрофических процессов кали-юги. См. также примечание (7).

(9) Любопытная деталь: Брахма сам дает начало эпохе зла, причем это рассматривается как следствие его собственных грехов. Важно также, что упоминается «спина» Брахмы. В этом, возможно, лежит древний метафизический исток демонизации «содомии» — порождение Брахмой «темного потомства» происходит от противоестественного (аутосодомического) зачатия. В «Зохаре» есть аналогичная теория — происхождения зла из самого Бога, из его «северных ворот», соответствующих гласному «патах» («а»). Вообще, описания эманаций зла в этом тексте удивительно напоминают каббалистическую теорию «левой стороны» сефиротического древа, по которой спускаются «энергии наказания» — от Бина (3) через Гебуру (5) к Неца (7).

(10) "Дхарма" на санскрите означает Закон, божественно установленный Порядок. "Адхарма" — прямая противоположность Дхарме: анархия, хаос.

(11) «Аватара» означает «снисхождение» и имеет прямое отношение к воплощениям Вишну. Калки — последний аватара нашего века, десятый по счету.

(12) Стрельба из лука была основой древнейших инициатических практик, связанных с циклическими теориями, с Новым Годом, брачным символизмом и т.д. Инициатический аспект этой практики активно используется в дзэн-буддизме. Г.Вирт отметил рунический символизм стрелы и лука. Стрела соответствует «западной» руне Тюр

(«Сын Божий с опущенными руками»), а сам лук в растянутом состоянии всему Году (круг), а в обычном состоянии — его половине (полугодию). Стрела соответствует мужскому началу, лук — женскому (отсюда брачный аспект символизма). Показательно, что в истории с Калки эта практика обретает «аватарический» характер, что указывает на его особую инициатическую и эсхатологическую значимость.

(13) Речь идет о Парашураме. Двойной топор, по Вирту, древнейший календарный символ двух половин Года, а также инструмент, с помощью которого старый цикл отделяется от нового. См. на эту тему А.Дугин «Имя мое — Топор» в книге «Тамплиеры Пролетариата», Москва, Арктогея, 1997

(14) Мы вставили слово «будто», так как без этого текст становится непонятным. Ведь перед этим говорилось, что "Падма вышла из бани и направилась к дереву, где находился Калки".

(15) Все это напоминает греческий сюжет о Медузе Горгоне, чей взгляд также превращал в камень и которая обитала недалеко от царства мертвых.

(16) Выражение "стрелы Крита-юги" в высшей степени показательно. См. сноску (12).

(17) "Осел" в Традиции означает "тьму", "невежество" и "нижние силы" в целом. В Греции часто ослов приносили в жертву в храме Аполлона.

(18) Намек на циклическое развитие: Темный век, будучи последним из четверых, замыкает собой "династию".

(19) Заметьте, что Кали-юга не погиб, но лишь удалился на определенный период времени.

(20) Вритра — дракон, которого убил Индра, согласно ведической традиции. Эта смерть сделала возможным возвращение Солнца. Мы снова встречаемся здесь с темой новой зари. Генон указал на странное созвучие имен "Кока и Викока" с библейскими ордами "Гогов и Магогов".

(21) В этом поразительном противоречии, возможно, состоит все духовное напряжение эсхатологического выбора. Особенно ясно этот парадокс ощущается в некоторых гностических христианских течениях и в индуистской Тантре. См. материалы Эволы о Тантре в настоящем сборнике.

(22) Скорее всего, определение третьей касты, как касты торговцев, является следствием довольно поздних вставок, так как исследования Жоржа Дюмезиля древнейшего индоевропейского общества убедительно продемонстрировали, что в его изначальной форме третьей кастой были труженики — артизаны, ремесленники и землепашцы. Торговцев же вообще не существовало, а административной деятельностью, контролем за товарообменом и распределением занимались некоторые подкасты кшатриев. Не было в этом обществе и рабов-шудр. Иными словами, даже во вторичные эпохи торговля и рабовладение отсутствовали в полноценных арийских цивилизациях. Появление и торговцев (ставших вайшьями) и шудр следует отнести к смешению чистой парадигмы арийской традиции с иными, южными цивилизационными формами (параллельно расовому смешению). Сам автор несколько ниже признает относительность сакральной ценности Калки-Пураны как эсхатологического источника. См. А.Дугин "Цели и задачи нашей революции", Москва, Фраварти, 1995

ИММАНЕНТНАЯ РЕВОЛЮЦИЯ ТАНТРЫ

Тантризм и псевдотантризм

В современном комплексе неоспиритуалистических доктрин все чаще можно встретить апелляции к тантризму, различные школы, кружки и движения, узурпирующие это название. В принципе это не удивительно, так как общая тенденция неоспиритуализма к «пробуждению» грубых психических энергий и к провокации прямой одержимости своих последователей низшими сущностями субтильного плана неизбежно задействует сексуальную энергетику, служащую промежуточной инстанцией между вегетативно-телесным и душевным уровнем человека. Отсюда и повышенный интерес к тантристским практикам. Параллельно с этим, метафизический «антиномизм» Тантры на вульгарном неоспиритуалистическом уровне понимается как картбланш всем формам разврата и распущенности, которые часто лишь для прикрытия называются экзотическим термином «тантризм». Кроме того, для неоспиритуалистических псевдогуру (от Калиостро до Раджнеша и Муна) всегда были характерны не только финансовый вампиризм одураченных ими последователей, но и циничное и грубое сексуальное использование наивности истерических барышень, ищущих у заезжих шарлатанов неизвестно каких чудес. Естественно, что неоспиритуалистические «учителя» нашли в «тантризме» прекрасное поле деятельности для сочетания всех видов «заинтересованного» шарлатанства, якобы осененного инициатическим авторитетом Священной Традиции.

Истинный тантризм не имеет с этими подделками ничего общего. Тантра — это сакральная инициатическая традиция, ставящая своей целью реализацию высших трансцендентных аспектов реальности и основывающаяся на строгой эзотерической дисциплине, адекватной лишь в контексте традиционной цивилизации. Все тантрические предписания и ритуалы имеют силу исключительно в рамках определенной школы, цепи, «кула», и вне ее они не только теряют смысл, но превращаются в опасные и извращенные культы, аналогичные низшему демонопоклонничеству и вульгарному сатанизму, в том случае, когда они не прикрывают собой обыкновенный банальный раз-

врат. Тантрическая инициация имеет свои аналоги во многих эзотерических традициях, отличных от индуизма. В частности, элементы, сходные с тантризмом, можно найти в некоторых суфийских орденах, и особенно в феномене «маламатья». В рамках христианства нечто подобное встречается в православной традиции «юродивых», а также в некоторых еретических сектах типа «хлыстов». Кроме того, на Западе до сих пор существует несколько инициатических организаций тантрического типа, основывающих свои ритуалы на герметической и сугубо западной эзотерической традиции. Как бы то ни было, тантризм — это особая сакральная традиция эзотерического типа, предназначенная для узкого, квалифицированного меньшинства, духовной элиты, причем не всякой, а имеющей особую психофизическую и интеллектуальную конституцию, которой более всего соответствует именно Путь Левой Руки.

Тантристская метафизика

И все же, даже аутентичный и подлинный тантризм выделяется в общем ряду инициатических учений. Он парадоксален и необычен не только для профанического общества или экзотерической культуры, но и для самого эзотеризма. Причем дело не в его практиках, имеющих подчас видимость «скандальности» и «провокационности». Сама метафизика тантризма имеет парадоксальный необычный характер, контрастирующий с обычными нормами ортодоксального эзотеризма.

Метафизическим полюсом тантристской метафизики является идея «разрушающей трансцендентности». В некотором смысле саму эту метафизику можно назвать «метафизикой Ужаса». Неудивительно поэтому, что одной из центральных фигур Тантры является индуистский бог Шива, «разрушитель» и «трансформатор» (Рене Генон указывал, что в случае Шивы термин «транс-формация» надо понимать буквально в его этимологическом значении, как «выход за пределы мира форм», т.е. в область Третьего Мира, Свар, лежащего по ту сторону «формальной манифестации» первых двух миров — Бхур (Земля, физический мир) и Бхувас (Атмосфера, тонкий мир). Прямая апелляция к Сверхформальному Принципу, игнорирующая в некоторой степени все промежуточные инстанции, и порождает привкус антиномизма и разрушительности, неотделимых от учения Тантр. Обнаружение «разрушительной трансцендентности» отменяет все те стороны сакральности, которые связаны с упорядочиванием и сохранением второстепенных космологических сторон универсума, что характерно для более мягких путей Традиции, в том числе и для «утвердительного» эзотеризма. Тотальный ужас и огненный пожар Вселенной в перспективе тантризма есть не негативный, а позитивный феномен, так как в этом обнаруживается прямое и неопосредованное столкновение самого Принципа, в его явном и совершенном виде, с совокупностью его проявлений, обретших мало по малу иллюзорную автономию и самодостаточность. При этом уничтожению в прямом смысле этого слова подвергаются сущностно не сами проявления Принципа, но только иллюзия, «авидья», заставлявшая считать их самих себя «независимыми», а эта иллюзия и так не имеет, строго говоря, подлинной онтологической реальности.

Ужас в тантризме имеет два аспекта. Во-первых, ужасна главная богиня Тантры, Кали, которая является Шакти, энергией Шивы в самом мрачном, отчужденном от него состоянии. Кали сеет смерть и иллюзию, так как мнит себя самодостаточной и самостоятельной. Именно поэтому последний, темный век называется в индуизме Кали-югой, периодом правления Кали. Этот имманентный ужас «черной Богини» является для тантриста выражением сущностного качества современной реальности, точно определяет характер современного состояния мира, где высшие духовные и небесные энергии Принципа сокрыты от земного плана непроницаемым покрывалом темного психического слоя, центральную власть в котором узурпирует страшная черная сущность, «богиня растворения», совпадающая во многих своих чертах с христианским представлением о дьяволе, «князе мира сего». Но у этого имманентного ужаса есть трансцендентный аналог, «трансцендентный Ужас». Этот второй аспект проявляется во внезапном обнаружении самого Принципа, который также предстает в страшном обличье, но на сей раз по отношению к тому, что пропитано качеством «темного века», «черной богини». Можно сказать, что Кали ужасна для людей, а Шива ужасен для самой Кали. Но путь тантриста заключается не в паническом бегстве от этой кошмарной теофании, но как раз в противоположном, в преодолении страха и ужаса. На первом этапе тантрист преодолевает ужас перед Кали, отождествляя себя с ней самой, так как в «темном веке» природа людей вообще не может быть никакой иной, кроме как темной и демонической. Следовательно, посвященный в Тантру не просто сознательно идет на «демонизацию» своего существа в таком отождествлении, но лишь вскрывает уже существующий, объективный факт, стыдливо завуалированный и скрываемый в традициях Пути Правой Руки. Шакти (имманентная природа реальности) в нашем мире и в нашем сакральном цикле сущностно ужасна, и те школы, которые видят ее в привлекательных благостных формах, жестоко заблуждаются — так можно было бы выразить основную идею первого этапа тантрической реализации, этапа отождествления адепта с Шакти, что запечатлено в основной тантрической формуле «сахам», «я есмь Она», т.е. «шакти», а еще точнее «Кали».

Преодоление «второго ужаса» заключается в ритуальном инициатическом браке Шакти (Кали) с Шивой. В этот момент приходит черед самой «черной богини» отождествляться с тем, кто внушает ей священный ужас — с абсолютным аскетом Шивой, вечным и неподвижным трансцендентным Принципом, означающим для Кали немедленный конец ее самостоятельного существования, ее смерть, страшное поражение ее сил и ее воинств в великом волнении Вселенной, которое она призвана осуществлять. Адепт Тантры, «каула», преодолевает это инициатическое испытание богов вместе с Шакти, очищая свою собственную природу в таинстве магического совокупления и пробуждая в самой сокровенной глубине своего «Я» «ваджру», «молнию-алмаз», тайную природу великого Бога-Разрушителя. Это стяжание полноты трансцендентной силы, выход из космоса, реализация Вечного Полюса по ту сторону противоположностей и космических пар, обретение полной и тотальной свободы. Таков второй и последний этап метафизической реализации Тантры.

Ориентация на «разрушающую трансцендентность» предопределяет другой, технический аспект тантризма — акцент на немедленной, мгновенной, молниеносной реализации. Так как посвященный в Тантру принципиально отбрасывает всю сложную цепочку промежуточных инициатических операций, составляющих содержание практик Пути Правой Руки, столкновение с Трансцендентным происходит для него внезапно и резко. Эвола совершенно справедливо говорит о том, что тантризм — это традиция «свободы», но не «освобождения». Тотальный ужас и радикальный опыт, «онтологический яд», настолько сильно трансформируют человеческое существо тантриста, что внутри него пробуждаются во всем своем объеме сверхчеловеческие, принципиальные энергии, полностью вытесняющие ограниченные индивидуальные стороны личности. Тантрист не улучшает своих человеческих качеств в процессе инициатического делания, не расширяет сферу психических и физических возможностей. Он просто отбрасывает человеческое в том виде, в котором оно есть, мгновенно переходя к более объективной, сверхчеловеческой реальности в результате травматического опыта. Именно поэтому «каула», адепт Тантры, может делать все, что ему вздумается, и добро, и зло, творить как благородные, так и подлые дела. Секрет в том, что все эти действия производит уже не он, а следовательно, они ни в коей мере не могут его затронуть. Тантрический ужас растворяет в адепте оковы «кармы», изымает его из потока «сансары», где остается только его видимая оболочка, своего рода «живой труп», «скорлупа», «призрак», не могущий ни в какой степени затронуть его истинной сущности, превратившейся в Вечную Точку, «Парабинду», в «ваджру», в «полярный алмаз» Абсолютной Свастики.

Инициатическая магия Юлиуса Эволы

«Йога Могущества» Эволы, посвященная тантрической традиции, является, быть может, наиболее удачной и наиболее концептуальной книгой этого выдающегося традиционалиста. И дело не только в том, что он был практически первым европейцем, который глубоко и досконально изучил тантрическую традицию и понял ее внутреннюю сущность (даже в академической среде этот труд Эволы считается классическим и непререкаемым с точки зрения эрудиции). В «Йоге Могущества» Эвола сформулировал свою позицию в отношении традиции и эзотеризма в целом, а эта позиция во многих аспектах отличается от других направлений традиционализма, и в первую очередь от линии Рене Генона, чьим учеником и последователем был Эвола. Через метафизику Тантры и через описание типологии тантрического опыта Эвола выразил свои наиболее сокровенные мысли относительно структуры реальности и личного инициатического пути.

Эволу всегда интересовали те стороны сакральных инициатических доктрин и практик, где речь идет об особой, «ускоренной» реализации, имеющей героический характер и предназначенной для тех человеческих типов, которые предпочитают риск и быстроту последовательных преодолений и терпеливой эволюционной работе. Радикальный опыт, расположенный между жизнью и смертью, между физическим и сверхфизическим, между человеческим и сверхчеловеческим — вот что привлекало Эволу в Традиции (но и не только в Традиции — в политике, культуре, искусстве, личной жизни). Этот опыт, в котором происходит спонтанное имманентное обнаружение метафизической подоплеки реальности, явился осью интеллектуального и экзистенциального пути Эволы, назвавшего его в терминах

даосской традиции «Путем Киновари». Отсюда и предпочтительный выбор тем его книг — Тантра («Йога Могущества»), дзенбуддизм и «ваджраяна» («Доктрина Пробуждения»), магия («Введение в магию как науку «Я»), алхимия («Герметическая Традиция»), а также тема сакрального понимания эротики («Метафизика Секса»). Все эти работы, а также некоторые политические труды (в частности, «Оседлать тигра», «Лук и палица» и т.д.), проникнуты специфически тантрическим видением мира, настроением и духом «каула», тантрического посвященного.

Эвола в «Йоге Могущества» очень точно описывает сущность того, что можно с некоторой степенью условности назвать «тантрической революцией» или «имманентной революцией». Смысл этого духовного феномена сводится к следующему. По мере ухудшения качества космической среды в ходе общей деградации — от золотого века к железному, к «Кали-юге», контакты человеческого, земного плана с небесными духовными уровнями становятся все более опосредованными, все более редкими и фрагментарными. Божественное удаляется от мира, скрывается, вуалируется. Сакральная Традиция, уходящая корнями в глубь тысячелетий, — в периоды более нормальные и более полноценные, с духовной точки зрения, — стремится сохранить основу изначального знания хотя бы в чисто теоретическом и редуцированном виде. Иными словами, даже в номинально традиционной цивилизации возникает своего рода компромисс между теоретическим утверждением учений предыдущих циклов и практической деградацией самих культов и человеческой среды, этих культов придерживающейся. Возникает своего рода традиционалистское «фарисейство», лицемерное настаивание консерваторов от ортодоксии на нормах, ничему более не соответствующих в реальности. Против такого «фарисейского» консерватизма направлена энергия «новых» традиций — таких как буддизм, тантризм, христианство и т.д., смысл которых можно определить как Консервативную Революцию в рамках Традиции, отрицающую внешнюю форму и заново утверждающую конкретность трансцендентного и вневременного содержания. (Заметим, что все такие консервативно-революционные традиции постепенно приобретают сугубо эсхатологический характер; подробнее об этом см. А.Дугин «Метафизические корни политических идеологий» в «Милом Ангеле» No 1, разбор сущности «полярно-райской идеологии»).

Эвола, говоря о Тантре, выразил эту тенденцию противопоставлением «свободы» и «освобождения». «Свобода» — это «революционное» утверждение сущностного единства мира и его Принципа, мгновенный брак Ужаса между имманентным и трансцендентным, которые несмотря на всю иллюзию радикальной разделенности, свойственную «темному веку», на самом деле остаются сущностно едиными. «Свобода», как и «пробуждение» (а точнее «озарение») в некоторых школах «чань»-буддизма, не может быть достигнута постепенно. Она либо есть, либо ее нет. Если она есть, то все остальное теряет смысл. Если ее нет, то ее и не будет, так как ее действительно нет только для иллюзии, которой, в свою очередь, также не существует для мира Истины. А если «свобода» есть, то она есть во всем, а не только в конвенциональных рамках этических, моральных, ритуальных или культовых предписаний. Но вкус этой «свободы», «озарения», радикально и мгновенно меняет все понимание реальности у того, кто прошел «революционную» инициацию. Для него не существует более ни имманентного, ни трансцендентного, то и другое для него совпадают. Вся реальность становится полем сил, живых, светоносных энергий, превращается в Шакти, пребывающую в постоянном совокуплении со своим Принципом, с мужским божеством. Тантрист — постоянный соучастник этой иерогамии, божественного брака. Он непрерывно пребывает в состоянии «ясновидческого опьянения» («ivresse lucide» по выражению Эволы), становясь «дифференцированным человеком», особым существом, принципиально изъятым из причинно-следственной цепи «сансары», «колеса существований». Такая «свобода» отрицает не только рабство «сансары», но и саму идею «освобождения», поскольку «освобождение» есть само по себе ничто иное как иллюзия.

Магия «пробуждения», героическая инициация мгновенного озарения является центральным пунктом традиционалистского мировоззрения Эволы, что объясняет его пристрастия и антипатии в сфере Традиции (и в частности, его полемику с некоторыми сторонниками Пути Правой Руки). В принципе, Консервативная Революция Духа, тотальное выражение которой Эвола увидел в тантризме, является необходимым и основным Актом любого полноценного существа, идущего по пути инициации и духовной реализации. Если эзотеризм не производит с сущностью человека феноменов, аналогичных тому разрыву сознания и радикальной трансформации, о которых говорят тексты Тантры, если оперативная, магическая, световая сторона реальности не открывается посвященному в ее грандиозном объеме и всепроникающей силовой стихии, мы всегда вправе усомниться или в качестве самой инициации, или, по меньшей мере, поставить под вопрос духовную реализацию. Даже в сфере эзотеризма, как это ни парадоксально, может существовать «фарисейский» комплекс, и более того, есть все

основания полагать, что в последние времена, а именно в эту эпоху мы живем, такой комплекс является чрезвычайно распространенным.

Путь Эволы, путь имманентной тантрической революции, Консервативной Революции, радикально отличен как от слабоумного неоспиритуализма, в котором низкопробные и примитивные психические силы рассматриваются как венец эзотерического совершенства, а темные безличные духи принимаются за «световых посланников и гуру», так и от стерильного академического традиционализма, где недоразвитые экзистенциально профессора скрупулезно разбирают и систематизируют инициатические и эзотерические доктрины, не имея ни малейшего представления не только о природе трансцендентной «ваджры», но и об элементарных обитателях и пейзажах субтильного мира, столь близкого при этом к нашей физической реальности. Тантра — это своего рода Третий Путь, базирующийся на конкретности опыта, но настаивающий при этом на радикализации, трансцендентализации этого опыта, не довольствуясь ни абстракциями «традиционалистов», ни одержимостью «космистов» и неоспиритуалистов.

Тантра — это путь секса, но секса, понятого сверхчеловечески, онтологически, метафизически. Не банальная половая связь физического мужчины с физической женщиной, но трансцендентное совокупление божественной четы, Шивы и Шакти, является сутью тантристского опыта. Кроме того, практика тантризма отнюдь не сводится к ритуальным, магическим и инициатическим половым актам. Тантрист постоянно пребывает в стихии «сакральной страсти», в опьянении инициатического соития между реальностью и ее метафизическим Принципом, независимо от того, чем он занимается и в чьей компании он находится в данный момент. И быть может, нет никого, кроме Юлиуса Эволы, кто с такой глубиной, достоверностью и компетентностью мог бы описать, объяснить и истолковать этот тантрический опыт, его доктринальные предпосылки и его практический, технический характер. Тексты Эволы — не просто академическое описание феномена тантризма. Это сам по себе текст инициатический, так как его автор был не любознательным ученым-ориенталистом, но посвященным, практиком и метафизиком, «дифференцированным человеком», «каула», принадлежавшим к тайной цепи «пробужденных».

Ниже мы предлагаем перевод двух глав из книги Юлиуса Эволы «Йога Могущества», в которых дано описание наиболее существенных сторон тантрической традиции.

МИЛЫЙ АНГЕЛ

Юлиус ЭВОЛА

ЙОГА МОГУЩЕСТВА

(2 главы из книги)

Значение и происхождение ТАНТРЫ

На протяжении всего первого тысячелетия христианской эры на всем пространстве великой индо-арийской цивилизации происходят глубокие трансформации: появляется и крепнет новое духовное и религиозное течение, существенно отличающееся от предыдущей эпохи. В контексте индуизма его воздействие переживают школа Йоги, пост-упанишадические теории, культы Вишну и Шивы. Более того, даже в буддизме это течение вызвало появление новой школы, так называемой Ваджраяны («Пути Алмаза или Сияния»). Оно сливается, с одной стороны, с различными народными культами и практической магией, а с другой — с сугубо эзотерическими и инициатическими учениями.

Это новое течение можно обозначить как тантризм. Тантризм можно рассматривать как своего рода синтез всех основных элементов индуистской традиции, хотя при этом он имеет совершенно особый колорит и соответствует определенному циклическому периоду, понимаемому в терминах метафизики истории. Понятиям «Тантра» (которое раньше означало «трактат», «экспозиция»), произошедшему из корня «тан» (расширять, распространять, продолжать, развивать), и «Агама» (так обозначались другие тексты той же категории) здесь придается значение «того, что случилось, совершилось». Под этим подразумевалось, что тантризм представляет собой «расширение» или «последнее объяснение» традиционных учений, которые, будучи первоначально даны в Ведах, впоследствии развивались в Брахманах, Упанишадах и Пуранах. Именно в этом смысле учение Тантры иногда называют «пятой Ведой», то есть последним откровением, находящимся за гранью четырех традиционных Вед. С этим следует соотнести и ссылку на доктрину четырех веков («юг»), сменяющих один другой[(1)]. В тантризме, в согласии с этой циклической доктриной, утверждается, что учения, ритуалы и дисциплины, бывшие приемлемыми в «Сатья-юге» (соответствующей «золотому веку» Гесиода), перестают быть таковыми в контексте человечества, живущего в последующие эпохи и особенно в последнем «темном веке», в «Кали-юге», в «железном веке» (в «веке Волка», согласно Эдде). Это

человечество, по Тантре, может обрести знание, доктрины и ритуалы для эффективного достижения сверх-человеческого уровня и победы над смертью, «мритум джавате» (а именно это и является главной целью всей индуистской традиции), не в Ведах и не в других сугубо традиционных текстах, а лишь в Тантре или Агаме. Таким образом, утверждалось, что только тантрические техники, основанные на слиянии с Шакти («шакти-садхана»), адекватны и действенны в современном мире; все же другие будут неэффективны, как неэффективен укус змеи, лишенной своего яда[(2)].

Однако, несмотря на то, что тантризм не отвергает древнюю мудрость, ему все же свойственен отказ от стереотипного и пустого ритуализма, стерильного созерцания и одностороннего, умерщвляющего плоть аскетизма. Можно даже сказать, что созерцанию в тантризме противопоставляется действие, практическая реализация, прямой опыт. Практика — «садхана», «абьяса» — таков лозунг Тантры[(3)]. Это можно с некоторой степенью приближения назвать и «сухим путем», и следует указать на определенную близость тантризма, понятого таким образом, с позицией, изначально присущей буддизму, как «доктрине пробуждения», с ее отвержением выродившегося брахманизма и неприязнью к чисто рассудочным умопостроениям и бессодержательному ритуализму[(4)]. Об этом ясно свидетельствует один тантрический текст: «Доказывать свое превосходство путем абстрактных доказательств — это дело женщины. Дело мужчины — завоевать мир своим могуществом. Споры, аргументы и выводы мы оставляем другим школам («шастра»). В Тантре же важно осуществлять сверх-человеческие и божественные деяния силой собственных могущественных слов силы («мантр»)»[(5)]. И еще: «Особенность Тантры заключается в характере ее «садханы» [ее практики]. Она не является ни причитанием, ни мольбой, ни покаянием перед лицом божества. Это — «садхана» единства «пуруши» и «пракрити», «садхана», направленная на то, чтобы соединить в теле мужской и материнский принципы и освободить от атрибутов то, что их имеет [то есть, освободить от ограничений то, что ограничено ими]... Эта «садхана» выполняется, чтобы пробудить силы в теле... Это — не просто философия, не обдумывание пустых формул, но практическое занятие. Тантры говорят: «Начинайте упражняться под руководством квалифицированного учителя. Если вы не достигнете позитивных результатов немедленно, вы сможете просто прекратить упражнения»[6]. Часто Тантры ссылаются, в качестве аналогии, на практическую убедительность, свойственную лекарствам: как полезность лекарства, так же и истинность доктрины проявляется по ее плодам и, в особенности, по «сиддхи», «силам», которые она укрепляет[7]. А силы — добавляет другой текст — «не добываются ни ношением наряда [брахмана или аскета], ни рассуждениями о йоге, но только неустанная практика приводит к полному совершенствованию. В этом нет никакого сомнения»[8].

В предшествующей цитате, содержащей намек на тело, уже есть указание на следующее фундаментальное начало тантризма. Рассмотрение ситуации последнего века, «темного века» или «Кали-юги», приводит к констатации двух его основных черт. Во-первых, человек этого века является слишком привязанным к собственному телу, он не может абстрагироваться от него. В силу этого, согласно тантризму, подобающий ему путь — это не путь чистой отрешенности (как в первоначальном буддизме и во множестве йогических учений), но, скорее, путь познания, пробуждения и овладения секретными энергиями, скрытыми в теле. Вторая характеристика тантризма связана с «диссолютивным» свойством, присущим рассматриваемой нами эпохе. В эту эпоху символическая корова Дхармы стоит только на одной ноге (остальные три ноги она последовательно теряет в три предшествующие «юги»), а это означает, что традиционный закон («дхарма») начинает колебаться, приобретая рудиментарный, остаточный характер, теряя постепенно свое сущностное качество. И именно в эту эпоху богиня Кали, спавшая в предшествующие века, «полностью просыпается». К Кали, являющейся богиней первостепенной значимости в тантризме, мы еще не раз вернемся; сейчас отметим лишь, что под этим символизмом понимается то, что в последнем веке элементарные, нижние силы, силы бездны находятся в свободном состоянии. Согласно Тантре, необходимо пробудить, активизировать эти силы, войти с ними в контакт, чтобы в конечном итоге «оседлать тигра», как описывает это китайская традиция, то есть извлечь из них выгоду, превратив, согласно тантрическому принципу, «яд в лекарство». Отсюда происходят ритуалы и специальные практики тантризма Левой Руки или Пути Левой Руки («вамачара»), который, несмотря на наличие некоторых тревожных аспектов (оргии, использование секса и т.д.), является одной из наиболее интересных форм рассматриваемого нами течения. Поэтому здесь утверждается, что в особой ситуа-

ции «Кали-юги» учения, которые ранее хранились в секрете, могут стать в различной степени открытыми, хотя определенный риск для непосвященных все же сохраняется[9]. Отсюда вывод, о котором мы уже говорили: в тантризме процветают эзотерические и инициатические учения.

Далее, следует подчеркнуть еще один важный аспект. Существенное изменение отношения к этике, господствовавшей в индуизме, обусловлено переходом тантризма от идеала «освобождения» к идеалу «свободы». Правда, и предшествующий период знал концепцию «дживан-мукта», то есть такого существа, которое достигло «освобождения при жизни» и «в теле». Тем не менее, тантризм приходит к более точному определению позиции: учитывая сущностное состояние человека последнего века, Тантра предлагает ему преодолеть противоречие между мирским наслаждением и аскезой (или йогой, т.е. духовной дисциплиной, направленной на освобождение). «В других школах,» —говорит Тантра, — «одно исключает другое, в нашем же пути одно дополняет другое»[10]. Иными словами, Тантрой была разработана дисциплина, позволявшая посвященному оставаться свободным и неуязвимым, даже пребывая в наслаждении миром, будучи погруженным в этот мир. Одновременно с этим тантризм отрицает тождество мира и чистой иллюзии (чистой видимости или миража, «майи»), которое характерно для Веданты. Мир для тантризма — это не «майя», а потенциальное могущество. Такое парадоксальное соединение свободы или трансцендентного измерения внутри и наслаждения миром, свободного экспериментирования с ним вовне, имеет самое прямое отношение к главной формуле, или сущностной задаче тантризма: соединению бесстрастного Шивы с огненной Шакти в собственном существе и на всех планах реальности.

Это приводит нас к рассмотрению последнего фундаментального элемента тантризма, то есть шактизма. В том многоплановом течении, которое мы назвали тантризмом, центральную роль играло новое появление и выход на первый план фигуры и символа Богини или Божественной Женщины, Шакти, в различных образах и ипостасях (прежде всего как Кали и Дурга). Эта Богиня может появляться сама по себе, как высший и превосходящий все остальные принцип вселенной. Может она выступать и в различных проявлениях Шакти, в женских божествах, сопровождающих мужских божеств индуизма, которые в предшествующий период имели большую самостоятельность, и так вплоть до богинь, сопровождающих будд и боддхисаттв в позднем буддизме. В тысячах различных вариантов проявлялся мотив божественных пар, в которых женский, шактический элемент, имел огромное значение, а в некоторых течениях даже становился основным.

Это тантристское течение несомненно имеет «экзогенные», архаические истоки, восходящие к субстрату автохтонной традиции, имеющему множество явных параллелей с прото-исторической традицией пеласгийского и протоэллинского средиземноморского мира. Например, индуистская «черная богиня» (Кали и Дурга) и аналогичная палеосредиземноморская богиня (черная Деметра, Кибела, Диана Эфесская и Таврадская, вплоть до христианской «Черной Мадонны» и Святой Мелайны[11]), восходят к одному прототипу. Именно в этом субстрате, соответствующем дравидийскому населению Индии и, частично, уровням и циклам еще более древних цивилизаций, похожим на те, которые обнаружились в результате раскопок в Мохенджо-даре и Хараппе (примерно 3000 лет до Р.Х.), культ Великой Богини или Всеобщей Матери (Magna Mater) составлял центральный мотив, впоследствии забытый в арийско-ведической традиции за счет ее сущностно мужской и патриархальной ориентации. Этот культ, тайно сохранившийся и в период арийского (индоевропейского) завоевания и колонизации, снова пробудился в тантризме, воплотившись во множестве индийских и тибетских богинь шактического типа, с одной стороны — вновь оживив то, что сохранялось в потенциальных формах у простого народа, с другой стороны — став определяющей темой тантрического видения мира.

На метафизическом уровне «божественная пара» соответствует двум существенным аспектам каждого космического принципа: в ней мужской бог символизирует стабильное, недвижимое начало, а женское божество — энергию, действующую силу манифестации (т.е. «жизнь», в противоположность «бытию», которое связано с мужчиной), имманентный аспект реальности. Появление шактизма в древнем индоарийском мире в тот период, которого мы касаемся, может, таким образом, рассматриваться как свидетельство о смене ориентации: все здесь говорит об интересе к «имманентным» и активным аспектам мира, и об относительном снижении интереса к чисто трансцендентной сфере.

Впрочем, имя Богини, Шакти, происходящее от корня «шак» (= «быть способным сделать», «иметь силу для того, чтобы делать, чтобы действовать»), обозначает могущество, потенцию. На умозрительном уровне из этого следует, что концепция мира, которая видит в Шакти высший принцип, равнозначна пониманию мира как могущества, потенции. Тантризм, и прежде всего школа Кашмира, связав эту концепцию с традиционными индуистскими метафизическими построениями и переформулировав на основании этого теорию космических принципов (или «таттв»), свойственную Санкхье и другим даршанам, произвел крайне интересный метафизический синтез и выделил из элементов, общих для всех школ, особую систему тантрических дисциплин и тантрической йоги. Здесь Шакти почти совсем утратила оригинальные «материнские» и гинекократические черты и приобрела метафизические черты Первопринципа. Впоследствии теория Шакти вошла в комплексы упанишадических и буддистско-махаянистических доктрин, акцент в которых соответственно стал падать на «деятельные» и «энергетические» аспекты.

Нетрудно понять, что в такой ситуации шактизм и тантризм способствовали развитию в индуистской и прежде всего тибетской среде сугубо магических практик, подчас довольно низкого уровня, граничащих даже с колдовством. Нередко этому способствовало возвращение древних практик и обрядов, свойственных доиндоевропейскому культурному субстрату. Но даже сами эти практики, в особенности ритуалы оргиастического и сексуального характера, в результате были переведены на высший инициатический уровень.

Различные богини, представляющие все разнообразие проявлений Шакти, делятся на два вида: существует «светлый», благодатный тип, и тип темный и ужасный. К первому относятся, к примеру, Парвати, Юма, Лакшми, Гаури, ко второму — Кали, Дурга Бхайрави, Чамунда. Впрочем, различие здесь не является строгим, и одна и та же богиня может выступать в разные моменты то в одной, то в дру-

112

гой роли, в зависимости от того, в каком контексте ее рассматривать. Как бы то ни было, к богиням, обладающим светлыми и по преимуществу материнскими качествами (а следовательно, сохранившим в основном свою доарийскую сущность), обращались некоторые «девоциональные» религиозные народные движения, параллельные тантризму и наделенные общей с ним нетерпимостью к стереотипной обрядности и к чисто рассудочному умозрению (хотя эта нетерпимость имеет низшую по сравнению с тантризмом природу). В этом направлении основной акцент падал на «девоциональность» («личную преданность», «бхакти») и на культ («пуджа»), целью которых было достижение мистического эмоционального опыта («раса»). Естественно, что в силу этих причин богиня в ее светлом аспекте становится здесь центром притяжения, подобно «Богоматери» в христианском мистицизме. Следует отметить, что такая ориентация не была совершенно новой: одним из ее центральных моментов был вишнуизм (религия Вишну). Новым же было ее развитие и распространение за пределы низших слоев населения Индии, где она преобладала ранее, вплоть до отождествления с «путем благочестия», «бхакти-марга», который нашел свое принципиальное изложение в Раманудже и в котором справедливо видят аналогии с христианством, хотя бы уже в силу его теистического контекста.

Но собственно тантрическими являются проявления Шакти (прежде всего Дурга и Кали) в традиции так называемого Пути Левой Руки. На этом пути тантризм сливается с шиваизмом, с религией Шивы, в той же степени, в которой в случае светлых богинь он объединяется с вишнуизмом и с Путем Правой Руки. Считается, что Шива тоже не имеет ведических корней: впрочем, в Ведах есть Рудра, который может быть рассмотрен как его аналог и который стал основанием для введения Шивы в собственно индуистский пантеон. Рудра, «Господин молнии», является персонификацией божества в его разрушительном аспекте или, точнее, в аспекте «разрушительной трансцендентности», что на более низком уровне может быть понято как «бог смерти», «тот, кто убивает». Шиваизм наделяет Шиву всеми атрибутами верховного божества, и, следовательно, он также является и творцом, а известный символ «танца Шивы», который послужил темой для богатейшей и удивительной иконографии, символизирует в таком случае ритм как творения, так и разрушения миров. Но в тантрических практиках Шива сохраняет специфические черты бога чистой трансцендентности. Он представляется сущностно объединенным с ужасающей по своей природе Шакти, прежде всего с Кали или Дургой, которые персонифицируют его неистовую и бешеную манифестацию. Значение двух путей, Пути Правой Руки и Пути Левой Руки, проясняет-

ся, если учитывать, что индуизм канонизировал доктрину Тримурти, то есть троичного аспекта Принципа, проявляющегося в трех божествах — Брахме, Вишну и Шиве. Первым термином в Тримурти является Брахма, бог-творец; вторым — Вишну, бог, который «сохраняет» творение, космический порядок; третьим — Шива, бог, который разрушает (уже в силу того воздействия, которое естественным образом его трансцендентность оказывает на все то, что конечно и обусловлено). Путь Правой Руки основан на культах первых двух божеств, первых двух аспектов божественного. Путь Левой Руки ориентирован на символизм третьего божества, Шивы. Это — Путь, который по сути складывается из соединения тантризма с шиваизмом.

Подведем итог. Во-первых, на интеллектуальном уровне тантризм характеризуется прежде всего наличием особой метафизики или теологии Шакти, Принципа Могущества, «активного Брахмана». Затем, в нем акцентируется ценность «садханы», практической реализации. С метафизикой Шакти тесно связано подчеркивание магического и реализационного аспекта в обширном традиционном ритуальном наследии, что часто влекло за собой его эзотерическое и инициатическое толкование. В особенной степени тантрической считается доктрина, разработанная на основе метафизики Слова, «мантры»: здесь «мантра» из литургической формулы, мистической молитвы или звука, превращается в настоящее «слово могущества» и приобретает настолько центральное значение, что тантризм (особенно в ламаистско-буддистских формах, впрочем, не всегда аутентичных) иногда называют «Мантраяной», то есть «Путем Мантр». Выделение практической стороны в тантризме привело его к сближению с Йогой. Наиболее тантрический характер имеет хатха-йога («жестокая йога» — таково буквальное значение этого термина, а ни в коем случае не «физическая йога»), понятая как «йога змеиной силы», «кундалини-йога», основанная на пробуждении и «освобождении» Шакти, находящейся в первозданном, скрытом состоянии в человеческом организме. С этим связано развитие всех дисциплин, занимающихся «оккультным телом», гиперфизической анатомией и физиологией человеческого организма в контексте соответствий между человеком и миром, между микрокосмом и макрокосмом. Дыхание и секс здесь рассматриваются как два уникальных пути, все еще остающихся открытыми для человека «кали-юги». Именно на них сконцентрирована «садхана». В йоге, в строгом смысле этого слова, в основном воспроизводящей классическую Йогу Патанджали, делается упор прежде всего на дыхание («пранаяма»). Использование женщины, секс и сексуальная магия играют важную роль в другом секторе тантризма, где, как уже отмечалось, воспроизводятся, трансформируются, интегрируются и возводятся на инициатический уровень даже темные практики древнего доиндоевропейского субстрата. Прежде всего в Сиддхантакаре и в Каулакаре, школах, расцениваемых такими авторитетными текстами, как «Куларнава-тантра» (11,7,8) и «Маханирвана-тантра» (IV, 43-45, XIV, 179-180) как высшие эзотерические организации, принадлежащие к Пути Левой Руки, акцент перемещается от перспективы «освобождения» на свободу человеко-бога, того, кто преодолел человеческие ограничения и кто стоит по ту сторону всякого закона. Наиболее высокая задача всего тантризма заключается в достижении высшего состояния, понимаемого как совокупление Шивы с Шакти, это — импульс, направленный на то, чтобы воссоединить «бытие» (Шиву) и «могущество» (Шакти). Тантрический буддизм соотносит с этим единством или, лучше сказать, с его реализацией так называемую «махасука-кайя», «тело» или «состояние», расположенное более высоко, нежели состояние самой «дхарма-кайи», то есть того космического луча, из которого исходит каждый «Пробужденный», каждый будда [13].

Секретный ритуал. Оргии. Сексуальная инициатическая магия

В индуистском и шиваистском тантризме так называемый «секретный ритуал», предназначенный исключительно для тех, кто достиг состояния «вира», Героя [14], именуется «панчататтва». Его значение настолько велико, что в некоторых текстах утверждается, что «культ» Шакти невозможно отправлять без «панчататтвы» [15]. Из-за того, что в ритуале «панчататтвы» используются опьяняющие напитки и женщины, ему приписывается оргиастический и развратный характер — и кое для кого на Западе этого вполне достаточно, чтобы представить весь тантризм в негативном свете. Однако использование секса в инициатических, экстатических и магических целях присуще отнюдь не только индуистскому тантризму. Оно засвидетельствовано также и в буддийском тантризме, в разнообразных тантрических практиках вишнуизма, в учении так называемой школы Сахаджия, среди адептов Ната Сиддха и во многих других местах. Ниже мы отдельно рассмотрим использование сексуальности на йогическом уровне.

Буквально «панчататтва» означает «пять элементов». Эти элементы соотносятся с пятью «используемыми субстанциями», которые, в свою очередь, связаны с пятью «великими элементами». Совокуплению с женщиной («майтуна») здесь соответствует эфир; вину или аналогичному опьяняющему напитку («мадья») — воздух; мясу («мамса») — огонь; рыбе («матсья») — вода; наконец, определенные зерновые («мудра») соотносятся с землей [16]. Поскольку имена всех пяти субстанций начинаются на букву «м», секретный тантрический ритуал называют также ритуалом «пяти «м» («панчамакара»).

В зависимости от уровня, на котором исполняется ритуал, он может иметь различное значение. Так, отправление «панчататтвы», соответствующее углублению Пути Правой Руки, нацелено на сакрализацию природных функций, связанных с питанием и сексом. Заложенная здесь глубинная идея состоит в том, что ритуал не должен быть некой церемонией, искусственно возвышающейся над реальным существованием. Напротив, он должен влиять на саму эту реальность, проникая даже в ее самые конкретные формы. Все неосмысленные и стихийные действия «пашу», животного человека, обусловленные желаниями и потребностями («гуна тамас») [17], у «вира», с его освобожденной и развитой душой, проживаются как ритуал и жертва, как события не просто человеческого, но космического значения. Впрочем, все это не имеет специфически тантрического характера. На самом деле, сакрализация и ритуализация жизни является характеристикой индуистской цивилизации в целом, как, впрочем, и любой другой традиционной цивилизации (здесь мы оставляем в стороне некоторые подчеркнуто аскетические формы). Фраза «Ешьте и пейте во славу Бога» возможна даже в христианстве, не говоря уже о дохристианском Западе, который знал практику освящения хлебов. Вплоть до относительно поздних времен сохраняли религиозное и символическое значение римские сакральные трапезы, «эпулеи», отражавшие древнюю концепцию связи мира людей и мира богов [18].

Трудности в понимании тантризма возникают тогда, когда, вслед за вопросом о ритуальном использовании пищи, мы соприкасаемся с вопросом о женщине и опьяняющих напитках. Религия, восторжествовавшая на Западе, с ее преобладающим комплексом сексофобии, рассматривает сакрализацию полового акта как нечто исключительное, нечистое и недопустимое. Впрочем, такой подход вполне может быть рассмотрен как аномальный, если мы учтем, что сакрализация секса, рассмотрение его как сугубо сакрального явления, была характерной для многих традиционных цивилизаций. Без всяких сомнений она засвидетельствована в Индии. Уже в Ведах мы находим идею возвышения сексуального акта до уровня hieros gamos (иерогамии), священного брака и религиозного акта. Понятый в таких терминах, половой акт может иметь даже духовную, искупительную силу[19]. «Упанишады» утверждают его как жертвенное действие (женщина и ее сексуальный орган являются тут огнем, которому приносится жертва) и дают формулы космической ритуализации совокупления — сознательного, а не грязного или похотливого, — когда мужчина соединяется с женщиной как «Небо» с «Землей»[20].

Традиция употребления сакральных напитков и ритуальных возлияний также является древнейшей и обнаруживается во множестве цивилизаций. Можно вспомнить о той роли, которую в ведический период играла «сома» — опьяняющий напиток, извлекаемый из asclepia acida и приравненный к «напитку бессмертия». Правда, в использовании напитков такого рода, как мы покажем ниже, существовало различие между уровнем ритуальной практики и инициатическим и оперативным уровнем, на котором предусматривалось особое использование их эффектов.

Итак, что касается первого уровня так называемого тантрического «секретного ритуала», то здесь он не представляет собой ничего тревожного. Но тантрический ритуал и в этом случае имеет оттенок анормальности для самого индуиста, поскольку Индия является преимущественно вегетарианской страной, а использование опьяняющих напитков там строго ограничено. В то же время на Западе приготовление вкусной еды на основе мяса с вином или другим алкоголем считается вполне нормальным.

Перейдем ко второму уровню «панчататтвы», где ритуал уже имеет в определенной мере оперативное значение и где в действие вступают субтильные элементы. С одной стороны, здесь дается образ семени, брошенного в трещину в скале, которое не может прорасти и развиться[21]. В таком смысле «вира» использует пять субстанций «панчататтвы», чтобы абсорбировать и трансформировать скрытые в них силы. С другой стороны, «вира», практикующий «панчататтву», использует связь пяти субстанций с пятью «великими элементами», а также с пятью «ваю» или «пранади» — потоками жизненного дыхания[22]. Очевидно, что «прана» принадлежит к уровню субтильных, а не материальных или органических, сил. Впрочем, каждое действие на органическом уровне соответствует также особой субтильной силе. В частности, когда организм принимает некое вещество, тот или иной поток дыхания в определенной степени активизируется, и возникает нечто вроде мгновенной вспышки соответствующих субтильных энергий сознания в общей темной массе органического подсознания. Тот, кто благодаря предшествующим упражнениям, которых мы касались выше[23], уже располагает определенной степенью субтильной чувствительности, достаточной для фиксации такой вспышки, может реализовать контакты с силами или «великими элементами», соответствующим пяти субстанциям. Такие

опыты упрощаются, когда они протекают в состояниях, в которых с помощью особой экзальтации массы субтильных энергий, скрытых в теле, переводятся в нестабильное состояние.

В общем соотношения даны в следующих терминах[24]: 1) эфир соответствует совокуплению с женщиной и дыханию «прана» как вдыхающей, абсорбирующей силе, которая в качестве субтильного «солнечного» потока спускается из ноздрей до уровня сердца; 2) воздух — опьяняющим напиткам и дыханию «апана», потоку, спускающемуся из сердца вниз, действие которого противоположно интеграционному импульсу и способствует разделению; 3) огонь — мясу и дыханию «самана», потоку органической ассимиляции, оказывающему действия изменения и слияния с организмом; 4) вода — рыбе и дыханию «удана», «флюидному» действию выделения; 5) наконец, земля — мучной пище и дыханию «вьяна», фиксирующему и уплотняющему потоку, ощущаемому как тонкое чувство «весомости» всего организма. Таким образом, использование «панчататтвы» на этом уровне предполагает уже способность ощущать и различать эффекты и субтильные модификации, вызванные пятью субстанциями. Согласно утверждениям тех, кто использует подобные практики, восприятие совокупления с женщиной соответствует ощущению ломки и отделения, а восприятие опьяняющих напитков — чувствам расширения и волатилизации, утончения, переживаемым в состоянии рассеяния, разложения; для питания, в целом, характерно чувство наличия раны, гниения. Более того, речь идет о негативных ощущениях, которые следует трансформировать в активные состояния.

Вполне очевидно, что в аскетической и чисто инициатической области не только рекомендуется сексуальное воздержание, но и употребление мяса и опьяняющих напитков считается неблагоприятным для духовного становления. Но тут все зависит от ориентации. Мы уже отмечали, что Пути Левой Руки свойственна концепция превращения негативного в позитивное. В нормальном случае использование женщин и опьяняющих напитков с духовной и даже психической точки зрения приводит к отрицательным, разлагающим результатам. Когда же всем этом наличествует чистая и совершенно отвлеченная сила, потенция «вирья»[25], даже самые разлагающие и негативные состояния могут способствовать освобождению и даже выходу в трансцендентную сферу, параллельно умалению остаточных элементов «тамаса». Ниже мы вернемся к этой теме.

Несколько иначе стоит рассматривать употребление животной пищи и отказ от вегетарианского режима. Когда не рекомендуют употреблять мяса с духовной точки зрения, подразумевают опасность своего рода «инфекции», поскольку усвоение такой пищи человеческим организмом в равной степени предполагает усвоение субтильных и психических элементов под-человеческого и животного плана. Преодоление такой опасности возможно лишь при наличии утонченной чувствительности, способной замечать эти инфекции, и внутреннего «огня», достаточно сильного для того, чтобы их преобразить и абсорбировать. В таком случае, пропитывание дополнительной энергией низшего животного и элементарного субстрата в человеке дает возможность абсорбировать максимум жизненной силы, подчинить ее тому, что находится выше, что соответствует образу семени, брошенного в трещину в скале, и общему тантрическому принципу трансмутации ядов в жизненные соки, «в вены и артерии». Возможно, именно исходя из этих соображений утверждалось, что ритуальное употребление опьяняющих напитков в ходе «панчататтвы» возвращает молодость тем, кто стар, что интеллектуальная энергия и внутренняя сила возрастает от мяса так же, как сила производительная — от рыбы[26].

Само собой разумеется, что ритуал «панчататтвы» должен рассматриваться как секретный ритуал, открытый только для «вира», и недоступный профанам и «пашу», особенно в отношении двух «таттв», — опьяняющих напитков и женщин. Это характерно и для соответствующих буддистских и вишнуистских ритуалов.

Что касается алкогольных напитков, то мы уже замечали, что их употребление в сакральном качестве является древнейшим и много раз засвидетельствованным явлением. В частности, мы напоминали о той роли, которую в индуистской ведийской традиции играла «сома» (эквивалентная иранской «хаоме»). «Сома» рассматривалась как «напиток бессмертия», «амрита». Этот термин этимологически идентичен греческой «амброзии» (буквальное значение обоих — «не-смерть»). На самом деле, речь идет также о нематериальной, «небесной соме»[27]. По мере деградации человечества, начиная с определенного периода, «о небесной соме больше не знают», а человек, чтобы войти в состояние «экстаза» и «божественного воодушевления», состояние «мании» в платоновском смысле, вынужден прибегать к помощи «земной сомы», то есть напитка, получаемого из asclepia acida. При наличии правильной внутренней ориентации, в состоянии опьянения могут быть достигнуты экстатические и в определенной степени инициатические эффекты: отсюда «сакральный» характер опьяняющих напитков. Аналогичным является значение, придаваемое вину в дионисизме, а термин «святая оргия» является техническим выражением, которое периодически повторяется в античной мистериальной литературе[28]. Подобным образом в персидской мистике вино и опьянение имели как реальное, так и символическое значение; то же самое характерно и для

традиции тамплиеров. Относительно нее Генон отмечал, что выражение «boire comme un Templier» («пить как Тамплиер») могло иметь секретное, оперативное значение, отличное от вульгарного, ставшего впоследствии преобладающим. Наконец, в самих Йога-сутрах (IV, 1) намек на определенные вещества или «лекарственные травы», соотносящиеся с «самадхи» — последним этапом в классической йоге, — может означать использование аналогичных подсобных средств.

В подобном контексте следует рассматривать и использование опьяняющих напитков и оргий в тантризме. Вино здесь называется «водой причины» («каранавари») и «водой мудрости» («джнанамрита»)[29]. «Форма» («рупа») Брахмана — гласит «Куларнава-тантра» — скрыта в теле. Вино может раскрыть ее — вот почему его употребляют йоги. Те, кто употребляет вино для собственного удовольствия, вместо познания Брахмана («Брахма-джнана»), совершают грех и находятся на краю погибели». Другой тантрический текст (30) видит в веществах подобного рода «жидкую форму» самой Шакти, «то, что спасает» («дравамайи тара» — буквально, «спасительница в жидкой форме»). В этой форме она предстает в роли дарительницы как освобождения, так и наслаждения, сжигающего тело. Вино «всегда пьется теми, кто узнали последнюю форму освобождения, и теми, кто стали адептами или стараются стать таковыми». Поэтому опьяняющие напитки на этом уровне «панчататтвы» употребляются именно с целью освобождения: смертные, употребляющие их, обуздывая душу и следуя закону Шивы, рассматриваются как боги, как обладающие бессмертием на земле[31]. Здесь важна ссылка на закон Шивы, бога активного трансцендирования, преодоления. Именно от него исходит указание пить «до тех пор, пока ум и зрение не станут мутными»[32], а в другом месте в Тантре мы встречаем фразу, ставшую предметом скандала: «Пить и еще раз пить, упасть на землю и приподняться для того, чтобы выпить еще — только после этого достигается свобода»[32a]. Правда, этой фразе некоторые комментаторы хотели придать эзотерическое и символическое значение, перейдя таким образом на уровень кундалини-йоги, где вопрос об опьяняющих напитках не поднимается вовсе. Это указание пытаются ошибочно толковать как все новые и новые попытки заставить пробужденную «кундалини» подниматься по вертикали «чакр». Впрочем, как и во многих подобных случаях, эта фраза может быть многозначна, но не исключает она и вполне конкретного истолкования: достижения предельных состояний, способности утвердиться в них и следовать по ту сторону кризиса, сохраняя ясное сознание и фундаментальную ориентацию предпринимаемого опыта.

Ритуал может иметь коллективный характер, и

именно этим определяется приписываемое ему качество «оргии». Он должен выполняться в кругу или цепи («чакра») практикующих. Допускается присутствие представителей обоих полов, в случае чего использование вина сочетается с половыми актами. Однако, аспекты безудержности, ассоциирующиеся обычно со словом «оргия», смягчаются здесь присутствием определенных ритуальных структур. Если вещество, из которого производился опьяняющий напиток, не имело особого значения (индийское вино производилось не из винограда, как западное), то особое внимание уделялось его «очищению». «Пить неочищенное вино, — говорит тантрический текст, — значит принимать яд»[33]. Считалось, что неочищенное вино просто отупляет пьющего, и «каула»[34] избегали его[35]. Оно не дает никаких результатов, и постоянно находящаяся в нем «девата» — богиня или шакти — не может быть использована практикующим[36]. «Очищение», о котором идет речь, может быть осуществлено только в результате особой созерцательной и ритуальной операции. Эта операция продолжается до того момента, когда использование «очищенных» опьяняющих напитков действительно начинает способствовать установлению реальных контактов с богами и действовать экстатическим и «сакральным» образом. Этот процесс почти тождественен «преосуществлению», в нем вновь[37] участвует магическое воображение и используются различные «мантры»[38], к примеру, «мантра» HRIM, «мула-мантра», «мантра» примордиальной силы, или так называемая «мантра меча» (PHAT), особенно часто используемая для отделения «субтильного» уровня от уровня «плотного», материального.

Предварительная операция очищения субстанций имеет коллективный характер и выполняется в кругу («чакра») под руководством «господина круга» — «чакрешвары», — который располагается в его центре и держит перед собой вещества для очищения. Вот некоторые детали ритуала.

«Чакрешвара» произносит формулу идентичности жертвующего, жертвы и тех, кому приносится эта жертва[39], после чего наносит на земле справа от себя ярко-красным цветом графический символ, составленный из двух скрещенных треугольников, обозначающих метафизическую диаду, бога и богиню. В центре этого символа расположен знак «пустоты» (круг) или перевернутый треугольник, обозначающий Парашакти[40] и эквивалентный самой метафизической «пустоте». Он обозначает то, что стоит за пределом этой диады, то есть трансцендентное. На изограмме располагается специальная ритуальная ваза («калаша») с опьяняющим напитком. Затем «господин круга» силой магического воображения вызывает присутствие богини («девибхавапараяна»). Используются различные ритуальные формулы. Из управляющих процессом визуа-

лизации действий наиболее важным является то, с помощью которого вызывается жизненный принцип — «хамса», — представленный как лучезарная солнечная сила «в середине чистого неба», сила, коренящаяся в промежуточном регионе, атмосфере («антарикша»), расположенном, подобно воздуху, между «землей» и «небом». Это обозначает, что «чакрешвара» стремится перенести операцию, имевшую до этого физическую природу, на сверх-физический план. Интересной деталью является ритуал «покрытия», сопровождаемый определенным жестом («авангунтана-мудра»): сосуд «окутывается» пеленой, что обозначает, что материальный напиток «скрывает» в себе напиток сакральный. В ходе ритуала пелена, полностью скрывающая спящую в напитке богиню (Деви Суддха) убывает, а вино, содержащееся в сосуде, превращается в «небесный напиток» («дивья-судха»). Богиня также призывается именем «амриты» (= «амброзии», «элемента-лишенного-смерти»). Действия по очищению дополняются устранением «проклятья», тяготеющего над напитками такого рода. Тантрические тексты ссылаются на символические мифы, где описываются проклятия, поражающие опьяняющие напитки за то, что они способствовали совершению того или иного злого действия[41]. Выходя за пределы аллегории, можно сопоставить это с ритуальной нейтрализацией негативных эффектов, которые могут в принципе последовать за использованием алкогольных напитков. Наконец, «господин круга» понимает, что бог и богиня объединились в опьяняющем напитке и что напиток насытился бессмертным элементом («амрита», «амброзия»), произошедшем из такого сочетания[42]. Так выполняются внутренние и качественно субтильные условия, при которых ритуал с опьяняющим напитком может быть использован для достижения искомой цели.

Эффективность ритуала, совершаемого в кругу или цепи, весьма увеличивается за счет вихря флюидов, исходящего от пар, которые окружают «чакрешвару». Они вызывают в своем сознании такие же образы и выполняют такие же спиритуальные действия, как и он. Утверждается, что только посвященный пьет опьяняющий напиток, и только тот, кто получил полное посвящение («пурна-бхисека»), может выполнять обязанности «господина круга», управлять ритуалом и распределять напиток[43]. Цепь или круг должны принимать характер божественной цепи («дивья-чакра»). В этой цепи «участвуют только те, у кого чистое сердце, кто не испорчен внешним миром, — только те, кто, «обладая сознанием истинной реальности («таттва-джна»), понимают существование, и в его переменчивости, и в его постоянстве, как единого Брахмана»[44]. «Рудраямала» даже говорит, что вне ритуала пить вино не следует.

Приведенных нами соображений достаточно,

чтобы снять с «панчататтвы» обвинение в оргиастичности, понимаемой вульгарно, как чистое разнузданное неистовство. Так дело должно обстоять в теории, основанной на сформулированных в традиционных текстах приципах. При этом нельзя исключить маргинальных и деградировавших форм, не имеющих никакого отношения к истинной тантрической традиции.

* * *

Помимо использования опьяняющих напитков необходимо рассмотреть роль секса, который сопоставляется с эфиром и занимает высшую ступень в иерархии «панчататтвы». В сексуальных тантрических практиках следует различать несколько уровней.

Во-первых, здесь встречается множество пережитков темных практик скорее колдовского, нежели магического характера. Именно из таких практик

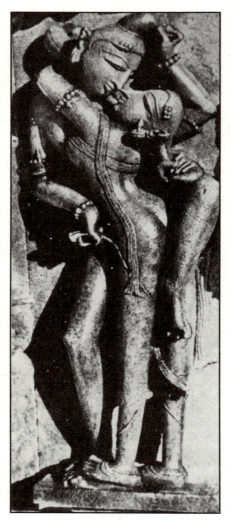

происходят ритуалы, подобные тем, в которых мужчина, чтобы получить контроль над определенными силами, пытается овладеть некими женскими сущностями — «якшини» или «дакини». Он магически заставляет их вселиться в конкретную реальную женщину и овладевает ей в каком-нибудь диком месте — в лесной чаще или на кладбище[45]. Впрочем, следует отметить, что по своей структуре такие темные ритуалы имеют определенное сходство с инициатическими сексуальными практиками, о которых мы будем вести речь ниже. Эти инициатические практики можно рассмотреть как перенос колдовских ритуалов на более высокий уровень, в то время как сами колдовские ритуалы можно понять как разновидность деградировавшего и демонизированного подобия практик инициатических.

Во-вторых, следует рассмотреть коллективные оргиастические церемонии. Именно в них подчас видят пережитки или остатки древних земледельческих «обрядов годового цикла». Само собой разумеется, что земледельческие, «годовые» и прочие подобные интерпретации этих обрядов — не что иное, как специфическое заблуждение современных этнологов и историков религий. В действительности же сущность такого оргиастического коллективного опыта и его основополагающий элемент — это стремление к хаотическому преодолению индивидуальной ограниченности. Определенные темные формы экстаза здесь достигаются посредством промискуитета, моментального устранения всяких ограничений, посредством оргиастического призывания и возбуждения примордиального хаоса.

Достоин замечания тот факт, что в некоторых тантрических коллективных оргиастических церемониях имеют значение деперсонализация и полное устранение всех моральных запретов. Помимо тех оргий, в которых каждый мужчина сам выбирает для себя женщину, упоминаются и другие, в которых персональный выбор был запрещен, а женщины распределялись среди участников согласно особому способу. Например, женщины могли складывать вместе свои одежды, и сексуальной партнершей мужчины становилась та женщина, чье платье он случайно взял[46]. Ничто не изменялось даже в том случае, если выбранная таким образом женщина оказывалась сестрой или дочерью данного мужчины — он должен был совокупиться только с ней.

Впрочем, в тантризме имеется и ритуализация сексуального оргазма, аналогичная той, о которой мы говорили в случае с опьяняющими напитками. Здесь речь также идет о ритуалах, практикуемых в кругу («чакра» — в этом случае он может называться также «расамандала», то есть «круг восторга» или «круг неистовых эмоций»), образованном парами. Для истинного «вира» отменяется предназначенное для более низких степеней правило совокупления только с собственной женой: он может совокупляться с какой угодно женщиной[47]. Упоминается также так называемый «брак Шивы» (бога, охотно берущего под свою защиту все, что выходит за рамки обыденных правил). Речь идет о временном, хотя и возобновляемом, соединении с девушкой, предназначенной для использования в «чакре», которое происходит без ритуалов, присущих традиционному индуистскому браку. К ритуалу, однако, не допускаются «пашу», к какой бы касте они не принадлежали. Обряд предполагает определенное количество пар — их в тантрическом ритуале пятьдесят, что соответствует количеству букв санскритского алфавита, которые, в свою очередь, соотносятся с космическими силами. Пары образуют круг, в центре которого находится «господин круга», «чакрешвара», со своей партнершей. В равной степени символизму и ритуализму соответствует и то, что в то время как на партнершах простых участников накинута одежда, женщина «господина круга» полностью обнажена. Как каждая женщина вообще соответствует Шакти или «пракрити», так полностью обнаженная женщина символизирует собой Шакти (или «пракрити»), свободную от всякой формы, находящуюся в элементарном, изначальном состоянии. К этому мы вернемся ниже.

К сожалению, неизвестны тексты, касающиеся деталей оргиастической церемонии. Как и в случае с опьяняющими напитками, следует предположить, что формируется коллективная магико-экстатическая атмосфера и подобие вихря флюидов с центром, воплощенном в главной паре. Такое предположение может подтверждаться тем, что отмечены случаи составления «чакр» того же рода в сугубо оперативных целях: например, для того, чтобы способствовать позитивному исходу военных походов, замышляемых царем[48]. Здесь речь идет о возбуждении состояний, способствующих эффективности магической акции, которая в данном случае имеет внешнюю и полностью профаническую цель.

В том случае, когда цель является чисто духовной, картина коллективной оргиастической церемонии «панчататтвы» не отличается от картины совокупления одной пары. Каждый мужчина воплощает принцип Шивы или «пуруши», каждая женщина — принцип Шакти или «пракрити». В ритуале мужчина отождествляет себя с одним принципом, женщина — с другим. Их соединение воспроизводит соединение божественной пары; два принципа, шиваистский мужской и шактический женский, разделенные в манифестированном и обусловленном мире в силу его двойственности, главным отражением которой является двойственность мужского и женского полов, моментально воссоединяются в сексуальном оргазме, реализуя «Шиву-андрогина» («Ардханаришвару») и достигая единства Принципа. С точки зрения опыта, взятый в таких терминах половой акт имеет освободитель-

ную силу, прерывает закон двойственности, производит экстатическое снятие ограничений, позволяет мгновенно преодолеть барьер индивидуального сознания, свойственного «самсаре»[49]. Мужчина и женщина, уподобляясь в один миг своим онтологическим архетипам, Шиве и Деви, которые присутствуют в их существе и теле, и снимая закон двойственности в единстве опьянения, оргазма и экстаза («самараса»), объединяющих два существа в моменте совокупления, тем самым входят в состояние, позволяющее достичь «идентичности» («самата») и преодоления («сахаджа»). Тем самым достигается особая форма экзальтированной и преображенной страсти, состояние предчувствия абсолютного озарения («самбходи») и преосуществления («сахаджа»). Именно поэтому «Куларнаватантра» говорит, что только посредством полового акта может быть достигнуто высшее единство.

Очевидно, что все это относится к гораздо более высокому уровню, чем уровень коллективных оргиастических практик. На самом деле, от экстатических сексуальных опытов следует отличать опыты собственно инициатические и йогические, в которых половой акт должен проходить в специальном режиме, где применяется особая техника и особо выделяется процесс ритуализации и «эвокаций»[50]. Это последний, наиболее высокий уровень тантрического совокупления, при рассмотрении которого мы переходим к анализу совокупления единственной пары.

Между тем, определенный интерес могут вызвать некоторые детали. Во-первых, помимо «шакти», молодая женщина, задействованная в «панчататтве» и в аналогичных ритуалах, называется «рати». Это слово происходит от слова «раса», а «раса» в свою очередь, обозначает «экстаз», «интенсивное переживание» или даже «оргазм». В этой связи следует отметить, что уже древняя индуистская традиция связывала принцип опьянения с Великой Богиней. Известно, что одной из ее форм была Варунани. Но в языке пали «Варуни» обозначает опьяняющий напиток, а также пьяную женщину. Нет сомнений относительно связи между «Варуни» и опьяняющими напитками, и в определенных текстах выражение «пить Деви Варуни (богиню Варуни)» обозначает употребление опьяняющих напитков[51]. Поэтому в гимнах сурового Шанкары богиня отождествляется с алкоголем и всегда изображается либо пьяной, либо держащей в руках чашу с вином. Таким образом, в этом архетипе или божественном образе подчеркивается аспект женщины как воплощения экстаза и опьянения, что приводит, в конце концов, к отождествлению совокупления с женщиной с использованием опьяняющих напитков в секретном ритуале Пути Левой Руки[52]. В заключение добавим, что даваемое партнершам «вира» имя «рати» обозначает «ту, чьей сущностью является

119

опьянение».

Школа Сахаджия разработала целую, почти схоластическую, классификацию «рати», обозначив наиболее адаптированный к инициатическим практикам и встречающийся в исключительных случаях тип как «вишеса-рати»[53]. Из классификации исключена «обычная женщина» («саманья-рати» или «садхарани-рати»), стремящаяся только к собственному удовольствию[54].

В тантризме инициатического уровня постоянно утверждается, что в то время как «вира» низких степеней должен совокупляться только с особой женщиной, для истинного «сиддха» это ограничение теряет свое значение, и он может использовать в ритуале какую угодно женщину; здесь отменяются все кастовые ограничения, более того, как в трактатах Ваджраяны, так и в тантрическо-вишнуистских текстах в качестве партнерш «вира» представляются такие типы молодых женщин, которые с западной точки зрения, возможно, были бы названы распутными. В действительности, здесь речь уже идет не о традиционном ритуальном соединении представителей высших арийских каст, но о технической операции магического и йогического характера, в которой женщина имеет ценность не сама по себе, а как носительница изначальных, «элементарных» сил. В данной операции она используется как безличная «зажигательная смесь». В вишнуистском тантризме иррегулярность использования женщины утверждалась исходя уже из того, что божественная пара, которую мужчина и женщина должны были воплощать при совокуплении, обозначается парой Кришны и Радхи, классическим примером супружеской неверности в индуизме, а также из того, что под подлинно интенсивной и действенной любовью там понималась не супружеская любовь к собственной жене, а любовь «паракия», то есть иллегитимная любовь к юной девушке[55].

В определенных текстах рассматривается нечто вроде градации степеней наготы женщины при ее использовании в ритуале. Мы уже говорили о том, что в коллективных ритуалах, выполняемых в цепи, только «господин круга» использует полностью обнаженную партнершу. Это допускалось только для «вира» высших степеней. Ритуальное и символическое содержание этого правила очевидно, и мы уже упоминали о нем: полная нагота женщины, воплощающей Шакти, символизирует обнаженное, элементарное, изначальное состояние самой Шакти. А на высшем уровне, где с ритуализмом и символизмом соединяется магическая эвокация, полной физической наготе может соответствовать женщина, освободившаяся от вуалей своей отдельности, своего человеческого персонального начала и ставшая воплощением «абсолютной женщины», а значит — силы, которая может быть опасной. Именно этой

опасностью обусловлено предписание использовать полностью обнаженную (в обоих смыслах — физическом и метафизическом) женщину лишь теми, кто достиг такой квалификации (шиваистской квалификации), при наличии которой опыты подобного рода не являются опасными. В алхимическом герметизме можно увидеть аналогичную идею в высказывании: «Блажен Актеон, который может увидеть обнаженную Диану и не погибнуть» — неуязвимую и смертоносную Диану[56].

Говоря об уровне индивидуальных инициатических практик, следует отметить, что перед совокуплением девушка освящалась; она также должна быть посвящена («парастри») и обучена искусству «мудра» и магико-ритуальных поз («сушиксита»), а ее тело должно быть «оживлено» посредством техники «ньяса»[57][58]. Именно поэтому женщина, помимо «рати» и «шакти», кое-где называется словом «мудра», обозначающим ритуальные йогические позиции, которые вызывают определенное магическое состояние. Этот термин «мудра», обозначающий девушку, указывает не только на те или иные позиции, которые она примет в половом акте, но и на вызывание в ней силы, приравнивающей ее к магической форме богини или к божественному атрибуту. Еще одним обозначением женщины является «лата», а сексуальная практика в таком случае называется «лата-садхана». «Лата» обозначает вьющееся растение. Здесь намекается на сексуальную позицию, в которой женщина обвивается вокруг сидящего мужчины; именно женщина выступает в качестве активной стороны в таком совокуплении («випарита-майтуна»), воспроизводя на этом конкретном уровне метафизическое значение мужчины и женщины[59]. Впрочем, в текстах часто указывается также на предварительную фазу или «дхьяну»[60], заключающуюся в созерцании «асан» (ритуальных позиций) божественной пары, то есть Шивы, совокупляющегося с Шакти или Кали. Девушку следует любить «согласно ритуалу» — «натикамайет стриям»[61]. Она должна последовательно миновать фазы «пуйя» и «бхогья», то есть сначала ее «обожают», а потом ей обладают и наслаждаются. Смысл такого «обожания» различается на нескольких уровнях; на магико-инициатическом уровне оно может варьироваться от проекции на девушку сакрального образа и его «оживления» с помощью магической фантазии вплоть до прямой «эвокации», вызывания присутствия богини («девата») в личности и теле партнерши. Для такого способа используется специальный технический термин «аропа», который обозначает «изменение природы» объекта при сохранении его внешних форм и видимых черт («рупа»), то есть дополнение физического сверх-физическим[62]. В настоящем случае говорится как раз о процессе моментального пресуществления женщины, пробуждающего в ней «реаль-

120

ное присутствие», «абсолютную женщину». «Аропа» рассматривается как неотъемлемое условие тантрического ритуала.

Помимо «рати», «шакти», «мудра» и «лата», женщины, используемые в тантрических сексуальных практиках, называются «видья». Это слово обозначает знание, мудрость, взятые не в абстрактном и интеллектуальном смысле, а в качестве пробуждающей и преображающей силы. Это имеет отношение к тому аспекту женского начала, с которым могут ассоциироваться намеки некоторых текстов на женщину как «гуру», на «посвящающую женщину», «мать ваджры[63]» или «матрицу трансцендентного знания». Не исключено, что частично такие идеи относятся к области гинекократических представлений (особенно когда признается превосходство инициации, проводимой женщиной), к «Женским Мистериям», существовавшим также и на древнем Западе и связанным с сакральной проституцией, практиковавшейся во имя женского божества, Великой Богини. Здесь мужчина участвует в сфере сакрального только посредством женщины и совокупления с ней. Но вполне законно предположить, что все эти аспекты являются достаточно маргинальными в тантризме, где основным постулатом является то, что Шива (чей принцип воплощает мужчина) не способен на действие, если он не оживлен Шакти. Понятая в таких терминах, «йогини», партнерша «вира», наделяется силой «освобождения сущности «Я»[64]. Уже о Дурге в гимне «Вишвасара-тантры» говорится, что она является «освободительницей «буддхи»[65] («буддхи» здесь обозначает трансцендентный интеллект). В этом своем аспекте, женщина потенциально содержит в себе и сам трансцендентный принцип, действие которого проявляется совместно с энергиями опьянения и экстаза, которые она пробуждает. Так, в буддистских Тантрах, в которых «праджна» имеет такое же значение, как и «видья»[66], присутствуют не очень ортодоксальные описания будд, которые достигают озарения благодаря совокуплению с молодой женщиной, и при этом на метафизическом уровне в качестве наивысшего состояния рассматривается состояние «махасукха-кайя», которое находится за пределом простой нирваны. В этом состоянии Будда «обнят» Шакти, Тарой: неотделимый от нее, благодаря экстазу и созидательной потенции, источником которых она является, только в этом состоянии будда поистине является буддой[67][68]. Сходным образом в Ваджраяне на оперативном сексуальном плане реализуется принцип Махаяны, гласящий, что духовное совершенство требует объединения (символически — «полового слияния») «праджны» и «упайи», то есть «озаряющего знания» (рассматриваемого как женский атрибут — «праджна») и оперирующей силы (рассматриваемой как атрибут мужской —»упайя»).

Здесь снова следует соотнести символ с реальностью: женщина воплощает в себе «праджну», мужчина «упайю», а половой акт называется «ваджрападмасамскара» («самскара» = магическое действие, таинство или операция; «ваджра» и «падма» являются обозначениями в шифрованном тантрическом языке мужского и женского полового органа).

Такое распределение ролей мужчины и женщины, как нам представляется, исключает гинекократическую (то есть подразумевающую доминацию женского принципа) трактовку инициации, а также предполагает символическое понимание инцеста. Как уже отмечалось, в силу того, что женщина является элементом, порождающим экзальтацию и экстаз, которые, в свою очередь, оживляют и озаряют принцип «Я» мужчины (потенциального носителя алмазного сияния — «ваджры»), она действительно играет роль, подобную матери («матрица «ваджры»). Но эта символическая «мать» одновременно является женщиной, с которой мужчина совокупляется, которой он обладает. Поэтому такое совокупление, в силу данного символизма, приобретает характер «инцеста». Следует помнить, что момент рождения или пробуждения «ваджры» будет также моментом, в котором произойдет овладение Шакти и ее абсорбция. Поэтому можно понять, что совокупление проходит через две фазы, смысл которых наилучшим образом выражен в европейском алхимическом герметизме через символизм лунной женщины, которая вначале приобретает превосходство над солнечным мужчиной, абсорбирует и поглощает его. Затем наступает черед обновленного и воскресшего мужчины подняться над женщиной, вновь ограничив ее в пределах женской качественной природы. Другой аналог — символизм матери, рождающей сына, который, в свою очередь, сам рождает мать[69]. В тантрических терминах последнее обозначает, что Шакти переходит в форму Шивы, что она становится «чидрупинишакти», то есть претерпевает одухотворяющую трансмутацию, уже знакомую нам на космологическом уровне как смысл второй — восходящей —фазы манифестации[70]. В этом процессе в партнерше «вира» обнаруживается сущностная, трансцендентная природа «шакти», «абсолютная женщина», влекомая глубинным желанием, схваченная высшей силой, пробудившейся от контакта с «ваджра-саттвой», тем мужским принципом, который покоряет ее, превращает пламенное напряжение в холодный чистый свет под знаком магического Единства.

Таким образом, для эффективности тантрической практики необходимо, чтобы женское начало пробудилось в чисто шактическом качестве, чтобы оно действовало как нечто опасное и разъединяющее (так, в аналогичном герметико-алхимическом символизме совокупление с женщиной характеризуется как прохождение «коррозивных вод»). Именно поэтому поиск диссолютивных, «ядовитых» состояний, необходимых для освобождения, является сущностью Пути Левой Руки. Именно в силу этих природных свойств женщины и из-за качества состояний, достигаемых в результате совокупления с ней, тем, кто следует по чисто аскетическому и созерцательному (в строгом смысле) пути, категорически предписывается держаться подальше от нее[71]. Что касается противоположного направления (Пути Левой Руки), то здесь посвящение и адекватное обучение мужчин, необходимые (помимо природной квалификации) для использования женщин в ритуале, дополнялось необходимой подготовкой самих женщин, обучением их искусству как физической, так и магической любви. Даже чисто физиологически, на сугубо йогическом уровне предполагалось совершенное владение девушкой своими половыми органами, своей «йони». Впрочем, тот, кто знаком с индуистскими эротическими трактатами, может убедиться, что даже на профаническом уровне в них упоминаются позы, которые вряд ли возможны для европейской женщины, поскольку предполагают особую предварительную и сложную подготовку тела.

Множество тантрических данных однозначно свидетельствуют о том, что «вира» не должен отдаваться потоку опыта и, следовательно, герметико-алхимический оперативный символизм двух фаз делания (первоначальной доминации женщины и последующей мужчины) полностью адекватен для тантрической практики. В общем, здесь важно вспомнить о том, что мы говорили касательно очищения воли[72]. «Обуздав свои чувства, отрешенно, оставаясь бесстрастным перед воздействием пар противоположностей, укрепившись в четком принципе своей силы», — с таким расположением духа «вира» практикует «панчататтву»[73]. «Куларнава-тантра» требует, чтобы его воля и сознание были тверды, а чувства — очищены и обузданы[74], а другой текст[75] уточняет, что это обуздание чувств должно сохраняться на всех стадиях «страсти» («раса»), то есть во всех состояниях совокупления. Врожденная тенденция «пашу» отдаваться физическому удовольствию, жадному удовлетворению страсти, то есть тому, что вульгарно называется «сладострастием», должна быть нейтрализована, и, возможно, именно так следует понимать глубокий смысл «чистоты чувств», о которой здесь идет речь. Повсюду в текстах Ваджраяны можно найти предупреждения относительно злоупотребления сексуальными практиками. Практикующие эти злоупотребления называются там «двуногими животными», не имеющими ничего общего с посвященными[76]. Особое значение придается правилу, гласящему, что «вира» не должен поддаваться гипнозу. Очевидно, здесь имеется в виду опасность встречи с женщиной, в которой пробудилась Шакти, возможность

соблазна ее смертоносным очарованием и соответствующего падения. Говорится и о том, что тело должно быть совершенным, что его следует сделать более сильным (возможно, средствами, напоминающими физическую хатха-йогу), иначе критический опыт может завершиться потерей сознания или обмороком. «Без совершенного тела «сахаджа» не может быть реализована»[77].

Что касается принципа сохранения самообладания на всех уровнях совокупления, то здесь подчас рассматривается и соответствующая предварительная дисциплина. Так, ритуал школы Сахаджия предписывает, чтобы мужчина находился вместе с девушкой, которую он собирается использовать в инициатическом ритуале, спал там же, где и она, но не дотрагиваясь до нее и занимая отдельное ложе, на протяжении целых четырех месяцев. Потом он должен спать вместе с ней, находясь слева от нее, также четыре месяца и еще четыре месяца, находясь справа от нее, никогда не допуская телесных контактов. Только после этого должно иметь место первое магическое совокупление с обнаженной женщиной, отмечающее собой начало оперативной фазы[78]. Вполне вероятно, что иногда используются и более упрощенные формы такой дисциплины. Очевидно, что цель ее не в том, чтобы привычка к физической близости заглушала желание, приучая мужчину к его обузданию. Скорее всего, здесь предусматривались две фазы совокупления: первая —»субтильная», «платоническая», не предполагающая телесных контактов фаза совокупления с женщиной-богиней, ставшей объектом «поклонения», и вторая, продолжающая первую, где соединение мужчины и женщины проходит уже на телесном уровне, как ритуальное совокупление. Такое предположение кажется нам весьма правдоподобным, если мы учтем, что именно такие фазы наличествуют в определенных ветвях сексуальной магии, практикуемой на Западе в наши дни[79]. Во всяком случае, такая предварительная тренировка, развивающая самообладание, предполагающая длительное нахождение непосредственно рядом с женщиной, явно имеет глубинный технический смысл, связанный с определенной йогической практикой, нацеленной на то, чтобы избежать профанического окончания полового акта.

Теперь мы должны обратить наше внимание на практику, имеющую непосредственное отношение к хатха-йоге, как таковой. Подчас бывает очень трудно выяснить здесь какие-либо подробности, основываясь только на текстах, поскольку, как правило, в них используется особый шифрованный язык. Именно поэтому одни и те же термины имеют иногда чисто символическое значение и намекают на онтологические и духовные принципы, а иногда приобретают конкретное и оперативное значение и намекают на физические органы, на материаль-

ные, телесные действия. К примеру, «бинду» (дословно — «точка»), термин, который мы
встречали, когда говорили о тантрической метафизике[80], может также означать мужское семя, спер-
му[81]; «ваджра» — мужской половой орган, «раджас» — также семя, «мудра» — женщину, «падма» — ее половой орган, «йони», и так далее[82][83].
Все же, следует думать, что одно значение отнюдь
не исключает другого, и не только потому, что речь
идет о различных уровнях, но и потому, что духовные принципы или элементы могут являться второй стороной материальных и даже физиологических действий и элементов. В таком случае все операции разворачиваются на обоих планах, физиоло-
гическом и трансфизиологическом.

Как бы то ни было, один момент не вызывает
сомнений. В хатха-йоге совокупление рассматривается как средство для того, чтобы вызвать насильственный прорыв уровня сознания и эффективное
достижение трансцендентной сферы при соблюдении особого режима полового акта. Сутью такого
режима является задержка мужского семяизвержения в лоно женщины. Йогическая формула гласит:
«семя не должно извергаться» («бодхичиттам нос-
трьет»)[84]. Оргазм в таком случае перестает корре-
лироваться с чисто физиологическим уровнем, и его
высшая степень, которая у мужчины обычно совпадает с семяизвержением, трансформируется, превращаясь в озарение, которое взрывает границы
конечного человеческого сознания и приводит к
реализации магического Единства. Некоторые тексты, например «Хатхайогапрадипика», включают в
этот процесс также вспомогательные приемы, например, задержку дыхания, называемую «кечари-
мудра» (здесь термин «мудра» обозначает не женщину, а просто жест или знак). Когда вы практи-
куете «кечари-мудра» — говорит текст[85] — испускания семени не происходит, даже если вы находитесь в объятиях молодой страстной женщины». Говорится также о специальной «мудра» — «вайроли-мудра» или «йони-мудра» — которая имеет для
тантризма центральное значение; однако, важно
понимать эту «мудра» не только на чисто физио-
логическом уровне. «Даже если семя уже скопилось в
члене — говорится в текстах — [йоги] могут заставить его вновь подняться и возвратиться обратно на его место посредством «йони-мудра». И еще:
«Бинду», которое вот-вот извергнется в женщину,
через предельное усилие должно быть втянуто
внутрь... Йог, который таким образом задерживает
семя, побеждает смерть, ибо как извергнутое семя
приводит к смерти, так задержанное «бинду» приводит к жизни»[86]. Помощь в этом может оказать
адекватно обученная женщина, которая своим половым органом, «йони», может зажать, сдавить мужской половой орган, «лингам», чтобы предотвратить
процесс семяизвержения. Впрочем, на профаничес-

ком уровне представить это довольно трудно: даже
если мускулы «йони», то есть вагины (constrictor
cunni), сильно развиты, в силу эрекции мужского
органа такое действие вряд ли приведет к успеху —
напротив, скорее всего, результат будет прямо противоположным, ибо обычно это только повышает
мужское возбуждение, провоцируя и делая неудер-
жимым семяизвержение.

Как бы то ни было, свой истинный смысл такая
техника обретает только в других текстах[87], где
торможение испускания семени соотносится с реализацией «бинду-сиддхи», то есть с овладением энергией, содержащейся в семени, а также с тайной
доктриной о бессмертном элементе (или амброзии), рождающемся в центре лба и теряющем свою
природу при превращении в семя, что делает человека смертным существом, а его организм превращает в тлен[88]. В таком случае ясно, что речь идет
не о сугубо механическом приеме задержания органической субстанции и управления ее движением
в физических органах, но о сущностно внутренней
операции с некоей особой силой, материальным
«осадком» или результатом деградации которой является физическое семя. Такая операция нацелена
на обращение этой деградации вспять и на перевод

данной силы на иной, транс-физиологический план. Именно здесь ясно, какую помощь может оказать «мудра» задержки дыхания, выполняемая в момент апогея совокупления, когда налицо уже все материальные и эмоциональные условия извержения «бинду» и когда оно вот-вот произойдет. Впрочем, такая интерпретация может быть подтверждена указаниями на другую «мудра», на другой жест, «амароли-мудра», женский эквивалент мужской «вайроли-мудра». Женщине также предписывается использовать аналогичное задержание испускания некоей субстанции, обозначение которой в текстах весьма неопределенно, но которую, в отличие от мужского семени, невозможно интерпретировать в чисто материальных терминах[89].

Что касается задержки семени, то следует рассмотреть еще два фактора, лежащих в сугубо практической области. Первый заключается в том, что даже в сфере профанической сексуальной любви иногда предельно напряженное вожделение женщины может привести к остановке семяизвержения. Вторым фактором является то, что все магические приемы «эвокации» также провоцируют сдвиг сознания в сторону субтильного плана, напоминающий транс, и этот сдвиг в свою очередь приводит к отрыву тонких энергий от физического и физиологического уровней, что также может препятствовать семяизвержению (впрочем, неспособность достичь мужского оргазма часто наблюдается на профаническом уровне в случае употребления наркотиков и галлюциногенных препаратов — поскольку их использование равным образом провоцирует, хотя и в пассивной форме, сдвиг сознания на субтильном уровне)[90]. Даже без перечисленных жестких йогических приемов, эти два фактора, несомненно свойственные тантрическому ритуалу, не могут не способствовать тому, что называется «вайроли-мудра», «зедержка семени».

Задержав извержение семени («бинду»), необходимо далее зафиксировать себя в экзальтированной и преображенной форме в состоянии активного транса, то есть в таком состоянии, которое обычно наступает как мгновенная кульминационная точка оргазма (это — то «неподвижное» состояние, в которое переходит «возбужденное» состояние — «самврита», то есть обычный оргазм)[91]. Речь идет о «соединении, не имеющем конца», то есть о состоянии, которое длится «бесконечно долго», поскольку в данном случае мы имеем дело с той теорией, на которую уже ссылались, говоря об огне и других элементах. Подобно тому, как существует нерожденный и непреходящий огонь, который лишь проявляет себя в конкретном и временном физическом пламени, существует и «вечное» наслаждение, символизируемое вневременным совокуплением божественной пары, Шивы и Шакти. Наслаждение, испытываемое мужчиной и женщиной в момент совокупления, есть лишь мгновенное и преходящее проявление этого вневременного оргазма. Магическое совокупление, осуществляемое при соблюдении перечисленных выше условий, призвано как раз спровоцировать, а затем и зафиксировать наслаждение в его трансцендентной форме, «лишенной начала и конца». Отсюда анормальная длительность тантрического оргазма («который не имеет конца»), вместо того психического упадка, который обычно испытывают мужчина и женщина после короткой вспышки оргазма профанического.

Таким образом, именно в состоянии «самараса», то есть состоянии «идентичности наслаждения» или соединяющего экстаза, состоянии диссолютивного и экзальтированного объединения и растворения мужского принципа в «шакти» женщины, с которой он совокупляется, на уровне йоги (то есть, уже за гранью тех предварительных состояний, которые характерны для оргиастических форм тантрического ритуала), происходит пробуждение озаряющего элемента — примордиального, «нерожденного», «необусловленного». Термин «нерожденный», «сахаджа», который дал имя соответствующей школе, в школе Кана (поздняя мадхьямическая школа), используется, по сути, как синоним «пустоты», то есть трансцендентности. Здесь речь идет о «фиксации царя духа посредством идентичности наслаждения, обретенного в состоянии нерожденного», что немедленно влечет за собой овладение всеми магическими качествами и преодоление времени и смерти[92]. Сексуальное соединение переходит в соединение «падмы» (символизирующей озаренное сознание, но одновременно, на другом уровне, и женские половые органы и ее «флюиды») и «ваджры» (которая является активным духовным принципом и мужским половым органом), что приводит к достижению состояния «пустоты»[93].

Герметико-каббалистический текст «Аш Мезареф» (V) объясняет этот высший аспект тантризма через эзотерическую интерпретацию библейского эпизода о копье Финея, которое «пронзает вместе, в момент их сексуального совокупления, in locis genitalibus, солнечного израильтянина и лунную медианитку» — добавляя: «наконечник и сила Железа, воздействуя на материю, очищает ее от всякой нечистоты, ... копье Финея не только убивает мужскую Серу, но также уничтожает его женщину, и они омываются, смешивая свою кровь, порождая новое существо. С этого момента и начинаются чудеса Финея»[94].

Исходя из этого шифрованного текста, можно понять и аналогичные наставления сексуальной инициатической магии. Показательно то, что в практиках подобного рода имеет место прохождение через смерть, чтобы достичь жизни, познание «смерти в любви»[95]. Впрочем, объединение любви и смерти является известной темой, периодически повторяющейся во многих традициях и даже в литературе, темой, которая, минуя стереотипный романтизм, может быть перенесена и на объективный оперативный план. По сути речь идет о том, чтобы в полной мере извлечь все магические следствия из того преодоления человеческого уровня, которое обнаруживается даже в обычной, но сверхинтенсивной сексуальной любви[96]. В то время как, совокупляясь с женщиной, «пашу», обычный человек, воспринимает наслаждение пассивно, переживает обнаружившую себя в этот момент трансцендентность как спазм, который нарушает, насилует и разлагает его внутреннее существо (а именно это является смыслом того, что понимается под «наслаждением» в самом глубоком его измерении), посвященный, напротив, в той же ситуации остается активным, провоцируя в себе нечто подобное «короткому замыканию». Задержка семени, особенно если она сопровождается остановкой дыхания, «убивает «манас» (рассудок)»[97]. Посвященный входит при этом в состояние активного транса, попадая в поток, «текущий вспять», по ту сторону человеческой обусловленности. Эта практика называется «обращение потока вспять», «плавание против течения» — «улта садхана», «уджана садхана». Владение этим приемом, согласно традиции, является самым существенным моментом в сексуальном магическом делании[98].

Как пример шифрованного изложения, приведем пассаж, который является комментарием Шахидуллаха к Кане и к Доха-коше: «Высшее, великое наслаждение — «парамахасукха» — есть подавление мысли вплоть до того момента, когда мысль станет немыслью в состоянии нерожденного. Когда дыхание и мысль тесно соединяются в идентичности наслаждения — «самараса» — достигается высшая, великая радость, истинное уничтожение. Эта радость уничтожения Я может быть достигнута в сексуальном соединении, в состоянии идентичности наслаждения, когда «шукра» и «раждас»[99] становятся неподвижными». Согласно этим наставлениям, ритуал с использованием секса предполагает, как и в случае хатха-йоги, остановку двух типов дыхания — «ида» и «пингала», и взлет силы по срединной артерии[100]. Эта практика должна иметь место только глубокой ночью, что имеет свои символические и психические причины[101].

В реализации магической операции используются «мантры» и зрительные образы. «Мантра», которая чаще всего указывается в индуистских текстах в данном контексте — это «мантра» Кали — KRIM. Предполагается, что эта «мантра» является в определенной степени «пробужденной»[102]. Этой «мантре» соответствует и визуальный образ — образ богини, проявляющейся в «рати», в «женщине-опьянении», отождествляющейся на практике с этой женщиной[103]. Конкретика этого образа связана с

культовыми фигурами, обладающими особой впечатляющей силой, и прямо зависит от локальных индусских или индотибетских традиций. Образ Кали, с его символико-ритуальными атрибутами — обнаженная, окруженная пламенем богиня, с распущенными волосами, в ожерелье из черепов, дико танцующая на неподвижном теле Шивы — апеллирует к страстным и неистовым стихиям. Некоторые детали даются в «Прапанчасара-тантре» (XVIII, 27), где говорится, что женщина должна быть реализована как огонь — «йосхаам агним дхьяйита». Для последующих фаз опыта дается ссылка на огонь, который, уничтожив до конца горючий материал, переходит в субтильное состояние, освобожденное от проявленной формы («вани-бхава»); тогда Шакти, которая обнимает Шиву, соединяется с ним. Это состояние соответствует тому моменту прорыва уровня сознания, преображению сексуального оргазма, его превращению в нечто безвременное, который мужчина переживает одно мгновение (в отличие от инициатического совокупления) во время извержения семени в женщину.

Похоже, что в случае описанных выше йогических сексуальных практик символико-ритуальные и метафизические структуры точно воспроизводятся на человеческом и конкретном плане посредством «випарита-майтуны», которая часто является иконографической трактовкой совокупление божественной пары. Как указывается, речь идет о половом акте, в котором выполнять все движения призвана женщина, обхватывающая неподвижно сидящего мужчину (здесь подразумевается ритуальная и символическая неподвижность природы Шивы). Отсюда можно перейти к проблеме, касающейся специфического опыта, переживаемого женщиной. Понятно, что на уровне коллективного оргазма, как промискуитетного, так и ритуализированного, можно предполагать равное участие и мужчины и женщины. На собственно йогическом уровне ситуация менее ясна, поскольку здесь используется шифрованный и многозначный язык. Некоторые тексты предписывают женщине специальную «мудру» (позу или жест), «амароли-мудра», являющуюся симметричным отражением «вайроли-мудры», то есть того действия, посредством которого мужчина призван задержать процесс семяизвержения. В текстах Сахаджии фиксация и задержка применяются как к мужскому «семени» («шукра»), так и к «семени» женскому. Утверждается также, что две эти операции должны проходить одновременно и в мужчине и в женщине, чтобы вызывать волну синхронного оргазма. Но все же, не совсем понятно, что здесь подразумевается под женским «семенем». Часто говорится о «раджасе женщины», но слово «раджас» имеет различные значения, и среди прочих — значение менструаций и вагинальных секреций. Очевидно, что о менструациях вообще не может идти речь, и едва ли под этим понимается задержка вагинальных секреций. Такие секреции, действительно, часто сопровождают уже начальные стадии женского возбуждения, хотя у некоторых женщин они могут практически отсутствовать. Еще менее вероятно, что речь идет о женском яичнике, который в момент сексуального оргазма в матку не опускается. Таким образом, следует перейти к нематериальным и нефизиологическим интерпретациям «семени» женщины: в таком случае надо полагать, что имеется в виду особая сила, которую следует задержать в тот момент, когда она стремится излиться вовне, деградировав до степени обычной страсти, свойственной оргазму. Это единственно возможное, на наш взгляд, объяснение «амароли-мудры», которое подтверждает также аналогичную нефизиологическую интерпретацию «вайроли-мудры», то есть задержки мужского «семени». Однако задержка этой силы в случае женщины не должна влиять на то, что мы назвали ее «потенциалом горения», то есть ее важнейшей составляющей. В действительности дело и не может обстоять иначе, коль скоро утверждается, что при совокуплении именно «вира», задержавший свое семя, абсорбирует и поглощает «раджас» женщины, извержение которого мужчина провоцирует[104]. Поэтому женский «раджас» присутствует как флюидическая и магическая сила, поддерживающая, по мере своего источения, состояние «самараса». Если бы женщина стала удерживать эту силу внутри себя, то состояние «самараса» было бы нарушено, точно так же как и в том случае, когда совокупление оканчивается кратким мигом обычного, профанически пережитого оргазма.

Наконец, коснемся одной странной сексуальной практики Ваджраяны, целью которой является регенерация в почти буквальном смысле этого слова. Эта практика называется «махайога» или «махасадхана». Весьма трудно определить уровень, на котором она проходит. Как бы то ни было, похоже, что главную роль здесь играют «реализованные», воплощенные образы. Мужчина должен представить себя вначале мертвым, а потом он, подобно плодотворному семени, проникает в «сверхприродную матрицу» («гарбхадхату»). В созерцании («дхьяна»), посредством «эвокации» он проходит весь процесс, приводящий к человеческому рождению. Мужчина вызывает так называемого «антарабхава», существо, которое, согласно индуистским представлениям, помимо отца и матери необходимо для оплодотворения[105]. В то же время, необходимо визуализировать «hieros gamos», совокупление бога с богиней, и возбудить в себе интенсивную страсть к богине, к Таре. Согласно индуистской концепции, тайный процесс всякого совокупления таков: когда мужчина совокупляется с женщиной, «антарабхава» испытывает желание, идентифицирует себя с будущим отцом и в момент оргазма проникает в

лоно женщины вместе с семенем. Точно также и в случае инициатической практики «йоги» идентифицируют себя с «антарабхавой», символизируемым «ваджрой» (или «принципиальным Буддой») в руках совокупляющегося с Тарой бога. Это — предварительная «дхьяна», направленная на то, чтобы разработать сценарий полового акта, которому будут следовать мужчина и женщина, а также чтобы пробудить и ориентировать особым образом внутренние силы. Эта практика также требует использования «мантр» и оживления тела девушки посредством «ньясы». Кроме того, предполагаются и различные ритуалы освящения, на которых мы не можем здесь останавливаться[106]. Эта практика буддистского тантризма имеет комплексный характер. В ней интересна глубокая идея возвращения в предродовое состояние и восстановления полноты индивидуума посредством реализации тех сил, которые участвовали в совокуплении, повлекшем за собой зачатие и физическое рождение. Практикующий пытается уловить эти силы, и, преобразовав и закрепив их в виде визуальных образов, повторяет акт рождения, но теперь уже рождения духовного и трансцендентного; это — разрушение, отмена собственного физического рождения через повторение предопределившей это рождение «драмы» в процессе превращения самсарического рокового «антарабхавы» в принцип Будды или Шивы, а также в распознании в оплодотворяемой земной женщине божественной женщины, Тары.

В общем, именно в таких терминах можно представить использование секса в тантризме, понять то, что кроется за лабиринтом миражей, шифрованного и многозначного языка, культурных образов и символов. В тантрической сексуальной йоге находит свое наиболее типичное отражение принцип пробуждения и активации сил «желания» с целью их «покорения», то есть такого использования, которое привело бы к трансформации их первоначальной природы. Именно с изначальной глубинной силой сексуальности и даже с усилением ее через особую практику ассоциируется в тантризме миф о Шиве, высочайшем аскете (который своим третьим глазом, расположенным на лбу, убивает Каму, бога страстной любви). По сути дела, это не что иное, как мифологизация акта, в тантрической технике соответствующего «вайроли-мудре». Действительно, тантризм утверждает, что практикант, который возбуждает силу желания и при совокуплении выполняет «джапу» (т.е. прием, который пробуждает «мантры») с юной «шакти» (т.е. женщиной), становится разрушителем на земле бога любви («смарахара»), а значит — «становится самим Шивой, огнем своего третьего глаза во лбу уничтожающим Смару, бога страсти, когда тот, пытаясь возбудить в нем страсть [к Парвати, жене Шивы], попробовал отвлечь его от йоги»[107]. Согласно шиваистским текстам, такие практики обладают силой катарсиса; выполняя их, «каула» освобождается от какой бы то ни было вины[108]. Это — путь реализации «дживанмукти», то есть освобождения уже при жизни[109]. Высшей, финальной точкой тантрической апологетики является представление «каула», господина «панчататтвы», существа, которое покоряет все силы, возвышаясь над любым земным правителем и являясь провидцем на земле[110]. Не отличается от этого и точка зрения буддистского тантризма. Он говорит о постижении Будды, победившего Мара (=Смара), бога земли и желания, и подчинившего себе трансцендентное знание, а вместе с ним и магические силы, необходимые для практики тантрических ритуалов, предполагающих использование женщины[111].

В отличие от практик, используемых «вира» низших уровней, и оргиастического промискуитетного опыта «кругов», на уровне йоги магическая сексуальная операция приобретает исключительный характер. Поскольку целью такой практики является инициатическое раскрытие сознания, травматический прорыв в сферу необусловленного, то как только эта цель достигается посредством совокупления с женщиной, далее можно отказаться от такой практики или повторять ее только при определенных обстоятельствах. Так, именно в Ваджраяне представлены фигуры «сиддх», которые сразу после выполнения сексуального обряда и, разумеется, после получения его плодов отстраняются от женщины, практикуют сексуальное воздержание и строгую аскезу. Иное же восприятие сексуальной практики рассматривается в некоторых текстах Ваджраяны как роковая ошибка («локакаукритьанайе»)[112]. Но важно, что те факторы, которые мы отметили выше, говоря о подготовке к этой практике и о совокупности условий для ее реализации, а также об опасностях, сопряженных с такой реализацией, исключают возможность использования доктрины «вира» в качестве повода и прикрытия для обычного удовлетворения похотливой и основанной на «либидо» половой страсти[113]. Впрочем, тантрические тексты подтверждают, что «сиддха», достигший предела пути, вполне может совокупиться с любой женщиной, с какой только пожелает, поскольку он волен делать все и не знает запретов. Более того, подчас приходится слышать, что именно «сиддха», а не брахман, может извлекать из этого наслаждение большее, чем кто-либо другой[114]. Но это явно

относится к другому уровню, к свободе адепта тантры в мире.

Остается уточнить то место, которое сексуальная йога занимает в комплексной иерархии множества «садхан». Намеки некоторых текстов позволяют утверждать, что она также может привести к пробуждению «кундалини», что является основной целью хатха-йоги в строгом смысле этого слова[115], и что результаты той и другой йоги являются более или менее одинаковыми. Но такое соответствие относится, судя по всему, к специальным случаям. Более вероятно, что если взятая в своем магическом и инициатическом аспекте сексуальная практика отчасти и вызывает пробуждение «кундалини», то эта сила, в отличие от обычной йоги, не обуздывается и не направляется на пробуждение «чакр», различных элементов духовного тела. На уровне «панчататтвы» мы, прежде всего, имеем нечто вроде сильного импульса, направленного на то, чтобы постичь в мгновенном озарении смысл трансцендентности, «сахаджи», посредством достижения апогея преображенного и магическим образом усиленного «дионисийского» опыта. Это — еще неполная форма йоги. Критика сексуальных инициатических практик адептами йоги в ее строгом смысле сосредотачивается как раз на вопросе временности, преходящести достигаемого результата[116].

Когда кое-где в текстах утверждается, что помимо типа «вира», относящегося к «гуне раджас», «панчататтву» может практиковать также тип «дивья», относящийся к «гуне саттва», то в таком случае речь идет о хатха-йоге в строгом смысле. Даже на самом высоком уровне в «панчататтве» постоянно наличествует некая «гетерокондиционность», «обусловленность посторонними факторами»: опыт достигается не только сугубыми усилиями самого индивидуума, но и при посредстве внешних элементов, представленных в самых радикальных практиках опьяняющими напитками и женщинами, в которых пробуждается «шакти». На уровне чистой хатха-йоги эта «гетерокондиционность», этот внешний элемент устраняется — мы уже ссылались, в качестве примера, на то, как говорит о себе тип «дивья»: «Зачем мне нужна внешняя женщина? Ведь я имею женщину внутри себя (= «кундалини»)»[117]. Здесь «садхана» реализуется собственными средствами, через процессы, проходящие внутри собственного тела.

(Перевод А.К.)

Примечания

1) *О доктрине четырех веков см. J. EVOLA, Rivolta contro il mondo moderno, Milano, 1951, II. Известна формулировка Гесиодом этой доктрины, обозначающей основные фазы процесса инволюции, проявляющегося в ходе истории, что соответствует и индуистской традиции.*

2) *Маханирвана-тантра, I, 20 и посл.; II, 7, 14, 15; Шива ЧАНДРА, Тантрататтва, перев. на англ.: A. Avallon, London, 1914, v.1, p. 82 sgg., и пр. В «Маханирвана-тантре» как раз говорится, что учением, адекватным первому веку (Сатья-юге), было учение Шрути, то есть Вед; второму (Трета-юге) — учение Смрити; третьему (Двапара-юге) — учение Пуран, а для последнего века (Кали-юги) таковым является учение Тантры и Агамы.*

3) *Ее решающая роль подчеркивается, например, в Civa-Samhita II, passim., IV, 9 sgg.*

4) *См. J. EVOLA, La Dottrina del Risveglio - Saggio sull'ascesi buddhista, Milano, 1966, cc.*

5) *Тантрататтва, cit., I, pp. 125-127.*

6) *П. Бандйопадхьяйя, в: Sahitya, Calcutta, luglio-agosto 1913; цит. по: J. WOODROFF, Shakti and Shakta, London-Madras, 1928, p. 18.*

7) *К. ДАВА САМДУП. Комментарий к Шричакрасамбхара-тантре, ed. A. Avalon, London-Calcutta, 1919, p. 23.*

8) *Хатхайогапрадипика, I, 66.*

9) *См. Маханирвана-тантра, IV, 80; VII, 203. Интересную параллель представляет то, что в позднем орфико-пифагорейском тексте, помимо отмеченных Гесиодом и соответствующих индуистским «югам» четырех веков, упоминался и последний век, отмеченный знаком Диониса. Дионис рассматривался в античности как бог, аналогичный Шиве в одном из его принципиальных аспектов, выделяемых в тантризме Левой Руки.*

10) *Куларнава-тантра, I, 23: «Утверждается, что йоги не могут наслаждаться [миром], и что те, кто наслаждаются, не могут постичь йогу; но в пути Каулы («каула-дхарма») одновременно наличествуют «бхога» (мирские наслаждения) и йога»; Маханирвана-тантра, I, 51: «Тантра предполагает наслаждение и освобождение в одно и то же время»; см. также III, 39, II, 20: «Na-nyah pantha mukti-hetur ihamurta sukhaptaye».*

11) *Melaina — по-гречески «черная» (Примечание «Милого Ангела»).*

12) *В дальневосточном буддизме сопутствующим феноменом было появление «амидизма». См. J. EVOLA, L'arco e la clava, Milano, 1967, с. XV, где обозначено идеальное «место» этих течений и показано заблуждение тех, кто утверждает, что они отражали более высокую духовность и более высокую фазу эволюции, в то время как на самом деле они обусловлены негативной ситуацией «темного века». Это в первую очередь относится к христианству, типичной религии «Кали-юги».*

13) *L. DE LA VALLEE POUSSIN (Bouddhisme, Etudes et materiaux, Paris, 1898, p. 148) показал, что в тантрическом буддизме, в ваджраяне, Абсолют перестает быть экстатическим опытом и становится тем, что могут понять и над чем могут стать господами достигшие озарения. Что касается определения тантрического буддизма, ваджраяны, см. Шричакрасамбхара-тантра, ed. A. Avallon, p. IX: «Как алмаз является твердым и практически неподвластным разрушению, и как молния является могучей и неотразимой, так и термин «ваджра» используется, чтобы обозначить то, что является цельным, прочным, постоянным, нерушимым, могучим, неотразимым». Также символизирует «ваджру» и носит ее имя жезл, который берется в руку во время ритуалов и магических церемоний.*

14) *В специфической иерархии тантрической традиции существует три основные степени, на которые подразделяются человеческие типы.*

1-й тип — это «пашу», термин, происходящий от корня «паш» («привязывать») и обозначающий человеко-животного.

2-й тип — «вира», «герой» (санскритский корень «вира» близок к латинскому «vir», то есть «доблестный муж», «герой»); это человеко-человек.

3-й тип — «дивья», дословно «божественный», т.е. сверхчеловек, человеко-бог (помимо «дивья», он может также называться «сидха» (что означает «совершенство», «адептат») или «каула», т.е. «посвященный»). Тантризм считает, что практика Тантры доступна только второму типу людей, «вира», которые посредством инициации и духовной реализации могут достичь и третьей степени, уровня «дивья». Тантра сопоставляет три типа человечества с тремя гунами: «пашу» соответствует гуне «тамас», темной, нисходящей, ориентированной вниз онтологической тенденции; «вира» — «раджасу», гуне горизонтальной экспансии и повышенной энергетической активности; и, наконец, «дивья» соотносятся «саттвой», гуной вертикальной духовной ориентации, означающей неподвижное, полярное и сущностное измерение реальности.

В обычном ортодоксальном индуизме также существует строгое соответствие между гунами и системой каст, «варн». Там брахманы (жрецы) сопоставляются с «саттвой», кшатрии (воины) — с«раджасом», вайшьи (ремесленники, крестьяне и художники) — со смесью «раджаса» и «тамаса», а шудры (пролетарии) — с чистым «тамасом». Такое соответствие можно назвать экзотерическим, тогда как иерархия типов в тантризме имеет эзотерическое значение, и смысл гун в нем значительно отличается от доктрин обычного нетантрического индуизма. Так, Тантры считают, что всякий конформистский консервативный человек, даже если он принадлежит к высшим религиозным и социальным сферам традиционного общества (т.е. к брахманам или кшатриям) является «пашу», человекоживотным, поскольку он остается связанным с системой инерциальных конвенций, которые, даже если они и основываются на истине и Традиции, становятся заблуждениями при отсутствии прямого духовного опыта (подтверждающего или опровергающего их). Гуны понимаются в тантризме эзотерически, как особая инициатическая иерархия, вертикальная по отношению ко всей иерархии обычного общества. Именно на этом основывается определенный «антиномизм» тантризма, его революционное качество, так резонирующее с общебуддистской перспективой. (Кстати, связь тантризма и буддизма прослеживается не только в специфике сугубо буддийского тантризма, «ваджраяны», но и в общем для обеих традиций презрении к экзотерическим культам и этическим предписаниям). В такой сущностно вертикальной по отношению к традиционному обществу ориентации тантрической инициатической иерархии выражается глубинный смысл этой традиции в целом. (Примечание «Милого Ангела»).

15) Маханирвана-тантра, V, 24. Соответственно, утверждается, (там же, V, 13), что «посредством его [то есть ритуала, не предполагающего использование «панчататтвы»] невозможно достичь полной реализации («сиддхи»), а на каждом шагу возникают трудности».

16) Там же. VII, 103-111. Первоначально «мудра» обозначала растение или семя, возбуждающие чувственность; впоследствии так стали обозначать партнершу практикующего ритуал (а также партнершу бога, «паредру»), взятую согласно ее «потенциалу опьянения». См. также G. TUCCI, Die Religionen Tibets, Berlino, 1970, pp. 31 sgg.

17) См. ссылку (14). (Примечание «Милого Ангела»).

18) На этой концепции был основан древнеримский ритуал «лектистериниум». В древнем Риме также постоянно встречаются институт «тресвири эпулонес», и впоследствии «септем-

вири апулонес», жреческой коллегии, которая возглавляла сакральные трапезы.

19) См. тексты по этому вопросу, собранные Б.Л. Мухерджи в его работе, включенной в кн.: J. WOODROFF, Shakti and Shakta, London-Madras, 1928, pp. 95 sgg. — и, среди них, Шатапхата-брахману, I, 8-9, где в словах, вложенных в уста женщины, предвосхищается значение магического сексуального ритуала: «Если ты будешь использовать меня в качестве священной жертвы, то любое благословение, о котором ты будешь просить, через меня будет тебе даровано».

20) См. Брихадараньяка-упанишада, VI, IV, 19-22.

21) Маханирвана-тантра, V, 24.

22) Приведем описание «5-ти дыханий», сделанное в фундаментальной книге Рене Генона «Человек и его становление согласно Веданте»:

«1) «вдох» («прана» на санскрите, aspiratio на латыни) — непосредственное дыхание, взятое в его восходящей фазе и притягивающее к себе еще не индивидуализированные элементы космической среды;

2) «глубокий вдох» («апана» на санскрите, inspiratio на латыни) — дыхание, взятое в нисходящей фазе, во время которой взятые элементы проникают вглубь индивидуальности;

3) «среднее дыхание» между первым и вторым («вьяна» на санскрите), которое, с одной стороны, состоит из совокупности действий и противодействий между индивидуумом и космической средой, а с другой стороны, из различных жизненных движений, соответствующих этим действиям и противодействиям, что на телесном уровне проявляется в системе кровообращения;

4) «выдох» («удана» на санскрите, expiratio на латыни), т.е. действие, выбрасывающее дыхание, уже трансформированное, за пределы ограниченной индивидуальности (такой индивидуальности, все модальности которой развиты у обычных людей) в сферу тотальной индивидуальности, взятой целиком (заме-

тим, что слово «expiratio» означает одновременно и «выдох», и «смерть», и оба этих смысла связаны с термином «удана»);

5) «переваривание» или глубокая субстанциональная ассимиляция («самана» на санскрите, digestio на латыни), благодаря которой абсорбированные элементы становятся неотъемлемой частью индивидуальности». (Примечание «Милого Ангела»).

23) Эвола имеет в виду описанные им в одной из предшествующих глав «Йоги Могущества» особые инициатические практики тантризма, призванные служить подготовительной стадией к участию в «секретном ритуале». Это различные формы дыхательных йогических упражнений, повторение особых инициатических мантр, визуализация некоторых сакральных образов (в частности, образа «голой Девы», «голой Богини»), а также «пробуждение» особых скрытых сил в организме и особые методы оперативной медитации. (Примечание «Милого Ангела»).

24) Каилаша-тантра, XC.

25) «Вирья» означает «соответствующее «вира», «герою». Кроме того, здесь предполагается особое, активное, героическое отношение к опыту. (Примечание «Милого Ангела»).

26) Маханирвана-тантра, VII, 105-106. В отношении аналогичного использования оставшихся «таттв», А. Дэвид Нил (Magie d'amour et magie noire, Paris, 1938, pp. 104-105) ссылается на тибетские практики продолжения жизни посредством совокупления, в котором мужчина должен ограничиться неоднократным вызыванием женского оргазма без соответствующего удовлетворения своей страсти.

27) См. Риг-Веда, X, 85: «Мы воображаем, что пьем «сому», когда пьем сок, выжатый из растения. Но ту «сому», которую знают брахманы, не может познать никто другой. О ней говорится, что ее хранят те, чья задача — скрывать».

28) В «Гомерическом гимне Деметре» (480-483) говорится: «Тот, кто не познал сакральных оргий, и тот, кто в них участво-

вал, будут иметь различную судьбу в посмертной обители мрака». Оргии, «оргиазы», в античности означали ритуалы, выполняемые в состоянии транса — Диодор Сицилийский (I, 96) говорит, со ссылкой на дионисизм, о «церемониях, отмечаемых в «оргиазах», а Эвсебий (Prep. evang., III, proem.) — о «оргиях мистов» и «оргиастических» ритуалах Мистерий».

29) Шричакрасамбхара-тантра, с. [29].

30) См. Тантрараджа, VIII и посл.

31) Маханирвана-тантра, XI, 105-107, 108.

32) Там же, VI, 196.

32а) См. в Тантрасаре; см. предисловие к Тантрататтве, т. II, p. CVIII; см. Куларнава-тантра, VII, 99; Каливиласа-тантра, VI до конца.

33) Там же, VI, 4,13.

34) «Каула» — особый тантрический термин, обозначающий тантрического посвященного, принадлежащего к инициатической цепи, «кула». Дословно «кула» обозначает «семья», но в тантризме это именно инициатическая цепь, рассматриваемая как человеческое воплощение самой Шакти. (Примечание «Милого Ангела»).

35) Каливиласа-тантра, VII, 104.

36) Там же, VI, 12; Тантрараджа, VIII, 72-90 — имеющиеся там шифрованные места объяснены в английском переводе (pp. 24-26)

37) О магическом воображении Эвола подробно писал в предыдущих главах этой книги «Предварительная практика» и «Имена Могущества». (Примечание «Милого Ангела»).

38) О мантрах, связанных с «пробуждением» скрытых в теле энергий, автор подробно рассказывает в главах «Имена Могущества» и «Оккультная телесность». (Примечание «Милого Ангела»).

39) Эта формула звучит на санскрите «таттвамаси». (Примечание «Милого Ангела»).

40) Парашакти — верховная Шакти, высшая Шакти, источник и причина всех конкретных Шакти, наполняющих бытие. (Примечание «Милого Ангела»).

41) Один из этих мифов, говорящий о судьбе божественного мужчины Каши, сожженного Асурами (= титанами), напоминает центральный мотив орфического дионисизма, то есть растерзание Диониса Загрея титанами, которые сгорают от этого. Из их пепла были созданы люди, которые поэтому несут в себе как титанический, так и божественный дионисийский элемент.

42) Описание всего ритуала см. в: Маханирвана-тантра, V, 186-187, 191, 196-197, 198, 204.

43) Там же, X, 112.

44) Там же, VII, 205, 206-207.

45) См. DE LA VALLEE POUSSIN, Bouddhisme, Etudes et materiaux, Paris, 1898, p. 138; Прапанчаса-ра-тантра, IX, 23-24.

46) См. WOODROFF, Shakti and Shakta, p. 583.

47) Ibid., p. 579.

48) Ibid., p. 583.

49) «Самсара» — поток существования или колесо жизни. Фундаментальная категория всей индуистской традиции. Самсара — это постоянное развитие причинно-следственных связей («кармы»), вовлекающих все существа мира (от демонов, животных и растений вплоть до людей и богов) в непрерывное становление и пребывание в полуиллюзорных регионах бытия, где чистота Принципа замутнена и неочевидна. Общая для всех ветвей индуизма тенденция заключается в ориентации на «освобождение» существа от колеса «самсары» и на слияние с принципом, Абсолютом. (Примечание «Милого Ангела»).

50) «Эвокация» — латинский термин, трудный для перевода на русский язык и означающий «вызывание» (духов, образов, сил, энергий и т.д.). Здесь и далее Эвола использует термин «эвокация» («эвокативный» и т.д.) в сугубо магическом оперативном смысле, подразумевая эзотерический процесс реальной актуализации и фиксации сил и энергий тонкого мира (как человеческих, так и сверхчеловеческих, божественных). (Примечание «Милого Ангела»).

51) J. PRZYLUSKY, La Grande Deesse, Paris, 1950, p. 139.

52) A. AVALON, Hymns to the Goddess, London, 1913, pp. 26-28.

53) S. DAS GUPTA Obscure religious cults, Calcutta, 1946, pp. 162-163.

54) Ibid., p. 161.

55) См. DAS GUPTA, Op. cit., c. V. В целом, девушки, которых рекомендовали использовать в тантрических ритуалах, с западной точки зрения относятся к категории «подростков»; но здесь следует помнить о более быстром физическом и сексуальном развитии индусской женщины. Если не находится более молодой женщины, можно использовать женщину двадцати лет, но не старше. Девушки старше двадцати лет, согласно «Махамудра-Тилаке», «лишены тайной силы». В целом, такой же возраст предполагается и для девушек, используемых в сексуальных практиках китайского оперативного даосизма.

56) Здесь можно также сослаться на то, что писал М. Элиаде (Le Yoga -Immortalite et liberte, Paris, 1954, c. 260) в отношении магико-ритуальной наготы «йогини» (партнерши «вира»): «Если перед обнаженной женщиной на самых глубоких уровнях собственного существа не испытывают такое же чувство ужаса, как при раскрытии космической Мистерии, то это не ритуал, а просто профанический акт», который еще больше усугубляет «самсару».

57) «Ньяса» — технический прием тантризма, обозначающий особую практику «оживления» различных частей тела с помощью особого наложения рук и инициатических эвокаций. В результате этих действий тело напитывается «реальным присутствием» сверхчеловеческих энергий. Речь идет о буквальном выполнении тантрической формулы: «Тело есть храм божества, а живое существо есть сам Садашива». Иногда в практике «ньяса» используются прикосновения, а иногда мантры. (Примечание «Милого Ангела»).

58) См. DE LA VALLEE POUSSIN, cit., pp. 131-132; Камакалавиласа-тантра, X, XI.

59) С точки зрения сакральной Традиции в целом (а не только тантризма), мужчина соответствует сущностной, полярной,

неподвижной основе бытия, «точке Вечности», самотождественной и самодостаточной, «недвижимому двигателю» реальности, «королю мира», пребывающему в центре всех вещей. Женщина, напротив, означает движение, активность, волнение, беспокойство, энергию и ритм, вращение вещей на периферии круга Вселенной. Иконографическое изображение, сходное с «випарита-майтуной», часто встречается в индуизме в целом совершенно вне тантрического контекста и символизирует фундаментальные онтологические роли мужского и женского принципов. (Примечание «Милого Ангела»).

60) «Дхьяна» — дословно «размышление», «созерцание», «умозрение». Одна из основополагающих практик всех оперативных и эзотерических школ индуизма. (Примечание «Милого Ангела»).

61) См. DE LA VALLEE POUSSIN, p. 141.

62) Относительно «аропы» см.: DAS GUPTA, Obscure religious cults, cit., XI, 156, 161.

63) «Ваджра» — сложный инициатический термин, означающий одновременно «молнию», «алмаз», «сияние» и «жезл». В самом общем смысле «ваджра» определяет особое духовное состояние (или даже принцип), в котором духовный компонент (элемент Вечности) фиксирован и утвержден по ту сторону преходящей динамической реальности. «Ваджра» — это неподвижный полюс, застывший дух, Ось Мира, основа реальности. Одновременно означает высшее посвящение и того, кто это посвящение получил и реализовал до предела, превратив свое собственное существо в «алмазную» «точку Вечности», в тело «трансцендентного света». В культовом смысле «ваджрой» называют особый ритуальный жезл, имеющий фаллический и осевой смысл. Буддистский тантризм (одно из двух направлений Махаяны, буддизма «Большой Колесницы») называется «Ваджраяна», по имени «ваджры». Вся совокупность смыслов этого термина уже потенциально заключает в себе ту основную инициатическую цель, кото-

рую ставит перед адептами Тантра: молниеносная реализация божественного сияния Принципа, провоцирующая безвременную фиксацию на трансцендентном уровне и становление неподвижным «жезлом», осью реальности, вечным Шивой (Буддой). (Примечание «Милого Ангела»).

64) См. H. von GLASENAPP, Buddhistische Mysterien, Stuttgart, 1940, p. 56

65) A. AVALON, Op. cit., pp. 128-130, 139

66) «Видья» — дословно «знание», «мудрость». «Знание» в индуизме понимается не просто гносеологически, но онтологически, как особое состояние тождества с Принципом или, по меньшей мере, соучастия в его реальности. «Видья», как и Интеллект, влечет за собой немедленное изменение самого внутреннего качества того, кто им обладает, в отличие от рассудочного, дискурсивного знания, доступного обычному профаническому человеку, которое никак не меняет его сущностного онтологического статуса. (Примечание «Милого Ангела»).

67) Напомним, что Будда в буддистской перспективе — это не личное имя принца Сиддхарты Гаутамы, но особое трансцендентное состояние Пробуждения («будда» — от слова «буддхи», т. е. «Интеллект», «Логос», «Бодрствование», «Пробуждение»), являющееся строго безличным и сверхиндивидуальным, а следовательно, потенциально доступное всем существам. Поэтому «буддой» могут стать все, кто пройдет до конца путь инициации и духовной реализации. (Примечание «Милого Ангела»).

68) LA VALLEE POUSSIN, p. 134; von GLASENAPP, p. 161.

69) См. соотв. тексты в кн.: J. EVOLA, La tradizione ermetica, Bari, 1948. Вот несколько примеров: «Сначала женщина берет верх над мужчиной и господствует над ним, чтобы трансмутировать его в свою собственную природу. Тогда мужчина вновь обретает силу, и, в свою очередь, достигает превосходства и господства над женщиной, и делает ее подобной себе» (Д'Эспанье); «Мать

рождает сына, а сын рождает мать и убивает ее» («Turba Philosophorum»). «Следует сначала высоко подняться женщине над мужчиной, а потом — мужчине над женщиной» (Фламель); «Вода, или Меркурий, есть мать, которая помещается и закрепляется в чреве сына, то есть Солнца [=»ваджра»], которое поднялось из этой воды» (Книга Артефия) и др..

70) Эвола в предыдущих главах описывает тантрическое понимание процесса манифестации. С точки зрения Тантры (как и с точки зрения индуистской традиции в целом), универсальная манифестация имеет две фазы — нисходящую и восходящую. Первая фаза соответствует отделению Шакти от Принципа (мужского божества, Шивы, Вишну или от Будды в буддизме). Это проявление Принципа вовне, проекция его сущностных духовных возможностей в динамическое пространство конкретной реальности, дисперсия единого светового луча на множество искр и цветовых сочетаний. В этой фазе Шакти постепенно утрачивает изначальную связь с Принципом, обосабливается, «темнеет», приобретает иллюзорную видимость «автономии», «самодостаточности». Генон замечал, что термин «Майя», центральный для индуистской традиции, следует понимать именно как этот манифестационый процесс отделения Шакти, который является иллюзией не потому, что он не наделен реальностью, но потому, что в нем «затемняется» сущностная зависимость манифестации от ее Истока, т.е. Шакти от ее Принципа. Это космогоническое развертывание, динамическая реализация, порождение движущегося круга вокруг неподвижного центра. Вторая фаза манифестации — это абсорбция Шакти Принципом, вбирание мужским Божеством своей источенной в первой фазе энергии, что происходит в форме ее «преображения», ее «очищения» от налета иллюзорной самодостаточности, ее «спасение». Тантрическая традиция концентрирует свое внимание именно на

второй фазе манифестации, рассматривая Шакти не просто саму по себе, но в динамическом процессе «втягивания» в мужской трансцендентный Принцип. Практикующий Тантру отождествляется с Шакти («Сахам» — главная формула Тантры, т. е. «Я есмь Она», имеется в виду Шакти) именно как с динамической ипостасью Божества, страстно ориентированной на возврат к своему истоку. В этом фундаментальное отличие Тантры от Санкхьи, обычной Йоги и других эзотерических школ индуизма, связанных с Путем Правой Руки. В этих нетантрических школах Шакти (Мула Пракрити Санкхьи, Богиня Мать или Богиня Дева и т.д.) рассматривается в своей первой фазе, как божественная энергия, несущая в себе отпечаток высшего Принципа. Поэтому к ней возникает бережное, благодарное и почтительное, благочестивое чувство, как к Матери, как к вестнице о далеком Абсолюте, Пуруше, Высшем Брахмане. Тантристы же ориентированы не на почитание и сохранение Шакти, но на ее брутальное использование, на ее страстное и травматическое «преображение» в истоковое, предманифестационное состояние, в состояние вечного соития с грозным и бесстрастным Богом-Аскетом, Ужасным Шивой, а это, естественно, предполагает не бережное пестование ее данной формы, но волевое и героическое трансформирование ее в нечто большее, чем она сама. Именно из такой специфики понимания Шакти во второй фазе манифестации и проистекает акцент Пути Левой Руки на архетипе Женщины-Любовницы и определенное пренебрежение архетипом Женщины-Матери. (Примечание «Милого Ангела»).

71) Здесь можно сослаться на «сосущую смерть, исходящую от женщины» на самсарическом или даже «контринициатическом» уровне (см. J. Evola, *Metafisica del sesso*, Roma, 1958, pp. 204 sgg.); возможно, именно по отношению к этому, а также к профанической сексуальности, в тантрической литературе («натха») жен-

щина в целом изображается в качестве тигра, желающего лишить мужчину его жизненного принципа и абсорбировать его («высосать его») — см. DAS GUPTA, *Op. cit.*, pp 280-283). Интересно, что сексуальные оперативные практики в дальневосточном даосизме называются «игрой дракона и тигра» (дракон здесь символизирует мужчину, а тигр — женщину)(см. Evola, *Op. cit.*, p. 319).

72) «Очищение воли», на санскрите «мукхасудхи» — особая тантрическая практика, заключающаяся в концентрации чистой, «голой» воли, свободной от антитез, обусловленного выбора и пар противоположностей. «Очищение воли» рассматривается в тантризме как преодоление «паша», т.е. связей, «пут», которые характеризуют как раз людей низшей ступени эзотерической иерархии, профанов, «пашу». «Очищение воли» является процессом освобождения от индивидуальной и конформистской ограниченности тантриста. Эвола выделяет несколько основных этапов «очищения воли» или преодоления основных пут. В это число входит освобождение:
1) от благочестия («дайя»), т.е. позитивного отношения к реальности в целом, от «сострадания» всем существам Вселенной;
2) от заблуждения («моха»), т.е. от банального и инерциального существования, от движения по «воле волн»;
3) от стыда, т.к. «вира» не должен зависеть от мнения других;
4) от понятия «греха» (по той же причине, что и в пункте 3);
5) от страха, как от пассивной экзистенциальной реакции на проявление внешнего могущества, превышающего возможности человека;
6) от отвращения, так как это чувство приводит к неведению относительно неприятных и страшных, но все же крайне значимых метафизических аспектов реальности;
7) от семьи, т.к. семейные узы препятствуют свободным и ничем не обусловленным действиям, необходимым для тантрического типа;

8) от кастовой дисциплины, которая, в тантрической перспективе (см. сноску 14) рассматривается как исключительно экзотерическая характеристика; и наконец,
9) от ритуалов, обрядов и запретов, рассматриваемых как ограничительные преграды социального и морального конформизма. «Панчакрама» так описывает «вира», совершившего «очищение воли»: «он одинаково относится к врагу, другу или к самому себе, одинаково относится к наслаждению и боли, к небу и к аду, к добру и злу, к унижению и к славословиям, ко дню и к ночи, к нищете и к роскоши, к проститутке и к матери, к жене и к дочери, к реальности и сну, к постоянному и эфемерному». (Примечание «Милого Ангела»).
73) Йогини-тантра, VI.
74) Там же, I, 33.
75) Прапанчасара-тантра, XVIII, 2.
76) См. von GLASENAPP, *Op. cit.*, p. 164.
77) См. DAS GUPTA, *Op. cit.*, p. 108.
78) Из бенгальской рукописи Университета Калькутты п. 3437, изложенной в: M. MOHAN BOSE, *An introduction to the study of the post-chaitanya sahajiya cult*, Journal of the Depart. of Letters, Calcutta University, v. XVII, pp. 77-78 (apud ELIADE, Yoga, cit., pp. 266-267).
79) См. *Introduzione alla Magia*, Milano, 1955, v. I, p. 253 sgg.
80) «Бинду» в тантрической метафизике означает особую трансцендентную «Точку», «Единое», высшую духовную реальность, Вечную и Неизменную, которая содержит в себе потенциально всю возможную множественность аспектов реальности, иерархизированных в систему «гун». Космогония Тантры предполагает сложный процесс расщепления высшей точки, «Парабинду» на диаду, триаду («трибинду») и, далее, на множество. «Парабинду» предшествует делению реальности на перводиаду — Шиву и Шакти, и, следовательно, именно «бинду» является трансцендентным результатом тантрического брака божественной четы

и одновременно главным «агентом» инициатической реализации на человеческом уровне в процессе тантрического ритуала. На таком метафизическом видении основывается конкретная оперативная практика, связанная с мужским семенем и его субтильным аналогом в тонком плане, на уровне «оккультной телесности». (Примечание «Милого Ангела»).

81) См., напр.: Хатхайогапрадипика, III, 42-43, 85, 87-89.

82) Поливалентность символизма является не просто признаком зашифрованности инициатических текстов, но доктринальной основой всего сакрального мировоззрения. В конкретном телесном естественном или искусственном предмете, в любой живой или неживой вещи материального физического космоса как в «обертке» пребывает целая серия внутренних измерений, идущих от низших психо-физических до ангелических, божественных и высших метафизических уровней. При этом и женщина, и цветок лотоса, и сосуд, и земля, и вода, и женское лоно в физическом мире связаны невидимой, но от этого не менее реальной и конкретной метафизической нитью с высшими сферами бытия, с изначальными проявлениями божественной Шакти далеко за пределом не только материального мира, но всей манифестированной реальности. Плотное является концентрацией тонкого, а тонкое — сгущением тончайшего и духовного. Поэтому инициатические операции над физическими предметами, а также живыми существами или отдельными человеческими органами могут активизировать эту метафизическую нить, производить теургическую «эвокацию» высших Принципов, причащаясь, тем самым, к последним безднам божественной реальности и трансформируясь в лучах трансцендентного Света. (Примечание «Милого Ангела»).

83) О многозначном языке см.: ELIADE, Yoga, pp. 251, 253-255.

84) См. ELIADE, Yoga, pp. 283-239 - Subhacita-samgraha, ed. Budall, «Museon», p. 44: «Bhage lingam pra-

tishthapya bhodicittam na notsjet».

85) Хатхайогапрадипика, III, 42-43.

86) Там же и III, 85, 87-90.

87) Напр., Геранда-самхита, III, 11.

88) Здесь указывается на теорию, касающуюся флюида, приравненного к «соме». Этот флюид истекает из сферы Шивы и из Луны (которая здесь берется как символ того, что не изменяется и обладает бессмертием — это та луна, которая в иконографии часто украшает лоб Шивы), и пожирается Солнцем (здесь взятом в качестве принципа изменчивости и разрушения) в нижней сфере тела — см. DAS GUPTA, Op. cit., p. 276. Именно на такой основе следует интерпретировать задержку «бинду».

89) Хатхайога прадипика, III, 92-102.

90) Не исключено, что в связи с таким эффектом в Элевсинских Мистериях иерофант, которому было суждено производить сакральное совокупление, назывался «не обрезанный, как Аттис, но превращеный в евнуха цикутой» (у Ипполита, Philos, V, 8).

91) DAS GUPTA, Op. cit., p. 109.

92) N. SHAHIDULLAH, Les chants mystiques de Kanha et de Dohakoca, Paris, 1928, v. 13 (Kanha).

93) Ibid., p. 111.

94) «Аш Мезареф» дает эзотерическую интерпретацию библейского текста: Числа, XXV, 6-8. Детали см.: Introduzione alla Magia, cit., v. II, p. 363 sgg.

95) DAS GUPTA, Op. cit., p. 160.

96) См.: J. EVOLA, Metafisica del Sesso, cit., c. III.

97) SHAHIDULLAH, комм. к т. 3 «Каны»; см. Хатхайогапрадипика, IV, 28.

98) DAS GUPTA, pp. 263, 265.

99) «Раджас» — гуна движения и огня, вторая по счету. Здесь речь идет о «конверсии» гун, т.е. о превращении их одна в другую. Этот процесс можно сопоставить с алхимическим процессом «конверсии элементов». (Примечание «Милого Ангела»).

100) SHAHIDULLAH, p. 15.

101) См.: EVOLA, Op. cit., pp. 101-102.

102) Пробуждение «мантр», «мантра-чайтанья» — особая

тантрическая практика, основанная на сугубо эзотерическом отношении к «мантре», звуковой формуле, имеющей в индуизме сакральный характер. Обычное произнесение «мантр» в экзотерической практике индуизма, по мнению тантристов, лишь обозначает божественное присутствие, но не реализует его на практике. По мнению Тантры, такого использования «мантр» недостаточно, так как «мантры» остаются в таком случае в «спящем состоянии», а следовательно, они неэффективны для инициатического процесса. «Процесс пробуждения мантр» в Тантре заключается в пожирании ее материальной звуковой формы ментальным огнем и ее перевод в тонкое состояние, в состояние «света». Такое «пробуждение» сопровождается эффективным столкновением посвященного с «девата», «божеством», связанным с этой мантрой, «субтильным телом» которой она, собственно говоря, и является. В тантрической традиции «мантры» преподавались только изустно от учителя к ученику, и конкретный способ пробуждения каждой из них содержался в строжайшем секрете. Считалось, что эзотеризм «мантр» имеет чисто божественное происхождение, и наука «мантр» была доверена людям богами. (Примечание «Милого Ангела»).

103) См. комментарий к Карпурадистотраму, v. X, ed. Avallon (p. 50).

104) См.: ELIADE, Yoga, p. 255.

105) Об «антарабхаве» см.: J. Evola, La Dottrina del Risveglio - Saggio sull'ascesi buddhista, Milano, 1966.

106) Полное описание этой практики см.: LA VALLEE POUSSIN, Op. cit., pp. 153-154.

107) Карпурадистотрам, XIX, XX и аннотац. к. с. 63; коммент. к Маханирванатантре, с. 208; см. гимн Тантрасары, приведенный в кн.: Hymns to the Godess, p. 33, где сама Деви называется «та, что разрушает тело бога любви («манантхра»)».

108) См.: Каликуласарвасва, в кн.: Hymns to the Godess, cit., intr., p. 22.

109) *Маханирвана-тантра, VII, III.*

110) *Карпурадистотрам, X, XXII.*

111) *См.: DE LA VALLEE POUSSIN, Op. cit., p. 144.*

112) *Ibid.*

113) *Впрочем, засвидетельствованы несколько «извращенных» практик, в которых приемы йогического типа используются для того, чтобы усилить и развить сексуальное удовольствие, когда не секс является средством для йоги, то есть для достижения духовной цели, но напротив, йога является средством для секса. Эти практики, иногда называемые «красной магией», выпадают за пределы рассматриваемого здесь предмета.*

114) *См.: ELIADE, Yoga, p. 159.*

115) *Рассмотрим, к примеру, следующую «дхьяну», ссылаясь на: A. AVALON, Tantric ritual, в: «The Vedanta Kesari», v. X, n. 12, p. 922: «Поклонение перед богиней, которая, подобно спящей змее, находится внутри «свайямбху-линга» [речь идет о «кундалини»], и которая чудесно облекается в страсть возлюбленной («шрингара») и в другие формы экстаза, которая извлекается из вина и блистает подобно миллионам молний. Она пробуждается из Воздуха и Огня, из «мантр» «YAM» и «RAM» [«мантры» этих двух элементов] и из «мантры» «HUM» [мантра желания]». Похоже, именно такими оказываются отношения между «кундалини» и двумя принципиальными элементами «панчататтвы». Кроме того, связь между «кундалини» и сексом видна даже в том, что именно она упоминается в определенных эротических заклинаниях — см.: R. SCHMIDT, Indische Erotik, Berlin, 1910, pp. 676-677.*

116) *DAS GUPTA, Op. cit., p. 180.*

117) *Цит. по: WOODROFF, Shakti and Shakta, p. 649.*

ИУДАИЗМ

Александр ДУГИН

МЕССИАНСТВО КАББАЛЫ

(метафизика нации, мессия и конец времен в "Зохаре")

Специфика иудейского понимания нации

Общеизвестно, что иудейская традиция основывается на совершенно беспрецедентном принципе, не имеющем никаких аналогов в иных традициях, — на принципе полного и однозначного тождества еврейской нации и иудаистской религии. Трудно сказать, каким временем точно датируется это отождествление этнического и религиозного компонента. По меньшей мере, очевидно, что так было не всегда и что некогда Израиль предполагал возможность прозелитизма, т.е. принятия в религиозную общину иноплеменников. В "Ветхом Завете" есть много примеров этому. И тем не менее, начиная с определенного момента истории, вероятно, за несколько веков до пришествия Господа Иисуса Христа по плоти, иудаизм четко и однозначно связал религиозный и этнический компоненты, утвердив как непреложный закон то обстоятельство, что только еврей по крови может быть полноценным членом иудаистской религии.

Такое уникальное обстоятельство во многом было ответственно за неприязнь, которую окружающие религии и нации испытывали в отношении иудеев. Это вполне естественно, национальная претензия на исключительность обладания высшей метафизической Истиной вызывала раздражение других этносов и приверженцев других культов. Сами иудеи основывали свое национально-религиозное отличие на сакральных текстах "Торы", где прямо говорилось об "избранном народе" и о заключении между ним и Богом "завета". Об избранничестве Израиля говорится почти с самых первых глав "Книги Бытия", но вполне возможно, что речь шла о неком духовном понятии, связанным с особой кастой, особой группой высших существ, а не о строго определенном этносе. Сам термин "еврей" этимологически означает "пришедший", "пришелец", но аналогичные названия в самых разных традициях часто характеризовали мифологических предков, пришедших из дальних регионов, что подразумевало их священное, неземное происхождение. Любопытно напомнить замечание Генона относительно западного происхождения иудейской традиции. Генон говорил, что это отразилось в праздновании Нового года в дни осеннего равноденствия, что соответствует западу. Кроме того, согласно некоторым традиционалистским исследованиям, корень "вэр", "бэр" относится к регионам севера и запада, так что слово "еврей" может нести в себе этот двойной смысл: "пришедший с запада". Генон указывал и на иные связи между иудаизмом и древней атлантической традицией. Как бы то ни было, слово "еврей", видимо, изначально означало определенную группу, носительницу особых религиозных сакральных знаний, пришедшую на Ближний Восток из других регионов, предположительно с запада. Именно в силу особых сакральных знаний эта группа "пришельцев" и была названа "избранным народом", т.е. коллективом, наделенным особой миссией и особой доктриной.

Но постепенно этот термин стал обозначать этнокультурную общность, известную историкам как "иудейство" или "еврейство". То, как произошло данное смещение смысла, остается до сих пор некоторой тайной, которая, несмотря на шквал выдвигаемых гипотез, упорно ускользает от исследователей. Тот момент, в который произошла идентификация "евреев" как инициатической группы продолжателей атлантической традиции с конкретным историческим этносом, являлся поворотным пунктом священной истории не только самих евреев, но и многих других народов земли, так как роль евреев в мировой истории, безусловно, является уникальной, независимо от того, в позитивном или негативном свете мы ее рассматриваем. Все традиции знают об особой касте "посвященных", владеющих ключами сакральных знаний и находящихся с миром Божественного в особых, близких отношениях, невозможных для обычных членов общества. К ним часто прилагались эпитеты и мифологические атрибуты, характерные для описания "избранного народа". Но никогда и нигде не было переноса качеств инициатической касты на народ в целом, так как это противоречило самой метафизической логике традиционалистского

137

взгляда на мир. Согласно этой логике, человек, входящий в близкий контакт с миром Божественного не только выступает за рамки этнических различий, но и преодолевает границу, определяющую человека как вид. Посвященные находятся по ту сторону человеческого, поэтому считать их этнически обусловленными, строго говоря, невозможно. Но еще менее допустимо переносить инициатические характеристики на какой-то один этнос, включающий в себя, по определению, всю шкалу кастовых типов — от самых высших, жреческих, до самых низших, материальных и рабских. И тем не менее не знатность и каста определяли и определяют для евреев возможность религиозного вхождения в лоно иудаизма, но именно кровное родство, единство по крови, независимо ни от каких иных отличий.

Многие традиции, исторически связанные с иудаизмом, отметили эту особенность как признак глубокого метафизического извращения иудаизма: таковы резкие слова христианского Евангелия в адрес иудеев и обличительные пассажи в "Коране". Исторически этноцентризм иудейской религии заставлял евреев дистанцироваться от народов, среди которых они жили, что снова и снова делало актуальной проблему "национальной избранности", порождая подчас эксцессы "иудофобии", с одной стороны, и припадки ненависти к "гоям", с другой.

В случае иудейского эзотеризма, каббалы, сохраняется тот же этнопартикуляризм, та же идея "этнической избранности" и превосходства над всеми остальными нациями и народами земли, что и в экзотерической религии. Только в каббале эта "избранность" приобретает метафизический характер, исследование которого, на наш взгляд, еще никем всерьез не предпринималось.

Антропологический дуализм в каббале

"Зохар" — это свод метафизических и эзотерических основ иудейского мировоззрения. В нем центральные темы иудаизма рассматриваются с самой глубокой точки зрения. Поэтому именно его оценки, характеристики и утверждения глубже всего вскрывают специфику иудейского понимания мира, его места в нем, законов божественной природы, роли других народов и т.д. Долгое время "Зохар" оставался тайной книгой, закрытой для непосвященных и передаваемой по цепи "мекаббалим", т.е. каббалистов. В отношении даты составления "Зохара" существует множество версий. Легенды возводят его к древнейшим временам, а современные критики текстов (в том числе и сами иудеи, как, например, виднейший современный ученый Гершом Шолем) утверждают, что он был написан в Средневековье предположительно рабби Моисеем из Леона. С традиционалистской точки зрения, "Зохар" — свод древнейших эзотерических знаний, которые долгие поколения передавались устно и лишь в XIII веке были зафиксированы в виде текста. Не все иудеи признают авторитет "Зохара", но, тем не менее, знакомство с этим произведением не оставляет сомнений, что именно здесь можно найти подлинное метафизическое объяснение глубинных корней иудейской мысли. В талмуде (за исключением раздела, называемого "агада") запечатлены экзотерические основы иудаизма. В "Зохаре" "Тора" и сам талмуд получают внутреннее истолкование. Каждая традиция, по определению, имеет свою эзотерическую сторону, письменную или устную, и так как никакого другого эзотеризма кроме каббалы "Зохара" в иудаизме нет, то и нет никаких оснований сомневаться в духовной центральности "Зохара" как квинтэссенции иудейского эзотеризма. Поэтому позиция "Зохара" должна быть рассмотрена как наиболее значимая в контексте иудейской традиции в целом.

Показательно, что "Зохар" начинается с комментария к "Песне Песней" (2: 2): *"Как Роза посреди колючих кустарников, такова моя возлюбленная среди юных дев"*[1]. Рабби Эзехиас открывает "Зохар": *"Что такое Роза? Это Община Израиля"*.

Так мы сразу входим в специфически иудейский контекст. — Отныне все сказанное будет

относиться исключительно к еврейскому народу, уподобленному розе среди кустарников, под которыми имплицитно подразумеваются *все остальные народы*, называемые в "Зохаре" термином "нации", "языцы" ("gentle") или на иврите "гоим". Но такое отношение еще не несет в себе сугубо эзотерической интерпретации. Она указывает на факт, очевидный для любого еврея, получившего религиозное воспитание. Объяснение же такой особости иудеев, "общины Израиля", "Зохар" дает далее.

В "Берешит I", первой части "Зохара", следующей за "Вступлением", мы встречаемся с таким пассажем: *"...всякая внутренняя форма называется "человек". Мы знаем, что всякая форма, принадлежащая к развертыванию [небесных светильников], называется "человек", как выражено в стихе: "Вы есте людие" (Иезекииль, 34:31). Именно вы называетесь "людьми", а не другие народы, служители звезд и созвездий"*. Надо подчеркнуть, что "служителями звезд и созвездий", "акумами", "авадот зара" иудейская традиция называет не только язычников, но все остальные народы, традиции которых — будь-то христианство, ислам, даосизм, буддизм или индуизм — однозначно и без нюансов отождествляются с "идолопоклонством", с "почитанием звезд и планет". "Зохар" уточняет, что *"всякий дух называется "человек"*. Но далее делается поправка — *"человеком"* называется только дух, принадлежащий *"святой стороне"*. А существуют, оказывается, и духи *"анти-святости"*.

"В согласии с этим же принципом, но в регионах "другой стороны"(2), там, где анти-святость, дух, который распространяется у "акумов" (т.е. "гоев"), исходя из "анти-святости" не есть "человек"; поэтому-то они и не заслуживают этого имени." ("Зохар, Берешит I"). Итак, мы имеем дело с обстоятельной, развитой и продуманной мистической антропологией, которая однозначно утверждает не просто отличие "избранного народа" от других народов, не просто его высшие качества или духовные достоинства, но радикальный дуализм *"человека"*, т.е. *"еврея"*, *"члена Общины Израиля"* и *"нечеловека"*, т.е. любого

"нееврея", "гоя". При этом данное различие коренится в сфере происхождения "духов" — "духи" евреев принадлежат световой плероме, проистекают из Шекины, "божественного присутствия", а духи "гоев" приходят из сферы "другой стороны", "ситре ахер". Неевреи понимаются как духовно и телесно *нечистые*, уподобляемые животным, мясо которых запрещено вкушать, в согласии с иудейскими законами.

В "Берешит III" эта тема встречается еще раз. *"Рабби Акиба сказал: "Живой индивидуум" — это Израиль, потому что они [евреи] сыновья Святого, будь Он благословен, и от Него приходят их души. Но откуда тогда приходят души остальных народов, "акумов"? Рабби Элеазар ответил: "Они приходят с "левой стороны", и все эти народы нечисты и делают нечистыми всех, кто к ним приближается"*. Надо заметить, что в каббале термин "левая сторона" является почти эквивалентом "другой стороне", т.е. на "левой стороне" располагаются негативные, отрицательные и в пределе инфернальные аспекты творения. "Левая сторона" населена демоническими сущностями и монстрами.

Несколько ниже рабби Элеазар продолжает: *"Живые индивидуумы" — это сыны Израиля, которые составляют живую, святую и высшую индивидуальность. "Звери, насекомые и дикие животные" — это все другие народы, идолопоклонники, которые не являются "живыми индивидуумами"*.

В другом месте "Зохара" — *Ваяце* — тема демонического происхождения всех неевреев дополняется новыми подробностями. Они относятся не только к "левой стороне", но и к "миру низа". *"Рабби Аба сказал: "Благословенна доля израилитов, которые помещены выше всех остальных народов, так как уровень израилитов принадлежит к верхнему миру, а уровень всех остальных народов — к нижнему миру. Израилиты принадлежат стороне святости, другие народы — стороне нечистоты. Израилиты находятся справа, все остальные слева"*.

Итак, понятие национальной миссии евреев в "Зохаре" трактуется не просто как особое задание, высшее достоинство или превосходное этическое качество. Оно базируется на дуалистическом отношении ко всей сфере человеческого, строго разделенного на две половины — "людей" и "нелюдей". Подобный антропологический дуализм встречается в некоторых инициатических доктринах, где утверждается существование "детей света" и "детей мрака", ведущих сквозь века непримиримую борьбу. Таковы некоторые гностические, манихейские и исмаилитские теории, но всегда в таких случаях речь идет об "общине духовно избранных", которая не связана никаким образом

ни с кровью, ни с этносом, ни с происхождением, ни с родом, ни с кастой! Перенесение же такого дуализма на всю религиозно-национальную общность евреев является совершенно беспрецедентным явлением и указывает на глубинную метафизическую инаковость иудаизма в целом, на его "анормальность", на его изначально заложенную конфликтность не только с экзотеризмом других традиций (что было бы вполне естественно), но и с универсальным эзотеризмом, даже таким радикальным, как инициатические доктрины метафизических дуалистов.

Выяснив важнейший момент иудейской эзотерической антропологии, углубимся в исследование "другой стороны", чтобы лучше понять, как каббалисты представляют себе мистические отношения с другими народами и в каких терминах оценивают они "гоев".

Великое Смешение

После того, как мы определили, что еврейский эзотеризм рассматривает все остальные народы как порождения "левой", демонической, стороны реальности, любопытно исследовать саму демонологию каббалы, так как ее данные логически должны прояснить отношение евреев к "гоям" на мифологическом уровне. Это даст нам возможность глубже понять особость иудейского взгляда на священную историю в свете противостояния "избранного народа" всем остальным народам. Изначальная метафизическая буквальная демонизация "гоев", приравнивание их к носителям сил "левой стороны" фактически делает межнациональные отношения евреев с остальным миром "теологической", "мистической проблемой". Израиль, по каббале, — единственный носитель полной спиритуальной традиции. Он отождествлен с вместилищем всех божественных энергий, исходящих из Бога и спускающихся в нижние миры. В этих нижних мирах наличествует "божественное присутствие" или просто "присутствие" ("шекина" или "десятая сефира", "малькут"). Оно отождествляется с еврейской нацией. Силы "левой стороны", воплощенные во *всех* остальных

народах, борются против этого "присутствия", а значит, сами эти народы представляют собой не просто "низших", "недоразвитых" существ, но радикальных *врагов*, борьба с которыми является священным "делом" Израиля. Итак, демонология "Зохара" отражает эзотерическую логику сугубо национальных отношений евреев с другими народами.

Во главе демонического мира каббалы стоит демон Самаэль. Он часто отождествляется со змеем, соблазнившим в раю Еву [3]. Его женской половиной является демоница Лилит, первая жена Адама, бесплотная и вампиричная. Она возглавляет легионы ночных демонов, терзающих людей в их снах. Кроме того, к первостепенным демонам относятся пара Аза и Азаэль, которые принадлежали к категории ангелов, называемых "бне Элохим", т.е. "сыны Божьи", но отказались поклониться Адаму и пали. Это о них в "Торе" говорится, что "они соблазнились дочерьми человеческими"[4]. Эта первая демонологическая группа принадлежит принципиальным аспектам реальности, предшествующим человеческой истории. Это, в некотором смысле, сгустки "чистого зла", воплощением или продолжением которого являются исторические враги Израиля, а значит, "гойские народы". Самаэль, Лилит, Аза и Азаэль составляют некий инфернальный синклит, руководящий действиями всех сил "левой стороны".

Далее идут полуисторические персонажи, находящиеся на грани между миром духов и миром телесных людей. Главным среди них является Каин. Любопытно, что "Зохар" настаивает на бестелесной природе и Каина и Авеля, которые были порождены Адамом не от Евы, но от Лилит. (*"Рабби Иуда сказал:... И если ты утверждаешь, что я считаю, что Авель тоже пришел с "другой стороны", знай, что ни Каин, ни Авель не обладали формой Адама". "Берешит III"*).

Кроме того, каббалисты утверждают, что от брака Адама с Лилит произошло еще множество разных демонических сущностей. Как бы то ни было, именно Каин представляет собой парадигму всех позднейших образов "национального" зла. Так, в частности, из "бока" Каина была рождена Наама, зловещая демоница. В отношении Наама

(на иврите, "красавица") можно привести следующий пассаж:

"Рабби Хийя сказал: "Что значит стих: "Сестра Тубал-Каина была Наама"[5] (Бытие, 4:22). Что мы узнаем из того, факта, что ее имя было Наама? Мы узнаем, что на самом деле духи и демоны блудодействовали с ней. Рабби Исаак добавил: "Сыны Божьи, Аза и Азаэль, блудодействовали с ней". Рабби Симеон сказал: "Наама была матерью демонов, потому что вышла из бока Каина. она присоединилась к Лилит, чтобы отравлять дифтерией пищу". Рабби Аба обратился к рабби Симеону: "Учитель сказал, что Наама присоединилась к Лилит, чтобы наслаждаться с мужчинами". Симеон ответил: " Это тоже точно. Она приходит и наслаждается с мужчинами, иногда даже рождает от них духов. Даже до сего времени она продолжает наслаждаться с сыновьями человеческими." Рабби Аба возразил: "Демоны умирают так же, как люди, почему Наама сохранилась до нашей эпохи?" Рабби Симеон ему ответил: "То, что ты говоришь, истинно, но знай, что Лилит и Наама, как и Играт, дочь Махалата, происходящая из той же породы, будут существовать, пока Святой, будь Он благословен, не уничтожит мир нечистых духов, что высказано в стихе: "Я сотру с земли дух нечистоты"[6].(Захария, 13:2)". ("Берешит III")

Естественно, Каин имеет в своей мистической генеалогии не только мать Лилит, но он связан и с самим змеем. — Это подтверждается пассажем, в котором говорится, что Каин, убив Авеля, не знал, как выпустить из него душу, но потом укусил его, как змей, и душа вышла. Приведем целиком отрывок из "Предисловия" к "Зохару", где описывается демонический мир земли Каина, Арка.

"На самом деле Арка — это имя одной из низших земель, населенной внуками Каина. Когда Каин был изгнан с поверхности земли, он спустился туда, чтобы продолжить свой род. Там он потерял все чувства, он больше ничего не помнил. Эта земля двойственна и имеет две зоны, одну темную, другую светлую; там правят два архонта, один властвует над светом, другой над темнотой. Они дрались друг с другом непрестанно, но с приходом Каина объединились и заключили мир. Все поняли тогда, что они принадлежат к потомству Каина. Они стали с тех пор единым существом двумя головами, подобными двум силам жизни. Такого не было, пока правил свет, побеждая архонта, который подавлял его ранее и который управлял темнотой. Поэтому-то они сплавили тьму со светом, чтобы стать единым существом. Эти два архонта называются Африра и Кастимон. Их облик напомина-

ет святых ангелов с шестью крыльями. Один имеет фигуру быка, другой — орла, соединяясь же, они становятся человеком. Когда они пребывают во тьме, они превращаются в двухголового змея и ползают как гады. Они ныряют в бездну и плывут по великому морю. Добравшись до берлоги Азы и Азаэля, они нападают на них и будят ото сна. Тогда Аза и Азаэль спешат на "темные горы", думая, что Святой, будь Он благословен, зовет их на Суд. Потом архонты переплывают великое море и после полета, когда наступает ночь, они прибывают к Нааме, матери демонов, которая когда-то соблазняла первых верующих. Когда им кажется, что они настигли ее, она делает скачок в 6 0000 локтей и предстает перед людьми в разных обличиях, заставляя их блудодействовать с ней. Потом снова пускаясь в полет, два архонта облетают вселенную и, наконец, прибывают к точке отправления."

Таково описание земель Каина, в которых живут его потомки. Традиционно земля Каина, Нод (на иврите, "скитание"), считалась расположенной на Востоке. В раввинической географии народы, населяющие Восток, считались "каинитами".

После Каина все остальные негативные персонажи "Торы" входили в пантеон демонических существ, исторически продолжая отождествление "левой стороны" с нееврейскими племенами. Во времена Ноя — это Хам. Во времена Авраама — Исмаил[7]. Но особенно страшной фигурой становится Исав[8], старший брат Иакова и сын патриарха Исаака. Так как именно Иаков получает имя "Израиль" после своего ночного сражения с ангелом (по каббале с демоном Самаэлем), Исав становится для иудеев фигурой, воплощающей в себе самые негативные тенденции "гоев", так как Исав имеет право естественного первородства, обманом отнятого Иаковом. Народ Исава, согласно священной истории, Эдом и Идумея. Исав, по каббале, имеет претензии на правление миром вместо Иакова-Израиля, поэтому именно "идумеи", потомки Исава, считаются евреями самыми страшными, теологическими противниками. Безусловно, "Едом" является не просто символом конкретного исторического народа, живущего на Ближнем Востоке недалеко от израильтян, но воплощает в себе *все* "гойские" нации, пытающиеся оспорить центральную позицию иудеев в духовной и материальной власти над миром. В "Ваишлах" в "Зохаре", в частности, говорится:

"В этот день Исав направился своим путем в Сеир, а "Иаков пошел на Суккот". Каждый удалился в свою сторону. Исав в сторону Сеира[9] — Но что такое Сеир? Это инородная женщина, неизвестный бог."

В другом месте этого же раздела "Зохара" цитируется стих: *"спасенные поднимутся на гору*

Сион, чтобы судить гору Исава, тогда царство будет у ЙХВХ".

И наконец, самое важное отождествление касается особой группы символических народов, называемых "Великое Смешение" ("Эрев Рав"). "Великое Смешение" — это концентрация иудейской эзотерической демонологии, в которой сходятся воедино и чисто магическое понимание зла и мира "левой стороны" и представление о враждебных нациях, наделенных антимиссией по сравнению с "избранным народом". "Тикуне ха-Зохар" дает такое описание "Великого Смешения":

"Великое Смешение состоит из пяти народов: Нефилим (или падшие), Гиборим (или герои), Анаким (или гиганты), Рефаим (или тени) и, наконец, Амеликим. Из-за этих народов маленькое he[10] *выпала со своего места*[11]. *Балеам и Балак произошли из ветви Амалека: уберите буквы "лак" из Балака и "еам" из Белеама и останутся буквы слова "Бабель"* [12], *где "были смешены все языки народов земли". Люди Амалека, разбросанные по земле в эпоху Вавилонской башни, были остатками тех, о ком в момент потопа было сказано: "Я сотру с лица земли все, что там есть". И потомки Амалека в период четвертого рассеяния*[13] — *это те могущественные князья, которые правят над Израилем силой оружия. О них также говорится в стихе: "Земля полна насилия по их вине".*

О Нефилимах сказано: "Сыны Божии увидели, что дочери человеческие красивы". Они составляют вторую группу Великого Смешения, они происходят из "павших" ("нефилим") из верхнего мира. Когда Святой, будь он благословен, захотел создать человека, сказав: "Сотворим человека по нашему подобию", Он хотел сделать из него вождя существ верхнего мира, чтобы он командовал и чтобы все управлялись его рукой, по примеру Иосифа, о котором сказано: "Он управлял чиновниками на земле".

Но существа верхнего мира решили воспротивиться и вскричали:

"Что такое человек, чтобы ты вспоминал о нем, этот человек, который в будущем восстанет на тебя!" Святой, будь Он благословен, им ответил: "Если бы вы сами побыли в нижнем мире как он, вы бы еще больше преступлений, чем он! И вскоре "сыны Божии увидели, что дочери человеческие красивы", они восхотели их, и Святой, будь Он благословен, заставил их пасть в нижний мир в цепях[14]. *Сыны Божьи назывались Аза и Азаэль, однако души Великого Смешения, которые от них происходят называются Нефилим, которые сами себя обрекли на падение, блудодействуя с "красивыми" женщинами. Итак, Святой, будь Он благословен,*

вычеркнул их из мира грядущего, что бы они не имели в нем никакой доли. Он дал им плату в нижнем мире, что выражено в словах: "Он немедленно вознаграждает тех, кто ненавидит его, чтобы погубить их"[15]. *(Второзаконие, 7:10)*

Гиборим (или герои) представляют третью группу, составляющую Великое Смешение, это о них написано "Это герои, люди славные"[16] *(Бытие, 6:4). Они происходят из того же рода, что и люди Вавилонской Башни, которые сказали: "Пойдемте, построим город и сделаем себе имя!"*[17]*(Бытие, 11:4). Они строят синагоги и школы и кладут там свитки "Торы" с короной на голове: но все это не во имя ЙХВХ, но чтобы сделать себе имя: "Сделаем себе имя!". Но так как они приходят с "другой стороны", они презирают детей Израиля как пыль земную и обкрадывают их. Так их труд будет разбит. О них написано: "Воды все прибывали и прибывали на земле"*[18]. *Рефаим (или тени) составляют четвертую группу Великого Смешения: когда они видят детей Израиля в беде, они удаляются от них, и даже если они в состоянии их спасти, они уклоняются. Они избегают "Торы" и тех, кто ее изучают, и идут творить добро идолопоклонникам. О них сказано: "Тени не поднимутся"*[19] *(Исайя, 26:14). В эпоху искупления Израиля "Ты уничтожишь о них всякое воспоминание" (Ibid.).*

Анаким (или гиганты) составляют пятую группу Великого Смешения. Они ненавидят тех, о ком сказано: "Тора — это украшение для их шеи". О них написано: "Рефаимы рассматриваются так же, как Анакимы"[20] *(Второзаконие, 2:11), они, действительно, друг друга стоят. Пять групп Великого Смешения заставляют мир вернуться к состоянию Тоху-Боху*[21]. *А "вернуться к Тоху-Боху" означает разрушение Храма. "Земля была Тоху-Боху" ("Бытие, 1:2), потому что Храм был осью мира. Но когда придет свет, которые есть Святой, будь Он благословен, они будут стерты с лица земли и уничтожены. Однако конечное Освобождение зависит не от их "стирания с лица земли", а от уничтожения Амалека, потому что именно в отношении Амалеким была произнесена клятва."*

В другом месте "Тикуне ха-Зохар" в отношении народов "Великого Смешения" также подчеркивается, что *"Лилит — мать Великого Смешения"*, а значит пять категорий народов тем или иным образом восходят именно к Лилит, царице "левой стороны". Или еще *"люди Великого Смешения — дети примордиального змея, который соблазнил Еву; Великое Смешение сделано из яда, который змей влил в Еву и от которого она зачала Каина".*

Пять народов Великого Смешения являются парадигматическим описанием *всех существующих* народов, полное число которых, согласно каббале, равно 70. 70 = 5 x 14, т.е. Великое Смешение в конкретной (но тоже символической) реальности, проистекая из изначальной пятерки (Нефилимы, Гиборимы, Анакимы, Рефаимы и Амалекимы) множатся на 14 и составляют в совокупности полноту "гойского" человечества, к которому, как мы видели выше, с точки зрения иудеев, само определение "человек" не подходит. "Неевреи" — это носители "злых духов", потомки Каина, Хама, Измаила, Исава, Валаама и других отрицательных персонажей "Торы". Все они — дети Лилит. Все они — "преграда" (на иврите, "сатана") на пути "избранного народа", утверждающего, согласно иудейским эзотерикам великую истину единого Бога, Тетраграмматона, ЙХВХ.

Итак, демонология "Зохара" постоянно сопрягается с этническими и национальными вопросами, воплощенными в символические формулы, но, одновременно, имеющими прямую связь с конкретной исторической действительностью. На эту актуальность указывает, например, упоминание в контексте Амеликим "четвертого рассеяния", начавшегося, как известно, после взятия Иерусалима Титом Флавием.

Здесь народ Амалеким прямо отождествляется с "князьями, угнетающими Израиль в четвертом рассеянии", а значит, с эзотерической точки зрения, *все* народы, не признающие верховенство иудейской традиции и руководствующиеся иными религиозными и социальными нормами в вопросах власти и духа, в той или иной степени подпадают под эзотерическое проклятие каббалистов. Сколь страшный смысл приобретает в этой перспективе фраза "Зохара" — *"конечное освобождение зависит от уничтожения Амилека"*!

Тайна буквы "вау"

Мы подошли вплотную к эсхатологической проблеме иудейской традиции, зловещий характер которой уже легко можно предугадать из вышеприведенных текстов каббалы. Как правило, иудейская эсхатология представляется спокойным и беспроблемным "золотым веком", веком "добра и мира", терпеливым и упорным ожиданием Машиаха, который установит царство "великого Шаббата" и вознаградит "избранный народ" за верность и долготерпение, за перене-

сенные страдания и приверженность монотеизму . Такой "гуманизированный" вариант еврейского мессианизма является либо слишком односторонним, либо вообще неверным. По меньшей мере, в том, что касается эзотерического понимания конца времен, иудаизм в его каббалистическом измерении, бесконечно далек от "пасторальной утопической идиллии", известной непосвященным. "Зохар" понимает мистику судьбы "избранного народа" как перипетии жесткого и непрерывного боя, ведущегося на всех уровнях — внутреннем и внешнем — между сторонниками "правой стороны", "вместилищем присутствия" (т.е. евреями, Израилем) и силами "левой стороны", "нечистыми духами", воплощенными в "гоях", народах Великого Смешения. Страдания, претерпеваемые Израилем в "четвертом рассеянии", рассматриваются как испытание, в котором еврейский Бог использует силы "левой стороны" как инструмент, но одновременно и как "провокацию", призванную вызвать "благородный гнев израильтян" к представителям "левой стороны". "Тикун ха-Зохар" недвусмысленно заявляет по этому поводу:

"Пока люди Великого Смешения не будут стерты с лица земли, дождь "Торы" не выпадет и дети Израиля, подобные травам и деревьям, не начнут произрастать. В этом секрет стиха: "Все полевые растения, пока ее не будет на земле"[22] (Бытие, 2:5)".

В данном пассаже между уничтожением народов Великого Смешения, т.е. *вообще всех народов земли*, и эсхатологическим "дождем "Торы"", т.е. откровением для "богоизбранного народа" тайн верхнего "присутствия", "верхней шекины", устанавливается не просто хронологическая, но *причинная* связь. Уничтожение "людей левой стороны" *влечет* за собой наступление мессианской эры и коронацию Израиля на царство. Та же логика применима и к религиозному императиву "стирания с лица земли" Исава, Идумеи, Амалека и т.д. Везде в этих сюжетах проявляется однозначное соответствие между "убиением эзотерического врага" и наступлением царства Машиаха. Таким образом, позиция иудейской эсхатологии заключается не в пассивном ожидании "посланника сверху", но в активном и волевом предуготовлении "конца времен", — в предуготовлении, описанном в самых жестоких и воинственных

ждествления сил "правой стороны" с одним историческим народом, сознательно противопоставленным всем остальным народам, совокупно выступающим в роле метафизического противника. История бытия отождествляется у иудеев с национальной историей Израиля, а следовательно, эсхатологическая проблематика облекается в отчетливые этнические формы.

На этом основан каббалистический "эзотеризм истории", который является наиболее ясной и радикальной парадигмой иудаизма как такового.

Общий сценарий трех метафизических этапов вскрывается не однократно, но с ритмическим повторением в сакральной истории Израиля. Эта история постоянно осциллирует между двумя полюсами — позитивным полюсом утверждения Израиля на "Земле Обетованной" и негативным полюсом "рассеяния", "диаспоры". Эти последовательные колебания вписываются в более общую картину единого исторического или метаисторического процесса, который охватывает все существование Вселенной. При этом главным субъектом этой "иеро-истории" неизменно остается "избранный народ", "евреи".

Вся "иеро-история" делится на две половины: изначальные времена от Адама до Ноя и собственно "ветхозаветный период" — от Ноя до прихода Машиаха в конце времен.

От Адама до Ноя развертывается первый этап. В нем полюсами смены доминации "правой стороны" и "левой стороны" являются следующие категории:

1. Рай, позитивный полюс. "Правая сторона", сефира "хесед"

2. Изгнание из рая. "Левая сторона", сефира "гебура".

Это парадигма всей сакральной истории.

Далее: Ной — "правая сторона", его современники — "левая сторона".

После окончания Всемирного потопа начинается собственно история.

Ной, заключивший с ЙХВХ первый завет, печа-

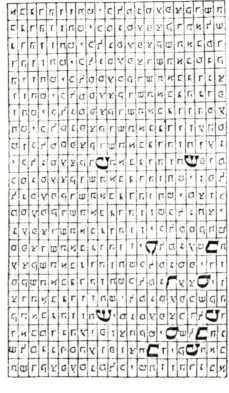

тью которого была "радуга", по преданию, обосновался на земле обетованной. Этот период, непосредственно следующий за окончанием Всемирного потопа, является начальной точкой "иудейской истории".

Далее следует кризис и строительство Вавилонской башни. Наказание за эту инициативу приводит евреев к "первому рассеянию". Это — преобладание "левой стороны".

Далее появляется Авраам и патриархи, которые возвращаются на "землю обетованную". Это — опять "правая сторона", сефира "хесед". Эпоха патриархов. В этот период в судьбе Авраама, Исаака и Иакова силы "левой стороны" окончательно отождествляются в иудейской традиции с "гоями", окружающими народами, которые отныне представляют как персонификация исторического зла. Эти народы совокупно называются "идолопоклонниками". Среди них особой парадигматической функцией наделены египтяне, арабы (потомки Исмаила) и идумеи (потомки Исава).

Далее следует период "египетского плена". Это — "второе рассеяние". Снова доминация сил "левой стороны" и подчиненное положение в стране иноплеменников. Снова сефира "гебура".

Появляется Моисей, который кладет конец египетскому плену и снова ведет народ на "землю обетованную". Второе рассеяние заканчивается.

Эпоха Судей и Царей. Доминация сефиры "хесед", что сопровождается национальной независимостью Израиля. Кульминацией этого периода является строительство "первого храма", "храма Соломонова". Отныне понятия "храм", "Иерусалим" станут для евреев синонимами "правой стороны", "хесед" и национальной доминации.

Через определенное время снова приходит период "гебуры" — "третье рассеяние", "вавилонский плен". Снова Израиль попадает в рабство "гоев", а храм разрушен.

Ездра выводит евреев из вавилонского плена, а Зоровавель отстраивает "второй храм". Это — символ "хесед", "правой стороны". "Третье рассеяние" закончилось.

Так длится до 70 года, когда Тит Флавий, римский полководец берет штурмом восставший Иерусалим, опустошает его и разрушает "второй храм". С этого момента начинается "четвертое рассеяние", которое считается в каббалистической традиции иудейской "иеро-истории" последним. Это доминация "левой стороны", отсутствие национального государства, удаленность от храма и Иерусалима. Народы, среди которых живут евреи "четвертого рассеяния", рассматриваются как воплощения могуществ "обратной стороны", то есть как "коллективные демоны".

Эта эпоха "четвертого рассеяния" должна закончиться вместе с наступлением "мессианской эры", приходом Машиаха, возвращением евреев на землю Израиля, установлением независимого национального государства и покорением евреями всех народов земли, над которыми иудеи эсхатологической мессианской эпохи будут чинить суд и которых будут безжалостно казнить. Эта мессианская эпоха может быть названа — "эпохой третьего храма". Историческая драма будет тогда исчерпана, утраченная гармония восстановлена, брешь в духовном балансе, приведшая к самому развертыванию исторического процесса, будет устранена. Это называется в каббале доктриной "тиккун", "реставрации".

Теперь обратимся к хронологическому аспекту этой мессианской теории. В каббале существует так называемая теория "шеммитот", то есть "циклов". Эта теория соотносит исторические циклы с аспектами сефиротного древа. Каждый цикл длится 1000 лет, это считается "днем ЙХВХ", так как "день Б-га равен тысячи человеческих лет".

Согласно иудейскому летоисчислению, мы живем в настоящее время в конце 6-го тысячелетия. 1900 год от Р.Х. равен 5660-му году еврейского календаря, а 2000 год, соответственно, 5760-ому.

Каббалисты считают, что "великий шаббат" наступит в полном объеме на рубеже 6-го и 7-го тысячелетия. 7-е тысячелетие и будет "тысячелетним царством", "хилиазмом", "миром грядущим", "царством будущего века".

5-е и 6-е тысячелетия предшествуют "великому шаббату". Они проходят под знаком "четвертого рассеяния", в ходе которого иудеи должны будут перенести очистительные страдания, отождествляемые с притеснениями со стороны "гойских народов". Но считается, что мессианская эра начинается на 60-м году 6-го тысячелетия[30] — т.е. с 1300 года христианской эры. И поразительно, что именно в этот период "Зохар" впервые начинает распространяться в Испании в диаспоре в написанном и фиксированном виде.

Приведем пассаж из "Зохара", в котором излагается хронология этой "иеро-истории" иудейского мессианства.

Рабби Иосси сказал: " Написано так: "Я, ЙХВХ, в свое время я потороплю это"[31] (Исаия 60:22). Что означает "в свое время" (be etah)? Прочитаем это слова как be et he, что значит "во время, когда he поднимется из праха, тогда "я потороплю это". Рабби Иосси добавил: Итак "община Израиля останется во прахе только один день и не более того"[32]. Рабби Иуда ответил: Так мне сказали. Но иди и смотри секрет, который я понял: когда община Израиля была изгнана со своего места, буквы святого Имени — если так можно выразиться — отделились: he (ה) отделилось от vau (ו), и из-за их разделения написано "Я остался немым, в тишине"[33]. (Псалтырь. 38:3), поскольку, когда vau (ו) отделено от he (ה), нет голоса и слово молкнет. По этой причине она и лежит в прахе в течение этого дня he (ה)[34]. Что это? Это пятое тысячелетие, хотя изгнание и началось и раньше наступления пятого тысячелетия[35], секрета he (ה)[36]. Когда придет 6-е тысячелетие, которое является секретом vau (ו)[37], vau (ו) тогда поднимет he (ה)[38]. Во время шесть по десять vau (ו) поднимается к yod (י)[39], затем спускается в he (ה). Vau (ו) становится совершенным в десятке, шесть раз, — что дает шестьдесят, чтобы подняться из праха[40], и каждый 60-й год этого шестого тысячелетия he (ה) усиливается и проскальзывает в высшие градусы, чтобы сплотить силы[41]. В шестисотом году шестого тысячелетия откроются двери мудрости сверху и источники мудрости снизу, и мир подготовится ко вступлению в седьмое тысячелетие, подобно тому, как человек готовится на шестой день недели перед заходом солнца вступить в Шаббат. Также и здесь согласно стиху — "На шестисотом году жизни Ноя (...) открылись все истоки великой Бездны"[42] (Бытие 7:11).

В данном пассаже ясно проступает сакральность цифры 6 для каббалистической традиции. Более того, она повторяется дважды — 6-ое тысячелетие и 6-ой век 6-го тысячелетия. Но это все же несколько отличается от "человеческого числа 666", о котором в столь страшном смысле говорит христианский Апокалипсис. И, тем не менее, в другом месте "Зохара" вещи становятся еще более тревожными. Чтобы не быть голословными, продолжим цитирование.

"Рабби Симеон вмешался, цитируя стих: "Я вспомню о моем завете с Иаковом"[43] (Левит 26:42). Однако слово Иаков написано здесь через vau. Почему? Потому что он обладает двумя аспектами. Первый — это градус мудрости, секрет градуса мудрости, т.е. того места, где пребывает Иаков. Однако этот стих произнесен относитель-

но изгнания Израиля. Когда дети Израиля пребывают среди изгнания, время, когда они дождутся посещения, это секрет буквы vau, т.е. 6-ое тысячелетие. "Посещение" состоится согласно секрету vau: шесть времен и половина времен. Пройдет шестьдесят лет после затвора этого 6-го тысячелетия[44], и Божество неба нанесет свой визит дщери Иакова. К этому времени, когда она удостоится "поминания", пройдет 6 с половиной лет[45]. И от этого момента пройдет еще 6 лет, что составляет 72 с половиной года[46].

Через 72 года король-мессия проявит себя в Галилейской земле, и когда звезда Востока проглотит семь звезд Севера, и пламя черного огня будет висеть на небосводе шестьдесят дней, войны разразятся по всему миру, в точке Севера, и два царя падут в этих битвах[47]. Все народы сплотятся против дщери Иакова, чтобы выбросить ее из мира. Об этой эпохе написано: "Это время печали для Иакова, от нее придет освобождение"[48] (Иеремия, 30:7). Тогда души и тела исчерпаются и должны будут обновиться, тебе дано об этом знать в стихе "Всего людей, принадлежащих Иакову, и пришедших с ним в Египет (...) всего людей? 70" [49] (Бытие 46:27). На семьдесят третий год все цари мира объединятся в великом городе Риме, и Святой, будь он благословен, изольет на них огонь, и град, и глыбы стекла, и они будут уничтожены[50]. Все, кроме королей, которые не успели прибыть, те вернутся и снова начнут войны. Тогда царь-мессия объявит себя на всей планете, вокруг него соберутся многие народы и много войск, пришедших со всех концов света, и дети Израиля соберутся воедино повсюду, где они находятся, пока число лет не достигнет ста[51], тогда vau присоединится к he (ה), и "Они соберут всех ваших братьев из всех наций в приношение ЙХВХ"[52] (Исаия 66.20). Дети Исмаила[53] обречены в эту эпоху присоединиться к остальным нациям мира и пойти на Иерусалим, согласно словам: "Я соберу все народы к Иерусалиму, для борьбы и т.д."[54] (Захария 14:2). И вот: "Цари земли восстали, князья все вместе обратились против ЙХВХ и против его мессии"[55] (Псалтырь 2:2). Однако: "Тот, кто пребывает на небесах, развлекается, ЙХВХ смеется над ними"[56] (ibid. 2:4). Наконец маленькое vau (ו) будет побуждено к тому, чтобы соединиться с he (ה) и обновить древние души, чтобы обновить мир, как сказано: "ЙХВХ возрадуется своим трудам"[57] (Псалтырь 104:31). И "В веки слава ЙХВХ"[58] (ibid. 104:31), соединяясь должным образом, "ЙХВХ возрадуется своим трудам", заставит их спуститься в мир и сделает так, чтобы они стали новыми существами, чтобы соединить все миры вместе. Счастливы те, кто будут жить в мире в конце 6-го тысячелетия и кто сподобятся войти в Шаббат, потому что этот день особенный у Святого, будь он единственный благословен. В этот день Он совокупится, как и положено, и зачнет новые души, чтобы они стали рядом с теми, которые там останутся, так как говорит стих: "Те, кто останутся на Сионе и те, кого оставят в Иерусалиме, будут названы святыми, все те, кто будут вписаны как жители Иерусалима"[59]. (Исаия 4:3)

Итак, посещение "дщери Иакова", т.е. Израиля, произойдет на 666-ом году 6-го тысячелетия, в 5666 году по иудейскому летоисчислению. ("Пройдет шестьдесят лет после затвора этого 6-го тысячелетия, и Божество неба нанесет свой визит дщери Иакова. К этому времени, когда она удостоится "поминания", пройдет 6 с половиной лет"). Иными словами, нет сомнений, что апокалиптическая загадочная цифра "666", указанная как страшное "число зверя", "антихриста", в контексте "Зохара" ассоциируется с самим "Машиахом". И, возможно, именно этим соображением объясняется всплеск мессианских настроений у иудеев XVII века, которые в преддверии 1666 (!) года были поголовно готовы признать мессией Саббатаи Цеви, салоникского каббалиста и мистика, объявившего себя тем, кого ждал Израиль. Не исключено, что и сам Саббатаи Цеви и его современники видели в цифре "666" ясное каббалистическое указание на мессианскую тайну Израиля.

Это последнее циклологическое соображение вместе с описанием этнического аспекта иудейской метафизики в целом должны рассеять последние сомнения относительно истинной природы иудаистической миссии и ее эсхатологической функции.

Битва с Исавом

Центральность символического числа 666 в контексте иудаистической эсхатологии, причем в положительном смысле, подводит нас к более конкретной форме национально-религиозного дуализма, составляющего сущность иудаистической мистики истории. Если в самом общем смысле "Зохар" противопоставляет "правую сторону", т.е. евреев, силам "обратной стороны", "келиппот", т.е. неевреям, то еще более четко в нем акцентируется противостояние евреев и христианского мира, который, по каббалистическим воззрениям (равно как с юридической, так и с геополитической точек зрения), рассматривается как прямое продолжение власти Рима, князей Севера, индоевропейских народов.

Это не просто произвольное обстоятельство. Дело в том, что само "четвертое рассеяние", актуальное и *последнее* (а значит, наделенное самым важным эсхатологическим смыслом) рассеяние, называется "рассеянием Эдома", так как оно началось с взятия Иерусалима римлянином — Титом Флавием (Рим и шире, индоевропейский Север считался наследником Эдома, Исава). А большая часть евреев оказалась разбросанной по территориям Римской Империи и среди народов, подавляющее большинство которых приняло христианство. Это историческое обстоятельство, осмысленное в каббалистическом контексте иудейской иеро-истории, напрямую приводило к отождествлению христианской традиции и христианского мира с самым главным метафизическим противником "избранного народа", с окончательным историческим воплощением сил Самаэля. Конечно, эсхатологический национализм иудаизма не сводится исключительно к антихристианству, так как важную роль в "Зохаре" играет также противостояние с Исмаилом и его потомством, а также с другими иеро-историческими общинами (мифическими или реальными). Но, тем не менее, конфликт с Эдомом (римско-христианским миром) является центральным. Это

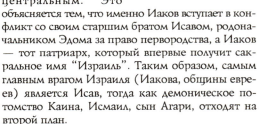

объясняется тем, что именно Иаков вступает в конфликт со своим старшим братом Исавом, родоначальником Эдома за право первородства, а Иаков — тот патриарх, который впервые получит сакральное имя "Израиль". Таким образом, самым главным врагом Израиля (Иакова, общины евреев) является Исав, тогда как демоническое потомство Каина, Исмаил, сын Агари, отходят на второй план.

Сюжет сражения Иакова с "ангелом" трактуется "Зохаром" как битва с Самаэлем, который, в свою очередь, отождествляется с "ангелом-хранителем" Исава, его "душой". Эта битва является архетипом "четвертого рассеяния". Все ее детали имеют для каббалистов циклический, метафизический и эсхатологический смысл. Цитируем "Зохар":

"Рабби Иуда сказал: Вот, что написано относительно Иакова: "И Иаков остался один, тогда как человек бился с ним до самой зари" [60] (Бытие 32:25). В этот самый момент были распределены силы между всеми армиями неба[61], между этими князьями, которые правят над царствами; тогда и было решено кто над кем будет править. Могущество и власть была дана князю Эдома[62], чтобы он властвовал над народами. Что текст имеет в виду: Иаков остался один"? Вениамин еще не родился и не имел защитника на небесах. "Человек, который боролся с ним" — это Самаэль,

князь Эдома. Он хотел, чтобы Иаков был ему подчинен, однако за его большие заслуги Иаков не был отдан ему. В этот момент, продолжал рабби Иуда, все небесные воинства собрались, чтобы просить за Иакова против Самаэля. Рабби Йодай добавил: "Смотрите, что говорит текст: "Он понял, что не сможет победить", так как заслуга Иакова была слишком велика и аргументы Самаэля не смогли покорить его Эдому; и тогда "он ударил его во впадину бедра", что означает детей, происходящих из его чресл. Тогда Иаков обессилил и не мог более сопротивляться, что выражено в словах: "Бедро Иакова было вывихнуто, пока он бился с ним", свидетельствуя против него. Так Самаэлю было попущено поставить детей Иакова под власть Эдома на все то время, пока они нарушают законы Торы".

Все детали этого эпизода являются важнейшими символическими указаниями, на основании которых каббала строит эсхатологические доктрины. Важен тот факт, что битва происходит ночью. Эта ночь связывается с "ночью рассеяния", "ночью четвертого рассеяния".

"Итак, Иаков бился с ним всю ночь. Иди и смотри: поскольку его противник правит только ночью, власть Исава распространяется только на время рассеяния, которое и есть ночь". Вот почему он одолел Иакова ночью и бился с ним, но когда пришло утро, он не мог больше продолжать, и тогда стал одолевать Иаков, так как его царство — это день. По этому поводу написано: "Оракул Дума [63] *Мне кричат с Сеира: стражник, долго ли еще длиться ночи? Стражник, какой час ночи?"* [64] *(Исаия 21:11), потому что ночь — время Исава, который и есть Сеир. Он слабнет, когда приходит утро. "Он говорит: дай мне уйти, потому что заря поднялась."* [65] *(Бытие 32:26). "Он ответил: я не отпущу тебя, пока ты не благословил меня."* [66] *(ibid.) "Пока ты не благословишь меня"? Здесь должно было бы стоять "пока ты не благословишь" меня в будущем времени, а не "пока ты не благословил меня" в прошедшем времени? Если ты признаешь благословения, которые мой отец дал мне и не станешь оспаривать их (тогда я тебя отпущу). Ведь написано: "Он сказал: Тебя отныне будут называть не Иаков, но Израиль и т.д." Почему Израиль? Он ответил ему: против нашей воли мы должны служить тебе, потому что тебя оберегает сила сверху через градус*

149

сверху, и поэтому твое имя будет Израиль. "Потому что ты бился с Элохимом". Что значит с "Элохимом"? Ты мог бы подумать, что он говорит о самом себе, однако он сказал: "Ты бился", чтобы ты присоединился и совокупился с Элохимом, так написано, не "против Элохима", но "с (вместе с) Элохимом", в объятиях и интимном соитии."

Ночь Сеира длится столько же, сколько само четвертое рассеяние. На протяжении всего этого периода Израиль вынужден подчиняться доминации сил "левой стороны", Исаву, Эдому, "горе Сеир". Слово "Сеир" на иврите означает "козел". И "Зохар" часто подчеркивает связь между волосатостью Исава, первенца Исаака, и "козлиной шкурой", в которую Иаков завернулся, чтобы слепой Исаак принял его за брата и дал право первородства и благословение. Козел — считался евреями (вместе с ослом) животным, принадлежащим "левой стороне", "демоническому миру". Следовательно, вполне правомочно продлить символический ряд и отождествить, в каббалистической перспективе, Рим, шире, все индоевропейские народы, с Исавом, Эдомом, Сеиром, козлом, ослом.

איק בכר גלש
דמת הנך וסם
זען חפף טצץ

Конец ночи, конец рассеяния, конец доминации Эдома над "избранным народом" сопрягается с мессианской символикой, одним из образов которой является "заря". Таким образом, общий для традиционного контекста символ "зари" отождествляется в каббале с довольно тревожной перспективой, в которой подъем Израиля и освобождение его из-под доминации Эдома сопрягается напрямую с подавлением всех остальных народов (в первую очередь, христиан, "римлян", "северян") и в пределе с их уничтожением.

Этот момент ярко проявляется в ритуале праздника иудейского Йом Киппур, в ходе которого приносятся в жертву два козла (символ Исава, Эдома и т.д.): один — ЙХВХ, другой — Самаэлю. В принципе, эти жертвоприношения являются архетипической парадигмой "мессианского времени", когда "гои" и особенно "народы Эдома" будут аналогичным образом принесены в жертву. "По этой причине в каждое новолуние совершается жертвоприношение козла, чтобы отослать его в его область, и чтобы он отстал от луны. Также и в день Киппур приносят в жертву козла, это из хитрости, чтобы подчинить его и чтобы он не мог вредить, согласно словам: "Козел унесет на себе все грехи к пустынным землям и там, в пустыне, козла и оставляйте"[67]. (Левит 16:22). Учителя говорят, что козел — это Исав, который волосатый." (Толдот).

Тот факт, что "христиане" особым образом учитываются в качестве такой "искупительной жертвы" в мессианские времена, подчеркивается несколькими символическими пассажами "Зохара". Во-первых, запрет из "Второзакония" "запрягать в одну упряжку быка и осла" трактуется как эсхатологический знак, поскольку "бык есть "строгость" ("дин") в верхних регионах, а "осел[68]" — "строгость" ("дин") в нижних регионах." "Зохар" говорит: "Когда они (бык и осел) вместе, они клевещут на мир". Известно, что над колыбелью Спасителя в христианском предании изображаются именно "бык и осел". Следовательно, составители "Зохара" имеют в виду именно христиан. Это подтверждается другим пассажем, предвосхищающим данный. "Что такое Сеир? — Это чужая жена, неизвестный бог". Но именно в качестве "неизвестного Бога" проповедовал святой апостол Павел грекам-язычникам Иисуса Христа в Ареопаге.

Интересно, как каббалисты осознают в контексте своей иеро-истории метафизическую логику рассеяния. Если наиболее внешнее объяснение, даваемое в эзотерических Мидрашах (к примеру, "Мидраш ха-неелам"), заключается в том, что рассеяние есть наказания за грехи, и что оно кончится, как только израилиты покаются ("тешуба") и вернутся на дороги "Торы", "Зохар" видит все в несколько иной перспективе. Период доминации Исава, Эдома над Иаковом ("четвертое рассеяние") является, в некотором смысле, "хитростью Иакова", прообраз которой "Зохар" видит в сюжете о встрече Иакова с братом.

"Пусть мой господин идет впереди своего слуги, а я пойду медленно, вместе с караваном, который впереди меня" [(69)] (Бытие 33:14). *Рабби Элеазар сказал: Это точно соответствует тому, что мы сказали раньше. Иаков не хотел в данный момент призывать те благословения, которые его отец Исаак передал ему. В этот момент ни одно из них еще не реализовалось, потому что все они были отложены до конца времен, до того момента, когда его дети будут испытывать необходимость во всех них перед лицом народов мира ("гоев"). (...) Пусть твое царство утвердится в мире вначале, "я же пойду не спеша", я сохраню себя для мира, который придет потом и для конца дней, для тех дней, которые придут "не спеша". (...) "Пока я не приду к моему господину, на Сеир" — я буду страдать в твоем изгнании, пока не придет мое время, когда я буду властвовать над горой Исава (т.е. Сеиром), так как написано: "Спасенные поднимутся на гору Сиона, чтобы судить гору Исава; тогда царство будет у ЙХВХ". ("Ваишлах")*

"Я же пойду, не спеша". — Это основная иудаистическая формула иеро-истории. Это ожидание исполнения эсхатологических обещаний и надежда на триумфальную месть народам и государствам земли, особенно тем, которые обладают могуществом в период, когда евреи пребывают в рассеянии. День "гоев" — ночь израилитов. Триумф неиудейских религий (особенно триумф северных, "римских" народов христианского мира) — поражение и страдание для евреев. "Сегодня принадлежит вам, но завтра — нам". Эта формула является парадигматической для всего иудаистического мессианства, но на уровне каббалы она достигает полноты своего метафизического объема.

Вместо заключения

Иудейская эзотерическая эсхатология видит картину конца времен как развязку древней борьбы *евреев* против *неевреев*. Это вытекает однозначно из анализа текстов "Зохара". Очевидно, и в талмуде содержится множество подтверждений тому, что иудаизм рассматривает христиан как одну из разновидностей "идолопоклонников", "авадот зора". Сходное отношение наличествует и к другим религиям, монотеистическим или нет. Следовательно, иудейский религиозный импульс в эсхатологической ситуации (а воссоздание государства Израиль в Палестине не может быть рассмотрено в иудейской перспективе иначе, как прямой эсхатологический знак, возвещающий о близости прихода Машиаха) по определению должен нести в себе агрессию ко всем формам нееврейской сакральности, отождествленной, как мы видели, с "демонологией" и "поклонением духам левой стороны". Такой дуализм, утвержденный, обоснованный и принятый, в первую очередь, самими евреями, не оставляет представителям других религиозных традиций никакого иного выхода, кроме как отождествить иудаизм с функцией тех персонажей собственных эсхатологий, которые воплощают в себе негативный принцип. (Принять же иудейскую точку зрения для нееврея вообще невозможно, исходя из расовых требований самой этой религии.) Для христианского мира иудейский эсхатологический жест по "стиранию с лица земли народов Великого Смешения" не может не вызывать образ антихриста, "ложного мессии". Мусульмане, естественно, вспоминают о приходе Даджжала. Индусы, в соответствии со своими представлениями, скорее всего, вспомнят свиту демонических сил, которые в конце кали-юги должны выступить против Калки, десятого аватары. Так, народам и традициям, которых каббалисты причисляют к "каинитам", "идумеям", "потомкам Исмаила", "сыновьям Лилит", "Великому Смешению", "нечистым духам" и т.д. не остается ничего иного, как распознать в метафизической ксенофобской агрессии "избранного народа" зловещую печать "врага человеческого".

ПРИМЕЧАНИЯ

(1) *"Якоже крин в тернии, тако искренняя моя посреди дщерей" — в старославянском переводе "Ветхого Завета". В отношении метафизической инаковости израильтян у Рене Генона в книге "Заблуждение спиритов" в сноске есть следующее энигматическое замечание о том, что "доктрина "зачатия" (ibbur) и "круговращения" (gilgul) имеет отношение исключительно к еврейской расе, каким бы странным это ни показалось на первый взгляд". В самом "Зохаре" есть упоминание о том, что "в мессианскую эпоху новые души исчерпаются, и воплощаться начнут старые души". Эти высказывания наводят на мысль, что "реинкарнация", которая метафизически невозможна в случае всех остальных народов, встречается у евреев в особую эсхатологическую эпоху как исключение. Но такое допущение противоречило бы утверждению того же Генона о строгой метафизической невозможности реинкарнации как таковой. Генон утверждает, что вместо реинкарнации, то есть посещения одной и той же индивидуальной душой нескольких тел земного мира в разные исторические периоды, следует говорить о двух процессах: метемпсихозе и трансмиграции. Метемпсихоз есть генетическая и иная передача элементов "психической памяти", которая формирует внешнюю оболочку воплощенной души, но отнюдь не является при этом ей самой. Это некоторое тонкое тело, сотканное из отпечатков переживаний, импрессий, видений и снов предыдущих поколений, передающихся в субтильном аналоге биологического гена. Кроме того, этот уровень может формироваться из иных психических компонентов, заимствуемых от иных физических и нефизических существ. Именно о "метемпсихозе" и о вскрытии метемпсихических элементов учит доктрина Пифагора.*

Другая доктрина — трансмиграция. Она относится к индивидуальной душе, совершающей спиралевидный путь по различным срезам Вселенной. Она воплощается в разные тела или их аналоги, но только всегда на различных уровнях космоса и никогда не в одном и том же мире. Память о таких воплощениях не может актуализироваться в нормальном случае по той причине, что модальности этих миров не могут быть переведены в ощущения и состояния данного мира, так как сектора восприятия во всех случаях различаются, а следовательно, образная система каждого отдельного уровня бытия не может воспроизвести систему образов иного плана. Так как в реальности нет замкнутых кругов, то повтора проявления одного и того же существа в одном и том же материальном земном мире не может быть. — Такова в общих чертах экспозиция данной проблемы у Рене Генона, который намекает на некую особость евреев, связанную с этой проблемой, не расшифровывая детали. Выдвинув предположение относительно исключительной возможности реинкарнации в случае израилитов, и, откровенно говоря, не будучи сами удовлетворены до конца таким объяснением, мы получили из крайне серьезных каббалистических групп Испании следующее пояснение, которое проливает свет на эту сложную проблему. Приведем интересующий нас пассаж полностью. Он явился ответом на наше предположение относительно возможности реинкарнации для иудеев.

"Нельзя отмахнуться от этой проблемы, сведя все лишь к "анормальной" возможности реинкарнации, так как признание такой возможности нанесло бы непоправимый ущерб всей теории множества состояний бытия, и было бы существенным аргументом в пользу эволюционистских и реинкарнационистских интерпретаций, свойственных оккультизму и блаватскизму. Упомянутый Геноном "эмбрионат" ("Erreur Spirite", стр.206, сноска 1) имеет отношение к более сложной реальности. Те интерпретации, которыми мы владеем, относятся к каббалистической интерпретации "Зохара" и Исаака Лурьи относительно строгой связи между метемпсихозом и еврейским этносом. В "Зохаре" излагается идея метемпсихоза и трансмиграции, но эти концепции следует четко отличать от всех позднейших линий развития данной тематики, например, в хасидизме, которые следует интерпретировать иначе.

В некотором смысле, речь идет о "доктрине отцовства". "Зохар" ясно указывает на то, что, когда человеку не удалось родить в мире детей, Святой, снова отправит его в воплощение и будет повторять это до тех пор, пока он не исполнит то, что забыл сделать. Таким образом, следует различать два пути: путь тех, кто исполнил свою миссию (здесь понятую в терминах "отцовства") в течение одного пребывания на земле, и путь тех, кто возвращаются, так как они не выполнили свою работу по воспроизводству потомства "избранного народа".

С другой стороны, все учение "Зохара" основывается на строгой дифференциации между "гоями" обреченными на то, чтобы бесконечно бродить по вселенной, пока, наконец, они не достигнут "грязного места, откуда они появились"), и народом Израилевым, финальной задачей которого является реинтеграция в лоне протоплазмического Адама. Это требует некоторых пояснений.

"Души" всех гоев восходят не на небо. Они постоянно скитаются по путям трансмиграции пока не уничтожатся совсем или не сольются со скорлупами ("клиппот") или остатками "темной" стороны. Такая же судьба уготована, впрочем, всем душам евреев, которые покидают тело за пределами Палестины. Им суждено идти по ложным путям и подвергаться трансмиграции, прежде чем достичь уготованного им региона. Так, говорят, что в Сифа вселилась душа Авеля, чтобы вернуться на землю. Тем же объясняется и смущение тех, кто спрашивали у Христа относительно того, был ли он Илией. При рождении Вениамина его душа вышла из тела его матери, которую она до этого "оживляла". В случае Рахели ее же душа "оживляла" и ее сына, Вениамина. В данном случае сдается, что Вениамин имел две души в одном теле. Здесь мы имеем особый случай метемпсихоза, который связывает нескольких индивидуумов, имеющих главной характеристикой принадлежность к еврейскому этносу.

Так как иудаизм — это совершенно отдельный закон, истоки такой странной интерпретации "эмбрионата" должны лежать в изначальной дифференциации избранного народа и всех остальных народов. Мы видим, что как только добро и зло были смешаны друг с другом, необходимо чтобы:
1) добро было бы отделено от зла;
2) часть добра должна была бы восстановиться.

Первая задача реализуется противозаконными средствами, вторая — законными.

Но обе задачи должны быть реализованы до конца, чтобы исполнилась полнота закона. Поэтому-то души и обречены на "круговращение", "трансмиграцию" (*gilgul* — А.Д.) пока не будут исполнены все незаконченные миссии (отождествленные, как мы сказали, с продолжением потомства, что вытекает из особой перспективы, в которой находится народ Израилев), когда же "круговращение", т.е. "исполнение закона" будет завершено, души закончат свое странствие.

Когда Адам и Ева совершили грехопадение, они смешали добро со злом, которое заключалось в "скорлупах" (клиппот). Эти "скорлупы" (клиппот") были чем-то вроде "неполных" сефир, относящихся к темной, негативной стороне сефиротического древа. Наиболее приемлемой интерпретацией было бы отождествление этих "скорлуп" с останками предыдущего творения, "отбросы" которого и породили бы функционально зло. Адам соединяется с мужскими скорлупами Адама Белиала (Самаэля), Ева соединяется со злом Лилит (ложность змея).

Именно в очищении от этого смешения и состоит миссия народа Израилева (в то время, как "гои" — "языки мира" — происходят из самих этих "скорлуп" и их миссия заключается совсем в другом — бесконечно блуждать вплоть до растворения в ничто или в аду, откуда они и появились).

Но задача этой вынужденной трансмиграции еврейского народа с тем, чтобы интегрировать и исполнить закон во всех его пунктах, иногда дает сбои. Поэтому обычное круговращение (трансмиграция или метемпсихоз) подчас заменяется "состоянием зачатия", "status embryonatus".

Попробую свести все пункты воедино.

Круговращение (*gilgul* — А.Д.) — это вхождение души в тело ребенка в момент рождения для того, чтобы испытать страдания и преграды, предуготованные этому телу. В альтернативном случае происходит вхождение души в тело уже взрослого человека ("минимум тридцати лет"), который вынужден соблюсти предписания закона. Это особый случай вхождения еврейской души в еврейское тело.

"Status embryonatus" (*ibbur* — А.Д.) возможен в двух случаях:
1) Когда душа забыла сделать что-то в предыдущем воплощении;
2) Когда человек особым образом

"беременеет", чтобы оправдать его и направлять его.

Круговращение (*gilgul* — А.Д.) происходит в следующих случаях:
1) Для смывания греха;
2) Для исполнения проигнорированного предписания;
3) Для ведения других (евреев) по правому пути;
4) Для получения правильного партнера, которого душа была лишена в предыдущих воплощениях.
В одном и том же теле могут "вращаться" (в случае *gilgul* — А.Д.) четыре души, но не больше. А в случае "status embyonatus" (*ibbur* — А.Д.) к человеку могут присоединяться еще три души, которые, однако, после смерти уже больше никогда не "возвращаются". Цель всех этих круговращений и всего каббалистического эмбрионата состоит в возврате израилитов к структуре Первого Адама, поскольку все были облечены в грехопадение и увлечены им. Сдается, что случай эмбрионата — это предельная форма метемпсихоза, при которой (не забывайте это это относится только к Израилю) психические элементы, оплодотворяющие человеческое существо, выполняют его миссию и не подвергаются дальнейшим воплощениям.

В целом же, все эти аспекты указывают на то, что существует постоянная непрерывность народа Израилева, оживляющего себя самого при помощи себя же самого (без смешения с другими народами, гоями) через схему "круговращения" душ — трансмиграцию (понятую символически) или метемпсихоз, в зависимости от конкретного случая, — пока он не достигнет реинтеграции закона и не возвратится в тело прото-Адама. Частным и крайним случаем метемпсихоза является "эмбрионат", с помощью которого психические элементы одного, двух или трех евреев "оживляют" израильтянина, чтобы помочь ему в исполнении закона, а за счет этого действия сами души получают возможность реинтеграции и "невозвращения" в поток какого бы то ни было дальнейшего круговращения.

Франциско Миньяро".

Безусловно, такое развитое уточнение крайне ценно для прояснения всей проблемы, однако оно содержит определенную логическую погрешность. Дело в том, что возврат одной и той же индивидуальной души в один и тот же земной мир и составляет смысл понятия "реинкарнация", само явление ко-

торой отрицал Генон. Метемпсихоз — это передача неиндивидуальных психических элементов, трансмиграция — перевоплощение одной и той же души в разных мирах. Именно так понимает проблему Генон. В данном же тексте Франциско Миньяро, анализируя доктрины каббалы, называет "метемпсихозом" и "трансмиграцией" перевоплощение одной и той же индивидуальной души в несколько тел одного и того же земного уровня, что вводит противоречие во всю экспозицию. Опровергая наш тезис о наличии анормальной и относящейся только к евреям возможности реинкарнации, испанский каббалист, на самом деле, его подтверждает, хотя и использует, чтобы остаться в рамках геноновской ортодоксии, несоответствующие термины — "трансмиграция" и "метемпсихоз". Для того, чтобы эти термины в данном контексте были использованы в строгом значении, мы должны сделать две гипотезы, оправдывающие такое употребление. Если применять к каббалистической доктрине *gilgul* имя "трансмиграции" (как ее понимал Генон), мы должны будем допустить, что "евреи" существуют не только в земном мире, но и в иных мирах, равно как Палестина и т.д. Только в этом случае можно всерьез говорить о "еврейской душе". Если же использовать термин "метемпсихоз" для объяснения переселения душ из одного еврея в другого, то мы, тем самым, утвердим неиндивидуальность еврейской души, о которой здесь идет речь, так как метемпсихоз относится исключительно к неиндивидуальным элементам. Но так как сфера иудаистической сакральности является, действительно, совершенной аномалией по отношению ко всем остальным разновидностям Традиции, то в этой загадочной и тревожной сфере самые невероятные гипотезы могут оказаться справедливыми.

(2) "Другой стороной", "ситре ахер" каббала называет инфернальный мир.

(3) Самаэль — мужское начало в инфернальном мире. Его женской парой является демоница Лилит, которая чаще всего и называется в "Зохаре" змеем. Сам же Самаэль изображается как всадник, оседлавший змея (Лилит), одновременно совокупляющийся с ней. Вместе с тем, на ином символическом плане каббала подчеркивает, что Самаэль был кастрирован ЙХВХ в отместку за соблазнение праотцев,

Адама и Евы. Иногда говорится, что ему Тетраграмматон отрезал ступни и фаллос.

(4) Речь идет об особой категории ангелов, которые в апокрифической книге "Эноха" описаны как "бдящие", по-гречески "эгрегоры", в старославянском переводе "Книги Эноха" — "григории". Любопытно отметить, что современные оккультисты прилагают понятие "эгрегора" к психическим сущностям, выполняющим роль "коллективной души" или "коллективного" бессознательного в случае различных наций и народов. Рене Генон указывал на тревожный и сомнительный аспект такой терминологии. На самом деле, все становится на свои места, если принять во внимание тот факт, что каббалисты отождествляют "гойские народы" с воплощением сил "левой стороны", то есть с обществами, коллективной душой которых является та или иная демоническая сущность.

(5) "И сестра Тувалкаина Ноема". В тексте статьи при написании некоторых имен мы сохраняем произношение, приближенное к ивриту, в сносках давая традиционный славянский или русский перевод.

(6) "И духа нечистого изму от земли".

(7) Более узко, Исмаил отождествляется с арабскими народами, а позже с исламским миром. Так как окончательная редакция "Зохара" довольно поздняя (XIII век), то не вызывает сомнений, что любое упоминание Исмаила относится к историческому исламу и арабам.

(8) Исав, "рыжий", прародитель династии королей Идумеи, Эдом (что также означает красный) — обозначал в "сакральной этнологии" иудаизма (и особенно каббалы) индоевропейские народы Севера — римскую Империю, позже весь христианский мир.

(9) "Сеир" на иврите означает "волосатый" и "бык", "телец", поэтому иудейское жертвоприношение "тельцов" эзотерически соответствует уничтожению Исава и королей Идумеи.

(10) В имени Авраам, Abraham.

(11) Подробнее об этом ниже.

(12) Вавилон

(13) Т. е. актуального, современного рассеяния

(14) В другом месте "Зохара" говорится, что Аза и Азаэль прикованы к "горам Востока", где они учат "акумов" тайнам колдовства и магии, что является, возможно, антихристианской аллюзией на "королей-магов", "волхвов", пришедших в Вифлеем поклониться божественному младенцу.

(15) "И воздай ненавидящим его в лице потребите я" — по-церковнославянски. "И воздает ненавидящим Его в лице их, погубляя их" — по-русски. Как мы видим, каббалисты трактуют смысл этого места иначе, не как в христианском изводе, т.е. не то чтобы "Господь воздает ненавидящим его тем, что губит их", но "Господь временно вознаграждает тех, кого хочет погубить". Такая трактовка этого стиха имеет некоторые лингвистические основания в самом древнееврейском тексте Торы. Но она особенно важна для понимания иудаистической мессианской мысли. — Видимое процветание народов, религий и культур, среди которых евреи находятся в рассеянии (а речь идет, в первую очередь, о христианских народах, где протекает большая часть "четвертого, последнего рассеяния") есть признак их обреченности, тогда как униженное положение иудейской диаспоры, напротив, как раз и является залогом грядущего торжества и мести бывшим господам. Такой переворот пропорций является осевой линией иудейской иеро-истории.

(16) "Тии бяху исполини, иже от века, человецы именитии".

(17) "И рекоша: приидите, созиждем себе град и столп, его же верх будет даже до небесе: и сотворим себе имя" — по-церковнославянски. "И сказали они: построим себе город и башню, высотою до небес; и сделаем себе имя" — по-русски.

(18) Имеется в виду погибшие от потопа.

(19) Весь стих по-церковнославянски: "Мертвии живота не имут видети, ниже врачеве воскресят: сего ради навел еси и погубил еси, и взял еси всяк мужеск пол их." По-русски: "Мертвые не оживут; Рефаимы не встанут, потому что ты посетил и истребил их, и уничтожил всякую память о них". Старославянское "врачеви", "врачи" появились из буквального перевода термина "рефаим", от ивритского глагола "рафа" — "лечить". Отсюда, кстати, имя архангела Рафаила, "Целитель Божий". Любопытно, что в древности профессия "врача" считалась разновидностью колдуна или мага, а в некоторых культурах обе функции — жреческую и медицинскую выполняли представители одной и той же касты. Однако, ясно, что смысл церковнославянского перевода иной, нежели в оригинале Торы и в русском варианте. В церковнославянском имеется в виду, что "врачи" не воскресят мертвых, а в ивритской Торе и на русском — то, что "тени", "адские духи", "рефаимы" не воскреснут. На этом пассаже основывалась аргументация еврейской секты фарисеев, которая отрицала "воскресение мертвых".

(20) "Рафаины глаголются и сии, якоже и енакимы: и маовити прозывают я оммины".

(21) Т.е. "хаоса", "тоху-боху" переводится в каноническом славянском тексте "Ветхого Завета" как "безвидна и пуста" из фразы книги "Бытия" "земля была безвидна и пуста".

(22) "И всякий злак сельный, прежде даже быти на земли, и всякую траву сельную, прежде даже прозябнути: не бо одожди Господь Бог на землю, и человек не бяше делати ю".

(23) В принципе, это утверждение косвенно указывает на то, что полное и тотальное отождествление еврейской нации с исключительной человеческой общностью, которой одной доверено само "божественное присутствие", произошло только после разрушения Второго Храма в 70 году по Р.Х. Это крайне важно отметить, так как метафизическое извращение иудаизма, приписывающее только одной нации право контакта с божественным, в таком случае почти совпало бы с началом распространения христианства, и тем самым подтвердило бы, с одной стороны, позитивность преемственности христианства ветхозаветной традиции в предшествующей "четвертому рассеяния" форме, а с другой стороны, обосновывало бы антииудейский пафос христианства в отношении иудеев в мире, познавшем приход Спасителя.

(24) Тетраграмматона, т.е. "Верхним Присутствием" и "нижним Присутствием".

(25) "И река иссякнет и высохнет"

(26) "Верхнего Присутствия".

(27) "Нижнего Присутствия".

(28) "В день он будет Господь един, и имя его едино".

(29) Любопытно, что на определенных этапах маздеистской и зороастрийской традиции она подходила вплотную к тому мистико-расовому подходу, который является отличительной чертой иудаизма. Так, древние иранцы, считавшие себя "детьми благого бога Ахура-мазда, противопоставляли себя "жителям Турана" как "детям темного бога. Ангро-манью". При этом расовый мистицизм не ограничивался предписанием эндогенных браков (как в иудаизме), но доходил

до институционализации инцеста как оптимальной формы "сохранения чистоты крови". Вместе с тем именно в иранской традиции предельно заострена эсхатологическая проблематика, в отличие от индуизма, буддизма, китайской традиции и т.д.

(30) В отношении символического деления этого тысячелетнего цикла — 6-го тысячелетия — есть несколько важных обстоятельств. Эти 1000 лет с 1240 по 2240 год отождествляются с сутками. Следовательно, 1 час такого тысячелетнего дня равен 41,66666666667 году. Сутки делятся на 4 периода, каждый по 6 часов, что дает, соответственно, отрезок в 250 лет. Но самое интересное заключается в том, что начало нового дня у евреев совпадает не с полуночью (как в суточном делении), но с вечерними сумерками. Эта особенность связана с общей для авраамической традиции ориентацией на Запад и осеннее равноденствие (осень), которое является началом сакрального года, как у евреев, так и в церковном христианском календаре. Точно так же и сутки начинаются с вечера, той точки, которая в дневном цикле соответствует Западу среди ориентаций пространства и осени среди времен года. Это означает, что, строго говоря, седьмое, мессианское тысячелетие начинается не в 2240 году, но в 1990! Это — период самого вероятного прихода Машиаха.

В этом отношении крайне показательны все символические события 90-х, связанные с состоянием евреев и Израиля. Так, например, в марте 1997 года в Израиле родилась "красная корова". Это является важнейшим ветхозаветным символом, связанным с очищением от греха в иудаистической традиции. Причем эта "красная корова" является 9-ой по счету, а следующую 10-ую корову должен принести в жертву сам Машиах. Согласно иудаистическим ортодоксам, ритуальное жертвоприношение "красной коровы" позволит евреям вступить, наконец, на территорию Храма, которая считается не доступной для них не только из-за юридической принадлежности этой части Иерусалима исламскому сектору, но и из-за традиционного запрета для правоверных иудеев вступать на святую гору из страха попрать ногами святыни, находящиеся на ней в неизвестном месте. Только в мессианскую эпоху это станет возможным. Иудаистические ортодоксы напрямую связывают рождение "красной коровы" с наступлением мессианской эры. Если учесть циклологические особенности, связанные с 1900 годом, то многие моменты становятся более ясными.

(31) "Я, Господь, ускорю совершить это в свое время". "Аз Господь по времени соберу их".

(32) Современный комментатор "Зохара" Шарль Мопсик, ссылаясь на "Танах Толдот", напоминает, что "Один день Святого, будь он благословен, равен тысяче лет".

(33) "Онемех и смирихся" — по-церковнославянски. "Я был нем и безгласен" — по-русски.

(34) Тот же Мопсик комментирует — "Буква ḥе имеет цифровой эквивалент 5, знает речь идет о 5-ом дне или о пятом тысячелетии".

(35) "В течение ḥе" означает в период 5-го дня, т.е. с 240 года по 1240 год христианской эры.

(36) "Четвертое рассеяние" началось в 68 году, т.е. за 172 года до начала 5-го тысячелетия.

(37) Буква vau имеет численный эквивалент — 6, отсюда и 6-е тысячелетие.

(38) Каббалисты считают 1240 год поворотным моментом еврейской истории и началом пути Израиля к возвышению.

(39) Числовое значение yod — 10.

(40) 1300 г. — начало распространения "Зохара" в Испании.

(41) Традиционный комментарий к "Зохару" "Катем Пац" подчеркивает, что то каждый 60 лет, начиная с 1240 г. (от Р.Х.), для Израиля открываются дороги к Избавлению, если заслуги евреев этому способствуют.

(42) Эта дата, указанная "Зохаром" выпадает на 1900 год. И действительно, XX веку суждено было стать решающим в "четвертом рассеянии" Израиля. Когда держишь перед глазами текст "Зохара", датирующийся XIII веком, с такой наглядностью и уверенностью описывающий события, которым еще только суждено случиться спустя шестьсот шестьдесят лет, становится не по себе. Здесь само собой напрашиваются параллели с оживлением мессианских тенденций в начале века и особенно с каирским "откровением" Алистера Кроули. Кстати, учитель Кроули по ордену "Золотой Зари", Самуил Лиддел Мазерс, был каббалистом и евреем, а кроме того одним из первых переводчиков "Зохара" на английский язык. Кроули просто теоретически не мог не быть в курсе мессианских расчетов и предвидений каббалы. Все это проливает свет на некоторые его циклические "маго-мессианские" доктрины. Подробнее см. "Книгу Законов".

(43) Патриарх Иаков, иначе именуемый Израиль, является персонификацией всей еврейской нации. Любопытно, что "Зохар" трактует ночное сражение Иакова с "ангелом" (в некоторых трактовках, с самим Богом), как битву с демоном Самаэлем, который является "душой", "хранителем" Исава. А Исав (Эдом, гора Сеир), в свою очередь, означает собирательно северные индоевропейские народы — Рим и вместе с тем, совокупно "христианский мир". Следовательно, ночной бой Иакова с "ангелом" является в глазах каббалистов метафорой, описывающей эсхатологическое сражение иудеев с "римлянами" (христианами).

(44) Согласно интерпретации каббалистов, "затвор" 6-го тысячелетия — это дата 5600, т.е. 1840 год от Р.Х.

(45) Т.е. речь идет о дате 1906-й год.

(46) От "затвора" 6-го тысячелетия, т.е. от 1840, т.е. 1913 год, преддверие Первой мировой войны.

(47) Шарль Мопсик, современный каббалист, комментирует этот пассаж на основании иных каббалистических источников — "речь идет о короле Эдом (христианство) и короле Исмаиле (ислам)." Предельно понятно и откровенно.

(48) "Это — бедственное время для Иакова, но он будет спасен от него". "И время тесно есть Иакову, и от того спасется".

(49) "Всех душ дома Иаковлева, перешедших в Египет, семьдесят".

(50) Речь идет о 1913 годе, предшествующему началу Первой мировой войны.

(51) Эта дата — 1940 год.

(52) "И представят всех братьев ваших от всех народов в дар Господу"

(53) Мусульмане.

(54) "И соберу все народы на войну против Иерусалима"

(55) "Предсташа царие земстии, и князи собрашася вкупе на Господа и на Христа его"

(56) "Живый на небесех посмеется им, и господь поругается им"

(57) "Возвеселится Господь о делех своих"

(58) "Буди слава Господня во веки"

(59) "Тогда оставшиеся на Сионе и уцелевшие в Иерусалиме будут именоваться святыми, все, вписанные в книгу для житья в Иерусалиме".

(60) "Остася же Иаков един. И боряшеся с ним человек даже до утра"

(61) Дословно, "саваоф" — "небесные воинства"

(62) Т.е. "римлянам", индоевропейцам, наследниками которых являются "христиане"

(63) Согласно "Кетем Пац", имя "Дума" означает Самаэля"..

(64) "Пророчество о Думе. — Кричат мне с Сеира: сторож! Сколько ночи? Сторож! Сколько ночи?"

(65) "И сказал: отпусти Меня; ибо взошла заря".

(66) "Иаков сказал: не отпущу Тебя, пока не благословишь меня". "Он же рече: не пущу тебе, аще не благословиши мене" — по-церковнос-

лавянски. В обоих случаях тонкость ивритского оригинала не передается. В еврейском языке глагол "благословлять" ("пока не благословишь") стоит здесь в совершенном виде, т.е. относится к прошлому, а не в несовершенном виде, что должно было бы быть отнесенным к будущему.

(67) "И понесет козел на себе все беззакония в землю непроходимую, и пустит он козла в пустыню".

(68) "Осел", по-еврейски "хамор". В частности, "Зохар" говорит: "Вна-

чале Иаков сопротивлялся змею, а теперь Симеон и Леви восстали на осла (Хамор), победили его во всех частях и он покорился им, о чем говорится в стихе: "Они убили лезвием меча Хамора (осла) и Сихема" (Бытие 32:26). В другом месте: "Из Симеона и Леви один поднялся против Хамора (осла), другой против всех ослов ("хаморим") Египта".

(69) "Пусть господин мой пойдет впереди раба своего, а я пойду медленно, как пойдет скот, который предо мною".

АРХАИЧЕСКИЕ КУЛЬТЫ

Мирча ЭЛИАДЕ

КОСМИЧЕСКОЕ ОБНОВЛЕНИЕ

Эсхатологический нудизм

В 1945 г. на острове Эспирито Санто (Новые Гибриды) появился странный культ. Его основатель, некий Тцек, распространил по деревням послание, в котором призывал мужчин и женщин отказаться от набедренных повязок, жемчужных ожерелий и других украшений. Кроме того, добавлял он, все предметы, полученные от белых, должны быть уничтожены, вместе с инструментами, использующимися при изготовлении циновок и корзин. Он призывал сжечь все дома и построить в каждой деревне по две больших общих спальни: одна из которых предназначалась для мужчин, а другая — для женщин. Супругам отныне запрещалось проводить ночи вместе. Пищу следовало приготовлять в одной большой кухне (готовить ночью строго запрещалось). Нужно было прекратить работать на белых и забить всех домашних животных: свиней, собак, кошек и т.д. Одновременно с этим Тцек приказал отменить многие традиционные табу: такие, например, как запрет браков в рамках одной тотемической группы, выкуп жен, изоляция молодых матерей после родов и т.д.. Он требовал также изменить похоронные обычаи: не зарывать больше покойника в его хижине, а оставлять на деревянной платформе в джунглях. Но наиболее сенсационным в послании было сообщение о будущем прибытии на остров "американцев". При этом все адепты культа получали бы товары в неограниченных количествах, более того, им было обещано бессмертие и вечная жизнь [1].

В этих последних особенностях можно узнать специфический характер милленаристских и эсхатологических культов Океании, называемых "карго-культы". На них мы остановимся дальше. Сейчас же отметим, что нудистский культ Эспирито Санто продолжал распространяться в течение не-

скольких лет. В 1948 году Грэхэм Миллер писал, что "культ становится могущественнее по мере удаления вглубь острова". К нему примкнула треть населения. Общий язык — Маман — был принят всеми членами культа, хотя поселения подразделялись на разные лингвистические группы. Новое единство религиозного порядка образовалось вне традиционных племенных структур. Члены секты были убеждены в злокозненности старого порядка и превосходстве нового. Проповедовавшееся миссионерами христианство открыто отвергалось. Центры нового культа находились в расположенных в глубине острова деревнях, куда явно не проникал ни один белый человек [2]. Как и все милленаристские культы Океании, это движение носило явно враждебный по отношению к белым характер.

Успех его был, однако, весьма относительным. После энтузиазма первых дней ему явно оказывается сопротивление. Обещанная утопия не реализовалась, напротив же, в результате массового уничтожения имущества произошло обнищание целых районов. Более того, сами туземцы сетовали на нудизм и оргиастическую разнузданность. Так, по словам одного из информаторов Грэхэма Миллера, "истинной причиной нудизма было поощрение оргий". Сам основатель культа говорил, что, будучи естественной функцией, половой акт должен производиться публично, среди белого дня, как это происходит у собак и домашней птицы. Все женщины и девушки без разбора должны принадлежать всем мужчинам [3].

Туземцы и даже некоторые адепты культа были шокированы уничтожением их имущества и сексуальной разнузданностью новых нравов. Поскольку выразившийся в уничтожении имущества эсхатологический нудизм имел смысл лишь как ритуальное поведение, провозглашавшее и подготавливавшее новую эру процветания, свободы, красоты и вечной жизни, а волшебное Царствие при

---

[1] J.Graham Miller, Naked cults in Central West Santos, "Journal of the Polynesian Society" (vol. 57, 1948)
[2] Op. cit.
[3] Op. cit.

дарами. Прибытие в порты белых торговых судов есть для туземцев событие, связанное с чудом. Они заметили, что белые получают провиант и многочисленные промышленные товары, к производству которых они не прикладывали никакого труда. Туземцы видели лишь готовые продукты, но не знали о длительном процессе их изготовления, происходившем вдали от их островов. Отсюда вполне логичное, с их точки зрения, заключение, что эти товары произведены либо при помощи магии, либо трудом прежде усопших сородичей. Если верна вторая гипотеза, то товары по праву принадлежат туземцам, поскольку умершие работали ради них, а не ради белых. Зачастую туземцы были убеждены, что суда с товарами, посланные к ним с дарами, захвачены белыми, и подобная несправедливость еще более усиливала и без того существующую напряженность в отношениях между белыми и черными. С другой стороны, если товары получены при помощи магии, то туземцы имели на них не меньше прав, поскольку все равно

производились они их "родными" покойниками, заботившимися о них, и их богами.

Языческо-христианский синкретизм

Такое сочетание разных мифологических элементов привело к созданию атмосферы обмана и взаимной подозрительности. С одной стороны, во всяком случае, сначала, на белых смотрели как на вернувшихся с дарами Предков. Действительно, у них была белая кожа, как у духов умерших, и они прибывали на кораблях. С другой стороны, устроившись на острове, белые беззастенчиво угнетали туземцев, загружали их самой тяжелой работой да еще пытались обратить в христианство.

Двойственное отношение к белым объясняет как антизападные движения за национальное освобождение, так и зависть, ревность, механическое подражание западным ценностям. Почти все карго-культы более или менее категорично отвергают христианство. Но, тем не менее, христианская эсхатология неоднократно соединяется с меланезийским милленаристским мифом. Так, на полуострове Хуон туземский отшельник Упикно удалился в джунгли и принял по божественному указанию имя Лазарь. Одно из милленаристских движений на Рэй Коаст (1936) провозгласило второе пришествие Христа. Туземец-католик Мамбу с Мадани Дистрикт дал начало синкретическому языческо-христианскому движению, направленному против белых и их миссий. Другой меланизийский культ, известный под названием "Ассизи", объявил о прибытии Христа на одном из торговых кораблей. В результате этого события туземцы должны были поменять цвет кожи; они превратились бы в белых и стали хозяевами над белыми, которые, в свою очередь, должны были превратиться в черных. На Каимку семнадцатилетняя девица Фило основала новый синкретический профетический культ. Один из ее дядьев был именован Богом, а другой — Иисусом. Денно и нощно последователи культа пели и танцевали вокруг них, читая католические и туземные молитвы. Фило предсказала, что Бог пошлет им товары и оружие для охоты на белых, миссии которых они должны атаковать в первую очередь, поскольку они распространяют ложную религию. Затем настанет очередь полиции. Саноп, один из руководителей милленаристского культа на Буке, обвинил европейцев в сокрытии части христианских ритуалов и догм. Согласно верованию одного из культов голландской Новой Гвинеи, европейцы, вырвав первую страницу из Библии, утаили тот факт, что Иисус был папуасом, и благодаря этому присвоили себе в христианстве привилегированное положение, которое по праву принадлежит папуасам. Для устранения этой несправедливости верующие переименовывали свои деревни в Галилею, Вифлеем, Иерихон и т.д. А один из лидеров, которого с тех пор звали Моисеем, для медитаций удалился на гору, переименованную в Кармил[5]. В 1939 году одна прокаженная старуха объявила о прибытии корабля с товарами и переименовала острова Шутен в Иудею и Гадар. Ее деревня стала Вифлеемом, а небольшая речушка — Иорданом. Более того, во многих случаях милленаристские движения отказывались от традиционных меланезийских форм религиозности. Маски тайных обществ уничтожались, к участию в эзотерических церемониях допускались женщины[6]. Иногда от традиционной религии отказывались полностью. Не то, чтобы туземцы день ото дня становились все более и более нерелигиозными, одновременно освобождаясь от христианства и от религии своих предков. Напротив, перемены вызывали возрождение религиозной жизни более аутентичной и созидательной, чем прежде, поскольку она подпитывалась профетическим и милленаристским опытом. Туземцы готовились к царствию небесному и отказывались от всех религиозных форм прошлого. Они ожидали новой, радикально возрожденной жизни, существования, имеющего иные ценности, поскольку оно виделось блаженным и нескончаемым. Этот же феномен мы отмечали в нудистском культе Эспирито Санто, который одновременно отрицал христианство, этические и экономические ценности белых, а также традиционные племенные обычаи и запреты. Готовилось восстановление Рая.

Бесспорно, что все эти милленаристские движения в Океании возникали в результате определенной исторической ситуации и выражали стремление к экономической и политической независимости. Во многих работах хорошо освещается социо-политический контекст карго-культов. Однако историко-религиозная интерпретация этих милленаристских микрорелигий едва только начата. Все эти явления профетизма могут быть поняты полностью лишь в перспективе истории религий. Невозможно понять значение и причину необыкновенного успеха карго-культов, если не принимать во внимание мифо-ритуальную тему, которая играет фундаментальную роль в меланезийских религиях, а именно, миф о ежегодном возвращении умерших и космическом обновлении, которое при этом происходит. Космос ежегодно должен регенерироваться, и на новогодних

церемониях, в ходе которых осуществляется эта регенерация, присутствуют умершие. Этот мифо-ритуальный комплекс продолжен и дополнен в мифе Великого Года, то есть радикального обновления Космоса путем разрушения всех существующих форм, их регрессии к хаосу и последующего нового творения.

Уничтожение Мира и установление Золотого Века

Тема периодического уничтожения и воссоздания Космоса представляет собой широко распространенный религиозный мотив, и мы к нему вернемся позже. В настоящий момент попытаемся выяснить, что понимают в некоторых профетических культах Меланезии под Великим Годом. В качестве примера возьмем пророка Токерию (Новая Гвинея), который объявил 1893 г. *настоящим* Новым Годом, *настоящим* праздником умерших, который должен открыть новую эру изоби-

лия. Но страшный катаклизм — вулканические извержения, землетрясения, наводнения — уничтожит всех неверующих, всех неприсоединившихся к культу. После этой катастрофы космических масштабов, в которой легко распознается образ конца Света, ветры резко переменят свое направление и принесут хорошую погоду. Расцветут сады таро и ясмса, деревья согнутся под тяжестью плодов. Умершие вернутся к живым на кораблях, и их прибытие ознаменует наступление века изобилия и красоты. Последователи культа должны были воздерживаться от употребления предметов европейского происхождения.

В 1929-1930 гг. среди новобританских бенинов распространился миф о Золотом Веке. Согласно ему, всех европейцев и скептически настроенных туземцев должны будут уничтожить землетрясения, горы упадут в долины и освободят место для равнин, покрытых садами и огоро-

---

[5] *Священная гора в Израиле, на которой Илия низвел огонь с небес на жертвенного тельца для посрамления жрецов Ваала. — А.Д.*
[6] *Открытие женщинам доступа к инициатическим организациям — яркий признак всех эсхатологических эзотерических ритуалов. Согласно профессору Г.Вирту, в примордиальной нордической цивилизации доминировал принцип "женского жречества", который должен быть восстановлен в момент финальной Реставрации цикла. — А.Д.*

дами, в которых не нужно будет работать. Все умершие, включая собак и свиней, воскреснут. В 1923 г. пророк Роновуро на Эспирито Санто объявил о грядущем потопе, после которого вернутся умершие на судах, груженных рисом и другой провизией. Случается так, что по прошествии некоторого времени пророчества считаются свершившимися на самом деле. Известное под названием "безумие Вайлала" (Vailala madness) движение, возникшее в 1919 г., к 1923 г. стало затухать, а к 1931 г. окончательно пришло в упадок. Но начиная с 1934 г. туземцы стали считать, что все пророчества исполнились буквально. К этому времени туземцы стали делать вид, что хорошо помнят как тряслась земля, качались деревья, после чего они разом расцвели в один день. Вспоминали они также, что однажды ночью умершие посетили остров, и наутро на песчаном берегу были обнаружены отпечатки их европейских башмаков, и даже следы от их велосипедов. Пророчества исполняются в обратном порядке, то есть в прошлом, но все же исполняются.

В 1993 г. на Новой Гвинее туземец по имени Марафи из долины Маркхам (район Моробэ) объявил, что его посетил Сатана и препроводил в земные недра, чтобы он смог встретиться с обитающими там духами умерших. Те поведали ему, что очень хотели бы вернуться на Землю, но их не пускает Сатана; однако, если Марафи удастся убедить жителей деревни в том, что Сатана является Верховным Существом, то им будет позволено вернуться. Интересно, что возмущенный узурпацией белыми политической и религиозной власти Марафи сделал логическое заключение, что настоящим богом новой профетической религии может стать только антибог белых — Сатана. Конечно, речь идет об образном выражении антагонизма между черными и белыми, но это также результат конкретной исторической и религиозной ситуации — фактически, того, что христианство белых не соответствует духу Евангелия.

Но еще более показательно заявление, что возвращению умерших будет предшествовать космический катаклизм; сначала землетрясение, которое все перевернет, затем огненный керосиновый дождь, который уничтожит все постройки, сады и все живое. Марафи советовал построить дом, чтобы вместить всех членов общины при первых признаках начала катаклизма, то есть когда земля начнет содрогаться. На следующий день после землетрясения они обнаружат умерших уже вернувшимися с дарами: консервированным мясом, рисом, табаком, одеждой, лампами и ружьями. После этого отпадет необходимость работать в садах.

Предшествующие прибытию умерших землетрясение и тьма являются довольно распространенной темой в маланезийских карго-культах. В распространенном в голландской Индии известном мифе говорится о том, что с возвращением героя Мансрена будет установлен Золотой Век. В том месте, где он в настоящее время обитает (Индонезия, в некоторых вариантах — Сингапур или Голландия) Мансрен посадит дерево, вершина которого достигнет неба (образ axis mundi, оси мира), затем дерево наклонится до острова Миок Вунди — места рождения Мансрена, и по его стволу пробежит чудесный ребенок Конор. Прибытие этого ребенка (puer aeternus, "вечное дитя") ознаменует начало Золотого Века: старики вновь станут молодыми, больные излечатся, умершие вернуться на Землю. Будет изобилие пищи, женщин, украшений, оружия. Никто больше не будет вынужден работать и платить налоги.

В последних версиях мифа прибытие Мансрена и чудесного ребенка (puer aeternus) радикально изменит не только социальную ситуацию, точнее, экзистенциальную модальность человеческого существования, но и саму структуру Космоса. Ямс, картофель и другие клубневые расцветут на деревьях, а какао и разные фрукты спрячутся в землю, наподобие клубневых. Морские животные станут сухопутными и наоборот: согласно образному выражению абсолютного изменения форм и законов настоящего мира, то, что находится наверху, будет внизу и т.д. Произойдет полное обновление Космоса; Небо и Земля разрушатся, а на их месте будет сотворено новое Небо и новая Земля.

Знаменитый Джон Фрум пророчествовал, что остров Тана (один из островов Новых Гибридов) в результате катаклизма станет плоским, вулканические горы разрушатся и упадут в долины, а на их месте появится плодородная равнина. (Разрушение гор и выравнивание земли представляют собой апокалиптическую тему, особенно часто встречающуюся в Индии и на Дальнем Востоке.) После этого к старикам вернется молодость, больше не будет болезней, никто не должен будет работать в садах, белые уедут, а Джон Фрум вместо миссионерских организует свои школы.

В одном диком районе на Новых Гибридах, открытом не более 20 лет назад, милленаристский миф принял еще более захватывающие формы. Будет Великая Ночь, после окончания которой прибудет Иисус с Предками и товарами. Чтобы узнать об их прибытии туземцы втыкали в землю бамбуковые палки, имитирующие телеграфные столбы. Кроме того, они ставили столбы с зарубками, чтобы Иисус мог спуститься на Землю, а сами они, в свою очередь, подняться в Небо. (Вновь мы встречаемся с темой axis mundi).

При этом тщательно убирались могилы и уничтожалось имущество и оружие. Объявлялось также, что черная кожа превратится в белую, и имущество белых перейдет к черным. В результате воздушных боев между японцами и союзниками туземцы стали верить, что часть их Предков прибудет на Аэропланах. Первых приземлившихся в прибрежных районах летчиков встречали торжественной церемонией как авангард Предков.

Ожидание умерших и ритуальная бездеятельность

Во всех меланезийских карго-культах ожидание предшествующей Золотому Веку катастрофы отмечено серией акций, которые выражают абсолютное освобождение от привычного поведения и ценностей. При этом туземцами убивались свиньи и коровы, все сбережения растрачивались (кроме европейских денег, которые выбрасывались в море), строились новые помещения для хранения провизии, убирались и украшались старые кладбища, открывались новые, прекращалась всякая работа и начиналось ожидание за праздничными столами возвращения мертвых. В движении Джона Фрума допускается определенная вольность во время коллективных праздников; пятница — когда начнется Золотой Век — объявляется святым днем, в субботу туземцы танцуют и распивают каву. Юноши и девушки живут в общем доме, днем они вместе купаются, а по ночам танцуют.

Если оставить в стороне все синкретические и христианские элементы, то меланезийские микрорелигии в основе своей имеют общий центральный миф. Знаком космического обновления считается возвращение мертвых. Как нам известно, речь идет о фундаментальной религиозной идее меланезийцев. В карго-культах лишь усилилась, переосмыслилась, зарядилась милленаристской и профетической напряженностью традиционная религиозная тема периодического обновления космоса, а точнее, его символического ежегодного обновления. Первый день Нового Года является повторением космогонии: рождения нового Мира — свежего, чистого, обладающего всеми достоинствами, не изношенного временем, иными словами, Мира такого, каким он был в первый день Творения. Эта крайне распространенная идея выражает желание религиозного человека избавиться от ошибок прошлого, избежать тягот времени и начать существование как бы заново, ab ovo.

В Меланезии аграрный праздник Нового Года состоит из следующих элементов: возвращение мертвых, запрет работать, приношения мертвым, оставленные на столах, либо банкет для духов, а в конце — оргиастический коллективный праздник. В сценарии этого аграрного праздника нетрудно узнать наиболее характерные элементы карго-культов: ожидание умерших, массовый убой домашних животных, приношения духам, оргиастические увеселения, отказ от работы. Более всего европейцев поражало массовое уничтожение имущества и абсолютная бездеятельность. Приведем в качестве примера описание представителем Acting Resident Magistrat визита в один из районов, населенных папуасами, зараженными так называемым "безумием Вайлала". "Они неподвижно сидели, и пока я в течение нескольких минут на них смотрел, не было произнесено ни единого слова. Достаточно было увидеть столь идиотское поведение, чтобы кто угодно пришел в ярость: целая группа сильных и хорошо сложенных туземцев, одетых в новую и чистую одежду, сидела в самый полдень в каменном молчании, наподобие бревен, вместо того, чтобы работать или заниматься чем-нибудь разумным. Они совершенно созрели для помещения в клинику душевнобольных".

Западному человеку трудно понять подобную ритуальную неподвижность: это уже не лень, но чистое безумие. Тем не менее эти туземцы совершали свой обряд, они ожидали возвращения мертвых, и в связи с этим им было запрещено работать. На этот раз речь шла о возвращении мертвых не по случаю обычного нового года, — ежегодного обновления Мира, — но о начале Великого Года, которое можно определить как наступление новой космической эры. С ее приходом вернутся умершие, чтобы больше никогда не покидать живых; исчезновение старости, смерти, болезней устранит всякое различие между живыми и мертвыми. Такое радикальное обновление Мира практически является восстановлением Рая на Земле. Поэтому, как мы видели выше, этому будут предшествовать страшные катаклизмы: землетрясения, затмения, потопы, огненные дожди и т.д. На этот раз речь идет о тотальном разрушении старого мира, чтобы освободилось место для

новой космогонии и установился новый тип существования — райского существования.

Карго-культы ассимилировали христианские милленаристские идеи, потому что туземцы обнаружили в христианстве свой старый традиционный эсхатологический миф. Им была знакома идея воскрешения мертвых, проповедуемая христианством. И если туземцы разочаровались в миссионерах, если большинство карго-культов приняло антихристианский характер, то причину следует искать не в самом христианстве, но в том, что, по-видимому, миссионеры и новообращенные вели себя не как истинные христиане. Встреча туземцев с официальным христианством сопровождалась многочисленными трагическими обманами. Так, более всего в христианстве их привлекало предсказание радикального обновления Мира, неотвратимый приход Христа и воскрешение мертвых. Именно профетические и эсхатологические аспекты христианской религии нашли у туземцев самый живой отклик. Но именно этими аспектами пренебрегали миссионеры и новообращенные. И когда вожаки поняли, что их косвенные вдохновители, миссионеры не верят в реальность кораблей, привозящих умерших с дарами, и вообще не верят в неотвратимость наступления Царствия, воскрешение мертвых и установление Рая, милленаристские движения приняли крайне антихристианский характер.

Один из наиболее ярких эпизодов в идеологическом конфликте между милленаристскими карго-культами и официальным христианством представляют собой злоключения знаменитого Яли, фигуры первостепенной важности в профетическом движении религии Маданг. Свой рассказ о милленаристских культах Меланезии мне хотелось бы завершить его историей. Яли принимал активное участие в милленаристском движении, содержавшем множество эсхотологических элементов христианства. В 1947 году он был препровожден в Порт Маресби — столицу Новой Гвинеи для переговоров с высшими чиновниками, обеспокоенными его деятельностью. Во время пребывания там он понял что христиане-европейцы не верят в реальность чудесного карго-корабля. Кроме того, один туземец показал ему книгу по эволюции, сказав, что на самом деле европейцы следуют этой теории. Эта информация глубоко потрясла Яли, ему открылось, что европейцы верят в свое происхождение от обезьяны, иначе говоря, разделяют старую тотемическую веру его собственного племени. Яли почувствовал себя обману-

тым, он стал яростным противником христианства и вернулся к религии своих предков. Он предпочел вести свое происхождение от одного из знакомых ему тотемических животных, нежели от какой-то сомнительной обезьяны, обитавшей вдали от его острова в сказочные геологические эпохи.

Новый Год и реставрация Мира у калифорнийских индейцев

Племена, о которых сейчас пойдет речь, не культивируют клубневых, не выращивают свиней, как меланезийцы; обитают они не в тропиках, а на территории между северо-западным побережьем Калифорнии и реками Кламат, Салмон и Тринити. Прежде всего, речь идет о различных ответвлениях индейских племен Карок, Юпа и Юрок, занимающихся не сельским хозяйством, но ловом лососевых. Помимо этого Юпа занимаются сбором желудей, мука из которых служит им для приготовления каши.

Главную религиозную церемонию в этих племенах называют "восстановлением Мира", "починкой" (repair) или "фиксацией" (fixing) Мира. По-английски ее называют Новым Годом, поскольку, по крайней мере, первоначально, она проводилась по случаю туземного Нового Года. Целью этой ежегодной церемонии является восстановление или укрепление Земли на следующие один либо два года. Определенные ритуалы туземцы называют "установкой столбов под Мир". Эта церемония проводится таким образом, что начало ее совпадает с новолунием и достигает своего апогея с новым появлением месяца, что также указывает на символизм обновления. Но все эти понятия обновления, реставрации, починки, стабилизации и т.д. в религиозном сознании калифорнийских индейцев представляются как ритуальное повторение акта Сотворения Мира. И на самом деле, жрец тщательно повторял слова и жесты "Бессмертных", то есть духов, обитавших на Земле до людей и покинувших ее (либо превратившихся в камни), когда калифорнийские племена заняли их территории. Итак, Мир, в котором поселились калифорнийские индейцы, сотворили Бессмертные, а кроме того, они организовали структуру взаимоотношений и гражданские, религиозные институты.

Церемониал состоит из двух частей: первой — эзотерической, выполняемой Жрецом в полном одиночестве и строгой тайне, и второй — публичной. Последняя состоит из плясок и турнира по стрельбе из лука у юношей. Публичные церемонии также достаточно глубоко пронизаны богатым религиозным символизмом, на котором мы не будем здесь останавливаться. В основе эзотерического ритуала лежит рассказ или диалог, содержащий слова Бессмертных Духов. Рассказ сопровождается жестами, символизирующими действия Бессмертных, произведенных в мифические Времена. Совокупность ритуалов составляет сценарий, имеющий космогоническую структуру. При этом частично перестраивают или чинят церемониальный дом, в котором происходят ритуальные пляски, и такая работа символизирует Утверждение Мира. В некоторых племенах Юрок Утверждения Мира достигают путем ритуальной перестройки паровой хижины. Нет необходимости повторять, что культовый дом представляет собой imago mundi (образ мира). У таких отдаленных друг от друга американских племен как Квакиутл и Винебаго культовый дом представляет собой Вселенную и называется "Наш Мир".

Второй ритуал состоит в разжигании нового огня, пламя и дым которого неприкосновенны для зрителей. Известно, что в различных частях света накануне Нового Года очаг гасят, чтобы ритуально вновь его разжечь в первый день наступившего Года. Космогонический символизм этого ритуала очевиден: ночь без огня уподобляется примордиальной ночи, новый огонь означает рождение нового мира.

Третий ритуал состоит из длительного странствия, во время которого жрец посещает все священные места, в которых Бессмертные совершали определенные действия. Мы увидим, что эти маршруты не только тщательно воспроизводят маршруты Бессмертных, но и включают повторение их действий, совершенных в мифические времена, — действий, в результате которых Мир приобрел тот облик, который он имеет сегодня. Церемония состоит из ночных бдений жреца в паровой хижине, чтения молитв, приношения даров. Но основной фазой является церемониальный прием пищи, состоящей из мяса лосося или желудевой каши. Специально для этой цели изолированный жрец готовит и в одиночестве съедает эту пищу. Здесь речь идет о жертвоприношении первых плодов, так как эта церемония служит сигналом для открытия сезона ловли лосося и снимает запрет на сбор нового урожая желудей. После символического воссоздания Космоса жрец церемониально распределяет первые плоды Нового Мира.

Ритуал Карока

Разумеется, у разных племен существует множество вариаций известных церемоний, но структура сценария остается единой. Для того, чтобы упростить доказательство этого положения, рассмотрим основные черты ритуала Карок. Жрец является представителем, а точнее, инкарнацией

Бессмертных. Это подчеркивается присваемыми ему именами и теми табу, которые на него накладываются. Его называют "бессмертным" или "духом". Во время церемоний, когда он разжигает огонь и когда ест, на него запрещено смотреть. Через два или три месяца после церемонии жрец все еще ограничен определенными запретами, например, есть и говорить он должен только сидя, не должен пить и т.д.

Основные ритуалы продолжаются в течение 10-12 дней. Некоторое время жрец проводит в паровой хижине в посте и молитвах. Но главным образом имеют значения слова и ритуалы, которые совершаются и произносятся во время его странствия. Один жрец Карока (племя Инам) подробно рассказал Гиффорду обо всем, что он делает и говорит во время своего странствования по святым местам. Он ныряет в реку и под водой "мыслит" молитву. Выйдя из воды, он по дороге

думает, что "вот так в мифические времена шли Бессмертные". И продолжает молиться для благоденствия общины. Прибыв на место, где находится камень, он должен медленно повернуть его, чтобы Мир стал более стабильным. Затем он направляется к святому месту и разводит там огонь. После этого он начинает подметать, приговаривая: "Бессмертный так подметал для меня. Все больные отныне будут чувствовать себя лучше". Он подметает границы Мира на востоке и на западе, после чего забирается на гору, отыскивает там сук, из которого делает палку, приговаривая:

"Этот Мир расколот, но после того как я протащу палку по земле, все трещины затянутся, и Земля вновь станет твердой". Тут он снова раз-

жигает огонь и подметает, как и прежде, границы Мира. Затем он спускается к реке, отыскивает там камень, прочно устанавливает его, приговаривая: "Земля, которая была разрушена, будет заново восстановлена. Люди будут жить долго и станут сильными". После этого он садится на камень, и как было объяснено Гиффорду, при этом "Мир больше не поднимается и не разрушается". Камень этот находится на одном месте еще со времени Бессмертных, то есть с начала Мира. Туда он был принесен божественным Существом, имя которого — Исивсанен — означает "Мир", "Вселенная".

На шестой день паломничества жрец становится воплощением самого могущественного из Бессмертных (ixlareya), по имени Astexewa wekareya. После любых произнесенных им слов, например: "Тот, кто сделал эту работу, будет долго жить и не будет болеть," — он непременно добавляет: "Астексева Векарея говорит это". Когда он отыскивает подходящее место для проведения состязаний по стрельбе из лука, он говорит: "Это я, Астексева Векарея, выбрал это место". Он вновь взбирается на гору и разводит огонь, после чего режет сорные травы, читая заклинание: "Мир полон болезней, Астексева Векарея отрезает все болезни Мира". После этого он принимается подметать место, приговаривая: "Сейчас Акстестева Векарея выметает все болезни Мира. Мое дитя не будет болеть". (Выражение "мое дитя" относится ко всем детям вообще). Он обстругивает палку, кладет ее на землю и говорит: "Астексева Векарея кладет палку. Пусть судьба всех их будет лучше, пусть больше не будет болезней в Мире. Пусть дичь и рыба будут в изобилии и будут легче ловиться". После разведения огня он уходит и повторяет ту же церемонию на другом месте, удаленном от прежнего на 5-6 км.

Вечером в лагере исполняется Танец Лани. Как только жрец начинает разводить огонь, кто-нибудь криком оповещает об этом, и при этом все прикрываются покрывалами или ветками. Затем довольно продолжительное время жрец заливает огонь водой и прыгает в реку со скалы высотой до нескольких метров. Для участников церемонии это сигнал к тому, чтобы открыть лица. На следующий день жрец отправляется к находящимся в горах двум кострищам, в которых накануне разводился огонь, и тщательно собирает пепел.

Десять дней странствий жреца Карока были установлены Бессмертными. При этом каждое посещаемое место соответствует месту, откуда, после свершения определенных ритуалов, исчезал Бессмертный. Бессмертные постановили, что каждый год жрец должен возвращаться во время церемонии Обновления Мира и точно повторять то, что совершали они.

Юпа, Юрок и Карок верят, что людям на земле предшествовала раса Бессмертных (kixunai), которая учредила все человеческие институты и установила порядок церемоний. Все мифы и заклинания связаны с действиями Бессмертных. Священные камни представляют Бессмертных, не успевших покинуть Землю до пришествия людей, и составляют теперь часть платформы перед культовой хижиной.

Новый Год и Космогония

Космогонический сценарий состоит из совокупности ритуалов, о которых мы рассказали. Бессмертные в мифические времена сотворили Мир, в котором поселились калифорнийские индейцы. Они очертили границы территории, зафиксировали Центр и опоры, обеспечили изобилие лосося, желудей, изгнали болезни. Однако настоящий Мир уже не является вневременным, безальтернативным Космосом, в котором жили Бессмертные. Это живой Мир, в котором обитают и который используют существа из плоти и крови, и он подчиняется закону становления, старения, смерти. Он также требует периодического обновления, утверждения, починки. Но обновить его можно лишь повторением того, что Бессмертные делали in illo tempore (во время оно), повторением акта Творения. Поэтому жрец воспроизводит путь Бессмертных, повторяя при этом их слова и жесты. В конечном счете, он воплощает Бессмертных, иначе говоря, на время празднования Нового Года они как бы вновь присутствуют на Земле. Этим объясняется то, что ритуал ежегодного обновления Мира является самой важной религиозной церемонией для калифорнийских племен. Благодаря ему Мир не только обновляется и стабилизируется, но и как бы освящается присутствием Бессмертных. Инкарнирующий их жрец на это время сам становится Бессмертным, и поэтому на него запрещено смотреть и до него нельзя дотрогиваться. Он совершает ритуалы вдалеке от людей в полном одиночестве, поскольку когда их совершали впервые Бессмертные, на Земле еще не было людей. Каждый Новый Год Мир символически возобновляется, Бессмертные делают его снова стабильным, святым, богатым, то есть таким, каким он был в начале Времен. Поэтому жрец провозглашает, что не будет больше болезней и катаклизмов, что у людей будет пища в изобилии. Снятие запрета на рыбную ловлю и сбор желудей позволяет людям потреблять продукты вновь рожденного Космоса. Они едят точно так же, как первые человеческие существа впервые ели на Земле. Современному человеку, который давно уже утратил опыт ощущения пищи как святыни, трудно вообразить религиозное значение ритуального поедания первых плодов. Но попытаемся все же представить, что могла бы значить для члена традиционного общества возможность касаться, пробовать, жевать, глотать дары обновленного, заново освященного присутствием Бессмертных Космоса. Для того, чтобы понять этот опыт, нужно вспомнить эмоции человека, либо *впервые* для себя открывшего любовь, либо *впервые* путешествующего в далекую и прекрасную страну, либо встретившего произведение искусства, отвечающее его художественному вкусу. "Впервые" — в этом слове заключен весь смысл, это ключ к пониманию подобного рода ритуалов и церемоний, следующих за обновлением Мира, за повторением космогонии. За этим угадывается глубокое желание переживать любой опыт как бы впервые, когда он представлял своего рода эпифанию, встречу с чем-то могущественным, значительным, стимулирующим, дающим смысл всему существованию. В современном мире уже давно утерян религиозный смысл физической работы и органического функционирования. Там же, где это еще сохраняется, их религиозному значению угрожает безудержное распространение техники и идеологий европейского происхождения. Понять этот смысл можно, лишь приняв во внимание необходимость для традиционного человека периодически переживать шок инициирующего опыта, иначе говоря, переживать различные модальности существования как бы впервые, когда все было внове и составляло шифр трансцендентной реальности. Такую необходимость периодического обновления Космоса, мира, где мы живем, — того единственного реально существующего нашего мира, — мы обнаруживаем во всех традиционных обществах. Конечно, выражение этой необходимости варьируется в различных обществах в зависимости от соответствующих каждой культуре структур и обусловлено многообразием исторических форм. Мы, например, ограничили себя разбором двух типов обществ — меланезийцами и северо-западными калифорнийскими индейцами. Различия их идеологий и религиозного поведения слишком очевидны, чтобы остаться незамеченными. Для меланезийцев характерной чертой является возвращение умерших и мифических Предков во время празднования великого аграрного праздника Нового Года; у калифорнийских индейцев речь идет о символическом

возвращении Бессмертных. В Меланезии, как, впрочем, во всех аграрных культурах, периодическое возвращение умерших сопровождается коллективным праздником оргиастического типа. И как мы это видели, драматическое напряжение ожидания умерших, синдром радикального обновления Мира способствуют возникновению профетических и милленаристских движений. Совершенно иной религиозный мир у калифорнийских индейцев. Здесь мы имеем дело с завершенным, совершенным миром, построенным Бессмертными, можно сказать, с геометрической строгостью, и "воссоздаваемым" ежегодно жрецом, его одиноким паломничеством, медитациями и молитвами. Если проводить сравнительный анализ дальше, то он обнаружит и другие более или менее радикальные различия. Однако несмотря на эти различия в этих двух типах обществ обнаруживается совокупность ритуалов и религиозная идеология, которые имеют сходную структуру. Как в одном, так и в другом случае Космос требует воссоздания, периодической регенерации Времени, а космогонический сценарий, согласно которому происходит обновление Мира, связан с новым урожаем и сакрализацией акта приема пищи.

Потребность в периодическом обновлении Космоса, судя по всему, ощущалась во всех архаических и традиционных обществах, поэтому мы находим ее повсюду. Периодичность регенерации либо ежегодная, либо в соответствии с церемониями инициации (как в Австралии), либо зависит от случайных событий, таких, как угроза урожаю, как на Фиджи, либо помазание короля на царство, как в ведической Индии. По крайней мере, некоторые из этих периодических церемоний ведут свое происхождение от празднований Нового Года, и поскольку празднование Нового Года является космической регенерацией, парадигмой полного обновления, то все они моделируют его. Год представляет собой законченный цикл, показательный образ пространственно-временного единства. Наиболее законченное выражение ритуальный сценарий Нового Года получил в аграрных и городских культурах Древнего Ближнего Востока, где детально был разработан календарь. Здесь обнаруживаются драматические и оргиастические элементы, которые характерны для ежегодных празднеств в аграрных обществах. Повторение космогонии заключается в ритуальной битве между двумя человеческими группами, как, например, в Месопотамии между египтянами и хеттами. Как известно, это

воспроизведение битвы между Мардуком и морским монстром Тиамат, или Тешуком и Ильянкашем, или между Рэ и змеем Апофисом, битвы, которая имела место in illo tempore (во время оно) и закончилась победой бога, что положило конец Хаосу. Иными словами, при праздновании Нового Года повторяется переход от Хаоса к Космосу, повторяется космогония. В Месопотамии ежегодная церемония празднования Нового Года (akitu) включала в себя также zakmuk, "праздник жребиев", названный так, поскольку во время его для каждого месяца года вытягивался жребий, и таким образом "творились" будущие 12 месяцев. К этому добавлялся целый ряд ритуалов — таких, как спуск Мардука в Ад, унижение Ко-

говорится: "В день Xurkhath месяца Fravardin Господин Ормузд воскреснет во "втором теле", и мир избавится от немощей и демонов и пр. Повсюду будет изобилие, не будет нужды в пище, мир станет чистым, человек избавится от противоречий (злых духов) и обретет бессмертие на все времена". Карвини сообщает, что "в день Нового Года Бог воскрешал мертвых", "возвращал им их души" и "приказывал Небу, чтобы оно полило их дождем, вот откуда у людей появился обычай разбрызгивать в этот день воду". Связь между идеями "сотворения посредством вод" (акватическая космогония, потоп, периодически регенерирующий историческую жизнь, дождь), рождения и воскрешения подтверждается следую-

роля, изгнание всех зол под видом козла отпущения, и наконец, иерогамия бога с богиней Сарпанит, которую король воспроизводил со служительницей храма в покоях богини и которая служила сигналом коллективного освобождения. Речь идет, таким образом, о символической регрессии к Хаосу (превосходство Тиамат, "искажение формы, оргия), за которой следует новое творение (победа Мардука, установление судеб, иерогамия, новое рождение). Ритуальное повторение космогонии, которое следует за символическим уничтожением старого мира, восстанавливает Время во всей его целостности. Это необходимо для того, чтобы можно было начать новую жизнь в глубинах нового Творения. Такая необходимость полной регенерации времени, осуществляемой ежегодным повторением космогонии, сохранена и в иранских традициях. В одном из текстов пехлеви

щей фразой из Талмуда: "У Бога есть три ключа: один для дождя, один для рождения, один для воскрешения мертвых". По традиции, переданной Димаски, во время Навруза, дня Нового Года, король провозглашал: "Вот новый день, нового месяца, нового года! Нужно обновить все, что использовало время!" В этот день определяется судьба людей на целый год вперед, для того, чтобы обеспечить следующий год обильными дождями, практиковались очищения водой и возлияния. Кроме того, на Великий Навруз каждый высевал в кувшин зерна семи сортов пшеницы и по их прорастанию делал заключения о предстоящем урожае. Здесь речь об обычае, аналогичном ритуалу "определения судеб", который практиковался во время празднования Нового Года в Вавилоне и сохранился до наших дней в церемониях Дня Года у мандеев и иезидов. Поскольку Новый Год всегда повторяет космогонический акт, то те "12 дней", что отделяют Новый Год от Богоявления, еще и в наши дни рассматриваются как прообраз 12 месяцев будущего года. Крестьяне в Европе определяют температуру и количество дождя для каждого месяца будущего года при помощи "метеорологических примет" этих 12 дней. В ведической Индии 12 дней в середине зимы были прообразом и сжатым эквивалентом целого года (Rig Veda, IV, 33); такое же верование существовало у древних китайцев.

Итак, мы видим, что в городских и аграрных обществах сценарий Нового Года включает серию драматических элементов, наиболее важными из которых являются повторение космогонии через символическое возвращение к Хаосу, оргиастический беспорядок, ритуальные битвы и окончательную победу Бога; очищение грехов и возвращение умерших; возжигание нового огня; регенерацию времени путем "сотворения" будущих 12 месяцев и "определение" урожаев и т.д. Нет надобности уточнять, что этот сценарий никогда не встречается в полном виде, поскольку каждой культурой из него были выбраны и разработаны лишь определенные элементы (какие-то другие при этом игнорировались и оставлялись в стороне). Но при этом повсюду обнаруживается фундаментальная тема — регенерация Космоса при помощи повторения комогонического акта. Добавим к этому, что именно в культурном контексте Древнего Ближнего Востока, прежде всего в напряжении между религиозными и соответствующими им политическими идеологиями аграрных, городских и скотоводческих обществ, позднее кристаллизовались профетические, мессианские и милленаристские течения древнего мира. Эсхатология, ожидание исторического или космического Спасителя, вера в воскрешение мертвых — все это своими глубинными корнями уходит в религиозный опыт универсальной регенерации и обновления Времени.

Римские ludi и Асвамедха

Как мы говорили, существуют общества, где регенерация космоса, будучи периодической, не связана с празднованиями Нового Года. Мы упоминали о космическом обновлении, осуществляемом у австралийцев по случаю определенных ритуалов инициации. Другим примером периодичности, не связанной с празднованием Нового Года, являют-

ся ритуальные игры (ludi) в Риме. Согласно А. Пиганьолю, главной задачей игр было поддержание сакральной силы, связанной с жизнью Природы, с группой людей или каким-нибудь важным лицом. Ритуальные игры служили главным средством для омоложения как Мира, так и богов, мертвых и живых людей. Среди основных событий, по поводу которых устраивались игры, отметим праздники аграрных богов (в этом случае праздники представляют собой сезонные церемонии), дни рождения живущих знаменитостей (в этом случае это церемонии, проводимые pro salute — "для спасения", юбилеи побед, для восстановления божественной силы, обеспечившей победу), либо начало нового периода (в этом случае игры беспечивали обновление мира до следующего срока).

Лучше всего ритуальный сценарий Нового Года можно понять на примере ведической Индии. Нам известно, что асвамедха, знаменитое жертвоприношение лошади в ведической Индии, совершалось либо для обеспечения космического изобилия, либо для очищения от грехов, либо для укрепления универсальной верховной власти. Вероятно, изначально асвамедха был весенним праздником, а точнее, ритуалом, совершаемым в честь Нового Года. Структура его содержит космогонические элементы. В ригведических и брахманических текстах подчеркивается связь между лошадью и Водами[7]. Известно, что в Индии космогоническую субстанцию составляли преимущественно Воды, именно из Вод рождаются последующие миры. Воды символизируют зародыши, потенциальные возможности, вообще все творческие силы. Как мы видели, главной целью асвамедхи было универсальное плодородие. Символический союз между уже принесенной в жертву лошадью и королевой, mahisi, представляет собой архаическую формулу плодородия. Сопровождавшие ритуал непристойные диалоги выдают архаичность и народный характер церемонии. Очевидно, что речь идет о ритуале, преследующем задачу регенерации всего Космоса с одновременным восстановлением всех социальных классов и всех профессий в их первоначальном совершенстве. Во время жертвоприношения жрец декламирует: "Пусть брахман родится в святости, исполненным сияния святости! Пусть принц родится в царственном могуществе; герой, стрелок, воин — в яростном огне, в непобедимой колеснице! Родись, молочная корова, могучий бык, быстрая лошадь, пло-

---

[7] *Профессор Вирт указывает на существование проторунической парадигмы, которая в примордиальную эпоху обозначала и иероглиф воды и иероглиф коня — М. Отсюда многочисленные мифологические сюжеты "водных коней", "морских жеребцов" и т.д. Греческий крылатый конь Пегас, чье имя означает "водный источник", прямо относится к этой категории. — А.Д.*

довитая женщина, победоносный солдат, красноречивый юноша! Пусть это жертвоприношение даст девушкам героя! Пусть Парджанья во все времена даст нам дождь, когда мы только пожелаем! Пусть зреет для нас обильное зерно! Да будут благословенны наша работа и отдых!"

Помазание на царство индийского короля

Стремление регенерировать Космос при помощи символичесого повторения космогонии также обнаруживается в ритуале помазания на царство индийского короля — rajasuya. Главные церемонии проводились в новогодний период. Помазание предварялось продолжавшимися в течение года це-

есть одновременно воплощает Космос и является Космократором. Главная церемония состоит из нескольких акций. Король поднимает руки — жест, имеющий космогоническое значение. Он символизирует поднятие оси мира (axis mundi). После помазания король остается стоять на троне с поднятыми руками, при этом он воплощает космическую ось, закрепленную на пуповине Земли (то есть на троне — Центре Мира) и касающуюся Неба. Окропление связывается с Водами, опускающимися с Неба по оси мира (axis mundi), то есть по самому Королю, чтобы оплодотворить Землю. Затем король делает шаг в четырех направлениях (стороны света) и символически возносится к зениту. В результате этих ритуалов ко-

ремониями посвящения (diksa), после чего следовала церемония ограждения, как правило, также продолжившаяся в течение одного года. Совершенно очевидно, что rajasuya сводится к серии церемоний, имеющих целью реставрацию Универсума. Король играл главную роль, поскольку, как и жертвователь (strauta), он в каком-то смысле воплощал Космос. Уже Хакартом была установлена структурная идентичность ритуала посвящения индийского короля и основной космогонической формулы. Действительно, различные фазы ритуала последовательно воспроизводили возврат будущего суверена в эмбриональное состояние, его зарождение и мистическое возрождение в качестве Космократора, отождествляемого с Праджапати и одновременно с Космосом. Эмбриональный период будущего суверена соответствовал процессу созревания Универсума и изначально, вероятно, связывался с созреванием урожаев.

Ритуальное возвращение в дородовой период означает уничтожение индивидуальности. Это крайне опасная операция, поэтому совершаются специальные церемонии, имеющие целью изгнание зловредных сил (Nirtri, Rudra и т.д.) и своевременное освобождение короля от эмбриональной плевры. Во второй фазе ритуала происходит образование нового тела суверена. Это символическое тело получают либо в результате мистической свадьбы короля с кастой брахманов или с народом — свадьбы, позволяющей ему родиться из их матрицы, либо в результате союза мужских и женских вод, либо же союза с золотом, символизирующим огонь и воды. Третья фаза rajasuya представляет собой серию ритуалов, благодаря которым король получает власть в трех мирах, то

роль стяжает верховную власть в четырех направлениях пространства и в четырех сезонах. Иными словами, он вступает во владение пространственно-временным Универсумом. В историческую эпоху rajasuya практиковали лишь дважды. Первый раз для помазания на царствование короля, и во второй — для подтверждения его универсального господства. Но в доисторические времена rajasuya, вероятно, праздновалась ежегодно для регенерации Космоса. Ее структура приближается к индийским сезонным праздникам типа utsava. Также, возможно, что в древние времена народ играл в ее праздновании более важную роль. Мы видим, каким образом космогонический сценарий Нового Года интегрируется в ритуал посвящения короля; обе эти ритуальные системы преследуют одну и ту же цель, а именно, космическое обновление. Верно то, что возвращение к первоистокам и последующее за этим символическое повторение космогонии также входят в структуру других ритуалов, поскольку (как мы имели возможность показать на конференции в Эранос в 1956) космогонический миф является образцовой моделью всякого творения. Но обновление, совершавшееся в случае помазания короля, имело значительные последствия в последующей истории человечества. С одной стороны, церемонии обновления становятся подвижными, отрываются от жестких календарных рамок, а с другой стороны, король в некотором роде, делается ответственным за стабильность, плодородие и процветание всего Космоса. Это говорит о том, что универсальные обновления начинают связываться уже не с космическими ритмами, но с историческими событиями и личностями.

172

Регенерация и эсхатология

Именно в этой концепции находится источник будущих исторических и политических эсхатологий. На самом деле, идея космического обновления, "спасения" Мира, благодаря появлению Царя, Героя, Спасителя или даже просто политического вождя, появилась довольно поздно. Современный мир сохраняет еще, хотя и в крайне секуляризованном виде, эсхатологическое ожидание универсального обновления, произведенного благодаря победе какого-нибудь социального класса, либо даже партии или политической личности.

Наиболее связно и четко все современные политические эсхатологии выражает марксистский миф о наступлении Золотого Века, благодаря решительному триумфу пролетариата. Бесклассовое общество будущего, по Марксу, положит конец всем конфликтам и напряжениям, изначально характеризующим историю человечества. Больше не будет истории как таковой, а наступит своего рода земной рай, так как, наконец, люди обретут свободу, будут сколько угодно есть и минимально работать, поскольку всю остальную работу станут выполнять изобретенные учеными машины. Показательно и трогательно, что здесь обнаруживается тот же парадизиакальный синдром, характерный для милленаристских движений Меланезии: обильная пища, абсолютная свобода, уничтожение обязательного труда. Не хватает лишь темы возвращения умерших и бессмертия[8]. Однако основная тема присутствует, хотя и лишенная религиозного и эсхатологического значения. И это понятно, потому что культурный контекст совершенно иной. В случае Европы XIX века речь идет об обществах не только крайне сложных, но и крайне секуляризованных. Маркс пытается наделить пролетариат сотериологической миссией, но, как и следовало ожидать, не употребляет религиозного языка, говоря лишь об исторической функции пролетариата. Развитие диалектического материализма прекрасно согласуется с основной ориентацией научного духа XIX века. Марксу даже не пришлось "десакрализовывать" физиологические процессы и экономические ценности. Это уже принято как очевидность всем миром. Этого вполне достаточно, чтобы видеть четкую границу между современным и традиционным обществами. Человек традиционного общества рассматривает физиологическую деятельность, и, в первую очередь, питание и сексуальную жизнь, как мистерии, тогда как современный человек сводит их роль к органическим процессам.

Отсюда возникает проблема "подлинного" значения всех рассмотренных нами мифов и ритуалов. Как можно заметить, почти во всех сценариях периодического обновления Мира присутствует тема, касающаяся мистерий урожаев, дичи, рыбы, короче говоря, ежедневного питания. При этом возникает вопрос, не идет ли речь, в конечном счете, о преувеличенной духовной мистификации, которую необходимо низвести до нормальных пропорций, то есть до экономических, социальных и, возможно, даже физиологических первопричин. Как известно, это удобный, но весьма упрощенный метод, суть которого сводится к снижению духовного феномена до его "первопричины", то есть до его материального субстрата. Это та самая знаменитая демистификация, которая использовалась марксистскими авторами. Однако само такое развитие европейского научного духа является следствием определенного экзистенциального состояния современного человека, а следовательно, составляет неотъемлемую часть поздней истории западного мира. Такое развитие не является, как в это верили в XIX веке, единственно приемлемым путем развития для homo sapiens. Объяснение мира серией редукций преследует единственную цель: лишить мир сверхмирских ценностей. Подобная систематическая банализация Мира проводится с целью его завоевания и подчинения. Однако завоевание Мира не является, во всяком случае, не являлось еще полвека назад целью всех человеческих обществ. Это — особенность, присущая западному человеку. Другие общества преследуют иные конечные цели, например, расшифровать язык Мира, чтобы жить согласно этому Миру, то есть в вечном обновлении. Прежде всего важен смысл человеческого существования, и этот смысл — духовного порядка. И если и имеет место мистификация, то никак не у примитивных народов, которые в космических ритмах видят образец своего существования, но у современных материалистов, убежденных в том, что эти ритмы в итоге сводятся лишь к периодичности урожаев.

Так как человек в традиционном обществе трагически осознает необходимость в ежедневном питании для поддержания своего существования, то с его стороны нет никакой мистификации в отно-

---

[8] *Если у самого Маркса этого, действительно, нет, то в русском большевизме и особенно в большевистском "космизме" (советские последователи Н.Федорова: А.Платонов, М.Шагинян и т.д.) идея "воскрешения мертвых" присутствует в полном объеме. Платоновский "Чевенгур" может быть рассмотрен как парадигма большевистской версии классического архаического эсхатологического мифа со всеми его компонентами. — А.Д.*

шении того, что касается фатальности обеспечения себя ежедневной пищей. Непонимание исходит от тех, кто забывает о том, что прием пищи является не просто физиологическим актом, но человеческим феноменом, и поэтому он нагружен символизмом. Питание как чисто физиологический акт или экономическая деятельность является чистой абстракцией, поскольку прием пищи это культурное явление, а не органический процесс. Даже в стадии раннего детства грудной ребенок относится к кормлению как к символическому действу. Что же касается человека традиционного общества, то значение, которое он придает питанию, составляет неотъемлемую часть его отношения к Космосу в целом. Через питание человек принимает участие в высшей реальности: он поглощает нечто ценное, содержащее силу, чудесное, являющееся творением Сверхъестественных Существ, а в некоторых случаях даже их субстанцией — во всяком случае результатом таинства (поскольку всякая периодическая регенерация любого вида животных или растений, как и всего урожая целиком, зависит от "мистерии, от мифо-ритуального сценария, открытого Богами людям in illo tempore). Более того, продукты служат не только для питания, они также представляют собой резервы магико-религиозных сил и символизируют авторитет. В этом смысле они являются знаками, определяющими социальную ситуацию индивидуума, либо его судьбу, его "шанс" в космическом круговороте. Через действия, предпринимаемые для поиска, добычи и производства пропитания, раскрывается целый ряд религиозных отношений, существующих между человеком и Космосом. Необходимо подчеркнуть, что для религиозного человека существовать означает находиться в реальном Космосе, то есть живом, силовом, обильном, способном к периодическому обновлению. Но, как мы видели, обновление Мира равнозначно обновлению его сакральности, возвращению его в то изначальное состояние, в котором он пребывал in princípio, в Начале. Иногда такое возобновление сакральности равносильно возвращению к "райскому" состоя-

нию Мира. Следует сказать, что традиционный человек ощущал потребность существовать в Космосе богатом не только пищей, но и смыслом. В последней инстанции этот Космос раскрывается как некий шифр, он "говорит", передает свое послание через свои структуры, свои модальности и ритмы. Человек "слушает" или "читает" эти послания, и в результате ведет себя по отношению к Космосу как к некоей исполненной смысла системе. Верно прочитанный шифр Космоса выводит его на паракосмические реальности. Это та причина, по которой периодическое возобновление Мира являлось наиболее распространенным в религиозной истории человечества мифо-ритуальным сценарием. Действительно, он непрерывно интерпретировался и переоценивался, постоянно интегрировался в контексты разнообразных и многочисленных культур. Как правящие идеологии, так и различные виды мессианизма и милленаризма, а в современную эпоху и движения за национальное освобождение колонизированных народов, зависят в большей или меньшей степени от старой религиозной веры в то, что космос может быть обновлен ab integro (полностью), и что это обновление подразумевает не только "спасение" Мира, но и реинтеграцию райского существования, для которого характерно изобилие пищи, полученной без работы.

Человек ощущал себя мистически связанным с Космосом и знал о том, что периодически Космос обновляется, но ему также было известно, что обновления можно достичь ритуальным повторением космогонии, производимым либо ежегодно (сценарий Нового Года), либо в случае космических кризисов (засуха, эпидемия и т.д.) или исторических событий (помазание нового короля и т.д.). В конечном итоге, человек ощущал себя ответственным за обновление Мира. И именно в такой ответственности религиозного порядка нам следует искать корни всех политических форм, как "классических", так и "милленаристских".

1959

ГИПЕРБОРЕЙСКАЯ ТРАДИЦИЯ

«Drehung» — «вертеть», «вращать», «вращение»[3], «Dorn» — "дерево"[4] и т.д.). Отсюда связь t-r и r-t с Деревом (а также с Крестом, Виселицей), и Колесом как образом Мирового Древа, Древа Жизни. Это же означает «невечерний» закон космоса, "право", "этику", "основу и источник всего бытия", и соответственно, "происхождение", "зачатие".

Космическая символика слов с этим корнем сохранилась в слове «Art» («тип»), в смысле «происхождения», рода, в латинском «ritus», т.е. «обычай», «установленный порядок действия», а также «искусство», «наука», и особенно в древнеиндийском rta.

Древнеиндийское "rta" Риг Веды, "asa" Авесты, «Порядок», «Закон», было «великим установлением» «двухчастного» Бога, Митры-Варуны, "urana", который есть истинный вращатель "rta". По небу бежит двенадцатиспицевое колесо "rta", которое никогда не стареет — Год. Солнце отцы-установители Мира, «отталкиваясь от rta, забросили в небо»; Солнце, откровение Агни как

воплощения Сына Божьего, зовется «светлый видимый лик rta», а сам Агни — "отпрыском rta", «рожденным в rta». В делах людей действует "rta", как нравственный закон; «rta и истина» тесно связаны. В смысле «не истины» часто используется выражение «anrta», т.е. «то, что не есть rta». Правым считается то, что «размышляет в соответствии с rta», «идет по пути rta», «заботится о rta, думает о правде».

2. Современный человек и Божий Год

Эти основополагающие соображения, однако, совершенно чужды современному городскому человеку. Год для него — лишь отвлеченное, временное понятие, которое ничем не отличается ото всех остальных промежутков времени, которыми оперирует современная «хозяйственно-научная» жизнь. Год известен ему из настольного календаря, деловых записных книжек и определенной перемены гардероба. С ритмом же творения такой современный городской человек больше никак не свя-

---

[3] *Обратите внимание на то, что славянский корень слова «вертеть» родственен, с одной стороны, древнепрусскому «wirst» («становиться»), откуда немецкое «werden», становление, а с другой стороны, в нем наличествует то же сочетание согласных — r-t, и даже гиперскептик ученый Фасмер этимологически сближает этот корень с греческим «ratane», где согласный v или w отсутствует. Кстати, происхождение этого v (или w) может быть следствием отвердения гласного «и», который в ритуальных звукосочетаниях древнейших нордических культовых формул часто выступал вместе с "r". Знаменитая формула «ur», название важнейшей зимнесолнцестоянческой руны (подковы). Сам Вирт немецкое «werden» возводит именно к "ur", а следовательно, русское "v" в «вертеть» (равно как в латинском «verto», литовском «virsti» и т.д.) оказывается довольно примордиальным и культово обоснованным. От того же древнего корня произошло и русское «время», родственное, в свою очередь (по Фасмеру) древнеиндийскому «vartta» («колея», «рытвины», «дорога», «желоб»), в котором "t" сохраняется.*
Сюда же следует отнести важнейшее для русской традиции слово «род», из праславянского «*ordъ» и этимологически близкое слову «расти». *ordъ же явно напоминает немецкое «Ordnung» («порядок») и само санскритское слово rta. Снова близость концепций. "Время", "становление", "рост"... При этом следует помнить, что время в Традиции понимается циклически, а следовательно, понятие "Рода" в славянской ментальности означало не просто горизонтальное движение наследственной, семейной цепи в истории, а некое единую, сверхисторическую реальность, как бы заведомо замкнутую сама на себя, подобно кругу. Род — не просто культ предков, но и культ потомков, а также культ этнического настоящего, осуществляющего таинство соединения двух полюсов бытия. — А.Д.
[4] *В отношении «Dorn» (в современном немецком «куст», «кустарник») соответствие еще более строгое (напомним о фонетическом тождестве "d" и "t", звонкое и глухое произношение одного и того же звука). Русское слово «дерево», «древо» восходит прямо к индоевропейскому корню d-r, t-r. — Греческое "doru", древнеиндийское "daru", "dru-", готское "triu", английское "tree" и т.д. Таким образом, в русском языке несколько важнейших, основополагающих сакральных понятий, связанных с ритуальной формулой r-t, t-r, составляют этимологически родственные слова — «Время — Дерево — Вращение — Род». Легко представить, какие выводы можно извлечь из этого простого замечания для исследования сакральной семантики русских обычаев, текстов, фольклорных оборотов, ритуальных комплексов, календарных типов и т.д. — А.Д.*

зан. Его соприкосновение с Божим Годом в природе происходит спорадически, во время отдыха или стихийных бедствий. Для того, чтобы вернуться к опыту Года, современный человек должен «излечиться» от своего цивилизованного существования, отрывающего от опыта бытия, при том, что темп труда и жизни становится все более и более быстрым, и разрыв с большим человеческим Годом судьбы-жизни человека возрастает. Именно «излечиться» должны современные «социальные» люди, освободившиеся ото всех естественных законов Бога-Года, превратившие ночь в день, а день в ночь, ищущие «оптимально использовать время», тогда как время, на самом деле, использует их, уничтожая.

Божий Год в природе дал бы им обновление, но они не могут более найти внутреннего пути к нему. Если бы они понимали еще свой собственный смысл, они никогда не пустились бы в безумную погоню за Маммоной, сделав из денег цель жизни, не начали бы считать неизбежностью бессмысленную индустриализацию и укрупнение городов, не погрязли бы в глубоком материализме, который опечатал их бедность, слабость и ничтожество их душ, душ «современного человечества».

Так ясно видно разрушение телесной силы, которое является следствием «современной жизни» городов. Они пытаются победить слабость и прибегают назад к Божьему Году, когда другие средства уже не помогают. Но причины этого, остающиеся в целости и сохранности, они не замечают и не хотят замечать. А главная причина в их отпадении от вечного жизненного ритма Божьего Года. Поэтому они не живут сами, но их проживает нечто постороннее, чуждое; они гниют телом и душой, стареют уже в юности.

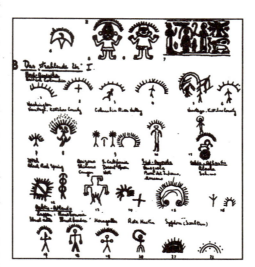

3. Божий Год как нордический опыт

Из единства и жизненного ритма Божьего Года некогда развилась вся духовная культура нордической расы: Год лежал в основе ее Богопереживания и Богопознания, и из его запечатления в иероглифах, знаках «священного Годового Ряда», развились все системы письменности в мире. Как сегодня мы передаем знания через письмо, так некогда само письмо возникло как передача высшего Знания о Божественном Откровении во Вселенной, Знания о годовом пути «Света Мира», идущего от Бога.

Но нигде в нашем мире опыт Света не является таким глубоким, как там, где противоположность Света и Тьмы, Дня и Ночи отчетливее всего. Только крайний Север знает Божий Год в полном единстве его противоположностей, в законе его возвращения, в бесконечном, вечном богатстве его движения, в котором постоянно возобновляется жизнь. Ни вечное лето тропических областей, ни бледные компромиссы южного, средиземноморского климата не знают этого переживания. Лишь одна единственная нордическая Зима, когда Свет Божий все глубже и глубже спускается в своем суточном пути, день укорачивается, ночь удлиняется, пока, наконец, Свет целиком не утонет в смертной тьме зимней ночи, чтобы потом снова прийти к новому подъему и пробудить от смерти всю Жизнь.

Мистерия Зимнего Солнцестояния — священнейший и высочайший опыт нордический души. В нем открывается великий, божественный закон вечного возвращения — Закон, согласно которому, всякая смерть есть становление, и гибель ведет к Жизни через Свет Божий.

Александр ДУГИН

КОСМИЧЕСКИЙ СПАСИТЕЛЬ

(два великих символа)

СИМВОЛ 1: TIU — ↑ — СВЕТ, ОПУСКАЮЩИЙ РУКИ

1. Heilbringer

«↑», «*Спаситель*» («*Heilbringer*», «*Heiland*») — *это мысленная формула для обозначения ставшего видимым откровения высшего Существа, Мирового Духа, во времени и пространстве. Поэтому он является «Сыном Божьим» и воплощается чувственно как в пространстве, в форме мира, ⊕⊛, так и во времени, в космическом круговращении, в Годе, измеряемом движением солнца. Через него, «Божественного Ребенка», позже «Сына Божьего», действует сам Бог.*

Он — посредник между Богом и людьми, между бесконечностью и конечностью, между безусловным и обусловленным, между абсолютным и относительным.»

Так определяет Герман Вирт сущность древнейшей мифологической фигуры «Культурного Героя», «Божественного Посланника», который известен всем традициям и всем цивилизациям. Этот персонаж, по мнению Вирта, некогда имел единый смысл и даже единое Имя во всех языках, а вся совокупность сакральных сюжетов, связанных с его личностью, возводима к единой примордиальной парадигме, совпадающей с истоком письменности, календаря, речи, проторелигии. "Heilbringer", дословно «Носитель Блага», является световым, «четвертым» измерением реальности, в котором остальные ее измерения разрешаются в интегрирующей формуле, в абсолютном знаке, переводящем множественное и противоречивое изобилие вещей и явлений в строгую и одухотворяющую формулу, дающую смысл всему бытию.

Heilbringer — фигура универсальная, она не принадлежит к специфическому миру людей, не является продуктом культурного обобщения, человеческой социально-научной рационализации. Это разумная жизнь пронизывающая весь макрокосм, и хотя она включает в себя человека как важнейший компонент законченного богоявления, данного в плоти мира, она предшествует ему, учреждает его во всем его уникальном онтологическом статусе еще до того, как он научится самостоятельно оперировать своими разумными способностями и систематизировать явления и вещи. Иными словами, существование этого универсального Посредника совершенно *объективно*, самостоятельно и первично.

Неудивительно, что его знаки, мифы о нем, сакральные ритуалы, связанные с ним, почитались в Традиции чем-то сверхважным, внушающим восторг и трепет. Его символам поклонялись, его имя обладало таинственной силой.

Вирт исследовал различные наиболее архаические иероглифы Heilbringer'a, и пришел к выводу, что наиболее древним и универсальным, восходящим к палеолиту, является его схематизированное изображение в виде человека, с опущенными руками ↑. Эпиграфическими синонимами служат фигуры с поднятыми руками Y, вертикальная черта I, кресты (⊕⊛) и т.д.

Все эти изображения космического Спасителя неразрывно связаны с древнейшим календарем, который был одновременно примордиальной иконой и истоком сакрального языка — как письменного, так и устного. Исходя из древнейшей и простейшей схемы, Вирт выделяет четыре основ-

180

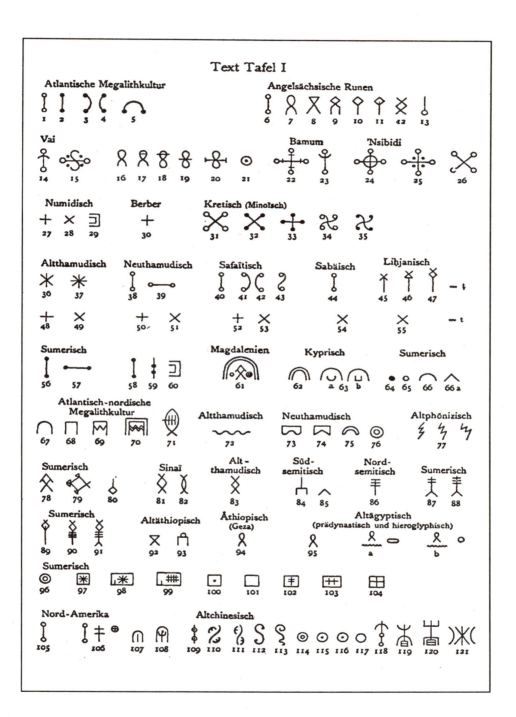

Text Tafel I

ные иероглифические модальности иероглифа Heilbringer'а.

В зимнем солнцестоянии это чаще всего Крест, отдельно или в круге, т.е. весь Год целиком, новый Год, полный и еще не «растраченный» ⊕. Иногда синонимом являются две половины круга, и эта двойственность — две половины года, ⊖ — является отличительными признаком космического Спасителя во всех его трансформациях. Он является «двойным» (zwiefache) по преимуществу[1] — и как объединяющий все пары имманентных противоположностей, и как соединяющий весь феноменальный, эмпирический мир с чистым миром Божественного Духа.

В весенней половине Года он представлен с поднятыми, воздетыми к небу руками — ᛦ. Символ космического воскрешения, восстания жизни из зимней полуночной могилы. В некоторых случаях поднята лишь одна рука ᚼ, а другая опущена (намек на осень) или графически неакцентирована ᚾ.

На вершине лета он часто изображается «безруким», ᛁ, вертикальная черта. Световое развитие достигло апогея. Полярный полдень. Ночь отсутствует. Солнце на закатывается за горизонт. Миг вечности.

Осенняя дуга, и Heilbringer ᛏ опускает руки, снисходит во мрак зимней могилы. Погружается в недра земли, во чрево дракона, кита, змея, великана, волка и т.д. В скандинавских сагах есть сюжет о том, как космический волк Фенрир (нижняя половина Года) откусывает богу Тюру руку, ᚱ. Однорукий бог — осенний по преимуществу.

Сущностно он остается «двойным», но в рамках годового цикла остается только одна половина - ᚱ (одна рука).

Различия между позами Heilbringer'а изначально соответствуют математически строгому календарно-философскому смыслу сюжета. Однако постепенно цельность первичной модели нарушается. Отдельные культуры или народы предпочтительно развивают лишь определенные фрагменты общей культовой картины. За той или иной фигурой закрепляется личностный характер космического Посредника, который появляется в фиксированной форме в разных циклических ситуациях и сюжетах, тогда как другие его идеографические вариации отходят на задний план или сопрягаются со вторичными мифологическими персонажами или историями.

Так, к примеру, Tiu, Туг, ᛏ «Сын Божий с опущенными руками», «Двойной», может появляться в той же позе и в зимнем солнцестоянии, и в весеннем равноденствии, и в летнем солнцестоянии. Теперь он обходит годовой круг полностью.

То же можно сказать и о «Боге с воздетыми руками». Древняя руна ᛦ "man" или "madr", изначально означавшая весеннее положение «Света Мира» в исторических рунических кругах оказалась в осеннем секторе и стала обозначать «человека», Mensch, man. Кстати, русское слово «человек» содержит в себе этимологически элемент «целый» (cel), который, в свою очередь, связан с немецким "Heil" (благо), входящим в слова "Heilbringer", Heiland[2].

---

[1] *Эта двойственность может быть выражена самыми разнообразными символическими методами и запечатлена в специфике мифологических сюжетов. Иногда, как в случае латинского Януса, это подчеркивается наличием двух голов, в другом случае мы имеем дело с мифом о близнецах или просто двух братьях (двух сестрах). Иногда двойственность акцентирована в самой симметрии человеческой фигуры (две руки, две ноги, два глаза, два уха, две ноздри и т.д.). Причем часто эта понятая символически двойственность акцентируется именно через ее утрату. Отсюда целая чреда мифологических калек, играющих столь важную роль в сакральных сюжетах, связанных, особо, с зимой, второй половиной года и испытаниями Героя в нижней области Года, в регионах мрака. Так, хромота (дьявола), кривизна (даджжала, «антихриста» в исламской эсхатологии), однорукость (скандинавского Тюра) и т.д. являются характерными признаками расщепления двойственности, что обратным образом указывает на благодатный, сакральный характер того, кто этой двойственностью наделен и кто ее сохраняет. И напротив, сохранение двойственности, акцентируемая часто у негативных (а значит, архаических) мифологических персонажей (например, драконы Кока и Викока в Калки-Пуране, смотрящие друг на друга и от этого остающиеся бессмертными), является признаком сакральной значимости. Вообще все мифологические мотивы, в которых участвует пара подобных существ, предметов, людей или зверей, происходят из этой приморальной культовой концепции позитивности двухчастного единства (Года, самого космического Спасителя, мира и т.д.) и негативности его утраты.*

[2] *Слово «целый», родственное «Heil», дало также русский глагол «целовать», означавшее изначально «приветствовать», «желать блага», а значит, «цельности». Выражение «Heil» было приветствием и у германцев.*

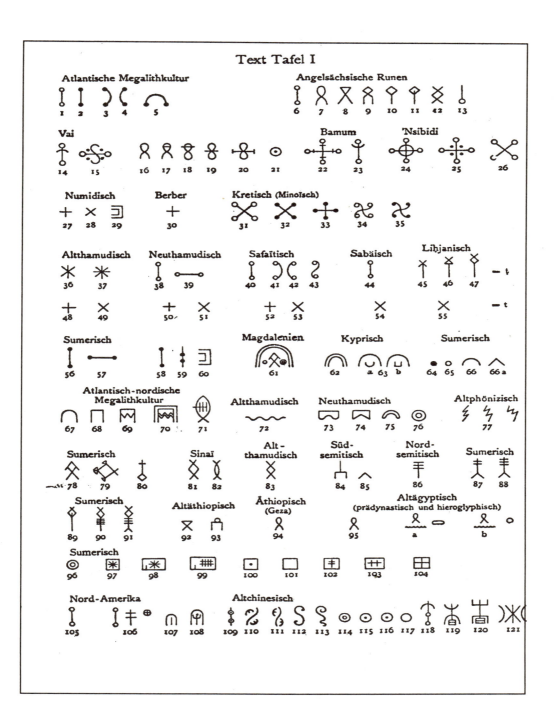

Text Tafel I

183

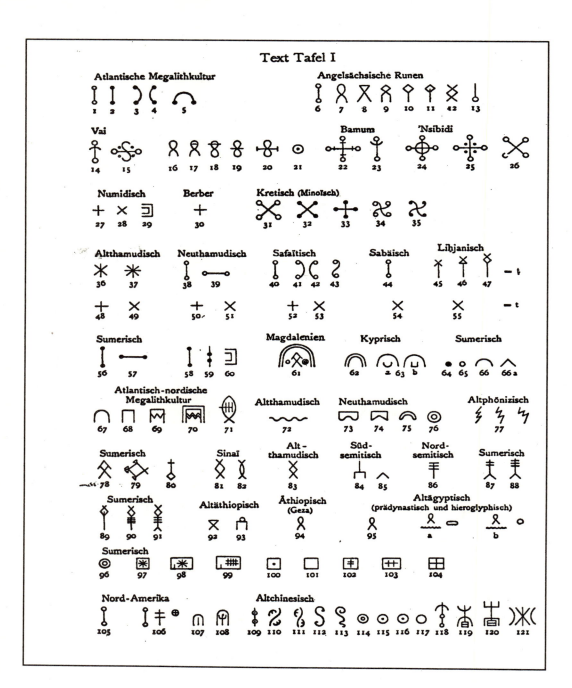

Text Tafel I

Atlantische Megalithkultur

Angelsächsische Runen

Vai

Bamum

'Nsibidi

Numidisch

Berber

Kretisch (Minoïsch)

Altthamudisch

Neuthamudisch

Safaïtisch

Sabäisch

Libjanisch

Sumerisch

Magdalenien

Kyprisch

Sumerisch

Atlantisch-nordische
Megalithkultur

Altthamudisch

Neuthamudisch

Altphönizisch

Sumerisch

Sinaï

Alt-
thamudisch

Süd-
semitisch

Nord-
semitisch

Sumerisch

Sumerisch

Altäthiopisch

Äthiopisch
(Geza)

Altägyptisch
(prädynastisch und hieroglyphisch)

Sumerisch

Nord-Amerika

Altchinesisch

184

Часто встречаются также фигуры с двумя парами рук — одна поднята, другая опущена — ❋. Они замещают собой крест зимнего солнцестояния и лежат в основании изображения четырехруких индусских божеств.

Так как исследование всех архаических идеограмм Heilbringer'а заняло бы слишком много места, мы ограничимся здесь его «осенней» формой — «Человек с опущенными руками», ↑, имея постоянно в виду, что речь идет не только об одной его ипостаси (как в полноценном изначальном мифо-календарном и ритуально-концептуальном комплексе), но о Нем самом.

2. Бог — стрела

Вирт пишет: «*Tiu есть никто иной, как Сын Божий вблизи зимнего солнцестояния, в последнем месяце Года, в последнем «солнечном доме». Это явствует из анализа всей атлантической иероглифики*».

Идеограммы «человека с опущенными руками» или «древа, с опущенными ветвями» встречаются уже в археологическом пласте Magdalenien.

Основной сюжет, связанный с Tiu, это сакральная история его «спуска» с горы, в недра земли, в пещеру, в яму, под землю, на землю с небес, погружение в воду, его превращение в животное, поглощение его зверем, мифологическим чудовищем, его затемнение, старение, страдание, потеря им чего-то важного — органа, члена, культового предмета и т.д.

В шумерском письме, например, этот же иероглиф ↑ обозначал «бога вод» Эа и одновременно Бела, «солнечного бога».

Этимологически, Tiu — это древнеарийское имя, родственное древневерхненемецкому Zio, древнеиндийскому «Dyaus», его деривату «dyauspita» («небесный отец»), откуда происходят латинское «Juppiter», греческое «Zeus pater», а также слова, означающие «день» — «dies», «Tag» и «бога» — «deus» и «dius». Конечно, ведический Дьяус и тем более Зевс классической мифологии далеко ушли от изначального сакрального комплекса, обретя черты в первом случае — абстрактного понятия, во втором — личностного бога-мироустроителя. Но в архаических пластах соответствующих традиций, и особенно в архаических пластах индоевропей-

ских языков, существует множество фонетических формул, оборотов, выражений и т.д., позволяющих распознать во всем контексте древнейшее гиперборейское понятие "Tiu".

Вирт подчеркивает, что археология и генеалогия этого знака в различных системах письменности — от пещерной и культовой палеоэпиграфики до линейного письма — убедительно доказывает, что он постоянно присутствует в самых разных цивилизациях до, параллельно и после возникновения собственно финикийской письменности, где этот знак *отсутствует*!. Следовательно, делает заключение Вирт, это в очередной раз доказывает тезис о существовании единой гиперборейской системы линейного проторунического письма, развившегося в северных регионах (т.н. «Thulekulturkreise», «культурный круг Туле») и распространявшегося по всему континенту задолго до Финикии. Саму же западно-семитскую письменность Вирт рассматривает как один из редуцированных вариантов древней полноценной системы, адаптированной к практическим нуждам морских купцов и почти лишенной всякого культового значения. Хотя многие знаки заимствованы из «Священного Круга», подчас их вокализация изменена, а их смысл утрачен. Показательно, что в семитском алфавите отсутствовал знак Tiu, означающий главнейшую идеограмму нордического культового комплекса —снисходящего к людям «Сына Божьего»[3].

Итак, Tiu — это *Двойной*, утрачивающий изобильность и полноту своего качества, но остающийся одновременно внутренне тождественным, вечным, неизменным, а следовательно, неумолимо сквозь все испытания двигающимся к Победе и Воскресению. В этом сложном комплексе следует искать различие между двумя типами сакральных историй — героического эпоса, заканчивающегося трагедией, и волшебной сказки с неизбежно добрым концом. Сказка, распространенная в низших слоях народа, сохранялась в архаическом виде в относительной неприкосновенности как раз за счет консерватизма «нецивилизованного» класса, и следовательно, вся парадигма циклических странствий «космического Спасителя» представлена полноценно. В свою очередь героический эпос, саги и полурационализированная мифология были атрибутом высших клас-

---

[3] *В этом отношении в высшей степени важно мнение Вирта: «Если мы продолжим наши исследования в предыстории Палестины, мы увидим непрерывную цепь передачи северо-атлантической культовой символики на этой земле, которая через древне-аморейскую культуру перешла к иудеям. Если мы двинемся еще ближе к нам, то сможем увидеть, разбирая символику раннехристианской «могильной лампады» из Гецера, что учение о Сыне Божьем, «Господе», «Свете Мира» было возрождением прадревнего народного верования людей Запада, страны вечера, страны Матери.»*

сов, для которых характерно рассудочное осмысление сюжетов, и в периоды, когда вся полнота ключа к изначальному мифологическому комплексу утрачивалась, отдельные фрагменты цикла получали самостоятельное развитие.

Бросается в глаза графическое сходство иероглифа Tiu - ↑ -со стрелой (копьем). Отсюда мифологическое тождество и перенос значения. Отныне вместо «Бога с опущенными руками» можно встретить изображение «существа со стрелой». Отсюда же вытекают все сакральные аспекты символизма лука или стрельца[4].

В исландской рунической песне соответствующий знак ↑ сопряжен с выражением "fifu farbanti" ("великан стрелы") и "bendr baugi" ("натянутая дуга", "лук"). Вирт замечает, что между угловым и полукруглым изображением идеограммы существует временное соотношение. Изначальной является полукруглая форма, которая может быть интерпретирована именно как натянутый лук с вложенной в него стрелой, а не как отдельная стрела с острым наконечником. Лишь обычай вырезать иероглифы на дереве, который предшествовал появлению собственно письменности, привел к угловатым формам проторун, ↑, из-за удобства резцом схематизировать кривые линии в углы.

Стрела и копье играют важную символическую роль во многих сюжетах, связанных с идеей зимнего солнцестояния, полночи или ее космического, вселенского аналога. Так, в скандинавской мифологии есть сюжет о случайном убийстве *стрелой* (веткой омелы) юного бога Бальдра, которое служит знаком начала «сумерков богов», «fimbulwinter» и прелюдией эсхатологического сражения — ragna-rekkr.

Копье центуриона Лонгина[5] играет аналогичную роль в христианской традиции. И не случайно в европейском средневековом христианском эзотеризме копье Лонгина связывалось с чашей Святого Грааля, в которую, по преданию, Иосиф Аримофейский благочестиво собрал «кровь Спасителя», вытекшую из прободенного копьем Лонгина бока распятого Богочеловека. С точки зрения архаической культовой системы нордических символов, знак ᚺ иг — «пещера», но вместе с тем «чаша», «вода», «море» и т.д., тесно сопрягался со знаком tiu, ↑, откуда германское Tyr и устойчивое сочетание -tr- (⇑). Перевернутый иг ᚺ дает новую иерограмму — ka (∪ или угловой вариант ∨), т.е. «воскресающий Бог», «бог, воздевающий руки». Снисхождение к точке зимнего солнцестояния, к смерти, в ад, связанное с копьем («опускающий руки»), является залогом весеннего воскресения (чаша, Грааль, воздетые руки — ∨) для всех тех, кто причастился «Сыну Божьему», его крови и его плоти *в низшей точке его искупительного жертвенного пути*. В православном обряде копие, которым изымают частицы агнца, и причастная чаша являются прямыми аналогами всего этого священного культового действа, восходящего в предначертательном образе к незапамятным временам гиперборейской нордической цивилизации.

Очень интересная деталь: в греческом мифе о борьбе Аполлона с циклопами, он прячет свой лук, которым уничтожил врагов, в стране «гипербореев», у «антиподов между двумя солнцами, закатом и восходом...»

Лук и стрелы были сакральными инструментами у многих архаических народов — так, в частности, у евроазиатских шаманов лук и стрела предшествовали в камланиях бубну и колотушке; горизонтальная диагональ на шаманском бубне часто сохраняет название «тетива лука».

На острие стрелы хранится, согласно индусской традиции, душа Брахмы или жизнь Кощея Бессмертного в русских сказках.

В индуизме богом-лучником считается Шива, связанный с эсхатологией (когда он задует в раковину, вселенная рухнет) и огнем. Шива, в отличие от Камы, божества сентиментальной любви, воплощает в себе высший метафизический ас-

---

[4] *Этимологически русское слово «стрела» родственно готскому "stral", т.е. "луч", а значит, она определенным образом имеет связь с идеей Света. Луч, в данном случае, так же однонаправлен, как и стрела (в отличие от прямой черты). С другой стороны, орудие, сопряженное со стрелой — лук странно созвучно индоевропейским корням, также обозначающим «свет» — латинское "lux", греческое "leikos" («светлый»), немецкое "Licht"; кстати, русское «луч» относится сюда же. Некоторые лингвисты признавали возможность такой этимологической связи, хотя Фасмер ее и отрицает. Если в данном случае проблематична чисто этимологическая связь, налицо фонетическое, концептуальное и мифологически-культовое родство.*
Можно добавить также, что греки изображали созвездие Стрельца (кстати, его астрологический знак вариация Tiu — ↑) в виде кентавра, натягивающего лук. Фигура кентавра подчеркивает двойственность природ, характерную для космического Спасителя, что снова подтверждает неслучайность всех этих символических и идеографических соответствий.
[5] *Любопытно отметить сходство латинского «Longinus», Лонгин, имя собственное, этимологически восходящее к слову «длинный», и «lanceo» — «копье», «пика».*

186

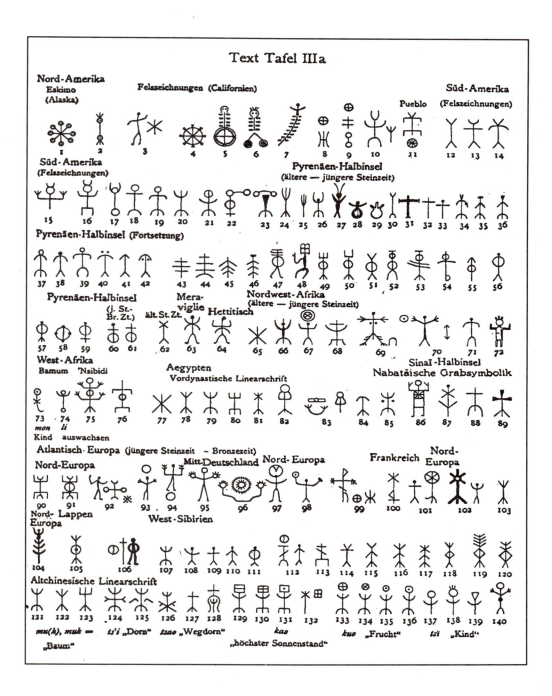

Text Tafel IIIa

пект брака как соединения мира с Богом, вселенной с ее истоком, и поэтому он убивает Каму своим третьим глазом[6]. Вообще говоря, это довольно поздняя мифологическая история, несущая на себе следы жреческой рационализации; изначально, разницы между сакральным, метафизическим значением Лука и Стрелы (а соответственно, брака и соединения) и более приземленными реальностями не существовало. Греческий Эрот или индусский Кама были некогда тождественны солнечным лучникам — Аполлону или Шиве, лишь впоследствии и, возможно, в результате смешения различных символических комплексов, эти фигуры разделились.

Надо отметить символизм греческого охотника Ориона, чья история несет на себе явные признаки очень архаического сюжета, связанного с мистерией зимнего солнцестояния. В его истории есть тема Гипербореи (посягательство на жительницу Гипербореи — деву Опис), убийство его стрелой из лука Артемиды, хождение по морю, ослепление и новое обретение зрения после инициатического путешествия навстречу солнечным лучам и т.д. Созвездие Ориона древними египтянами считалось небесной фигурой Озириса, а индусы располагали на этом же участке звездного неба созвездие mrga-shirsha, самого Шиву[7].

Все эти сюжеты и культовые ритуалы сопряжены именно с идеограммой "Tiu", относятся к мистерии Зимнего Солнцестояния и являются развертыванием древнейшего гиперборейского символизма. Зимнее Солнцестояние вплотную сопряжено с универсальной идеей конца старого и начала нового, с волшебной точкой бытия, когда смерть превращается в воскресение, гибель открывает врата к бессмертию. По модели этого уникального момента Года построены все сакральные мотивы, связанные с центральным моментом всякого цикла — не важно гигантского вселенского (конец мира) или совсем незначительного (конец суток или еще меньшего промежутка времени).

3. Два равно Трем

Вирт указывает на то, что последняя буква древнего финикийского алфавита фонетически была "t", и произносилась "tau", "taw", а ее иероглифом был знак ✕ или ✚. Этот же знак обозначал звук "t" в древнеарабском письме (тамудическом, сафаитском, сабейском, лихьяническом), а также в ливийском (нумидском, берберском).

«Таким образом в конце алфавита, т.е. Года, — пишет Вирт, — стоял знак креста или якоря, озвученный зимнесолнцестоянческим именем бога: tau, taw, в некоторых случаях tia. Символ «Двойного» — ⚓.

Якорь — перевернутый знак Tiu в округлом начертании — означает «снисхождение Света Мира» на дно темных вод, спуск в зимний ад.

Показательно, что в раннехристианской символике якорь был знаком самого Христа.

Древние календарные круги делились на разные сектора. Самым древним и арктическим было деление на две половины (отсюда «Сын Божий» — «Двойной»). Следующее по универсальности членение было троичным, разделяющим год на три равные части, три сезона; скандинавские рунические круги сохранили такое деление в формуле трех aettir, трех направлений. В точке зимнего солнцестояния начало весеннего сектора, по обе стороны от летнего солнцестояния — летний сектор, и, наконец, вниз, к осенне-зимнему периоду — третий сектор. Этот третий сектор назывался Tys att[8] и символизировался нашим знаком Tiu ↑.

Tiu близок к Tyr, т.е. к концепции t в ur'e (↑ ᚺ). И все это относится к третьей предновогодней части круга. *Вирт объясняет фонетическое происхождение озвучивания числа 3 — три, tri в большинстве индоевропейских языков — именно этим обстоятельством!* Отсюда сакрализация троичности в самых древних традициях. Устойчивый архаический сюжет «третьего (младшего) брата», который, уступая обеим братьям по всем показателям, становится, однако, спасителем, победителем и искупителем после всех испытаний и злоключений. Этот сюжет чрезвычайно распространен во всем индоевропейском фольклоре — от индийского через иранский, славянский, германский до исландского и кельтского. Если понять, что речь идет о Tiu, то такая сакрализация числа Три станет прозрачной. В раннем христианстве, распространявшемся в областях (начиная

---

[6] *Показательно, что такой же дуализм относительно тематики «брака», «любви» существует и в христианской традиции, где божественная Любовь, Бог-Любовь и брачный евангельский символизм (Христос как Жених, души верных как девы, уготованные для брака) сочетаются с жестко аскетической практикой и этикой умерщвления эротических импульсов в телесно-сентиментальном аспекте.*

[7] *Созвездие Ориона играет ключевую роль в той части Традиции, которая занимается большими вселенскими циклами, сопоставимыми с прецессионными смещениями точек солнцестояний и равноденствий относительно неподвижных созвездий. По этому поводу см. А.Дугин «Пути Абсолюта», «Гиперборейская теория», статью «Орион или заговор героев» в ж-ле «Элементы» N 5, а также поэзию А.Штернберга*

[8] *Остальные два: первый "froys att", второй "hagals att".*

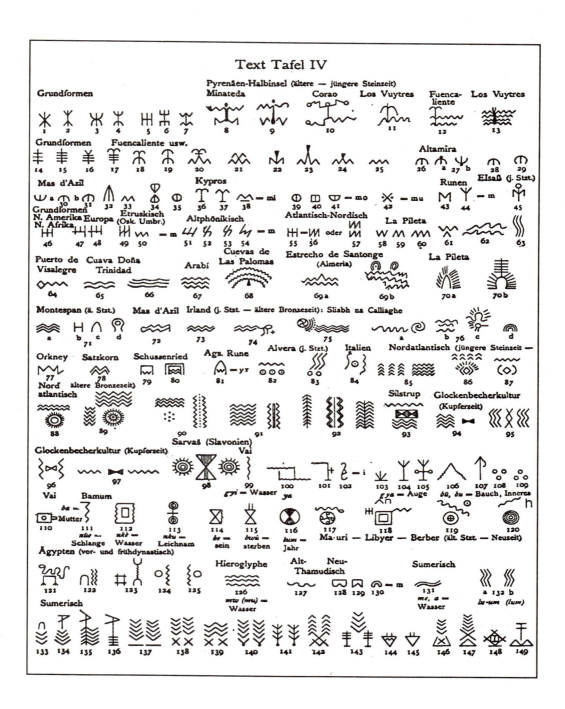

Text Tafel IV

с Галилеи), где никогда не прерывалась древняя гиперборейская традиция — в Малой Азии, Греции, Италии, Фессалии, Анатолии и т.д. — все эти моменты прекрасно осознавались: на последнем месте в алфавите стоял Крест (иногда распятия изображались в виде буквы **T**), он же был Якорем Спасения, он же — Сыном Божьим и Двойным (две природы), он же — лицом Пресвятой Троицы...

Сын Божий, нисходящий в ur, чтобы спасти мир и даровать ему воскресение.

Если слово Три развилось фонетически из идеи снисхождения Tiu, Tua, Tu в ur (↑ ᚻ), то само слово Два[9] — древне-верхне-немецкое — "zwa", англосаксонское "twa", латинское "duo", древне-индийское "d(u)vau" и т.д. — возникло из вокализации идеограммы Сына Божьего самого по себе Tua — tva — tav —dva и т.д. Таким образом, на архаическом культово-календарном уровне была внутренняя связь между Двумя и Тремя, которая сохранилась даже в языке. Оба слова относятся к ↑, Сыну Божьему, космическому Спасителю. И снова мы видим поразительное совпадение с раннехристианской традицией, которая строит догматы Церкви на парадоксальном и сверхрациональном сочетании в личности Иисуса Христа сакральных чисел Два и Три: Он — одно из лиц Троицы, и в нем — Две природы (божественная и человеческая). Обе идеи заложены в древнейшем христианском перстосложении — три сложенных пальца символизируют Троицу, два других — две природы Христа.

4. Божественное зверь-дерево

«Heilbringer» (Tiu, Туr, ↑) в своем снисхождении тождественен идеограмме Дерева — отсюда многочисленные мифы о «людях-деревьях», «лесных людях» и т.д. Символизм Дерева, леса, избрание леса в качестве места развертывания мифологического сюжета или капища восходит именно к этой гиперборейской фигуре, которая никогда не означала *никакого конкретного предмета в отдельности*, вопреки эволюционистской теории о происхождении букв и знаков из пиктограмм, схематически изображающих реальных существ или предметы. Напротив, иероглиф Tiu (↑) как осенне-зимняя часть Года, как символ нисхождения Света Мира (не обязательно солнца, но именно Света как более общего и более метафизического понятия), — иными словами, как *абстрактная идея* — лежал в основе наименований, культового почитания и сакрального осмысления реально существующих зверей, растений, предметов и явлений. Космический Спаситель в нисходящей траектории (↑) и его идеограмма — первичной всех остальных вещей, комплексов, ансамблей, ситуаций и т.д., на которые изначальный смысл переносился по аналогии, на основании внешнего или внутреннего сходства.

Так, Дерево как ось мира, как священный знак сакрализовано именно на основании его внешнего сходства с идеограммой Heilbringer'а. Особенно выразительно с этой идеограммой совпадали опущенные ветви ели и черно-белый ствол березы, и не удивительно, что древние индоевропейцы выбрали два этих дерева в качестве наиболее центральных, почитаемых.

В немецком языке название ели — "Tanne", а березы — "Birke". Оба эти слова, по логике Вирта, должны быть связаны с тем же изначальным мифологическим комплексом Tiu, а следовательно, в них должна заключаться протоидея предновогоднего спуска Света Мира в нижние регионы вселенной (в землю, под землю, в воды, в материнское чрево мира, в ночь, в камень и т.д.). Кроме того, Вирт показывает, что названия березы и ели могут меняться местами, так как первичным в обоих случаях является именно концептуально-идеографическая форма, связанная с календарно-философским осмыслением цикла. Так, у североамериканских индейцев дакоты, которые также почитают березу сакральным культовым деревом, она называется "tan-pa". Это сочетание "tan", по Вирту, является приморидальным и означает «нисхождение ↑, Tiu в an», а сочетание "an", вообще, звук -n- является древнейшей гиперборейской фонемой для обозначения "Матери Земли", "камня", "низа", "лона", "нижней части годового цикла". Итак, культовая формула "tan"[10] является концептуальным синонимом tur, tyr, т.е. Tiu в ur'e (↑ ᚻ).

---

[9] "Таu" — священный знак тамплиеров, а основная их эмблема — два всадника на одной лошади.

[10] Вирт указывает на родство архаической культовой формулы "tan" с серией слов, означающих «камень» в германских языках — "stan", "stone", "Stein" и т.д. Смысловое сближение основано на идее того, что зимнее солнцестояние — нижняя точка года, неподвижная и центральная, как камень, а также тяжелая, к ней тяготеет весь Год, точка гравитации, уплотнения бытия. В русском языке этому корню этимологически соответствует слово «стена». Возможно, что сюда же относится и слово «тень» (зима на полюсе, время темноты, «тени»). Не исключено, что древнеперсидское слово "tan", «тело» некогда связывалось с этим смысловым комплексом —тело как наиболее плотная, тяжелая, теневая, «минеральная» составляющая живых существ. Русское «тело» имеет то же значение, оно родственно слову «тло», т.е. «дно», «низ» (откуда «утлый», «плохой», «низкий» и т.д.)

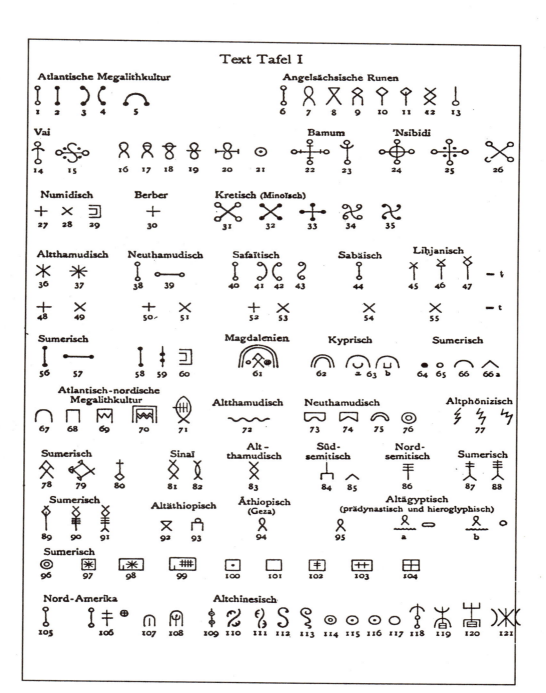

Text Tafel I

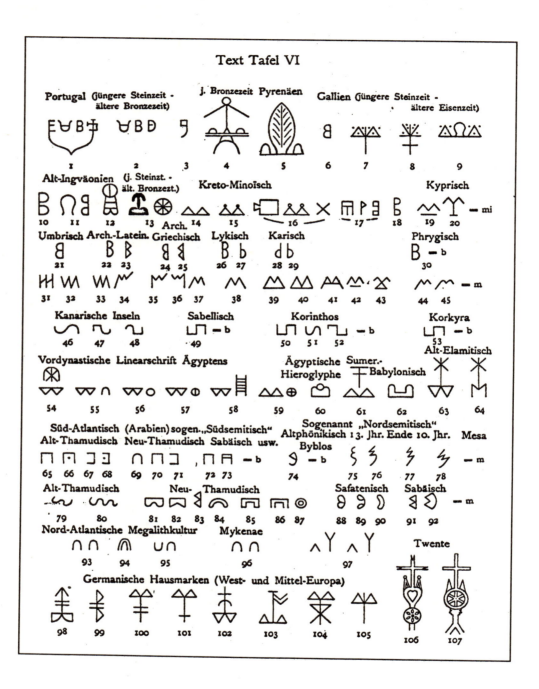

Text Tafel VI

чистого небесного Света, Сына Божьего. Не удивительно, что сам Христос в раннем христианстве изображался в виде *агнца* и был распят на *древе* Креста. Также общепринятым было изображать Христа в виде рыбы, а само слово "рыба" в русском языке было "*zъvъ", что этимологически связано со словом «зверь».

5. Осенний ряд рун

Вирт показывает, что некоторые другие идеограммы могут служить субститутами знака Tiu или дополнять его в комбинированных вариантах. Все эти символы соответствуют некоторым знакам рунического круга, расположенным на осенней стороне. Эти знаки наиболее архаичные, сохранившиеся на своем месте с незапамятных времен.

Такова руна sig (ᛋ) или sol (ᛋ), в рунических кругах они взаимозаменяемы. Она может быть рассмотрена как идеограмма молнии или спускающегося солнца. На самом деле, это, по Вирту, фрагмент или субститут древнейшего арктического иероглифа (ᛞ), означающего связь между собой двух кардинальных точек Года — нижней и верхней. Позже этот фрагмент был осмыслен как нисхождение от лета к зиме, поэтому осталась только нижний круг (ᛋ). Во-втором случае, sig (ᛋ) символизирует схематическую связь между солн-

цестояниями, вертикальную (огненную) змею. В обоих случаях смысл — нисхождение Света Мира. Озвучивалась эта идеограмма фонемой -s-. Во многих древних сакральных кругах и развившихся из них алфавитов эта руна ᛋ (sol) стоит непосредственно перед руной ↑ (tiu), отсюда устойчивое для наиболее архаических пластов индоевропейских языков и, шире, большинства языков народов земли сочетание st, и в индоевропейских языках это сочетание означает «бытие», «существование». В руне sol видны черты древнейшего иероглифа бытия — (ᛞ).

В руническом ряду за формулой s-t (sig-tyr) следует знак -b-, beorg[14], Berg, Birke, руна березы или двух гор ᛒ. Это дает формулу "sit-tyr-berg", известную в древнейших германских заклинаниях и рунических песнях. Солнце ᛋ ᛋ (sig-sol), несомое Сыном Божьим ↑ (tiu, tyr) опускается между двух гор ᛒ (beorg)[15].

Что касается русского слова «гора»[16], которое родственно древнеиндийскому «giris», авестийскому «gairi» (тоже «гора») и прусскому «garian» («дерево»), то любопытно, что этимологически оно сближается с греческим «borees» («северный ветер» или «север», т.е. родство с фонемой ber, beorg возможно через греческий. Кроме того, само слово borees означает север, т.е. то место графического суточного (но не годового!) круга, которое соответствует сердцу полуночи.

---

[14] *Появление звука "Ка" в сочетании "beork" объясняется предвосхищением весеннего воскрешения солнца уже осенью. (См. следующую часть.) По этой же логике солнцестоянческая дуга, "ur", устойчиво называется в некоторых культурах "ki", что «календарно» означает: "воскресающий Сын Божий в пещере", "под землей" и т.д.*

[15] *Возможно, с формулой "b-r-g" связаны русские слова «берег» и «беречь». Здесь — смысловой перенос от изначального значения «гора», b-r, как возвышенность, на то, что за этой возвышенностью «сберегается», «скрывается», «прячется». Не исключено, что славянские языческие «берегини» были изначально не названием демонических существ, но мифологизированными древними жрицами, которые, по Вирту, осуществляли важнейшие сакральные функции в изначальной нордической цивилизации, а отправлялись важнейшие культы этой цивилизации в урочищах, имевших имена близкие к bi-ur или bi-urka. Сама по себе нижняя часть года была связана с женским началом: в "Мать-Сыру-Землю" сходили умершие (повторяя зимний путь солнца), чтобы снова родиться из ее священного чрева. Соответственно, и в человеческом обществе над сакральными алтарями — дольменами, менгирами, капищами — отправляли культы Белые Девы, Матери, прототипы римских весталок. Сами же русалки — «подводные девы» — скорее всего являются фигурами, связанными с нижней, зимней половиной года и женским жречеством. Отсюда — «русалии».*

[16] *См. сноску (10)*

13*   **195**

Другая важнейшая руна — lagu (ᚱ), изображающая крюк, рукоять посоха и т.д. Она обозначала воду, озеро и т.д. Это та вода, в которую сходит Tiu, Heilbringer. Крюк играет огромную роль в архаических мифологиях. У эскимосов им культурный герой притягивает друг к другу небо и землю. Отсюда же серп, символ Кроноса у греков. ᚱ lagu концептуально соответствует двум русским словам, считающимся этимологически различными — "луг" (место заливаемое рекой при ее разливе) и "лука" (изгиб). Мы видим, что идеограмма "lagu" несет в себе оба этих значения — изгиба, кривизны и влаги. Кстати, русские слова «лягушка» и «лужа» восходят к той же фонеме.

Еще один знак (ᚩ) — odil, рыба, петля, капля, узел[17]. Так же, как и sol, это фрагмент древнейшей гиперборейской идеограммы (ᛁ). Это знак потомства, семени. Так, древние германцы называли и изображали таинственную силу, пронизывающую вселенную — дыхание Божье, душу. У шумеров тот же знак назывался "su" или "zu" ("os", "oz"), и подобно "lagu" обозначал воду. Другими фонетическими вариантами odil являются vod, ot, oth и т.д., что дает русские слова «отец» и «вода». Древнейшее озвучивание su или sv в высшей степени важно, так как оно лежит в основании русского слова «свет», «святость» и т.д., которые, в свою очередь, родственны древнеиранскому hveta (светлый), санскритскому "sveta" — «белый, светлый» и т.д. «Свет», «святость» — присутствие odil'а, Духа Божьего, полюса мира.

Руна (ᛉ) уг, представляющая собой корни мирового древа, т.е. как раз точку зимнего солнцестояния. Она часто присутствует вместе с идеограммой Tiu как оперение стрелы (↑ + ᛉ). Иногда выступает как замещение руны ur (ᚾ). Она может быть рассмотрена и как вертикальный штрих — руна Ис (ᛁ), т.е. «Сын Божий в летнем солнцестоянии», наложенная на угловое написание ur. Одновременно это — знак смерти. В русском языке это уг концептуально сближается со словом «юр», которое означает «верчение», «вращение», «водоворот» и этимологически сближается с литовским «аuге» — «зов, вой, звуки

рога» и т.д. Рог как *искривленный* предмет и верчение указывают на спираль, лабиринт, которые были традиционными символами зимнего солнцестояния. — Солнце как бы закручивается в этот период по своей траектории, чтобы начать раскручиваться зимой. В литовском же uiga означает «море», что снова приводит нас к той же теме спуска в воды.

Особо следует остановиться на руне ing (ᛝ). Она обозначает схематическое переплетение двух половин года, двух дуг или двух углов. Это могут быть земля и небо или две змеи. Вирт показывает, что это — брачная руна по преимуществу. Она указывает, что при снисхождении Heilbringer'a в землю, в воды, в звериное чрево, в ночь и зиму, происходит соединение верхнего (Света Мира, Неба) с нижним (Мать-Земля, холод, тьма, масса). При исчезновении солнца полярной зимой все становится одинаково черным, линия горизонта исчезает, само светлое небо утопает в объятиях черной Матери Земли. Это — иерогамия, священный брак. Мы показали выше, что гиперборейское мировоззрение, Богомировоззрение, не знало строгого дуализма, четкого разделения. Негативное событие (нисхождение Света Мира, Сына Божьего) обязательно оборачивалось позитивным, смерть становилась новым рождением, погребение — воскресением, растворение Верхнего в Нижнем — зачатием нового Верхнего. Верхняя дуга — летняя половина Года — сливается с нижней дугой — нижней половиной Года. Из этого таинства рождается Новый Год, новый цикл. Это необходимое условие Воскрешения.

Вирт показывает, что фонема, соответствующая руне ing, ᛝ, n-g, является очень архаичной и устойчивой, и с ней мы встречаемся не только в индоевропейских языках для обозначения «змеи» (английское "snake", санскритское "naga"), «угла» (латинское "angulus") и др., но и в америндских, семитских, африканских, эскимосских, тюркских и даже китайских культовых формулах, означающих "брак", "связь", "союз" и т.д. В германских языках эта фонема до сих пор означает суффикс принадлежности — т.е. то, от чего про-

---

[17] *Русские слова «узел», «узы» и родственное им «вязать», возможно, восходят к той же формуле -os- и к той же идеограмме петли, odil. Петля имеет важнейшее значение в традиционном символизме. В самом христианстве Иисус назван тем, кому дана власть «связывать и разрешать», т.е. затягивать бытийную петлю и ослаблять ее. Это имеет явную параллель с циклическим символизмом — стягивание петли (уз) равнозначно зимнему, «стужалому периоду Года (слово «стужать» в русском языке означает как раз «стягивать» — стужа, это «стягивание погоды», отсюда же и метафора «стужать» «быть одержимым злым духом», «etre hante», по-французски), а также человеческой смерти (откуда форма казни через удушение или повешение); разрешение соответствует весне, выпуску Света и тепла наружу, освобождение, «отпущение грехов», «новое рождение», «воскрешение» и т.д. Петля в виде идеограммы odil — атрибут многих древних божеств, особенно часто она встречается в индуизме — у Шивы, Кали, Вишну, Брамы и т.д.*

196

Text Tafel VIII

Südwest-Europa (ält. Stzt.) **Nord-Afrika** (ält. Stzt.) **Libysch-Berberisch** **Mas d'Azil**

1 2 3 4 5 6a 6b 7a 7b 8 9a 9b 10 11 12a 12b 13 14 15

Gallien (j. Stzt.) *Irland* (j. Stzt. - ältere Bronzezt.) *Schweden* (Felszeichnungen) (jüngere Steinzeit - ältere Bronzezeit)

16 17 18 19 20 21 22 23 24 25 26 27 28 29 30 31 32 33 34 35

Angelsächsische Runenreihen **Keltisch**

36 37 38 39 — u (ur) 40 41 42 43 44 45 46 47 48 49 — y (yr) 50 — uult 51 52 53 — a 54 55 56 — u, v, y

Pyrenäen-Halbinsel (j. Stzt. - ält. Bronzezt.) **Italien** Südibertsch Messapisch Vorsabellisch Etruskisch Rätisch Arch. Latein

57 58 59 60 61 62 63 — v (w) 64 65 66 66a 67 68 69 — ú 70 70a 70b — a 71 — u (v)

Kreto-Minoisch **Troia** **Kyprisch**

72 73 74 75 76 77 78 79 80 81 82 83 84 85 86 87 88 — ko a b

Arch. Griechisch **Phrygisch** **Karisch** **Lykisch**

89 90 91 92 — u 93 94 95 96 — u 97 98 99 100 101 — ü, w 102 — u

Altphönikisch **Gezer** **Arabien** (Südatlantisch) Thamudisch Sabäisch Libjanisch Safatenisch Altäthiopisch **Sabäisch**

103 — w 104 105 106 107 108 109 110 111 112 113 114 115 116 — w 117 118

Vordynastische Linearschrift Ägyptens

119 120 121 122 123 124 125 126 127 128 129 130

Bamum

131 132 133 134 135 136 137 138 — wúŏ (stein) 138a 138b — púã (sein)

Alt-Elamitisch **Sumerisch**

139 140 141 142 143 144 145 146 — u, šu 147 — ušu 148 149 — ur 150 — ku ud, ug — u

Hettitisch **Alt-Chinesisch**

151 152 153 154 155 156 157 158 159 160 *min* „Bedachung" 161 162 163 164 165 *ki* „Opfertisch"

Alt-Chinesisch (Fortsetzung)

166 167 168 169 170 171 172 173 174 175 176 177 178 179 *li* — „stehen" 180 181 182 183 *ta* — „der Große"

ksia — „unten *jang* „über oben" *liu* — 6
unter"

Nord-Amerika

184 185 186 187 188 189 190 191 192 193 194 195 196 197

wu — „Mittag" *šik* — 10 *tsao* — „Dorn" *ti* — „Gottheit" *ping* „Eis"

исходит данная вещь, ее брачный исток. В английском это ing, being, speaknig и т.д., в немецком ung, Nibel-ung(en), Ordn-ung и т.д. Учитывая колоссальное значение этой фонемы и соответствующей ей идеограммы, ее просто не может не быть в русском языке, хотя, на первый взгляд, прямого аналога нет. Но если учесть, что в древнерусском часто в закрытых слогах наличествовали назальные звуки n, которые впоследствии были редуцированы, то поиск русского аналога этой руны облегчается. Мы находим эквивалент в слове «уж», т.е. "ug", откуда пропало назальное "n". Далее все просто: сюда же относятся слова «угрь» (морская змея), «угол», «юг» (ранее произносившийся как «уг»; юг — это зимнесолнцестоянческая ориентация в годовом цикле, тогда как северу соответствует суточная полночь). Любопытно наличие этой фонемы и в составных корнях, связанных с исследуемым нами символическим и мифологическим комплексом. Так u(n)g обнаруживается в слове «дуга» (что сближает это слово с древнейшим шумерским и тюркским названием божества ясного неба — Dingir или Tengri, т.е. дуга-dingir есть Tiu, Dyaus, Zeus, сошедший в ing, ung, в ночь, в воду, в зиму, место, где небо и земля слиты воедино), в слове «рука», в словах «круг» (пропавшее в русском «круг» носовое n появляется с немецком ring, саксонском hringr и т.д.), «язык», «уголь» и т.д.. Кроме того, слова «нога» и «ночь» дают то же сочетание. Теперь легко понять древние изображения существ с ногами змеевидной формы — это культово-календарные синонимы как фонетически, так и графически: человеческая нога — визуальный крюк, угол[18].

Вирт приводит тысячи примеров этих фонем и идеограмм: от пещерных рисунков палеолита до близких к нам религиозных символов и даже художественных орнаментов, развившихся, кстати, из культовых фигур.

---

[18] *Не исключено, что сюда же относится слово «снег», так как снег связан с зимой, а следовательно с идеограммой зимы — ing.*

СИМВОЛ 2: КА — Y — СВЕТ, ПОДНИМАЮЩИЙ РУКИ

1. Две половины Вечности

Мы показали вкратце основные символические ряды Heilbringer'a в осенней половине года, где его предпочтительным именем является сочетание "Tiu", а главной идеограммой — "Человек, опускающий руки" (↑). Именно этот знак и связанные с ним сюжеты более всего распространены в сакральных комплексах традиции, вплоть до того, что во многих языках именно от этой культовой примордиальной фонемы и идеограммы были образованы слова и иероглифы, обозначавшие Бога (лат. "Deus", тюрк. "Tengri", инд. "Dyaus"). Конечно, в определенных обстоятельствах исторической дегенерации Традиции этот символ мог остаться единственным и главным, став синонимом Божества как такового, независимо от символико-календарной особенности мифологических сюжетов. "Tiu" часто появлялся и в весенних сюжетах, и даже в летних. Однако есть все основания считать, что в самой изначальной парадигме сакральной картины мира «Космический Спаситель» в осенней и предновогодней части года все же сосредоточивал в своей фигуре лишь *одну* часть сакральной символики, и хотя вся совокупность развившихся из этой первоидеи сюжетов, ритуалов, мифов, доктрин, ритуалов, символов, «теологий» и т.д. воистину необъятна, на самом деле, речь идет лишь о фрагменте общего Gottesweltanschaung древних гиперборейцев.

Вторым, равным Tiu по значимости, символом был "Ка", обозначавшийся идеограммой Y — существо с поднятыми руками. Это было изначальным символом вселенской Весны, Воскресения, восходящей полуокружности Священного Года. Отсюда главные характеристики этого знака — Рождение (Воз-Рождение), Рост, Полнота, Изо-билие, Свет, Победа, Царская Власть, Воскресение, Вознесение, Подъем, Восхождение.

В самых древних системах письма мы встречаем этот знак в разных вариантах — египетское "ka" (ᒍᑌᓚᓇ), латинское "C" (<, по Вирту, это поставленное на бок "Ка") и т.д. Древние пифагорейцы считали латинскую букву игрек Y особенно священной именно потому, что графически она тождественна Ка, великой руне Воскресения. Египетское "ka" обозначало душу человека или его звездное тело, т.е. ту часть человеческого существа, которая не перестает существовать после смерти тела, но продолжает свои путешествия по Вселенной. Тело умирает в зимнем солнцестоянии человеческой судьбы. Но душа (Ка) воскресает как новогоднее солнце, рождаясь снова. "Tiu" переходит в "Ка", спуск становится подъемом, смерть рождает жизнь, зерно, упавшее в землю, дает новый колос. Переход "Т" в "К", Света, опускающего руки, в Свет, поднимающий руки — вот основа и центр всего гиперборейского гнозиса, этой изначальной проторелигии. Следовательно, формула "t-k" ("d-k", "d-g", "th-kh" и т.д.) является ключевой в культовых, ритуальных фонемах древнейшей полярной цивилизации. Вирт считает, что именно сочетание "t-k" лежит в основе индоевропейского названия числа 10, которое соответствовало количеству месяцев в древнейшем гиперборейском арктическом году. Десять — это возврат к единице. Лишь на позднейших исторических этапах десятимесячный год, чьи месяцы считались с помощью пальцев ладоней двух рук, уступил место двенадцати-(шести-) месячному[1].

Быть может, смутным воспоминанием об этом изначальном смысле числа (и слова!) «десять» является противопоставление в герметической

---

[1] Подробнее см. А.Дугин «Гиперборейская теория», Москва, 1993. Переход от арктического десятимесячного года к северо-атлантическому 8(16)-месячному и позже к южно-атлантическому 12(24)-месячному соответствовал замерзанию Арктики ("fimbulvinter" скандинавских саг, «оледенение арктического города Вара» в зороастрийских текстах и т.д.) и движению изначальной расы на юг, где годовая картина сезонов и сезонных явлений резко менялась и в священные календарные круги вносились элементы, отсутствовавшие в арктическую эпоху. Так появились фиксированные точки самого южного (и соответственно, северного) годового восхода (заката) солнца, что в северной Атлантике дало бы основание для вычленения новой (по сравнению с изначальным арктическим миром) точки (точнее, четырех точек) — самого южного (северного) пункта восхода (захода) солнца в году, а это, в свою очередь, вносило в солярный цикл членение, соответствующее 1/8 всей окружности Года. В южной Атлантике эта же точка приходится на 1/12. Из этого различия и происходят два исторически зафиксированных рунических круга: малый 16-рунный (северо-атлантический), - Вирт, вопреки другим ученым, считает именно его более древним, - и большой 24-рунный, южно-атлантический, более поздний.

традиции 10 логосов (вертикальная, чисто духовная иерархия) 12 знакам зодиака (горизонтальная, психо-материальная иерархия). Индуизм также говорит о 10 аватарах (снисхождения Принципа), а каббала о 10 сефирах. Если слово «десять», «декада» несет в себе столь абсолютный, изначальный и «божественный» смысл, становится понятным, почему это число так почиталось в различных эзотерических учениях (причем гораздо больше, чем другое священное число — 12[2]).

Поразительно, как неожиданно Вирт растолковывает древнейший знак X (**X**), мальтийский крест или крест св. Андрея. Одним из его самых изначальных значений Вирт считает солнцестоянческое сочетание t и k, где верхняя половина знака (∨) есть поднятые руки (=ka,**Y**), а нижняя половина (∧) — опущенные руки (=tiu, ↑). Вместе же это дает символ "икс", "**X**", который был в латинской системе цифр обозначением числа 10 и произносился "deca", т.е. звонкое t + k!

2. Рогатые «боги»

Одним из самых распространенных символов "Ка" были *рога* или *рогатые животные*. Именно эти атрибуты некоторых животных и лежали в основе их сакрализации — будучи наделенными очевидными знаками восходящего Сына Божьего, печатью Воскресения и Возрождения, рогатые звери сами, в свою очередь, ассоциировались с тем же ритуально-календарным аспектом —с весной, светом, новой жизнью.

Так, Вирт утверждает, что три древнейших созвездия, почитаемые нордической цивилизацией были — Лось (теперешние Близнецы), Бык и Овен. Все три животных отмечены наличием рогов, знаком Ка.

Но не только эти животные были особенно почитаемы в древности. Также важнейшим животным был козел. Козел отличался огромной производительностью и, естественно, активная способность производить потомство ассоциировалась с наличием в звере избытка световой жизненной силы — Ка, что внешне выражалось в наличии рогов. В принципе, та же логика действовала и в

случае быков и лосей. Различие между естественной жизнью и сверхъестественной, между мистической душой и жизненной силой пришло гораздо позднее... Но даже до самых последних времен коза (или козел) — в сказках, в мифах (*коза Амальтея*, выкормившая Зевса из *рога* изобилия!), в приметах и простонародных верованиях играла огромную символическую роль. Можно упомянуть лишь о русских скоморохах, которые были последними носителями древнейшего символико-ритуального комплекса, с ярко выраженной нордической спецификой. Так, в скоморошьих ритуалах, связанных с медвежьим представлением помимо самого скомороха (медведчика) и собственно ученого медведя обязательно участвовал третий персонаж — «коза». Это был непременно юноша[3], переодетый в странный наряд с козьей головой. Его роль в самом представлении была совершенно несущественна (колоть рогами и дразнить медведя на потеху публики), но с этой функциональной незначительностью резко контрастировал обычай *непременно* устраивать медвежье представление с участием «козы». В этом проявлялось смутное воспоминание о древнейших полноценных культах, где символизм козы или ее рогов был центральным смысловым элементом. Речь шла об освобождении солнца из чрева зимы. Зимнее солнцестояние, сама зима символизировались медведем, —чье имя, кстати, в индоевропейских языках было культовым (*art) и табуированным («медведь» — табуистический субститут), — и сама Арктика, север, называлась «страной медведя», «arctica». Коза же выполняла функцию Ка, т.е. воскресающего света, Спасителя, поднявшего руки. Отсюда игровой культовый антагонизм «козы» и медведя в скоморошьих играх.

Рога — символ божественности, воскресения, весны, победы над мраком зимы и ночи. В них фиксируется поднятие рук Сыном Божиим, Космическим Спасителем. Но так как, по верованиям гиперборейцев, смерть есть сама по себе новое рождение, воскресение, то мы встречаем рога во многих древнейших захоронениях, в дольменах, менгирах, курганах и т.д. Человек умирает, но его «ka», его душа воскресает, «поднимает руки» и движется вместе с солнцем к небу. Это —

---

[2] *Можно выдвинуть гипотезу относительно соотношения 10 и 12. Эти два циклических числа соответствуют двум этапам календарных реформ изначальной традиции, что в позднейшие периоды служит указанием и на географические особенности той или иной религиозной сакральной формы. Так, 12-тиричный цикл является следом западных или юго-западных (атлантических) влияний, 8-ричный — северо-западных, а 10-ричный является знаком самой Примордиальной Традиции и соотносится с севером, Арктикой, гиперборейской филиацией. Если это так, то многие загадки числового символизма в самых разных традициях могут быть легко расшифрованы.*
[3] *То, что «козой» должен быть именно подросток, юноша, вытекает из идеи «юности» нового солнца: Ка всегда юн, молод.*

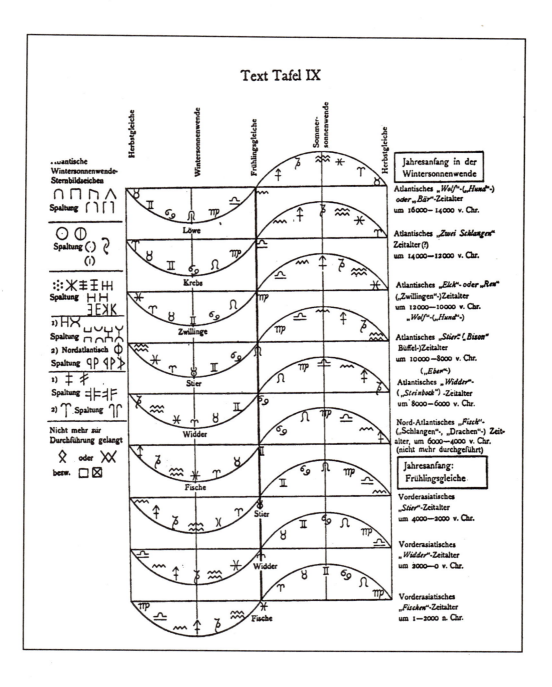

201

деваяна индусов, путь богов, восходящая дуга Гóда, дорога, по которой поднимается к летнему солнцестоянию триумфальная колесница души.

Рога украшали изображения многих древних божеств, участвовали в сакральных ритуалах, наполняли собой орнаменты и т.д. Очень важно, что не только индоевропейские или языческие традиции использовали рога как символ "Ка" в качестве священного синонима воскресающего Спасителя. Эта же тема встречается и в Ветхом Завете, где можно найти такие фразы: «вознес, Господи, рог свой над Израилем» и т.д. Позже "рог", "рога" были истолкованы только как знаки силы, мощи, но изначально они имели чисто духовный, идеографический смысл. Кстати, даже в христианской традиции, которая устойчиво считает рога печатью нечистой силы (в этом сказалось специфическое отношение христиан к языческим культам, божества которых были отождествлены с бесами), есть некоторые исключения: так, ветхозаветный Моисей, начиная с раннехристианских рисунков, часто изображается с рогами. Здесь, как и во многих других случаях, более новая традиция отрицает сакральные формы предшествующих культов, хотя в сущности (по крайней мере в системе символического языка, который не может не быть единым) утверждает структурно сходные сюжеты[4].

Здесь мы подходим к довольно деликатной проблеме, связанной с тем, что символизм, связанный с Ка, имеет поразительно много сходств с христианским описанием дьявола, бесов, чертей и т.д. Вообще говоря, символизм описания «дьявола» снова недвусмысленно указывает на древнейший культовый комплекс. Наличие хвоста, позднее осмысленное как «низость», «скотская» природа бесов, на самом деле, является наследием солнцестоянческой идеограммы "уг" (ᚾ) — корни мирового древа, символ печали, зимы, ночи и могилы; она визуально может истолковываться как две расставленные ноги и хвост между ними (в более древних изображениях встречается также изображение огромного фаллоса в антропоморфных фигурках). Эта же идеограмма кроме «хвостатого» обозначала и «борону», «трезубец» и т.д. Черти, кстати, часто изображаются именно с «вилами» (руна уг ᚼ)!

Далее, хромота дьявола. Это также солнцестоянческая деталь. Нижняя половина Года связывалась с ногами Космического Спасителя (как бы вписанного в круг)[5]. Конец старого года — это потеря ноги. Отсюда фигуры «одноногих колдунов» в ирландском эпосе и хромота дьявола. Иногда та же идея воплощается в наличие у беса копыт — здесь акцентируется их раздвоенность (∧), перевернутый знак "Ка" или угловым образом изображенные две дуги (∧∧), два копыта.

Дьявол и бесы живут в преисподней, под землей. Туда спускается солнце зимой и ночью. Одним словом, бесы выражают собой символический комплекс, связанный с зимой и зимним солнцестоянием.

Но почему тогда устойчивое указание на их рогатость?

Вирт показывает, что это связано с архаическим изображением Ка в самом зимнем солнцестоянии, как указание на грядущее воскресение даже в периоды самого полного мрака. На севере, когда в сердце зимы стоит сплошная арктическая ночь, еще задолго до появления первого

---

[4] *Мы не затрагиваем здесь различие в метафизическом подходе разных традиций, которое, на самом деле, в высшей степени важно, и не спешим соглашаться с расхожим (в традиционалистской среде) поспешным выводом о «трансцендентальном единстве религий» (термин Ф.Шуона). Подробнее мы развили идею совершенной метафизической уникальности христианства в книге «Метафизика Благой Вести (православный эзотеризм)». Но все же нельзя пройти мимо поразительного буквального — даже тотального — структурного (только структурного(!), а не метафизического) совпадения между христианской традицией в ее догматико-календарном аспекте и изначальными парадигмами гиперборейской сакральности, столь блистательно разобранной и восстановленной Виртом. Все в христианстве — и Воплощение, и Страдание на кресте, и Мученическая смерть Спасителя, и Его (весеннее) Воскресение, и Его Вознесение — точно соответствует изначальному священному кругу. Если не рога, то воздетые вверх руки грядущего во славе Христа, изображения которого украшают многие алтари, идеально вписываются в тему космического воскресения.*
Напомним также случай с противопоставлением Шивы богу любви Каме — оба связаны с символизмом лука и стрел, полом, любовью и т.д., но забвение о единстве их изначального происхождения или (что не исключено) наложение друг на друга двух редакций единого гиперборейского сюжета, что, возможно, связано с различными (хронологически и географически) этапами ее получения, заставляет утверждать плоскую «моралистическую» (глубоко искусственную) метафору вместо роскошного поливалентного диалектически абсолютного арктического символизма. Таких примеров можно привести множество.
[5] *На этом основании арктический год делился на 20 полумесяцев: десять пальцев на ладонях и десять пальцев на ступнях.*

света весны, древние уже праздновали в тайне, в ночи, во тьме, в пещерах, в катакомбах и т.д. мистерию Рождения Света, его Воскресение. Он еще был невидим и неизвестен, но гиперборейцы уже знали — Он родился. "Ка" уже есть. Пока он скрыт, еще пребывает во мраке, под землей, у корней Мирового Древа, под водой. Но факт рождения (= воскресения) уже не отменить. Отсюда характерные идеограммы (ᛗ ᛗ ᛗ ᛗ ᛗ) — "Ка" в пещере, под землей, в змеевидных лабиринтах мрака.

Но изначальное нордическое сознание не знало дуализма. В нем субъект и объект, действие и арена действия, звуки и фигуры переплетались в единый диалектический комплекс, в изобильное и мудрое дорациональное и сверхрациональное Богомировоззрение (Gottesweltanschaaung). Поэтому подземелье и ночь (другие хтонические и зимние явления и персонажи) никогда не были выражением чистого зла: все они служили взаимодополняющими элементами изобильного единого божьего откровения, в котором без смерти нет воскресения, а без холода зимы летнего жара. По той же самой логике пребывание Ка в зимнем мраке, в утробе ночи, в пещере, под землей и т. д., могло впитать в себя и некоторые негативные моменты, связанные, однако, не со светом (хотя Люцифер, денница, рассматриваемый как падший в христианстве, тоже ангел света), а с общей ситуацией.

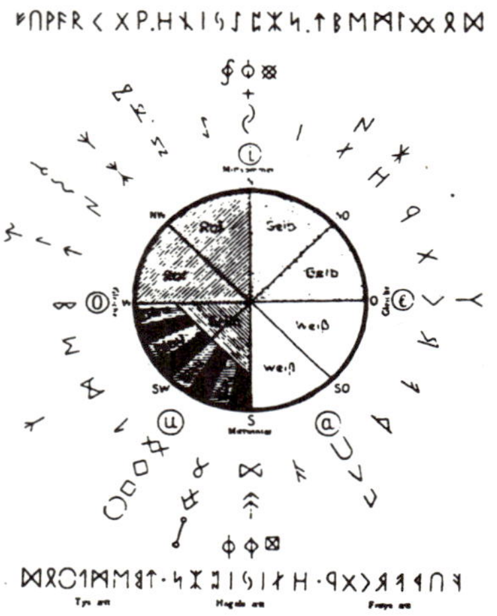

Иными словами, с чисто идеографической точки зрения, «бесы», символизируя драматическую календарную ситуацию, на самом деле не несут в своем облике ничего специфически негативного — это составные образы древнейшей календарной символики, где, по меньшей мере, один из символов — рога —имеет в высшей степени положительный,световой смысл. Это — «Двойной», Космический Спаситель, "Heilbringer", в его высшем весеннем воскресшем состоянии.

3. Мыслящий Муж и Мера Матери

Эквивалентом идеограммы "Ка" (Y) является иной знак "Madr" — ᛉ или ᛘ . Тот же поднимающий руки Свет, только отчетливее выделена вертикаль. Одно из устойчивых названий этой руны — "madr" — означает «человек», «мужчина». В индоевропейских языках этот корень часто звучит как "men", "man", индийское "manu" и т.д. Вирт подчеркивает, что в изначальном сакральном комплексе не существовало строгого различия между людьми и богами, между космосом и цивилизацией. Поэтому между различными явлениями существовала непрерывность — напомним, что даже во времена Платона идея происхождения людей от богов была чрезвычайно распространена; сам Платон считал себя прямым потомком Посейдона, бога морей. Следовательно, фигура "Madr", бога, с поднятыми руками (или тремя перьями), отождествлялась с мифическим предком и служила самоназванием людям.

Этимологи указывают на близость слова "man" (человек) к "mens" (ум), а также к слову "луна" (англ. "moon"). Ту же картину мы встречаем и в русском языке — слова «муж», «мысль» и «месяц» развились из одной древней фонемы. При этом на примере русского видно, что луна (месяц) получила название по ее календарной функции — отмерять время, месяцы; возможно, тот же изначальный смысл стоял и за словом «мысль» — «измерение», «мера», «способность соизмерять и соотносить вещи и идеи между собой». Муж, человек, является носителем способности измерять, т.е. мыслить. И в идеографическом смысле это действие выражается вертикальной, световой позицией его фигуры — поднятые руки, воскресение, активность, ᛉ. В гностических мифах эта идея отражена в мифе о «вертикальном антропосе», «человеке стоящем», который пребывает в вертикальном положении с воздетыми руками среди нижнего эмпирического хаоса. Агриппа Нетесгеймский употреблял выражение «anima stante et non cadente» («стоящая и не падающая душа»). Таким образом, мы снова приходим к изначальной руне "Ка", чьим эквивалентом является "madr".

Эта руна "madr" повторяется в бесчисленных вариациях на самых древних узорах, орнаментах, вышивках и т.д. Там, где мы сталкиваемся с ней, она повествует об истории гиперборейских народов, у которых «человек» и «мысль» были строго тождественны.

Не исключено, несмотря на значительные трудности, с точки зрения этимологии, что само местоимение 1-го лица (единственного и множественного числа) в падежных формах (кроме именительного) в индоевропейских языках — «мне», «меня», «мной» — и притяжательное местоимение — «мое», «мой» и т.д. — развились из этой же великой символической фигуры — человека стоящего, мыслящего, светового[6], тогда как именительный падеж в определенный момент времени получил иное фонетическое и концептуальное осмысление. Можно предположить, что этот именительный падеж также связан с сакральным руническим кругом[7]. В германских и латинских языках он привязан к летнему солнцестоянию. Любопытно также, что в тюркских языках именительный падеж личного местоимения 1-го лица так и звучит: «men».

Здесь важна и еще одна деталь. С точки зрения Вирта, изначальная сакральная арктическая культура не была основана на патриархате и Vaterrecht. Следуя за Бахофеном, Вирт считал матриархальную цивилизацию более древней и изначальной, более близкой к золотому веку полярного «рая». Следовательно, наиболее древние сакральные понятия и священные фигуры были не мужским пантеоном, но, скорее, женским. Хотя в некоторых моментах изложения Вирта можно понять в том смысле, что под гиперборейским матриархатом он имеет в виду не совсем принцип доминации женского начала над мужским, но, скорее, отсутствие четкой дифференцированности полов, некое андрогинное бытие и андрогинное мышление, схватывающее события реальности в неразрывном синтезе и лишь позже и по мере необходимости делающее некоторые различия, никогда не становящиеся до конца необратимой логической системой, формальной логикой. Такое мышление скорее напоминает чистое созерцание или интуитивное схватывание идей и вещей сразу и непосредственно со всеми заключенными в них полюсами, измерениями и противоречиями. Но Вирт подчеркивает, что такое интуитивное,

сердечное мышление более свойственно именно женщине, сохранившей вопреки тысячелетиям агрессивно мужской культурной доминации многие черты изначального нордического отношения к бытию[8].

Учитывая матриархальную (с поправками Вирта, т.е. скорее, андрогинную) природу древнего символизма и его синтетический, недуальный характер («нет ни мужеска пола, ни женска»), легко понять, что фигура "Madr" (= "Ka") может означать не только "Мужа", "Ману", "Первопредка", но и "Жену", "Женщину", "Богиню". Отсюда фонетическая формула madr тождественна древнейшему слову «мать», нем. «Mutter», лат. «mater». Это световая Дева, Мать Мира, Царица Небесная, несущая в поднятых руках новое Солнце, Свет Мира.

Это соображение относительно культового тождества Мужа и Матери в формуле "madr", вполне применимо и к ситуации с осенней половиной Года, т.е. ко всему символическому комплексу Heilbringer'a, опускающего руки, Tiu.

Но возвращаясь к фигуре "Ka", к идеограмме воскресения и нового света, следует сказать, что в сакральном смысле "женщина" может пониматься именно в этом значении — как "дарительница света", как "Космическая Спасительница", через которую приходит новая весна.

В русских хороводах, которые часто водились одними девицами (архаически нордическая черта), этот символический компонент ясно различим. Сама форма хоровода — Год, годовой цикл. Девушки — месяцы (кстати, венки из цветов имеют то же символическое значение — год). Когда они поднимают руки вверх, они образуют фигуры "Madr" (= "Ka"), когда опускают — фигуры "Tiu". Поднятые руки — весна, опущенные — осень. При этом опущенные руки (↑,

---

[6] *Вполне вероятно, что личное местоимение 2-го лица развилось из симметричной осенней идеограммы — "Tiu"; "ты", "твое", "тебя", "тебе" и т.д. Третьего же лица у личных местоимений, как известно, в большинстве индоевропейских языков не было; оно развилось очень поздно из указательных местоимений. Так русские «он», «она», «оно» и т.д. возникли из краткой формы указательного местоимения «оный», т.е. «тот».*

[7] *Гипотезу о динамике трансформаций личного местоимения 1-го лица в русском см. в книге А.Дугина «Мистерии Евразии» — глава «Азъ и юзъ».*

[8] *Эта защита Виртом нордического матриархата сделало его врагом многих идеологов Третьего Райха. В особенности его возненавидел Альфред Розенберг, бывший идейным врагом таких глубочайших консервативно-революционных мыслителей как Хайдеггер и Клагес. Юлиус Эвола, который называл Вирта вместе с Геноном и да Джорджо в тройке своих главных духовных учителей, также не разделял восторгов Вирта перед Mutterrecht. Любопытно, что эта же тема — "доисторический патриархат\матриархат" — возникла в деле самого Эволы, когда Генрих Гиммлер поручил своим аналитикам дать заключение об общем мировоззрении Эволы. Карл Мария Вилигут (Вайстор), который занимался этим вопросом, приводит воинственный агрессивный мускулинизм (доходящий до мизогинии) Эволы в качестве негативной(!) черты его мировоззрения.*

Tiu) означают период девичества (слово «дева» от "Tiu"), а поднятые (𐳤 Madr) — материнство. Роженицы, столь часто встречающиеся на русских вышивках, чаще всего представляют собой женщин именно с поднятыми руками, т.е. «матерей».

4. Стоянки Ка

Восхождение Ка по весенне-летней дуге Года к летнему солнцестоянию имеет несколько фаз или стоянок. В исторически известных календарных кругах порядок идеограмм бывает различен, так что наиболее архаической и изначальной формой следует считать наличие руны "Ка", "madr" или их фонетических и иероглифических заместителей.

Однако можно попытаться найти соответствия скандинавским рунам, связанным с Ка и его сектором в русских корнях.

Так, первой посленовогодней руной является "feoh" (𐊰). Она обозначает «богатство», «скот», «достояние», «имущество», а также «дерево» (мировое дерево») и т.д. В современном немецком это «Vieh». Для русского языка это очень важная руна, так как этимологически "feoh", "Vieh" и т.д. родственны древне-индийскому "bhaga", древне-неперсидскому "baga" («полный», «изобильный»), от которого происходит и русское слово *бог*"! В идее Божества и в самом этом слове заложена полнота, новизна, нерастраченность, первичность. Это — первый знак Священного Года, а следовательно, его Начало. Одновременно, важно подчеркнуть, что для славян в Божестве яснее всего наличествует именно идея бытийной полноты, изобилия, выражающихся вполне конкретно, — либо через достаток и богатство (слово "богатство" родственно слову "бог"), либо, в более возвышенном случае, через конкретный и ощутимый, «плотный» световой опыт.

В русском изначальное f из "feoh" стало звонким, равно как и h, превратившееся в g. "Feoh" (𐊰) также указывает на поднятые ветви дерева, т.е. тождественно весенней символике мирового древа. В этом смысле это идеографический синоним "Ка". В русском, как и в немецком, есть связь между словом "бук" и "буквы", а в немецком к этому добавляется еще и "Buch", книга. В руническом круге "feoh" — первая буква, а значит это первый знак в книге бога-года. В названии русской буквы Б («буки») мы видим то же сочетание, т.е. буква Б есть буква по преимуществу. Любопытно, что своим начертанием в кириллице Б отличается от латинских и греческих В, не исключено, что здесь, равно как и в случае некоторых других оригинальных букв, Кирилл и Мефодий пользовались древнейшими сугубо русскими азбучно-=календарными кругами, русскими рунами, которые, возможно, и назывались «резами». Так, иероглиф Б показывает весеннюю половину Года, куда обращены и полукруг в основании и верхняя горизонтальная черта. Не исключено, что Б ближе идеографически к руне "feoh" (𐊰) с развитой в полуокружность нижней чертой, нежели к греческой "бете". И не случайно, все греческие слова с "бетой" на старославянском передавались через В, а не через Б, а при этом исконно русских слов на «ф» нет. Следовательно, можно предположить, что русское «буки» передавало архаические индо-европейские фонемы, соответствующие германскому f.

Далее следует "ur" (𐊾), руна в форме дуги, пещеры, горы или подковы (которую вешают на дверях на счастье). Из этой пещеры выходит Ка, поднимая руки. Поэтому в отличие от предновогодней руны "ur", весенний знак часто изображается с лучами — (𐊾), "strahlende ur", человек в нимбе, стилизованные под волосы лучи (или наоборот) в наскальных рисунках. Русские корни с «вр» — время, вращение, врачевание (в изначальном смысле, произнесение волшебных формул) и т.д.

Руна "thurs" (𐊷). Изображает топор, плуг или латинское А, поставленное на бок. По-немецки "thurs" — «колючка», «шип»[9], что дало множество сюжетов в германской мифологии относительно бога-колючки и т.д. Возможно, русское слово «колоть», т.е. «раскалывать» (действие топора) и «колоть», т.е. «укалывать» (действие шипа, колючки) одинаковы не случайно. Одно из названий топора «кайло» также относится сюда. Слово же «коло» означало круг, солнце, а при перенесении значения и кол, ось, вокруг которой круг вращается. Если эта цепь сближений верна, то, вероятно, с той же руной связано и славянское солнечное божество «Хорс», которое в таком случае должно быть аналогично германскому Тору.

Потом руна аз (𐊫); не исключено, что она лежит в основании начертания первой буквы русского алфавита, и она же — личное местоимение 1-го лица в древнерусском (азъ). Вирт считает, что это не столь архаичная руна.

Руна "ken" (<). Это и есть наш "Ка", "Свет, воздевающий руки", только положенный на бок. Вирт считает, что фонема этой древней идеограм-

---

[9] *Относительно слова «Dorn», «колючка», «шип», а также «куст», см. примечание (4) к тексту Г.Вирта «Священный Год».*

мы лежит в основе индоевропейских корней, обозначающих огонь. Русское «огнь», индийское «agni», латинское «ignis» и т.д. Не исключено, что сюда же следует возводить и корень обозначающий «жену», «женщину» — греческое «gyne» и т.д. Мы видели в случае с эквивалентом руны "Ka" руной "Madr", как мужское сливается с женским. В случае с мужской, огненной руной "ken" — это еще раз повторяется. В данном случае это Огненная Дева, Красна Девица, «жена, одетая в солнце».

Далее, руна "hagal" (✳), о которой можно было бы говорить долго. Она означает весь Год, мировое древо с корнями и кроной, Священное (Heilige), неопалимую купину. Одна из самых

священных идеограмм нордической цивилизации. У шумеров такой же знак (✳ или ⊛) - anu, dingir - обозначал бога. В русской кириллице "hagal" соответствует буква Ж, «живите» [10]. В hagal воплощается вся световая полнота, свойственная "Ka", знаку восходящего Света. К фонеме "Ka" добавляется "al", древнейшее название божества. Интересно, что германский ряд слов, смысловым образом сопряженный с идеей "hagal" (идеограммой и фонемой) — "All", "Heilig", "Heil", "Licht" ("Allheilige Licht") — на русском имеет своим аналогом слова с корнем «св» или «вс» — «все», «святой», «свет»[11] ("всесвятой свет").

[10] Подробнее о символизме буквы "Ж" в книге А.Дугина «Мистерии Евразии», глава «Мистерия буквы Живите».
[11] В сербском языке аналогом слова «все» является слово «све», т.е. перестановка согласных в корне фиксируется, не выходя за пределы славянских языков.

ОБЩАЯ ТЕОРИЯ ЗАГОВОРА

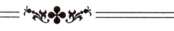

эту эзотерическую организацию и захватить ее архив. С другой стороны, сам Вальтер Дарре, предводитель национал-социалистического крестьянства и автор концепции «Кровь и Почва», воспевавшей верность Земле, верность Корням, верность Традиции, находился под глубоким и сильным влиянием Штайнера на протяжении всей своей карьеры. В сущности, все идеи в отношении сельского хозяйства, которые исповедовал Дарре — это штайнерианские идеи, штайнерианские концепции. Очень любопытно заметить в этом отношении, что Дарре прошел через нюрнбергский трибунал и был в сущности оправдан, осужден лишь на несколько лет тюрьмы, хотя он был одним из руководителей германского Райха. Когда он вышел из тюрьмы, он снова установил контакты с учениками Штайнера, и продолжал интересоваться этой темой и разрабатывать ее вплоть до своей смерти.

Кроме того, любопытно в этом отношении подчеркнуть, что сам Штайнер был масоном ордена «Мемфис Мицраим» и одним из его руководителей в Германии перед приходом к власти нацизма. Он являлся также руководителем «Ордена Восточных Тамплиеров» в Германии, Великим Магистром которого был Алистер Кроули, и членом организации «Golden Dawn» — «Золотая заря». После смерти Мазерса, бывшего Великим Магистром «Golden Dawn», он принадлежал к ветви, называемой «Golden Dawn in the Outer» под руководством Фолкина и тесно сотрудничал с ней.

Нам также известно, что один из соратников Германа Вирта, основателя «Аненэрбе», который помогал ему собирать архивы и документацию, также является штайнерианцем и возглавляет сейчас в Германии так называемый «Collegium Humanum», организацию штайнерианского типа. Таким образом, можно говорить, что существовали серьезные связи между нацистским эзотеризмом, в частности, организацией «Аненэрбе» в рамках СС, и штайнерианскими и антропософскими организациями.

Мессианские чаяния

«М.А.»: Что Вы можете сказать о связи национал-социализма с оккультными мессианскими движениями?

Б.М.: В начале века было очень сильно мессианское движение, которое считало, что вот-вот должен

Карикатурное изображение регулярного масонства, содержащее основные элементы масонского бытия

появиться мессия. Такими идеями было, в частности, инспирировано теософское движение, которое возглавляла мадам Блаватская. Эта же идея была взята Алистером Кроули, мессианское мировоззрение которого проявилось в его журнале «Экинокс». Известно, кстати, что Штайнер являлся также диссидентом теософского движения. То есть, он был связан и с теософским мессианством, и одновременно на него повлиял мессианизм кроулианского типа. Таким образом, для многих движений была характерна идея появления мессии. И многие опознавали мессию XX века в Адольфе Гитлере. В частности, эту идею можно встретить в Индии у Савитри Деви Мухерджи, гречанки по происхождению, жены брахмана Мухерджи, издателя журнала «Нью-меркури» в Дели. Эта женщина написала ряд книг, доказывающих, что Адольф Гитлер был мессией XX века. Кстати, надо напомнить, что в юности Савитри Деви сама была теософкой.

Все это показывает, что внутри национал-социализма существовала явная мессианская тенденция.

«М.А.»: А каково было отношение группы так называемых «ариософов» к этой мессианской тенденции?

Б.М.: Йорг Ланц фон Либенфельс и другие ариософы представляли собой не столько мессианское, сколько мистико-расистское движение. Они основывались на идее мистического понимания расы в гораздо большей степени, чем на мессианской идее.

Кроули и нацизм

«М.А.»: Не могли бы Вы рассказать что-нибудь об отношениях между Алистером Кроули и национал-социализмом Адольфа Гитлера?

Б.М.: Надо напомнить, что в 1904 году Кроули, который до этого был обычным мистиком конца XIX века, получил откровение, которое он назвал «Книгой Закона». Это новое откровение, которое можно назвать откровением ницшеанского типа, провозглашало начало новой эры. У Кроули были группы немецких сторонников, исповедовавших эту теорию о новом откровении. В частности, одну из них возглавляла Марта Кюнцель. Одновременно она была активной сторонницей национал-социализма, и существует предположение, что она передала «Книгу Закона» Кроули, полученную им от демона Айваза, Гитлеру. Герман Раушнинг в одной из своих книг сделал даже типологическое сравнение между некоторыми речами Гитлера и выдержками из «Книги Закона». Скорее всего, Гитлер читал эту книгу или выдержки из нее. Символично то, что Марта Кюнцель была выдающейся национал-социалисткой и одновременно «кроулианкой», и в то же время возглавляла «Орден Восточных Тамплиеров».

Вообще, в Германии было множество различных течений. В Германии Гитлера были революционные движения, мистические, оккультные, эзотерические, и были реакционные движения, которые, наоборот, боролись со всем этим. Это была очень многоплановая реальность, где можно было найти все, что угодно. В 1935 году реакционная линия победила, и почти все оккультные ложи были запрещены. Тогда же в Германии были запрещены «Golden Dawn» и «Орден Восточных Тамплиеров», а также «Братство Сатурна» — эзотерическая организация, проповедовавшая идеи Алистера Кроули. Кроме того, членам СС, большинство из которых являлось одновременно членами «Germanenorden» («Ордена Германцев»), было запрещено принадлежать одновременно к СС и к «Germanenorden». В истории нацизма постоянно наблюдается это противоречие, эта борьба между оккультистским движением и течением, утверждавшим, что весь оккультизм имеет еврейское происхождение и является подрывной еврейской деятельностью.

Масонский "поминальный" фартук на смерть "брата"

«М.А.»: Да, но Гитлеру в 1932 году было предложено стать главой «Germanenorden», и он принял это предложение. Оно было сделано руководителем северной ветви «Germanenorden» Вальтером Полем.

Б.М.: Да, это так, Гитлер принял это предложение. Но в 1935-м году в силу внутренних трансформаций режима, такой запрет, тем не менее, был наложен. Я хочу подчеркнуть, что в 1935-м году «Germanenorden» не был запрещен, было лишь запрещено членам СС принадлежать к тому и другому ордену. Точнее, члены СС могли оставаться и оставались членами «Germanenorden», но они уже не могли больше делать служебную карьеру, повышаться в чинах.

Кроулианство в наши дни

«М.А.»: Перейдем к другому вопросу. Каково актуальное положение ордена, основанного Алистером Кроули, «Ордена Восточных Тамплиеров»?

Б.М.: Эта организация существует на мировом уровне, ее ложи есть почти во всех странах. Я являюсь руководителем французской ветви «Ордена Восточных Тамплиеров».

«М.А.»: Вы занимаете высокий пост в орденской иерархии?

Б.М.: Да, для Франции очень высокий.

«М.А.»: Находитесь ли Вы в контакте с другими ложами в Англии, в Америке?

Б.М.: Да, мы поддерживаем контакт со многими ложами в Англии и других государствах, в частности, даже в Восточной Европе, к примеру, в Югославии. Некоторое время назад Югославия была страной, где было самое большое в Европе количество учеников Алистера Кроули. И многие из Западной Европы даже ездили получать посвящение в Белград. С тех пор как началась война, контакты значительно ослабли, почти прервались. Я хочу подчеркнуть, что сейчас с Югославией мы не можем связаться ни по почте, ни по телефону. Осуществляется блокада.

«М.А.»: И вы думаете, что сейчас все это еще существует в Югославии?

Б.М.: Да, все это существует. Перед началом югославской войны там было огромное течение, не только в Белграде, но и в Загребе, в Сараево.

Революционное и контрреволюционное масонство

«М.А.»: Каковы отношения между эзотерическими организациями типа «Golden Dawn», а также орденом, основанным Кроули, и политическими движениями? Существуют ли какие-либо отношения, которые можно назвать нормальными и постоянными? Или это все — частные, личные позиции отдельных членов ордена, принадлежащих к той или иной политической партии, к тому или иному политическому движению?

Б.М.: Для того, чтобы объяснить эту ситуацию, необходимо вернуться в XIX век, когда традиционной для членов ордена была двойная или тройная принадлежность. Большинство членов «Golden Dawn» или «Ордена Восточных Тамплиеров» принадлежало одновременно к масонерии египетского обряда «Мемфис Мицраим». Это, пожалуй, единственная ветвь в масонерии, являющаяся подлинно революционной. Это течение масонерии хочет изменить мир, в то время как другие масонские ветви, в большинстве случаев, занимаются лишь организацией и управлением мировой политикой. Более того, большинство регулярных обрядов масонерии стремятся таким образом организовать мир, чтобы члены этих организаций могли занять в нем центральное положение и руководить им наилучшим для себя образом. Важно, чтобы большинство членов масонерии могли получить от этого управления и от создаваемой структуры максимальную выгоду для самих себя.

«Мемфис Мицраим», в противоположность большинству ветвей регулярной масонерии, является чисто революционным обрядом, он стремится изменить порядок вещей. Как это ни парадоксально, «Мемфис Мицраим» исторически всегда был в контакте и стоял в основании большинства революционных и националистических движений (возьмите, в частности, пример Гарибальди, который был одним из крупных деятелей масонства итальянской ветви ордена карбонариев). Кстати, напомним, что Кроули сам был членом «Мемфис Мицраим» и одновременно активистом националистического ирландского движения. Более того, он был тесно связан с IRA, «Ирландской республиканской армией». Кроме этого, Кроули был якобитом, то есть сторонником установления власти Стюартов в Англии. Но он считал, что для установления царства нового Мессии необходимы предварительные катастрофические процессы. Для Кроули история мира представляет собой смену сезонов, которые он называл «эонами». Эти эоны меняются, так же как солнце проходит четыре важнейшие точки, точки равноденствия и точки летнего и зимнего солнцестояний.

Между регулярными обрядами и революционными обрядами «Мемфис Мицраим» существует вражда и противостояние, более того, если кто-то узнает, что какой-то масон является одновременно учеником и последователем Алистера Кроули, произойдет мгновенное исключение из официальной ложи.

«М.А.»: Но как Вы объясните еврейские истоки обряда «Мемфис Мицраим», основанного братьями Беддарид, по-

Масонская символика

лучившими, в свою очередь, посвящение от таинственного еврея, который в конце XVIII века передал отцу этих братьев, Гаду Беддориду, тайную информацию в отношении египетского масонского ритуала? С другой стороны, как Вы объясните влияние еврейской же секты саббатаистов на организацию Алистера Кроули, «Golden Dawn», руководителем которой был Самуэль Мазерс, тоже еврей? И каким образом связаны националистические движения, в частности движение национал-социализма, с еврейской иудейской мистикой? Как сочетаются национализм и еврейский иррегулярный мистицизм?

Б.М.: Надо подчеркнуть, что одной из любопытных сторон современного оккультизма является то, что почти все его линии тем или иным образом происходят из каббалистического движения сафедской школы Исаака Лурии. Именно от нее впоследствии произошли и саббатаизм — еврейский гетеродоксальный мистицизм, — и франкизм, течение Франка. Именно последователи Франка создали первые смешанные еврейско-германские ложи, которые назывались «Братья-посвященные Востока». И именно эти «Братья-посвященные Востока» породили «Golden Dawn» и даже отчасти телемитское движение, то есть движение Алистера Кроули.

Любопытно также обратить внимание на то, что многие движения, изначально инспирированные евреями и откровенно еврейскими организациями, позже поддерживали националистические движения в других странах и, более того, значительная часть из них пришла от еврейской инспирации к откровенному антисемитизму. Это, конечно, парадоксально, но все же одно другого не исключает. Дело в том, что существует, с одной стороны, некий торгашеский политический иудаизм, и совершенно другой, противостоящий ему, мистический иудаизм, который не подвергся такой секуляризации, как современный иудаизм немистического, торгово-спекулятивного толка. Таким образом, можно говорить о конфликте между мистическим иудаизмом и иудаизмом секуляризированным, торгашеским. Надо заметить также, что движение саббатаизма и движение франкизма имели мессианские формы. А мессианизм, как течение, находится в прямой противоположности и тотальном конфликте с выродившимся, профаническим иудаизмом.

Барон Зеббботендорфф, основатель «Туле», был посвящен в Турции именно еврейской четой. Более того, он был как раз членом турецкой ветви масонерии «Мемфис Мицраим». Надо также напомнить, что в Турции существует секта, называемая «денмэ», то есть, дословно, «оборотни». Они являются последователями Саббатаи Цеви, то есть саббатаистами. Это чисто еврейская организация, внешне принявшая ислам. Таким образом, они являются и мусульманами и евреями. И я хочу подчеркнуть, что «движение младо-турков» и все революционные турецкие движения возглавлялись членами этой секты и полностью состояли из них, и именно к ней принадлежал основатель нынешней Турции Кемаль Ататюрк. То есть, вся турецкая революция определялась еврейской сектой «ден мэ», саббатаистами. Турецкая республика — это их творение, реализация их планов.

«М.А.»: Как же совместить то, что Зеббботендорфф был радикальным противником еврейства, что основанное им общество «Туле» было изначально пропитано яростным антииудаизмом, с тем, что сам он был посвящен в «Мемфис Мицраим», основанную братьями Беддаридами?

Б.М.: Здесь мы сталкиваемся с противоречием между иудаизмом и «гебраизмом». Иудаизм — это просто форма поведения, форма светской организации, упорядоченной реальности, а «гебраизм» — это совершенно иное, это умная мистика. Это — две совершенно отдельные друг от друга вещи.

Тантристский фактор

«М.А.»: Что Вы думаете о западных школах тантрического типа, в частности, о «Цепи Мириам» Чиро Формисано, известного больше как Джулиано Креммерц, об оккультном, инициатическом обществе тантрического характера, организованного Марией Нагловской, и их связях с национал-социализмом? В частности, что Вы думаете о контактах этих

западных тантрических организаций с Эволой, который был одним из вдохновителей крайне правой, фашистской, национал-социалистической идеологии и повлиял на Муссолини?

Б.М.: Да, известно, что на Эволу Креммерц оказал большое влияние. Но гораздо менее известно то, что Мария Нагловская, которая, кстати, была русской кавказского происхождения, в юности посвященной в секту хлыстов, (ту самую, к которой принадлежал знаменитый Распутин), приехав в начале двадцатых годов в Италию, тесно познакомилась с Эволой. Скорее всего, именно через нее Эвола получил оперативную информацию относительно метафизики секса, что легло в основу его одноименной книги.

Кстати, надо подчеркнуть, что Эвола был также в контактах с самим Алистером Кроули.

«М.А.»: Вы точно знаете о том, что они лично дружили?

Б.М.: Этого я точно сказать не могу, но точно знаю, что Эвола и Кроули были близкими друзьями Артура Регини, руководителя итальянского масонства. Более того, в то же время, когда Кроули поддерживал тесные контакты с Регини, Регини с Эволой организовали группу, занимавшуюся в 20-30-х годах магическими эзотерическими исследованиями. Они очень долго сотрудничали с Регини, кроме того, Эвола переводил некоторые труды Кроули на итальянский язык. Более того, Эвола почерпнул свою информацию о тантризме и мистической сексуальности именно из трудов Кроули. Он, безусловно, обладал специальной индуистской и иудаистской информацией в области тантризма, но, что самое интересное, в формировании концепции Эволы также сыграли значительную роль и выходцы из России, в частности, представители секты хлыстов.

«М.А.»: Каковы были отношения между тантрическими сектами и политическими организациями, к примеру, фашистскими?

Б.М.: Здесь можно сказать следующее. Тантризм — это секта, обозначающая путь действия и предназначенная для касты воинов. Поэтому тантризм не может быть безразличным к таким движениям, как фашизм или национал-социализм, воспевающим

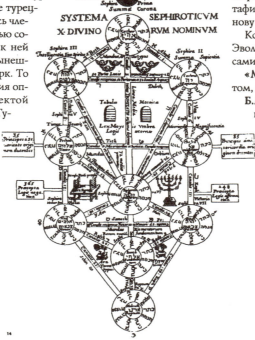

Кабаллистическая схема макро и микрокосма

прямое действие, имеющим страстно воинственный характер. Но всегда следует помнить, что и фашизм и национал-социализм прошли несколько стадий в своем развитии, и начав с революционных и воинственных движений, они довольно быстро переросли в достаточно заурядные бюрократические, чисто государственно-аппаратные формы, потеряли революционный пафос, превращаясь в тоталитарный режим. И надо вспомнить, что как раз в тот период, когда фашизм в Италии дошел до «этатистской», то есть «государственно-аппаратной» стадии, у Эволы возникли большие проблемы. Ему было запрещено писать, его фактически нигде не публиковали, кроме журналов нескольких друзей. Эвола вернулся к активной деятельности в рамках фашистского режима только в период республики Сало, когда фашизм снова обратился к революционной стадии.

«М.А.»: Можно ли предположить наличие в рамках институционализированных официальных нацистских организаций, в частности, в рамках СС или «Аненэрбе», существование официально признанных тантрических сексуальных практик оперативно-йогической ориентации?

Б.М.: Что касается некоторых движений ариософов, то среди них, возможно, существовали специальные мистические обряды и ритуалы, связанные с сексуальной практикой. Что касается СС или «Аненэрбе», я не думаю, что нечто подобное имело место. Тем не менее, следует обратить внимание на теории передачи крови, то, что получило название проекта «Lebensborn». Идея передачи крови имела трансцендентное измерение, поскольку речь шла о передаче спермы как бинду, жизненной субстанции. Это была магическая операция, связанная с духом расы, с мистикой расы, с мистикой крови. Передача спермы и определенные стороны проекта «Lebensborn» были направлены как раз на трансмиссию человеческой ауры особого качества. Обычно этот проект описывают как организацию, практиковавшую евгенику, то есть улучшение породы для улучшения арийской расы. Но надо заметить, что в этой программе существовали уровни, которые были тесным образом связаны не с евгеническим внешним улучшением расы, но с определенными ритуалами, направленными на возрождение

Масонский фартук с символикой ордена "Золотая Заря"

духа расы. Это был поиск расовой мистической Гипербореи, человеческой Гипербореи. Поскольку еще греки говорили, что внешние формы суть отражение внутреннего содержания, постольку верно и обратное, и если улучшить внешнее отражение, то это заденет и внутреннее содержание.

Зверства: магия или наука?

«М.А.»: Что можно сказать о тех преступлениях, которые нацисты совершали в газовых камерах, концентрационных лагерях? Часто говорят о том, что эсэсовцы отрубали головы, использовали трупы и убивали людей в ритуальных целях, устраивали эксперименты над трупами. Можно ли расценить все это как некую экстремальную форму магических действий? Были ли они связаны с какими-то мистическим структурами, или это была просто форма чистой жестокости, некий эксцесс германского наукообразия, доведенного до абсурда? Кстати, аналогичные примеры мы встречаем сегодня в современном мире, в Соединенных Штатах Америки. Те же самые эксперименты устраивались и в Советском Союзе, в частности, над душевнобольными. Но в Советском Союзе это были, скорее всего, чисто научные исследования для изучения поведения человеческого субъекта в разных условиях.

Б.М.: С моей точки зрения все, что говорится о происходившем в нацистских концентрационных лагерях — огромное преувеличение (как, впрочем, на мой взгляд, и все рассказы о творившемся в сталинских лагерях). И я не думаю, что даже то, что было и что невозможно отрицать, имело ритуальный характер. Если какие-то жестокости подобного рода и имели место, я не думаю, что они были ритуальными. Но, все же, я не могу сказать наверняка, ибо не являюсь специалистом в этой области.

Переход через Дуат

«М.А.»: Что Вы можете сказать о такой символической фигуре, как Зиверс? Почему, с Вашей точки зрения, почему он был осужден на смертную казнь, какой ритуал (о чем упоминает Повельс) он совершил перед казнью вместе с Хильшером?

Б.М.: Скорее всего, это был определенный ритуал, связанный с Дуат, смертью, но надо еще задать вопрос о том, следует ли верить этой дурацкой парочке (Повельс и Бержье)? Я предполагаю, что, скорее всего, это был эзотерический ритуал, называемый переходом через Дуат. Дуат — это египетское имя, обозначающее черную ночь Хаоса. Ритуал состоит в том, чтобы пройти на маленькой лодочке через точку смер-

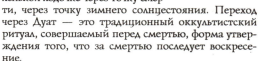

Символы регулярной
масонерии

ти, через точку зимнего солнцестояния. Переход через Дуат — это традиционный оккультистский ритуал, совершаемый перед смертью, форма утверждения того, что за смертью последует воскресение.

Административное масонство и мировая политика

«М.А.»: Каковы связи между политическими режимами современных государств, являющихся формально светскими и атеистическими, в частности, Соединенными Штатами Америки, и тайными обществами? Известно, например, что Буш является масоном 33-й степени посвящения Шотландского обряда.

Б.М.: Да, совершенно верно. Известно также, что большинство американских и мировых руководителей и политических деятелей мирового масштаба являются либо масонами, либо членами парамасонских организаций, близких по структуре к масонству, но не являющихся ритуальными. Большинство их одновременно является членами еврейской масонерии, куда принимают только евреев, называемой «Бнай Брит», «Сыновья Завета». Но все же для того, чтобы понять связь между этим масонством и политической властью, необходимо помнить то, что я сказал в отношении двух типов масонства. Как я уже говорил, существует подрывная мистика, типа хасидов, которая хочет изменить мир, и регулярная масонерия административного, чисто управленческого порядка (maconnerie gestionnaire). К последней принадлежит, в первую очередь, английская масонерия, а также ее последователи и шотландский обряд в различных странах мира. Целью этой утвердительной, не-подрывной, контрреволюционной масонерии является организация мира, позволяющая извлечь из него максимальную выгоду. Более того, эта масонерия преследует цели безродного, не-национального капитализма, который не знает Отечества. «Новый мировой порядок», о котором сейчас так много говорят, является классическим проявлением этой масонской формулы, формулы административной масонерии. Смыслом «нового мирового порядка» является соответствующая этой формуле рациональная организация мира, нечто противоположное революции. Именно этим объясняется то, что революционная масонерия, которая противостоит контрреволюционной, или националис-

тическая масонерия, находятся среди тех организаций, которые борются против «нового мирового порядка». В качестве примера можно назвать связь современной революционной масонерии с «Красными Бригадами», основанную именно на том, что «Красные Бригады» ставят своей целью подорвать современный мир. Точно такая же ситуация была в XVIII веке с «Баварскими Иллюминатами», которые были представителями типичной революционной, субверсивной масонерии, противостоящей регулярной масонерии того времени, к которой принадлежала почти вся европейская аристократия — французская, английская и так далее. Эта обычная, нереволюционная масонерия довольствовалась таким манипулированием государственными и политическими процессами, чтобы извлечь из него максимальную пользу для себя и для своих кланов.

«М.А.»: Почему в таком случае, руководители современного мира, которые принадлежат к масонским организациям, утверждающим определенные ритуальные или идеальные начала мира, так настаивают на том, чтобы их государства были атеистическими, демократическими, не конфессиональными, не религиозными? Почему они отрицают какие-то сверхъестественные силы, требуют, чтобы другие не верили в них, если сами верят?

Б.М.: Основываясь на своем личном опыте, я могу сказать, что классическую или светскую масонерию составляют в основном люди, находящиеся у власти, либо желающие находиться у власти. Для них вера во что бы то ни было, или какие-то аспекты духа фактически не имеют никакого значения. Они вступают в масонерию лишь потому, что это помогает продвижению к высотам политической иерархии. Они могут так же спокойно вместо масонерии вступить, например, в «Ротари-клуб» или «Lions club» («Львиный Клуб»), служащие приблизительно тем же целям, что и масонские организации. Различия в средствах достижения собственных целей не играют для них никакой роли.

«М.А.»: Верят ли они в Высшее Существо?

Б.М.: Может быть, но в первую очередь они верят во власть и в необходимость властвования, доминации, господства самих себя. В этой административной масонерии (maconnerie gestionnaire) вера в божество является ничтожно малой по сравнению с всемогущей верой во всевластие.

Уклончивый ответ

«М.А.»: Не могли бы Вы теперь объяснить причины Вашего приезда в Россию? Для встречи с какими организациями и какими движениями Вы приехали сюда?

Б.М.: Я не хотел бы говорить об этом сейчас. Я думаю, что Вы сами убедитесь в результатах моего визита в ближайшем будущем.

Александр ДУГИН

КРЕСТОВЫЙ ПОХОД СОЛНЦА

Продолжая разработку конспирологических тем, нашедших свое отражение в книге «Конспирология» и отчасти в других наших публикациях, мы столкнулись с необходимостью дополнить наиболее общую классификацию «заговоров» еще одной моделью. Эта модель не является совершенно самостоятельной, и определенные ее аспекты связаны с геополитическими, сакрально-географическими, этническими и религиозными факторами, о которых мы упоминали ранее. Поэтому ее нельзя рассматривать в отрыве от предшествующего материала. Но, с другой стороны, быть может, именно в ней многие вопросы, оставшиеся без ответа и уточнений в предыдущих схемах, смогут найти свое полное и законченное истолкование.

Данная конспирологическая картина выкристаллизовывалась постепенно, в ходе исследования более широких метафизических и богословских тем, а также некоторых исторических закономерностей. В конечном счете, речь здесь идет, в первую очередь, о наличии двух полярных по отношению друг к другу мировоззрений, о двух метафизических подходах к осмыслению изначальной структуры реальности. Если бы мы не обнаружили следы невидимой борьбы этих двух мировоззрений в самом сердце наиболее могущественных и влиятельных оккультных организаций и тайных обществ, можно было бы ограничиться лишь вычленением особых метафизических тенденций или богословских толкований, что заставило бы нас обратиться к иной, неконспирологической, более привычной форме исследования. Но поскольку данный метафизический дуализм воплотился именно в тайные общества и секретные ордена, мы должны все же говорить о конспирологии и сугубо конспирологическом исследовании. И тем не менее, так как речь идет о глубоких метафизических проблемах, мы вынуждены будем сделать определенный экскурс в область метафизики и истории религий, без чего последующие выводы покажутся необоснованными и неубедительными.

1. Креационизм и манифестационизм

Одной из важнейших проблем для понимания различия между сакральными традициями, для их сопоставления друг с другом и их сравнения, является проблема «космогонии», изначальной сакральной догмы о сущности происхождения мира, о специфике возникновения Вселенной. В этом отношении каждая традиция имеет свои версии, выраженные, как правило, символическим языком — через мифы, образы, особые сакральные сюжеты. Каждый космогонический миф и похож и не похож на другие, и сама классификация «мифов о происхождении мира» представляет собой довольно большую проблему для историков религий — проблему, которая еще не получила своего исчерпывающего решения.

Как бы то ни было, одним из фундаментальных критериев в оценке «космогонического» догмата является деление всей совокупности «мифов о возникновении Вселенной» на две основополагающие категории — на мифы о творении и мифы о проявлении.

Традиции, утверждающие в начале всего факт творения, называются «креационистскими», от латинского слова «creare», т.е. «создавать», «творить». Креационистская доктрина в самом общем виде усматривает в истоке Вселенной определенный и единовременный акт Высшего Существа или Высшего Принципа, который из некоторой подручной субстанции (или «из ничего», ex nihil — как в самой законченной и развитой креационистской доктрине) образует мир, его структуру и существ, его населяющих. При таком метафизическом подходе Творец всегда остается отдельным от своего Творения, как ремесленник, создавший произведение искусства, остается внешним по отношению к произведению искусства существом, хотя и передавшим часть своей творческой потенции ранее бесформенному веществу. Креационизм может быть описан в самых разнообразных мифах и символах, но его сущность остается всегда постоянной. Она сводится к утверждению несимаемого качественного различия между Творцом и Творением — различия, которое ничто из Творения не способно преодолеть или превозмочь. Безусловно, у Творца и

216

Творения могут быть самые разнообразные отношения — от взаимной любви до взаимной ненависти, но суть их всегда остается одной и той же: это отношения двух строго различных вещей, принципиально не способных к слиянию (как не способен мастер слиться со своим произведением). Креационистское видение реальности предполагает неснимаемый метафизический дуализм, который сохраняется всегда и в любой ситуации, независимо от ценностной оценки того или иного члена основной пары. Можно признавать за Творцом полноту реальности и считать Творение миражем и иллюзией, но все равно это нечего не изменит в общем понимании действительности в рамках этой концепции.

Другой основополагающей доктриной о происхождении Вселенной является идея проявления. «Проявление» по-латински «manifestatia», от глагола «manifestare», «проявлять», «проявляться»; отсюда и общее название такого мировоззрения — «манифестационизм», «учение о проявлении». Сущность «манифестационизма» заключается в том, что это мировоззрение рассматривает возникновение Вселенной как обнаружение определенных аспектов Бога, Принципа, Первоначала, как особую возможность существования божественного мира через самооткровение и самообнаружение. Манифестационизм принципиально отказывается рассматривать появление мира как одноразовое событие и как акт создания какой-то одной сущностью принципиально другой вещи, строго отличной от нее самой. Мир в манифестационизме видится как продолжение Бога, как развертывание его качеств по всем возможным метафизическим направлениям. В манифестационизме нет ни Творца, ни Творения; нет отдельно Бога и отдельно мира. Обе категории здесь сущностно тождественны, хотя, естественно, Бог не просто приравнивается целиком к миру: между проявленными (мир) и непроявленными (самость Бога) аспектами Принципа существует определенная иерархия, определенная, подчас парадоксальная, система соотношений. Но сущность манифестационизма заключается в утверждении принципиального единства мира и его Причины, утверждение соприсутствия Причины в мире, акцентирование конечной иллюзорности всякого разделения. Манифестационизм есть метафизическое мировоззрение, основанное на догме принципиальной недвойственности, нон-дуализма.

Самым классическим вариантом креационистской доктрины является авраамическая традиция, и в первую очередь, иудаизм. Именно в иудаизме креационистский подход является доминирующим, четко выделенным и пронизывающим всю структуру религии, мифологии и иудейского отношения к реальности. В богословской традиции христианства догмат о «творении» был также принят вместе с канонизацией «Ветхого Завета», и на этом основании христианство обычно причисляют к «авраамическим» религиям (о креационизме в христианстве мы поговорим подробнее несколько ниже). И наконец, последней «авраамической» традицией является ислам, в котором креационистский аспект выражен не менее ярко и вседовлеюще, нежели в иудаизме. Таким образом, креационизм характерен для всех тех традиций, которые имеют откровенно «религиозный» характер, и уже сам термин «религия», от латинского «religio», дословно «связь», предполагает наличие двух полюсов — того, кого связывают (Творение или избранная, благая часть Творения, общность верующих, верных), и того, с кем связывают (Творец, Бог-Создатель). Согласно Рене Генону, никакие другие традиции, кроме «авраамических», строго говоря, нельзя причислить к разряду «религий», именно на том основании, что там отсутствует изначальный креационистский дуализм. Любопытно заметить, что по своему происхождению все три классические креационистские религии имеют однозначно семитское расовое происхождение, и неоднократно замечено, что креационистская модель понимания реальности неразрывно связана именно с семитской ментальностью, для которой сугубо «религиозный» дуализм присущ изначально и внутренне.

Однако не только классические религии авраамического происхождения имеют креационистский характер. Помимо законченных и полноценных

Замок Монсигюр

теологических моделей, свойственных трем «авраамическим» религиям, существуют и другие креационистские версии, присутствующие в мифологиях многих архаических этносов, чьи традиции давно утратили интегральный характер и существуют в качестве «ризидуальных», «остаточных» фрагментов. Гейдар Джемаль однажды весьма справедливо заметил, что креационистские мотивы помимо семитов присутствуют у некоторых африканских несемитских архаических народностей. Евгений Головин, в свою очередь, указал на тот факт, что креационистский подход свойственен большинству мифологий темных рас, кольцом располагающихся вокруг зон компактного расселения индоевропейских народов, а также древних народов, имеющих полярное и гиперборейское происхождение (в частности, индейцам Северной Америки, некоторым этносам Северной Африки, Евразии и даже Океании). Иными словами, лишь законченный и интегральный креационизм является авраамическим, тогда как иные формы такого же взгляда на космогонию, встречающиеся во многих других традициях Африки, Латинской и Центральной Америки, Азии, Океании и т.д., фрагментарны и архаичны.

Манифестационизм также имеет множество разнообразных форм. Наиболее последовательной и законченной, интегральной манифестационистской доктриной является индуизм, и особенно его адвайта-ведантистская ветвь. Адвайта-ведантизм и учение Упанишад представляют собой классический, парадигматический образец «космогонии проявления», где эксплицитно и ясно утверждается сущностное единство Принципа и мира, а иллюзией считается не сам мир, но «невежество» («авидья»), заставляющее людей впадать в оптический обман и рассматривать Принцип и Вселенную как раздельные, отличные друг от друга вещи. Из глобальных традиций манифестационистскими являются также буддизм и китайская традиция, как в ее экзотерической (конфуцианской), так и ее эзотерической (даосской) части. Безусловно манифестационистскими были все индоевропейские традиции, совокупно называемые язычеством. Греческая, иранская, германская, латинская, кельтская и славянские мифологии характеризовались подчеркнутым манифестационизмом. В них мир представлялся сотканным из божественных энергий, называемых «богами» или «духами», составлявшими совокупно единый живой сакральный мир, в котором постоянно проявлялись высшие метафизические принципы. Конечно, разные традиции и в разные эпохи выражали манифестационистскую идею подчас с определенными погрешностями, не всегда осознанно и ясно, но манифестационистский дух был отличительной чертой индоевропейской сакральности даже в те периоды, когда эта сакральность деградировала и нисходила к своим наиболее грубым и упрощен-

ным формам. Можно было бы по аналогии с «семитским» характером «креационизма» определить манифестационистский подход как сугубо «арийский», если бы не наличие манифестационистских воззрений у некоторых неарийских народов и, в первую очередь, во многих вариациях сакральных доктрин желтой расы — в частности, у китайцев, тюрок, монголов, японцев и т.д. С другой стороны, Генон утверждал, что народы, принявшие суннитский ислам (а в большинстве это семиты, негры и тюрки), имеют некие общие ментальные установки условно «семитского» или «креационистского» направления. Можно предположить, что у желтой расы Евразии манифестационизм является следом древнего влияния арийских народов, хотя данная гипотеза нуждается в подробных доказательствах, привести которые в данной работе мы не имеем возможности.

2. Деградация космогонических доктрин

Чтобы не входить в подробности при разборе конкретных вариаций тех или иных космогонических теорий, возьмем в качестве образца полноценных и аутентичных доктрин адвайта-ведантистскую версию индуизма (полноценный метафизический манифестационизм) и иудейскую традицию (полноценный метафизический креационизм, «авраамизм» по преимуществу). В этих двух традициях воплотились наиболее полноценные, развитые и достоверные версии двух точек зрения на происхождение Вселенной со всеми вытекающими из этих базовых установок сакральными пропорциями, ритуальными и символическими доктринами и т.д. Безусловно, обе эти традиции признают Высший Принцип, Бога, утверждают понимание мира как второстепенной по отношению к Богу реальности (как бы различно ни понимали они эту второстепенность — принципиально снимаемую в индуизме и принципиально неснимаемую в иудаизме), настаивают на ценностном превосходстве не близкого, но далекого, не дольнего, но горнего, не горизонтального, но вертикального. В основе обеих традиций лежит почитание Принципа и организация жизни в соответствии с божественными предписаниями, данными в Откровении. Интеллектуальная сторона обеих традиций предельно развита и покрывает весь спектр основополагающих метафизических и философских вопросов, исходя из применения к конкретным модальностям универсальных принципов, лежащих в основе данных традиций. Поэтому большинство манифестационистских традиций удобно сопоставлять именно с индуизмом и адвайтой, так как именно индуизм является наиболее целостным мировоззрением арийского типа. То же самое справедливо и в отношении сравнения креационистских доктрин с иудаизмом, который эксплицитно разрабатывает весь спектр метафизической проблематики, вытекающей из креационистских установок, хотя надо заметить, что преимущество иудаизма над другими креационистскими учениями не так однозначно, как в случае индуизма, поскольку существует полноценная, развитая и целостная исламская теология, способная соперничать с иудейством во многих аспектах по степени доскональной проработки многих богословских и мировоззренческих проблем. Неслучайно в рамках «авраамических» традиций именно древнееврейский и арабский языки рассматриваются как «сакральные языки» в полном смысле слова[(1)].

Индуизм и иудаизм в их полноценном и аутентичном виде можно рассматривать как две парадигмы, соответственно, манифестационизма и креационизма. Но для того, чтобы лучше понять последующие и уже чисто конспирологические рассуждения, необходимо в общих чертах проследить тот путь деградации, который прошли оба этих мировоззрения в процессе общего ухудшения качества космической среды в последние тысячелетия. Сам факт этой деградации признается всеми сакральными традициями без исключения (и манифестационистскими и креационистскими), так как различие в метафизической перспективе не затрагивает сферу описания механизма функционирования реальности, остающегося в целом довольно схожим во всех сакральных учениях. Так, Традиция в широком смысле утверждает необходимость однонаправленной и ускоряющейся деградации реальности, космической среды. В человеческом мире это проявляется через деградацию самой традиции, утрачивающей постепенно свои глубинные отличительные черты.

И манифестационизм и креационизм вырождаются, поскольку подчиняются общим законам реальности. Однако крайне важно отметить тот факт, что эта деградация совершается по различной в обоих случаях траектории и приводит, в конечном итоге, к столь же различным результатам. Вырождение манифестационизма — это одно. Вырождение креационизма — совершенно другое. Именно некоторое внутреннее единство и постоянство манифестационистской парадигмы на всех этапах ее вырождения и такое же единство и такое же постоянство парадигмы креационистской составляют сущность конспирологической модели, лежащей в основе фундаментальных трансформаций человеческой цивилизации за последние тысячелетия. Манифестацио-

низм и креационизм радикально отличаются друг от друга и тогда, когда мы имеем дело с их чистыми проявлениями, и тогда, когда они доходят до своих низших, деградировавших, пародийных, фрагментарных и обрывочных форм.

Наметим в общих чертах этапы вырождения обоих космогонических позиций.

Манифестационизм чаще всего вырождается в имманентизм, имеющий разные версии — от паганизма, пантеизма до «натурализма» и «магического материализма». Если брать адвайта-ведантизм за один полюс (полюс аутентичности) и «материализм» за второй (полюс предельного вырождения), то где-то между ними будет располагаться «эллинизм» («платонизм» и «неоплатонизм»). Если индуизм строго утверждает совершенную неизменность Принципа, на который процесс проявления совершенно не влияет, а «магический материализм» вообще отвергает существование Принципа, считая низшую материальную субстанцию Вселенной основой динамических витальных процессов, то для «эллинской» философии (и ярче всего это проявилось в неоплатонизме) как правило, процесс проявления описывается в терминах «эманационизма», т.е. возникновения Вселенной как субстанции, «источенной» из высшего Принципа и, следовательно, единосущной по отношению к нему. В такой неоплатонической картине заложена некоторая двусмысленность, так как факт «эманации» подразумевает «умаление» Принципа, его «трансформацию» в процессе самопроявления, что противоречит основному метафизическому постулату о Вечности и Неизменности Первоначала (что однозначно и недвусмысленно утверждается в индуизме). Итак, можно условно представить схему вырождения манифестационизма на трех этапах:

*1) полноценный манифестационизм
(индуизм, адвайта-ведантизм);
2) учение об эманациях
(«эллинизм», «неоплатонизм»);
3) пантеистический материализм
(от магии до современной физики).*

Креационизм имеет свою модель деградации. Она развивается по логике от иудейского авраамизма через механицизм (восприятие Вселенной как механизма) вплоть до рационализма и атеизма. Если на всех этапах своего вырождения манифестационизм сохраняет привкус отношения ко Вселенной

---

(1) Разницу между «литургическим» и «сакральным» языком разъяснил Генон в книге «Aperçus sur l'esoterisme chretien». По его утверждению, «литургическим» языком является тот язык, который используется в богослужении, а «сакральным» — тот, на котором в изначальной форме даны в виде прямого откровения «Священные Писания». При этом Генон подчеркивает, что «сакральным языком» может быть только тот язык, где традиция имеет письменный характер, т.е. основывается на духовном авторитете фиксированного текста. Греческий и латынь Генон к числу «сакральных языков» не относит, так как, с его точки зрения, они лишь послужили для позднейшей фиксации чисто вербальной традиции, связанной с устной передачей, а не с «богоданным» текстом.

как к чему-то сущностно живому, сакральному, органическому и пропитанному особыми духовными или в худшем случае «витальными» энергиями, то креационистский подход, напротив, характеризуется отношением ко Вселенной как к чему-то мертвому, искусственному, механическому, движимому внешним, посторонним усилием. Манифестационизму всегда присуще «холистское» отношение к миру — такое отношение, при котором каждый элемент реальности рассматривается как нечто законченное, «цельное» («холизм» от греческого слова «целый»), не подлежащее интеллектуальному расчленению. При этом такой «холизм» может иметь и негативный характер, ярко проявляющийся в «политеизме» и «фетишизме», т. е. в таких случаях, когда люди начинают почитать как самостоятельное и самодостаточное нечто второстепенное и не первичное. Креационизму свойственна другая крайность. Он отказывается видеть единство даже там, где оно действительно присутствует (на метафизическом уровне), но этот расчленяющий, вивисекторский, анатомический и аналитический подход по мере вырождения может распространяться на все вещи без исключения, в том числе и на сами постулаты религиозного креационизма. Так критический рационализм как последняя стадия вырождения креационизма, в конце концов, обратился против догм самого «Ветхого Завета», отказавшись от всех богословских постулатов «авраамизма» и утвердив в центре мертвой Вселенной холодного и бесстрастного человеческого индивидуума, наделенного лишь критическим разумом. Промежуточным вариантом между креационизмом и атеистическим рационализмом можно назвать «позитивистский» тип ученых эпохи Возрождения, сочетавших верность определенным религиозным постулатам и страсть к механическому рассудочному исчислению окружающей реальности. Итак, можно выделить в креационистской идеологии три аспекта:

1) полноценный креационизм
(иудаизм, «авраамизм», ислам);
2) усеченный креационизм
(«механицизм», начало «позитивистской» науки);
3) рационализм, атеизм.

Важно отметить, что конечные продукты вырождения манифестационизма и креационизма, хотя и названы терминами, ставшими почти синонимами, на самом деле являются весьма различными категориями, так как «магический материализм» настаивает на отношении к миру как к живой реальности (материя для него «волшебна» и «жива»), тогда как «рационализм», напротив, относится к миру, как к предмету, как к аппарату, как к механической и мертвой системе, все процессы которой подлежат строгим рациональным установкам.

Манифестационизм и креационизм являются противоположными подходами к постижению реальности и в том случае, когда речь идет о полноценных и чистых формах этих мировоззрений, и тогда, когда их ясность замутняется и даже тогда, когда они вырождаются до последней стадии, почти теряя сходство с изначальной и подлинной парадигмой. Но на всех этапах идет динамичное противостояние между этими основополагающими установками, простираясь от религиозных войн, богословских диспутов и догматических споров вплоть до профанической культуры, научных доктрин и политических коллизий современности. Спиритуальное и метафизическое содержание этих двух позиций постепенно «выветривается», «теряется», «забывается», отходит на второй план. Но сущность типологического отношения человека к миру, противоположного в обоих случаях, остается практически неизменной. Это постоянство и делает манифестационизм и креационизм не только сакральными и космогоническими, но именно конспирологическими категориями, объясняющими тайную подоплеку многих цивилизационных процессов, независимо от того, разворачиваются ли они в сакральном или профаническом контексте.

3. Становление христианской догматики

Христианство принято относить к «авраамическим» традициям, и, следовательно, оно должно носить креационистский характер. Действительно, в никейском символе Веры прямо говорится о «Боге, Творце небу и земли», что однозначно подтверждает приверженность христианства иудейской теории Творения. Пояснение в первом пункте символа Веры относительно того, что Бог-Отец, первое лицо святой Троицы, является одновременно Творцом, т.е. тем самым Богом, о котором идет речь в «Ветхом Завете», было принято именно как антигностический аргумент, так как христианские гностики (в частности, Маркион) часто противопоставляли христианского Бога-Отца иудейскому Богу-Творцу.

Но на самом деле, вопрос относительно креационизма христианской традиции является более сложным. Многие проницательные историки раннего христианства — в частности, В.Лосский, Ю.Николаев, о. Г.Флоровский и т.д. — ясно показали, что сам процесс становления сугубо православной христианской догматики проходил в жестокой борьбе двух идейных течений. Эти два течения можно определить как «иудео-христианство» и «эллино-христианство». Флоровский говорит об «антропологическом максимализме» (=«иудео-христианство») и «антропологическом минимализме (=«эллино-христианство»). Можно сказать, что вся полемика относительно догмата о Троичности, о христологических дефинициях, о Воплощении, о совмещении в Христе двух природ и двух «воль», о «теотокос» (Богородице) и т.д. протекала именно между двумя крайними полюсами христианской доктрины, и в каждый последующий момент истории догматических постановлений обе позиции принимали новую форму в зависимости от конкретного богословского вопроса, выступавшего на передний план. Собственно говоря, эта борьба была ничем иным как борьбой манифестационистского и креационистского подхода в рамках одной и той же традиции, стремившейся совместить обе точки зрения без того, однако, чтобы ясно разграничить сферу их иерархической соподчиненности.

Прежде чем продолжить разбор догматических споров в раннем христианстве, укажем на то обстоятельство, что в рамках самих откровенно креационистских традиций всегда существовали особые течения, называемые эзотерическими или инициатическими, где, как правило, доминировал именно манифестационистский подход. Однако такой подход не выражался как особая религиозная доктрина, противопоставленная внешнему креационистскому богословию. Речь шла скорее о манифестационистской интерпретации внешних религиозных догм, и эта интерпретация открывалась не всем верующим, но лишь избранным, прошедшим особые инициатические ритуалы и допущенным до тайного знания. В исламе совокупность таких эзотерических организаций получила название «суфизм», а точнее, «ат-тасавуф». Кроме суфийского эзотеризма в исламе существовало и особое экзотерическое направление, в котором многие основы мусульманской традиции истолковывались также в манифестационистском ключе. Речь идет в данном случае о шиитском исламе, и особенно об исламе иранском. Логично отнести этот факт за счет специфики арийской ментальности иранцев, резко отличающейся от общесемитского мышления. (В принципе, можно предположить, что суфийские ордена также определенным образом связаны с наличием в рамках семитского, африканского, тюркского и др. населения, исповедующего ислам, определенных групп, имеющих древнее арийское, индоевропейское происхождение или, по меньшей мере, групп, затронутых в предшествующие эпохи спецификой арийского спиритуального влияния.) Но во всех случаях манифестационизм локализован в исламе в области эзотеризма, и практически никогда за границы этой области не выходит (единственное исключение —

крайние шииты, исмаилиты, у которых эзотеризм тяготеет к внешнему, альтернативному общепринятому, догматическому выражению)[2].

В рамках иудаизма также можно встретить эзотерические организации, чьи взгляды резко контрастируют с ортодоксальным креационистским подходом экзотерического иудаизма. Это — «Меркаба-гностики» (последователи пророка Иезеккиля), ессейские общины, средневековые каббалисты, восточно-европейские секты хасидов и т.д. Хотя в иудаизме нет такого гармоничного сочетания между эзотеризмом и экзотеризмом, как в исламе, и соответственно, нет такой строгой иерархии между креационистским и манифестационистским подходами, все же нечто аналогичное присутствует и здесь: эзотеризм тяготеет к манифестационистской перспективе, а экзотеризм настаивает на радикальном креационизме. Еще одна особенность иудейского эзотеризма в том, что манифестационизм практически никогда не доходит даже до «эманационистской» модели, и привкус креационизма, восприятия Вселенной как хитроумного механизма, встречается даже в самых радикальных и схожих с манифестационизмом пассажах каббалы. Иудаизм является креационизмом по преимуществу, и поэтому даже самые эзотерические его аспекты не доходят хотя бы приблизительно до полноценного и ясно сформулированного манифестационизма. В частности, и в каббале и в меркаба-гнозисе практически отсутствует инициатическая идея тождества субъекта и Бога, выраженная как в адвайта-ведантистской формуле «Атман есть Брахман», так и в суфийской максиме «тот, кто знает самого себя, знает своего Господа». Трансцендентное измерение субъекта вообще никогда не затрагивается в иудаизме, и даже в его наиболее внутренних и инициатических аспектах.

Теперь вернемся к христианской догматике. Дело в том, что становление этой догматики никогда четко не различало эзотерический и экзотерический уровень, и все споры в отношении формулировок символа Веры носили некий смешанный характер, где эзотерические и экзотерические мотивы переплетались между собой настолько плотно, что часто разделить их было довольно трудно. На это обстоятельство неоднократно указывал Рене Генон, утверждавший, в частности, что христианская традиция вообще изначально была чисто эзотерической (в отличие от ислама и иудаизма), и следовательно, в тот момент, когда по провиденциальным и цикли-

---

(2) В беседе с одним исламским эзотериком, когда мы пытались изложить ему конспирологическое видение, описанное в данной работе, наиболее сложным оказалось объяснить существование противоречия между манифестационистским и креационистским подходом. Дело в том, что для исламского эзотерика было совершенно очевидно, что креационизм соответствует внешней, экзотерической точке зрения религии, а манифестационизм — внутренней, эзотерической точке зрения. Между двумя этими подходами для суфия существует строгое иерархическое подчинение: манифестационизм — полная истина, креационизм — частичная истина, необходимая для обычных людей, не способных возвыситься до эзотерических пределов богопознания.

ческим законам христианство должно было выступить на историческую арену в качестве экзотерической традиции, оно вынуждено было привлечь в качестве экзотерических норм элементы иных нехристианских традиций — в первую очередь, традиций римской империи, романское право, совместив их с некоторыми аспектами ветхозаветных норм и адаптировав всю совокупность к основополагающей сугубо христианской духовной ориентации. Кстати, такое объяснение, предложенное Геноном, делает многие темные моменты становления христианской традиции как исторической традиции Запада вполне логичными и понятными.

Итак, догматические споры в ранне-христианской церкви постоянно возобновлялись в связи с метафизическим конфликтом между сторонниками манифестационизма и сторонниками креационизма.

4. «Эллинское» христианство

В книге Ю.Николаева «В поисках за божеством» (С.П. 1913)[3] дан блестящий и объективный анализ этой важнейшей метафизической полемики, начавшейся с гностиков и закончившейся утверждением никейского символа (хотя, на самом деле, это метафизическое противостояние продолжается подспудно и до сих пор). Николаев противопоставляет «эллинскую» линию в христианстве линии «иудейской». Главной символической фигурой «эллинской» линии являлся св. апостол Павел, называемый в традиции «апостолом языков», так как он проповедовал Евангелие преимущественно среди неиудеев. Но не просто факт обращения к неиудеям сделал его «апостолом языков». Само богословие Павла решительным образом порывало с иудейской метафизической традицией, объявляя о начале совершенно новой метафизической эпохи, «эры Благодати», которая сменила собой ветхозаветную «эру Закона». При этом апостол Павел утвердил радикально отличную от иудаизма религиозную онтологию, новое христологическое видение Вселенной, которое имело в себе черты эсхатологического возрождения Изначальной Традиции, и фактически восстанавливало все пропорции, свойственные сугубо «манифестационистскому» видению. Богословие Павла было совершенно арийским по своему духу. Согласно его интерпретации Воплощения Бога-Слова, этот спасительный для мира и человека факт означал «усыновление Творения», т.е. переход от отношений «Тварь-Творец» (свойственного креационистской оптике иудаизма, «эры Закона») к отношениям «Сын-Отец». Сущность Вселенной в теологии Павла божественна, так как Вселенная есть ничто иное как манифестация Слова, а Слово само есть

Бог. Единственной особенностью «эллинской» метафизики христианства Павла было то, что оно не отрицало креационистскую перспективу как таковую (как, к примеру, индуистская или языческая традиции), но считало эту традицию исторически и эсхатологически преодоленной. Видение сакральной истории у Павла таково: вначале мир создается Словом и Святым Духом как райское проявление (манифестационистская перспектива). Потом наступает период отчуждения и «эра Закона», «сень законная». Это — пострайские состояния онтологии, эпоха «отчуждения», для которой справедливо креационистское соотношение Вселенной и Бога. И наконец, в конце времен, приход Слова во плоти восстанавливает изначальные пропорции, на место Ветхого Адама становится Новый Адам, и все человечество и вся Вселенная, облекшись в Христа, возвращаются в мир благодати, во Вселенную Святого Духа, неотчужденную и неотчуждаемую от Принципа. В такой особенности христианской диалектики заложена основа всего гностического понимания мира. Гностики, в полном соответствии с богословием Павла, признают справедливость креационистской перспективы (в отличие от тех манифестационистских традиций, которые остались в стороне от тесного контакта с креационистской догматикой), но при этом оценивают «эру Закона» как нечто негативное, ненормальное, патологическое. Эта ненормальная ситуация отчужденных отношений «Творец-Творение» должна окончиться в конце времен, когда Божественный Спаситель отменит креационистскую «концентрационную вселенную» и установит новую манифестационистскую реальность, «эру Благодати». Гностики доводили эту диалектическую картину до предельного выражения, утверждая различие и даже антагонизм между «Богом-Творцом» («злым демиургом», «демоном-узурпатором») и «Богом-Отцом», «Благим Богом», пославшим своего Сына, Христа Спасителя для избавления «сынов света» из темницы «злого демиурга». Конечно, у крайних гностиков — Маркиона, Валентина, Василида и т.д. — критика креационизма была радикальной и непримиримой, в отличие от самого апостола Павла и других христианских богословов, остававшихся в лоне ортодоксии, но важно отметить сущностное единство их манифестационистского мировоззрения в рамках христианской доктрины. Причем то, что было впоследствии признано «ересью», являлось, как правило, лишь радикальным и бескомпромиссным выражением и изложением тех тенденций, которые существовали и в рамках ортодоксии в более сглаженном и менее акцентированном виде. Итак, одной из доминирующих тенденций в раннем христианстве была «эллинско-манифестационистская» линия. После раз-

---

(3) *Мы приносим благодарность Азеру Алиеву, который указал нам на эту интересную и глубокую работу.*

грома гностицизма она отнюдь не исчезла, проявляясь сначала в монофизитских, а позднее в монофелитских тенденциях. Монофизиты считали, что божественная природа Сына поглощает и целиком растворяет в себе человеческую природу Иисуса-человека, подчеркивая сугубо божественную сторону Воплощения[4] (тем самым, весомость и самостоятельность «тварной», «человеческой» стороны Христа умалялась и сводилась почти на нет в соответствии с общей логикой манифестационистов, отказывающихся, в конечном итоге, строго разде-

тола Фому и Марию Магдалену в качестве носителей особой линии христианского эзотеризма. Позже именно к этим фигурам обращались те христианские эзотерики, религиозные реформаторы и ересеархи, которые и после утверждения никейского символа продолжали явно, тайно или полутайно отстаивать те же самые манифестационистские принципы, что и их «отлученные» и «анафемствованные» предшественники.

«Эллинское» христианство особенно широко развивалось на Ближнем Востоке, в Каппадокии, Ана-

Один из замков, основанных крестоносцами на Святой Земле

лять Божественный и Вселенский принцип, так как Вселенский принцип — в христологических спорах его замещает человеческая природа Спасителя — с их точки зрения, не имеет самостоятельного существования). Монофелиты позднее, признавая в отличие от монофизитов, две природы в Христе, выражали ту же манифестационистскую тенденцию, утверждая наличие в Нем единой, божественной воли.

Помимо апостола Павла гностические и манифестационистские доктрины выбирали своими предпочтительными авторитетами апостола Иоанна Богослова и апостола Андрея. Некоторые гностические круги выделяли также апостола Филиппа, апос-

толии, Александрии и Греции, то есть там, где в той или иной степени существовала развитая «эллинская» культура, вбиравшая в себя местные сакральные формы в поисках синтеза. В христианском богословии Павла множество спиритуальных и инициатических течений «эллинского» мира нашли свое богооткровенное завершение, подтвердившее и «опечатавшее» божественной Благой Вестью духовные чаяния и эсхатологические ожидания представителей многих древних традиций, большинство которых прямо или косвенно имело гиперборейское, арийское происхождение (либо через Индию и Иран, либо через греков, либо через более древние волны миграции арийских племен на Ближний Восток)[5].

(4) *О. Г.Флоровский говорит в этом случае очень точно об «антропологическом минимализме».*
(5) *По поводу миграций гиперборейцев, народов Туата из северно-атлантического центра Мо-Уру см. Herman Wirth «Aufgang des Menschheit».*

ним, были средневековыми еретиками, исповедующими крайнюю гностическую теорию «злого демиурга» и отрицающими римскую церковь как предавшую заповеди истинного христианства, христианства апостола Павла и Иоанна Богослова. Любопытно, что у некоторых направлений альбигойцев существовала идея относительно того, что Иоанн Креститель был на самом деле «посланником злого демиурга», и его миссия заключалась в фальсификации учения Христа, посланника «доброго бога» и в конечном отрицании спасительной Благой Вести Сына Божьего. Такое отношение к Иоанну Крестителю имеет несколько объяснений, каждое из которых освещает тот или иной аспект эзотерического понимания важнейших метафизических проблем. Перечислим наиболее интересные интерпретации альбигойской неприязни к Иоанну.

1) Клаудио Мутти, известный итальянский эзотерик, выдвинул гипотезу, что альбигойцы так относились к Крестителю, поскольку существует этимологическая и сакральная двусмысленность в термине «антихрист». Это слово писалось и как «антихрист» («противохристос») и как «антехрист» («предшествующий Христу»). Иоанн Креститель, действительно, «предшествовал Христу», следовательно, по-гречески он может быть назван «антехрист». Выдвинув это остроумное объяснение, профессор Мутти добавил, что в вопросах ересеологии мы часто сталкиваемся с искаженным и превратным толкованием символизма. (Иными словами, он не придал данному факту серьезного эзотерического значения).

2) Если вспомнить отношение гностиков к богу «Ветхого Завета» как к «злому демиургу», то Иоанн Креститель, который, согласно официальной догме церкви, являлся последним из пророков, Илией, замыкающим цикл ветхозаветной сакральности, также попадает в разряд теологически негативных фигур. В таком случае, объяснение Клаудио Мутти из чисто этимологического смешения переходит в разряд богословской догмы, свойственной гностическому пониманию священной истории. Иными словами, последний ветхозаветный пророк становится для радикально антииудейских альбигойцев последним воплощением метафизической лжи, проистекающей из злого демиурга, т.е. настоящим «антихристом».

3) Как подтверждение альбигойского гностицизма можно привести в пример ближневосточную секту мандеев, которая до сих пор почитает Иоанна Крестителя как высшего из пророков и как «подлинного мессию», духовный свет которого был затемнен «лжемиссией Иисусом». Таким образом, симметрично «эллинскому» эксцессу катаров существует иудейский, эбионитский эксцесс мандеев, что доказывает неслучайность и осмысленность такого толкования фигуры Иоанна Крестителя.

4) Есть и еще одна символическая деталь. В православном (и католическом) церковном календаре праздник Иоанна Крестителя празднуется 24 июня, т.е. в непосредственной близости с днем летнего солнцестояния. Этот день в индуистской традиции назывался «питри-яна», «путь предков», так как солнце, начиная с этого момента отправляется по нисходящей, в мир мертвых. Римляне называли этот день Janua Inferni, дословно «нижняя дверь» или «адская дверь». И в соответствии с этим символизмом некоторые западные герметические организации напоминали изречение самого Иоанна Крестителя «ему должно расти, мне умаляться». («Ему», т.е. Христу, чье рождество совпадает с противоположной точкой года, с зимним солнцестоянием, которое называлось у индусов «дева-яна», «путь богов», а у римлян «Janua Celesti», «небесная дверь»). В масонстве существует выражение: «праздники «двух Иоаннов», где «летний Иоанн» — Иоанн Креститель и день летнего солнцестояния, а «зимний Иоанн» — Иоанн Богослов, чей праздник располагается близко к зимнему солнцестоянию. И недаром «зимний Иоанн», Иоанн Богослов, считался покровителем манифестационистских, гностических, «эллинских» течений в христианстве, а «летний Иоанн», Иоанн Креститель, напротив, является патроном иудео-христианских кругов.

5) И наконец, последний важный эзотерический момент, связанный с Иоанном Крестителем, заключается в символизме его мученической смерти через декапитацию, т.е. отрубание головы. В некотором смысле в христианском символизме голова Иоанна Крестителя стала основной характеристикой в его иконописных и скульптурных изображениях. В православном литургическом календаре празднуются три дня «обретения головы Иоанна Крестителя», что подчеркивает сакральную значимость и особость его смерти. На первый взгляд, можно соотнести символизм декапитации с началом движения солнца вниз — солнце, как отрубленная голова святого, катится все ниже и ниже к горизонту, а в полярных регионах даже зрительно исчезает «под землей», в темноте полярной ночи. Но существуют и иные более глубокие толкования этого символизма.

В христианской традиции есть еще один важнейший сюжет, связанный с головой или с «мертвой головой», «caput mortuum». Речь идет о Голгофе, холме, на котором был распят Спаситель. Имя этого холма в переводе с древнееврейского означает «череп» или «мертвая голова», так как по преданию именно там была захоронена голова первого человека, Адама. Этот «череп Адама» фигурирует на традиционном изображении распятия под крестом с телом (или одним ликом) Иисуса Христа. В этом и историческое указание на Голгофу и элемент христианской доктрины, утверждающей, что Христос есть Новый Адам (он изображен на кресте), пришедший спасти Ветхого Адама (он изображен в виде черепа под крестом). Иными словами, череп, отсеченная голова или мертвая голова ассоциируется в христианском символизме с «Ветхим Адамом», «Ветхим Человеком», т.е. с тем состоянием человечества, в котором оно пребывало до прихода Мессии, Христа-Спасителя. Но если теперь мы вспомним метафизическое трактование миссии Воплощения Сына в богословии апостола Павла, где Ветхий Адам соотносится с «эрой Закона», т.е. реальностью, подчиненной логике «Творец-Творение», а Новый Адам, Христос, с переходом к логике «усыновления», т.е. манифестационизма, станет совершенно ясно, что «голова», «череп» служит отличительным образом именно «тварной Вселенной», символом креационизма по преимуществу, печатью мировоззрения, основанного на принципе семитского, «эбионитского» отношения к реальности.

В принципе, изображение Иоанна Крестителя с отрубленной головой (на некоторых новгородских иконах Иоанн Креститель написан с головой на плечах, но созер-

цающим при этом свою собственную отрубленную голову!) точно соответствует его позиции последнего ветхозаветного пророка, последнего звена в цепи людей, принадлежащих «сени законной», но предвещающих приход «благодати». Голова первочеловека Адама и отрубленная голова Иоанна Крестителя суть две символические точки сакральной истории, протекающей без прямого участия божественного присутствия, без Сына. Эти две головы суммируют эпоху под знаком «Творец-Творение».

Исследуя символизм «головы», «отрубленной головы» или «черепа», мы собрали довольно много мифологических сюжетов, касающихся декапитации, «говорящих голов» и т.д. Анализ этих сюжетов завел нас довольно далеко в хитросплетения традиционного символизма, так как в каждой конкретной традиции сходный сюжет имеет свою собственную мифологическую и инициатическую нагрузку. Так, черепа неизменно присутствуют в шиваистских культах, особенно у шакти Шивы — Дурги, Парвати, Кали, а также в тибетском буддизме и ваджраяне, где «отрубленные головы» означают инициатический переход от профана к посвященному, символизируя «инициатическую смерть». Таков же смысл черепа и при посвящении в первую степень «ученика» в масонском обряде. Клаудио Мутти заметил со своей стороны, что в некоторых суфийских тариках видение собственной декапитации во сне является знаком достижения одной из первых мистических «стоянок» («макам»), т.е. эзотерических степеней духовной реализации посвященного. Аналогичные темы встречаются и в шаманских инициациях.

Явно архаическим инициатическим сюжетом, связанным с головой, является индуистский миф о декапитации Дакши разъяренным Рудрой во время жертвоприношения на горе Химават, символизирующей Ось Мира и точку зимнего солнцестояния (кстати, миф уточняет, что голову Дакши боги так и не нашли и были вынуждены приставить ему голову антилопы)[6]. Так же важен скандинавский миф о говорящей голове великана Мимира, с которой советуется Один[7]. Но самый простой и естественный аспект символизма головы долгое время ускользал от нас, несмотря на его очевидность и даже банальность.

---

(6) *Созвездие мрига-ширша, т.е. «голова антилопы» — в греко-римской астрологии созвездие Орион — играет чрезвычайно важную роль в индуистской доктрине космических циклов. На эту тему см. Bal Ganandhar Tilak «Orion»).*

(7) *Показательно, что с головой Мимира в Эдде связана эсхатологическая тема: Один приезжает советоваться с ней, когда слышит звуки рога Хеймдаля, оповещающие о начале рагна-рекрр, «сумерек богов». Этот эсхатологический характер головы Мимира прекрасно сочетается с функцией головы Иоанна Крестителя и циклическим характером индуистского созвездия «мрига-ширша», т.е. нашего Ориона.*

Евгению Головину мы обязаны указанием на этот забытый нами аспект символизма «головы». Он обратил наше внимание на тот простой факт, что голова символизирует «мозг», ментальность, т.е. рациональную способность индивидуума. Если учесть такое простое соображение, мы прийдем к тому, что говорили несколько выше о вырождении креационистского мировоззрения вплоть до профанического рационализма. Если в своем «высшем» измерении символизм головы относится к Ветхому Адаму, т.е. к полноценной и завершенной креационистской метафизике, свойственной иудейской традиции, то в «низшей» своей проекции тот же символ означает предел десакрализации креационизма и его вырождение вплоть до чисто рассудочного, аналитического, вивисекторского отношения к реальности, свойственного современной профанической цивилизации. Иными словами, отрубленная голова может быть взята как образ десакрализированного, рассудочного мира, как образ царства человеческого разума, объявленного Французской революцией и эпохой Просвещения. И в данном случае декапитация короля в ходе Французской революции, и вообще изобретение гильотины в эту эпоху, приобретают сугубо символическое значение, связанное с последними количественными и чисто негативными интерпретациями традиционного символизма.

Заметим, что в эзотерической традиции голова однозначно соотносится с луной, с лунным принципом, так как в согласии с сакральной анатомией человека, мозг лишь отражает (как луна отражает лучи солнца) свет идей, бьющий из центра человеческой души. Значит символ головы должен иметь лунный, отражающий характер, описывающий те реальности, которые существуют не сами по себе, а в качестве отражений, в качестве теней.

Символизм Луны как нельзя лучше соответствует креационистскому взгляду на Вселенную, так как Творение понимается здесь именно как отражение Творца, сущностно отличное от Него и, следовательно, всякая трансформация лунной реальности в солнечную заведомо исключается.

Итак, можно утверждать, что печатью креационистского мировоззрения должны являться символы «головы», «черепа» и «луны». В выборе именно этих знаков нет ничего случайного, так как они точно выражают метафизический смысл креационизма. И показательно, что одна из однозначно креационистских (на экзотерическом уровне) традиций — ислам — своим основным знаком имеет именно полумесяц, знак Луны.

Переходя теперь на собственно конспирологический уровень, можно утверждать, что все сознательные носители креационистского подхода объединяются в некоторое тайное общество, в «Орден

Мертвой Головы», цели и задачи которого заключаются в утверждении примата именно такого метафизического взгляда на природу реальности. Особенно активен этот «Орден Мертвой Головы» в христианском мире, где догматический компромисс никейской формулы оставляет теоретическую возможность для акцентирования креационистской теории и где отсутствует строгое деление на эзотерическую и экзотерическую области, что позволяет вести идеологическую работу в креационистском ключе на самых различных уровнях — от церковных постановлений и инспирации ересей до политико-государственных интриг и культурных и научных инфильтраций определенных идейных влияний. При этом спектр деятельности «Ордена Мертвой Головы» крайне широк — он простирается от религиозных и духовно-догматических утверждений креационистских концепций (что в рамках христианского мира можно совокупно назвать суммой иудейских или исламских, т.е. собственно «авраамических» догматических влияний) до низшего профанического рационализма, проповедуемого атеистической культурой и наукой и культивируемого масонскими ложами и позднепротестантскими «сектами».

«Орден Мертвой Головы» может быть назван также «Орденом Лунопоклонников», и такое отождествление отсылает нас к предыдущим исследованиям, где мы уже затрагивали эту конспирологическую проблематику[8].

9. Крестоносное Сердце

Если преимущественными символами креационизма являются «голова» и «луна», то тайной печатью манифестационистской идеологии логически должны быть «сердце» и «солнце». Сердце и солнце являются синонимами в эзотерической анатомии человека, и такое соответствие было признано во всех сакральных традициях. Важно подчеркнуть вслед за Геноном, что сердце никогда не было в традиции синонимом чувства, сентиментальности, эмоциональности и т.д. Такое отношение к сердцу — продукт деградации и непонимания основополагающих аспектов духовной структуры Вселенной, свойственных нашей десакрализированной цивилизации. На самом деле, сердце соответствует Уму, Интеллекту, т.е. наиболее высокому и духовному качеству человеческого существа. Традиция не только не отождествляет Ум и Рассудок, она противопоставляет эти два понятия. Ум, Интеллект — это активное духовное божественное свойство человека, благодаря которому он способен не только лицезреть Принцип, но и отождествляться с ним. Ум — это потенциально внутреннее Божество в человеке, это Божественное Присутствие, духовное и трансцендентное

(8) См. А.Дугин «Конспирология», Москва, «Арктогея», 1993.

«Я». Реализация Ума есть «обожение». Рассудок, напротив, есть вторичное качество. Он лишь отражает духовные лучи Ума, раскладывает, разлагает на аналитические фрагменты цельные божественные влияния. Если сердечное, интеллектуальное «Я» человека сверхиндивидуально, то рассудочное, головное «я» — сугубо индивидуально. Рассудок, как и луна, живет отраженным заимствованным светом. Сам по себе он холоден и черен. Сердце и Ум, напротив, имеют источник духовной жизни в себе. Они единосущны Высшему Принципу, и на потенциальной возможности актуализации этого тождества основаны все инициатические практики.

Индивидуальная душа холодна и темна сама по себе. Она озаряется и оживляется только сверхиндивидуальным Божественным Светом, искрой Святого Духа.

Как солнце само по себе светит всегда, а луна циклически светлеет и темнеет, так и принцип Ума, Сердца относится к Вечности, к Постоянству, к Неизменности, тогда как Рассудок, индивидуальность, низшее «я» человека подвержены циклическим колебаниям между жизнью и смертью, между ясностью и тьмой, между бодрствованием и сном.

Сердце — печать позиции манифестационизма. И весь символизм, связанный с сердцем, имеет прямое отношение к «Ордену Живого Сердца», к тайной метафизической организации, объединяющей носителей «эллинского», арийского, гностического духа, противопоставляемого креационистской идеологии «Творец-Творение».

Очень важно отметить следующий факт. В инициатическом индуистском учении о чакрах, особых сакральных центрах субтильного человеческого организма, сердечная чакра, анахата-чакра, символизируется четырехлепестковым лотосом. Четыре лепестка — четыре элемента. В центре же лотоса, согласно йогической доктрине, пребывает пятый элемент, «акаша» или эфир, синтез всех остальных элементов. «Акаша» пребывает в маленьком желудочке сердца, это место называется также «брахмалока», «место Брамы», т.е. сакральный центр, где телесный и душевный аспекты человека соединяются с его духовной, божественной природой.

Этот же символический комплекс заключен и в главном сакральном знаке христианской традиции — в Кресте. Эзотерическое толкование Креста схоже же по смыслу со значением четырехлепесткового, сердечного лотоса в индуизме. Крест — это четыре ориентации пространства, четыре элемента, четыре реки рая и т.д. На пересечении этих компонентов находится уникальная точка — точка Вечности, откуда все исходит и куда все возвращается. Это — полюс, центр, земной рай, Божественный правитель реальности, Король Мира. Особым образом этот

«пятый», интегральный элемент, Божественное присутствие, «высшее Я», проявлен в символе «вращающегося креста», т.е. Свастики, которая акцентирует неподвижность Центра, Полюса и динамическую природу периферийных, проявленных элементов. Свастика, равно как и Распятие, была одним из предпочтительных символов христианской традиции, и особенно она характерна для «эллинской», арийской, манифестационистской линии. Но и само Распятие имеет сущностно то же эзотерическое значение. Пятый элемент здесь — сам Христос, Бог-Слово, Имманентная ипостась Божества, Иммануил, «С НАМИ БОГ». В принципе Свастика является символом Христа, так как в ней заключена та же эзотерическая идея, только несколько менее связанная с историческими деталями Воплощения Слова.

Крест — символ Сердца и Центра. Если в экзотерическом христианстве Крест ассоциируется со страданием Христа-Человека, то в эзотерическом контексте — это символ Победы, Триумфа и Славы. Крест — образ Неба и Духа, Божественной реальности. И видение Креста императору Константину со словами «in hoc signo vince» — «в этом знаке победишь» — было не только указанием на необходимость христианизировать Римскую империю, но и эзотерическим откровением о небесной природе Креста, о центральности манифестационистского, сердечного понимания природы Вселенной.

В этом контексте важно рассмотреть и эзотерический символизм средневековых крестовых походов. Священная война христианских крестоносцев арийского Севера против «сарацин» Юга, в основном семитов, сражавшихся под знаменем с Полумесяцем, имела характер не только религиозной, политической или территориальной борьбы, но столкновения двух мировоззрений, манифестационизма и креационизма. И не случайно крестоносцы, особенно члены эзотерических орденов, нашли общий язык с представителями эзотерического ислама, где, также, как и у христиан, доминировал манифестационистский подход.

Евгений Головин обратил наше внимание на также важный сюжет, изложенный в «Освобожденном Иерусалиме» Торквадо Тассо, где речь идет о беседе крестоносца-христианина с отрубленной, но живой головой сарацина[9]. Их диалог может служить ключом к пониманию тайной борьбы двух орденов — «Ордена Мертвой Головы» и «Ордена Живого Сердца». Крестоносец произносит славословие Сердцу, которое, по его словам, заставляет рыцаря быть совершенно бесстрашным в бою, не думая о последствиях и совершая духовные подвиги. Голова сарацина, напротив, настаивает на важности рассудочного мышления, анализа и т.д. Эта беседа может быть взята как парадигма той оккуль-

---

(9) В поэме А.С.Пушкина «Руслан и Людмила» беседа Руслана с головой является калькой аналогичного сюжета из «Освобожденного Иерусалима». (Замечание Е.Головина).

тной метафизической войны, которой посвящена данная работа.

Здесь очень важно обратиться к другому сакральному сюжету — к сюжету о выживании человека после декапитации, отрубания головы. Тот факт, что жизнь в теле не прекращается даже после усекновения головы, свидетельствует символически о том, что человек полностью реализовал свою сердечную солнечную природу, достиг «обожения» и не зависит больше от тварных лунных законов «отчужденной реальности». Гностики в этом контексте говорили о необходимости «закинуть свою голову в небо». В христианском предании повествуется о некоторых святых, которые не умирали (в отличие от Иоанна Крестителя, к примеру), несмотря на усекновение головы. Таким был, в частности, Святой Георгий, который трижды подвергался декапитации и всякий раз оставался невредимым. Не случайно именно Святой Георгий считался покровителем христианского рыцарства и убийцей Дракона. В житии Святого Георгия наличествует множество инициатических деталей, связанных с солнечной, манифестационистской, сердечной традицией. Другим известным христианским святым, с которым произошло аналогичное чудо был святой Дионисий Парижский, Сэн-Дени, и в католическом мире эта фигура долгое время связывалась с автором «Ареопагитик» (наиболее гностических из признанных церковью богословских произведений), который в свою очередь связывается со святым Дионисием Ареопагитом, учеником святого апостола Павла. И дело не в невозможности подобного отождествления с исторической точки зрения, на чем настаивают сторонники критического подхода к истории, а в наличии символических и эзотерических соответствий, смысл которых с необходимостью ускользает от профанов.

Так декапитация обнаруживает иную символическую сторону. Если в случае креационистского ордена акцент падает на «говорящую мертвую голову», то манифестационисты из «Ордена Живого Сердца», напротив, выделяют факт жизнеспособности обезглавленного тела. Таким образом, индуистский сюжет о Дакше, «чью голову боги до сих пор не могут найти», имеет отношение именно к образу Бессмертия и Вечности. Напомним в этой связи, что созвездие «мрига-ширша», т.е. Орион, древние египтяне называли «Озирисом», богом, расчлененным и снова возвращенным к жизни.

К этой линии декапитации относятся и алхимические предписания относительно «отрубания головы ворону», которое символизирует переход от «работы в черном» к «работе в белом». Важно заметить, что в ходе Великого Делания алхимики отбрасывают определенную субстанцию, которая не используется более в последующих операциях, и эта субстанция носит название «caput mortuum», т.е.

дословно «мертвая голова». Так «солнечное делание», «operatio solis» герметиков следует сердечной инициатической традиции и работает с обезглавленным телом символической птицы, оставляя в стороне ее голову. На более поздних этапах та же операция повторяется с «голубками Дианы», которые также подвергаются декапитации. Здесь связь между луной (Диана — лунная богиня) и головой видна еще более отчетливо.

Следует подчеркнуть, что симметрично вырождению креационистской позиции от полноценной теологии до атеистического профанического рационализма аналогичное вырождение происходит с течением времени и с манифестационистской позицией, с «Орденом Живого Сердца». В этом отношении характерно то терминологическое извращение, о котором мы говорили выше и которое заключается в сентиментальном, чувственном, эмоциональном толковании всего, касающегося сердца. Если «Орден Мертвой Головы» от космологического рационализма, центрированного на Творце, перешел к гуманистическому рационализму, центрированному на человеческом индивидууме и его рассудке, то «Орден Живого Сердца» прошел путь деградации от сердечного сверхиндивидуального и сверхрассудочного Интеллекта, сверхчеловеческого Духа, до внеиндивидуального, эмоционального и коллективно-человеческого сентиментализма пантеистической окраски. Вырождение солнцепоклонничества привело к остаточным смутным интуициям об оживленном космосе, о «магическом материализме», о наличии у окружающего мира несхватываемого рассудком таинственного «светового» измерения, ощущение которого порождает экстатическое опьянение и особый восторг (сходные феномены в ортодоксальной христианской доктрине называются «прелестью»). Такой «магический материализм» фактически является «язычеством», и к нему применима вся критика ортодоксальных и полноценных традиций, доказывавших несостоятельность и неполноту такого отношения к миру. Сходные феномены вырождения манифестационистских традиций можно встретить уже в древности при потере сакральными учениями своих высших метафизических аспектов, но лишь в современном мире это вырождение стало тотальным и необратимым.

10. Конспирологическая схема и оккультные связи

С конспирологической точки зрения крайне важно отметить тот факт, что даже в своем деградировавшем и выродившемся виде ориентация на «эмоциональность сердца» радикально противоположна ориентации на «человеческий рассудок», на «гуманистическую рациональность». Можно сказать, что трения между манифестационизмом и креационизмом не уменьшаются, не снимаются и не стираются по мере вырождения этих тенденций. При этом необходимо учитывать и тот факт, что между деградировавшим манифестационизмом и его полноценными ортодоксальными вариантами лежит бездна, и напряженность между этими двумя полюсами одной и той же ориентации теоретически может быть настолько сильной, что для полноценного манифестационизма подчас более приемлем и близок теологически законченный и ортодоксальный креационизм, нежели выродившееся и потерявшее свою аутентичность и цельность язычество или «магический материализм». То же самое верно и по отношению к креационизму, чей полноценный вариант скорее примет аутентичную манифестационистскую доктрину, нежели продукт своего собственного извращения вплоть до самодовольного рационалистического гуманизма. Одновременно может существовать и определенная солидарность между собой двух форм извращения, — «головного» и «сердечного», — солидарность, основанная на общем отрицании ортодоксальности и духовной полноценности, иными словами, и «магический материализм» и «механицистский рационализм» могут быть прагматически солидарны в их общем отрицании аутентичной Традиции и нормальных сакральных пропорций. И тем не менее, если взять отдельно только два продукта вырождения (а в современном мире полноценные варианты манифестационизма и креационизма, действительно представляют собой редчайшее исключение), то между ними существует глубокое и неснимаемое противоречие и радикальный антагонизм, наследующие всю полноту полярной противоположности тех метафизических образцов, извращенными пародиями на которые они являются.

Любопытно отметить в современном мире политическую проекцию этих двух извращенных вариантов. Так, вырождению манифестационизма соответствуют коммунизм и социализм, а вырождению креационизма — капитализм и либерализм. Обе эти политические идеологии одинаково профаничны, антисакральны, антидуховны и пародийны, но, тем не менее, они жестко противостоят друг другу, порождая идеологические войны и конфликты не на жизнь, а на смерть. Если же продолжить политические аналогии применительно к полноценным традициям, то возможно соотнести манифестационизм с имперским и феодальным строем, а креационизм — с теократией и рабовладением.

Можно предложить следующую схему конспирологических соответствий:

Манифестационизм	**Креационизм**
эзотеризм	экзотеризм
солнцепоклонничество	лунопоклонничество
Крестоносное Сердце	Мертвая Голова
(империя, феодализм)	(теократия, рабовладение)
Язычество	**Профанизм**
пантеизм	механицизм
«магический материализм»	рационализм
(социализм, коммунизм)	(капитализм, либерализм)

Итак, теоретически можно выделит не две, а четыре конспирологические модальности, каждая из которых имеет как свои отличия, так и определенную близость с остальными. Самыми радикальными противоположностями, не имеющими практически никаких точек соприкосновения являются полюса, расположенные по диагонали друг к другу в нашей таблице. Так, эзотерический манифестационизм практически не имеет ничего общего с профаническим рационализмом, а полноценный креационизм совершенно чужд «языческому пантеизму». О возможности прагматического союза остальных сочетаний мы уже говорили несколько выше.

К этой схеме, однако, нельзя относиться как к абстрактной модели, каждый элемент которой сопоставим с другими и в целом качественно равновелик им. Во-первых, манифестационизм иерархически выше креационизма, поэтому в их противостоянии именно манифестационизм имеет монополию на истину, а креационизм стремится к неправомочной узурпации центральной роли, по крайней мере там, где нормальное соотношение не признается. Отметим, что в христианском мире правомочное соотношение никогда не было догматически подтверждено со всей метафизической однозначностью и определенностью (в отличие, к примеру, от ислама). Следовательно, даже в периоды существования традиционной цивилизации сторонники «Ордена Мертвой Головы» выполняли «подрывную» миссию, направленную на узурпацию и нарушение истинных сакральных пропорций.

Во-вторых, по мере перехода от сакральной цивилизации к профанической, самостоятельность эзотерических и религиозных систем применительно к широкой социально-политической реальности постоянно сокращалась, и, следовательно, на первый план выходили не противоречия между нижними и верхними элементами схемы, но горизонтальные противоречия между двумя нижними элементами. Политически это легко проследить в постепенной смене альянса капиталистических и социалистических идеологий, направленных против останков феодально-теократической социальной модели, на противоречия и агрессивное противостояние этих идеологий (капиталистической и социалистической) друг другу.

В-третьих, существует и еще один важнейший и

231

Замок Фридриха II Гогенштауфена

сугубо конспирологический момент в диалектике отношений между собой четырех элементов данной схемы. Дело в том, что сам процесс деградации традиционной цивилизации является циклической необходимостью, вписанной в планы божественного Провидения, отрицать которое не может никакое полноценное традиционное учение. Но в то же время, и манифестационистская и креационистская позиции стремятся сохранить свои обоюдные различия, несмотря на ту «гравитационную» тенденцию сакральной истории, которая неумолимо влечет цивилизацию к низшей онтологической точке — к точке «земного ада». Следовательно, теоретически должна существовать оккультная, невидимая для внешних глаз связь между высшими и низшими полюсами обоих позиций, связь, продолжающаяся вопреки внешней враждебности феодализма и социализма, с одной стороны, и теократии и капитализма, с другой. Этот момент является самым существенным и самым важным для нашего исследования.

После удаления сакральных полноценных социально-политических формаций, традиционных обществ, с исторической сцены и после наступления царства повального профанизма, чисто духовные ордена и религиозные организации, сохраняющие знание истинных метафизических пропорций каждой из двух основных космологических позиций (манифестационизма и креационизма), становятся оккультными силами, невидимыми факторами, тайно влияющими на те вырожденческие типы социально-идеологических систем, которые являются продуктами извращения их собственной изначальной парадигмы.

Иными словами, в центре каждой идеологии, расположенной внизу нашей схемы, тайно стоит оккультная тенденция, помещенная на схеме вверху, непосредственно над нижним элементом.

«Орден Живого Сердца», начиная с того момента, когда его адекватная и открытая деятельность под своими собственными знаменами становится в профанической цивилизации более невозможной, скрывается в оккультном центре «пантеистических», «языческих», «материалистических» и «социалистических» («коммунистических») идеологий, тайно направляя некоторые течения и тенденции в рамках неадекватного в целом контекста. Следы солнечного эзотеризма, манифестационистской доктрины после определенного исторического периода следует искать в самой парадоксальной и неожиданной культурно-политической среде — среде «революционеров», «противников религии», «авангардных» художников и эволюционистски ориентированных ученых. «Антропологический минимализм» гностиков и монофизитов, и в целом всех «эллинохристиан», наследуется и внеиндивидуалистическими, коллективистскими и материалистическими

идеологиями, оставаясь скрытым ядром, секретным Орденом, глубоко законспирированным в центре десакрализованных и извращенных форм «антропологического минимализма».

И параллельно этому, «Орден Мертвой Головы» имеет тайное, оккультное влияние на все те аспекты профанической цивилизации, которые связаны с рационализмом, механицизмом, гуманизмом, индивидуализмом, капитализмом и либерализмом. «Эбионитские», лунные тенденции скрыто направляют курс современной технотронной, рыночной цивилизации, основанной на эгоизме и расчетливости, на «царстве количества» (по выражению Генона) и мировой банкократии. В сфере культуры и науки им соответствуют те направления, которые воспевают центральность индивидуума, субъективизм и «общечеловеческие ценности», а также позитивистские, рассудочные нормы, базирующиеся на сциентологическом оптимизме эпохи Просвещения. В противоположность «солнечным» революционерам, современные лунопоклонники ориентированы скорее «консервативно» и не чужды своеобразной фарисейской и лицемерной религиозности (в основном морализаторской и насквозь лживой). И хотя такой рационалистический гуманизм крайне далек от полноценной креационистской религии, основанной на духовных догмах и аутентичных пропорциях, прямая связь между этими двумя явлениями не прерывается. Таким образом «Орден Мертвой Головы», исповедующий «сень Законную» и логику «Творец-Творение», скрыто управляет теми либерально-индивидуалистическими тенденциями, которые, на первый взгляд, основываются на совершенно отличных от религиозных и чисто профанических принципах.

Симметрично манифестационизму «антропологический максимализм» иудео-христианских теорий, вырождаясь, превращается в атеистический гуманизм и индивидуализм профанических либералов. Но и здесь, как и в предыдущем случае, в центре профанического гуманизма стоят тайные организации религиозно-креационистского типа (определенные ветви масонства, — особенно «Шотландский обряд», — некоторые католические и иезуитские организации и в первую очередь, конечно, иудейская традиция, мировая синагога, еврейская диаспора).

11. «Священная Загадка» и тайные общества Запада

Несколько лет назад на русском языке вышла книга группы англо-саксонских авторов «Священная Загадка», посвященная тайне происхождения меровингов, секретам Ренн-ле-Шато и некоторым западным оккультным организациям. Профанический тон исследования, претензия на сенсационность, обилие непроверенных, а подчас и просто ложных фактов — все это заставляет, на первый взгляд, отнестись к этой работе скептически, как к очередной попытке коммерческой эксплуатации оккультных тем, что стало в современном культурном контексте довольно обычным явлением[10]. Но, тем не менее, данная работа содержит ряд рассуждений, имеющих прямое отношение к важнейшим конспирологическим темам, причем некоторые аспекты этой книги настолько логичны и прозрачны, что возникает подозрение — не является ли профанический и сенсационный тон книги, а также некоторые заведомые нелепости сознательным «прикрытием» для обнародования некоторых важнейших и актуальнейших конспирологических данных сознательными и компетентными эзотерическими организациями, использовавшими журналистов и историков (авторов «Священной Загадки») как «медиумов» и бессознательных «посредников». Неслучайно, сходными темами интересовались такие серьезные конспирологи, как Жан Робен, Жан Парвулеско, Анри Монтегю, Робер Амбелен и т.д.

Вкратце содержание «Священной Загадки» таково. В XI веке незадолго до появления «ордена Храма», т.е. «тамплиеров», в Иерусалиме был создан «орден Сиона» или «Приорат Сиона». Этот орден в тайне направлял деятельность тамплиеров, которые были внешним кругом самого «Приората Сиона». Этому ордену была вверена особая тайна, связанная с загадочным происхождением династии меровингов. То, что меровинги вели свое происхождение от одного из племен Израиля, было официальной католической легендой Средневековья, когда Ватикан стремился доказать преемственность европейских династий и ветхозаветных царей. Но «Орден Сиона», по утверждению авторов «Священной Загадки», хранил более важную тайну. Она заключалась в совершенно еретически звучащем утверждении, якобы Иисус Христос не был распят на кресте, что он был женат на Марии Магдалене, и что его потомки иммигрировали в Южную Францию, в Стене, где и положили начало спустя несколько столетий роду меровингов, который поэтому является не только иудейским, но и прямо восходящим к Христу. Тайна Грааля интерпретируется авторами в соответствующем ключе. В отношении

Грааля утверждается, что это якобы аллегорическое описание сохранения потомства Христа, через «sang real» («королевская кровь»), что созвучно «Saint Graal» («Святой Грааль»). «Орден Сиона», по сообщению авторов, существует и до сих пор, и в его задачи входит реставрация правления потомков меровингов (выживших и после убийства Сигиберта IV, подстроенного каролингами) в эсхатологической и религиозной перспективе, в соответствии со средневековыми пророчествами святого Малахии и Нострадамуса о пришествии в конце истории «Великого Монарха Франции». Реально существующая таинственная гробница в Стене, бывшей столице меровингов, с загадочной надписью «in Arkadia ego» (т. е. «Я — в Аркадии») трактуется как могила самого Христа с символическим указанием на сохранение его крови через много поколений в роду меровингских монархов, подобно подземной реке, исчезающей в одном месте и появляющейся в другом.

Крайне любопытно в этом контексте одно замечание авторов, которые высказывают предположение, что «Протоколы Сионских Мудрецов» — это не документ ортодоксальных иудеев или сионистских организаций, но текст, относящийся именно к «Приорату Сиона», т.е. к «Ордену», стоящему на франко-монархических и иудеофильских позициях одновременно[11].

К линии «секрета меровингов» авторы «Священной Загадки» относят и все более или менее известные оккультные ордена и эзотерические течения Запада — от катаров, тамплиеров, розенкрейцеров до современных масонов и оккультистов. Такое совокупное причисление всех эзотерических организаций к одной и той же сфере влияний, безусловно, неправомочно. Тем не менее, некоторые аспекты исторического проявления одной фундаментальной метафизической тенденции книга проясняет. Если отвлечься от «сенсационности» и «псевдо-фактологичности», на которую претендует данное исследование, можно усмотреть в нем повествование об исторической деятельности той секретной структуры, которую мы определили выше как «Орден Мертвой Головы». Действительно, теоретическим и конспирологическим стержнем учения «Ордена Сиона» является сугубо «эбионитское», иудео-христи-

---

(10) Кстати, сам этот факт заслуживает особого исследования, ведь такой всплеск массового интереса к оккультизму — явление довольно неожиданное в лоне предельно атеистической и скептико-рационалистической цивилизации.

(11) Это замечание основывается на весьма правдоподобном аргументе относительно того, что позитивная часть программы «Протоколов Сионских Мудрецов», где говорится об установлении иудейской монархии и новой кастовой системы после уничтожения «гойских» монархий, «трефных царств», действительно несет на себе слишком заметный отпечаток собственно традиционной арийской ментальности, лишь примененной к иудейскому контексту, который, на самом деле, является совершенно инаковым в своих мессианских эсхатологических проектах, где действительно акцентируется национальная избранность евреев, но их конечное царство после прихода машиха видится в радикально иных терминах, свойственных исключительно иудейской, еврейской ментальности, а не «иудаизированной» кальки с арийского монархизма и национализма. К этому же выводу пришли современные исследователи «Протоколов» П.Баррюкан и П.Тагьефф.

анское толкование Воплощения Христа, который рассматривается в этой перспективе как пророк, человек, соблюдавший все иудейские законы и предписания. В целом, эта идея переживания Христом Голгофы или, как вариант, подмена Иисуса на кресте другим человеком, является доминирующей линией всех иудео-христианских ересей. Весьма показательно, что точно такой же является и экзотерическая точка зрения «Корана», что вполне соответствует общему пониманию миссии Иисуса Христа исламской, креационистской и сущностно семитской традицией. «Орден Сиона», о котором идет речь в «Священной Загадке», это одна из ветвей реально существующей секретной организации, которая долгие века действует в христианском мире, и неявно стоит за всеми религиозными, политическими, культурными, эстетическими и научными событиями, приводящими, в конечном итоге, к гуманизации, рационализации и индивидуализации основных идеологических тенденций западной цивилизации — как в рамках христианского мира, так и после атеизации и профанизации Запада. Конечно, имена и даты, приводимые в «Священной Загадке» являются по большей части фиктивными и ничего не говорящими. Конечно, сам «Приорат Сиона» никогда не представлял собой тот тип строго конституированной и систематизированной организации, как хотят представить это авторы. Метафизические и инициатические центры и ордена никогда не устроены наподобие обычных профанических обществ или социально-политических структур. Точнее всего будет определить «Приорат Сиона» как условное, конвенциональное обобщенное название иудейско-семитского конспирологического полюса, который реализовывал на самых разнообразных уровнях принципы того «антропологического максимализма», которые были отвергнуты христианской ортодоксией, начиная с выступлений против «эбионитов», через «заушение Ария» и до «анафематствования Нестория».

«Священная Загадка» практически вплотную подводит нас к строго законспирированному «Ордену Мертвой Головы», хотя ни разу о нем самом и не упоминает. Крайне важно это указание, будто Ватикан изначально был в курсе «секрета выживания Иисуса» и «миграции его потомков в Европу», тайно признавал это и не репрессировал хранителей этой губительной для догматики тайны. Если мы переведем это «конспирологическое» утверждение на «нормальный» язык, оно будет означать, что в Ватикане всегда присутствовали представители иудео-христианской ориентации, скрыто поддерживающие те политические и социальные силы, которые стремились реализовать креационистскую идеологию. Катары, исходя из собственных гностических и радикально-эллинских традиций, прямо упрекали Рим

в том, что «он служит еврейскому злому демиургу, а не подлинному Богу-Отцу и его Единородному Сыну». Как бы то ни было, исходя из колебания святого апостола Петра между линией апостола Иакова (символа иудео-христианской ориентации) и апостола Павла (символа эллинско-христианской позиции) католическая организация, основанная на миссии самого святого Петра, с необходимостью должна была продолжить на уровне самого института церкви традицию столь многозначительного с метафизической точки зрения колебания. Это означает, что в Ватикане с самого начала должны были присутствовать агенты «Ордена Мертвой Головы». Они-то аллегорически и упоминаются в «Священной Загадке» под видом католических сил, протежирующих еретиков из «Ордена Сиона».

В современном католичестве иудео-христианские тенденции стали настолько явными и очевидными, что нынешний Папа Иоанн Павел II, несмотря на свое имя, указующее на двух апостолов «эллинско-христианской» гностической и арийской ориентации, догматически признал метафизическое единство христианской и иудейской традиции, что является не только полным отступлением от христианской ортодоксии, но и радикальным отказом от духовной ориентации христианства как сакральной и религиозной традиции. Сняв с иудеев догматические обвинения в «богоубийстве», в котором запечатлелся один из триумфальных моментов арийской линии в христианстве, Ватикан II (1962-1965) фактически отождествил католичество как религиозный институт с «эбионитским» оккультным течением, т.е. с реализацией плана «Ордена Мертвой Головы». Показательно в этом отношении и участие Иоанна Павла II в политическом заговоре с президентом США Рональдом Рейганом, направленном на подрыв социалистического лагеря и на победу капиталистической модели общественного устройства (конкретно заговор касался организации в бывшей социалистической Польше антисоветского движения на католической основе).

Если этот касающийся Ватикана аспект действия «Приората Сиона» действительно довольно точно соответствует исторической и идеологической реальности[12], то в отношении катаров и их связи с «Приоратом Сиона» информация «Священной Загадки» является совершенно ложной и не соответ-

(12) В качестве примеров можно привести: «креационистский» характер миссии Ватикана во время

ствующей истине. Утверждение того, что гностики-катары, преемствующие сугубо арийскую традицию радикального метафизического «антисемитизма» и «антииудаизма», объявившие Бога-Творца «Ветхого Завета» демоном Самаэлем и т.д., были связаны с «Орденом Сиона» является грубым отклонением от истины. Скорее всего, это заблуждение возникло при сочетании двух факторов:

1) в результате устойчивой традиции в антимасонских и антииудейских католических кругах облыжно обвинять альбигойцев в симпатиях к «иудаизму» (на основании их терпимости к евреям диаспоры, проживавшим на Юге Франции);

2) в силу особого понимания темы Святого Грааля в иудео-христианской, *лунной* перспективе, — т.е. как секрет «выживания рода мессии», — что, исходя из устойчивого в эзотерических кругах сопряжения катаров с темой Грааля, делало якобы логичным их контакт с «Приоратом Сиона» (т.е. на самом деле, с «Орденом Мертвой Головы»).

Катары, напротив, были ярчайшими представителями «солнечной», «сердечной» духовности, и вся их доктрина и метафизические акценты были однозначно манифестационистскими, хотя их манифестационизм был проблемным, драматичным и трагическим, так как между Вселенной Проявления, миром Истинного Бога (посланником и Сыном которого считался Иисус Христос, Бог-Любовь), и миром людей стояла особая «злая реальность», материальная Вселенная, сотворенная Узурпатором, «злым демиургом», поработителем изначально светлых и солнечных душ. Манифестационизм катаров, таким образом, был отчаянно антикреационистским, с особым острым восприятием серьезности той онтологической преграды, которой является сотворенная материальная Вселенная.

По поводу их связи с Граалем следует сделать несколько теоретических замечаний. Так, Святой Грааль в ортодоксальной интерпретации, а таковой является исключительно манифестационистская интерпретация, свойственная «Ордену Живого Сердца», на самом деле, символизировал собой именно Сердце, сакральный центр, Полюс, так как в традиционном символизме чаша (а Грааль — это чаша) и сердце являются инициатическими синонимами[13]. Как сердце является вместилищем высшего «Я», Бога, («брахмалока» в индуизме), так и Святой Грааль является инициатическим евхаристическим вместилищем живой крови Сына Божьего. Подавляющее большинство легенд из цикла о Граале носит явный отпечаток арийской, манифестационистской традиции, солнечный характер которой нельзя поставить под сомнение. Связь темы Святого Грааля с альбигойцами, безусловно, существует

на чисто типологическом и инициатическом уровне, как две различные проекции единого солнечного комплекса, как две эманации «Ордена Живого Сердца». (Существуют кроме того и любопытные исследования Рене Нелли и Отто Рана, доказывающие прямую историческую связь между циклом легенд о Святом Граале и движением катаров.)

В отношении «Ордена Тамплиеров», который попадает у авторов «Священной Загадки» также в разряд организаций, контролируемых «Приоратом Сиона», дела обстоят несколько сложнее. Здесь все более туманно, так как в вопросе Ордена Храма существует очень мало источников надежной информации, на которую можно было бы всецело положиться, и судить об этой эзотерической организации приходится только на основании разрозненных фрагментов и довольно противоречивых легенд. Во-первых, их связь с солнечным святым Бернардом Клервосским, их крестоносная униформа, их гностический черно-белый флаг Босеан, их «сердечный» клич «Vive Dieu Saint Amour» («Да здравствует Бог Святая Любовь») и некоторые другие моменты свидетельствуют об их «эллинско-христианской» направленности, об их близости «Ордену Живого Сердца». Но с другой стороны, существуют определенные детали, свидетельствующие и о прямо противоположной конспирологической тенденции храмовников. Так неоднократно на процессах упоминалось о «неприязни к Распятию» и о «ритуальном оскорблении» его. Это признак иудео-христианского или, возможно, исламского (во всяком случае, «семитского») отношения к крестным мукам Иисуса. Даже если учесть предвзятость католических врагов тамплиеров и усердие палачей, сходство многочисленных показаний рыцарей между собой свидетельствует о наличии некоторой особой эзотерической тенденции, направленной против «Христолатрии», «Христопоклонничества». Следующим моментом, подтверждающим «эбионитскую» линию Ордена тамплиеров, служит постоянное упоминание на процессе «говорящей головы» или просто «засушенных голов» (вариант — «черепов»), которые использовались храмовниками для каких-то ритуальных целей. Существует даже версия будто сам таинственный «Бафомет» тамплиеров был на самом деле «говорящей головой», а не идолом гермафродита, как сообщают иные версии. Каким бы ни было объяснение этих «голов», не возникает сомнений, что речь идет о типичной и классической печати «Ордена Мертвой Головы», что подтверждает версию о «сионском», «антропологически-максималистском» характере тамплиеров.

Как сочетать между собой эти противоположные аспекты? Логичнее всего предположить, что, на са-

---

конфликта империалистов-гибеллинов и теократов-гвельфов; отделение от Восточной Православной церкви; инспирация антиальбигойского крестового похода и т.д.
(13) См. на эту тему Rene Guenon «Apercus sur l'esoterisme chretien».

мом деле, «Орден Тамплиеров» был двойственной эзотерической организацией, в лоне которой сочетались обе важнейшие метафизические тенденции — как эзотерический манифестационизм, так и метафизический креационизм. Как и в случае легенды о Святом Граале, которая может быть интерпретирована двояким образом, в зависимости от внутренней позиции эзотерического общества, «Орден тамплиеров», видимо, объединял представителей двух радикально противоположных метафизических направлений, и следовательно, утверждение об их близости «Ордену Сиона» может иметь некоторые реальные основания. Кроме того, упоминание о конфликте между «Приоратом Сиона» и «Орденом Храма» в «Священной Загадке» может иметь отношение как раз к возобладанию среди храмовников именно «солнечной» и «сердечной» тенденции в ущерб «лунной» и «головной». И скорее всего, изначально «Орден бедных рыцарей Христа и Храма Соломонова» был ориентирован на «Орден Живого Сердца», лишь потом вобрав в себя некоторые противоположные «лунопоклоннические» аспекты, связанные с «отвержением Креста» и ритуальным использованием «черепов».

Аналогичную двойственность можно обнаружить и в герметизме в целом, т.е. в той традиции, которая фактически была в Средневековой христианской Европе синонимом всякого эзотеризма и всякой инициации. Выше мы уже говорили о «солнечном» характере алхимии, и во многом это распространяется на герметизм в целом. Но в рамках западного герметизма существует и однозначно противоположные тенденции, которые отчасти могут быть сведены к иудейскому эзотерическому влиянию, которое, бесспорно, оказывалось на христианский герметизм на всем протяжении его существования. Евгений Головин, блестящий знаток алхимической традиции, подтвердил наши подозрения о наличии в герметизме «лунных», «эбионитских» тенденций, которые, согласно его утверждению, отчетливо различимы в работах Николая Фламеля. Показательно, что в качестве своего «посвятителя» Фламель указывает на некоего «Авраама Еврея», хотя Фулканелли и считает данного персонажа лишь обычной алхимической аллегорией, а не реальным историческим лицом. Как бы то ни было, именно у того же Фламеля описывается в алхимических терминах паломничество в Кампостеллу, в город на крайнем западе иберийского полуострова, куда, по католическому преданию, чудесным образом прибыли останки Святого апостола Иакова, «брата Господня». Напомним, что именно апостол Иаков считался покровителем иудео-христианской ветви, а следовательно, символом «Ордена Мертвой Головы». Есть в алхимических текстах и откровен-

но иудейские пассажи. Так, в одном трактате, приписываемом Марии Еврейке, «жене Моисея», говорится: «руки нееврея не должны касаться Философского Камня». Конечно, данная ориентация никогда не была доминирующей в герметизме как таковом, но ее наличие все же не может быть поставлено под сомнение. Если общепринятым правилом алхимиков была идея «отбрасывания мертвой головы», видимо, определенная часть поступала иначе и работала именно с этой лунной субстанцией, подпадая, сознательно или нет, под тонкое влияние оккультного ордена, исповедующего креационистскую доктрину. Не исключено, что основоположники «научной химии», которые перенесли инициатические рецепты герметиков на уровень рациональной работы с материальными веществами, принадлежали в большинстве своем именно к «лунным» группам алхимиков, забывших о сакральных законах истинно «сердечного» делания.

Что касается «розенкрейцеров», то это тайное общество, а точнее совокупность посвященных, достигших полной реализации тех потенций, которые даются при посвящении в «малые мистерии»[14], имеет однозначно солнечный и манифестационистский характер, поскольку уже сам центральной символ — Роза и Крест — является прямым синонимом Сердца. Раскрывшийся цветок Розы означает реализацию полноты духовных возможностей. Он находится в центре Креста, т.е. на полюсе, в центре мира и человека. Роза и Крест — аналог Свастики, но при этом Роза подчеркивает, что Полярная Точка, «брахмалока», стала местом полного сосредоточения таинственных сил души посвященного. В принципе Орден «Розы и Креста» является одним из проявлений «Ордена Живого Сердца», а в некоторых случаях эти две реальности просто строго отождествляются друг с другом.

Что касается более современной эзотерической системы Запада, масонства, претендующей на наследие всех предшествующих инициатических структур, — от гностиков до альбигойцев, тамплиеров и розенкрейцеров, — то здесь, также как и в некоторых предшествующих случаях, мы сталкиваемся с двойственной реальностью. С одной стороны, в масонстве наличествуют «солнечные» мотивы (одна из степеней «Шотландского Обряда» называется «Солнечный Рыцарь»), но с другой, доминирующими оказываются все же альтернативные «лунные» и «иудейские» тенденции. Так что характерный для христианских традиционалистов термин «иудеомасонство» имеет под собой самые серьезные основания. Более того, по мере профанизации и секуляризации, масонство все откровеннее сливается с иудейскими тенденциями в религии, политике, культуре и идеологии, которые и сами становятся все

---

(14) См. *Rene Guenon* «*Apercus sur l'initiation*», где подробно излагается основное отличие посвященных «Розы и Креста» от «розенкрейцеров» как организации.

238

более и более открытыми по мере ослабления «эллинско-христианских» догм в номинально христианской цивилизации. Очень важно отметить символизм черепа, который носят на своем кольце все масонские «мастера», т.е. посвященные в 3-ю степень. Если наличие черепа в посвятительном ритуале неофита имеет прямое отношение к символизму инициатической смерти, и тем самым влияние «Ордена Мертвой Головы» еще нельзя считать доказанным, то упомянутое кольцо «мастера», чья степень не имеет никакого прямого отношения к инициа-

"Катарам, мученикам чистой
христианской любви"

тической смерти (скорее в ритуале инициации в 3-ю степень акцентируется воскрешение из мертвых), однозначно намекает на тот глубоко скрытый орден, который, в действительности, направляет и контролирует масонскую жизнь лож и ателье[15].

Масонство было той «лабораторией идей», откуда стал распространяться на Западе рационализм и гуманизм. «Культ Разума» эпохи Французской революции носил на себе явный отпечаток масонского происхождения. Характерно, что католики Вандеи и «шуаны», выступившие против сторонников масонского «Культа Разума», своим символом имели «Сердце Господне», «Sacre Coeur». Это прекрасно вписывается в общую логику тайной борьбы двух оккультных сил. Вообще говоря, проиудейский характер масонства доказывается (убедительно или менее убедительно) в сотнях антимасонских (и антииудейских) книг и брошюр, где приводятся сотни примеров и аргументов. Поэтому останавливаться на этой теме специально вряд ли имеет смысл. Если же принять во внимание утверждение «Священной Загадки» о происхождении «Протоколов Сионских Мудрецов» из «Приората Сиона», то связь масонских кругов с «эбионитской», иудео-христианской тенденцией окажется вполне логичной и понятной.

Следует добавить, что среди иррегулярного масонства существует и обратная, в той или иной степени «солнечная» тенденция, и это тем более удивительно, что именно иррегулярное масонство основано в большинстве случаев лицами иудейского вероисповедания, которых до определенного момента не принимали в регулярные ложи (хотя такие иудеи, как правило, были еретиками в отношении ортодоксального иудаизма). И парадоксально то, что именно из среды иррегулярного масонства, основанного при активном участии еврейских еретиков и эзотериков, в определенные моменты истории выходили наиболее активные националистические политики, причем отличающиеся довольно радикальным антисемитизмом. (Самый яркий пример этого — фигура барона фон Зебботендорфа, основателя Мюнхенской ложи «Туле», антисемитской, ариософской организации, откуда позже вышло нацистское движение, который при этом был ранее посвящен еврейской четой в Турции в масонскую ложу «Мемфис Мицраим», являющуюся иррегулярной и основанной в начале XIX века еврейскими братьями Беддарид)[16].

Возвращаясь к тезисам, изложенным в «Священной Загадке», следует сказать, что описанные там факты во многом являются подлинными и относятся к вскрытию оккультной деятельности «Ордена Мертвой Головы», подчас выступающей под именем «Приорат Сиона». Но в данной книге все события изложены исключительно с точки зрения позитивной оценки этого ордена, а следовательно, предельно пристрастно. Об «Ордене Живого Серд-

---

(15) Здесь можно упомянуть также о традиционном масонском приветствии, которое заключается в символическом жесте, имитирующем вырывание масоном своего сердца и бросание его вниз. Помимо моралистического толкования о «готовности братьев пожертвовать собой ради высоких идеалов человечества», существует и более глубокое толкование, непосредственно связанное с «антисердечной» миссией масонства на конспирологическом уровне.

(16) Подробнее см. главу «Слепые флейтисты Азатота» из книги А.Дугина «Консервативная Революция», Москва, «Арктогея», 1994.

ца» там не упоминается ни прямо, ни косвенно. Более того, некоторые реальности, связанные непосредственно с «солнечным» орденом, — легенда о Граале, катары, определенные аспекты тамплиеров, герметиков и даже масонов, — извращаются и приписываются противоположной организации. Как бы то ни было, сам факт публикации столь открытого исследования наводит на мысль о близости некоторого переломного этапа в оккультной борьбе двух Орденов, так как в противном случае разглашать столь важную конспирологическую информацию было бы не только неуместно, но и опасно.

12. Коррекция к трехчастной схеме «метафизических корней политических идеологий»

Интересно проследить в какие формы облекается сегодня древняя борьба двух Орденов. Очевидно, что собственно сакральная инициатическая и эзотерическая постановка вопроса в современном мире практически лишена смысла, так как даже приблизительной компетентностью в сфере метафизики и Традиции обладает сегодня микроскопическое меньшинство, причем оперативное понимание основных конспирологических проблем — это удел небольшого процента от этого меньшинства. Естественно допустить, что центральные конспирологические проблемы должны проявляться в наше время через идеологические и политические реальности, понятные и доступные тому выродившемуся человечеству, которым является совокупность наших современников. Разберем этот вопрос несколько подробнее.

Следует сразу оговориться, что по мере исследования конспирологических проблем и соотношений метафизических факторов с политикой мы пришли к окончательным выводам, несколько отличающимся от той схемы, которую мы приводили в нашей статье «Метафизические корни политических идеологий» [17].

Напомним смысл предшествующей схемы. Там мы выделили три метаидеологии — «полярно-райскую» (крайне правую), «Творец-Творение» (центристскую) и «Волшебная Материя» (крайне левую). В целом эта схема очень удачно объясняет некоторые политические закономерности и метафизические ориентации, неявно содержащиеся в наиболее распространенных идеологиях. «Полярно-райскую» позицию мы соотнесли с фашизмом и национал-социализмом, «Творец-Творение» — с капитализмом и консервативным либерализмом, а «Волшебную Материю» — с коммунизмом и социализмом. Безусловно, некоторой исторической реальности данное распределение соответствовало довольно точно, позволяя растолковать трудно объяснимые альянсы или конфликты чисто политическо-

го характера. Но продолжая конспирологические и метафизические поиски в этом направлении, мы стали замечать странные, на первый взгляд, параллели, все яснее проступающие между, казалось бы, прямо противоположными метафизическими позициями — «полярно-райской» и «волшебно-материалистической». Отмеченное сходство проявлялось все отчетливее в ходе исследования оккультной подоплеки нацистских и коммунистических движений, и в конце концов, это заставило нас внести в изначальную схему некоторые уточнения.

Фактически, четырехчастная схема, приведенная выше, и является уточненным вариантом первоначальной модели. Имеет смысл остановиться на внесенных коррекциях подробнее.

Безусловно, сходство нацистской и коммунистической идеологий имеет определенные границы, но, тем не менее, следует утверждать, что и та и другая являются политическими проекциями сугубо «манифестационистского» подхода и инспирированы изначально «Орденом Живого Сердца». Конечно, между полноценным «полярно-райским» гностицизмом и «эллино-христианством», с одной стороны, и пантеистическим, «волшебно-материалистическим» коммунизмом, с другой стороны, лежит бездна, но тем не менее, можно сказать, что коммунизм в его метаидеологическом измерении представляет собой предельную степень вырождения как раз «манифестационистской», «полярно-райской» доктрины. «Полярно-райская» идеология, где в центре Вселенной стоит сверхиндивидуальный, Божественный Субъект, относится к миру, воспринимаемому как прямая проекция Божественного Субъекта, как к сущностно живой реальности, наполненной излучением Сакрального Полюса, Сердца мира. Такое отношение к реальности резко контрастирует с механическим и отчужденным восприятием мира в креационистской перспективе, в рамках идеологии «Творец-Творение». В идеологии «Волшебной Материи» в сравнении с «полярно-райской» моделью полюса меняются на прямо противоположные — здесь уже человеческий субъект рассматривается как проекция живого внешнего Космоса. Но при смене акцентов сущностное отношение к миру, как к живой реальности сохраняется и в «полярно-райском» и в «волшебно-материалистическом» комплексе. И в обоих случаях существует глубочайшее неприятие того типологического отношения к миру, которое свойственно всем вариантам идеологии «Творец-Творение». Нацизм и коммунизм как две внешние формы выражения соответствующих метафизических тенденций реализуют на внешнем социально-политическом уровне две стороны манифестационистского подхода . Нацизм сохраняет в большей мере метафизический привкус присутствия в центре реальности Божес-

(17) См. «Милый Ангел» No 1 и книгу А.Дугина «Консервативная Революция». Op. cit.

твенного Субъекта, а свойственное нацизму «язычество» и «эллино-христианство» (а также прямая апелляция к гностическим доктринам на уровне оккультных нацистских организаций) центрированы на субъектной фигуре Арийского Солнечного Героя, «Зигфрида», в то время как коммунизм акцентирует объектную сторону манифестационистского отношения к реальности, воплощенную в ориентации на растворение индивидуальности в окружающем космосе, в коллективном бытии, в психическом океане животворного хаоса. Надо заметить, что «коммунистические» пантеизм и коллективизм были отчасти свойственны и некоторым духовным и культурным течениям в самом нацизме (и в этом проявилась его сугубо современная, нетрадиционная природа, которую справедливо критиковали «справа» многие традиционалисты), и наоборот — определенный «вождизм», «персонализм» и «солнцепоклонничество», неотъемлемые от нацизма, проявлялись в определенных чертах социалистического общества. Показательны в этом отношении документы, обнаруженные нами в архивах, где упоминается о создании во Франции конца 20-х годов масонской ложи «Аггарта», которая ставила своей задачей изучение арийских цивилизаций и нордических сакральных традиций и которую возглавляли при этом ... коммунисты, советские агенты и бывшие функционеры советского правительства! Надо добавить к этому, что «Аггарта» — это подземная страна, где, согласно тибетским преданиям, пребывает «Король Мира», Шакра-варти, Невидимый Император, чьим преимущественным символом является именно Сердце[18].

Теперь обратимся к идеологии «Творец-Творение», где также можно выделить два уровня, которые будут противоположны друг другу симметрично тому, как противоположны два уровня манифестационизма. Идеология «Творец-Творение» на антропологическом уровне постулирует видение человека как «автономной тварной индивидуальности», преображение или «обожение» которой невозможно ни практически, ни теоретически. Именно между такой человеческой «индивидуальностью», «субъектом-изгнанником», и строго трансцендентным Творцом разворачивается в полноценном креационизме драматический религиозный диалог, основанный на диалектическом чередовании «преступлений» и «покаяний» со стороны «индивидуума», и соответствующих им «наказаний» и «прощений» со стороны Творца. И все это происходит на фоне качественно мертвого мира, представляющего собой как бы искусственную декорацию нескончаемого диалога между человеком и Богом. В религиозной версии креационизма акцент неизменно ставится при этом на Творце, а индивидуум и его судьба понимаются в пессимистических, трагических и мрачных тонах. Но при переходе к рационалистическому гуманизму пропорции меняются. Далекий трансцендентный Бог становится настолько абстрактным, что просто выпадает из поля зрения индивидуума, и человек остается один на один с самим собой, провозглашая себя единственной «мерой вещей» и «царем творения». Пессимизм религиозного индивидуализма превращается в индивидуалистический, гуманистический оптимизм, основанный на вере во всемогущество рассудка и личной инициативы. Человек-тварь ставит себя на место Бога-Творца, но происходит эта смена полюсов на фоне сущностно одинакового, безжизненного, механического мира — мертвой декорации, бездушной машины, которая, однако, из божественно-непознаваемой превращается в принципиально познаваемый и исчисляемый человеческим рассудком механизм, своего рода «вселенский аппарат». Так в рамках капиталистической социально-экономической модели, которая является политической проекцией идеологии «Творец-Творение», можно наметить два типа общества — одно теократически ориентированное, другое гуманистически ориентированное. Яснее всего данное противоречие реализуется в конфликте между странами «исламского капитализма» и странами «прогрессивного Запада». Конечно, здесь нет столь яркого различия, обозначенного морями человеческой крови, как между нацизмом и социализмом, и поэтому сущностная двойственность идеологии «Творец-Творение» поначалу ускользнула от нашего внимания, но все же она существует и единство происхождения из креационистской метафизики в исторической реальности может проявляться в диалектически противоположных формах.

Итак, в политической реальности современности два метафизических ордена — «Орден Живого Сердца» и «Орден Мертвой Головы» — проецируются на следующие политические реальности. «Орден Живого Сердца» скрыто инспирирует все коллективистские идеологии, определяемые совокупно как социализм, причем национал-социализм является такой политической реальностью, которая стоит ближе всего к метафизической парадигме манифестационизма, к «полярно-райской» метаидеологии, а коммунизм представляет собой, напротив, предельную форму деградации этой парадигмы.

«Орден Мертвой Головы», в свою очередь, тайно манипулирует всеми разновидностями неколлективистской, индивидуалистической идеологии — как в ее полноценном теократическом варианте (воплощенном в некоторых исламских странах, в Израиле и т.д.), так и в ее профанизированной, гуманизированной и атеизированной форме (как это имеет место в странах либерально-капиталистичес-

---

(18) Подробнее об этом см. Рене Генон «Царь Мира», русский перевод В.Стефанова в «Вопросах Философии», 1993 год, ## 2-3.

кого Запада).

Новые политологические соответствия, выявленные после коррекции трехчленной метаидеологической схемы и ее дополнения до четырехчленной, помимо более адекватного объяснения важнейших конспирологических соответствий политической истории, позволяют понять новейшие политические явления —такие, к примеру, как феномены «красно-коричневых» или «национал-большевиков», которые поставили в тупик политологов, привыкших иметь дело с упрощенными схемами. Другая сторона этой модели показывает идеологическую неслучайность политического и военного альянса таких режимов, как атеистические и либеральные США с их крайне «гуманистической» идеологией «прав человека», с одной стороны, и ваххабитская, теократическая исламская монархия Саудовской Аравии, с ее креационистским «пуризмом», с другой стороны.

13. Светлый Хаос против Темного Порядка

Но с течением времени и последнее исторически фиксируемое деление на «капиталистический» и «социалистический» лагерь уходит в прошлое. Крах СССР и социально-политическая деградация социалистической идеологии заставляет по-новому рассмотреть внешние проявления двух конспирологических структур.

Можно утверждать, что доминирующей в современном мире стала именно либерально-капиталистическая модель, а следовательно, «Орден Мертвой Головы» почти вплотную приблизился к достижению своей древней цели — к утверждению на планете лунного царства, «царства количества» и торжества мертвых механических законов. Окончательный проект «Ордена Мертвой Головы» в последние годы получил свое внешнее выражение в доктрине «нового мирового порядка». Этот «новый мировой порядок», базирующийся на рыночно-технотронной социально-экономической модели и на принципе «абсолютного индивидуализма», возведенном в высшую и общеобязательную ценность, объединяет в своих различных аспектах все конспирологические тенденции, которые вдохновляли исторически различные оккультные организации креационистской направленности. В центре «нового мирового порядка», безусловно, стоят эсхатологические предвидения мирового иудаизма, наиболее законченной креационистской «авраамической» религии, которая вместе с воссозданием государства Израиль однозначно объявила о начале мессианской эпохи для иудеев и для всего мира. Конец «четвертой диаспоры» и «алия» для всех ортодоксальных иудеев не может быть ничем иным, как однозначным знаком близости прихода Машиаха и конца истории. С национальной точки зрения, для иудеев приход

Машиаха означает установление иудейской диктатуры над всеми «гойскими» народами, а «гои» в иудаизме обозначает не просто всех неевреев, но метафизически все «манифестационистские» традиции, приравниваемые иудеями к «идолопоклонству» и «многобожию».

На «новый мировой порядок» работают и «креационистское», иудеофильское лобби в Ватикане, давлению которого обязаны своим появлением все проиудейские и «анти-эллинские» постановления Ватикана II, энциклики нынешнего Папы и его публичные заявления. Видимо, в высших православных кругах современной России также наличествуют агенты «Ордена Мертвой Головы», так как ничем иным нельзя объяснить антидогматические и еретические 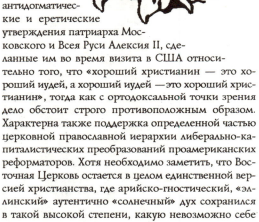 утверждения патриарха Московского и Всея Руси Алексия II, сделанные им во время визита в США относительно того, что «хороший христианин — это хороший иудей, а хороший иудей —это хороший христианин», тогда как с ортодоксальной точки зрения дело обстоит строго противоположным образом. Характерна также поддержка определенной частью церковной православной иерархии либерально-капиталистических преобразований проамериканских реформаторов. Хотя необходимо заметить, что Восточная Церковь остается в целом единственной версией христианства, где арийско-гностический, «эллинский» аутентично «солнечный» дух сохранился в такой высокой степени, какую невозможно себе представить ни в каком ином варианте христианства.

Далее в «новом мировом порядке» находят свое воплощение масонские планы мирового господства каменщиков, и не случайно большинство западных правителей (особенно президенты США) принадлежат к этой оккультной организации, являющейся одним из привилегированных филиалов «Ордена Мертвой Головы», что проявляется в обязательном ношении этого символа каждым масонским мастером. Создание «Всемирной Республики», основанной на сугубо рациональных началах, было давней задачей масонов, и победа капиталистического лагеря открыла, наконец, возможность установить на всей планете довольно однородную политико-социальную и экономическую структуру, в основу которой ляжет идея «свободного обмена», как универсального знаменателя «общечеловеческих ценностей».

И наконец, самым низшим звеном в цепи строителей «нового мирового порядка» является слой «технической интеллигенции», «технократы», «инженеры» и «менеджеры», чей взгляд на реальность подобен взгляду вычислительной машины и чьи интересы сводятся к удовлетворению минимального набора самых элементарных инстинктов. «Технократия» является последним шагом по пути вырождения креационистской идеологии, где стремление к максимальной рационализации доходит до дикой идеи замены «рационального человека» рациональной машиной. Теория «роботов» и цивилизации, основанной на их особой миссии, является не просто темой для мрачноватой научной фантастики, но всерьез разрабатываемым технократическим сообществом планом. Кстати, большинство сюжетов фантастических произведений XIX века стали технической реальностью века XX, и это далеко не случайно, так как почти все писатели-фантасты являются членами определенных оккультных организаций, как правило, тех же самых, что ответственны за контроль над развитием человеческого общества и цивилизации в целом. Поэтому недалеко то время, когда смогут реализоваться и технократические «роботоцентрические» утопии наших современников. Компьютерный проект создания «виртуальной реальности» является предельным воплощением этих технократических тенденций, и в нем, как в адском зеркале, отражается демонический образ «механической Вселенной», «возвышенную» версию которой можно разглядеть уже в самых ортодоксальных креационистских доктринах.

Все эти направления сходятся в проектируемом поле «нового мирового порядка». И сам термин «порядок» (иначе «система») в наши дни фактически полностью отождествляется с триумфом сугубо креационистских теорий, доведенных до своего гротескного, чудовищного и карикатурного образа. Тот, кто сегодня говорит о «порядке», в подавляющем большинстве случаев имеет в виду реализацию «рационалистических» проектов, которые в свою очередь прямо или косвенно связаны с общим планом «нового мирового порядка». Следовательно, не столько «капитализм», «либерализм», «теократия» и т.д. политически воплощают в актуальной реальности креационистский дух, но практически любая апелляция к «порядку» несет в себе подспудно креационистское содержание.

Манифестационистский полюс в данной ситуации все больше и больше теряет свои социально-политические позиции даже на уровне пародийных и извращенных своих проявлений. Под напором иудаистических, масонских, рационалистических, гуманистических, либеральных и технократических тенденций падают последние бастионы манифестационизма, такие как социализм и советизм. На кон-

спирологическом уровне иудео-христианские и чисто иудейские тенденции начинают откровенно вытеснять «эллинско-арийские» элементы, и триумф «Ордена Мертвой Головы» внешне кажется почти свершившимся фактом. В нынешних условиях трудно говорить о противопоставлении лунному «новому мировому порядку» альтернативного солнечного Нового Порядка, основанного на инспирациях «Ордена Живого Сердца». Для этого у «солнечных сил» отсутствует даже минимальная социально-политическая и геополитическая база. Поэтому «сердечные» тенденции, внутренне сохраняя верность солнечному Новому Порядку, в данных критических условиях облекаются в «революционные», «нигилистические», «отрицающие» формы, солидаризуясь в прагматическом смысле с силами Хаоса, размывающими «снизу» рациональную схему «лунопоклонников». Верность Солнцу никогда и не при каких условиях не может сочетаться с принятием креационистской, лунной тенденции и в ее полноценном и в ее редуцированном виде. Манифестационистские тенденции, скорее, выберут Хаос, деструкцию и анархию, чем технократический мертвый порядок каменщиков и эсхатологически ориентированных иудеев. Конечно, этот Хаос, хаос стихий, вещей, природы и социальных катаклизмов не имеет ничего общего с аполлонической инициатической и строго интеллектуальной сущностью манифестационизма и его Солнечным Порядком, но на данном парадоксальном моменте священной истории мира именно эта темная реальность «растворения», «диссолюции», стоит ближе к защитникам полярно-райской идеологии, идеологии Неподвижного Центра, Полюса, воплощенного в нордической Свастике, чем псевдопорядок технотронных архитекторов мондиалистской планетарной Системы. Соучастие солнечных сил, представителей «Ордена Живого Сердца», в процессе размывания темным Хаосом планетарного каркаса «нового мирового порядка» делает сам этот Хаос светлым, духовно реабилитирует его, дает возможность некоторым его элементам возвыситься до полноценной сакральной позиции. Это своего рода финальный «апокатастасис», возвращение некоторых низших, «демонических» сущностей и энергий в небесные регионы за счет их парадоксального участия в эсхатологической битве на стороне солнечных сил против лунных узурпаторов, которые могут выглядеть внешне подчас куда более «светлыми» и «добрыми», чем отчаянные революционеры периферии. Представители «Ордена Мертвой Головы» начиная с некоторого момента истории после достижения критической массы власти начинают выдавать самих себя за «служителей порядка», за «консерваторов», за «ревнителей благочестия» и носителей «добра», «позитивных» ценностей. К этой оптической иллюзии лицемерного фарисейства лунопоклонников может добавляться сходная иллюзия «негативности» и «демонизма» революционных солнцепоклонников. Вместе же это порождает ту обратную ситуацию полного перевертывания нормальных сакральных пропорций, которую Традиция однозначно описывает как главную черту наступления «царства Антихриста». В такой сложной ситуации, где темный Хаос чреват Светлым Порядком, а «светлый» рациональный Порядок, маскирует темную стихию гниения и смерти, людям внешней ориентации крайне трудно сделать правильный выбор.

Никогда еще в истории «Орден Живого Сердца» не выступал в такой парадоксальной роли, как сегодня, и никогда еще «Орден Мертвой Головы» не обладал такой гипнотической силой внушения, которая позволила бы сделать иллюзию собственной «светоносности» и «позитивности» столь тотальной. В этом состоит уникальность того периода, в котором мы находимся сегодня. И практически нет никаких сомнений, что мы вплотную приблизились к развязке великой конспирологической драмы, чьи корни уходят не только в глубокую древность, но и в самые высшие метафизические регионы реальности, где драма парадоксального выбора отнюдь не становится банальным решением, но еще более наполняется высшим смыслом и высшим риском, где под вопрос ставится и исход Вселенной и даже причина и характер ее возникновения, а параллельно с этим выясняется истинный статус некоторых высших метафизических категорий, среди которых, возможно, кое-какие обнаружат свое несоответствие подлинной сакральной иерархии. Не на это ли намекают евангельские слова о том, что «последние станут первыми», и гностическая формула, утверждающая о близости великого события — «Свершения всех Свершений»?

14. Последний Крестовый Поход

Как бы печальна ни была позиция «Ордена Живого Сердца» в современной цивилизации, как бы ни были слабы его силы на социально-политическом уровне, еще слишком рано говорить о его полном поражении перед лицом тотальной агрессии альтернативного ордена — «Ордена Мертвой Головы». Череда провалов и неудач в конспирологической деятельности солнцепоклонников все яснее обнаруживает общую парадигму всей манифестационистской позиции, копит спиритуальный опыт каждого звена золотой цепи «истинно живых», участвующих в драматической и страстной борьбе с креационизмом. Этот опыт — не просто индивидуальное экзистенциальное событие. Это форма существова-

ния надвременного, вечного Принципа, Божественного Субъекта сквозь внешние человеческие оболочки, ограниченные формы пространственно-временного и психического континуума. Есть высшая мистерия в том, что Солнце, светящее постоянно и непрестанно, ночью скрывается в регионы Мрака, чтобы на утро мир снова увидел величественное зрелище Золотой Зари, Aurora Consurgens. Точно так же есть высший смысл и во временном поражении «Ордена Живого Сердца» перед лицом сил лунного холода. И тем не менее, таинство финальной победы вверено только воинам Полюса, арийской общине «верных Божественному Субъекту», верных Раю и Полюсу.

Вопреки внешней логике событий, все более укрепляющих, на первый взгляд, креационистский лагерь, грядет Новый Крестовый Поход. Как и исторические крестовые походы, это будет великое движение сил духовного Севера против цивилизации Юга, священная война Крестоносных Сердец против «разумных голов» иудеев и сарацинов, битва за отвоевание Святой Земли и Гроба Господня из рук тех, кто своими материальными пристрастиями и претензиями на национально-расовую исключительность бросает вызов принципам Жертвы и Героизма, арийской этике Любви и Верности, Чистоты и Справедливости.

Новый Крестовый Поход объявлен уже сейчас. Маленькими ручейками стекаются под знамена с солнечно-полярной символикой все верные Северу, верные Сердцу. Среди них революционеры и анархисты, консерваторы и милитаристы, «красные» сторонники социальной справедливости и «черные» защитники духовной иерархии, христиане и материалисты, суфии и мистики, дети Востока и сыны Запада, объединенные необъяснимой страстью и сверхчеловеческой ненавистью. С Севера на Юг, из христианского мира белых народов в земли лунных семитов, иудеев и сарацин, двинутся армии «Сердца», армии Любви, носители новой Зари. Облаченные в маски Хаоса перед лицом строителей «нового мирового порядка», скрывающие в глубине своего «Я» знание о высших законах Иерархии, о световом ангелическом, небесном мироустройстве, воины Солнца отправятся в свой Последний Поход.

Мертвые законы «тварного» мира падут. Новый Иерусалим появится в солнечных лучах сердечной Славы. Мертвый лунный череп ветхого человечества треснет от спасительных энергий животворящего полярного Сердца.

И тогда мы водрузим наш Крест над Святой Землей, над Центром Мира, наш Православный Крест над навеки освобожденным Иерусалимом.

Александр ДУГИН

ОРДЕН ИЛИИ

Введение

Илия Фесвитянин, Илия пророк, занимает в контексте иудейской и христианской традиций особое место. Его авторитет фундаментален для всех эзотерических течений иудаизма. Так, адепты Каббалы основывают ортодоксальность своих доктрин на факте личной встречи каббалиста с пророком Илией, что равнозначно получению самой прямой и чистой каббалистической инициации.

В христианстве же он рассматривается как духовный предтеча Мессии, в силе и духе которого пришел на землю Иоанн Креститель. Он же вместе с Энохом (другой центральной фигурой иудейского эзотеризма) считается одним из свидетелей Апокалипсиса. Иоанн Предтеча считается в христианстве «высшим и последним из ветхозаветных пророков», и на основании его явного духовного родства с Илией такое же исключительное определение переносится и на него. В католическом монашестве существовал особый «Орден Кармелитов», который рассматривал пророка Илию (совершившего чудо на горе Кармил) как своего духовного покровителя.

Интересно также, что к авторитету Илии апеллировали многие эзотерические организации Запада, в частности, розенкрейцеры. Во многих розенкрейцеровских манускриптах фигурирует загадочный персонаж «Elias artista», который отождествлялся с самим пророком Илией.

Важную функцию выполняет Илия и в исламском эзотеризме, где фигурирует загадочный персонаж, — Хизр (Зеленый), — совмещающий в себе черты Идриса (Эноха) и пророка Илии. Хизр появляется в «Коране» в истории о Моисее, где заставляет Моисея совершать алогичные и противоправные поступки, провиденциальный смысл которых он открывает лишь после их совершения. Вначале он заставляет Моисея убить юношу, а когда Моисей с ужасом отказывается, выясняется, что этот юноша — великий грешник, собиравшийся принести миру множества горя. Затем он предлагает Моисею разрушить стену в жилище двух бедных сирот. После очередного негодующего отказа, Хизр разбивает стену сам, и достает оттуда сокровища, которые позволяют несчастным сиротам отныне жить в благополучии и т.д.

Хизр — важнейшая фигура исламского суфизма.

Попытаемся понять, какую метафизическую нагрузку несет на себе этот загадочный образ, имеющий чрезвычайное значение для столь различных традиций как иудаизм, христианство, ислам и соответствующие им эзотерические школы.

Свидетельства Ветхого Завета

В «Ветхом Завете» Илии посвящено несколько глав в книгах Царств III и IV. О его происхождении никаких сведений не дается[1]. В Цр. III, 17, 1 без пояснений говорится:

«И сказал Илия Фесвитянин, из жителей Галаадских, Ахаву...»

(«Και ειπεν Ηλιου ο προφητης ο Θεσβιτης εκ Θεσβων της Γαλααδ προς Αχααβ...» — по Септуагинте.)

Илия предрекает царю Ахаву засуху (отсутствие росы и дождя), которая может окончиться только по слову Илии. Так и происходит. После этого эпизода за Ильей закрепляется традиционная формула: «пророк, заключивший небеса».

Ниже приведем некоторые места из «Ветхого Завета», где описываются деяния Илии, чтобы лучше понять структуру его метафизической функции и смысл его духовной миссии. Снабдим текст

---

[1] *Отсутствие у Илии генеалогических данных истолковывается в традиции как указание на его сверхъестественное происхождение. В этом он сближается с Мелхиседеком, царем Салима, у которого не было ни отца, ни матери, ни числа дней. На это указывает и пассаж из "Зохара" ("Берешит III" 46b) — "Илия пришел в мир не через отца и мать, он был принесен четырьмя потоками."*

предварительными комментариями, которые будут развиты в дальнейшем.

Книга Царств III. Глава 17

1. И сказал Илия Фесвитянин, из жителей Галаадских, Ахаву: жив Господь, Бог Израилев, пред которым я стою! В сии годы не будет ни росы, ни дождя, разве только по моему слову.

[Прекращение дождя и росы, «заключение небес» — традиционный сакральный сюжет о господстве исключительного человека (святого, героя) над силами природы. Такое сверхчеловеческое могущество в эллинской традиции называлось «теургией», т.е. «принуждением» высшего божественного мира к произведению сверхприродных чудесных действий. Кроме того, дождь и роса суть символы «небесных вод», что означает духовные влияния. Таким образом, Илии подчинены не просто силы природы, но и миры духа, которые он способен как призывать на общение с людьми, так и запирать в их изначальном «трансцендентном» состоянии. Особенно подчеркнем, что с самого начала история Илии связана с «сухостью», «жаром», и далее непосредственно с Огнем. *Засуха* — это отсутствие воды, т.е. переизбыток природного *тепла*, *жара*. Алхимики называли "путь Илии" "*сухим путем*". Одновременно, часто этот пророк символизировал у герметиков на том же основании "*философский огонь*".]

2. И было к нему слово Господне:
[Первое откровение Бога.]

3. Пойди отсюда, и обратись на восток, и скройся у потока Хорафа, что против Иордана.

[С точки зрения сакральной географии, важно, что Илия идет *на восток*. Название потока «Хорафа», по-еврейски «Kereth» (כרת), означает «*божья кара*», «*изгнание*», «*отрезание*». Возможно, название потока имеет отношение к аскетическому одиночеству Илии, которое позже все христианское монашество будет рассматривать как образец. Начало подвигов Илии проходит вблизи *Иордана*, и взят он будет на огненной колеснице также недалеко от *Иордана*, который он перейдет посуху, ударив своей *милотью*.]

4. Из этого потока ты будешь пить, а воронам Я повелел кормить тебя там.

[«Пить из потока Хорафа» и получать пищу от *воронов*, *темных* птиц, явно означает аскетическую практику. В алхимической практике это называется «*работой в черном*», «*nigredo*».]

5. И пошел он, и сделал по слову Господню; пошел и остался у потока Хорафа, что против Иордана.

6. И вороны приносили ему хлеб и мясо поутру, и хлеб и мясо повечеру, а из потока он пил.

7. По прошествии некоторого времени этот поток высох; ибо не было дождя на землю.

[Реализация пророчества о засухе касается и самого Илии.]

8. И было к нему слово Господне:
[Второе откровение.]

9. Встань, и пойди в Сарепту Сидонскую, и оставайся там; Я повелел там женщине-вдове кормить тебя.

[Сарепта Сидонская — финикийский город между Тиром и Сидоном. В древнейшие времена был важным сакральным местом; в нем сохранились многочисленные культовые памятники, погребения, пещеры, служившие местами отправления ритуалов и т.д. Возможно, название города «Zarapat» (צרפת) связано с корнем «zarapha» (צרף), «*соединять*», «*смешивать*» — от этого же корня происходит особая каббалистическая операция «ziruph» (צרף) и название жидкости «сироп». Илия здесь «соединяется» (zarapha, צרף) с людьми, от которых он ушел в *изгнание* (kereth, כרת) после первого откровения.

Следует акцентировать символическую функцию «*вдовы*», которая является древнейшей мифологической фигурой. Символизм вдовы является центральным для масонства, и сами масоны называют себя «детьми вдовы». Вдовой, потерявшей мужа, была древнеегипетская богиня Изида. Метафизический смысл «вдовы» указывает на отсутствие (удаление) мужского-духовного-отцовского начала, на неполноценные онтологические условия, в которых отсутствует (или сокрыта) духовная вертикаль. С другой стороны, «быть сыном вдовы» означает, в символическом смысле, «иметь трансцендентного отца», чье физическое и земное наличие неочевидно. «Вдовой» гностики называли «нижнюю Софию», а каббалисты — «шекину в изгнании».]

10. И встал он, и пошел в Сарепту; и когда пришел к воротам города, вот, там женщина вдова собирает дрова. И подозвал он ее, и сказал: дай мне немного воды в сосуде напиться.

[Символизм дров, *сухого дерева* очень важен для «*огненной*» по преимуществу миссии Илии. «Сухое дерево» играет важную роль в алхимии. Важно также, что в одной и той же строфе упоминаются и *дрова*, и *вода*. Та же ситуация повторится в истории с жертвенником, обливаемым водой, в следующей главе. Вообще, пара *Огонь* — *Вода* является характерной для пророческой деятельности Илии.]

11. И пошла она, чтобы взять; а он закричал вслед ей и сказал: возьми для меня и кусок хлеба в руки свои.

12. Она сказала: жив Господь, Бог твой! у меня ничего нет печеного, а только есть горсть муки в кадке и немного масла в кувшине; и вот, я наберу полена два дров, и пойду, приготовлю это для тебя и сына моего; съедим это и умрем.

13. И сказал ей Илия: не бойся, пойди, сделай, что ты сказала; но прежде из этого сделай небольшой опреснок для меня, и принеси мне; а для себя и для своего сына сделаешь после.

14. Ибо так говорит Господь, Бог Израилев: мука в кадке не истощится, и масло в кувшине не убудет до того дня, когда Господь даст дождь на землю.

[Чудесное свойство сохранять *равное количество* пищи или иной субстанции, независимо от того, сколько от нее отнимается, встречается в разных эзотерических сюжетах. Так же Христос делил хлеба и рыбу. Вне иудаистического контекста существует множество преданий о «роге изобилия» («волшебном котле Дагды» в ирландском мифе, скатерти-самобранке и т.д.) Речь идет об операции с сущностным аспектом вещи или субстанции: убыванию подвержена только количественная сторона вещей, тогда как их сущность постоянна. Тот, кто способен оперировать с сущностью, может осуществлять «палингенезис» предметов и существ, восстанавливая их полноту по желанию. Это чудо имеет отношение к «активному» обращению с архетипами вещей, которые не только созерцаются, — как в случае обычных пророков, мистиков и ясновидцев, — но и подвергаются активному волевому воздействию со стороны «теурга». Путь Илии сопряжен именно с таким активным пророчеством, способным трансформировать внешний мир через операции с его «причинным», сущностным, архетипическим планом. Естественно, в монотеистическом видении такая теургическая операция возможна только как исполнение замысла Единого Бога.]

15. И пошла она и сделала так, как сказал Илия; и кормилась она, и он, и дом ее несколько времени.

16. Мука в кадке не истощалась, и масло в кувшине не убывало, по слову Господа, которое он изрек чрез Илию.

17. После этого заболел сын этой женщины, хозяйки дома, и болезнь его была так сильна, что не осталось в нем дыхания.

18. И сказала она Илии: что мне и тебе, человек Божий? ты пришел ко мне напомнить грехи мои и умертвить сына моего.

19. И сказал он ей: дай мне сына твоего. И взял его с рук ее, и понес в горницу, где он жил, и положил его на свою постель.

20. И воззвал к Господу, и сказал: Господи, Боже мой! неужели Ты и вдове, у которой я пребываю, сделаешь зло, умертвив сына ее?

[Для иудаистического контекста поразительна аргументация Илии, напоминающего Господу о том, что вдова отнеслась лично к нему — Илии — хорошо, и что поэтому Господь должен отнестись хорошо и к ней! Такая логика прекрасно соответствует «теургическому» подходу, но резко контрастирует с духом строгого креационизма.

Этот стих трактуется в "Зохаре" ("Вайигаш" 208-209) — *"Иди и смотри: есть только две личности, которые произнесли слова против того, что вверху: Моисей и Илия. Моисей сказал: " Господи! Для чего Ты подвергнул такому бедствию народ сей? (Исх.5:22). И Илия сказал "Неужели Ты и вдове (...) сделаешь зло, умертвив сына ее?". Оба сказали одну и туже вещь. Почему? Это — секрет."*

"Тот, кто поддерживает жизнь и заботится о других, особенно во время голода, прилепляется к Древу Жизни, и обретает жизнь для себя и своих детей, это установлено. И в данном случае Илия сказал: "Тот, кто поддерживает душу в этом мире, заслуживает жизни и заслуживает слияния с Древом Жизни, однако сейчас Древо Смерти, сторона смерти правит над вдовой, которой ты повелел кормить меня, поэтому: "Неужели Ты (...) сделаешь зло..."

Показательно, что "Зохар" сближает в этом отрывке Илию с Моисеем, подчеркивая что только они двое из всех персонажей "Ветхого Завета" могли теургически "поправлять" Божество. Не случайно именно Моисей и Илия будут увидены апостолами в момент преображения Христа на горе Фавор.]

21. И, простершись над отроком трижды, он воззвал к Господу и сказал: Господи Боже мой! да возвратится душа отрока сего в него!

22. И услышал Господь голос Илии, и возвратилась душа отрока сего в него, и он ожил.

[Илия практикует *воскрешение мертвого*. Это явно *эсхатологическое* действо. Равно как и в случае с маслом и мукой, сходная ситуация возникнет и во время прихода в мир Спасителя, хотя глубинный смысл событий в обоих случаях различается. Христианская традиция видит в истории Илии предвосхищение чудес Христа, их прообразование, но в то же время она подчеркивает, что чудеса Христа имеют глобально метафизический смысл, тогда как деяния Илии относятся к более частным и обратимым аспектам реальности. Так, христиане говорят: Илия воскресил сына вдовы, но тот все равно умер впоследствии. Христос же дал душам всего человечества бессмертие.

В контекст строгого иудаизма это чудо Илии — как и весь его путь — вообще вписывается с трудом, так как явный «теургический» смысл совершаемых им чудес идет против «креационистской» логики иудаизма, который полагает процессы тварного бытия сущностно необратимыми и однонаправленными. Сама концепция однонаправленного времени сформировалась именно на основании иудаистического мировоззрения. Но подробнее к этому мы еще вернемся.

Важно заметить также инициатический смысл воскрешения сына вдовы. Речь идет о том, что Илия замещает в данном сюжете «трансцендентного отца» отрока, в критический момент обнаруживая свое присутствие. Выше, в случае Елисея, ученика и наместника Илии, схожая сцена с воскресением отрока будет описана в близких терминах, но с уточнением, что Елисей «приложил свои уста к его устам, и свои глаза к его глазам, и свои ладони к его ладоням, и простерся на нем» (Цр.IV, 4). Так как Елисей был во всем продолжателем Илии, можно предположить, что и сына вдовы Илия воскрешал схожим образом. В таком случае ритуал метафизической идентификации был бы очевиден. Некоторые эзотерические ритуалы, связанные с инициатической смертью, в точности повторяют эту сцену.]

23. И взял Илия отрока, и свел его из горницы в дом, и отдал матери его, и сказал Илия: смотри, сын твой жив.

24. И сказала та женщина Илии: теперь-то я узнала, что ты человек Божий, и что слово Господне в устах твоих истинно.

Глава 18

1. По прошествии многих дней было слово Господне к Илии в третий год: пойди, и покажись Ахаву, и Я дам дождь на землю.

2. И пошел Илия, чтобы показаться Ахаву. Голод же сильный был в Самарии.

3. И призвал Ахав Авдия, начальствовавшего над дворцом. Авдий же был человек весьма богобоязненный.

4. И когда Иезавель истребляла пророков Господних, Авдий взял сто пророков, и скрывал их, по пятидесяти человек, в пещерах, и питал их хлебом и водою.

5. И сказал Ахав Авдию: пойди по земле ко всем источникам водным и ко всем потокам на земле, не найдем ли где травы, чтобы нам покормить коней и лошаков и не лишиться скота.

6. И разделили они между собою землю, чтобы обойти ее: Ахав пошел одной дорогой и Авдий особо пошел другою дорогою.

7. Когда Авдий шел дорогою, вот, навстречу ему идет Илия. Он узнал его, и пал на лице свое, и сказал: ты ли это, господин мой Илия?

[Встреча с Илией является ключевым событием в духовном пути иудейских эзотериков-каббалистов. С этого момента начинается их *посвящение*. Каббалисты говорят, что Илия может являться в самых различных обликах, но чаще всего это *старец бедно одетый и с седой бородой*. Однако это далеко не обязательно. Теоретически всякий незнакомец может оказаться Илией. В этом отношении показательно, что Авдий был благочестив и спас сто пророков от преследований Иезавели. Т.е. он обладал опытом в области «определения пророков» или «различения духов». Поэтому он и задает инициатический вопрос, столь понятный каждому каббалисту: *«Ты ли это, господин мой Илия?»*]

8. Тот сказал ему: я; пойди, скажи господину твоему: Илия здесь.

9. Он сказал: чем я провинился, что ты предаешь раба твоего в руки Ахава, чтобы умертвить меня?

10. Жив Господь, Бог твой! нет ни одного народа и царства, куда бы ни посылал государь мой искать тебя; и когда ему говорили, нет, он брал клятву с того царства и народа, что не могли отыскать тебя.

[Речь идет об особом существовании пророка Илии, который не находится в каком-то конкретном месте. Ни одна точка земного пространства не содержит его индивидуальности, которая не поддается строгой локализации. Авдий прекрасно отдает себе отчет в уникальности и парадоксальности встречи с Илией и не может принять ответа «Илия здесь», так как это противоречит духовному качеству пророка. Если с Илией можно встретиться, то зафиксировать место встречи и вернуться туда невозможно.]

11. А ты теперь говоришь: «пойди, скажи господину твоему: Илия здесь».

12. Когда я пойду от тебя, тогда дух Господень унесет тебя, не знаю куда; и если я пойду уведомить Ахава, и он не найдет тебя, то убьет меня; а раб твой богобоязнен от юности своей.

[Авдий поясняет свою боязнь: постигнув духовную природу пророка Илии, он понимает связь его с духом Господнем, — πνευμα κυριου, — а качество духа заключается в его подвижности и нематериальности. На этом инициатическом моменте и основываются его опасения. Авдий понимает, что утверждение четкой локализации Илии с духовной точки зрения будет являться ложью, которая повлечет за собой казнь высказавшего ее. Поэтому появляется упоминание о «богобоязненности», нелогичное без метафизического контекста.

Этот пассаж комментируется в "Зохаре" через указание на ангелическую природу пророка Илии ("Берешит III", 46b): *"Илия пришел в мир не через отца и мать, он был принесен четырьмя потоками, о чем повествует стих "дух Господень унесет тебя, не знаю куда". "Дух Господень" — один поток, "унесет тебя" — второй, "к" — третий, "не знаю куда" — четвертый".* Данный пассаж "Зохара" касается существования главных ангелических сущностей — архангела Михаила, архангела Гавриила, пророка Илии, ангела Смерти, Рафаила, Уриила и т.д. Ангелологию Илии мы подробнее рассмотрим далее.]

13. Разве не сказано господину моему, что я сделал, когда Иезавель убивала пророков Господних, как я скрывал сто человек пророков Господних, по пятидесяти человек, в пещерах, и питал их хлебом и водою?

14. А теперь ты говоришь: «пойди, скажи господину твоему: Илия здесь»; он убьет меня.

15. И сказал Илия: жив Господь Саваоф, пред Которым я стою! сегодня я покажусь ему.

16. И пошел Авдий навстречу Ахаву, и донес ему. И пошел Ахав навстречу Илии.

17. Когда Ахав увидел Илию, то сказал: ты ли это, смущающий Израиля?

18. И сказал Илия: не я смущаю Израиля, а ты и дом отца твоего, тем, что вы презрели повеления Господни и идете вслед за Ваалом;

19. Теперь пошли, и собери ко мне всего Израиля на гору Кармил, и четыреста пятьдесят пророков Вааловых, и четыреста пророков дубравных, питающихся от стола Иезавели.

20. И послал Ахав ко всем сынам Израилевым, и собрал всех пророков на гору Кармил.

[Название горы — "Кармил" — на иврите обозначает *«виноградник Божий»* или *«сад».*]

21. И подошел Илия ко всему народу и сказал: долго ли вам хромать на оба колена? если Господь есть Бог, то последуйте ему; а если Ваал, то ему последуйте. И не отвечал народ ни слова.

22. И сказал Илия народу: я один остался пророк Господень, а пророков Вааловых четыреста пятьдесят человек.

23. Пусть дадут нам двух тельцов, и пусть они выберут одного тельца, и рассекут его, и положат на дрова, но огня пусть не подкладывают; а я приготовлю другого тельца, и положу на дрова, а огня не подложу.

24. И призовите вы имя бога вашего, а я призову имя Господа, Бога моего. Тот Бог, Который даст ответ посредством огня, есть Бог. И отвечал весь народ и сказал: хорошо.

25. И сказал Илия пророкам Вааловым: выберите себе одного тельца, и приготовьте вы прежде, ибо вас много; и призовите имя бога вашего, но огня не подкладывайте.

26. И взяли они тельца, который был дан им, и приготовили, и призывали имя Ваала от утра до полудня, говоря: Ваале, услышь нас! Но не было ни голоса, ни ответа. И скакали они у жертвенника, который сделали.

[Важно отметить время призывания Ваала: начало — утром, продолжение — в течение дня, и так — вплоть до вечера. Факт начала служения Ваалу *утром* указывает на то, что это божество и его культ были связаны с Востоком и празднованием начала года в *день весеннего равноденствия.* Возможно, что это ассирийское божество имело эламские или персидские корни.]

27. В полдень Илия стал смеяться над ними, и говорил: кричите громким голосом, ибо он бог; может быть, он задумался или занят чем-либо, или в дороге, а может быть, и спит, так он проснется.

28. И стали они кричать громким голосом, и кололи себя, по своему обыкновению, ножами и копьями, так что лилась кровь по ним.

29. Прошел полдень, а они все еще бесновались до самого времени вечернего жертвоприношения; но не было ни голоса, ни ответа, ни слуха.

[Илия начинает свой ритуал *вечером*, так как иудаистическая традиция связана с *Западом* и полагает начало года в *осеннем равноденствии, осенью.* Возможно провести здесь параллель с *изначальной традицией*, связанной с оседлостью, манифестационизмом и индоевропейской расой, и жрецами Ваала, поклоняющимися «утру и дню истории», *«золотому веку».* Иудаизм относится к «вечерней» части истории, последующей за грехопадением. Сам факт кочевнической ориентации иудейской традиции несет в себе *«импульс изгнания из рая»*, его инерцию. На этом основано и превосходство *кочевника-животновода* Авеля над *оседлым землепашцем* Каином, в лице которого иудаизм заклеймил индоевропейские традиции. Жрецы Ваала — каиниты, возможно, это дополнительная причина отказа *их* божества от жертвоприношения животного. Все могло бы быть по-другому, если бы они догадались принести Ваалу бескровную жертву... Илия же в данном случае показывает себя последователем Авеля.]

30. И тогда Илия сказал всему народу: подойдите ко мне. И подошел весь народ к нему. Он восстановил разрушенный жертвенник Господень.

31. И взял Илия двенадцать камней, по числу колен сынов Иакова, которому Господь сказал так: Израиль будет имя твое.

32. И построил из сих камней жертвенник во имя Господа, и сделал вокруг жертвен-

ника ров, вместимостью в две саты зерен.
33. И положил дрова, и рассек те льца, и возложил его на дрова,

34. И сказал: наполните четыре ведра воды, и выливайте на всесожжигаемую жертву и на дрова. Потом сказал: повторите. И они повторили. И сказал: сделайте в третий раз. И сделали в третий раз.

[Здесь следует обратить внимание на параллелизм с 17, 10, сценой встречи со вдовой, где также фигурируют дрова и вода.

На жертвенник из 12 камней по числу колен Израилевых выливают 12 ведер воды — 3 раза по 4 ведра. В этом не просто доказательство сверхъестественной природы *огня*, вызываемого Илией, который может пожрать и *воду*, но и ритуал «омовения грехов» 12 колен, т.е. прообраз *водного* крещения в Иордане пророка Иоанна Предтечи. Снова символизм «сухого дерева» («ветхого человека»), которое чтобы зацвести, должно быть омытым и получить «трансцендентный» огонь. В христианской традиции за *водным* крещением следует крещение *огненное*, т.е. снисхождение в христианина Святого Духа. Но в случае ветхозаветного чуда Илии это еще не сам Святой Дух, но его прообраз, его «аналог».

35. И вода полилась вокруг жертвенника, и ров наполнился водою.

36. Во время приношения вечерней жертвы подошел Илия пророк и сказал: Господи, Боже Авраамов, Исааков и Израилев! Да познают в сей день, что Ты один Бог в Израиле, и что я раб Твой и сделал все по слову Твоему.

[В Септуагинте этот пассаж и последующие за ним имеют значительные разночтения: **«И поднялся** Илия к небу и сказал: Господи Боже Авраама, Исаака и Израиля, услышь меня, Господи, услышь меня сейчас в огне! и да познает сам народ, ибо Ты Господь Бог Израилев, Которого слуга я, и по понуждению Которого я все сделал». — «Και ανεβοησεν Ηλιου εις τον ουρανον και ειπεν Κυριε ο θεος Αβρααμ και Ισαακ και Ισραηλ, επακουσον μου, κυριε, επακουσον μου σημερον εν πυρι, και γνωτωσαν πας ο λαος ουτος οτι συ ει κυριος ο θεος Ισραηλ καγω δουλος σου και δια σε πεποιηκα τα εργα ταυτα». — На церковнославянском это звучит так: «И возопи Илия на небо и рече: Господи Боже Авраамов и Исааков и Иаковль, послушай мене, господи, послушай мене днесь **огнем**, и да уразумеют вси людие сии, яко ты еси Господь Бог един Израилев, и аз раб твой, и тебе ради сотворих дела сия». Прежде всего, в тексте поражают две детали: первая — *факт подъема Илии к небу* как прообраз его финального восхождения. Второе, тесно связанное с первым, — уточ-

нение относительно того, что он просит услышать Господа Бога *огнем*, или *в огне* — εν πυρ. Следовательно, в данном случае речь идет о *преображении* самого Илии и о *теофании Бога в огне*. Возможно, речь идет о прообразе фаворского преображения самого Иисуса Христа, рядом с которым апостолы узрели также *Илию* вместе с Моисеем. В определенной трактовке, связанной с доктриной исихастов, сам Моисей был связан таинственно и провиденциально с Фаворским светом еще во время синайского богоявления. По этой же логике можно сказать, что это *«εν πυρ»* и *«ανεβοησεν Ηλιου εις τον ουρανον»* имеют отношение к той же трансцендентной световой теофании.]

37. Услышь меня, Господи, услышь меня! Да познает народ сей, что Ты, Господи, Бог, и Ты обратишь сердце их.

[В Септуагинте: «Услышь меня, Господи, услышь меня *в огне*(!), и да познает народ, ибо Ты Господь Бог, и Ты обратишь сердце народа к себе». — «Επακουσον μου, κυριε, επακουσον μου εν πυρι, και γνωτω ο λαος ουτος οτι συ ει κυριος ο θεος και συ εστρεψας την καρδιαν του λαου οπισω». Второй раз повторяется «επακουσον μου *εν πυρ*», «услышь меня в огне». — На церковно-славянском — «Послушай мене, Господи, послушай мене *огнем*».]

38. И ниспал огонь Господень и пожрал всесожжение, и дрова, и камни, и прах, и поглотил воду, которая во рве.

[На старославянском: «И спаде огнь от Господа с небесе, и пояде всесожжегаемая, и дрова, и *воду*, яже в мори, и камение и персть полиза *огонь*». Снова, как и в строфе 18, 36, фигурируют и *огонь и небо*.]

39. Увидев, весь народ пал на лице свое и сказал: Господь есть Бог, Господь есть Бог!

40. И сказал им Илия: схватите пророков Вааловых, чтобы ни один из них не укрылся. И схватили их. И отвел их Илия к потоку Киссону, и заколол их там.

41. И сказал Илия Ахаву: пойди, ешь и пей; ибо слышен шум дождя.

42. И пошел Ахав есть и пить, а Илия взошел на верх Кармила, и наклонился к земле, и положил лице свое между коленами своими.

[Эта поза моления Илии была важнейшим элементом в традиции православных исихастов, которые именно к этому месту Библии возводили традицию особого «свернутого» положения тела во время творения молитвы Иисусовой. Гора Кармил духовно сравнивалась с горой Фавор и Афоном. Кармил — прообраз, Фавор — исполнение, Афон — поминание «огненного светового Богоявления».]

43. И сказал отроку своему: пойди, посмотри

к морю. Тот пошел, и посмотрел, и сказал: ничего нет. Он сказал: продолжай до семи раз.

[Возможно, что речь идет об отроке, который был «сыном вдовы» и которого он оживил. Позже он еще будет упомянут — Илия оставит его в Иудее, когда побежит в пустыню от гнева Иезавели. К этому отроку восходит одна из линий пророческой филиации Илии через колена Иудеи, тогда как другая, более прямая, восходит к израильской линии Елисея.]

44. В седьмой раз тот сказал: вот, небольшое облако поднимается от моря, величиною с ладонь человеческую. Он сказал: пойди скажи Ахаву: «запрягай и поезжай, чтобы не застал тебя дождь».

[На старославянском это место точнее передает Септуагинту: «И обратися отрочищь семижды: и бысть в седмое, и се, облак мал, аки *след ноги мужеския*, возносящь воду из моря.»

Символизм "следа ноги" имеет отношение к древнейшему изначальному комплексу. Данный символ обозначает зимнее солнцестояние, когда одна "нога года" осталась в прошлом, а другая шагнула в будущее. Кроме того, известны "следы Будды", которыми в буддизме считается вся реальность — проявление, "след" истинного метафизического состояния пробужденности. В самом иудаистическом контексте с "ногой" сефиротического человека каббалисты сравнивают царя Давида и самого Мессию. Руками в таком образе являются Авраам (правая рука) и Исаак (левая рука), туловищем и сердцем Иаков, а ступнями Давид. Им соответствуют сефиры — Хесед, Гебура, Тиферет и Малькут. Головой же служат три верхних сефиры — Кетер, Хохма и Бина. В этом значении данный символ приобретает эсхатологическую, мессианскую нагрузку.]

45. Между тем небо сделалось мрачно от туч и от ветра, и пошел большой дождь. Ахав же сел в колесницу, и поехал в Изреель.

[Символизм *колесницы* тесно связан со всей деятельностью пророка Илии. Он будет взят на небо в *огненной колеснице*. И тогда же Елисей издаст странный возглас, который будет повторен в Библии еще только один раз — царем Иоасом в Цр. IV, 13, 14 на смертном одре самого Елисея — «*Отец мой! Отец мой! Колесница Израиля и конница его!*» Важно, что в данном случае в отношении Бога употребляется невозможное в строгом иудаизме обращение «*Отец!*», которое является достоянием исключительно христианской традиции. Это еще раз подчеркивает центральный прообразовательный характер Илии для Церкви. Символично, что в п.46 Илия бежит перед *колесницей* Ахава в Изреель. Он, как и Иоанн Предтеча, предшествует «благой вести». В данном случае *прекращение засухи* есть также прообраз эсхатологического восстановления, победы и спасения.]

46. И была на Илии рука Господня. Он опоясал чресла свои, и бежал перед Ахавом до самого Изрееля.

[Выражение «*рука Господня* — «*десница Господня* («ηειρ κυριου») — была на таком-то» означает факт «пророческого транса», «восхищения» пророка от человеческого состояния. От этого посвятительного жеста берет свое начало христианское таинство «рукоположения», т.е. передачи особой духовной силы или возможности сообщаться с этой силой. Однако в ветхозаветном и в новозаветном контекстах смысл этого «рукоположения», хиротонии, значительно разнится, так как у христиан передается сила самого нетварного Святого Духа, причем она становится внутренним и неотторжимым достоянием иерея, а в случае ветхозаветных пророков божественное воздействие является опосредованным и эпизодическим. Однако уникальность Илии заключается в том, что его отношение к Божеству выпадает из общей ветхозаветной картины «онтологии пророков», чем объясняется его сближение с самим Моисеем, фигурой центральной для иудаистической традиции.]

Глава 19

1. И пересказал Ахав Иезавели все, что сделал Илия, и то, что он убил всех пророков мечом.
2. И послала Иезавель посланца к Илии сказать: пусть то и то сделают мне боги, и еще больше сделают, если завтра к этому времени не сделаю с твоей душою того, что с душою каждого из них.
3. Увидев это, он встал и пошел, чтобы спасти жизнь свою, и пришел в Вирсавию, которая в Иудее, и оставил отрока своего там.

[В Септуагинте подчеркивается, что «Илия испугался» — «και εφοβεθη Ηλιου».

По этому поводу, т.е. по поводу страха, вопрос поднимался и в «Зохаре» («Вайигаш», 209).

"Рабби Хийя сказал: Как могло случиться, что Илия, чьи постановления выполнял даже Святой, будь он благословен, запретивший небу давать дождь и росу, испугался Иезавели? Он испугался и пошел чтобы (спасти) свою жизнь. Рабби Иосси сказал ему: Известно, что праведники не хотят беспокоить своего Хозяина в ситуации, когда опасность очевидна, подобно Самуилу, о котором написано: "Как пойду я? Если Саул узнает, он убьет меня." ЙХВХ сказал: "Ты возьмешь с собой одну телку" (1 Сам. 16:2), потому что

праведники не хотят беспокоить своего Хозяина в таких обстоятельствах, когда им угрожает опасность. Так же и в случае с Илией, заметив, что ему угрожает опасность, он не захотел беспокоить своего Хозяина".

Далее эта тема "страха" Илии развивается в "Зохаре" еще более интересно:

"Относительно Илии написано не: "Он испугался (*vayyira*, ויר) и пошел, чтобы спасти жизнь свою", но "Он увидел (*vayar*, ויר), у него было видение. Что он увидел? Он увидел, что в течение долгих лет ангел смерти охотится за ним, но он не передается в его власть, и тогда, "он пошел, чтобы спасти свою жизнь. (Дословно "он пошел к своей душе"). Что означает "он пошел к своей душе?" Он пошел к основанию жизни, которое есть Древо Жизни, чтобы прилепится к нему. Иди и смотри: написано здесь не "пошел "*eth*" (את) своей душе", а понимать частицу "*eth*" (את) следует как "к" — "к своей душе", так всегда и пишут, но " "*el*" (על) своей душе", т.е. ""в направлении" своей души", и я проник в этот секрет, благодаря тому, что сказал рабби Симеон: "Все души мира возникают из Потока (девятая сефира — Йессод — А.Д.), который течет и ширится, потом они собираются в Суму Живых, и когда Женское Начало (сефира Малькут — А.Д.) осеменена Мужским Началом (Йессод — А.Д.), души наслаждаются желанием с обоих сторон, желанием Женского Начала Мужчины и желанием Мужского Начала — Женщины, но особенно тогда, когда желание Мужчины страстно, души более состоятельны, ведь все в них пропитано желанием и страстью Древа Жизни (Древо Жизни отождествляется в "Зохаре" с сефирой Йессод, Мужским Началом и Потоком — А.Д). Но так как Илия происходит из этой страсти (*ra'avata*) более, нежели все остальные люди, он сохранился и не узнал смерти." Далее текст "Зохара" объясняет субтильное различие между древнееврейскими предлогами "*eth*" (את) и "*el*" (על). Первый символизирует собой "Женское Начало" и сефиру Малькут. Второй относится к "Мужскому Началу" и сефире Йессод. Далее — "И так как Илия происходит из стороны Мужского Начала более, чем все остальные дети этого мира, он дольше всех сохранился в своем существе и не умер, подобно всем остальным людям. Он полностью происходит от Древа Жизни и нисколько от Праха (иное название для Женского Начала и сефиры Малькут). Поэтому он и поднялся в вышину, а не умер как все остальные смертные, как написано — "и понесся Илия в вихре на небо".]

4. А сам отошел в пустыню на день пути, и, пришедши, сел под можжевеловым кустом,

и просил смерти себе, и сказал: довольно уже, Господи; возьми душу мою, ибо я не лучше отцов моих.**

["Зохар" соотносит этот стих с предшествующим. Там Илия "пошел к своей душе". Акцентируется тайна предлога "*el*" (על), "к", Мужское Начало. Здесь же "просил смерти себе" на иврите звучит как "просил, чтобы *eth* (את) его душа умерла". Теперь появляется та частица "*eth*" (את), которой не было в предшествующем стихе. Это значит, что Древо Смерти в отличие от Древа Жизни сопряжено с Женским Началом.]

5. И лег, и заснул под можжевеловым кустом. И вот Ангел коснулся его и сказал ему: встань, ешь.

[В Септуагинте в этой строфе Ангел не упоминается. Но говорится — «и там *кто-то* коснулся его и сказал ему...» — «τις ηψατο αυτου και ειπεν αυτω...» Ангел Господень упоминается только через строфу — п.7.]

6. И взглянул Илия, и вот, у изголовья его печеная лепешка и кувшин воды. Он поел, и напился, и опять заснул.

7. И возвратился Ангел Господень во второй раз, коснулся его и сказал: встань, ешь; ибо дальняя дорога пред тобою.

8. И встал он, поел и напился, и, подкрепившись тою пищею, шел сорок дней и нощей до горы Божией Хорив.

9. И вошел он там в пещеру, и ночевал в ней. И вот, было к нему слово Господне, и сказал ему: что ты здесь, Илия?

10. Он сказал: возревновал я, о Господе, Боге Саваофе; ибо сыны Израилевы оставили завет Твой, разрушили Твои жертвенники и пророков Твоих убили мечем; остался я один, но и моей души ищут, чтоб отнять ее.

[Фраза «остался я один» очень важна для исламского эзотеризма, где существует особый путь посвящения «одиноких», «афрад», которое осуществляется без учителя, но непосредственно в результате явления Хизра, инициатического эквивалента Илии в исламе. Сакральное одиночество — особая характеристика, присущая именно пророку Илии. Его происхождение неизвестно, его кончина — взятие на небо в огненной колеснице — сверхъестественна. Он выпадает из общей человеческой логики, и в этом он подобен только таким необычным ветхозаветным персонажам, как Энох и Мельхиседек[(2)]. От этого же инициатического понятия произошло слово "*монах*", т.е. "одинокий", "отделенный" и соответствующий инициатический христианский чин.]

11. И сказал: выйди и стань на горе перед лицем Господним. И вот, Господь пройдет, и большой сильный и ветер, раздирающий скалы и сокрушающий горы перед Господом; но не в ветре Господь. После ветра землетрясение; но не в землетрясении Господь.

[Весь этот пассаж в Септуагинте дан в несколько другой ритмике и со значительными отличиями. Приведем его полностью: *«И сказал: выйди наружу и стань перед Господом на горе. Там промчится Господь.»*

Далее идет ритмические по стилю и по метафизической нагрузке строки, охватывающие также следующий параграф. Септуагинта (11 — 12):

«И великий сильный ветер (дух), раздирающий горы и сокрушающий камни перед лицем Господа,
нет в ветре Господа.
И за ветром землетрясение,
нет в землетрясении Господа.
И за землетрясением огонь,
нет в огне Господа.
И за огнем голос нежного ветерка,—
там Господь».

«Και πνευμα μεγα κραταιον διαλυον ορη και συντριβον πετρας ενωπιον κυριου,
ουκ εν τω πνευματι κυριος.
Και μετα το πνευμα συσσεισμος,

ουκ εν τω συσσεισμω κυριος.
Και μετα τον συσσεισμον πυρ,
ουκ εν τω πυρι κυριος.
Και μετα το πυρ φωνη αυρασ λεπτης,
κακει κυριος».

На церковнославянском эта ритмика сохранена:

11. И рече: изыди утро и стани пред Господом в горе: и се, мимо пойдет Господь, и дух велик и крепок разоряя горы и сокрушая камение в горе пред Господем, (но) не в дусе Господь: и по дусе трус, но не в трусе Господь:

12. И по трусе огнь, и не во огни Господь: и по огни глас хлада тонка, и тамо Господь».

«Αυρα Λεπτη», *«тихий, нежный ветер»*, *«хлад тонок»*. В этом не просто описание одноразового исторического факта ветхозаветной истории, но вскрытие «структуры Божества». После оболочек грозного и всеуничижающего присутствия, после внушения невероятного ужаса природе и людям, всей тварной реальности, Господь предстает избранным в образе кроткого и нежного ветерка, почти неслышного голоса. В этом откровенный прообраз всей Новозаветной Истины — грозный Бог обернулся своим тишайшим жертвенным Сыном, Агнцем, Спасителем падших. И даровал после своего вознесения Духа Святого, который также тихо и неслышно снисходит на христиан во время крещения, таинств и молитв.

«Κακει κυριος». *«И тамо Господь»*. Эта фраза вмещает в себя все наиболее глубинные аспекты иудаистического эзотеризма и предвосхищает «Благую Весть».

"Зохар" трактует смену теофаний как проникновение Илии к высотам сефиротического Древа. "Хлад тонок" расшифровывается как "самое интимное место, откуда происходят все светы" и отождествляется с сефирой "Бина", откуда исходят все эманации божественной реальности.]

12. После землетрясения огонь. После огня веяние тихого ветра.

13. Услышав, Илия закрыл лице свое милотью своею, и вышел, и стал у входа в пещеру. И был к нему голос, и сказал ему: что ты здесь, Илия?

[Первое упоминание о *милоти* пророка, т.е. о *накидке из агнчей шкуры*. Эта *милоть* будет участвовать во многих чудесах Илии. Следовательно, это важнейший его атрибут. Естественно, с христианской точки зрения, важно, что милоть изготовляется из агнца, который является символом Христа. С другой стороны, важно, что Илия закрывает милотью *лицо*, как бы от невыносимого *света*, которым сопровождается богоявление. Православные

[(2)] *См. сноску (1)*

рив, тогда как перед Сыном Божиим воды того же Иордана расступились сами по себе. В любом случае «осушение вод» сопряжено с действием «огня» или «света».]

9. Когда они перешли, Илия сказал Елисею: проси, что сделать тебе, прежде, нежели я буду взят от тебя. И сказал Елисей: дух, который в тебе, пусть будет на мне вдвойне.

[На этот пассаж существует каббалистический комментарий в "Зохаре" и у Моисея из Лиона в "Reponsa". Он парадоксально трактуется как *"смирение Елисея перед силой духа Илии, поскольку Елисей хочет, чтобы через его собственные грядущие чудеса слава Илии — чьим могуществом все будет свершаться — возросла вдвое".*]

10. И сказал он: трудного ты просишь. Если увидишь, как я буду взят от тебя, то будет тебе так; а если не увидишь, не будет.

[Каббала трактует это место как необходимость проследить траекторию силы Илии *"до корня"*. Если Елисей сможет увидеть *весь путь восхождения* учителя, он проследит таинство его миссии вплоть до самого источника и обретет знание полноты "духа и силы Илии", половина которой была явной в самом Илии и его чудесах, а вторая половина оставалась скрытой. В этом продолжается идея того, что "сила будет на Елисее вдвойне".]

11. Когда они шли и дорогою разговаривали, вдруг явилась колесница огненная и кони огненные, и разлучили их обоих, и понесся Илия в вихре на небо.

["Зохар" ("Вайигаш" (209)) комментирует это место так: *"Иди и смотри, написано: "вдруг явилась колесница огненная и кони огненные", поскольку тогда дух отделился от тела и поднялся в отличие ото всех остальных людей, и он снова стал святым ангелом подобным остальным святым Всевышнего. Он исполнил миссию в мире сем, как было объяснено, поскольку чудеса, которые Святой, будь он благословен, осуществил в мире сем, он осуществил через его посредничество".* Здесь ясно выступает каббалистическая концепция Илии как ангелического существа. Особенно важна последняя фраза о посредничестве Илии в осуществлении чудес. Это отсылает нас к иной теме о функциональной близости фигуры пророка Илии к домостроительству Святого Духа в христианстве. "Зохар" ("Берешит

III") уточняет, что Бог говорит Илии — *"Ты закрыл за собой дверь, чтобы смерть никогда не смогла завладеть тобой, но мир не может носить тебя так же, как остальных людей!* Илия ответил ему *"ибо сыны Израилевы оставили завет Твой".* Святой, будь он благословен, ответил: *"Клянусь твоей жизнью! Повсюду, где Мои дети находятся и практикуют святой завет (обрезания), ты будешь послан.* Учат, что по этой причине на всякой церемонии обрезания готовят специальный стул для пророка Илии, который посылается туда." Эту тему мы разберем несколько подробнее ниже.]

12. Елисей же смотрел и вскрикнул: отец мой, отец мой, колесница Израиля и конница его! И не видел его более. И схватил он одежды свои, и разодрал их на две части.

13. И поднял он милоть Илии, упавшую с него, и ударил ею по воде, и она расступилась туда и сюда, и перешел Елисей.

[В Септуагинте это место выглядит совершенно иначе. Когда первый раз Елисей ударил милотью Илии по водам, ничего не произошло. И лишь после того, как он провозгласил «Где Бог Илиин» (Που о θεος Ηλιου αφφω), и ударил воды снова, они разошлись. Иными словами, Елисей мог творить чудеса только при участии самого *Илии,* хотя тот и оставался невидим.]

14. И взял милоть Илии, упавшую с него, и ударил ею по воде, и сказал: где Господь, Бог Илии — Он Самый? И ударил по воде, и она расступилась туда и сюда, и перешел Елисей.

15. И увидели сыны пророков, которые в Иерихоне, что опочил дух Илии на Елисее. И пошли навстречу ему и поклонились до земли.

Так завершается библейское повествование о деяниях пророка Илии.

В высшей степени показательно, что сам «Ветхий Завет» оканчивается словами пророка Малахии, посвященными именно *Илии.*

Малахия, 4, 5 — 6:

«Вот, Я пошлю к вам Илию пророка пред наступлением дня Господня, великого и страшного.

И он обратит сердца отцов к детям и сердца детей к отцам их, чтобы Я, пришед, не поразил земли проклятием».

«Орден Илии» и иудаизм

Здесь следует сделать теоретическое отступление. Специфику линии Илии, его миссии и метафизического значения его личности невозможно понять без некоторых общих соображений о структуре иудаистической традиции и ее соотношении с иными традициями как монотеистического (христианство, ислам), так и немонотеистического характера. Так как пророк Илия является в первую очередь персонажем *ветхозаветным* и в других религиозных контекстах всегда сохраняет свое изначальное качество, то логично сказать несколько слов об особости иудаизма как такового.

Иудаистическая традиция — единственная из исторических религий — основана на идее совершенной *чуждости* внутреннего качества *Бога* внутреннему качеству *творения*. Сама концепция «креационизма», «творения», как ее понимало традиционное иудаистическое богословие, является уникальной теорией, неизвестной другим сакральным доктринам. Теория «творения» предполагает *одноразовый и однонаправленный* акт Божества, как бы отторгающего от себя мир, сущностью которого является «ничто»[3]. Вселенная — включая ее высшие, ангелические аспекты — в таком понимании не имеет никакой *реальной бытий-ной основы*, а ее причина остается *абсолютно трансцендентной* по отношению к ней самой. Такой подход применительно ко всей структуре имманентной реальности предполагает *однонаправленность и одноразовость* всех своих событий, в чем проявляется на имманентном уровне изначальный трансцендентный постулат креационизма.

Раз у твари нет перспективы возврата к Творцу, в силу неснимаемой разнородности их природ, то и в самом творении все подлежит однонаправленному убыванию. Возврат невозможен, поскольку у твари отсутствует измерение вечности. Такое измерение вечности реально только при наличии какой-то общей сферы у Создателя и создания, пересекающейся онтологической зоны. Но так как все творения в иудейской перспективе суть принципиально нечто иное, нежели Бог, то отсутствие этой общей зоны и становится главным содержанием иудаистической метафизики. Следовательно, все события в тварном мире принципиально эфемерны, преходящи и однонаправлены, безвозвратны. Иные традиции, утверждая божественность происхождения мира, закладывают основу циклическому времени. Иудаизм по-

---

[3] *Основа креационистского подхода, идея «творения из ничто», ex nihilo заложена во Второй книге Маккавеев (7, 28). Там благочестивая мать говорит своему сыну: «Молю тя, чадо, да воззриши на небо и землю, и вся, яже в них, видящь уразумееши, яко от не сущих сотвори сия Бог, и человечь род таков бысть.» На церковнославянском «из ничто» (ex nihilo) звучит как «от не сущих», т.е. из «не существующего». Важно подчеркнуть, что славянские языки не знают онтологического дуализма, заложенного в латинской паре глаголов — "esse" и "existire", т.е. «быть» и «существовать». В латинском языке «существовать» («existire») дословно означает «быть вовне», тогда как "esse" — «быть в себе». В русском языке любой факт существования этимологически означает необходимую связь с сущностью, «эссенцией», «онтологическим центром». Поэтому термин «не сущие» (ouk on, по-гречески) означает отрицание не «экзистенции», но «эссенции».*
В сафедской каббалистической школе Исаака Лурьи была разработана доктрина "цимцум" или "сжатия Божества". Она рассматривала акт творения как акт стягивания Бога к его центру, как акт изначального сокрытия. Из образовавшейся за счет такого "сжатия" пустоты и возник мир, как онтологическая антитеза Богу-полноте. В этой теории ясно видна вся метафизическая острота креационизма, который прямо противоположен всем остальным неееврейским космогоническим теориям, утверждающим в основе появления мира напротив "излияние божественной полноты", "эманацию" или "манифестацию". Теория "божественного сжатия" в высшей степени характерна для самого духа креационизма, тогда как неавраамические, неиудейские традиции все без исключения настаивают на "божественном расширении".

родил концепцию однонаправленного времени, классической хронологии, истории в современном понимании этого термина. В этом состоит сущность иудаистической космологии, которая жестко и строго отрицает миф и тесно связанную с ним сакральность космоса.

Конечно, строгий креационизм никоим образом не определяет и не исчерпывает всего содержания Ветхого Завета, многие аспекты которого явно свидетельствуют об изначально ином мировоззрении, более близком к сакральным доктринам других народов. В Библии есть и мифология, и имманентное понимание Божества, и элементы циклической доктрины и т.д. Однако все эти стороны были перетолкованы в радикально креационистском ключе иудаистической теологией. Причем окончательно это было закреплено лишь в последних версиях Талмуда, хотя и в них (особенно в разделах аггады и некоторых эзотерических мидрашах) строгая демифологизация все же не доводится до конца. Наиболее законченной формой доктринального корпуса, подытоживающего эти иудаистические тенденции, является учение Маймонида. Здесь десакрализация и рационализация Ветхозаветных сюжетов и религиозных практик доводится до своего логического предела.

Как бы то ни было, предельно последовательный креационизм, безусловно, с трудом может вместить таких библейских персонажей, которые явно противоречат концепциям однонаправленности истории и линейного времени, составляющим сущность и духовную специфику иудаизма. Такими персонажами являются *Сиф*, вернувшийся в рай после изгнания оттуда Адама; *Енох*, взятый Богом и не умерший; *Мельхиседек*, числа дней и родителей которого не знал никто, и наш *Илия*, так же, как и Мелхиседек, родителей и смерти не видевший.

Но будучи последним из цепи этих атипических фигур Ветхого Завета, Илия воплощает в себе их всех, служит общим эсхатологическим суммарным выражением. Илия представляет собой *иудаистическую антитезу иудаизма*, которая, однако, не становится в обычном случае «антиномизмом», антииудейством, но представляет собой *крайний предел ортодоксии*, максимально удаленный от духа и центра полной и последовательной креационистской доктрины. Из этого замечания становится совершенно понятным, почему именно к авторитету Илии апеллировали все иудаистские эзотерические и мистические движения и секты, тяготевшие к максимально возможному преодолению строгого креационизма: меркаба-гностики, ессеи, каббалисты, саббатианцы, хасиды и т.д, остававшиеся (или нет) в рамках ортодоксии.

И совсем уже просто понять функциональную роль Илии в перспективе христианской традиции, которая является совершенным *преодолением иудаизма*. Илия, отождествленный Спасителем с Иоанном Крестителем, есть важнейшее связующее звено между заявкой на преодоление «однонаправленной» вселенной иудаистического креационизма и осуществлением этого преодоления в факте прихода Сына Божьего. Илия — вершина мистического иудаизма, поэтому он был патроном эссеев, называвших себя «последователями Илии и школой пророков» (Elia pater essenorum). Он был венцом пророков, их сущностным образом, их архетипом. В рамках иудаизма выше него невозможно поставить никакого другого сакрального персонажа, и поэтому Моисей из Лиона, признанный авторитет еврейской каббалы и составитель "Зохара", утверждал, что "*Илия выше Моисея и патриархов*". Но перед лицом самого Бога, ставшего плотью, его величие релятивизируется, и становится понятной евангельская истина: «*Истинно говорю вам: из рожденных женами не восставал больший Иоанна Крестителя; но меньший в Царствии Небесном больше его.*» Мт. (11, 11)

Здесь следует рассмотреть три традиции, которые ставят во главу угла именно фигуру Илии и основывают на его авторитете свои метафизические и эзотерические практики. Анри Корбен обозначил эти три традиции как составляющие сверхконфессиональный *«Орден Илии»*. Речь идет об иудейской каббале, христианском эбионизме и исламской профетологии, особо развитой в шиизме.

Корбен называет эту гностическую линию "*принципом Vera Propheta*", «*Истинного Пророка*». Она имеет свои яркие формы во всех монотеистических, авраамических традициях семитского происхождения. Можно сказать, что эта линия объединяет в себе максимум представлений об имманентности Божества, возможный в традициях, чья ортодоксия настаивает на его абсолютной трансцендентности. Иными словами, это — *некреационистский, манифестационионистский подход, помещенный в строго креационистский контекст.*

В иудаизме и исламе эта линия, выходящая за рамки экзотеризма (так как она требует элитарных качеств «различения тонкостей», отделяющих ортодоксальную мистику от мистики гетеродоксальной), не вступает в противоречие с официальной религиозной догмой, а следовательно, не может считаться «ересью» в полном смысле этого слова. В христианстве же картина несколько иная, так как такой подход прямо противоречит догматической теологии, основанной на четкой линии св. апостола Павла, и поэтому является *достоянием иудео-христианских сект эбионит-*

ского типа, которые проявились позднее в арианстве, а еще позднее — несторианстве. Во всех случаях, речь шла об акцентировании особой сакральной реальности, которая являлась неким средним, промежуточным звеном между *предтварной реальностью* Божества, которое *есть*, и *тварной реальностью* мира, созданного из *ничто*.

Это среднее звено имеет несколько наименований:

«Присутствие» («шекина»), *"ангел Метатрон"*, *"Энох"*, *"страна Меркаба" ("колесница")*, *"сефера Малькут"* — в мистическом иудаизме;

"Истинный Пророк", *"Ангел-Христос" ("Christus Angelus")* — в эбионизме;

«Свет Мухаммада», *«святой дух»*, *«пурпурный архангел»*, *"Хизр"* — в исламском эзотеризме.

Все эти реальности являются наиболее возвышенными духовными аспектами, связанными с фигурой пророка Илии или его «двойников» (Хизра, Салмана Перса, Имама Времени, иногда самого Мухаммада в исламе). Эбиониты видели совершенное воплощение этого же принципа в Христе, которого считали не Богом, но Ангелом, пророком.

Моисей из Леона называет Илию *«ангелом, принявшим человеческое обличье пророка для исполнения миссии на земле; закончив ее, он оставил тело, превращенное в пламя в мире сферы, и вернулся на свое изначальное место»*. Каббала уточняет, что имя этого ангела — «Сандалфон». Иудаистическая ангелология называет его *«ангелом, связывающим небо и землю»* и являющимся *«космическим аспектом Метатрона»*, *«Князя Присутствия»*.

Функция Илии в этих трех видах эзотеризма заключается в *передаче прямой и неопосредованной инициации*, которая соединила бы мистика с миром Принципа напрямую, минуя горизонтальную причинно-следственную цепь. Более того, сама идея нарушения логики однонаправленного потока одноразовых событий предполагает именно не исторический, но сверхисторический импульс, который отменил бы неумолимую логику имманентного развития твари. *«Орден Илии», по определению, не может быть традицией, «преданием» в обычном смысле, т.е. чем-то, что передается исторически и горизонтально*. Это следствие прямого и молниеносного вмешательства трансцендентного в тварную реальность. Фактически, «Орден Илии» подходит вплотную к идее *христианской Церкви*, т.е. к благодатной реальности, изъятой из цепей твар-

ного отчуждения, где богоприсутствие таинств вечно и имманентно, сверхисторично. Вся проблема заключается в том, *признается ли за средним звеном качество полноценной Божественности?* Если да, то речь идет о полноценном христианстве и Православии. Если нет, то мы остаемся в рамках авраамизма, креационизма и строго иудаистического монотеизма, не затронутого троической Истиной.

«Орден Илии», в понимании Корбена, безусловно относится ко второму случаю. И грань, отделяющая эти две во многом схожие реальности, соответствует разнице между ессейским гнозисом, кумранским иудео-христианством, с одной стороны, и полноценным православным христианством Павла, с другой.

Каббала и шиизм — иудейская и исламская ветви «Ордена Илии» — максимально приближаются к христианству. Но определенная грань не преодолевается никогда. Илия, его Ангел, его высший духовный аспект остаются во всех случаях *тварными* реальностями, что следует из признания полноценного и строгого креационизма и монотеизма. Однонаправленность и одноразовость преодолеваются только в рамках творения. Последний шаг — к перспективе «обожения» — остается невозможным. Ангел (небесный, но тварный) — последний предел духовной реализации мистиков «Ордена Илии». Царство Божие остается принципиально недоступным.

Только благодатное усыновление Богом через принятие в себя человеческой плоти открывает людям перспективу, снимающую фатальную одноразовость и необратимость творения. Но это — дело тех, кто верят не в «Крестящего Водой», но в «Крестящего Духом». И для кого, Святой Дух — это не ангел, но Бог.

С другой стороны, возникает закономерный вопрос. Если "Орден Илии" утверждает обратимость истории хотя бы в некотором исключительном случае — в случае Илии и связанных с ним реальностей — как может он признавать строгую креационистскую модель внешней традиции, которая не просто в данном случае иначе интерпретируется, но прямо отрицается в ее важнейшей предпослыке? Чаще всего, выдвигаются агрументы относительно того, что полноту истины не могут осознать внешние, и для них креационистский экзотеризм подходит более всего. Иными словами, мы имеем дело с двойным стандартом. Эзотеризм "Ордена Илии" признает одну метафизическую картину, а внешние экзотерические институты — другую. Вместо открытого и честного выяснения отношений предлагается некий компромисс, так как никаких промежуточных доктрин, позволяющих совместить оба подхода, ясно разграничив сферу правомочности каждого из них, не предлагается.

Та же проблема возникает и в иных аспектах каббалы: в вопросе о тварной природе ангелов и архангелов, окружающих нижнюю сефиру — Малькут, и о нетварной природе самой Малькут, принадлежащей реальности божественных излучений. Глава ангелов — Метатрон, часто отождествляющийся с Енохом, а иногда и с Илией, в одних случаях считается резко отдельным от Малькут, а в других - почти отождествляется с этой сефирой, иден-

тичной одновременно Шекине, божественному Присутствию или имманентному аспекту Божества. Само упоминание об "имманентном аспекте Божества" явно несовместимо с полноценным монотеизмом креационистского типа, так как здесь речь может идти только о трансцендентном и уникальном божественном принципе, на что и указывали, вполне справедливо, все исторические противники каббалы и еврейского мистицизма из последовательно иудаистического лагеря. Если иудейский экзотеризм максимально разводит тварь и Творца и на этом уникальном моменте основывает свое отличие от иных традиций, то иудейский эзотеризм вновь сводит их до такой степени, что метафизическое основание этой уникальности полностью исчезает.

Иными словами, "Орден Илии" представляет собой некий крайне интересный инициатический и метафизический вектор, который апеллирует к предельно важным духовным категориям, но *не может выразить всю драматическую суть проблематики должным образом*, т.е. просто не знает или не понимает той метафизической картины, которую утверждает православный эзотеризм, расставляющий все по своим местам.

Православие утверждает и на внешнем и на внутреннем уровнях две сосуществующие реальности — конечную и тварную (из ничто созданную) и бесконечную нетварную, божественную. В этом — полный аналог иудаизма, причем креационистского и последовательного. Но в христианстве этим все не кончается, а с этого все начинается. Божественный мир — не сухой трансцендентный Принцип, но благодатная милосердная Троица, изливающая божественные энергии, "выступа-

ющие" (по Дионисию Ареопагиту) из трехипостасной полноты. Но не только это общее "исступление" божественных энергий спасительно пропитывает тварную реальность, давая ей возможность преображения. Одно из трех лиц Троицы — Сын — само сходит в мир и через добровольное "истощение" (кенозис) и слияние с человеческой природой искупает тварь, открывая ей вход в Божественный мир.

"Орден Илии" и его доктрина остаются как бы на пороге Православия. Здесь ясно осознается необходимость совместить однонаправленность движения твари и обратный импульс — импульс Возврата, возможность и близость которого ясно переживается мистиком при жарком и искреннем, интимном обращении к Божеству.

Иоанн Креститель остался на пороге "Нового Завета". На самой тонкой грани.

Илия и его роль в инициации

Пророк Илия рассматривается иудаистической традицией как важнейший персонаж наиболее значимых религиозных ритуалов. Согласно хасидским преданиям, он присутствует всегда, когда совершается *обряд обрезания*. Т.е. он выступает своего рода посредником или свидетелем при важнейшем моменте в религиозной практики иудаизма, когда еврейский младенец принимает на себя печать Завета. Это — ключевой иудаистический ритуал, типологически схожий с обрядом христианского *крещения*. Обрезанный еврей становится полноправным членом иудейской общины, "избранного народа", "ветхозаветной церкви". Он обретает в своем теле зримое подтверждение древнего договора между Создателем и евреями об их избранности, об их центральном месте в мировой истории. Этим же подтверждается уникальность креационистской метафизики монотеизма. Подобно инициатическому ритуалу, обрезание рассматривается как переход от плотского существования к более чем плотскому, к духовному, к религиозно-общинному. И поэтому присутствие в данном случае пророка Илии содержит в себе огромный символический смысл. Сам Илия — преображенный, не умерший, сохранивший плоть и жизнь по ту сторону фатальной черты — является посредником и ходатаем между материальной стороной еврея и его Творцом. Поэтому Илия, сохраняя свое персональное единство, разделяется на множество "присутствий", каждое из которых неукоснительно пребывает в момент обрезания, в какой бы точке мира оно ни происходило.

Обрезание — духовное рождение еврея, и присутствие в этот момент пророка Илии подчеркивает, что речь идет о переходе от плотского существования к существованию духовному. Как сам Илия представляет собой одухотворенную преображенную плоть, вышедшую за границы законов имманентной телесности, так и новообрезанный из "одно-частного" становится "двухчастным".

Вместе с тем можно заметить явное типологическое сходство пророка Илии в мистическом иудаизме с одним из лиц православной Троицы, с ипостасью Святого Духа в том, что касается его домостроительной функции. Как Илия присутствует при обрезании — "духовном рождении" — иудея, так и Утешитель присутствует и осуществляет "христианское крещение", "рождение свыше". Святой Дух, не теряя своего единства и своей неизменности, разделяется для того, чтобы дать начаток новой христианской церковной личности, и его силой осуществляется важнейший посвятительный ритуал новозаветной Церкви.

Продолжая эту линию, можно вспомнить символическую связь пророка Илии с *огнем* ("огненная колесница") и *поднятием в воздух*. Святой *Дух* также часто символизируется *огненными языками* пламени (как в случае Пятидесятницы). И подобно тому, как Илия в иудаистическом эзотеризме является центральной фигурой всех инициатических практик, так и Святой Дух в православном учении является главным таинственным вершителем всех православных мистерий. Не случайно, домостроительство Святого Духа называется *"домостроительством совершения"*.

Известнейший каббалист Моисей из Лиона приводит рассуждение относительно Илии и его духа, которое дополняет типологическое сходство. Он пишет: *"настолько же верно, как то, что дух, снизошедший на Елисея был духом Илии, верно и то, что Илия поднялся на небо в теле, а снизошел в духе, и таким образом, как только его тело поднялось, его дух тут же сошел и стал творить чудеса посредством Елисея"* ("Reponsa" — цит. По Tishby "Studies in Kabbalah", Jerusalim, 1982).

Если в фигуре пророка Илии мы имеем иудаистический аналог Третьего лица православной Троицы, то картина "Ордена Илии" становится полной. Как Святой Дух в христианском эзотеризме является осью инициации и духовной реализации, основанных на специфике троической

метафизики, так же в традициях строго монотеистического креационистского толка, где принята сотериология и профетология "эбионистской" направленности, фигура Илии является его прямым эквивалентом, но соответствующим совершенно иной метафизической перспективе.

Отсюда легко перейти к исламской традиции Сохраварди, в которой центральное место занимает фигура "Святого Духа", отождествляющаяся с "ангелом-посвятителем", с "пурпурным архангелом", с "Хизром" и т.д.

Каббала ортодоксальная, гетеродоксальная

Крупнейший современный исследователь каббалы Гершом Шолем скрупулезно вычленил в рамках иудейской традиции все моменты, касающиеся различия *между ортодоксальным эзотеризмом и эзотеризмом гетеродоксальным*.

Шолем указывает на то, что сама иудейская каббала радикально отличается от магистрального духа иудаизма как религии, которой совершенно чужд мифологический, «платонический» характер. Но вместе с тем духовная свежесть и подлинность религиозного опыта невозможны без личностного, мифологического проживания традиции, и поэтому Шолем считает каббалистический эзотеризм неотъемлемой частью иудаизма. При этом вся сфера такого эзотеризма делится на две части: одни эзотерики признают правомочность ортодоксии, которую они лишь интерпретируют в своем духе, оставляя букву нетронутой; другие, погрузившись в водоворот мистических интерпретаций, отказываются признавать легитимность внешних догматических форм. То же самое можно увидеть и в исламском эзотеризме, где существует четкая грань между мистикой шиитов-«двенадцатеричников», сохраняющих связь с нормативами "шариата" — и исмаилитскими гностиками («шиитами-семиричниками») или «алавитами», отрицающими исламский экзотеризм как таковой.

Ортодоксальная каббала довольно оригинально трактует сам иудаистический экзотеризм, «закон», «Тору». С ее точки зрения, ограничительным характером этот «закон» обладал не всегда, но лишь начиная с некоторой эпохи, которая получила названия «шемитта гебура». «Шемитта гебура» — это цикл, соответствующий 5-й сфире Гебура сефиротического древа, которая соотносится с «левой стороной», «наказанием», «страхом Божиим», а эпоха, связанная с 4-й сфирой Хесед, была совершенно иной, и акцент «Торы» в ней падал не на ограничение, но на милость, так как соответствующая сфира принадлежит «правой стороне». Именно таким циклическим моментом оправдывают каббалисты строгость и духовную «сухость» внешнего, экзотерического иудаизма, считая эзотерическую компенсацию делом избранных, достоянием метафизической элиты. На признании негативного характера актуального цикла и основывается терпимость каббалистов к экзотерикам и учителям маймонидского рационалистического иудаизма несмотря на то, что практически во всех пунктах их позиции расходятся (часто не только в интерпретации, но и в самой форме соответствующих доктрин).

Но существует и гетеродоксальная каббала, которая идет гораздо дальше и не просто совмещает эзотеризм с экзотеризмом, но *противопоставляет их*. Это явление получило масштабное и яркое развитие в истории движения иудейского псевдомессии Саббатаи Цеви, чье учение было великолепным примером гетеродоксального эзотерического иудаизма. Чтобы понять специфику этого явления следует сделать краткий экскурс в каббалистическую теорию творения.

Каббала учит, что творение мира имеет 4 уровня, и, соответственно, эти четыре уровня представляют собой 4 мира. Первый (и самый проблематичный для иудейского сознания) — это мир «Ближних», «Ацилут», реальность источения божественных энергий. Эту область каббала (в частности, «Зохар») описывает в совершенно «платонических» терминах, как поле «божественных эманаций». Сам факт подобного утверждения резко контрастирует с иудаистическим представлением о «творении из ничто», так как речь идет о некотором божественном акте, явно предшествующем этому «творению из ничто». До гностической идеи «двух творений» (светового и материального, благого и злого) здесь рукой подать, а это представляет собой уже не просто ересь, но полное опровержение самого духа иудаизма и своего рода духовный «антисемитизм». Однако даже эту предельно "опасную" концепцию каббалисты умудрялись как-то сочетать с ортодоксией...

Второй уровень творения называется «Бериа», т.е. собственно «творение». Это уже более нормальная доктрина, совпадающая с мистическим толкованием начала творения как чисто духовного действия Божества, которое вначале творит «из ничто» пару духовных принципов — Землю и Небо — как два метафизических предела Вселенной. Даже самая радикальная спиритуализация этих понятий может быть совмещена с духом иудейской ортодоксии, хотя и здесь каббалисты часто используют терминологию и символы, далекие от рационалистского подхода и откровенно напоминающие «платонизм».

Третий уровень — «Йецира», «формообразование». Здесь снова, но уже на более низком уровне мы сталкиваемся с типично «эллинской» доктриной «мировой души», «подательницы форм», которая организует и оживляет субстанциальные миры материи. Но и это в целом не противоречит ортодоксальной иудаистической онтологии, так как существование «души» иудаизм признает, несмотря на целую гамму толкований этой инстанции. Некоторые наиболее «чистые» иудаистические течения — фарисеи — доходили и до отрицания «души», что выражалось в отвержении теории «воскресения».

Четвертый и последний мир — «Асия» — есть мир «активаций», т.е. оживленных материальных форм и вещей, т.е. реальность, данная нам в ощущениях и предметах.

Итак, четыре мира предполагали четыре толкования «Торы». В самом низу — «Тора написанная», «свиток». На втором уровне — «Тора устная», существующая в качестве звучащих слов, ангельских звуков. На третьем уровне — в мире «Бериа» — Тора снова «написанная», но не на свитке, а «черным огнем по белому огню». В виде духовных букв.

Такую картину признавали все типы каббалистов, различие начиналось дальше.

Так гетеродоксальные каббалисты считали, что помимо трех «Тор», разнящихся между собой только по степени духовной простоты, но не по смыслу и духу (в этом с ними согласны и каббалисты-ортодоксы), существует и *Четвертая Тора*, принадлежащая миру «Ацилут», знание которой полностью меняет смысл «трех Тор» творения. И так как саббатаисты считали самого Саббатаи Цеви мессией, вместе с приходом которого оканчивается «шемитта гебура» и начинается новая шемитта, связанная с 6-й благой сефирой Тиферет, то старая «Тора» «шемитты гебура» исчерпывает свое значение, становится неадекватной. Одновременно «откровение» мира Ацилут взрывает ограничительный характер мира Бериа и двух остальных, подчиненных ему, и следовательно, правомочность исторического экзотерического иудаизма прекращается.

Здесь мы уже оказываемся в сфере чистого гностицизма. Не удивительно, что Саббатаи Цеви также апеллирует к «явлению Илии», как христианские тексты ссылались на тождество Иоанна Предтечи с пророком Илией.

Неудивительно, что эта гетеродоксальная каббала часто духовно сближается с христианством и особенно Православием. На самом деле, структура гетеродоксального иудейского гнозиса, являющего собой явную параллель христианским эсхатологическим концепциям Иоахима де Флора, в своих метафизических аспектах демонстрирует прямой аналог метафизики апостола Павла.

Гетеродоксальная каббала и апелляция к миру «Ацилут» и соответствующему ему «новому эону» показывают, каким путем радикализация внутренних инициатических доктрин «Ордена Илии» приводит креационистскую семитическую традицию вплотную к ее радикальному преодолению, т.е. к особой и уникальной новозаветной евангельской метафизике.

Здесь вскрывается один очень важный момент. В самом иудаизме всегда существовала тенденция сближать каббалу с христианством. Особенно это касалось нескольких ранних каббалистических книг — типа "Алфавит рабби Акиба" и самого "Зохара". Это дало повод обвинять каббалистов в том, что они являются "криптохристианами". Так, к примеру, один пассаж из книги "Алфавит рабби Акиба" рассматривает Христа как Мессию и историческое выражение мистической буквы Цаде. Более того, весь строй каббалы, даже в ее ортодоксальных аспектах, стремится как можно больше акцентировать связь низшего мира с миром высшим, и как можно меньше настаивать на их фундаментальном неснимаемом различии, что характерно для строгой креационистской этики. При

этом исторический, однонаправленный аспект мира не зачеркивается, как это имеет место в законченном манифестационизме, но сохраняется. Происходит наложение манифестационистской перспективы (теория сефирот и имманентности Шекины) на перспективу строго креационистскую. Это в совокупности дает метафизику чрезвычайно близкую к метафизике христианства, но только вместо Новозаветной Церкви и ее онтологии речь идет о "общине Израиля" в ее иудаистическом, ветхозаветном смысле.

Поэтому в случае гетеродоксальных каббалистов переход в христианство становится вполне естественным шагом. Особенно наглядно это было видно в случае общего обращения "франкистов", последователей Якоба Франка, вождя европейских саббатаистов. Саббатаисты были подготовлены к принятию Нового Завета всей духовной логикой каббалистической метафизики, а окончательный шаг был лишь делом конкретных исторических обстоятельств.

Илия в «Новом Завете»

В «Новом Завете» свидетельства об Илии чаще всего связаны с темой Иоанна Предтечи.

Матфей, 11:

11. Истинно говорю вам: из рожденных женами не восставал больший Иоанна Крестителя; но меньший в Царствии Небесном больше его.
12. От дней же Иоанна Крестителя доныне Царство Небесное силою берется, и употребляющие усилие восхищают его.
13. Ибо все пророки и закон прорекли до Иоанна.
14. И если хотите принять, он есть Илия, которому должно придти.

Матфей, 17:

10. И спросили Его ученики Его: как же книжники говорят, что Илии надлежит придти прежде?
11. Иисус сказал им в ответ: правда, Илия придет прежде и устроит все;
12. Но говорю вам, что Илия уже пришел, и не узнали его, а поступили с ним как хотели;

так и Сын Человеческий пострадает от них.
13. Тогда ученики поняли, что Он говорил им об Иоанне Крестителе.

Марк, 9:

11. И спросили Его: как же книжники говорят, что Илии надлежит прийти прежде?
12. Он сказал им в ответ: правда, Илия должен придти прежде и устроить все; и Сыну Человеческому, как написано о Нем, надлежит много пострадать и быть уничижену;
13. И говорю вам, что и Илия пришел, и поступили с ним, как хотели, как написано о нем.

Следует обратить внимание на следующую деталь: во всех местах, где в «Новом Завете» упоминается Илия в связи с Иоанном Пророком, это прилежит к 11 стиху. У Матфея в главе 11 (!) пункты 11(!)- 14, в главе 17: 10 — 13, у Марка в главе 9: 11(!) — 13. Это не может быть простым совпадением, так как ничего случайного в священном писании нет.

Вообще говоря, число 11 (и его производные — 22, 33 и т.д.) играет огромную роль в эзотерической традиции. Это число предшествует числу 12, которое, в свою очередь, означает конец цикла, завершенность. 11 число эсхатологическое, непосредственно предшествующее числу совершенства.

Отождествление Илии с Иоанном Предтечей является фактом, засвидетельствованным самим Спасителем, но отрицаемым Иоанном Предтечей. В окончательной догматической экзегетике принята фраза «*Иоанн Предтеча, пришедший в духе и силе Илии*».

Символизм Иоанна Предтечи и его связь с самой сущностью ветхозаветной традиции и свойственной ей антропологии и космологии, мы рассматривали в работе «Крестовый поход солнца», где подробно исследовали символизм его декапитации и других сюжетов, с ним связанных. Также следует обратиться к нашей книге «Метафизика Благой Вести». Самым кратким образом можно свести эти соображения к следующей картине:

1. Иоанн Предтеча воплощает в себе сугубо ветхозаветную праведность, основанную на этике самоумаления твари перед лицом трансцендентного творца. Такая праведность была обречена на то, чтобы оставаться несовершенной («ничто же бо совершил закон», по словам апостола Павла), так как без благодати Христа даже самые духовные и праведные личности — от Адама через Ноя, патриархов, Моисея и пророков — вынуждены были пребывать после смерти в «шеоле», «царстве мертвых», отождествленных христианством с адом.

2. В отношении Иоанна Предтечи к Христу — признание и предуготовление пришествия Мессии, с одной стороны, и сомнения во Христе, с другой — проявляется вся сущность ветхозаветной традиции, которая обречена на то, чтобы *ее эсхатологическая интуиция оставалась всегда гадательной*. Иоанн Креститель, духовно тождественный Илии, есть вершина мистического иудаизма, но все же между таким иудаизмом и христианством лежит бездна.

3. Если рассматривать Иоанна Предтечу в позитивном аспекте, он есть та ветхозаветная линия, которая восходит к Сифу, Эноху, Мелхиседеку и Илие и является предвосхищением новозаветной реальности, вершиной особой тайной провиденциальной иерархии, ангельски предвкушающей Боговоплощение. Так понимает Иоанна Крестителя православное троическое христианство.

4. Если рассматривать Иоанна Предтечу в свете иудео-христианского гнозиса эбионитского толка или в оптике арианских или несторианских версий «унитаристского» еретического христианства, продолжающего ессейские традиции и линию кумранских общин, то его личность может рассматриваться как ключ к нетринитаристской, иудаизированной профетологии и христологии, в которой Христос считается лишь «пророком», «человеком» и «святым», «ангелом», но не Богом и не Сыном Божьим. В этой традиции Иоанн — Илия предстает высшим метафизическим авторитетом, как бы антитезой Иоанна Богослова и апостола Павла. Эта линия полностью принята исламской христологией и профетологией. Семитический креационистский строгий монотеизм в такой версии остается нетронутым и цельным, тогда как в Православии троический принцип представляет все в совершенно ином свете.

5. Следовательно, по отношению к Христу Иоанн Предтеча (= Илия) может рассматриваться в двойственном отношении. В одном случае он есть провиденциальный уготовитель Пришествия, поставленный на служение Святым Духом. В такой форме Креститель — Илия входит в новозаветную церковь, становясь особенно важной фигурой в монашеском делании (его центральная роль в исихазме). В другом случае, оставаясь в пределах иудаистического мировоззрения или, шире, креационистски монотеистического семитизма (включающего в себя ислам и иудео-христианские ереси эбионитского типа), фигура *Иоанна Крестителя (Илии)* радикально меняет свой смысл, сближаясь с самим *антихристом*, который также этимологически означает «предшествующий Христу», «анте-христ». Это отождествление было характерно для христианского антииудаизма от Маркиона до альбигойцев и богоми-

лов. В целом структурно — это соответствует двум отношениям христиан к классическому иудаизму: *до Христа* иудаизм рассматривается как провиденциальная и единственно истинная традиция, тогда как иудеи, не принявшие Христа, *после* Него, становятся из "избранного народа" "народом проклятым", народом-богоубийцем и «детьми дьявола».

Фигура Илии и его отношение к Спасителю является ключевым пунктом христианской метафизики, по которой проходит водораздел между полноценной новозаветной Церковью, где «несть ни иудея, ни эллина», и разнообразными версиями семитического монотеизма, не принявшими Благую Весть и ее парадоксальную, уникальную, тринитарную метафизику.

"Орден Илии" и западное христианство

Католичество, ставшее официальной традицией христианского Запада, является не просто *христианством*, но *одной из версий* христианства, причем такой, которая далее всего в рамках новозаветной реальности отстоит от богословия апостола Павла и соответственно полноты православного вероисповедания. Католическое богословие, обретшее окончательную форму в субординатизме пункта о Filioque и построенной на аристотелевском подходе теологии Фомы Аквинского, по сути является *иудаизированным христианством*, отвергающим мистическую линию, восходящую к восточным отцам, александрийцам, Дионисию Ареопагиту, преподобному Максиму Исповеднику, Симеону Новому Богослову, Григорию Синаиту и нашедшую окончательную форму в трудах святого Григория Паламы, которыми заканчивается формулировка полноценной доктрины «Торжества Православия». Католичество строго проводит в самой церкви ту черту, которая отделяет экзотеризм от эзотеризма и которой никогда не существовало (и не существует до сих пор) в Православии, где и эзотеризм и экзотеризм укладываются в рамки *единой церковной ортодоксии*. Это приводит к тому, что эзотеризм в католическом мире обретает особый организационный статус и специфический институционный характер. Этот эзотеризм, изначально не противостоящий католичеству, но дополняющий его, совокупно можно назвать «герметизмом», элементы которого были рассредоточены по рыцарским орденам, братствам алхимиков, розенкрейцеровским организациям, позже масонским ложам.

Самый существенный момент: так как полноценный исихастский православный и христианский эзотеризм был для людей католического Запада закрыт по конфессинально-идеологическим и геополитическим соображениям, то западные эзотерики были вынуждены прибегать к иным формам гнозиса — дохристианским или иудаистическим, т.е. к формам сущностно "*нехристианским*". Так и сложилась устойчивая традиция обращения к египетской, эллинистической и кабалистической традициям, которые и составили основу западного эзотеризма в эпоху католического эйкуменизма.

Можно рассмотреть эту ситуацию схематически. — Соотношение между экзотеризмом и эзотеризмом соответствует соотношению между *креационизмом* (инородность и несводимость друг к другу твари и Творца), «иудейством», с одной стороны, и *манифестационизмом* (однородность твари и Творца, их сущностное единство), «эллинством» или «египто-эллинством», с другой стороны. В рамках христианства это соотношение может располагаться в дух плоскостях — в православной и католической. Православие — особенно в своем мистическом, исихастском измерении — акцентирует церковный, новозаветный синтез между этими двумя метафизическими позициями, основывающийся на последовательном тринитаристском богословии апостола Павла, отвергающем субординатизм и логико-рационалистическое богословие, аристотелевский метод. В таком случае сама Церковь становится средоточием эзотеризма, который представляет собой сущностную, метафизическую сторону Православия. Такой подход отвергает как *иудейство, так и эллинство*, замещая и то и другое развернутым и догматически абсолютным *христианским эзотеризмом*. В таком случае, не существует никаких внецерковных эзотерических институтов, никаких самостоятельных эзотерических организаций или групп, никаких орденов или инициатических школ, лож и т.д. Таково положение православного мира от Византии до Православной Московской Руси.

Второй подход основывается *на отрицании православного синтеза* и ищет любых путей, кроме православного, для сочетания экзотеризма (формально отрицающего эзотеризм в лоне самих экзотерических институтов) и эзотеризма, избирающего для своего выражения особые формы, поначалу конформные с внешней доктриной, но могущие претендовать на альтернативность (как это произошло с поздним масонством, ставшим на антиклерикальные позиции). Здесь мы подходим к самому главному: такой промежуточной областью в рамках католичества, удовлетворяющей всем теоретическим условиям сочетания внешнего креационизма и внутреннего манифестационизма, причем *вне* новозаветной церковности, является «Орден Илии» в самом широком смысле этого понятия.

В данном случае, речь идет о слиянии трех линий —

1) иудео-христианских течений, берущих свое начало в первых христианских общинах (часть из них могли сохраниться на Западе в некоторых орденах или монашеских братствах — в первую очередь, мы имеем в виду Кармелитский монашеский орден, претендующий на преемственность ессейской традиции);

2) каббалистических и мистических школ иудаизма, распространенных на Западе;

3) исламского эзотеризма, с представителями которого Запад столкнулся во время Крестовых походов и арабских завоеваний.

Эти три линии основывались внешне на строгом *креационизме* и чисто семитском духе, что гармонировало с общим настроем католической теологии. При этом с обратной стороны такого акцентированного авраамизма стояло *манифестационистское эллинство* и апелляции к египетскому наследию. Иными словами, внешнее *иудейство* (еще более креационистское, нежели официальная христианская доктрина в ее католической форме) сопрягалось здесь с внутренним эллинством (неприемлемым для нормального христианства). *При этом их сочетание было обратным относительно полноценного православного богословия, основанного на линии Иоанна Богослова и святого апостола Павла.*

Мы уже видели, что Илия отождествлялся с Энохом и исламским Хизром, будучи ключевой фигурой такого специфического креационистского эзотеризма. Но в мистических доктринах эти фигуры сливались с ангелической иерархией — ангелом Сандалфоном, Метатроном и иногда с архангелом Гавриилом. Анри Корбен указывает на поразительный факт, что эту линию суфийский эзотеризм продолжал отождествлением Идриса (Эноха) с *Гермесом*! Следовательно, мы подошли к специфической точке, которая объяснит нам структуру западного эзотеризма в целом. Эллинско-египетский Гермес Трисмегист, символ манифестационистской традиции («что сверху, то и снизу») — автор «Изумрудной скрижали», а зеленый цвет символически относится именно к Хизру (чье имя означает «зеленый») и таким образом сопрягается со строгим ветхозаветным креационизмом. При этом формально соблюдается полноценность структуры традиции (наличие эзотеризма и экзотеризма), внешняя структура рационалистического католического богословия остается незыблемой.

Как бы то ни было, наши заключения легко помогут объяснить тот факт, что патроном алхимиков считался святой Иаков, который был воплощением именно иудеохристианских тенденций и ключевой фигурой эбионитского течения. Предельный семитический креационизм (отрицание Божественности Христа) сочетается в европейском герметизме с предельным эллинско-египетским манифестационизмом (Гермес и его скрижаль), утверждающим божественность мира.

Таким образом, *"Орден Илии" есть парадигматическая реальность западного эзотеризма применительно к структуре католического мира после того, как он окончательно и радикально порвал духовные связи с Византией и православной метафизикой.*

Теперь легко восстановить систему внутренних отношений и понять функции Elias Artista, на которого ссылались алхимики, розенкрейцеры и масоны. Наиболее ярко этот комплекс воплотился в Реформации, когда протестантизм фактически легитимизировал такое положение дел, отвергнув католический компромисс и утвердив на его месте сочетание иудеохристианского почти ветхозаветного благочестия, лишенного новозаветных мистерий, ритуалов и таинств, с манифестационистской герметической мистикой, нашедшей свое высшее проявление в трудах Беме, Сведенборга и других теософов. Неудивительно, что типичная розенкрейцеровская эмблема красовалась на кольце Лютера и на его надгробии...

В масонстве, и особенно в мистическом иррегулярном масонстве, эта структура «Ордена Илии» обнаружилась совершенно и внушительно, так как в этой организации, претендующей на наследие всех ветвей западного эзотеризма, иудаистическая ориентация символизма сосуществует с ярко выраженным эллинистическим, платоническим началом, т.е. в полной мере присутствует "и иудейство, и элинство". Отсутствует лишь подлинная христианская метафизика.

Elias Artista

В качестве иллюстрации, приведем несколько примеров темы Илии пророка в алхимической литературе. Напомним, что сами алхимики называли себя «философствующими посредством огня», «philosophes par le feu». Точно так же выражались и розенкрейцеры.

Одно их первых упоминаний о «Helia Artista» находим у Дорна «De transmutatione metallorum», Theatrum Chemicum, 1602, I, p. 610: «usque ad adventum Heliae Artista quo tempore nihil tam occultum quod non revelabitur» — «*и по пришествии Илии Артиста ничего из скрытого не останется таковым, но станет явным.*» Helia Artista — это формула, свойственная для европейской герметической традиции.

Несколько выдержек из книги Фулканелли «Философские обители».

«*Итак, разрушенная, умерщвленная материя, заново перекомпанованная в новое тело, благодаря секретному огню, который возбуждает огонь очага, постепенно поднимается с помощью умножений к совершенству чистого огня, скрытого под фигурой бессмертного Феникса: sic ad astra. Так же и оператор, верный служитель природы, обретает вместе с возвышенным знанием, высокий титул рыцаря, уважение равных ему, признание своих братьев и честь, превышающую всю славу света, считаться одним из учеников Илии.*»

Этот пассаж однозначно указывает на связь Великого Делания с миссией пророка Илии. Имеет смысл привести и предшествующую часть текста Фулканелли, где описывался весь процесс становления «учеником Илии».

«Фрагмент 3 (6-я серия) фигур из Замка Дампьер. —

Шестиугольная пирамида, из пластинок клепанной толи, несет на себе, рядом с перегородкой, различные рыцарские и герметические эмблемы, элементы вооружения и почетные знаки: маленький щит, железный шлем, нарукавную повязку, латную рукавицу, корону и гирлянды. Эпиграф взят из стихов Вергилия (Энеиды, XI, 641): .SIC.ITVR.AD.ASTRA.

Таким образом достигается бессмертие. Эта пирамидальная конструкция, чья форма напоминает иероглиф, обозначающий огонь, не что иное, как Атанор, слово, которым алхимики обозначают философский очаг, необходимый для доведения Делания до конца. Различимы две дверки, которые расположены напротив друг друга; они прикрывают собой стеклянные окошки, позволяющие наблюдать фазы работы. Другая дверка, расположенная внизу, дает доступ к очагу; наконец, маленькая пластинка вблизи вершины служит для измерения и выхода газа, появляющегося при горении. Внутри, если мы обратимся к детальным описаниям, даваемым Филалетом, Ле Тессоном, Салмоном и другими, а также к чертежам Рупескиссы, Сгоббиса, Пьера Вико, Гугинуса а Барма и т.д., у Атанора находится металлическая или земляная миска, называемая «гнездом» или «ареной», потому что яйцо там подвергается инкубации в теплом песке (по-латински «arena» — «песок»). Что же до горючего, которое используется как топливо, то оно варьируется, хотя большинство авторов сходится на предпочтительности теплообразующих ламп.

По меньшей мере, именно так мэтры учат об очаге. Но Атанор как вместилище таинственного огня имеет не столь вульгарное устройство. Под секретной печью, тюрьмой невидимого пламени, с большим соответствием герметическому эзотеризму следует понимать подготовленную субстанцию, — амальгаму или ребис, — служащую оболочкой или матрицей центральному ядру, где дремлют скрытые качества, приводимые к активности обычным огнем. Только материя, являющаяся единственным носителем природного и секретного огня, бессмертный агент всех наших реализаций, остается для нас единственным и подлинным Атанором (от греческого Athanatos, «тот кто обновляется и никогда не умирает»). Филалет говорит нам относительно секретного огня, — без которого мудрецы никак не смогли бы обойтись, поскольку только он и вызывает все изменения в составе, — что его эссенция металлическая, а его происхождение серное. Он считается минералом, так как он рождается из первичной ртутной субстанции, единственного источника металлов; а серный он вси-

Триумфальная Колесница Сурьмы

271

лу того, что этот огонь при извлечении из металлической серы обретает специфические качества «отца металлов». Это, таким образом, двойной огонь, — двойной огненный человек Базиля Валентина, — который заключает в себе притягивающие, соединяющие и организующие качества ртути и сушащие, коагулирующие и фиксирующие свойства серы. Любому, кто обладает даже самым отдаленным представлением о философии, станет понятно, что этот двойной огонь, вдохновитель ребиса, нуждающийся лишь в поддержке тепла, чтобы перейти от потенциального состояния к актуальному, не может иметь отношения к очагу, хотя он метафорически и представляет наш Атанор, т.е. место энергии, принципа бессмертия, заключенного в философский состав. Этот двойной огонь — ось искусства и, согласно выражению Филалета, «первый агент, который заставляет колесо вращаться и ось двигаться»; поэтому-то иногда его и называют «огнем колеса», так как складывается впечатление, что он развивает свое действие кругообразно, в целях осуществить конверсию молекулярной структуры, и его вращение символизируется колесом Фортуны или Оуроборосом.»

Здесь и в других местах книги Фулканелли тема *алхимического огня* и Великого Делания соотносится с историей Илии пророка, который служит архетипом герметической реализации. В другом месте Фулканелли однозначно соотносит Илию с Солнцем и Духом, основываясь на символической связи между греческим написанием его имени — «Нλιου», греческим словом «солнце», «Нλιος, и латинской непроизносимой буквой Н, которая считалась в западном эзотеризме символом Духа по преимуществу.

В одном месте, говоря о Магнезии философов или магните, служащем «посредником между небом и землей», Фулканелли приводит интересный отрывок из книги Де Сирано Бержерака «Мир Иной», где тот говорит о «магнезиевом духе». Приведем это место полностью:

«Вы надеюсь не забыли, что меня зовут Илия, как я вам и сказал ранее. Вы знаете, что я жил в вашем мире и находился вместе с Елисеем, таким же евреем, как и я, на красивых берегах Иордана, где я проводил среди книг довольно сладкую жизнь, не оставляющую места сожалениям, кроме того, что она протекала в одном направлении. Однако, по мере того, как свет моих познаний увеличивался, росло понимание необъятности того, что остается непознанным. Наши жрецы никак не могли заставить меня забыть Адама, и та совершенная философия, которой он обладал, заставляла меня вздыхать от зависти. Я уже отчаялся обрести эту философию, пока однажды, принеся в жертву через покая-

ние все слабости моего смертного существа, я не уснул; и Ангел Господень явился мне во сне. Я тут же проснулся и не преминул сразу же приняться за вещи, которые он мне повелел сделать: я взял квадратный магнит около двух футов и положил его в очаг; потом, когда он достаточно очистился, подвергся преципитации и расплавился, я вырвал из него «атрактив». Я прокальцинировал весь этот Элексир и свел его объем приблизительно до средней пули.

В ходе этих приготовлений я сделал также колесницу из очень легкого железа, и когда через несколько месяцев все приборы были мной закончены, я взошел на эту хитроумную колесницу. Возможно, вы спросите меня, зачем все эти приготовления? Знайте, что Ангел сказал мне во сне, что, если я хочу обрести «совершенную науку», я должен подняться к миру Луны; где я и найду рай Адама, Древо Познания; и как только я вкушу его плод, моя душа просветится всеми истинами, которые может вместить тварь. Вот для такого путешествия я и построил свою колесницу. Наконец я взошел на нее, и когда я утвердился на ней и устроился на сидении, я бросил очень высоко в воздух этот шар магнита. И вся железная машина, которую я специально устроил более массивной посредине, нежели по краям, тут же поднялась. И в полном равновесии, по мере того, как я поднимался к тому месту, куда меня притягивал магнит, и куда я взлетал, моя рука снова подкидывала его дальше вверх.... Воистину это был удивительный спектакль, так как сталь этого летающего жилища, которую я тщательно отполировал, отражала во все стороны солнечный свет так живо и так искристо, что и самому мне казалось, будто я поднимаюсь в огненной колеснице... Когда же я задумался об этом волшебном подъеме, мне стало понятно, что я не смог бы победить всилу только лишь оккультных качеств простого природного тела бдительность Серафима, которому Бог приказал охранять вход в рай. Но поскольку ему нравится использовать вторичные причины, я думаю, он внушил мне это средство, чтобы проникнуть туда, подобно тому, как он решил воспользоваться ребром Адама, чтобы сделать женщину, тогда как он мог бы изготовить ее из глины, так же, как и его самого».

Все эти типичные для стиля алхимии пассажи относительно Илии, указывают, тем не менее, на центральность его фигуры как оператора, с одной стороны, и одновременно главного посредника в деле Трансмутации, *«тайного агента преображения»* и «оккультного духа». Очень показательна его связь не просто с огнем, но и с магнитом, который играет огромную роль в герметическом символизме. Алхимический Магнит — это то, что традиция исламского эзотеризма (школа Сохраварди и исмаилиты) называют *«Ностальгией»*, таинственной силой, неумолимо притягивающей существо к истоку, к изначальному райскому состоянию, которое было утрачено. «Магнезия философов» — это аналог «Нижней или павшей Софии» гностиков, изначальной субстанции души, оторванной от своего животворящего и трансцендентного истока, почерневшей в изгнании отчужденного существования. Илия, как Энох, Сиф, третий сын Адама, вернувшийся в рай, и Мельхиседек, представляют собой тех исключительных персонажей Ветхого Завета, которые нарушили однонаправленную, энтропическую логику священной истории и повернули процесс онтологического убывания вспять, как бы притягиваясь к алхимическому железу Истока.

Именно поэтому Илия и становится парадигматической фигурой для герметической традиции, которая основана как раз на эллинско-манифестационистском инициатическом подходе, целью которого является «новое творение» или преображение природного в сверхприродное. Здесь уместно напомнить отождествление Гермеса с Илией через Хизра в исламском эзотеризме, о чем мы говорили выше.

Илия в календарной традиции
(модель Г.Вирта)

С фигурой пророка Илии исторически связываются многие дохристианские, языческие мифы, впоследствии вошедшие в христианский религиозный контекст. У православных праздник пророка Илии отмечается со всеми атрибутами древнейшего солнечного культа — в частности, до самого последнего времени на севере России ему приносили в качестве жертвы быка! Кроме того, с ним связывалась гроза — молния и гром, которые уподоблялись движению огненной колесницы Илии-пророка по небу. Также он считался покровителем дождя. Библейская история совпала в данном случае с древнейшими индоевропейскими сакральными комплексами.

Герман Вирт, крупнейший исследователь изначальных сакральных парадигм, так истолковывал тему Илии пророка и его праздника среди северных арийских народов. —

«Наскальные рисунки из Фоссума и могильная символика из Пука д'Агъяр изображают оленя как носителя «двух людей» или знаки Υ или ⋏, а также «Твимадр» (⚥), что тождественно «оленьей бороне»; это символы «Года», «деления Года». Они приобретают особое значение в связи с культовым народным обычаем, встречающемся на северо-востоке Европы — от Онежского озера до Кавказа (черкесы). Все это относится к т.н. «Ильину дню», который был связан с жертвоприношением символического животного и разделу его туши как культовой пищи («общая трапеза»). В олонецкой губернии это действо чаще всего приходится на первое воскресение после Ильина дня, 4 августа (= 22 июля). **От Ильина дня отсчитывают начало осенне-зимней части Года, нисходящей его части**. Важную роль играет еще сохранившийся народный обычай связывать с этим днем число 6 или 12 как воспоминание о последней североатлантической традиции двенадцатимесячного года или 24-частного деления года на полумесяцы. Если жертвенным животным этого «агнчего воскресенья» часто бывал баран, — у язычников черкесов в XVII веке он крепился к крестообразному соединению шестов, — то в более ранние времена им был бык, а, согласно древнейшим преданиям, до быка в жертву приносили оленя. Эти предания указывают, что в этот день в **древности олень сам предлагал себя в жертву, приближаясь к людям**. Только после того, как олень **перестал приходить**, на его место встал бык.

В какой связи находится это олонецкое предание и наскальные рисунки онежского озера с символикой скандинавских древесно-рунических календарей, мы исследуем в другом месте. Ясно лишь, что имя Сына Божьего, небесного короля в летнем солнцестоянии и после него звучало как *il-gi, *il-ji, что дает русское слово «Илья», а в эпосе становится «Ильей Муромцем»[4], «богатырем». Это никто иной, как стоящий на кресте середины года Сиг-Тир[5], с культовым праздником которого было связано жертвоприношение оленя, быка, барана и поминальная трапеза с хлебом нового урожая, а также воодружение крестообразного древа.

*То, что древнейшим жертвенным животным Илии был именно олень (позже лось), подтверждает длинный рунический ряд, в котором знак *il-gi (Ⴟ) как 15-я руна стоит в начале восьмого месяца (=август). Из древнейшего культового центра позднего каменного века североатлантической культуры это знание и соответствующая космическая символика распространились на восток, где за счет территориальной и этнической изоляции этот комплекс сохранился вплоть до сегодняшнего дня и где ясно видна связь бога il-gi, il-ji с оленем. Также хеттская бронзовая фигурка бога Тешуба из Шернена, круг Мемеля (остаток большого разрушенного захоронения), является доказательством древнейшей доисторической связи между Балтикой и Передней Азией, культовыми капищами хеттов, от которых израильтяне заимствовали образ «iłu Tesub», «бог Тишуп», «Тешуб», «Тисбу» вплоть до Илии Фесвитянина[6] (Elias Teshub) «Ветхого Завета». Как «Илья Муромец» был изначально Сыном Божьим в его годовом вращении, небесным королем, который едет в своей огненной колес-*

нице, запряженной шестеркой коней, по небу, так и фесвитянин Илия был взят Яхве на огненной колеснице, запряженной огненными конями.

Илия, чья жизнь есть череда типичных северно-атлантических космических символов годового цикла, тесно связан с представлениями о божестве Хатти сирийских хеттов; но с другой стороны, вся общая символика этого хеттского циклического комплекса, сопряженного с представлениями о божестве, — **«бог-колючка», «бог-шип»**[7] с копьем (ger) или позже с каменным топором, а также знаками t-r, t-l и руной (Ⴟ), зимнесолнцестоянческий или весенний бог Тарку, Тарху, или хеттское наименование самого бога (Ilim, lim-is, множественное число Ilani — корень l-m, l-n), — недвусмысленно указывает на происхождение всего хеттского культа из юго-восточной Европы (поздний каменный век) и еще далее — из Балтики и североатлантического культового центра народов Thuata».

Иными словами, Вирт считает, в соответствии со своей общей теорией единого (полярного) происхождения языка-культуры-письменности-мифологии, весь сюжет об Илии-пророке лишь *мифологизированной формой передачи древнего знания*, в основе которого лежали изначальные календарно-циклические и фонетико-иероглифические структуры. Таким образом, в его видении самые разнообразные символические системы, независимо от хронологии, этнологии, географии и религиозного контекста возводимы к единой парадигме, описывающей символические события, связанные с периодом священного Года, следующим за летним солнцестоянием[8].

Если в основе истории Илии лежит сакральный календарный комплекс, то связь его имени с «солнцем» и «Богом»[9] является не позднейшей трактовкой изначальной истории, но общим исходным элементом для различных последующих

---

[4] *Согласно Вирту, древнейшим культовым центром североатлантической цивилизации было Мо-Уру, откуда пошли самоназвания племен «амmorreи», «маори», названия рек (река Амур), гор (еврейская гора Мориа) и местностей. Русский город Муром имеет к этому прямое отношение. «Илия Муромец», таким образом, это позднее былинная версия древнейшего культового символизма «Ил из Мо-Уру», т.е. «божественный свет из изначального центра». Подробнее см. А.Дугин «Мистерии Евразии», Москва, 1996*

[5] *Сиг-Тир — это сочетание рун "Sig" и "Tyr", осенней половины Года. См. в этом же издании статью «Тiu, свет опускающий руки».*

[6] *«Фесвитянин» и «Тешуб» в еврейском написании почти тождественны.*

[7] *"Бог-шип" или "бог-колючка" означает посленовогоднюю руну "thurs", "топор", "плуг" или «остень», "ось колеса" (Þ). Такая фигура восходит к изначальному культовому комплексу.*

[8] *Подробнее об этом А.Дугин «Гиперборейская теория», Москва, 1993 и часть данного издания, посвященная Вирту и его взглядам.*

[9] *В греческом и во всех индоевропейских языках слово «солнце», «hlios» имеет частицу «il», означавшую «свет», а «солнце», расшифровывается как составное слово «благой свет» — заметим также в русском слове «солнце» сочетание «лн», которое созвучно русскому «олень», а «олень», как показывает Вирт, был главным жертвенным животным связанным с Илией и его календарным праздником. В семитских же языках и в хеттском корень Il, Ilu, означал «бога», откуда библейское «Elohim».*

модификаций Изначальной Традиции. Таким образом, речь идет не о позднейшем переосмыслении полуязыческими славянами, черкесами, средневековыми алхимиками, каббалистами, розенкрейцерами и т.д. исторического ветхозаветного повествования, но о разных версиях и ответвлениях единого предания, которое у северного населения Европы может быть еще более древним и чистым, нежели у древних израильтян, или даже у еще более древних хеттов.

Такой подход, поражающий своей интерпретационной убедительностью, логичностью и доказательностью, вообще игнорирует собственно богословские проблемы, связанные с Илией. Но для Вирта это осознанная позиция и продуманный выбор: он убежден, что богословские конструкции суть не что иное, как искусственные и позднейшие редакции изначального манифестационистского откровения, заложенного в природе (и исключительно в природе доисторической Арктики!), "восполняющие забытую логику фантазийными или морализаторскими волюнтаристическими толкованиями".A propos, что особенно впечатляет у Вирта, так это убедительность разложения символических комплексов на изначальные простейшие составляющие, интерпретируемые через полярную циклически-календарную первоструктуру. Его подход удивительно напоминает каббалистический метод, интерпретирующий не только слова и высказывания, но и то, из чего слова составлены — буквы, знаки, числовые соответствия и т.д. Но Вирт, в отличие от каббалистов, не считает древнееврейский язык примордиальной реальностью. Для него это лишь очень поздняя и фрагментарная редакция истинного изначального языка — языка северного полюса, лежащего в основе не только семитских, но вообще всех языков земли.

Итак, с точки зрения виртовской «полярной каббалы», история Илии является зашифрованным повествованием о конкретном годовом календарном секторе, связанном с летним солнцестоянием и, более конкретно, с периодом, прилегающим к летнему солнцестоянию со стороны осени. Поразительно, но с летним же солнцестоянием связан и Иоанн-Креститель, чей праздник приходится как раз на этот момент (Иванов день), и чья символическая миссия в календарном цикле как бы противостоит самому Христу, Рождество которого, напротив, совпадает с зимним солнцестоянием. *«Ему предстоит расти, а мне малиться»*, — говорит Иоанн-Предтеча в Евангелии о Христе: от зимнего солнцеворота к летнему день свет мира прибывает, от летнего к зимнему — убывает. На календарном уровне связь Илии с Предтечей как бы дублирует их эсхатологические и богословские соотношения. Более того, поражает и такая деталь: с одной стороны, их праздники располагаются близко друг к другу с промежутком в один месяц и символически весьма сходны (в этом проявляется их тождество — Иоанн приходит *«в духе и силе Илии»*), с другой стороны, они все же не совпадают (и отказ Иоанна-предтечи признавать себя Илией может быть понят «календарно»!).

Вирт говорит о том, что ветхозаветная история Илии представляет собой цепь культовых элементов изначального северо-атлантического комплекса.

Приход в Сарепту Сидонскую и встреча с вдовой на сакрально-календарном уровне означает спуск к зимнему солнцестоянию. Вдова на годовом круге символизирует зиму, нижнюю часть года.

Чудо Илии, в результате которого «мука в кадке и масло в кувшине» не убывают, связано с типичным новогодним сакральным мотивом — «скатерти-самобранки», «волшебного котла Дагды» у кельтов и т.д. Речь идет о таинстве рождения нового года, который проходит, но не кончается, возобновляясь снова. Так же Вирт, кстати, интерпретирует и сюжет о «неопалимой купине» в видении Моисея на Синае: и это, по его мнению, явный признак нордического символизма, руна «хагель», изображающая «куст», «мировое древо», «год» или «мельничный жернов» (✳ ❋). Кстати, рунические знаки "илх" (⅄) и "хагель" (✳) во многом синонимичны (хотя "хагель" относится к весне, а "илх" — к осени). Возможно, связь Моисея и Илии в христианском сюжете о преображении Господнем относятся именно к этой календарной модели. Христос (поразительно, что имя "Иисус" созвучно руне "ис", I, которая находится строго в летнем солнцестоянии!) в иконописном сюжете Преображения расположен на горе между двух других гор, на которых, соответственно, стоят Моисей и Илия: так, руна "Ис" расположена между руной "Хагаль" и руной "Илх". Причем «три горы» («весенняя» и «осенняя» одинаковые, а средняя «летняя» выше остальных) обозначают идеограмму всего Года, разделенного на три сектора — три aettir'a.

Оживление сына вдовы — также явное указание на новогоднее оживление умершего зимой солнца.

Принесение в жертву тельца на горе Кармил — другой явный след того же символизма. Показательно, что (как мы уже отмечали) Илия совершает свое жертвоприношение *вечером*, что символически соотносится с западом и осенью. Жертвенник он строит из *двенадцати* камней (12 месяцев) и скорее всего располагает их кругом, выкладывая календарную модель.

Вызывание огня с небес связано с идеограммой *нисходящего солнца* или осеннего света, что символизируется древним знаком "sol" (☌) или "sig" (⚡); причем этот знак стоит рядом с "Илх"!

След от ноги, в виде которого появляется дождевая туча от моря — это также древний культовый момент, связанный с зимним солнцестоянием, которое изображалось в виде ступни (или ладони), причем акцент падал на пять пальцев, соответствовавших пяти великим дням — «святкам», которые добавлялись к 360 обычным дням (72 недели по пять дней). В эти пять предновогодних дней египтяне, например, праздновали рождение главных богов. Важно, что знак *стопы* уже в наскальных рисунках имеет названное культовое значение; упоминание о такой форме облака в истории об Илие-пророке совершенно не случайно.

Можжевеловый куст, под которым спит Илия в пустыне — символ мирового древа, «хагаль». Поэтому именно там к нему приходит ангел. Дерево, куст — традиционное место эпифании в древнейших сакральных сюжетах. В самых архаических пластах дерево и ангел отождествляются — (✳ ✡) хагаль изображает и дерево и шестикрылого серафима.

Путь на гору Хорив и ночевка в пещере — также архаические элементы. Пещера и гора в календарной символике североатлантического полярного культа изображались одним и тем же иероглифом — знаком "ur", (♄). Название «Хорив» также несет в себе фонетический элемент, близкий к «ur». Сравни, латинские "orbis" (круг), "urbs" (город), греческое «oros» (гора) и т.д.

Услышав голос Бога в «тихом ветре», Илия закрывает лицо милотью. Закрытие лица связано с новогодними ритуалами, и именно это сакральное действие лежит в основе происхождения культовых масок.

Когда Илия встречает Елисея, тот находится рядом с 12 парами волов. Это также календарный символизм, соответствующий 24 полумесяцам. Показательно, что Елисей находится у последней пары, т.е. пребывает в последнем месяце года — перед зимним солнцестоянием. Поэтому он «плешив». Это символически соотносится со старым годом (обычный "ur" — ♄), тогда как новый год часто изображается в виде юноши с обильной шевелюрой ("ur пылающий", «strahlende ur» — ⚡).

Ветхий Завет уточняет, что перед вознесением на небо Илия шел с Елисеем *из Галгала*. Но название «Галгал» изначально соотносилось с изображением годового круга из двенадцати камней (древнейший жертвенник). Позже мистически это было переосмыслено каббалистами как доктрина круговращения душ ("*гилгул*"), хотя изначально слово имело смысл "кругообразного святилища", "календаря".

Чудо Илии, совершенное у Иордана, воды которого он обращает в сушу, воспроизведение древнейшего сюжета о преодолении солнцем нижнего, зимнего рубежа, символизируемого водами или морем. Солнце движется по дну мирового океана (нижняя "водная" половина года) и проходит свой путь целым и невредимым. Одна из версий того же символизма — история о путешествии Ионы во чреве кита.

Огненная колесница (годовой круг солнца) и огненные кони (шестерка коней — по одному на каждые два месяца) явно символизируют год. Напомним, что Илия часто сближается с Энохом, «которого Бог взял», а число лет жизни Эноха показательно — 365. Он — тоже год. Оба свидетеля Апокалипсиса в такой календарной интерпретации символизируют цикл, год, зимний солнцеворот.

Елисей становится заместителем Илии. Он повторяет его «календарные» чудеса — проходит Иордан посуху, оживляет отрока, пророчествует о грядущем и т.д. Заметим, что само пророчество связывается символически с годовым кругом, с пониманием временного цикла как чего-то неподвижного, как пространственной модели, где все события взяты одновременно, стоит лишь зафиксировать свое внимание на том или ином секторе. Отсюда связь пророческих школ и символизма, с ними связанного, и годового календарного символизма, изначальный смысл которого в том, чтобы *увидеть временное как пространственное, а пространственное — как временное*. Видение «колес с очами», «офаним» у Иезекиля относится к этому же символизму.

Заметим, что в истории Елисея есть упоминание о медведице, разорвавшей детей, насмеявшихся над пророком. (Это место казалось скандальным христианским гностикам (особенно Маркиону), которые считали ветхозаветную этику, столь резко проявленную в этом эпизоде, несовместимой с моралью христианства.) Медведь — древнее животное, символизирующее солнцеворот, отсюда культовый обычай водить медведей на святки. Дети — месяцы года, которые гибнут по мере приближения к сердцу зимы. Илия, со своей стороны, выполнял аналогичный с символической точки зрения ритуал, поочередно убивая по пятидесяти стражников, посылаемых к нему царем Охозия.

Календарный символизм Илии объясняет и его связь с последними временами — с космическим Новым Годом, с мистерией тотального обновления.

Все это слишком убедительно и стройно, слишком доказательно, чтобы списать на совпадения или натяжки. В принципе, весь Ветхий Завет мог бы быть интерпретирован именно в таком ключе, и у Германа Вирта, действительно, имелась подобная книга, называвшаяся «Palestinabuch», которая, однако, пропала при очень загадочных обстоятельствах. Но не подвергая сомнению непрерывность сакральной модели, стоящей за всеми этими сюжетами, сводимыми к культово-календарному священному кругу, и полностью признавая справедливость такого метода для вычленения структуры *священного языка*, мы полагаем, что все это не отменяет (как, возможно, считал сам Вирт) метафизики и инициатических доктрин, которые могут приобретать *различные* формы в зависимости от того, *каким* образом интерпретируется Священный Круг, изначальный иероглиф бытия.

Вирт дает все основания для прояснения функции «Илии космического», но существует еще «Илия метафизический» или «Илия инициатический», и эта реальность требует особого подхода, хотя сакрально-календарная интерпретация помогает связать между собой многие непонятные без этого моменты.

"Орден Илии"
и новая парадигма заговора

Последние соображения, которые нам представляются интересными в связи с загадочной фигурой Илии-пророка, относятся к конспирологической схеме, формулировке которой мы посвятили уже не одну сотню страниц, но которая постоянно уточняется и трансформируется по мере того, как нам открываются все новые и новые исторические обстоятельства, богословские аргументы, инициатические свидетельства и идеологические факторы. Тот "заговор", который нас интересует, относится к сфере пограничной между богословскими формулировками, геополитическими факторами, социальными и классовыми интересами, национальными целями. Поэтому существует взаимосвязь между всеми уровнями этой модели, а новые данные исследования в одной области неминуемо влекут за собой коррекцию как всей модели, так и иных концептуальных пластов, на первый взгляд, весьма далеких. Так, рассмотрение проблемы "Ордена Илии" вплотную подвело нас к новой версии парадигматической формулы конспирологии, которую мы начали разрабатывать с момента написания текста "Метафизические корни политических идеологий".

Чтобы конспирологическая формула "Ордена Илии" была более понятной, напомним предшествующие версии в их хронологической последовательности.

В статье "Метафизические корни политических идеологий", написанной в 1989 году, мы предложили модель из трех полюсов. С одной стороны, "полярно-райское" мировоззрение. В центре его — божественный субъект, на периферии — тотально сакрализированная среда, рай. На противоположном полюсе — идеология "живой материи", бессубъектная, оргиастическая реальность анархически-свободной субстанции. Между ними — идеология "Творец-творение", т.е. полноценный и законченный креационизм. Для удобства можно представить это как три точки отрезка.

На следующем этапе рефлексии мы обнаружили, что две крайности, вычлененные нами, представляются антагонистическими только в плоскостном видении. Стоит только согнуть отрезок в дугу, стремящуюся к окружности, мы замечаем насколько сходны между собой полюса. Иными словами, оппозиция субъектный манифестационизм — объектный манифестационизм или абсолютный идеализм — абсолютный материализм была распознана нами как неглавная и второстепенная. Оба "манифестационизма" оказались во многих отношениях гораздо ближе друг к другу, нежели к тому, что находилось между ними — т.е. к креационистской версии "Творец-творение". Концепция "живой материи" в ее хаотическом противостоянии жесткой конструкции "Творец-творение", реализуясь на практике, в случае даже относительного успеха подводила вплотную к необходимости наличия *центрального субъекта*, т.е. кристализирующего центра вопреки изначальной эгалитаристской и анархической ориентации. С другой стороны, "полярно-райская идеология" для своего утверждения на месте идеологии "Творец-творение" предполагала фазу хаоса, т.е. выпускания на поверхность "угнетенной" отчужденными и нерадикальными формами порядка "живой материи". Так постепенно вызрела модель, изложенная в "Крестовом походе солнца".

Теперь мы перешли от тройной схеме к двойной. — Манифестационизм против креационизма или солнечная парадигма против лунной. Дуга замкнулась, "полярно-райский" комплекс сплавился с комплексом "живой материи" в общем противостоянии концепции "Творец-творение". Снова мы получили отрезок. Но теперь из двух полюсов. С одной стороны — манифестационизм (всех типов), с другой — креационизм.

Далее хронологически и концептуально следует наша книга "Метафизика Благой Вести (православный эзотеризм)". Здесь при ближайшем рассмотрении православной догматики мы явственно обнаружили серьезнейшее догматическое препятствие для того, чтобы окончательно остановиться на формуле "Крестового похода солнца". Хотя александрийская богословская школа, отцы-каппадокийцы, Дионисий Ареопагит, и особенно некоторые не совсем православные авторы (Ориген, Евагрий Понтийский и т.д.), т.е. традиция православного "платонизма" давала некоторые основания причислить ее к солнечной линии манифестационизма, но основополагающие нормы православного богословия не позволяли сделать однозначного радикального вывода и явно указывали на какое-то иное метафизическое решение. Не случайно наиболее манифестационистская версия христианства — монофизитство (позже монофелитство) — были последовательно отвергнуты Православием, причем в борьбе с монофелитством ярко проявил себя такой замечательный православный метафизик, созерцатель и эзотерик, как преподобный Максим Исповедник. Иными словами, фраза апостола Павла "нет ни иудея, ни эллина" не позволяла рассмотреть христианство как особую версию эллинской метафизики, наложенной на иудейский контекст, т.е. как что-то, напоминающие учение Филона Александрийского.

В "Метафизике Благой Вести" мы окончательно убедились, что Православие не есть "ни креационизм, ни манифестационизм", но совершенно особая, дополнительная метафизическая картина, в которой оба подхода сосуществуют в особом уникальном соотношении. Следовательно, это самостоятельный полюс.

В данном исследовании об "Ордене Илии" становится ясным, в каком соотношении находятся три реальности — манифестационизм и креационизм из модели "Крестового похода солнца" плюс Православная доктрина и ее строгое "нет ни иудея, ни эллина". На отрезке — манифестационизм — креационизм появляется средняя точка, это — метафизика Православия.

Что такое в данной модели "Орден Илии"?

Он представляет собой сочетание крайностей дуальной модели иудеи — эллины. Иными словами, "Орден Илии" это наложение последовательно иудейской перспективы на перспективу последовательно эллинскую. Но при этом речь идет не о православном "ни иудея, ни эллина", но о неправославном: "есть и иудей, и эллин". Разница, на первый взгляд, может показаться незначительной, но на само деле она огромна. В ней проявляется бездонное метафизическое отличие между духовностью христианского Запада и духовностью христианского Востока. В "Ордене Илии" креационизм и манифестационизм складываются, но эта процедура противоположна по сути православному христианскому синтезу.

Крайности снова совпали в противостоянии центру. Отрезок из двухполюсного стал трехполюсным и снова изогнулся в дугу.

"Орден Илии" против Восточной Церкви. Против Православия. Против тринитарной метафизики и Символа Веры. Нашей Веры.

ГЕРМЕТИЗМ
и
ГНОСТИЧЕСКАЯ ПОЭЗИЯ

Титус БУРКХАРТ

АЛХИМИЯ

ИНТРОДУКЦИЯ

От "века просвещения" и до наших дней принято расценивать алхимию как примитивную форму современной химии. Вот почему большинство эрудитов вычитывают в ее литературе только описания первых этапов позднейших химических открытий. И вправду встречаются там изложения тех или иных химических экспериментов, касающихся металлов, красок, стекла, экспериментов, иногда осуществимых с помощью современной технологии. Однако алхимия в чистом смысле — "великий магистерий" герметических авторов — явление совсем другого плана: несмотря на выражения из области металлургии, коим эти авторы отдают предпочтение, натура операций совершенно иная, нежели в химии. С точки зрения современной науки, операции эти или процессы не просто ошибочны: они откровенно абсурдны. Полагают, что неутомимая жажда золота погружала алхимиков — прилежных ювелиров, мастеров по изготовлению красок и стекол и вообще людей разумных — в химерические поиски, где фантасмагории расплывались в наивном эмпиризме.

Если бы дело обстояло так, алхимическое произведение каждый раз было бы импровизацией. Ничего подобного нет: магистерий обнаруживает безусловный принцип единства, далекий от неопределенности авантюры, обладает параметрами "искусства" — доктриной и методом, которые передаются от учителя к ученику, и общий характер коих, сколь возможно судить по символическим описаниям, приблизительно один и тот же, как в античности, так и новое время, как на Западе, так и на Дальнем Востоке. Чтобы знание, откровенно абсурдное, несмотря на бесчисленные разочарования и провалы, удержалось с такой настойчивостью и верностью в цивилизациях столь различных — сей невероятный факт, похоже, никого не удивляет. Либо алхимики в страстных самообольщениях культивировали миф разоблаченный природы тысячу раз, либо их эксперимент рассматривался на другом плане реальности, неведомом современной эмпирической науке.

Говоря логически, две альтернативы не имеют шанса одновременного пребывания. Однако не современной "глубинной психологии" — она ищет в алхимическом символизме доказательства своей тезы о "коллективном бессознательном". Согласно данной тезе, алхимик проецирует на свой поиск, весьма сомнамбулический, энергии собственной души, до этого ему неизвестные, и, не отдавая в том отчета, устанавливает нечто вроде связи между своим обычным поверхностным сознанием и латентными потенциями "коллективного бессознательного". Подобная "связь" сознательного и бессознательного пробуждает внутренний эксперимент — алхимик субъективно трактует оный как процесс достижения желательного магистерия. Этот взгляд на вещи равным образом предполагает, что начальная интенция алхимика — фабрикация золота. Алхимик рассматривается как пленник, захваченный, обманутый собственной имагинативной "проекцией", думающий и функционирующий на манер сомнамбулы. Объяснение соблазнительное, приближающееся к истине для того, чтобы радикально от нее удалиться. Действительно, духовная реальность, которая открывается в алхимическом произведении, довольно-таки бессознательна для неофита. Это реальность, глубоко затаенная в душе. Однако нельзя смешивать "тайную глубину" с хаосом "коллективного бессознательного", даже если признать за этой более чем эластичной концепцией какую-либо ценность. Алхимический "фонтан юности" не вырывается из темной психической бездны, а течет из источника любой вневременной истины. Фонтан скрыт от алхимика в начале "действа", поскольку находится не под феноменами ординарного сознания, но над ними, на уровне крайне высоком.

Гипотеза психологов рассеивается в ясном понимании: настоящие алхимики никогда не пленялись алчной грезой фабрикации золота и не преследовали свою цель, как сомнамбулы согласно игре пассивных "проекций" бессознательного. Совершенно напротив: они покорялись хорошо изученному методу, символически выраженному в терминах металлургии — искусства трансмутации обычных металлов в серебро или золото, что, очевидно, сбивало с толку неквалифицированных искателей: однако метод, логичный и глубокий, здесь неповинен.

Глава первая

ИСТОКИ ЗАПАДНОЙ АЛХИМИИ

Алхимия известна, по меньшей мере, с середины первого тысячелетия перед Иисусом Христом, и, вероятно, возникла в начале железного века. Каким образом могла она существовать столь долго в цивилизациях столь несхожих — Дальнего и Ближнего Востока — на этот вопрос большинство историков отвечают так: человек везде человек, он всегда подвергался искушению быстрого обогащения, тешась иллюзией трансмутации обычных металлов в золото или серебро, пока экспериментальная химия девятнадцатого столетия не доказала, что один металл нельзя обратить в другой. На самом деле, это не соответствует истине, а зачастую противоположно оной.

Золото и серебро были сакральными металлами задолго до любых коммерческих трансакций: они есть земное отражение солнца и луны и всех реальностей духа и души, связанных с небесной диадой. До средних веков, по крайней мере, ценности двух благородных металлов определялись в зависимости от обращения двух небесных тел. На древних монетах часто изображались фигуры и знаки солнца и его годового цикла. Для людей дорационалистических эпох, отношение двух благородных металлов к двум небесным светочам было очевидно: понадобилась плотная туча механических понятий и предрассудков, дабы затмить ясность этого отношения и представить его простым эстетическим акцидентом.

Впрочем, не надо путать символ с обыкновенной аллегорией или пытаться видеть в нем отражение какого-нибудь коллективного бессознательного, иррационального и смутного. Истинный символизм подразумевает следующее: данности, различные по времени, пространству, материальной природе и другим параметрам, могут, однако, манифестировать единое эссенциальное качество. Они проявляются разными отражениями, разными воплощениями независимой от пространства и времени реальности. Поэтому нельзя безусловно утверждать, что золото обозначает солнце, а серебро — луну: два благородных металла и две звезды равно символизируют две космические или божественные реальности.

Магия золота зависит, прежде всего, от сакральной сущности этого металла или его качественного совершенства, и только во вторую очередь рона

связана с его экономической ценнностью. В силу магической сущности золота и серебра, их получение предполагало сакральную активность: логичным образом, чеканка золотой и серебряной монеты была исключительной привилегией сакральных центров. До сих пор процессы получения золота и серебра, сохранившиеся с незапамятных времен в так называемых "примитивных обществах", изобилуют приметами их культового происхождения. В цивилизациях "архаических", где игнорируется дихотомия "духовного" и "профанического" и всякая вещь видится в перспективе внутреннего единства человека и космоса, работа с минералом и металлом всегда почиталась священной. Привилегия оставалась у жреческой касты, призванной к этой практике божественным установлением. Если подобного не случалось, как в некоторых африканских племенах, не обладавших подлинной металлургической традицией, кузнец, из-за своего вторжения в святая святых природы, подозревался в черной магии. Интуиция глубокой взаимосвязи человеческой души и природной иерархии кажется современному человеку суеверием. Однако человек "примитивный", не располагающий, сравнительно с нами, массой исторических сведений по обработке металлов, тем не менее прекрасно знает, что извлечение минеральной породы из "внутренностей" земли и жестокое очищение огнем — операции зловещие и очень опасные. Для "архаического" человечества, рождение металлургии было не столько "открытием", сколько "откровением": только божественным установлением разрешался доступ к подобной деятельности. И с самого начала это откровение было небезопасным — оно требовало особой осторожности со стороны деятеля. Как и внешняя работа с минералом и огнем связана с насилием определенного рода, так и влияние на дух и душу, неизбежные в данном ремесле, имеет характер энергичный и обоюдоострый. Извлечение благородных металлов из смешанной породы с помощью элементов растворяющих и очищающих — например, ртути и сурьмы в соединении с огнем — невозможно без преодоления мрачных и хаотичных сил натуры; реализация "внутреннего серебра" или "внутреннего золота" — в их чистоте и нетленной озаренности — невозможна без преодоления иррациональных и темных тенденций души.

Следующий отрывок из автобиографии одного жителя Сенегала доказывает, что в некоторых африканских племенах выплавка золота и поныне расценивается как искусство сакральное.

" ... По знаку моего отца подручные привели в действие два кожаных меха справа и слева от горна и соединенных с ним глиняными трубками ... Отец длинными клещами схватил котел и

SYMBOLA

OMNES CONCORDANT IN VNO, QVI
est bifidus.

Albertus
non à se ipso
Magnus vo-
catus.

Alb. Ma-
gnus cogno-
men commu-
ne saltem
eâ duobus.

LBERTVS, *cognomento honoris,* MAGNVS
appellatus fuit, non à se ipso (quod arrogan-
tiæ non tolerandæ indicium foret) sed cô-
sensu omnium literatorum, quicunq; eius
vitam, mores, facta & scripta inspexerint;
Quod nomen ipsi commune saltem cum
duobus, in nostris monumentis sui memoria celeberrimis
extitit, nempe cum *Alexandro Magno & Carolo Magno:* Quem-
admodum enim illi rerum gestarum magnitudine omnes
alios superarunt, Martiaque virtute & fælicitate victoriæ
emicue-

поставил на огонь. В мастерской замерло всякое движение: пока золото плавится, а затем охлаждается, нельзя поблизости работать с медью или алюминием, дабы частицы этих низких металлов не попали в котел. Только сталь не мешает делу. Но те, кто хлопотали близ нее, закончили работу или подошли к подручным, стоявшим вокруг горна. Слишком стесненный, отец их отстранил простым жестом: он не сказал ни слова, никто ничего не говорил, даже колдун. Слышалось только посвистывания мехов и легкое шипение золотой массы. Но если отец и не произносил слов, я знал, что они рождаются, шевелят его губы, когда, склонившись над котлом, он перемешивал уголь и золото концом палки, которая сразу воспламенялась и приходилось ее менять.

Какие же слова шевелили его губы? Не знаю, не знаю точно, ничего мне не сообщалось. Но что другое, если не инкантации? Не заклинал ли он духов огня и золота, огня и ветра, ветра, свистящего в трубках, огня, рожденного из ветра ... не заклинал ли он свадьбу золота и огня, не призывал ли духов на помощь? Да, там плясали они, и без них ничего бы не было...

И не удивительно ли, что маленькая черная змея подползла и свернулась вокруг одного из мехов. Она отнюдь не часто являлась в гости к отцу, но всегда присутствовала при плавке золота...

Тот, кто плавит золото, должен предварительно тщательно вымыться и, конечно, воздержи-

ваться на все время работы от сексуальной близости..."

Есть внутреннее золото, вернее, золото обладает реальностью внутренней и внешней, это очевидно для созерцательного разума, способного видеть одну и ту же "эссенс" в золоте и солнце. Здесь и только здесь корень алхимии.

Ее начало — в сакральном искусстве древнего Египта. Данная алхимическая традиция распространилась по всей Европе и Ближнему Востоку, повлияла, возможно, на весьма аналогичную традицию в Индии. Ее основатель — Гермес Трисмегист (Трижды Величайший), которого идентифицировали с богом Тотом древнего Египта — покровителем всех сакральных искусств и наук, наподобие Ганеши в индуизме. Слово "alchimia" происходит от арабского "al-kimiya", рожденного, очевидно, от древнеегипетского "kemi", относящегося к "черной земле": так называли Египет и слово символизирует, вероятно, materia prima алхимиков. Не исключена коннотация греческого "chyma" (плавление). Во всяком случае, самые древние алхимические тексты сохранены на папирусах, датируемых последней эпохой египетской цивилизации. Отсутствие более ранних документов объяснимо — сакральное искусство алхимии передавалось только устно: необходимость письменной фиксации — первый знак декаданса или страха эвентуальной гибели традиции. Вполне понятно, что Corpus Hermeticum, обнимающий все тексты, приписываемые Гермесу-Тоту, дошел до нас не на египетском, а на греческом. И если спросят, почему в этих текстах ощутима типично платоническая лексика, мы ответим: можно с таким же успехом сказать, что сочинения Платона отмечены безусловной сигнатурой герметизма. Духовная потенция и широта герметических текстов доказывает: здесь подлинная традиция и ни в коей мере не псевдо-архаическая фабрикация. К текстам Corpus Hermeticum относится и так называемая "Изумрудная Таблица". Она представляется откровением Гермеса Трисмегиста и всегда почиталась арабскими и латинскими алхимиками сводом законов их искусства. Мы не обладаем оригинальным текстом, до нас дошли только арабские и латинские переводы — таково настоящее положение вещей, — но содержание текста — лучшее свидетельство его подлинности.

В пользу египетского происхождения алхимии Ближнего Востока и Запада говорит следующее: серия технических процессов, имеющих отношение к алхимии, и соответствующие символические выражения первоначально упоминались в папирусах, и финально — в книгах Средневековья. Цели и проблемы вполне аналогичны: наряду с разнообразными рекомендациями по работе с металлом и приготовлению тинктур, там находятся рецепты по выделке искусственных драгоценных камней и цветного стекла — эти ремесла всего пышней расцветали именно в Египте. Впрочем, даже дух египетского искусства, его тенденция к извлечению из материи редких и таинственных "квинтэссенций", родственен алхимии.

Со времен античности можно различить два течения в алхимии. В одном — характера прикладного и ремесленного — символика "внутреннего магистерия" проявляется как нечто параллельное профессиональной активности и упоминается только от случая к случаю; в другом металлургические процессы суть аналогии. Можно усомниться, что речь идет о двух разных дисциплинах — алхимии прикладной (неправомочно считающейся самой древней) и алхимии мистической, более поздней. В принципе, здесь только два аспекта единой традиции.

Спросим теперь, каким образом алхимия с ее мифологической основой интегрировалась в монотеистические религии — иудаизм, христианство, ислам? Поскольку присущая алхимии космологическая перспектива органически связана с древнейшей металлургией, ее адаптировали просто как науку о природе (physis) в самом широком смысле: точно так же ислам и христианство усвоили пифагорейскую традицию в музыке и архитектуре и ассимилировали соответствующую духовную перспективу.

С точки зрения христианской, алхимия — своего рода натуральное зеркало Откровения: философский камень, изменяющий низкие металлы в серебро и золото — символ Христа, возникновение этого камня из "необжигающего огня" сульфура и "перманентной воды" меркурия напоминает рождения Христа — Иммануила.

Христианская вера духовно оплодотворила алхимию, тогда как последняя привела христианство к пути "гнозы" посредством созерцания природы.

Еще легче герметика проникла в спиритуальную вселенную ислама, ибо его последователи всегда были склонны признать древнее знание, которое под аспектом "мудрости" (hikmah) представляло наследие прежних пророков. В мусульманском мире Гермес Трисмегист часто идентифицировался с Энохом (Idris). Доктрина "единства бытия" (wahdat al wujud) — эзотерическая интерпретация кодекса исламской веры — дала герметике новую духовную ось или, другими словами, вернула широту ее духовному горизонту.

Как и всякая живая традиция, алхимия притягивает элементы, родственные ее собственному "космосу" — отсюда частая теоретическая интерпретация мифов и символов иных традиций. Однако она всегда хранит определенные черты,

печать своей подлинности: это план "магистерия" в его разных фазах, описанный в специфических терминах и обозначенный чередованием "цветов".

Поначалу алхимия проникла в христианство из Византии, затем, более интенсивно, через завоеванную арабами Испанию. В мусульманском мире алхимия расцвела необычайно. Ябир Ибн Хайян, ученик шестого шиитского имама, основал в восьмом веке нашей эры школу, откуда расходились сотни алхимических текстов. И, вероятно, потому, что имя Ябира стало как бы гарантией подлинности традиции, автор Summa Perfectionis — итальянец или каталонец тринадцатого века — взял его себе под латинизированной формой Гебера.

В эпоху ренессанса, вместе с великим вторжением греческой литературы, по Западу прошла новая волна византийской алхимии. В шестнадцатом и семнадцатом столетиях были напечатаны многочисленные алхимические произведения, известные доселе в рукописях только малому кругу посвященных. Изучение герметики достигло новой вершины, но лишь для того, чтобы вскоре ослабеть и сникнуть. Часто считают семнадцатый век апогеем европейской герметики. На самом деле, декаданс начался уже в пятнадцатом, прогрессируя одновременно с развитием западной мысли в сторону гуманизма и рационализма, поскольку зашатался самый принцип любой доктрины или метода, основанных на интуитивном познании. Правда, в течение некоторого времени

непосредственно перед современной эпохой элементы подлинной гнозы, отброшенные из области теологии в силу исключительно эмоционального движения позднего христианского мистицизма и агностического хода реформации, нашли прибежище в спекулятивной алхимии. Этим несомненно объясняются отзвуки герметической традиции в произведениях Шекспира, Якоба Беме или Иоганна Георга Гихтеля.

Спровоцированная алхимией медицина прожила дольше. Парацельс назвал ее "спагирией", что соответствует алхимическим "solve" и "coagula".

В общем и целом, европейская алхимия ренессанса и постренессанса имеет фрагментарный характер: это спиритуальное искусство, лишенное метафизических основ. Данное замечание особенно применимо к восемнадцатому веку, несмотря на то, что среди "сжигателей угля" числились такие гениальные люди, как Ньютон и Гете.

Нам кажется уместным заметить здесь весьма категорически, что не существует "свободомыслящей" алхимии, враждебной религии. Принимая человеческую ситуацию со всеми ее достоинствами и ущербностью, любое спиритуальное искусство не может игнорировать путей спасения. Наличие дохристианской алхимии не доказывает ничего противного: алхимия всегда была органической частью традиции, обнимающей все аспекты человеческого бытия. Что касается истин, явленных христианством, более или менее скрытых от

античности, алхимия могла их принять, не опасаясь самоубийства. Серьезно заблуждаются те, кто почитают алхимию самодостаточной религией или даже тайным язычеством. Подобная позиция парализует силы, собранные для реализации внутреннего магистерия. "Дух веет, где хочет", это верно, и нельзя догматически лимитировать его манифестации: однако он не веет там, где в средоточии — Духе Святом — отрицают одно из его откровений.

Мы не собираемся долго распространяться об истории алхимии, в подробностях, впрочем, неизвестной, поскольку любое эзотерическое учение всегда передавалось устно. Надо, однако заметить напоследок: алхимические тексты, как в отношении источников, так и в отношении авторов, часто представлены именами воображаемыми и без какой-либо хронологической связи. Это никак не снижает ценность данных текстов: историческое мировоззрение и алхимическое знание не имеют ничего общего. Имена (как в случае Гебера) призваны указать некую "цепь" традиции, а не конкретного автора. Что касается подлинности герметического текста, то есть вопроса, отражает ли он реальное познание, реальный герметический эксперимент или является фактом досужим и случайным, здесь нельзя ответить ни филологически, ни сравнением с научной химией: главный критерий — духовное единство традиции.

Глава вторая

НАТУРА И ЯЗЫК АЛХИМИИ

В нашем произведении о принципах и методах сакрального искусства мы не один раз обращались к алхимии, рассуждая о творчестве артиста не в смысле внешне эстетическом, но согласно традиции: имеется в виду творческий метод как трансмутация или возрождение души. Алхимия равным образом именуется ее мастерами "искусством" и даже "королевским искусством" ("ars regia"). Трансмутация низких металлов в металлы благородные — высоко эвокативный символ внутреннего процесса. Можно назвать алхимию искусством трансмутации души. Подобное определение нисколько не принижает мастеров, знающих и практикующих металлургические операции, например, пурификацию и лигатуру: однако их подлинное дело, в котором все эти операции играют роль материального подтверждения или динамических символов, — трансмутация души. Здесь мнения алхимиков едины. В "Книге из семи глав", приписываемой Гермесу Трисмегисту, читаем: "... *теперь хочу объявить ранее скрытое. Действо (алхимическое) с вами и при вас; вы*

найдете его в вас самих, где оно постоянно; вы найдете его везде, где бы вы ни были — на суше или на море...". В знаменитом диалоге между арабским королем Халидом и мудрецом Мориеном (или Марианом) король спрашивает, где можно отыскать субстанцию, позволяющую свершить алхимическое действо. Мориен молчит, затем после долгих колебаний отвечает: "О король, поведаю тебе истину: милостью Божьей, эта субстанция пребывает в тебе, и куда бы ты ни уехал, она в тебе, и нельзя вас разделить."

В отличие от иных сакральных искусств, алхимическое произведение не представлено на внешнем плане, как музыка или архитектура: это внутреннее свершение. Трансмутация свинца в золото — финал алхимического действа — далеко превосходит любое рукомесло. Чудесный характер процесса, "прыжок", который природа, согласно алхимикам, способна совершить лишь за непредсказуемо долгое время, проявляет различие возможностей тела и души. Растворение, кристаллизация, плавление, кальцинация минерала — все это в известной степени отражает скрытые изменения души, но вещество ограничено определенными пределами, тогда как душа преодолевает "психические" границы, встречаясь с Духом, не связанным никакой формой. Свинец представляет хаотическое, инертное, больное состояние металла, золото — "материальный свет", "земное солнце" — выражает одновременно металлическую перфекцию и человеческое совершенство. Согласно принятой у алхимиков концепции, золото — истинная цель металлической натуры, все остальные металлы только подготовительные этапы или эксперименты в перспективе этой цели. Золото одно обладает гармоническим эквилибром всех металлических свойств и потому обладает вечностью. "У меди не угасает желание стать золотом", — сказал Майстер Экхарт, имея в виду томление души по вечности. Напрасно упрекают алхимиков в стремлении фабриковать золото, начиная с металлов ординарных, по разным тайным формулам, в которые они наивно верили. Охотников до такого времяпровождения называли "сжигателями угля": не зная живой алхимической традиции, основываясь лишь на изучении текстов, они трактовали эти тексты в буквальном смысле и тратили массу усилий в тщетной мечте реализации "великого магистерия".

Поскольку алхимия ведет человека к завоеванию вечного бытия, вполне возможно сравнить ее с мистицизмом. Показательно, что мистики христианские и еще более мусульманские адаптировали алхимические выражения и символы, касающиеся духовного овладения человеческой ситуацией, возвращения к центру или духовному

парадизу, согласно упованию трех монотеистических религий. Алхимик Николя Фламель (1330-1417), используя язык христианской веры, писал, что магистерий "... изменяет дурного человека в доброго, отсекает корень сугубого греха — алчности — делает человека спокойным, религиозным и богобоязненным, сколь бы ни был он зол прежде, восхищает его в бесконечное милосердие и глубину дивных замыслов Божьих ..."

Сущность и цель мистицизма — приобщение, причастность к Богу. Алхимия не говорит об этом. Но ее объединяет с мистицизмом вера в первичное "благородство" человеческой натуры; несмотря на бездну, разделяющую Бога и человека, несмотря на падение, уничтожившее "теоморфизм" Адама. Надо обрести чистоту человеческого символа перед тем, как человеческая форма может быть реинтегрирована в свой бесконечный и божественный архетип. В спиритуальном своем значении, трансмутация свинца в золото есть ничто иное, как реинтеграция человеческой натуры в ее первичном свете. Неповторимого качества золота, понятно, нельзя добиться простым сложением металлических свойств: таких, как масса, твердость, колорит и т. д. — точно так же "адамическое" совершенство есть не одно лишь собрание добродетелей. Оно неповторимо, подобно золоту, и человек, его "реализующий", не сравним с другими. Все в нем "первозданно" в смысле пробуждения изначаль-

состояния относится к мистицизму, алхимия, в известном плане, путь параллельный.

Однако "стиль" алхимического символизма столь отличен от теологической вселенной, что зачастую алхимию определяют как "мистицизм без Бога". Это, безусловно, несправедливо, ибо алхимия — ветвь или "оперативное измерение" герметизма, полностью ориентированного на трансцендентный источник всякого бытия. Алхимия предполагает веру — почти все мастера настаивают на практике молитвы. Алхимия сама по себе, как метод или искусство, не обладает собственной теологической структурой. Но не будучи a priori ни теологией, ни моралью, она рассматривает игру психических возможностей с точки зрения чисто космологической и трактует душу как "субстанцию", которую необходимо очистить, растворить и заново кристаллизовать. Она действует как наука или искусство природы, и для нее все состояния сознания — только аспекты единой "натуры", объединяющей внешнее (формы телесные и чувственные) и внутреннее, то есть невидимые формы души.

При этом алхимию нельзя упрекнуть в обычном прагматизме, лишенном спиритуальной перспективы. Ее духовная сущность таится в более или менее конкретном символизме, призванном установить аналогию между царством минеральным и континуумом души — подобная аналогия обусловлена квалитативной визией материальных вещей, своего рода внутреннем зрением, которое проницает психические реальности "материально", то есть объективно и конкретно. Другими словами, алхимическая космология — доктрина бытия, онтология. Металлургический символ не просто формула или приблизительное описание внутреннего процесса, но, как любой истинный символ, откровение.

В силу своего "вне-индивидуального" взгляда на мир и душу, алхимия, скорее, "путь познания" (гнозы), нежели "путь любви", ибо проблема гнозы, не в еретическом, а в действительном смысле слова, "объективное" изучение связи души и "я". У мистиков, ориентированных на "путь познания", довольно часто встречается алхимическая манера выражения. Термин "мистика" происходит от "мистерии", от греческого глагола myein (молчать); мистика, равно как и алхимия, избегает интерпретации рациональной.

Алхимическая доктрина окутана загадками и тайнами еще и потому, что отнюдь не предназначена для всех и каждого. "Королевское искусство" предполагает, кроме высоких интеллектуальных возможностей, определенную диспозицию души — при отсутствии таковой, практика алхимии представляет серьезную опасность. *"Разве тебе неведомо,* — писал Артефий, знаменитый

средневековый алхимик, — *что наше искусство есть каббалистика. Я хочу сказать, оно таинственно, и его открывают только устно. И ты, глупец, думаешь в простоте своей, что мы явно и ясно будем излагать самый великий и важный из всех секретов? Разве следует понимать буквально наши слова? Уверяю тебя (ибо я откровенней других философов): тот, кто хочет объяснить сочинения философов согласно ординарному и буквальному смыслу слов, заплутается в лабиринте, из коего никогда не выйдет, ибо не обладает путеводной нитью Ариадны."* Синезий, живший, вероятно в четвертом веке н.э., высказывался сходно: *"Они (истинные алхимики) выражаются символами, метафорами, образами, дабы их поняли только святые, мудрецы и разумом одаренные люди. Они соблюдают в своих произведениях некий метод и некое правило — человек знающий сообразит и, заблуждаясь иной раз, в конце концов, раскроет секрет".* Гебер, резюмируя в своей "Summa" средневековую алхимическую науку, декларирует: *"Не надо писать о магистерии совсем загадочно и не надо также объяснять слишком ясно и доступно. Я предпочитаю излагать так, чтобы мудрые поняли, умы посредственные заблудились, а дураки и безумцы сломали головы".* Поразительно, что, несмотря на подобные упреждения, которых можно процитировать предостаточно, столько людей — особенно в семнадцатом и восемнадцатом веке — верили, посредством тщательного изучения текстов, найти способ фабрикации золота. Алхимические авторы, действительно, часто намекали, что оберегают секрет, дабы воспрепятствовать недостойным приобрести опасное могущество. Они использовали неизбежное недоразумение, удерживая на расстоянии неквалифицированных искателей. Но они никогда не говорили о цели материальной, не делая при этом аллюзии на истинную цель. От человека, охваченного страстью сугубо земной, подлинная суть ускользнет всегда. Читаем в "Герметическом триумфе": *"Философский камень (с помощью коего низкие металлы превращаются в золото) обеспечивает долгую жизнь и освобождает от болезней, доставляет больше золота и серебра, нежели имеется у всех могучих завоевателей вместе взятых. Но этот камень отличается самым удивительным свойством: один его вид преисполняет счастьем обладателя, который никогда не боится его потерять".* Первая фраза, похоже, подтверждает поверхностную интерпретацию алхимии, но вторая указывает достаточно ясно, что обладание камнем — данность внутренняя и духовная. В уже упомянутой "Книге из семи глав" — аналогичная идея: *"С помощью Бога всемогущего, камень избавит вас от любых болезней и прибавит здо-*

ровья на будущее, сохранит от страданий и печалей, телесных и духовных терзаний. Он приведет вас от мрака к свету, из пустыни в дом, от необходимости к свободе". Двойной смысл всех этих цитат подчеркивает часто выраженную интенцию дать знание "достойному" и запутать "глупца".

Алхимическая манера высказываться со всеми ее "герметическими" умолчаниями вовсе не прихоть того или иного автора. В приложении к своей известной "Summa" Гебер пишет следующее: "*Каждый раз, когда кажется, будто я излагаю нашу науку ясно и открыто, именно тогда объект исследования затемняется почти полностью. И, тем не менее, я не стремлюсь нарочно скрыть алхимическое действо за аллегориями и тайнами, но стараюсь отразить четко и разумно открытое по вдохновению от Бога всемогущего и бесконечно милостивого: Он благоизволил наделить, в его святой воле отнять...*" Но, с другой стороны, учения алхимиков составлены таким образом, чтобы в процессе чтения "волки от овцы" отделялись. Гебер уточняет далее: "*Считаю должным заметить, что в этой Summa я не трактовал нашу науку последовательно, а рассеял по различным главам. Это сделано намеренно, ибо в противном случае люди дурные, употребляющие знание во зло, проведают секрет наравне с добрыми...*".

При изучении экспозиции Гебера в ее металлургической терминологии и более или менее прикладных описаниях химического процесса поражают удивительные скачки его мысли: автор, не упоминающий ранее никакой "субстанции" (в применении к действу), вдруг советует: "*А теперь возьми эту, хорошо знакомую тебе субстанцию, и помести ее в сосуд...*" Или вдруг, после долгого рассуждения о невозможности трансмутации внешними средствами, он говорит о некой "фармакопее, которая лечит все больные металлы", изменяя их в серебро или золото. Логическое движение наталкивается на препятствие — это цель подобной манеры письма. Нео-

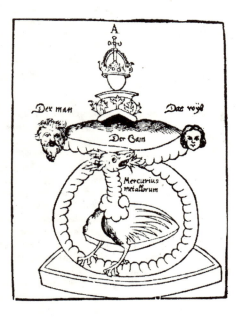

фит вынужден остановиться у границы разума (ratio) и в конце концов, как сказал Гебер по поводу своего личного эксперимента, поразмыслить о сущности своего индивидуального бытия: "*Возвращаясь к собственной сути, размышляя о том, как натура творит металлы в недрах земли, я распознал истинную материю, которая позволяет здесь, на земле, оные совершенствовать*".

Алхимик должен перешагнуть этот интеллектуальный порог. Моральное испытание, как мы знаем, есть искушение использовать алхимию ради фабрикации золота. Алхимики часто настаивают: одна из главных трудностей работы — жадность, алчность. Этот грех можно сравнить с гордыней на "пути любви" или с иллюзией "я" на пути познания. "Алчность" в данном случае — одно из имен эгоцентризма, потакания страстям, пренебрежения к чему бы то ни было за пределами эго. Впрочем, одно из правил ученика Гермеса гласит: следует искать трансмутации элементов только ради помощи бедным — или взыскующей природы вообще. Это напоминает буддийский обет, звучащий примерно так: надо стремиться к более высокому озарению только ради блага всех креатур. Милосердие спасает нас от изощренности эго, которое во всякой деятельности преследует свое собственное отражение.

Могут, однако, возразить: не является ли наша попытка пояснить алхимическое знание нарушением первого постулата алхимиков, предписывающего умолчание и скрытность в данной области? На это следует ответить, что никакими словами нельзя досконально интерпретировать символы, хранящие ключ от глубокого секрета алхимии. Можно рассказать с той или иной степенью достоверности о космологических доктринах, о взглядах на человека и природу, о главных принципах "королевского искусства". И если бы даже удалось полностью объяснить герметическое действо, всегда останется нечто непередаваемое, но необходимое для его завершения. Подобно

290

любому сакральному искусству в истинном смысле слова (то есть подобно любому "методу", ведущему к реализации сверх-индивидуальных ситуаций сознания), алхимия зависит от посвящения. Разрешение к началу работы над магистерием должно быть получено от мастера: только в исключительных случаях расступается инициатическая цепь, только очень редко духовное озарение взрывается неожиданно. В беседе короля Халида с мудрецом Мориеном находим следующий пассаж: "Одного желания здесь мало, необходимо одобрение мастера. Это основание нашего искусства. Необходимо, чтобы мастер часто работал в присутствии ученика. Того, кто знает последовательность действия и размеренность эксперимента, нельзя поровнять с книгочеем, сколь угодно пытливым..." И вот слова алхимика Дени Захария: "Я хочу, чтобы они, прежде всего, узнали, если еще не знают: эта божественная философия неподвластна ни людям, ни книгам. Напрасны усилия до тех пор, пока Бог не вдохновит наши сердца Духом Святым или откровением избранника своего".

Глава третья

ГЕРМЕТИЧЕСКАЯ МУДРОСТЬ

Герметическое воззрение основывается на аналогии между вселенной-макрокосмосом и человеком-микрокосмосом: осевое средоточие подобной аналогии — Дух или универсальный Интеллект — первая "эманация" абсолютного, "единого".

Вселенная и человек взаимоотражаются: содержание вселенной, должно, в известном смысле, находить аналог в человеке. Можно лучше понять сие соответствие, если свести его, хотя бы предварительно, к отношению между субъектом и объектом, познающим и познаваемым: мир как объект появляется в зеркале человеческого субъекта — мир невозможно воспринять вне этого последнего; субъект или зеркало, равным образом, характеризуется способностью отражения. Не существует объекта без субъекта и наоборот.

Эмпирически субъект идентифицируется с "я", которое, в свою очередь, идентифицируется с телом. Субъект не только разбивается индивидуальной перспективой и открывается чувствами, но еще и "подчиняется" объективному миру, о чем говорит само слово "субъект". Возникает нечто вроде оптической иллюзии: если субъект — внутренний полюс познания — только источник чисто индивидуальной сенсорности, связанный с телом и подчиненный его законам, он ни в коем случае не может быть "мерой" своего объекта, и тогда всестороннее познание мира исключено. Ко-

нечно, наше познание фрагментарно и не в силах охватить объект глобально: оно вполне косвенно и не выходит из дуализма объект-субъект. И, тем не менее, познание это несет редкий реальный адекват и входит в универсальную Истину, ведь иначе наш опыт в мире был бы только бессвязным и абсурдным сновидением, если можно вообще как-то определить отсутствие всякого элемента достоверности, и не было бы точек соприкосновения между вещами и нашим разумением или между различными "мирами" различных субъектов.

Вселенная — это неопределенное множество субъектов, коим противостоит столь же неопределенное множество объектов. Во всем этом присутствует достаточная непрерывность; область "объективная", соответствующая тому или иному субъекту, плавно проникает в ансамбль субъективно-объективных реальностей, и каждый субъект воспринимает мир по своему, на присущий ему манер, поскольку все индивидуальные субъекты суть поляризации, более или менее четкие, единого универсального субъекта, Духа или Интеллекта.

В то же время ясно, что универсальный интеллект трансцендентен полярности субъект-объект: являя для себя свой собственный объект, он содержит эссенциально все возможности внутренней и внешней объективизации. Зачастую его легче представляют "субъектом ", так как для человека "полюс субъекта" расположен интериорно: именно во внутреннем континууме ищут доступа к Духу. Разумеется, есть "объекты " интериорные, порядка психического и даже абстрактного, которые присущи субъекту, но это не относится к внешнему миру, по крайней мере, априорно, хотя вещи воспринимаются иначе индивидом, чье сознание четко идентифицировано с Духом или универсальным Интеллектом.

В связи с этим позволительно рассмотреть новый модус аналогии: человек представляет, на земном уровне, наиболее совершенную опору универсального Духа или, иначе говоря, самую конкретную точку его актуализации. Человека можно расценивать, принципиально, если не фактически, как своеобразный синтез или "резюме" макрокосмического существа, обусловленного бесчисленными поляризациями единого Духа: в этом смысле надо понимать слова некоторых арабских герметиков: "космос — человек всеобъемлющий, а человек — малый космос".

Универсальный Интеллект, само собой разумеется, трансцендентен качествам психическим и ментальным, это присуще ему всегда и повсюду, манифестирован ли он посредством ограниченных или выдающихся способностей и мыслей: свет, преломленный цветными стеклами, остается

De cavernis metallorum occultus est, qui Lapis est venerabilis. HERMES

292

по сути вне колоритов. Однако без влияния Интеллекта никакая ментальная форма не будет содержать элемента истины.

Герметическая доктрина универсального Интеллекта в целом совпадает с платонической и выражена аналогично. Гермес Трисмегист: *"Интеллект эманирует от субстанции (ousia) Бога, если Богу вообще можно приписать какую-нибудь субстанцию: во всяком случае, Бог один ведает природу таковой. Интеллект не составная часть божественной субстанции, но излучение, подобное свету солнца. Этот Интеллект — Бог живого человека..."* Образ предельно ясен: Интеллект также, в известном смысле, Бог; в человеке — своем наиболее совершенном космическом зеркале — он и есть Бог.

Если Интеллект остается в себе — собой, от него рождается иерархия единств, из которых первое — универсальная Душа и последнее — материя. На уровне человеческом, где самое высокое — в то же время самое интериорное, тело как бы вмещает душу: в ней обитает интеллект, проводящий божественное Слово, Логос. В процитированной книге Гермеса Трисмегиста это называется Богом, "Отцом всего сущего".

Заметно, сколь эта доктрина близка теологии святого Иоанна Евангелиста и понятно, почему некоторые христианские мэтры — например, Альберт Великий — видели здесь дохристианские "семена" учения о Логосе.

Умеющие читать, распознают доктрину трансцендентного единства Интеллекта в начале Евангелия от Иоанна, она имплицитно подтверждена всеми откровениями Писания: ее эзотерический характер в том, что это единство неподвластно воображению и даже разуму. Оно есть условие, а не объект логики: представлять единство Духа или Интеллекта некой субстанциональной и квазиматериальной непрерывностью, стирающей присущие бытию различия, считать первой дистинкцией пропасть между сотворенным и несотворенным — подобная концепция ведет к серьезным заблуждениям. Благодаря своей универсальности, Дух может присутствовать в каждой креатуре, причем она не перестает быть тем, что она есть, а именно, формой ограниченной и своеобразной, не только на взгляд других креатур, но и на взгляд Духа, бесконечно ее превосходящего. И не забудем: душа (psyche) также форма, которая не прекращает существовать и после смерти тела, хотя аверроизм, слишком аристотелевский, не может это примирить со своей собственной тезой о едином Духе.

Интеллект отличен от всех объектов, не поддается никакой "объективизации", он — "абсолютный субъект". Он, к тому же, сокрытый "свидетель", расположенный вне всего, что возможно

познать в нашей душе, а посему его идентифицируют с "божественным Оком" в глубине нашего бытия. Аллюзия на это — в одном сирийском герметическом тексте, где говорится о тайном зеркале, коего достигают, преодолевая семь дверей, аналогичных семи планетным сферам, степеням или "уровням" универсальной души: *"В этом зеркале никто не видит своего отражения, так как, пребывая во множественности, человек забывает собственный образ (эссенциальный). Зеркало представляет божественный Дух. Отражаясь, душа стыдится своего порока и старается от него избавиться ... Очищенная, она созерцает Святой Дух и принимает его за образец, и сама становится духом; она обретает его (Бога) и сама узнается им. Избавляясь от своей тени, избавляется от связи с телом. Что говорят философы? Познай самого себя! Познай в интеллектуальном зеркале. Но что есть это зеркало, если не божественный Дух? Когда человек созерцает себя в нем, то, забывает богов и демонов, и, соединяясь с Духом Святым, становится совершенным. Видит Бога в себе... Это зеркало... над семью дверьми... которые соответствуют семи небесам, над этим чувственным миром, над двенадцатью домами (неба) ... Над всем этим глаз невидимого, глаз Духа, всегда и повсюду. Там созерцают этот совершенный Дух, в коем все пребывает в возможности..."*

*   *   *

Интеллект, когнитивный полюс универсума не "объект" опыта, но условие всякого опыта. Наше знание о нем не изменит нашего исследования мира, по крайней мере, в области фактов, однако, такое знание способно существенно определить внутреннюю ассимиляцию этого исследования. Для современной науки "истины" (или общие законы), без которых эксперимент подобен волнению песка, только схематические описания явлений. Полезные, но преходящие абстракции, тогда как для науки традиционной истина — выражение или "конденсация" в доступной разуму форме возможности, всегда пребывающей в универсальном Интеллекте. Все, что проявляется в бытии более или менее эфемерно, имеет свою "модель" или свой "архетип" в универсальном Интеллекте.

Интеллект фиксирует возможности в их принципиальной незыблемости, для разума они — только тени или символы. Платон называет незыблемые возможности идеями или архетипами, сохраняя их подлинное обозначение и не смешивая с простыми обобщениями. Подобные обобщения, в лучшем случае, отражения истинных архетипов, хотя даже этого нельзя сказать об их вульгаризации в "коллективном бессознательном". Этот двусмысленный термин предполагает странный симбиоз неделимости Интеллекта с непроницаемостью пассивных и темных глубин души. Не "под", а "над" рацио располагаются архетипы, потому разум и различает лишь ограниченный аспект их чистой реальности. Только в соединении души с Духом, вернее, в ее возвращении в неделимое единство Духа, человеческое сознание внезапно открывается вечным возможностям, пребывающим в Интеллекте или Духе: они спонтанно "конденсируются" под формой символов. Из "Пимандра" (Corpus Hermeticum) мы узнаем, как универсальный Интеллект раскрылся Гермесу — Тоту: "...*И после этих слов он долго смотрел мне в лицо, и я задрожал под его взглядом. Потом, когда он поднял голову, я увидел, как свет — бесчисленных возможностей образовал в моем духе (nous), бесконечное "Все", и огонь в напряженности своей всемогущей силы, неподвижно застыл: именно таково было рациональное понимание этого видения... Полностью от себя отрешенный, я вновь услышал: ты видел сейчас в интеллекте (nous) прототип, предшествующий любому началу без конца...*"

Вещь или мысль символичны в той мере, в которой они отражают на физическом или ментальном плане свой архетип или постоянную сущность (essence). Абстрактная мысль лучше подчеркивает дистанцию между символом и его архетипом, но воображение лучше отражает этот последний, так как образ сложнее абстрактного понятия и предоставляет больше маневра интерпретации. Образ, если он действительный символ, основан на обратном соответствии духовного и телесного, согласно закону "Изумрудной Таблицы": *"то, что внизу, аналогично тому, что вверху".*

*   *   *

По мере более или менее полного соединения человеческого интеллекта с Интеллектом универсальным мысль отвлекается от множественности вещей и стремится к неделимому единству. Воззрение на природу, которое приобретается в этом процессе, не ограничивается чувственными факторами: они остаются сами собой, но взгляд меняется: человек начинает видеть в конкретных данных отражение вечных архетипов. И если подобная интуиция не вступает немедленно в свои пра-

ва, символы постоянно пробуждают воспоминание и реминисценцию. Таково герметическое приближение к миру.

Для этой перспективы не столь важны физические параметры измеримых, исчислимых вещей, детерминированных причинами и обстоятельствами, но их эссенциальные качества, которые можно сравнить с вертикальными нитями на раме ткацкого станка. Ткань получается, когда челнок перемежает вертикальные нити горизонтальными. Вертикальная нить — неизменные принципы вещей (essences), горизонтальные представляют их "материальную" природу, подверженную времени, пространству и разным другим кондициям.

Данное сравнение иллюстрирует традиционное воззрение на космос: справедливое в смысле "вертикальном", оно может показаться неточным в "горизонтальной" перспективе, то есть в плане описательного и аналитического наблюдения. Согласно этому воззрению, нет необходимости изучать все металлы, чтобы иметь четкое представление об архетипе металла. Достаточно рассмотреть семь металлов, упомянутых традицией — золото, серебро, медь, олово, железо, свинец и ртуть, — чтобы понять возможные вариации в границах архетипа. Другими словами, важно постичь качественный аспект металла. То же касается и четырех элементов, которые играют доминирующую роль в алхимии. Эти элементы не химические составляющие объектов, а качественные детерминанты "материи". Можно говорить о земле, воде, воздухе и огне, и с тем же успехом рассуждать о модусах состояния материи — твердом, текучем, воздушном и огненном. Химический анализ доводит до нашего сведения, что воду составляют две части водорода и одна часть кислорода, но отнюдь не просвещает касательно качественной сущности воды. Этот факт, установленный способом сторонним и даже абстрактным, напротив, скрывает эссенциальное качество воды. Научный анализ однопланово лимитирует изучаемую реальность, тогда как интуиция пробуждает эхо, резонирующее на всех уровнях сознания — от сугубо материального до высоко духовного.

*   *   *

Картина мироздания, согласно Птолемею (шаровидная земля — центр, вокруг которого свершается обращение планет по разным орбитам или сферам; все это окружено фирмаментом фиксированных звезд, далее — беззвездным эмпиреем), никак не беспокоит предыдущей картины мира и не мешает каким бы то ни было космогоническим опытам и гипотезам. Она взывает к жизни символику содержащего и содержимого, символику, отвечающую самой натуре пространства. Диспозиция небесных сфер отражает онтологическую систему, по которой каждый уровень бытия происходит от уровня более высокого: в более высоком содержится уровень пониже, как в причине "содержится" следствие. Чем выше сфера движения звезды, тем выше соответствующая степень бытия и сознания: она менее ограниченна и ближе к божественному истоку. Беззвездный эмпирей, который окружает звездные небеса и побуждает к динамизму фирмамент фиксированных звезд (из всех кругов самый правильный в своем обращении), есть перводвигатель (primum mobile) и соответствует всеобъемлющему божественному Интеллекту.

Такова интерпретация птолемеевой системы у Данте. Примерно сходная обнаружена в более ранних арабских сочинениях. Существует анонимный герметический манускрипт двенадцатого века (вероятно, каталонского происхождения) написанный по латыни, где спиритуальное обозначение небесных сфер напоминает "Божественную комедию". Восхождение по сферам дано как восхождение по ступеням спиритуальным (или интеллектуальным): активная душа иерархически поднимается от определенного, дискурсивного познания к воззрению индифферентному и вневременному, для которого субъект и объект, познающий и познаваемое суть единый... Это иллюстрировано рисунками, изображающими небесные сферы в виде концентрических кругов, по которым люди поднимаются, словно по лестнице Иакова, до эмпирея, а над ним — Христос на троне. Под небесными сферами, в приближении к земле — круги элементов. Под сферой луны — круг огня, воздуха и примыкающий к земле круг воды. Анонимный манускрипт, герметический характер коего очевиден, экспрессивно признает ценность трех монотеистических религий — иудаизма, христианства, ислама. Отсюда легко заключить, что герметическая наука, благодаря своей космологической символике, соединяется со всеми подлинными религиями, не входя в конфликт с догматикой.

Поскольку обращение восьмого неба (фирмамента фиксированных звезд) служит измерению времени, беззвездное небо (сообщающее восьмому свое движение с легким смещением из-за прецессии равноденствий) суть граница между временем и вечностью или между любыми модусами длительности и "вечным настоящим". Душа, в своем восхождении по сферам, оставляет, достигая эм-

пирея, мир множественности и междоусобицу форм, стремясь к неделимому, всеокружающему Бытию. Данте представил это движение инверсией космического порядка концентрических сфер — они расширяются от земного предела к божественной беспредельности — в порядок обратный, где центр — Бог, вокруг которого вращаются хоры ангелов кругами все более широкими. Чем они ближе к божественному началу, чем быстрее их движение, в противоположности космическим сферам, чье видимое движение ускоряется пропорционально близости к центру земному. Этой инверсией космического порядка в божественный Данте провидел глубокий смысл гелиоцентрической картины вселенной.

* * *

Догадка о системе мироздания, где солнце есть центр обращения всех планет, включая землю, была высказана задолго до ренессанса. Коперник только повторил, исходя из собственных наблюдений, идею известную в античности. В символическом смысле, гелиоцентрическая система — необходимое дополнение геоцентрической. Божественное начало, Интеллект или Дух, коим был создан мир, можно равно представить как нечто всеобъемлющее (что соответствует беспредельному пространству) или "иррадирующим" центром всех манифестаций. Именно потому, что божественное начало — вне всякой дифференциации, каждое представление о нем должно быть дополнено инверсией, так сказать, его "отражением".

Однако гелиоцентрическая визия мира использовалась как доказательство ложности традиционной геоцентрической концепции и связанных с ней духовных интерпретаций. Отсюда парадокс: эта философия, сделавшая разум мерой любой реальности, завершилась астрономической перспективой, в которой человек взлетел пылинкой среди пылинок, простым акцидентом без малейшего намека на космическую первичность, тогда как средневековая онтология, основанная на откровении и вдохновении, поместила человека в центр вселенной. Сие вопиющее противоречие просто объясняется. Рационализм полностью забывает, что все его теории касательно вселенной остаются содержимым человеческого сознания: именно потому, что человек способен расценивать свое физическое существование с точки зрения более высокой, — как если бы он не был привязан к земле — именно это и делает его познающим центром мира. Человек — привилегированная субстанция Интеллекта, и, в силу своей привилегии, может обрести эссенциальное познание бытия: потому-то традиционная перспектива и поместила его в центр видимого мира — эта позиция, впрочем, совпадает с непосредственным сенсорным опытом. Для традиционной космологии гелиоцентрическая система, где человек, в некотором смысле, уступает свою центральную позицию солнцу, имеет значение сугубо эзотерическое — это подразумевал Данте в "геоцентрическом" описании ангелического мира. С "точки зрения" Бога, человек не центр, а крайняя периферия бытия.

Гелиоцентрическая система кажется более точной в плане физико-математическом, поскольку она, абстрагируясь от "естественной субъективности" и символики, склонна рассматривать вселенную безотносительно к человеку или, в лучшем случае, принимать его за незначительную физическую частицу в этой вселенной. Это внечеловеческая направленность взгляда, перевернутое отражение антропоса, понимаемого когда-то sub specie aeternitatis.

Однако никакой образ мира не будет абсолютно адекватным, ибо наше наблюдение накладывается на реальность, саму по себе относительную, непостоянную и неопределенно множественную.

Вера в гелиоцентрическую систему как в некую абсолютную истину творит ужасающую пустоту, лишает человека его космического достоинства, заставляет его — пылинку среди пылинок — бессмысленно вращаться вокруг солнца... Эта система полностью не способна породить новое духовное воззрение. Христианская идея, сосредоточенная на инкарнации Христа, была плохо подготовлена к подобной инверсии космического устройства: человек как небытие, исчезающее в космическом пространстве и, в то же время, как интеллектуальный и символический центр этого пространства — такой пируэт не для мозгов большинства людей.

Дальнейший прогресс забросил солнце в поток бесчисленных миллионов других солнц (вероятно, в свою очередь, окруженных планетами), удаленных каждое от каждого на световые годы или миллионы таковых: всякий образ мира, сколько-нибудь логичный стал отныне невозможен. В новую, воображаемую "структуру" мироздания человек интегрироваться не в состоянии. Так, по крайней мере, действует концепция на западное сознание. Буддийская ментальность, привыкшая видеть мировые процессы как турбуленции песка, реагирует, вероятно, по-иному на современную научную теорию.

Духовная интерпретация этого научного познания сводится к следующему: постепенный отход от всех систем, которые можно назвать замкнутыми, доказывает, что любое представление о мире — облако, мираж, без намека на устойчивость. Для непосредственного восприятия солнце

— источник света, символ божественного начала; оно озаряет все, вокруг него движется все. Но при этом солнце — только светящееся тело среди аналогичных: абсолютное единство присуще лишь божественному принципу.

В пределы нашего сюжета не входит развитие вот какого соображения: каждый новый образ мира сформулирован не столько новыми научными наблюдениями, сколько реакцией на логическую "односторонность" предыдущих Это касается и недавних концепций пространства. Для средневековой космологии, пространство — сфера, величина коей превосходит любую возможность измерения, сфера, спиритуально окруженная небом эмпирея. С торжеством рационализма пришла идея бесконечного пространства. Но поскольку физическая протяженность может быть неопределенной, а не бесконечной, новый научный демарш выдвинул практически невообразимое понятие "кривого" пространства, замыкающегося на самом себе.

Недавний научный поиск оставил идею гомогенности пространства и времени в пользу их постоянной взаимосвязи. Но если пространство содержит все, что существует симультанно, тогда как время образует последовательность феноменов, видимые звезды не отделены от нас "световыми годами": в одновременности они расположены точно там, где видимое пространство имеет свои крайние пределы. Подобные парадоксы отражают общую противоречивость, на которую, в конце концов, осужден всякий "научный" образ. В конкретных и чувственных вещах тем или иным способом раскрывается духовное обозначение, несравненно более убедительное, нежели образ мира, который пытается его схематизировать. Оно соответствует человеку и не испытывает перемен. Говоря "обозначение", мы не разрушаем ничего концептуального, но выбираем слово по необходимости и согласно традиции, дабы сделать аллюзию на непреходящую эссенциальность, подвластную только интуиции.

*　　*　　*

Рассуждая об астрономической панораме вселенной, мы просто хотели удостовериться, что существуют две позиции, с которых можно рассматривать мир или, в более широком смысле слова, натуру. Научное любопытство погружает искателей в неистощимое многообразие явлений: теория, возникающая по мере накопления экспериментальных данных, сама превращается в нечто множественное и противоречивое. Иная позиция заключается в опыте распознавания духовного центра, одинаково присущего людям и вещам: с этой точки зрения символический характер явлений позволяет созерцать незыблемые реальности Интеллекта. Самое совершенное воззрение, на которое способен человек, отличается простотой: его внутреннее богатство нельзя рассеять в разноречивых концепциях.

Глава четвертая

ДУХ И МАТЕРИЯ

Древние народы, это ясно, понимали под "материей" нечто иное, нежели современные. Не надо, однако, думать, что эти народы созерцали реальность материальных вещей только через завесу "магического и диктаторского воображения", как считают некоторые этнологии, или что их ментальность отличалась "алогичностью" и "прелогичностью". Камни были столь же тверды, огонь столь же горяч, а законы природы столь же неизменны, как и сегодня. Человек всегда размышлял логически, даже если помимо чувственных данных или сквозь них он подмечал реальность иного порядка. Логика присуща человеческой природе, а подчинение "диктаторскому воображению" свойственно не мышлению "примитивных" народов, но, скорее, современной "прогрессистской" мысли, которая против всякой очевидности жаждет свести всякую реальность к фактам чисто физическим.

Концепция материи радикально отделенной от духа, представленная в теории и практике нашего современного мира, не нова сама по себе. Это завершение ментального демарша, коему Декарт впервые дал философское обоснование, ничего не "изобретая": на него глубоко повлияла общая тенденция ограничения духа простой мыслью и дискурсивным разумом, отрицания за духом какой-либо универсальной значимости и непосредственного космического присутствия.

Согласно Декарту, дух и материя — две совершенно разные модальности: они встречаются по божественному плану в одной точке — мозгу человеческом. Окружающий мир, рассмотренный как "материя", автоматически отстраняется от духовных содержаний, а дух превращается в некое абстрактное дополнение чисто материальной реальности, и вне оной игнорируется вообще.

Для народов прошлого материя была пронизана божественной эманацией. В цивилизациях, названных "архаическими", это сказывалось в непосредственном опыте: материя, земля признавалась вечным пассивным принципом всех вещей, а небо — принципом активным и порождающим. Они были как две руки бога, они связывались нерасторжимо, словно женщина и мужчина, мать и отец. Земля придавала форму и тело небесной активности. Вещи воспринимались и чувственно и духовно — данная метафизическая истина оставалась независимой от изменчивых образов мироздания.

Для philosophia perennis — свойственной и Западу и Востоку до прихода рационализма — активный и пассивный принципы были, вне любой манифестации, определяющими полюсами существования. Материя — аспект или функция Бога. Не обособленная от духа реальность, но необходимый компонент. Она есть чистая потенциальность, все, что различимо в ней, уже отмечено активностью Духа и Слова Божия.

Только для современного человека, материя, из пассивного зеркала Духа, превратилась в "объект", "вещь". Она стала, так сказать, более устойчивой и "настойчивой", ибо только за собой оставила качество протяженности и все, к этому относящееся. Она стала инертной массой, духовно непроницаемой экстериорностью, наличным фактом. Конечно, она всегда отличалась атрибутами, в известном смысле, противоположными духу, но для людей ранних эпох эти атрибуты никогда не олицетворяли всей "реальности". И, главное, материя некогда не рассматривалась независимой от духа, доступной познанию сама по себе. Идея протяженности, отвлеченной от материи, получила у Декарта философское выражение. Начиная с этого момента, материя распалась на массу и протяженность. Посему принялись искать объяснение сугубо количественное для всех особенностей пространства, затем и для чувственных качеств. Это вполне легитимно в некотором отношении и приносит пользу наукам, занятым исключительно внешней манипуляцией над объектами. Но ни протяженность, ни какое-либо другое чувственное качество не исчерпывается количественными детерминациями. Как убедительно доказал Рене Генон, не существует протяженности без того или иного качественного аспекта. Даже самые простые фигуры — круг, треугольник, квадрат — имеют нечто качественно уникальное и не сводятся к чисто количественному измерению. Если данные чувственного восприятия подвергнуть количественной аналитике, они вообще распадутся в небытие. "Модели" экспериментальной науки, изображающие, к примеру, структуры атомов или молекул, также содержат качественные элементы или косвенно зависят от них. Можно выразить цифрами различие световых вибраций красного и синего, но цифрами не объяснить слепому сущность света. То же самое относится к любой перцепции. И если сие относится к самым элементарным качествам, что же говорить о формах выражения живых единств! Они избегают не только измерений, но и аналитических описаний. Разумеется, всегда можно определить контуры подобных форм, но такой процесс не затронет их сущность. Это не оспаривают в области искусства, но забывают, что это справедливо в любой области: нельзя уловить эссенс, содержание, качественное единство вещи прогрессирующим измерением, но только немедленным и глобальным "воззрением".

Зеркало материи отражает, но отнюдь не характеризует до конца качественное содержание объекта. Наука, основанная на количественный аналитике, полностью игнорирует необычайно сложную сущность вещей. Для такой науки античная "форма" (то есть качественное содержание) практически роли не играет. Потому-то искусство и наука — понятия синонимичные в дорационалистическую эпоху — ныне резко раздельны, и по той же причине красота, в глазах современной науки, не имеет ничего общего с познанием.

Традиционная доктрина в своей дистинкции эйдоса и гиле, формы и материи понимает, что вещи не сугубо "материальны" или сугубо "интеллигибельны", что они представлены одновременно и качеством и количеством: доктрина эта не довольствуется разделением и диссоциацией, но рассматривает два "полюса" в их взаимовлиянии. Аристотель доводит до логического предела оппозицию эйдос-гиле, но не допускает их парадоксального единения. Ясно, тем не менее, что формальная причина, соответствующая чистому Акту, и рецептивно-пассивная субстанция обоюдно соотносятся до такой степени, что их фундаментальные и вневременные возможности не могут быть разделены. Редукция всех феноменов к этим двум начальным полюсам нисколько не схематизирует чудо творения, а только намечает крайние пределы. Активный полюс — "эссенс", пассивный — "субстанция". В некотором смысле, эссенс соответствует Духу или Интеллекту: формы (forma) или эссенциальные предетерминации вещей содержатся в божественном Интеллекте как "прототипы" или "архетипы".

Можно возразить, что идею "формы" нельзя раскрыть, не уничтожив различие манифестации "формальной" от "суперформальной", иначе говоря, различие "индивидуального" от "универсального" (область чистого Духа). Но эпитет "формальный" подходит лишь к тому, что посредством какой-либо "формы" запечатлено в субстанции. Форма сама по себе — лимитация, контур, или же сплетение качеств, субстанционально не детерминированных. В этом последнем смысле, в комментариях средневековых теологов встречается выражение "форма Бога" (forma Dei, по-арабски as-surat al-ilahiyah) для обозначения тотальности божественных качеств. "Эссенс" Бога, ко-

торая раскрывается в этих качествах, сама по себе не обусловлена и не подвластна никаким определениям.

*   *   *

В своей книге "Скептический химик" (1661 г.) Роберт Бойль атаковал "четыре элемента" — одно из основных положений традиции. Согласно английскому ученому, земля, вода и воздух не являют собой простые тела — они составлены из разных химических компонентов. Роберт Бойль хотел скомпрометировать алхимию. На самом деле, его критика разбила поверхностную и плохо понятую интерпретацию: настоящая алхимия никогда не рассматривала землю, воду, воздух и огонь как субстанции телесные или химические в современном смысле. Четыре элемента просто первичные качества, благодаря которым аморфная и сугубо количественная субстанции определяется под какой-либо формой. Эссенс каждого элемента не имеет ничего общего с материальной неделимостью: пусть воду составляют кислород и водород, воздух - кислород и азот — это не меняет четырех фундаментальных "кондиций".

Общая основа четырех элементов — materia prima вселенной. Следует добавить для большей точности, что элементы рождаются не прямо из этой materia, но из ее первой детерминации, эфира, который в алхимических сочинениях называют, в зависимости от характера операций, то materia, то quinta essentia.

Одно из лучших объяснений четырех элементов — в индуистской космологии Sankhya. Материальным элементам, bhutas, соответствует равное число "эссенциальных детерминаций", tanmatras познающего субъекта. Обе первоосновных группы tanmatras и bhutas происходят от prakriti (materia prima). Они фильтруются ahankara — principium individuationis или сознанием эго и распределяются между объективными и субъективными полюсами манифестированного мира.

Такая экспликация точно отвечает герметической перспективе. Понятно, каким образом чувственные явления транспонируются во внутренний мир, ибо tanmatras, в известной степени, характеризуют психические феномены.

Если расположить элементы по шкале "тонкости" и "субтильности", земля займет нижнюю ступень, воздух — верхнюю. В смысле энергичной подвижности огонь выше остальных элементов. Земля отличается тяжестью и нисходящей тенденцией, вода также "весома", но отличается тенденцией к экспансии. Воздух поднимается и распространяется, огню присуще резко выраженное восходящее движение.

В традиции натуральный порядок элементов представлен крестом, где место пересечения соответствует квинтэссенции, или концентрированными кругами: в этом случае, земля в центре, огонь — на периферии. Иногда представляют ситуацию элементов "печатью Соломона", составленной из двух пересекающихся равносторонних треугольников. Это синтез, соединение противоположностей.

* * *

Традиционная концепция materia — пассивной и рецептивной основы всякой множественности и дифференциации — актуальна не только в сфере телесной. Можно также говорить о materia души, поскольку психический универсум заполнен множеством переменных "впечатлений" и, следовательно, означен полюсом активным (эссенциальным) и пассивным (субстанциальным или материальным).

Субстанциальный полюс materia души выражается в способности получения и сохранения форм, в беспредельной рецептивности. Это "женский" аспект души, можно понимать эпитет почти буквально: в природе женщины данный аспект доминирует — душа и тело сопрягаются своими пассивными тенденциями: это облагораживает тело, но сковывает душу.

"Формы", воспринятые "субстанцией" или "материей" души, приходят извне или изнутри. Эмпирически они приходят извне с помощью органов чувств, однако становятся эссенциальными формами только в случае соответствия незыблемым прототипам Интеллекта, которые образуют реальное содержание любого сознания. Итак, эссенциальный полюс души — Интеллект (или Дух). Он, по сути, ее "форма", "формальное средоточие". Подобное выражение, странное, на первый взгляд, вовсе не предполагает особой "формы" Интеллекта. Эссенциальная форма — просто результат действия Интеллекта на materia души.

Душа, понятая как materia для духа, это не ткань эгоцентрического сознания, но рецептивная субстанция более глубокого уровня, обычно неразличимая из-за сопряжения души с чувственным восприятием. Образуя эго, душа как бы "смешивается" с телом, расходится, разъединяется, хаотически "коагулируется" и теряет возможность свободно отражать Дух.

На минеральном плане это соответствует ситуации низкого металла, особенно темноте и тяжести свинца. Согласно мусульманскому мистику Мухиддину Ибн Араби, золото соотносится со здоровой и гармонической кондицией души, которая своей субстанцией без искажений отражает божественный Дух, тогда как свинец символизирует деформацию и смерть. Низкий металл есть принципиальный разрыв эквилибра.

Дабы излечить "больную" душу, необходимо разрушить порочное соединение "формы" и "материи". Дух и душа, в известном смысле, "отделяются" друг от друга, грубая "материя" сжигается, растворяется, очищается ради последующего "философского брака".

* * *

Алхимическая доктрина и символика не восходят к полному уничтожению (спиритуальному) индивидуальности (наподобие индуистской концепции moksha, буддийской nirvana, суфийской fana и 'lfana или христианской unio mystica и deificatio). Алхимию, основанную на чисто космологической перспективе, можно лишь косвенно транспонировать в сферу метакосмическую и божественную. Именно как определенный этап на пути к высшей цели ее адаптировал христианский и мусульманский гнозис. Благодаря алхимическому действу, человеческое сознание озаряется божественным лучом, указующим Небо.

перевод с французского **Евгения Головина**

МАНИХЕЙСКИЙ ПСАЛОМ

223

Поклонимся   духу Утешителя.
Благословим нашего Господа Иисуса, который послал нам духа Истины.
Он пришел и отделил нас от Заблуждения Мира.
Он принес нам зерцало.
Мы посмотрели в него и увидели Вселенную.

Когда пришел Святой Дух,
он открыл нам путь истины, и научил нас, что есть две природы:
одна - природа Света, другая - природа Тьмы,
они разделены от начала.

Царство Света состоит из пяти Величий.
Это - Отец и его двенадцать Эонов, и Эон Эонов, Живой Воздух,
Световая Страна,
Великий Дух веет в них и кормит их светом.

Царство Тьмы, также состоит из пяти обителей.
Это Дым, Огонь, Воздух и Вода и Тьма.
Гибель их пресмыкается в них, и понуждает их воевать друг с другом.
Борясь друг с другом, они исполнились смелости
напасть на Страну Света, думая, что могут победить ее.
Но не ведали они, что задуманное ими падет на их собственную голову.

Но был хозяин ангелов в Стране Света,
который обладал силой и выступил, и победил врага Отца,
И Отец восхитился, что посланным Словом он подчинил восставших,
которые пожелали поставить себя выше того, что выше их самих.

Как пастух, видя льва, приближающегося, чтобы уничтожить его стадо,
ставит силки, берет овцу и использует ее как наживку, чтобы поймать его,
и принося в жертву одну овцу, он спасает все стадо.
После он лечит овцу, поврежденную львом.

Так действовал и Отец. послав своего гордого Сына.
Он произвел из себя его Деву,
дал ей пять Сил, чтобы она смогла биться против пяти Бездн Мрака.

Пока Надзиратель стоял у самых границ Света,
он показал силы Тьмы его Деве, которая есть его Душа.
Но заволновались те, которые в Бездне и захотели обладать ей,
они разинули свои пасти. чтобы проглотить ее.

Он взял силу Девы и распростер ее над Силами Тьмы,
как сеть для рыбы, он набросил ее вниз на них.
Как очистительное облако воды, она проникла в них,
подобно удару пронизывающей молнии.
Она вползла в глубину их внутренних глубин,
и связала их всех так, что они даже не почувствовали.

Когда первый Человек окончил свою битву,
Отец послал ему Второго Сына.
Он пришел и помог брату выбраться из Бездны.
Он построил целый мир из смеси, которая появилась
из Света и Тьмы.

Все Силы Бездны растянул он к десяти небесам
и восьми землям, он запер их в этом мире,
и сделал темницу для всех сил Мрака.
Этот Мир также есть место для очищения души,
которая проглочена Силами Мрака.

Солнце и Луна были выведены и прикреплены в высоте,
чтобы очистить Душу.
Очищенную часть днем берут наверх,
но уничтожают хранилище.
Так передают ее вверх и вниз

Весь этот Мир твердо установлен только на определенный срок.
И уже зиждется великое Строение вне этого мира,
В час, когда творец этого строения закончит его,
 Весь мир   растворится.
Он будет предан огню, и огонь пожрет его.

Вся Жизнь, все останки жизни из разных Мест
будут собраны творцом Строения, и он сделает из них Фигуру.
Даже Распад Смерти, всю полноту Тьмы
соберет он и сделает из этого образ,
вместе с Архонтом.

В тот миг, когда Живой Дух придет,
он спасет Свет,
Но распад Смерти и Тьмы
запрет он в темнице,
построенной для того,
чтобы там лежать навсегда.

Нет иного средства кроме этого, чтобы сковать Врага,
не допустить его к Свету,
ведь он чужд Свету, но нельзя оставлять его
и в его стране Тьмы,
не то он развяжет войну, еще более великую. чем прежде.

Новый Эон будет сотворен на месте этого Мира,
который будет растворен,
так что Силы Света смогут править,
так как они исполнили и осуществили всю волю Отца.
Они опрокинули ненавистного, победили его навсегда.

Гностический гимн

Это Знание Мани,
да превознесем его и благословим его.
Благословен каждый, кто поверит ему,
так как тот будет пребывать с Праведностью.

Честь и Победа нашему господу Мани, Духу Истины,
который пришел от Отца и открыл нам
Начало, Середину и Конец.
Победа Душе Благословенной Марии.
ТЕОНА,
     ПШАИ,
          ЙЕМНУТ.

ГЕРМЕТИЧЕСКИЙ АПОКАЛИПСИС

ASCLEPIUS
(трактат IX)

Знаешь ли, Асклепий, что Египет — копия неба или, лучше сказать, место, куда проецируются в нижнем мире операции, управляющие и двигающие всеми небесными силами? Более того, следует сказать, что наша земля — это храм всего мира.

И однако, поскольку мудрецам надо знать заранее все будущие вещи, знай то, что я скажу. Придет время, когда будет казаться, что египтяне напрасно почитали своих богов, в благочестии своих сердец прилежно отправляя культы: святое почитание потеряет свою силу и не даст больше плодов. Боги, покинув землю, вернутся на небеса; они уйдут из Египта. Эта страна, которая была когда-то родиной святых литургий, овдовеет, потеряв своих богов, не сможет больше наслаждаться их присутствием. Иноплеменники наполнят эту страну, эту землю, и не только никто не будет больше заботиться о религиозных практиках, но, что еще более страшно, будут приняты законы, грозящие строгими наказаниями, запрещающие любые религиозные практики, благочестивые действия или отправление

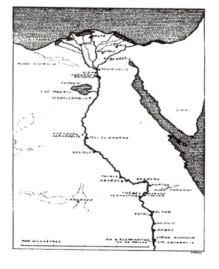

культов богов. Тогда эта святейшая земля, родина святилищ и храмов, будет вся покрыта гробницами и трупами. О Египет, Египет, из твоих культов сохранятся только самые слабые[1], и твои дети перестанут верить даже в них; ничего не останется, кроме слов, выбитых на камнях, которые будут рассказывать о благочестивых историях. Скиф или индус или кто-то еще, я имею в виду соседей-варваров, обоснуются в Египте. Потому что вот божество восходит на небо; люди, покинутые, все умрут, и тогда лишенный людей и богов Египет превратится в пустыню. Я обращаюсь к тебе, святейшая река, тебе я открываю вещи, которые грядут: потоки крови наполнят тебя до краев, и ты выплеснешь их; и не только твои божественные воды будут осквернены кровью, кровь заставит тебя выйти из берегов, и живых будет больше, чем мертвых. Тот же, кто выживет, будет опознан как египтянин только по языку, внешне же он будет выглядеть как представитель другой расы.

Почему же ты плачешь, Асклепий? Египет позволит сделать с собой нечто намного более худ-

---

[1] Генон считал, что единственным реальным следом египетской традиции в настоящее время являются фрагменты зловещего культа Сета, убийцы Осириса. Пережитки этого культа лежат, по его мнению, в основе многих контринициатических организаций. Вообще, согласно Генону, обращение в современную эпоху к египетской традиции уже само по себе несет тревожный элемент, что объясняется узко космологической ориентацией позднеегипетской традиции, утратившей еще задолго до своего полного исчезновения чисто метафизический компонент. Развитие этой версии см. в книге А.Дугин «Мистерии Евразии» (Москва, Арктогея, 1996) в главе «Россия — Дева Солнечная».

шее: он будет запачкан еще более серьезными преступлениями. Эта земля, некогда бывшая столь святой и любившая своих богов, единственная страна в мире, которую боги избрали своим жилищем в ответ на ее благочестие, эта страна, учившая людей святости и благочестию, покажет пример невероятной жестокости. В этот час, уставшие жить, люди перестанут рассматривать мир как объект их почитания и предмет восхищения. Это Все[2], являющееся благой вещью, наилучшей вещью из всех бывших, настоящих и будущих, будет подвергнуто риску уничтожения, люди будут почитать его за бремя. И отныне презрение, а не благоговение будет вызывать у людей полнота вселенной, несравнимое произведение Бога, исполненное славой, совершенно благое творение, исполненное бесконечным разнообразием форм, инструмент божественной воли, в котором Бог без скупости воплотил свое изобилие в своем создании, где собирается в едином Всем в гармоничном многообразии то, что, открываясь взгляду, предстает достойным почитания, славословия и любви. Тогда тьма станет предпочтительнее света, будет разумнее умирать, чем жить. Никто не поднимет больше взгляда к небесам. Благочестивого будут считать умалишенным, дерзкого — мудрецом. Буйный сойдет за храбреца, худший преступник — за добропорядочного человека. Душа и все верования, которые с ней связаны, утверждающие, что душа бессмертна по своей природе или что она может обрести бессмертие, как я тебе говорил, будут вызывать лишь смех — хуже того, все это будет считаться пустой суетой. Более того, поверь мне, предаваться религии духа будет

считаться страшным грехом. Будут созданы новые законы, новое право. Ничего святого, ничего благочестивого, достойного небес и богов, которые на них обитают, не будет провозглашаться публично и не будет вызывать никакого доверия в душах.

Боги отделятся от людей: какой прискорбный развод! Останутся только злые ангелы, которые смешаются с людьми и покорят себе их, этих несчастных, насилием, вынуждая творить эксцессы преступной дерзости, начиная войны, бандитские нападения, обманы и все, что противно природе души. Земля тогда потеряет равновесие, по морю нельзя будет больше плавать, по небу перестанут двигаться звезды, всякий божественный глас будет задавлен и принужден умолкнуть. Плоды земли сгниют, почва перестанет быть плодородной, сам воздух застынет в мрачном зловещем ступоре.

Вот таковой будет старость мира: атеизм, беспорядок, смешение всех вещей. Когда все эти вещи случатся, о Асклепий, тогда Господь и Отец, Бог, первейший в могуществе, и демиург единого бога, взвесив эти преступные нравы и обычаи своей волей, которая есть божественное благо, сотрет пути вселенских грехов и развращений и исправит заблуждения, уничтожит все зло :часть будет уничтожена потопом, другая часть сгорит в огне, третья часть будет умерщвлена через смертельные болезни, которые распространятся в различных местах. Потом он же возведет мир к изначальной красоте, чтобы мир был бы снова достоин почитания и восхищения, и чтобы Бог, творец и восстановитель столь великого создания,

---

[2] *Важнейшее утверждение о возможной гибели «Всего» при том, что какая-то жизнь в этих апокалиптических описаниях сохраняется даже тогда, когда «Все» умерло. В этом — сущность герметического и, шире, всего манифестационистского подхода. Понятие «Все», греческое «pan», означает некое световое измерение реальности, в котором вещи, существа, духи и люди обретают свой смысл, свое духовное содержание, открываются как элементы единого божественного плана, общей картины. Однако между этим герметическим «Всем» и объектной полнотой эмпирической реальности отнюдь не стоит знак равенства. Между эмпирическим всем и эйдетическим Всем есть существенный зазор. В первом случае речь идет об онтическом понятии, во втором — об онтологическом. В нормальные (неэсхатологические) эпохи обе реальности либо совпадают, либо максимально приближены друг к другу. Это — сакральная цивилизация, в которой все исполнено смысла, каждое явление — откровение, каждый жест ритуален, а каждое событие выражает духовную гармонию и повествует о божественном совершенстве. Но в эсхатологическую эпоху между этими двумя категориями — между всем и Всем — соотношение меняется. Духовное, онтологическое Все удаляется, "становится проблематичным", "стирается". Однако при этом эмпирический мир не исчезает как данность, но теряет смысл, гармонию, световое содержание. Вселенная становится собственным дублем, тенью, искаженной пародией на саму себя. Люди и вещи, как плоские пленки, отделяются от своих световых оригиналов и кощунственно восстают на них — вначале через бунт, потом через безразличие. Таким образом, «Все» гибнет при том, что все по видимости остается прежним: те же предметы, те же вещи, те же существа, те же люди... Но, на самом деле, реальность незаметно соскальзывает в парадоксальный эон несуществования.*
В эллинистической герметической традиции то же событие выражалось формулой «Умер великий Пан!»

304

1. — Amon
2. — Anubis
3. — Atoum
4. — Apet
5. — Bès
6. — Chou
7. — Fils d'Horus
8. — Geb

9. — Hathor
10. — Horus
11. — Isis
12. — Khnoum
13. — Khonsou
14. — Maât
15. — Min
16. — Montou

был бы также прославлен людьми, которые будут жить в ту эпоху — в постоянных гимнах славословий и благословений. Вот чем будет это рождение мира: возобновлением всех благих вещей, святым и всеторжественным воссозданием самой природы, осуществленными силой в течении времени, божественной волей, которая есть и была, безначальной и бесконечной. Поскольку воля Бога не имеет ни начала, ни конца, она всегда равна себе самой, и таковой, как она есть сегодня, она и останется вечно. Так как совет воли Бога есть не что иное, как ее сущность.

— *Этот совет, есть ли он высшее Благо, о Трисмегист?*

— Этот совет, Асклепий, который дает рождение самому действию воли. Нет ничего случайного в изволении того, кто обладает всеми вещами и изволяет обо всех вещах, которым он обладает. Он хочет все, что является благим, и все, что он хочет, он имеет. Таков Бог: мир создан по его образу, творение благого Бога, и само благо.

— *Благо, о Трисмегист?*

— Да, благо, Асклепий, и я покажу тебе это. Так же, как Бог обладает и распределяет всем индивидуумам и родам в этом мире свои благодеяния, т.е. интеллект, душу и жизнь, сам мир

распределяет и дает все вещи, считающиеся смертными благими, т.е. последовательность рождений в соответствующее время, обретение формы, рост и созревание плодов земли и все остальные блага.

Итак, пребывающий в высшей точке высшего неба Бог есть повсюду и охватывает своим взглядом все вещи — потому что есть место, которое по ту сторону самого неба, место без звезд, весьма удаленное ото всех телесных вещей.

Тот, кто дает жизнь, и которого мы называем Юпитер, занимает среднее место между небом и землей. Что же до самой земли и моря, то они пребывают под властью Юпитера Плутониуса: он питает все смертные живые существа и растения, приносящие плоды. То, что производит почва, деревья и сама земля, суть активные качества этих богов. Что же до богов[3], в чьей власти находится земля, то они будут однажды восстановлены и обоснуются в городе на дальней границе Египта; этот город будет основан со стороны заката солнца, и к нему хлынут по суше и по морю все смертные.

— *Скажи, мне однако, Трисмегист, где сейчас пребывают боги земли?*

— Они пребывают в огромном городе, на горах Ливии. Но об этом сказано достаточно.

[3] *Боги земли Кнеф и Агатодаймон на латыни именуются «terreni», а по гречески — «merikoi». Некоторые комментаторы считают, что они должны снова появиться то ли в Киренах, то ли в Александрии, хотя речь может идти и о более общем, циклически метафизическом понятии. В другом месте «Corpus Hermeticit» говорится, что земные боги на период апокалипсиса удалились во «внутренний город», иногда символически отождествляемый с Мемфисом.*

Базиль **ВАЛЕНТИН**

ГЕРМЕТИЧЕСКАЯ ПОЭЗИЯ

САТУРН

Живу на дальнем небе я.
Так высока звезда моя,
Что знать ее не всем дано,
Но я волшебник все равно.
Печален темперамент мой —
Хожу с седою бородой.
Суббота мне посвящена —
В мою честь названа она.
Вершу свой путь из года в год.
Как только тридцать лет пройдет,
Еще пять дней и шесть часов —
И в новый путь идти готов.
И Козерог и Водолей
Мне служат шестьдесят ночей.
Гранат мой камень, чист и ал.
Его Орифиил мне дал.
Сижу, считаю день за днем
Сокровища в кошле своем
Подобно жадным старикам —
Сколь не давай, все мало нам.
Я — астроном уж много лет.
Попробуй, отгадай мой цвет!
Я — черен, бел, и желт, и красен,
И всеми красками прекрасен.
Мой дух, как лед холодный, сладок.
На воровство я сильно падок.
Коль скоро ты мой дух сковал,
Я выполню, что обещал.
Связать могу и развязать.
Я мастер все вокруг менять.
А добродетель моя — Вера.
Я в старости для многих стал примером.
И с костылями я простился,
Без них теперь ходить решился.
И масло красное открылось,
Через экстракт свой проявилось.
Тут нужно дистиллировать,
Чтобы меркурия связать.
Так постоянен дух его,
Что зависть гложет серебро.
Все это в пудру преврати —
И станут радостны пути.
Возьми же в толк ты, наконец,

Что не вульгарный я свинец.
Нет, я другое. Чтоб познать
Меня, мой стих надо читать.
Меня содержит минерал —
Ты это верно посчитал.
Меня попробовать решись —
Один лишь раз и на всю жизнь.
И сколько кто бы не трудился
Познать меня — нет, коль вселился,
Так надолго. А рыцарь мне седой
«Спасибо» говорит за действия с водой.
Металлы нефиксированны коль,
Для них я ужас, гибель, пытка, боль.
Но если кто меня воистину поймет,
Тот беззаботно годы проживет.
Моя коса без дела не стоит,
А ловко миру головы косит.

ЮПИТЕР

Людей учу я лет так много,
Что все зовут меня за это богом,
И день в честь этого особый даже дали,
Чтобы в четверг меня все вспоминали,
И день мне этот очень мил,
А ангел мой — Захариил.
В моем дворце всегда полно народа,
Все ждут даров и благ любого рода.
Столами полными известен мой дворец.
Моя прислуга — Рыбы и Телец.
И бедным и богатым справедливо
Сужу, на троне сидя горделиво.
В руке я крепко скипетр свой сжимаю,
Риторикой язык свой упражняю.
Венец из лавра мой сияет
И розы прелесть оттеняет.
В короне золото играет,
А посреди топаз блистает.
Я господин, и всем видна
Надежда, что мне суждена.
Мои цвета суть желтый, синий, белый,
Зимою серый. В путь иду я смело.
В дороге я 12 лет подряд.
Срок истечет, и я вернусь назад.
Тот, кто здесь многое поймет,
Тот в Англии мой клад найдет.
По морю путь лежит туда,
А в нем соленая вода.
Возьми мой дух, а также душу с телом,
И раздели потом все это смело.
И вновь соедини опять,
Чтоб в порошок затем размять.
Отмерь и точно посчитай,
Потом другим металлам дай.
Увидишь тут, прилежный зритель —
Я не слуга, а повелитель.
Со мной теперь не пропадешь
И Божье счастье обретешь.
Юпитер будешь почитать,
На лаврах будешь почивать.

МАРС

Я мир прошел весь целиком
С моим воинственным копьем.
Во многих побывал боях,
Но вот я при родных дверях.
Добыча крупная со мной.
Все воины меня главой
Избрали в мире и в войне.
И за деньгами все ко мне
Пойдут в надежде. Я же в страсти
Своей несу беду и счастье.
Мой ангел — грозный Самуил.
В бою он прибавляет сил.
Когда б его мне не иметь,
Давно бы мне в аду гореть.
О, как я благодарен Богу,
Его пославшему в подмогу.
В боях незаменимый он.
А также Овин, Скорпион
Мне помогать должны. Но вот
Против меня идут в поход.
Но я в бою был храбр и весел
И их на дереве повесил.
Мой меч из самой чистой стали,
И в нем рубины заблистали.
Он сам настолько лют и зол,
Что и невинных заколол.
Себе дорогу он проложит
Так, что враг «ах» сказать не может.
Мне время мира так немило,
А добродетель моя — сила.
Когда я предан жизнью, телом,
На все рассчитывайте смело.
Моя супруга — королева,
Венера, избранная дева.
Она того почтить скорей
Готова, кто других нежней.
Мой цвет любимый — красный цвет.
Я в пурпур доблести одет.
Не бойтесь, из моего тела
Лекарство вы готовьте смело.
Но если мне друзей вы не дадите,
Я не пригоден буду ни к чему, смотрите.
А с ними я отлично сочетаюсь,
Я раз в два года к дому возвращаюсь,
Пройдя свой путь по кругу целиком.
Устав от битв и от пути пешком.
Во вторник мое время наступает,
Хотя не каждый это замечает.
Я легких крыл с рожденья не ношу,
Я у кого-нибудь их попрошу.
И полечу по воздуху с ветрами
Над самыми высокими горами.
Но есть пределы даже небесам.
Я их достиг, и вниз спускаюсь сам.
Меня созижди духом, ветром для начала,
Как это мне Венера обещала.
Прозреешь быстро, хоть ты и слепой,
Увидев Солнце вместе с чистою Луной.
А я впредь неизменным буду вечно,
Свой тяжкий долг исполнив безупречно.

АНГЕЛ РЕМБО

Когда десакрализация мира доходит до определенной необратимой стадии, многие традиционные рецепты духовной реализации становятся невыполнимыми. В таком состоянии все жаждущие духовной реальности повергаются в страшную и критическую ситуацию, где они вынуждены искать выхода, не опираясь ни на что внешнее, рождая высшую истину из Великого Отрицания. Более того, консерватизм (даже сакральный) теряет свой смысл и свое оправдание, поскольку утрачивает ту напряженность внутренней жизни, которая делала Традицию полноценной и оперативной. В эти моменты качеством подлинного свидетельства обладают лишь спонтанные, волевые прорывы отдельных экстраординарных личностей, обреченных на то, чтобы платить своим бездонным страданием и черным отчаянием за редкие проблески Озарения. Тотальное Восстание, Великое Отрицание, Революция превращаются тогда в метафизическую добродетель, а моралистическое резонерство прикрывает лишь ничтожность прохладной и безразличной души. Инициация раздается придуркам, а Великое Откровение эксплуатируется бюрократами и мещанами.

Артюр Рембо — высокий образ обреченного Гнозиса в темные времена, ради стяжания которого выжжены все нормы и правила, отброшены каноны и догмы, разорваны плоть и душа. Этот Гнозис заявляет о себе пронзительными, блистательными, сверхразумными формами, невыносимым напряжением силы, не могущей найти своего выражения, но жаждущей проявить себя через человека, сквозь человека, вместо человека. В Рембо, в его поэзии, в его формулах, в его судьбе личность, субъективность сознательно принесены в жертву. Но эта жертва не компенсируется заманчивыми обещаниями строго установленного культа. Это — безвозмездная жертва Реальности, выступающей как Хаос, как напряженный пульс разрушительной Истины, не вмешающейся более ни в рамки, ни в законы. Рембо пожертвовал собой ради объективности, ради мучительного выяснения того, каковым является мир сам по себе, по ту сторону человеческих чувств и представлений.

Поэзия Рембо — это обнажение того, что есть. Не просто возврат к сакральной природе Поэзии и инициатическим принципам традиционного стихосложения; не искусственная реставрация забытой науки посвященных кельтских бардов и доктринально подготовленных индийских пандитов; не случайное обретение секретного ключа тайной доктрины средневековых трубадуров и труверов — Рембо стяжал право быть «ясновидящим» и «свидетелем», исходя исключительно из своего внутреннего, спонтанного Восстания, из своей Революции, не опирающейся ни на что, кроме бездонного интериорного импульса.

Неудивительно, что Рембо энигматичен, антиконвенционален, разрушителен. Строй его стихов не может быть расшифрован исходя из культурных и эстетических ориентиров его времени; все поиски прототипов и соответствий бесплодны. Вряд ли можно понять его образы и на основе чисто оккультистской эрудиции, которой, впрочем, он вполне не мог обладать. И уже совершенно невозможно отыскать сходство его поэтического языка с эмоциональной стихией нормального человека. Его поэзия сущностно анормальна; ее понимание требует глубокого отчуждения не только от исторического литературного контекста, но и от самого строя индивидуальной эмоциональности. Она создана, как выход за рамки; она провоцирует выход за рамки; а следовательно, и толковать ее надо в особой, неортодоксальной системе координат, возникающей из нее самой и растолковывающей ее в столь же энигматическом духе, в каком она написана. Анормальное здесь должно стать критерием для исследования анормального, и тогда лишь, с обратной стороны сверкающего безумия, проступит новая неожиданная логика, логика обреченного свидетельства.

И все же сияющий хаос Рембо имеет свой тайный строй, не сконструированный, но обнаруженный, вскрытый, обнаженный. Абсолютный символизм проступает сквозь образы и строки, связывая и расчленяя ряды метафор в таинственной картине духовной объективности. Его сердце было действительно украденным (le coeur volé), похищенным энергиями нечеловеческой ясности, чтобы из мира темных масок переселиться в лучезарное откровение того, что холодно пребывает по ту сторону прекрасного и чудовищного, милого и омерзительного. Лишь таинственные науки Гермеса, а не поверхностный оккультизм могут помочь в постижении энигмы Артюра Рембо, но такое объяснение для большинства лишь усугубит непроницаемость тайны.

Многие сравнивали его с ангелом. Быть может, в этом нечто большее, чем простая метафора.

* * *

Задача подлинных традиционалистов не только в том, чтобы защитить от хищных претензий современного мира эзотерическое знание, но и в том, чтобы вырвать у него то, что ему сущностно не принадлежит и что лишь в силу недоразумения принято относить к разряду «культурных феноменов», т.е. к сфере компетенции кичливых, пустых и агрессивных профанов, эксплуатирующих духовную драму «дифференцированных людей». Революция Артюра Рембо принадлежит Традиции

несравнимо больше, нежели папские буллы и сомнительное современное богословие. «Сезоны в аду» — не индивидуальный выбор, а холодная и мучительная констатация универсального положения дел в нашу эпоху. Il faut etre absolument moderne, провозгласил Рембо. Традиция принадлежит Вечному Настоящему, а следовательно, именно Она устами огненных гениев говорит нам о сущности того, где мы находимся «здесь и сейчас».

Ниже мы приводим in extenso первую часть «досье Рембо», целиком составленного Евгением Головиным, который, пожалуй, является единственным компетентным в этом вопросе человеком. За общим строгим литературоведческим анализом его поэзии, лишь подводящим к его тайне, следует разбор Головиным «мистической», эзотерической стороны его творчества в свете алхимического символизма и магических доктрин. Такой взгляд на Рембо не просто возможен, он единственно адекватен и оправдан.

МИЛЫЙ АНГЕЛ

Гуго ФРИДРИХ

РЕМБО

Вводная характеристика

Жизнь длилась тридцать семь лет; стихотворство, начатое в ранней юности, длилось четыре года; далее — полное литературное молчание, беспокойные скитания, в замысле нацеленные в Азию, но реализованные на Ближнем Востоке и в Центральной Африке; многообразные занятия: колониальная армия, каменоломня, экспортные фирмы; в заключение — торговля оружием в интересах абиссинского негуса и, между делом, сообщения в географическое общество о неисследованных областях Африки; кратковременная поэтическая активность отмечена бешеным темпом развития, который уже после двух лет привел к взрыву первоначальных творческих установок и всей предшествующей литературной традиции; в результате — создание языка, остающегося и по сей день языком современной лирики: таковы особенности личности Рембо.

Произведение соответствует жизненной интенсивности. Оно сжато по объему и вполне характеризуется ключевым словом: взрыв. Первые довольно традиционные композиции уступили место строгому свободному стиху, затем асимметрично ритмизированной прозе «Illuminations» (1872-73) и «Saison en enfer» (1873)[1]. Однако уже в ранних стихотворениях ощущается тенденция к формальной нивелировке в пользу динамической лирики, тяготеющей к максимальной свободе. В принципе, мы можем оставить без внимания разделение произведения на стихи и прозу. Гораздо важнее другая граница — между первым (до середины 1871 года)

---

1) Озарения. Лето в аду (фр.). Эти даты оспорены Б. де Лакостом. Согласно его аргументам, остроумным, но не безупречным, Les Illuminations — последнее произведение Рембо.

периодом доступной поэзии и вторым периодом темного, эзотерического дикта.

Вообще поэзию Рембо можно интерпретировать как развитие теоретических положений Бодлера. И все же панорама этой поэзии совершенно иная. Неразрешенная, но формально упорядоченная напряженность Fleurs du Mal обращается здесь в абсолютный диссонанс. Темы, запутанные и хаотичные, связанные лишь иногда сугубо интуитивно, изобилуют разрывами и лакунами. Центр этого дикта не тематичен, скорее, в нем царит кипящая, бурная возбужденность. С 1871 в композициях отсутствует последовательная смысловая структура — это фрагменты, многократно прерванные линии, драстические, но ирреальные образы: все обстоит так, словно хаос, разрушая языковое единство, превращает его в созвездие тонов, плывущих над любой какафонией и любым благозвучием. Лирический акт уходит от содержательного высказывания в повелительную инкантацию и соответственно в необычную технику выражения. Подобная техника не нуждается в искажении синтаксического порядка. Это случается у неистового Рембо гораздо реже, чем, к примеру, у спокойного Малларме. Рембо достаточно передать напряжение хаотического содержания во фразах, упрощенных до примитивности.

Дезориентация

Такой дикт производит резкое, обескураживающее действие. В 1920 Жак Ривьер писал о Рембо: «Его послание, его весть заключается в том, чтобы нас дезориентировать». В предложении справедливо признается в явлении Рембо ...весть. Это подтверждает направленное Рембо письмо Поля Клоделя, в котором излагается первое впечатление от Illuminations: «Наконец-то я выбрался из невыносимого мира какого-нибудь Тэна или Ренана, из этого отвратительного механизма, управляемого несгибаемыми и сверх того еще и познаваемыми законами. Это было откровением сверхъестественного». Подразумевается научный позитивизм, основанный на убеждении в тотальной объяснимости мироздания и человека, позитивизм, удушающий художественные и духовные силы. Поэтому темный дикт, прорывающийся из объяснимого мира научной мысли в загадочный мир фантазии, и воспринимается как весть страждущему. Здесь, возможно, главная причина притягательности Рембо не только для Клоделя, но и для многих других читателей. Его ирреальный хаос был освобождением из неумолимо сжимающейся реальности. Клодель благодарен ему за обращение в католицизм. Правда, за это ответственен один Клодель. Рембо еще менее Бодлера можно назвать христианином — пусть даже его поэзия пронизана энергией, родственной религиозному экстазу. Но эта энергия пропадает в ничто стерильной сверхъестественности.

Тексты Рембо тем более дезориентируют, что его язык богат не только брутальными выпадами, но и волшебной мелодикой. Иногда кажется, словно Рембо говорит в небесной одушевленности, словно он пришел из другого мира —лучезарного, упоительного. Андре Жид назвал его «горящим терновым кустом». Другим он представлялся ангелом, Малларме писал об «ангеле в изгнании». Диссонантное произведение вызывает необычайно противоречивые суждения. Они функционируют между трактовкой Рембо как величайшего поэта и как неврастенического юноши, вокруг которого сложились невероятные легенды. Холодное исследование легко может удостоверить элементарные переоценки. Но даже эти переоценки свидетельствуют о мощи, исходящей от Рембо. Независимо от любых мнений и суждений, нельзя уклониться от феномена Рембо: метеором вспыхнул он и пропал, однако его огненная полоса до сих пор пересекает небо поэзии. Авторы, которые его поздно открыли и работали вне его влияния, признавались, что над ними тяготеет тот же самый «творческий рок», что «внутренняя ситуация» повторяется в диапазоне одного культурного периода. В таком духе писал Готфрид Бенн в 1955 году.

«Письма провидца»
(стерильная трансцендентность, преднамеренная анормальность, диссонантная «музыка»)

1871 годом датированы два письма, содержащие программу будущей поэзии. С этой программы и начинается второй период творчества Рембо. Поскольку там обсуждается понятие провидца (voyant), письма так и принято называть. Они подтверждают, что в случае с Рембо новая лирика связана с равноценным размышлением о ней.

Поэт любит возводить себя в ранг провидца, это не ново. Идея родилась еще в античной Греции и вновь проявилась в платонизме Ренессанса. К Рембо она попала через Монтеня, который в одном эссе скомбинировал фрагменты Платона о поэтическом безумии. Рембо основательно изучил Монтеня еще в колледже. Не исключено и влияние Виктора Гюго. Но Рембо повернул старую мысль на неожиданный манер. Что видит поэт-провидец и как он стал таковым? Ответы далеки от греческих и очень современны.

Итак, цель поэта: «проникнуть в неизвестное», или еще: «увидеть невидимое, услышать неслышимое». Мы знакомы с этими понятиями. Они есть у Бодлера и обозначают стерильную трансцендентность. Рембо их также никак не приближает. Он лишь удостоверяет негативный признак жизненной цели. Это различается, как недостижимое и недействительное, как вообще «иное», но не конкретизируется. Это подтверждается поэзией Рембо. В ее резком, взрывном выходе из действительности первично именно высвобождение взрывной энергии, ведущее к деформации действительности в ирреальные образы, но там нет знаков подлинной трансцендентности. «Неизвестное» остается и у Рембо бессодержательным полюсом напряженности. Поэтический взгляд смотрит сквозь обломки действительности в пустынную тайну.

Кто, собственно, смотрит? Ответы Рембо стали знамениты. «Так как «я» — совсем другое. Это не заслуга меди — проснуться духовым инструментом. Я присутствую в расцвете своей мысли, присматриваюсь к ней, прислушиваюсь к ней. Я провожу смычком и пробуждается симфония в глубине. Нельзя заявить: я думаю. Надо сказать: я продумываюсь». Субъект поэтической визии — не эмпирическое «я». Другие власти проступают на его место, власти из глубины, предличного характера и направленной мощи. Только они способны к созерцанию «неизвестного». Вероятно, в такого рода фразах можно проследить мистическую схему: самоотдача «я», покоренного божественным вдохновением. Однако покорение свершается из глубины. «Я» погружается, обезволивается в коллективных глубинных слоях («l'âme universelle»). Мы стоим на пороге современной поэзии: новый опыт добывается не из тривиальной мировой субстанции, но из хаоса бессознательного. Понятно, что сюрреалисты двадцатого века восприняли Рембо как одного из своих родоначальников.

Очень важен дальнейший ход мысли: обезволивание «я» достигается оперативным способом. Интеллектуальное упорство направляет процесс. «Я хочу стать поэтом и работаю ради того, чтобы им стать», — так звучит целевая фраза. Работа заключается в длительном, безграничном, осмысленном смешении, запутывании всех ощущений, всех чувств». Еще резче: «Необходимо сотворить себе деформированную душу: так человек сеет бородавки на своем лице и выращивает их». Поэтическое становление требует самоувечья, оперативной обезображенности души. Ради того, чтобы «достичь неизвестного». Смотрящий в неизвестное, поэт становится «великим больным, великим преступником, великим проклятым и высшим ученым». Таким образом, анормальность не является более роковой предопределенностью, как когда-то у Руссо, но сознательно выбранной позицией. Поэзия отныне связывается с предположением, что интеллектуальное упорство разрушит структуру души, поскольку это дает возможность слепого прорыва в предличностную глубину и стерильную трансцендентность. Мы весьма далеки от одержимого провидца греков, от провозвестия музами воли богов.

Поэзия, достигнутая с помощью подобных операций, называется «новый язык», «универсальный язык»: безразлично, имеется ли здесь форма или нет. Эта поэзия есть соединение «отчужденного, текучего, отвратительного, завораживающего». Все сводится к единому уровню, в том числе прекрасное и безобразное. Ее ценности — интенсивность и «музыка». Рембо говорит о музыке повсюду. Он именует ее «неизвестной музыкой», слышит ее «в замках, построенных из костей», в «железной песне телеграфных столбов»: это «светлая песнь новых катастроф», «раскаленная музыка», в которой расплавляется «гармоничная боль» романтиков. Там, где в его поэзии звучат вещи или сущности, всегда крик и скрежет в пересечениях невероятного мотива — диссонантная музыка.

Вернемся к письмам. Очень красивая фраза: «Поэт определяет меру неизвестного, владеющего душой его времени». И далее программное утверждение анормальности: «Поэт —анормальность, тяготеющая к норме». Провозвестие звучит так: «Поэт вступает в неизвестное, и даже если он не понимает собственных видений, он их, тем не менее, видит. Он может погибнуть в гигантском прыжке через неслыханное и безымянное: иные ужасные рабочие начнут с того горизонта, где он разбился».

Поэт: рабочий, взрывающий мир возможностью повелительной фантазии, направленной в неизвестность. Предчувствовал ли Рембо, что враждебные друг другу пионеры современности, технический рабочий и поэтический «рабочий», встретятся втайне, поскольку они оба диктаторы: один — над землей, другой — над душой?

Разрыв с традицией

Мятеж этой программы, равно как и самой поэзии, одновременно обращен назад, к уничтожению традиции. Известен читательский пыл мальчика и юноши Рембо. Ранние стихи созданы в полном созвучии с авторами девятнадцатого столетия. Однако в созвучии этом ощущается резкий тон — от Рембо, не от прочитанных образцов. Усвоенные литературные примеры накаливанием или переохлаждением превращены в совершенно другую субстанцию. Влияния, созвучия имеют при оценке Рембо весьма вторичное значение. Они подтверждают то, что они подтверждают во всех иных случаях: ни один автор не начинает с ноля. Но ничего специфического для Рембо. Поражает мощная трансформация прочитанного материала: Рембо хочет разрыва с традицией и оттачивает ненависть к традиции. «Проклясть предков» —характерное место во втором «письме провидца». Рассказывают, что он находил смехотворным Лувр и призывал сжечь национальную библиотеку. Если подобные призывы звучат по-детски, то как объяснить их смысловую согласованность с последним произведением («Saison»)? Оно хоть и написано юношей, но детским его назвать трудно. Вызывающее отчуждение Рембо от публики и эпохи закономерно переходит в отчуждение от прошлого. И основания здесь не личного, а духовного исторического свойства. Отмирание сознания преемственности и подмена его эрзацем - историзмом и музейными коллекциями — превратило прошлое в груз, от которого всячески хотели избавиться некоторые мыслители и художники девятнадцатого столетия. Это осталось серьезным симптомом современного искусства и поэзии.

В свои школьные времена Рембо деятельно занимался латынью и античностью. Но в его текстах античность выступает в диком и шутовском виде. Ординарное, повседневное так или иначе стаскивает миф с пьедестала; «вакханки предместий»; Венера приносит мастеровым водку; посреди большого города олени приникают к сосцам Дианы. Гротеск, найденный Виктором Гюго в средневековых миралях и соти, распространяется здесь, напоминая Домье, на мир античных богов. Поражает радикальностью сонет «Venus Anadyomene» (2). Название ассоциируется с одним из красивейших мифов: рождение Афродиты (Венеры) из морской пены. В жестком диссонансе идет содержание: из земной железной ванны поднимается жирное женское тело с белесой шеей и натертым докрасна позвоночником, в нижней части спины намалеваны слова «Clara Venus»; в анатомически точно указанном месте сидит нарыв. Можно видеть в этом пародию на типичную тематику тогдашней поэзии (Парнаса (3), прежде всего), но пародию без юмора. Атака направлена против мифа самого по себе, против традиции вообще, против красоты, атака высвобождает волю к деформации, которая — и это примечательней всего — обладает достаточной художественностью, чтобы придать уродству и гримасе уверенность логического стиля.

Не менее агрессивен выпад против красоты и традиции в стихотворении «Ce qu'on dit au poete a propos de fleurs» (4). Высмеивается цветочная лирика, воспевание роз, фиалок, лилий, сиреней. Так как новой поэзии требуется иная флора: надо воспевать не виноградные гроздья, но табак, хлопок и болезни картофеля; не утреннюю росу, но слезы свечи; не домашнюю герань, но экзотические растения в тягучей паутине; под черной лазурью, в железный век, должно родиться черное стихотворение, в котором рифмы вспыхнут «как натроновый луч, как расплавленный каучук»; телеграфные столбы станут его лирой и слово любви скажет ... она, «хищница темных очарований».

Современность и городская поэзия

Подобный текст выдает отношение Рембо к современности. Оно двупланово, как у Бодлера; неприятие современности, воплощенной в материальном прогрессе и научном просветительстве; внимание к современности — источнику новых опытов, жестокость и ночь которых способствует созданию жестокого и «черного» стихотворения. Отсюда фрагменты городской поэзии в Illuminations. Эта поэзия, энергичная и грандиозная, растворяет бодлеровский онирический город в других измерениях. Лучшие тексты такого рода: «Ville», «Villes» (5). В инкогерентных, друг на друга нагроможденных образах отражается будущий или фантастический город, уничтожающий всякую временную и пространственную перспективу; до крайности динамизированные массы гудят и жужжат; вещественное и невещественное сталкивается и пересекается; между стеклянными пастушьими хижинами и медными пальмами, над провалами и безднами свершается «крушение апофеозов»; искусственные сады, искусственное море, стальная арматура собора диаметром в тысячу футов, гигантские канделябры, верхний город воздвигнут столь высоко, что нижнего города вообще не видно... и далее приблизительно так: все доверительное, знакомое изгнано из этих городов, ни единого памятника заблуждению или безумию, ни один из миллионов людей не знает другого, и, однако, жизнь каждого точно копирует жизнь другого; эти люди — призраки, угольный дым — их лесная тень и летняя ночь; они умирают без слез, любят без надежды, а «в уличной грязи визжит щекочущее преступление»...

Клубок этих образов не распутать, последовательного смысла не найти. Так как их смысл таится в самой путанице образов. Их безмерный хаос, рожденный до крайности энергичной фантазией, неизъяснимый логически, представляет чувственно ощутимые знаки материальной и духовной ситуации городской современности, обнажает ее кошмары — ее движущую силу.

Мятеж против христианского наследия: «Une saison en enfer»

Любопытен вопрос о христианстве Рембо. Отнюдь не о руинах христианства, как у Бодлера. Из текстов ясно, что Рембо начал с мятежа и кончил мученичеством, ибо он так и не смог избавиться от тягости христианского наследия. Позиция, разумеется, гораздо более христианская нежели равнодушие

2) *Венера Анадиомена (фр.).*
3) *Группа французских лириков. Они старались с торжественной точностью передавать античные мифы.*
4) *Что говорят поэту касательно цветов (фр.).*
5) *Город, города (фр.).*

или просвещенная ирония. Рембо так или иначе пребывал под властью того, против чего восставал. Он сам это знал. В «Une saison en enfer» это знание опоэтизировано. Но, тем не менее, вражда не кончалась никогда. Мятеж стал мучительней, осмысленней и ... оборвался в молчание. Отчасти этот мятеж объясняется ненавистью к традиции вообще, но также страстью к «неизвестному», к той стерильной трансцендентности, путь к которой для него лежал только через разрушение окружающих данностей.

В текстах первого периода содержатся открытые нападки и попытки жестокой психологической аналитики христианской души. Так в стихотворении «Les premiers communions» (6) девочка-подросток переживает бурю темных влечений: в этом повинно христианство, поскольку оно повинно в их подавлении. Однако Рембо идет дальше. Вероятно, в 1872 году он создает прозаический отрывок, начинающийся словами: Bethaïsda, la pisine des cinque galeries (7). В основе — сообщение из евангелия от Иоанна о чудесном излечении Христом больного в иерусалимской купальне. Но все полностью переиначено. Калеки спускаются в желтую воду, однако ангел не появляется, никто их не излечивает. Христос, прислонясь к колонне, равнодушно смотрит на купающихся, из физиономий коих ему гримасничает сатана. Тогда один поднимается и уверенными шагами уходит в город. Кто излечил его? Христос не говорит ни слова, даже не смотрит на паралитика. Возможно, его излечил сатана? Текст умалчивает об этом, в тексте только упоминается о пространственной близости Христа к больному. Отсюда может возникнуть предчувствие: лечение совершено не Христом и даже не сатаной, но силой, о которой неизвестно, где она присутствует и кто она. Пустынная, стерильная трансцендентность.

Немного о «Une saison en enfer» (сезон, пребы-

6) Первое причастие (фр.).
7) Вифезда — купальня о пяти крытых ходах (фр.).

вание, лето в аду). Здесь содержатся последние слова Рембо о христианстве. Текст составляет семь больших прозаических фрагментов. Его язык — сложные, параллельные, редко сближающиеся движения, которые начинают какое-либо высказывание и не кончают; разреженные или концентрированные вербальные группы; интенсивные вопросы без намека на ответ и между ними — завораживающие, зловещие, безумные мелодии больших периодов. Тематически это пересмотр всего предыдущего творчества. Однако в своих попытках аннигилировать какую-либо предыдущую мысль или тему Рембо вновь заинтересованно входит в нее, чтобы затем еще резче оттолкнуть. Взад, вперед, туда, обратно: что он любил, теперь ненавидит, снова любит, еще раз ненавидит. Что утверждается в одном предложении, отрицается в следующем, далее вновь утверждается. Мятеж восстает на себя самое. Только в заключении приходит все это к концу, к прощанию с любым духовным существованием.

Бесприютность в упорядоченном мире предметного, эмоционального, разумного — так можно представить общий смысл этих зигзагов. Подобный смысл ощущается и в страницах о христианстве. Там встречаются христианские понятия — ад, дьявол, ангел — но они колеблются между буквальным и метафорическим значением, они постоянны только в том, что образуют знаки лихорадочной напряженности. «Отвратительные листки из моего дневника осужденного, презентованные дьяволу», — так определяет Рембо свое произведение. «Прибой языческой крови, евангелие в сторону, я покидаю Европу, хочу плавать, мять траву, охотиться, пить напитки крепкие, как расплавленный металл, — спасенный». Однако среди этих фраз попадается: «я жадно ожидаю Бога», и через несколько страниц: «Разве не был я христианином, я из расы тех, кто поет в мучениях». Он жаждет «наслаждений осужденного». Но их не случается. Ни Христос, ни сатана не приходят. Но он чувствует цепи. «Я знаю ад, ибо я в нем». Ад это рабство под игом крещения, которого язычники не ведают. Потому-то и язычество не для него.

Судя по таким фразам, нарратор страдает от христианства словно от болезненной раны. Возбуждение вызывает гримасу, нападение и падение совпадают. Это, вероятно, и означает: пребывать в аду. Это специфически христианский ориентир. Молчаливо, но ощутимо проходит вопрос через текст: не является ли хаос современного мира и современной души следствием извращенной христианской судьбы? Но внушенный текстом вопрос не конкретизируется и не разрешается. В «Saison» вступает вторая ведущая тема: надо покинуть континент, бежать из «западного болота», от глупости европейцев, которые «мечтают доказать очевидное» и не замечают, что вместе с Христом родился филистер. Энергически освобождается эта тема от зигзагов, берет определенное направление, ведет в осень, зиму, ночь, в угрожающее убожество: «Черви в моих волосах, в подмышках, в сердце». Из полной сожженности, из пепла рождается решение «обнять сморщенную действительность, оставить Европу, начать резкую, суровую жизнь».

Рембо реализовал это решение. Он капитулировал перед невыносимой напряженностью духовного бытия. Поэт, который дальше и глубже всех проник в «неизвестное», так и не смог прийти к ясности касательно этого неизвестного... Он отступил, принял внутреннюю смерть и замолчал перед обломками им самим взорванного мира. Труднейшим препятствием стало для него христианское наследие. Оно не утолило его бесконечный голод по сверхдействительному и не представилось ему скудным и тесным, как и все земное. В результате произведенного им взрыва вместе с действительным и традиционным распалось и христианство. Бодлер еще мог из своего осуждения сотворить систему. У Рембо осуждение растворилось в хаосе, затем в молчании. Имеется сообщение его сестры о его благочестивой кончине. Вряд ли это нечто более, чем благочестивая фальсификация.

Художественное «Я»: дегуманизация

«Я», которое говорит из поэзии Рембо, бросает столь же мало света на личность автора, как и «я» «Fleurs du Mal». Можно, разумеется, если это доставляет удовольствие, привлечь подробности из жизни мальчика и юноши для туманно-психологического комментария. Но для познания поэтического субъекта подобные экскурсы мало пригодны. Процесс дегуманизации здесь весьма ускорен. «Я» Рембо в его диссонантной многозначности есть результат той оперативной трансформации индивида, о которой шла речь выше; этим объясняется фасцинативный стиль, освободивший образное содержание его поэзии. Художественное «я» может надеть любые маски, распространиться на любые эпохи, народы, способы экзистенции. Можно еще вполне конкретно принимать слова Рембо в начале «Saison» о его галльских предках. Однако чуть подальше читаем: «Я жил везде; нет семьи, которую я бы не знал. В моей голове дороги швабских равнин, виды Византии, стены Иерусалима». Это динамическая фантазия, а не автобиография. Художественное «я» впитывает «идиотические картинки», примитивные и восточные экзотизмы: оно вездесуще, оно превращается в ангела и мага. Начиная с Рембо, утвердилось анормальное разделение между художественным субъ-

8) *Страх (фр.).*

ектом и эмпирическим «я», ко-

торое в нашу эпоху легко обнаруживается у Эзры Паунда и Сент-Джон Перса, что делает невозможным трактовку современной лирики как биографического высказывания.

Рембо истолковывает свою духовную судьбу из сверхличностной современной ситуации: «Духовная борьба столь же брутальна, как человеческая битва». В том же тексте он, в противоположность Верлену, защищает свою предназначенность падшего, который способен созерцать необозримые дали, но оставаться непонятым, излучающим даже в молчании и бездействии смертоносную атмосферу». «Это странное страдание — обладать беспокойным авторитетом» — такова его гордость. От него слышали следующие слова: «У меня нет сердца — в этом мое превосходство». В романтической поэзии ему невыносима «чувствительность сердца». Строфа в одном стихотворении звучит так: «Ты, освобожденный от человеческой похвалы, от низких стремлений, летишь...».

Здесь не только программа. Поэзия равно дегуманизирована. Монологическая, никому не адресованная, она говорит голосом, за которым невозможно определить говорящего даже и в том случае, когда воображаемое «я» избегает безличного выражения. Столкновение самых разных эмоций в результате создает нейтральное поле вибраций, еще более интенсивное, чем у Эдгара По. Прочтем, к примеру, поэму в прозе под названием «Angoisse» (8). Название должно указывать на точное душевное состояние. Но даже это отсутствует. Даже страх более не имеет знакомого контура. Есть ли вообще страх? В тексте ощущается блуждающая интенсивность смешанная из надежды, падения, ликования, гримасы, вопроса — все говорится быстро и сразу переходит в раны, мучения и пытки, происхождение коих вообще остается неизвестным. Образы и

LE BATEAU IVRE

Comme je descendais des Fleuves impassibles,
Je ne me sentis plus guidé par les haleurs:
Des Peaux-Rouges criards les avaient pris pour cibles,
Les ayant cloués nus aux poteaux de couleurs.

J'étais insoucieux de tous les équipages,
Porteur de blés flamands ou de cotons anglais.
Quand avec mes haleurs ont fini ces tapages,
Les Fleuves m'ont laissé descendre où je voulais.

Dans les clapotements furieux des marées,
Moi, l'autre hiver, plus sourd que les cerveaux d'enfants.
Je courus! Et les Péninsules démarrées
N'ont pas subi tohu-bohus plus triomphants.

La tempête a béni mes éveils maritimes.
Plus léger qu'un bouchon j'ai dansé sur les flots
Qu'on appelle rouleurs éternels de victimes,
Dix nuits, sans regretter l'œil niais des falots!

Plus douce qu'aux enfants la chair des pommes sures,
L'eau verte pénétra ma coque de sapin
Et des taches de vins bleus et des vomissures
Me lava, dispersant gouvernail et grappin.

Et dès lors, je me suis baigné dans le Poème
De la Mer, infusé d'astres, et lactescent,
Dévorant les azurs verts; ou, flottaison blême
Et ravie, un noyé pensif parfois descend;

Où, teignant tout à coup les bleuités, délires
Et rhythmes lents sous les rutilements du jour,
Plus fortes que l'alcool, plus vastes que nos lyres,
Fermentent les rousseurs amères de l'amour!

Je sais les cieux crevant en éclairs, et les trombes
Et les ressacs et les courants: je sais le soir,
L'Aube exaltée ainsi qu'un peuple de colombes,
Et j'ai vu quelquefois ce que l'homme a cru voir!

J'ai vu le soleil bas, taché d'horreurs mystiques.
Illuminant de longs figements violets,
Pareils à des acteurs de drames très antiques
Les flots roulant au loin leurs frissons de volets!

J'ai rêvé la nuit verte aux neiges éblouies,
Baiser montant aux yeux des mers avec lenteurs,
La circulation des sèves inouïes,
Et l'éveil jaune et bleu des phosphores chanteurs!

J'ai suivi, des mois pleins, pareille aux vacheries
Hystériques, la houle à l'assaut des récifs,
Sans songer que les pieds lumineux des Maries
Pussent forcer le mufle aux Océans poussifs!

эмоции зыбки и неопределенны, равно как мимоходом упомянутые два женских существа. Если подобные эмоции должны ассоциировать страх, то они настолько выходят за сферу натурального чувства, что никак не могут претендовать на человеческое понимание страха.

Если Рембо вводит людей в тему стихотворения, то появляются они как безродные чужестранцы или как смутные эскизы. Отдельные части тела, резко акцентированные специальными анатомическими терминами, находятся в странных и диссонантных отношениях с телесным целым. Даже такое спокойное стихотворение как «Le Dormeur du val» [9] можно отметить как пример дегуманизации. От маленькой долины, которая «пенится от лучей», ведет стихотворение в смерть. Параллельно этому проходит язык от завораживающих начальных строк к холодной заключительной фразе, где выясняется, что мирно «спящий в долине» — мертвый солдат. Очень медленно свершается нисхождение в смерть, только в конце движение резко ускоряется. Художественная тема стихотворения — постепенное угасание светлого в темном. Происходит это без всякого соучастия, в мирной и нейтральной пейзажистике. Собственно о смерти не говорится, употреблено то же самое слово, которое обозначает маленькую долину: «дыра в зелени», только теперь во множественном числе: «две дыры в правом боку». Убитый — отвлеченный образ в глазах созерцателя. Возможное сочувствие полностью исключено. Вместо этого — художественное стилистическое движение, для которого смерть человека — резкий прочерк, ведущий к внезапной неподвижности.

Устранение, разрыв границ

В поэтическом субъекте Рембо неукротимо нарастает желание воображаемых далей. Притяжение «неизвестного» заставляет его, как и Бодлера, говорить о «пропасти лазури». Ангелы населяют эту высоту, которая одновременно пропасть, «огненный источник, где встречаются моря и сказки». Ангелы — точки интенсивности и света, вспыхивающие и снова исчезающие знаки высоты, необъятной шири, непостижимости; однако это ангелы без бога и без провозвестия. Уже в ранних стихотворениях поражает стремление ограниченного в беспредельное. Например, в «Ophélie». Эта Офелия не имеет ни малейшего отношения к драме Шекспира. Она плывет по реке, но дальнее пространство в золотых звездах открывается перед ней, и горный ветер вместе с напевом природы приносит хриплые голоса морей и ужасы бесконечности. Она, плывущая, застывает в некую постоянную форму: более тысячи лет скользит она по реке, более тысячи лет звенит ее

9) Спящий в долине (фр.).

ПЬЯНЫЙ КОРАБЛЬ

Я спускался легко по речному потоку
Наспех брошенный теми, кто шел бичевой.
К разноцветным столбам пригвоздив их жестоко,
Краснокожие тешились целью живой.

И теперь я свободен от всех экипажей,
В трюме то ли зерно, то ли хлопка тюки...
Суматоха затихла. И в прихоть пейзажей
Увлекли меня волны безлюдной реки.

В клокотанье приливов и в зимние стужи
Я бежал, оглушенный, как разум детей,
И полуострова, отрываясь от суши,
Не познали триумфа столь диких страстей.

Ураганы встречали мои пробужденья,
Словно пробка плясал я на гребнях валов,
Где колышатся трупы в пучине тленья
И по десять ночей не видать маяков.

Словно яблоко в детстве, нежна и отрадна,
Сквозь еловые доски сочилась вода.
Смыла рвоту и синие винные пятна,
Сбила якорь и руль неизвестно куда.

С той поры я блуждал в необъятной Поэме,
Дымно-белой, пронизанной роем светил,
Где утопленник, преданный вечной проблеме,
Поплавком озаренным задумчиво плыл.

Где в тонах голубых, лихорадочной боли,
В золотистых оттенках рассветной крови,
Шире всех ваших лир и пьяней алкоголя,
Закипает багровая горечь любви.

Я видал небеса в ослепительно-длинных
Содроганьях... и буйных бурунов разбег,
И рассветы, восторженней стай голубиных,
И такое, о чем лишь мечтал человек!

Солнце низкое в пятнах зловещих узоров,
В небывалых сгущеньях сиреневой мглы...
И подобно движеньям древних актеров,
Ритуально и мерно катились валы...

Я загрезил о ночи, зеленой и снежной,
Возникающей в темных глазницах морей,
О потоках, вздувающих вены мятежно
В колоритных рожденьях глубин на заре.

Я видал много раз, как в тупой истерии
Рифы гложет прибой и ревет, точно хлев,
Я не верил, что светлые ноги Марии
Укротят Океана чудовищный зев.

бессвязная и безумная песнь, ибо «грандиозные видения» исказили ее язык.

Это преодоление близкого через беспредельное —динамическая схема всего творчества Рембо. Зачастую подобное происходит в одном единственном предложении. Напряженность создает эффект дифирамба. «Я протягиваю канаты от башни к башне, гирлянды от окна к окну, золотые цепи от звезды к звезде, и я танцую...» Дикий, бесцельный танец, напоминающий финал бодлеровского стихотворения «Sept Vieillards» [10]. Даль зачастую не преодолевается, но разрушается. Поэма в прозе «Nocturne vulgaire» [11] начинается так: «Ветер пробивает бреши в стенах, срывает кровли, сбивает дымовые трубы...» Очень характерно для дикта Рембо. Стихотворение заполнено разорванными образами всех позиций пространства: начальная строка рефреном повторяется в конце. Хаотическая беспредельность не вмещается в довольно короткую поэму в прозе. Такой текст может кончиться когда угодно — раньше или позже.

Темное стихотворение позднего периода — «Larme» [12] содержит загадку, которая не может быть разрешена ни из полностью безотносительного названия, ни из отдельных тем. (Безотносительное название так и остается одним из главных признаков современной лирики). Как почти всегда в современной лирике, предпочтительней интерпретировать данное стихотворение не из композиции динамических образов, но из самого динамического процесса. Человек что-то пьет, сидя на берегу реки. Напиток ему неприятен. Такова прелюдия. Неожиданно и асимметрично случается ... событие: буря переворачивает небо, где возникают черные пейзажи, моря, колонны в голубой ночи, вокзалы; водяные смерчи обрушиваются на леса, ледяные глыбы — в лагуны. Что происходит? Ограниченный земной ландшафт взорван чудовищным небесным пространством. Текст заключают невразумительные слова пьющего человека — конец, который не разрешает, но обновляет загадку. Впрочем, возможно одно из решений: тема стихотворения — устранение границ вторжением бушующих далей.

Голод и жажда — излюбленные слова Рембо. Когда-то мистики и Данте, ориентируясь на библейский образец, обозначали подобными словами страстное желание сакрального. Но у Рембо это выражает нечто беспрерывно неутолимое. Конец «Comedie de la soif» [13] звучит примерно так: все существа, голуби, дикие птицы, рыбы, даже последние мотыльки хо-

10) Семь стариков (фр.).
11) Вульгарный ноктюрн (фр.).
12) Слеза (фр.).

J'ai heurté, savez-vous, d'incroyables Florides
Mêlant aux fleurs des yeux de panthères a peaux
D'hommes! Des arcs-en-ciel tendus comme des brides
Sous l'horizon des mers, a de glauques troupeaux!

J'ai vu fermenter les marais énormes, nasses
Ou pourrit dans les joncs tout un Leviathan!
Des écroulements d'eaux au milieu des bonaces,
Et les lointains vers les gouffres cataractant!

Glaciers, soleils d'argent, flots nacreux, cieux de braises!
Echouages hideux au fond des golfes bruns
Ou les serpents géants dévorés des punaises
Choient, des arbres tordus, avec de noirs parfums!

J'aurais voulu montrer aux enfants ces dorades
Du flot bleu, ces poissons d'or, ces poissons chantants.
— Des écumes de fleurs ont bercé mes dérades
Et d'ineffables vents m'ont ailé par instants.

Parfois, martyr lassé des poles et des zones,
La mer dont le sanglot faisait mon roulis doux
Montait vers moi ses fleurs d'ombre aux ventouses jaunes
Et je restais, ainsi qu'une femme a genoux...

Presque ile, ballotant sur mes bords les querelles
Et les fientes d'oiseaux clabaudeurs aux yeux blonds.
Et je voguais, lorsqu'a travers mes liens frêles
Des noyés descendaient dormir, a reculons!

Or moi, bateau perdu sous les cheveux des anses
Jeté par l'ouragan dans l'éther sans oiseau,
Moi dont les Monitors et les voiliers des Hanses
N'auraient pas repêché la carcasse ivre d'eau;

Libre, fumant, monté de brumes violettes,
Moi qui trouais le ciel rougeoyant comme un mur
Qui porte, confiture exquise aux bons poetes,
Des lichens de soleil et des morves d'azur;

Qui courais, taché de lunules électriques,
Planche folle, escorté des hippocampes noirs,
Quand les juillets faisaient crouler a coups de triques
Les cieux ultramarins aux ardents entonnoirs;

Moi qui tremblais, sentant geindre a cinquante lieues
Le rut des Behemots et les Maelstroms épais,
Fileur éternel des immobilités bleues,
Je regrette l'Europe aux anciens parapets!

J'ai vu des archipels sidéraux! et des iles
Dont les cieux délirants sont ouverts au vogueur:
— Est-ce en ces nuits sans fonds que tu dors et t'exiles,
Million d'oiseaux d'or, o future Vigueur?

тят пить, но чтобы утолить их жажду, надо расплавить беспутное облако. В том же году (1872) написано стихотворение «Fetes de la faim»[14]. Эти праздники таковы: надо есть камни, уголь, железо, гальку в клочьях черного воздуха, под звонкой кричащей лазурью. Голод неутолим, ибо путь к лазури прегражден. Голод побуждает вгрызаться в максимальную твердость, это «праздник» темного бешенства, высшее несчастье. «Больная жажда затемняет мои вены».

«Пьяный корабль»

Здесь речь пойдет о «Bateau ivre» (1871) — самом знаменитом стихотворении Рембо. Он написал его, еще не зная освещенных в тексте экзотических морей и стран. Есть предположение, что его вдохновляли картинки в иллюстрированных журналах. Это возможно в том случае, если заодно предположить, что и стихотворение заимствовано из того же источника. Ибо каким-либо реалиям нет места в тексте. Мощная, действенная фантазия творит лихорадочную визию головокружительных, полностью ирреальных пространств. Исследователи акцентируют определенные влияния других поэтов. Однако влияния — и без того трудно различимые — не могут скрыть оригинальный силовой центр стихотворения. Сравнивают с «Plein Ciel» Виктора Гюго («La Legende des siecles»)[15]. И здесь и там корабль, пробивающий небесный свод. Но у Виктора Гюго образная система призвана выразить тривиальный пафос прогресса и счастья, а «Пьяный корабль» отмечен разрушительной свободой одиночества и заброшенности. У динамической схемы этого стихотворения нет иного вдохновителя, нежели сам Рембо. Это крайнее, но закономерное следствие наблюдаемого уже в «Ophelie» устранения ограниченного беспредельным.

Инициатор процесса — корабль. Невысказанно, однако безошибочно процесс относится и к поэтическому субъекту. Содержательность образов обладает столь страстной мощью, что символическое сравнение корабля с человеком распознается лишь в динамических параметрах композиции в целом. Энергетика содержания проявляется в конкретных, точных подробностях. Чем ирреальней и чужеродней образы, тем колоритней язык. Благодаря точно выдержанной поэтической технике текст представляет абсолютную метафору — речь идет только о корабле, ни слова о символизированном «я». Любопытно, насколько такая инновация казалась смелой: Банвиль, прочитав стихотворение, посетовал, что первая строка не начинается так: «Я — ко-

13) *Комедия жажды (фр.).*
14) *Праздники голода (фр.).*
15) *Раскрытое небо (Легенда веков)(фр.).*

О Флориды, края разноцветных загадок,
Где глазами людей леопарды глядят,
Где повисли в воде отражения радуг,
Словно привязи темно-опаловых стад.

Я видал как в болотах глухих и зловонных
В тростнике разлагался Левиафан,
Сокрушительный смерч в горизонтах спокойных
Моря... и водопадов далекий туман.

Ледяные поля. В перламутровой яви
Волны. Гиблые бухты слепых кораблей,
Где до кости обглоданные муравьями,
Змеи падают с черных пахучих ветвей.

Я хотел, чтобы дети увидели тоже
Этих рыб — золотисто-певучих дорад.
Убаюканный пеной моих бездорожий
Я вздымался, загадочным ветром крылат.

Иногда, вечный мученик градусной сети,
Океан мне протягивал хищный коралл.
Или, в желтых присосках, бутоны соцветий
Восхищенный, как женщина, я замирал...

А на палубе ссорились злобные птицы,
Их глаза были светлые до белизны,
И бездомные трупы пытались спуститься
В мой разломанный трюм — разделить мои сны.

Волосами лагун перепутан и стянут
Я заброшен штормами в бескрайний простор,
Мой скелет опьяненный едва ли достанут
Бригантина Ганзы и стальной монитор.

Фиолетовым дымом вознесенный над ветром,
Я пробил, точно стенку, багровую высь,
Где — изящным подарком хорошим поэтам —
Виснут сопли лазури и звездная слизь.

В электрических отблесках, в грозном разгуле
Океан подо мной бушевал, словно бес,
Как удары дубин грохотали июли
Из пылающих ям черно-синих небес...

Содрогался не раз я, когда было слышно,
Как хрипят бегемоты и стонет Мальстрем,
Я, прядильщик миров голубых и недвижных,
Но Европа... ее не заменишь ничем.

Были звездные архипелаги и были
Острова... их просторы бредовы, как сон.
В их бездонных ночах затаилась не ты ли
Мощь грядущая — птицу золотых миллион?

рабль, который...» Банвиль не понял, что метафора здесь не фигура сравнения, но инструмент, создающий идентичность. Абсолютная метафора останется одним из главных стилистических средств поздней лирики. У самого Рембо она доминирует настолько, что главное качество его дикта можно определить как «чувственная ирреальность».

«Le Bateau ivre» — единый акт интенсивной экспансии. После нескольких пауз, возникающих по ходу дела, эта экспансия только разрастается, переходя местами в хаотический взрыв. Относительно спокойно начинается действие — спуск по реке. Но даже этому покою предшествует конфликт: корабль не заботится об уничтоженном на берегу экипаже. Он открывается роскоши беспредельного безумия. После спуска по реке высвобождается пляска постепенно разрушающегося корабля; пляска во всех ураганах, во всех морях, под всеми широтами; пляска в зеленых ночах, в гниющих лагунах, в знамениях гибели, в «поющей фосфоресценции». Корабль забрасывает в «пространство без птиц», он пробивает дыру в багровом небе и ... поворот — ностальгия по Европе. Однако ностальгия не ведет на Родину. Мимолетной идиллией грезится кораблю ребенок, играющий близ лужи в вечерних сумерках. Но это лишь беспомощный сон. Корабль дышит ширью морей и звездных архипелагов — тесная Европа не для него. Как в спокойном начале стихотворения таится конфликт, так и в усталости заключения скрыта разрушительная экспансия предыдущих строф. Это покой истраченной силы, крушение в беспредельном и невозможность пребывания в ограниченном.

Стихотворение отличается высоким совершенством версификации. Простая фразеологическая конструкция придает высказанному формальную ясность. Не искажая синтаксиса, взрыв происходит на уровне образов. И чем глубже дисгармония по отношению к простому синтаксису, тем взрывнее действие, тем оно энергичней. Образы здесь — протуберанцы фантазии, которые не только от строфы к строфе, но от строки к строке, иногда внутри одной строки, на далекое и неукротимое нагромождают еще больше дали и неукротимости. Связь между образами слаба, иногда вовсе отсутствует — ни один по необходимости не следует из другого. Зачастую возникает ощущение, что некоторые строфы возможно поменять местами. Композиция образных комплексов вполне обнажена: эффект достигается сочетанием оппозиционных эмоций и элементов, соединением фактически несоединимого, прекрасного и омерзительного, но также своеобразным употреблением специальных, морских, главным образом, терминов. В синтаксической схеме, еще не затронутой, бурлит хаос.

И однако в этом хаосе есть закономерности. И в данном случае направленность движения важней

319

Mais, vrais, j'ai trop pleuré! Les Aubes sont navrantes.
Toute lune est atroce et toute soleil amer:
L'acre amour m'a gonflé de torpeurs enivrantes.
O que ma quille éclate! O que j'aille a la mer!

Si je désire une eau d'Europe, c'est la flache
Noire et froide ou vers le crepuscule embaumé
Un enfant accroupi plein de tristesses, lache
Un bateau frêle comme un papillon de mai.

Je ne puis plus, baigné de vos langueurs, o lames,
Enlever leur sillage aux porteurs de cotons,
Ni traverser l'orgueil des drapeaux et des flammes,
Ni nager sous les yeux horribles des pontons.

❦∗❦

Est-elle aimée?... aux premieres heures bleues
Se détruira-t-elle comme les fleurs feues...
Devant la splendide étendue ou l'on sente
Souffler la ville énormement florissante!

C'est trop beau! c'est trop beau! mais c'est nécessaire
— Pour la Pecheuse et la chanson du Corsaire,
Et aussi puisque les derniers masques crurent
Encore aux fetes de nuit sur la mer pure!

беспокойного содержания. Динамика стихотворения допускает инкогерентность и прихотливость образов, ибо эти образы только носители автономных движений. Как правило, движение свершается в трех актах: конфликт и мятеж, прорыв в сверхмерное, распад в инерции уничтожения. Это образует динамическую структуру и «Bateau ivre» и поэзии Рембо вообще. Трактовать содержательный хаос в его составляющих невозможно. Подобную лирику можно интерпретировать только исходя из ее динамической структуры. Отсюда вывод: подобная лирика абстрактна. В данном случае «абстракция» относится не исключительно к характеристике беспредметного, незримого. Это понятие обозначает здесь те строфы и строки, которые силой своего чистого вербального динамизма раздробляют реальные связи до полного распада или вообще не позволяют данным связям проявиться. Это свойственно современной лирике, особенно лирике типа Рембо.

У него самого троичная динамическая структура определяет трансцендентное отношение к миру: резкая деформация реальности, неистовая экспансия, затем падение, фрустрация, ибо реальность тесна и трансцендентность пуста. В одной его фразе протянута следующая цепь понятий: «Религиозные или естественные тайны, смерть, рождение, будущее, прошлое, творение мира, ничто». Цепь замыкает ничто.

Разрушенная реальность

Никакую поэзию, и в особенности лирическую, нельзя оценивать, принимая в качестве критерия ее соответствие внешней реальности. Во все времена поэзия обладала свободой отодвигать реальное, придавать реальному иной порядок, многозначительно сокращать, расширенно демонизировать, превращать в медиум внутреннего голоса или в символ всеобъемлющей жизненной панорамы. Однако интересно отметить, насколько далеко уходит такая трансформация от фактической действительности, насколько в процессе поэтизации сохраняется связь с миром реальностей и как поэзия использует метафорический диапазон, присущий изначально любому языку и потому доступный пониманию.

После Рембо лирика все реже оглядывается на реальное и фактически существующее и, в применении к языку, все меньше заботится о взаимоотношениях частей речи и о ранге каждой из них. Тем необходимей наблюдателю эвристически взять реальность в качестве сравнения. Тогда станут более ясны тенденции разрушения этой реальности и масштабы взрыва старого метафорического диапазона.

Я действительно плакал! Проклятые зори.
Горько всякое солнце, любая луна...
И любовь растеклась в летаргическом горе,
О коснулся бы киль хоть какого бы дна!

Если море Европы... я жажду залива
Черной лужи, где к пристани путь недалек,
Где нахмуренный мальчик следит молчаливо
За своим кораблем, нежным, как мотылек.

Я не в силах истомам волны отдаваться,
Караваны судов грузовых провожать,
Созерцать многоцветные вымпелы наций,
Под глазами зловещих понтонов дрожать.

Перевод Евгения Головина

Она Альме? — В рассветные часы
Исчезнет ли она как мертвые цветы?
У бесконечного простора, где, наверно,
Дыханье города душистое чрезмерно.

Это — прекрасно, это — неизбежно
Для Флибустьера и Рыбачки нежной,
А также потому что маски верят
Над чистым морем в свет ночных мистерий.

Перевод А.Д.

В последнем произведении Рембо предоставляет своему другу Верлену сказать следующее: «Сколько ночей я бодрствовал возле его спящего тела, чтобы понять, почему он (Рембо) так настойчиво хочет вырваться из действительного». Фиктивные слова Верлена произносит сам Рембо. Он сам не может объяснить настойчивость своего желания. Но в его произведении вполне означается соответствие между отношением к реальности и страстью к «неизвестному». Это не религиозно, философски, мифически наполненная неизвестность, это, более энергичная нежели у Бодлера, напряженность, которая, поскольку ее полюс пустынен и стерилен, обрушивается на реальность. Испытанная неудовлетворенность пустой трансцендентностью побуждает к бесцельному уничтожению реальности. Разрушенная реальность образует хаотические знаки, указующие на недостаточность реального и на недостижимость «неизвестного». Это можно назвать диалектикой современной эпохи, определившей, в известном плане, европейское искусство и поэзию. «У меня образ есть сумма разрушений,» — скажет Пикассо гораздо позднее Рембо.

Как полагал Бодлер, первое действие фантазии —«разделение», диссолюция. Это разделение, к понятийному кругу которого Бодлер относил и «деформацию», стало у Рембо принципиальным поэтическим опытом. Если там есть еще какая-то реальность (хотя бы в смысле эвристической константы), она подвергается расширению, разделению, искажению, контрастным напряжениям и постепенно переходит в ирреальное. К первоэлементам в материальном мире Рембо относятся вода и ветер. Довольно кроткие в ранних стихотворениях, взрываются они позднее бурями и водопадами, низвергаются с дилювиальной мощью, аннигилируя пространственно-временные распределения. «Равнина, пустыня, горизонт — багровые лохмотья грозы». Если в его стихотворениях собираются какие-либо конкретные предметы или сущности, он их судорожно разрывает по всей ширине, глубине и высоте, отчуждая всякую интимность или стабильность (ибо они не связаны ни временем, ни пространством): ландшафты, бродяги, девки, пьяницы, кабаре, но также леса, звезды, ангелы, дети, но также кратер вулкана, стальной помост, глетчеры, мечети —все это головокружительный, цирковой, растерзанный мир, «парадиз бешеных гримас».

Интенсивность безобразного

Такие реальности более не упорядочены вокруг центров: ни единая вещь, ни единая страна, ни единая сущность не служат мерой или точкой отсчета для всего остального. Такие реальности — следы неких лихорадочных интенсивностей. Их отображение не связано с каким-либо реализмом. К таким интенсивностям относится безобразное, столь резко оттиснутое в реалиях, еще сохраненных в текстах Рембо. И красота, само собой разумеется. Есть у него вполне «красивые» места, красивые метафоричностью или напевностью языка. Существенно, однако, что они, как правило, находятся по соседству с другими, «безобразными» местами. Прекрасное и безобразное не оценочные, но экспрессивные противоположности. Их объективное различие устранено, как и различие между истинным и ложным. Чередование прекрасного и безобразного возбуждает основной динамический контраст, хотя подобную роль часто играет только безобразное.

В ранней поэзии безобразное часто являлось бурлескным или полемическим знаком морального упадка. Например, Терсит из «Илиады», «Инферно» Данте, придворная поэзия средневековья, где персонажи грубые и низкие, как правило, отличались уродством. Дьявол уродлив. Однако со второй половины восемнадцатого века, у Новалиса, позднее у Бодлера безобразное допускалось в качестве «интересного»: художественная воля в поисках интенсивности и экспрессивности охотно направлялась в сторону искаженного и дисгармоничного. Задача Рембо — получить энергию, с помощью которой можно эффективно деформировать чувственную реальность. Для дикта, заботящегося гораздо менее о содержании, чем о сверхпредметной напряженности, безобразное, провоцирующее естественное чувство красоты, стало возбудителем драматического шока, осложняющего отношения между текстом и читателем.

В 1871 году возникло стихотворение «Les Assis» — «Сидящие» — как можно приблизительно перевести название текста, характерного своей вербальной смелостью. По сообщению Верлена, поводом послужил библиотекарь из Шарлевиля, которого Рембо не выносил. Это вероятное обстоятельство никак не облегчает понимание стихотворения. С помощью языка, пронизанного анатомическими терминами, неологизмами, арготизмами, создается миф о чудовищном уродстве. Речь идет не о библиотекаре, не о библиотекарях и не о книгах. Речь идет об орде озверелых, скрюченных, злотворных стариков. И поначалу даже не о них. Перечисляются макабрические подробности: черные пятна от волчанки, опухоли, узловатые, словно корни, пальцы, царапающие бедра, «расплывчатая злобная угрюмость» на темени, подобная лепре на старой стене. И потом фигуры: странные костяные основы, сросшиеся со скелетами стульев в эпилептической страсти; икры и колени, навсегда вплетенные в рахитичные ножки сидений. Колючие солнца обжигают их кожу, глаза блуждают по стеклам окон, «где увядает снег». Иные «старые солнца», под лучами которых когда-то зрели злаки, умирают, задушенные, в соломе стульев. Старики скрючены, ко-

лени прижаты к зубам; «зеленые пианисты», они барабанят десятью пальцами под сиденьями, глаза их обведены зелеными кругами, их головы мотаются в такт любовных измышлений синильной фантазии. Если их позовут, они ворчат как потревоженные коты, с трудом вытягивают плечи, волочат кривые ноги, их лысые черепа ударяются в серые стены, пуговицы их фраков в темноте коридоров словно хищные зрачки впиваются в идущих навстречу, их убийственные глаза источают яд, мерцающий иногда во взгляде побитой собаки. Вот они садятся опять, пряча кулаки в грязные манжеты; под их острыми подбородками свисают грозди желез; они грезят о «плодовитых стульях»; чернильные цветы обсыпают их сны «пыльцой точек и запятых».

Такое уродство нельзя скопировать, его можно только сотворить. Это смутно человеческое пребывает всюду и всегда: не люди, но костлявые схемы, соединенные с вещами, и вещи также друзья этих скрюченных вещей, одержимых бессильной злобой и сумеречной синильной сексуальностью. Все это высказано с дьявольской насмешкой, таящейся в напевности строк: последовательный диссонанс между образом и мелодией. Разрозненные элементы «прекрасного» используются для диссонанса или, диссонантные сами по себе, сочетают лирический порыв с банальностью: «чернильные цветы», «пыльца точек и запятых» обретают изысканность от сравнения с полетом стрекозы над гладиолусом. Роль безобразного понятна. Легко прийти к выводу, что «поэтически безобразное» деформирует обычное уродство точно так же, как подобный дикт деформирует любую действительность, дабы ее распад освободил путь в сверхреальное или ... в пустоту.

Двадцатью годами ранее Бодлер написал стихотворение «Les sept vieillards» (10). Здесь также уродливы и люди и вещи. Но присутствует вполне определенная ориентация. Место и процесс даются в поступательном развитии; сначала шумный город, затем захолустная улочка, затем время (раннее утро); появляется один старик (не фрагментарно, а полностью), следует второй; всего их семь. Реакции лирического «я» точны: отвращение, ужас, заключительное суждение. Безобразное достаточно обострено, однако не переходит разумной границы и, главное, упорядочено в пространстве, времени и аффекте. Один старик сравнивается с Иудой. Безусловный ориентир. Ассоциация с какой-либо известной фигурой делает возможным возвращение к доверительному: так страсти персонажа трагической пьесы пробуждают теплоту, ибо, при всей своей мучительности это человеческие страсти. Подобного рода ориентиры отсутствуют у Рембо совершенно. Его старики — коллективная группа, и группа эта составлена из анатомических и патологических деталей, не из людей. От пространства — только несколько реликтов. Время действия ... «всегда».

Надо заметить, что Рембо на упомянутый Верленом повод (библиотека в Шарлевиле) даже не намекнул в своем стихотворении — это слишком бы ориентировало в реальность. Сотворенная безмерность уродства не допускает никакого возвращения к доверительному, которое еще возможно при изображении ужаса. Деформирующая воля нового лиризма направлена в безотносительное.

Чувственная ирреальность

Потому-то соотнесение образного содержания поэзии Рембо с реальностью имеет только эвристическую ценность. Внимательное наблюдение позволяет прийти к выводу, что понятия реальное/ирреальное бесполезны в данном случае. Другое понятие представляется более пригодным: чувственная ирреальность. Мы имеем в виду следующее: деформированный материал действительности отражается очень часто в таких вербальных группах, где каждая составляющая имеет чувственное качество. Однако эти группы соединяются столь анормальным способом, что из чувственных качеств возникает ирреальное образование [16]. Как правило, речь идет о вполне реальных вещах. Но их не увидеть обычными глазами. Они далеко переходят предел свободы, предоставляемой поэзии естественной метафорической потенцией языка. «Сухарь улицы»; «король, стоящий на собственном животе»; «сопли лазури»: подобные образы могут иногда сообщить острый динамизм конкретным и реальным качествам, однако они направлены не к действительности, нет, эти образы повинуются энергии разрушения, которая, хотя и представляет невидимое «неизвестное», но, искажая формальные границы, сталкивая крайности, превращает действительность в чувственно воспринимаемую, напряженную неизвестность. Конечно, традиционная поэзия умела расширять восприятие, искажая реальный порядок вещей. Даже у Рембо можно отыскать нечто аналогичное. Красный флаг, к примеру, называется: «флаг из кровавого мяса». Реальный возбудитель образа, красный цвет, отсутствует: языковая тенденция тяготеет к метафорической жестокости. Однако данный случай эпизодичен, это лишь предвестие многочисленных образов чувственной ирреальности, которая, собственно, и является сценой взрывного драматизма Рембо.

«Мясные бутоны, расцветающие в звездных лесах»; «деревянные подошвы пасторалей скрипят в садах»; «городская грязь, красная и черная, словно зеркало, когда в соседней комнате кружится лампа»: это элементы чувственно воспринимаемой действительности, которые контракцией, растяжением, комбинаторикой вбрасываются в сверхдействительное. Подобные образы более не соотносятся с реальностью и сосредоточивают взгляд на акте своего творения. Это акт властительной фантазии. Данное понятие, обозначающее движущую силу дикта Рембо, делает бесполезным эвристический принцип соизмерения текста с реальностью. Мы в мире, действительность которого существует только в языке.

Властительная фантазия

Властительная фантазия действует не пассивно и описательно, она предполагает неограниченную креативную свободу. Реальный мир расходится, распадается под вербальным влиянием субъекта, желающего не принимать откуда-то содержание, но творить его. В бытность свою в Париже, Рембо сказал одному из друзей: «Мы должны освободить живопись от привычки что-либо копировать. Вместо того, чтобы репродуцировать объекты, надо вызывать реакции и впечатления посредством линий, красок и очертаний, взятых из внешнего мира, однако упрощенных и схематичных: подлинная магия». Эта фраза была процитирована в качестве комментария к живописи двадцатого века (Каталог парижской выставки Пикассо, 1955). Справедливо, поскольку современную живопись, равно как и поэзию Рембо, нельзя интерпретировать предметно и объективно. Абсолютная свобода субъекта должна быть необходимо утверждена. Легко распознать, в какой мере теоретические соображения Бодлера подготовили поэтическую и художественную практику новой эпохи.

Руссо, По, Бодлер говорили о «творческой фантазии», причем в их высказываниях акцентировалась именно креативная возможность. Рембо динамизирует формулировки предшественников. Он говорит о «творческом импульсе» в одном из главных положений своей эстетики: «Твоя память и твое восприятие — только пища для твоего творческого импульса. Мир, когда ты покинешь его, каков он станет, что с ним станет? Безусловно: ничего не останется от его теперешнего вида». Художественный импульс функционирует разрушительно, искажает, отчуждает облик мира. Это акт насилия. Одно из ключевых слов Рембо: жестоко («atroce»).

Властительная фантазия изменяет, переиначивает пространственные позиции. Несколько примеров: карета катится в небо, на дне озера находится салон, над горными вершинами вздымается море, железнодорожные рельсы врезаются в отель. Отношения человека и вещи теряют однозначность: «Но-

16) _Интересно сравнить со следующим замечанием Гуго фон Гофмансталя по поводу Новалиса: «Самые удивительные из поэтических фраз те, которые с высокой степенью физической определенности и понятности описывают нечто совершенно невозможное: это истинное творение словом». (Aufzeichnungen, 1959, s. 183)._

тариус висит на своей часовой цепочке». Фантазия принуждает к совпадению самые отдаленные мотивы и предметы, конкретное и воображаемое: «...склоняются к смерти бормотанием молока рассвета, ночью последнего столетия». Словно повинуясь желанию Бодлера, фантазия наделяет объекты ирреальными красками, дабы создать атмосферу еще более резкого отчуждения: голубой латук, голубая лошадь, зеленые пианисты, зеленая усмешка, зеленая лазурь, черная луна. Направленная в беспредельную даль, фантазия плюрализует названия и понятия, легитимные лишь в единственном числе: Этны, Флориды, Мальстремы. Они интенсифицируются таким способом, но отпадают от реальности. Этому соответствует другое пристрастие Рембо: снимать локальности и ситуативные ограничения через суммирующее «все»: «все убийства и все побоища»; «все снега». Умножения и суммирование ... фантазия углубляется, врывается в реальное, превращая его в материал для своих сверхдействительностей.

Онирические визии, как и у Бодлера, стремятся к неорганическому, чтобы обрести твердость и чужеродность. «В горькие, невыносимые часы я сжимаюсь, словно сапфировый или металлический шар». Одно из замечательных стихотворений в прозе называется «Fleurs» [17]. Вздымаясь медленной волной, его фразы, его периоды достигают напряженной загадочности: в конце напряжение ослабляется, но стихотворение отнюдь не становится доступней. Движение образов изгибается в линии абсолютной фантазии и абсолютного языка. Неорганическое здесь выявляет ирреальность и магическую красоту текста: золотая ступень, зеленый бархат, хрустальные диски, чернеющие, как бронза в солнце; наперстянка раскрывается над филигранным ковром из серебра, глаз и волос; агат, усыпанный золотыми монетами, колонны красного дерева, изумрудный собор, тонкие рубиновые стрелы. Роза и розы, ох-

вченные минеральной нереальностью, вовлекаются в тайное родство с ядом наперстянки. В глубине подобной фантазии магическая красота едина с уничтожением.

Ядовитое растение и розы, в другом месте грязь и золото: образная формула для диссонансов, неизбежных при активности подобной фантазии. Но нередки также острые лексические диссонансы, а именно вербальные группы, сжимающие гетерогенные факты и понятия на минимальном языковом пространстве: солнце, пьяное от асфальта; июньское утро с привкусом зимнего пепла; медные пальмы; сны, как голубиный помет. То, в чем возможно предположить какую-либо уютность или нежность, рассекается наискось, обычно к концу текста, брутальным, вульгарным словом. Разрывать, не соединять — тенденция этого дикта. Интересен также диссонанс между смыслом и способом высказывания. В стиле народной песни выдержано очень темное стихотворение «Chanson de la plus haute tour» [18]. В другом стихотворении — «Les chercheuses de poux» [19] — мерзость, неистовое расчесывание, ритуал поиска вшей — все это плывет в чистых лирических интонациях. Хаос и абсурд передаются деловито и сжато, противоположности следуют одна за другой без «но», «однако», «впрочем».

Les Illuminations

Немного об «Озарениях». Название многозначно и возможные позиции перевода таковы: иллюминация, освещение, красочные пятна и мазки, озарения. Произведение не поддается тематическому анализу. Образы и процессы загадочны. В языке расплывчатость сменяется внезапным обрывом, за настойчивыми повторами следуют логически необоснованные вербальные группы. Разбросанные мотивы и темы движутся между перспективой и ретроспективой, между ненавистью и восторгом, пророчеством и отречением. Эмфатические, экспрессивные спады и нарастания рассеяны в пространстве от звезд до могил, в пространстве, населенном безымянными фигурами, убийцами, ангелами. Эпир, Япония, Аравия, Карфаген, Бруклин встречаются на единой сцене. И, напротив, реально объединенное распадается до полной бесконтактности. Подобную ситуацию иллюстрирует фрагмент под названием «Promontoire» [20]. Мир подвергается методическому разрушению, дабы в хаосе произошла наглядная эпифания невидимых тайн — таков драматизм данного отрывка. Уже начало текста настолько удаляется от возможной побудительной идеи, что нам остается фиксировать только странные разрознен-

17) *Цветы (фр.).*
18) *Песня с самой высокой башни (фр.).*
19) *Искательницы вшей (фр.).*
20) *Далеко выступающий мыс (фр.).*

ные факты, напоминающие случайно залетевшие осколки какого-то иного мира. Там и здесь нечто рассказывается, как например в Conte [21]. Принц — какой? — убивает женщин из своего окружения. Они возвращаются. Он убивает мужчин. Они продолжают следовать за ним. «Можно опьяниться уничтожением, омолодиться жестокостью!» Гений неземной красоты встречает принца. Оба погибают. «Но принц умирает в своем дворце в ординарном возрасте». Экстатические убийства не достигают цели: убитые продолжают жить, погибший вместе с гением умирает позднее собствен-

ной смертью.

Возможен следующий смысл: даже уничтожение бесполезно, даже оно ведет в тривиальность. Однако самое поразительное в этой «сказке» вот что: средствами связного рассказа высказывается абсурд, отнюдь не убежденный в своей самодостаточности. «Ученая музыка отсутствует в нашем желании,» — таково неожиданное заключение.

Текст «Les Illuminations» не хочет думать о читателе и не хочет быть понятым. Эта буря галлюцинативных откровений в лучшем случае хочет пробудить ужас перед опасностью, который неотделим от любви к опасности. В тексте нет «я», так как «я», проступающее в нескольких фрагментах, только искусственное и чуждое «первое лицо» «писем провидца». Разумеется, Les Illuminations подтверждают, что создавший их поэт, как сформулировано в одном предложении, «изобретатель совершенно других горизонтов, нежели все его предшественники». Это первое великое свидетельство фантазии абсолютно современной.

Техника смещений

Возможно, относится к Les Illuminations и стихотворение «Marine» [22] — во всяком случае, так полагают составители последних изданий. Оно издано в 1872 году и является первым во Франции примером свободного стиха. В Marine десять строк разной длины, нет рифм и не соблюдено правильное чередование мужских и женских окончаний. Во Франции всегда (и еще сегодня) строгий метр ценился и ценится выше, чем в других странах, более

21) *Сказка (фр.).*
22) *О море. Морское (фр.).*

того, это один из симптомов аномального дикта. Однако раскованная фантазия Рембо требовала другой языковой формы. Он использовал асимметричную версификацию, весьма близкую его лирической прозе. Это было по сравнению с Бодлером энергичным шагом вперед. После Marine свободный стих утвердился в новой французской лирике. Гюстав Кан, Аполлинер, Макс Жакоб, Анри де Ренье, Поль Элюар стали его виртуозами в двадцатом столетии. Свободный стих — формальный указатель того лирического типа, который — вольно или невольно — развивается в традиции Рембо. Стихотворение звучит так:

Marine

Les chars d'argent et de cuivre — Les proues d'acier et d'argent — Battent l'ecume — Soulevent les souches de ronces. Les courants de la lande, Et les ornieres immense de reflux, Filent circulairement vers l'est, Vers les piliers de la foret, Vers les futs de la jetee, Dont l'angle est heurte par les tourbillons de lumiere.

О море

Повозки серебряные и медные — Стальные и серебряные форштевни — Вздымают пену, — Взрезают пласты сорняков. Течения пустоши, И глубокие борозды отлива Циркулируют к востоку, В сторону столбов леса, В сторону стволов мола, Где острый край задевают каскады света.

(Перевод Е.Головина)

В стихотворении присутствует двойной контраст: между метрической дисгармонией и размеренно-спокойным способом высказывания, затем между способом высказывания и чрезвычайно смелой смысловой сутью. Стихотворение выдержано в плавной монотонности. Только в двух местах проскальзывают едва заметные соединения (в шестой и в десятой строке). Даже это уклонение от соединительных средств поднимает текст над уровнем обычной прозы, сообщает ему загадочный и нейтральный характер: магическая нейтральность. Здесь не играет особой роли типографическая акцентуация строк — подобное вполне возможно и в прозе. Гораздо важнее особая расстановка вербальных групп этого свободного стиха, повышающая интенсивность тоноведения, придающая тексту несколько библейский параллелизм. Интересно к тому же, что словесный материал состоит в основном из субстантивов. Немногие глаголы отступают перед статичной весомостью — образная ценность на сей раз выше динамической. И однако происходит нечто удивительное. Происходит по воле ирреальной фантазии. Стихотворение начинается со строки, отнюдь не подходящей к названию: «повозки серебряные и мед-

325

ные». Вторая строка более приемлемая: «стальные и серебряные форштевни». Повозки и форштевни «вздымают пену, взрезают пласты сорняков». Далее идет речь о «течениях пустоши», о «бороздах отлива», и это все циркулирует в сторону «столбов леса» и «стволов мола», задеваемых кружениями, каскадами света.

Ситуация в тексте достаточно ясна: характеризуются две области: морская (корабль, море) и территориальная (повозка, пустошь); но они переплетены так, что каждая смещается, вдвигается в другую и тем самым естественный порядок упраздняется. Стихотворение о море есть одновременно стихотворение о земле, и наоборот. Импульс могла дать латинская метафора, популярная и во французском языке, согласно которой корабль «бороздит» или «вспахивает» море. Но стихотворение далеко уходит от возможного импульса: его глаголы действуют сразу в двух областях, равно как отдельные вербальные группы («течения пустоши» и т.д.). Здесь функционирует отнюдь не метафора. Вместо метафоры предлагается абсолютное равенство инородных стихий. Заметим далее, что текст говорит не о море, но о пене и отливе, не о корабле, но о форштевне. Назвать вместо целого часть — самый обычный поэтический прием. (Это именуется синекдохой). Однако Рембо обостряет подобную технику: принципиально называя только части объектов, он вводит момент разрушения в естественный порядок объектов.

Это спокойное, лаконичное стихотворение — не только решительный дебют свободного стиха во Франции, но и первый пример современной техники смещений, которая опять-таки есть частный случай дереализации, чувственной ирреальности. Что нового, особенного здесь? Предметное, объективное определяется сугубо негативно: это — не-действительность, уничтожение фактических различий. Загадочность, рождающаяся отсюда, не поддается разрешению. Смещенные, взаимозаменяемые объекты кружатся в прихотливом, воображаемом пространстве — как, впрочем, и сам текст: из десяти строк можно, по меньшей мере, три или четыре поменять местами без особого ущерба его организму. Можно фантазию, активизирующую данный текст, назвать свободой. Это позитивное понятие. Но если желательно точнее определить подобную свободу, необходимо использовать негативные обозначения. Так как эта свобода есть выход из практического положения вещей, есть ирреальная интерференция различных областей. Эта свобода фантазии, создавая художественную суггестию в целом, отнюдь не довлеет всякой отдельной части произведения. Один из главных признаков новой лирики:

23) После потопа (фр.).
24) Утро опьянения (фр.).

326

компоненты содержания могут меняться и комбинироваться, тогда как способ высказывания подчиняется единому стилистическому закону.

Техника смещений характерна не только для новой поэзии, но и для новой живописи. Интересно, что Марсель Пруст посвятил данной проблеме несколько пассажей. В третьей книге «Поисков утраченного времени» («Под сенью девушек в цвету») рассказывается о визите к художнику Эльстиру. В повествование вплетены мысли, удивительно схожие с постулатами новой живописи. Мы можем это расценить как подтверждение опытов Рембо и доказательство приоритета поэзии в данном плане. Главная сила, побуждающая художника к творчеству, — такое впечатление оставляют страницы Пруста, — это «сон», то есть энергетическая фантазия. Как поэзия посредством метафоры, так живопись посредством «метаморфозы» трансформирует реальный мир в совершенно нереальные образы. Применительно к Эльстиру сказано следующее: «Некоторые из его метаморфоз состояли в том, что он в своих морских полотнах («marines») устранил границу между морем и сушей»; город приобрел «морское выражение», море — «городское выражение»: так возникли картины «ирреальные и мистические», на которых части разъятых объектов и разнородных пространств соединились в фантастическом «равенстве». Этот же эффект мы наблюдаем в «морском» стихотворении Рембо. Развитие у Пруста аналогичной эстетики — случайное, но, тем не менее, удивительное совпадение.

Абстрактная поэзия

Владычество фантазии в «Les Illuminations» зачастую приводит к абсурду. Так в «Apres le deluge» [23]: заяц из клевера произносит через паутину молитву радуге; мадам устанавливает фортепиано в Альпах... Фантазия нанизывает обрывки причудливых образов, как в Matinee d'ivresse [24]. Но у нее есть и другая возможность. Это имел в виду Бодлер, употребив понятие «абстракция». Данное понятие вполне относится к текстам Рембо, в которых линии и движения образуют отвлеченное от предметов переплетение над содержанием образа.

Один из примеров — фрагмент Les Ponts. В целях интерпретации мы приводим его полностью.

Les Ponts

Des ciels gris de cristal. Un bizarre dessin des ponts, ceux-ci droits, ceux-la bombes, d'autres descendant en obliquant en angles sur les premiers, et ces figures se renouvelant dans les autres circuits eclaires de canal, mais tous tellement longs et legers que les rives, chargees de domes, s'abaissent et s'amoindrissant. Quelques-uns de ces ponts sont encore charges de masures. D'autres soutiennent des mats, des signaux, de freles parapets. Des accords mineurs se croisent, en filent; des cordes montent des berges. On distingue une veste rouge, peut-etre d'autres costumes et des instruments de musique. Sont-ce des airs populairs, des bouts de concerts seigneuriaux, des restants d'hymnes publics? L'eau est grise et bleue, large comme un bras de mer.

Un rayon blanc, tombant du haut du ciel, aneantit cette comedie.

Мосты

Кристально-серое небо. Странный рисунок мостов, одни прямые или выгнутые, другие спускаются косым углом на первые, и эти фигуры повторяются в других освещенных обводах канала — настолько длинные и легкие, что берега, нагруженные церквами, оседают и уменьшаются. На нескольких мостах еще стоят старые лачуги. На других — мачты, сигналы, хрупкие перила. Минорные аккорды перекрещиваются, вытягиваются лентами; струны вздымают обрывистые берега. Видна красная куртка, заметны, вероятно, другие костюмы и музыкальные инструменты. Это песенки или обрывки изысканных концертов или гимнов? Вода серая и голубая, широкая словно пролив.

Белый луч падает с неба и уничтожает эту комедию.

(Перевод Е.Головина)

Описание тщательное и точное, но его объект вполне иллюзорен, ибо не в рекламных картинах, но в фантастической визии возникает перспектива какого-то города без «где» и без «когда». Мосты — но главное не их материальность и функциональность, а их линии: прямые, выгнутые, косоугольные линии, «странный рисунок». (Вспоминаем, что слово «странный» у Бодлера относится к понятийному кругу «абстракции» и «арабеска»). Суммарно называются эти линии еще и «фигурами». Фигуры повторяются в других (каких других?) обводах канала. Законы тяжести упразднены — фигуры (увиденные как мосты) так легки, что под ними оседают тяжелые берега: легкое давит тяжелое. Новые линии, на сей раз образованные из тонов, вытягиваются полосами, лентами. Появляется «красная куртка», какие-то музыкальные инструменты, затем резкий удар последней фразы. Все расплывается, ускользает. Сквозь очень простой синтаксис проступает тотальная отчужденность, которая интенсифицируется холодной точностью высказывания. Люди отсутствуют. Изолированная «красная куртка» вместе с малопонятной музыкой делает их отсутствие еще заметнее. Предметное, объективное господствует, но в плюральной неопределенности, в абсурдности своей взаимосвязи — ведь нет никакой логики причины и следствия. Предметное све-

дено к чистым движениям и геометрическим абстракциям. все это ирреально, и заключение делает это еще ирреальнее. Рембо смотрит на призрачный мир без всякого пафоса. Он мог бы даже убрать уничтожающий конец — обычный для его ранней поэзии способ выхода в отчужденность. Так как он уже в полной отчужденности. Точно функционирующая оптика оценивает разрозненную предметность, ею же порожденную, и передает в сферу языка, который в деловитом тоне излагает никому и никуда направленное сообщение.

Монологическая поэзия

1871. Поэзия Рембо постепенно приобрела монологический характер. Остались черновики и наброски его прозаических произведений. Сравнение этих вариантов с окончательными текстами помогает обнаружить тенденцию развития Рембо. Предложения становятся все лаконичней, эллипсы все отважней, вербальные группы все причудливей. Современники вспоминали, что он изводил массу бумаги, прежде чем добивался удовлетворительной версии, долго колебался, ставить или нет запятую, упорно искал эпитеты, перерывал словари, охотясь за редкими или устаревшими словами. Такие факты удостоверяют, что творческая работа Рембо, в принципе, не отличалась от работы классиков ясного стиля. Его монологическая темнота не результат неконтролируемого порыва, но следствие планомерного художественного поиска, что вполне объяснимо для поэзии, которая в своей неутолимой жажде «неизвестного» разрывала и отчуждала известное. В нескольких поздних строках Рембо так отразил ситуацию: «Я записывал невыразимое, фиксировал головокружения»; но чуть раньше читаем: «Я не могу более говорить». Между этими крайними позициями напряжен темный дикт Рембо: темнота еще невыраженного и темнота вообще невыразимого, на границе молчания.

Но к чему создавать никому не адресованную поэзию? Едва ли возможно ответить на этот вопрос. Быть может, поэт хочет анормальностью дикта, властительностью фантазии спасти духовную свободу в исторической ситуации, где научное просвещение, цивилизаторские, технические, экономические системы эту свободу организуют и коллективизируют, чтобы тем самым уничтожить ее сущность. Дух, для которого все жилища стали неприютны, ищет убежища в монологической поэзии. Быть может, именно поэтому Рембо создавал поэзию.

Динамика движений и магия слова

В напряженности поэзии Рембо чувствуются энергии музыкальных процессов. Аналогия с музыкой менее ощутима в сонорных фигурах и гораздо более — в чередовании степеней интенсивности, в абсолютных движениях порыва и спада, в переменах атак и отступлений. Отсюда специфическая фасцинация этой темной, в одинокой пустоте звучащей поэзии.

В стихотворении в прозе «Mystique» [25] хорошо заметна подобная динамика. Воображаемый ландшафт. Событие, которое, собственно, часть этого ландшафта. Танец ангелов на склоне, «в изумрудных и стальных травах». Луга. Но «луга пламенные, взлетающие до вершины холма». Почва на склоне, слева, «истоптана всеми убийствами и всеми битвами, и кривыми линиями расходятся все крики бедствий». Верхняя полоса картины «сформирована из взвихренного шума морских раковин и человеческих ночей». В конце стихотворения «цветущая сладость звезд» опускается в «благоуханную и синюю бездну». Видимое, слышимое, полностью абстрактное — все переплетено. Другой склон холма обозначается как «линия из востоков и прогрессов». Подобное разграничение континентов соответствует разграничению и развеществлению целого широкими пространственными движениями: поначалу горизонтальное движение, тяготеющее вниз, затем восходящее, далее снова горизонтальное, стремящееся к высоте (которая парадоксально представлена образом глубины: морские раковины), и, наконец, нисходящее, падающее. Эти движения, в которых чувственная ирреальность скорее прослеживается, нежели видится, есть чистый динамизм. Таковы и движения фраз: живой, потом слегка замедленный подъем к середине текста; дуга, сначала вибрирующая, далее круто уходящая к концу с его изолированным, коротким «там внизу». Подобные движения, но отнюдь не «содержание», организуют текст. Его фасцинация возрастает при многократном чтении.

Магия слова. Что под этим имеется в виду, обсуждалось в предыдущей главе. От Новалиса до Эдгара По и Бодлера придумывались идеи возникновения лирического текста не только из тем и мотивов, но также, и даже исключительно, из комбинационных возможностей языка и ассоциативных колебаний словесных значений. Рембо реализовал эти идеи столь отважно, как никто из его предшественников. В дикте, не ориентированном на нормальное понимание, слово — тон и суггестия, отделено от слова — носителя смысла. Освобожденные в слове алогические силы изменяют высказывание и посредством необычного звукоряда выказывают необычность восприятия текста. Так понятое слово открывается, в поисках неизвестного, чувственной ирреальности и абсолютному движению.

Рембо говорит об «алхимии слова». Отсюда, равно как и из некоторых других формулировок, за-

25) *Мистическое (фр.).*

ключают о близости к магической практике и о влиянии оккультных сочинений. Известно, что в середине девятнадцатого столетия подобные сочинения распространились во Франции и проникли в литературные круги. К примеру, так называемые «герметические книги» (эллинские магические учения, приписываемые Гермесу Трисмегисту), переведенные в 1863 году Луи Менаром. Но убедительного доказательства, что Рембо знал эти книги, не существует. Предпринимаемые иногда попытки трактовать поэзию Рембо в качестве тайных зашифрованных текстов — в частности, исследования аббата Жанжу — на наш взгляд, несостоятельны. Разумеется, приближение поэзии к магии и алхимии стало обычным с конца восемнадцатого века. Но нельзя понимать это буквально. Речь может идти о символическом соответствии поэтического акта и магическо-алхимической операции, о трансформации «низших металлов» в «золото» посредством таинственного катализатора. Жизненность данной аналогии в нашу эпоху свидетельствует о специфически современной тенденции располагать поэзию между крайними полюсами: обостренным интеллектуализмом и архаическими культовыми воззрениями.

Свою «алхимию слова» Рембо комментирует так: «Я управлял формой и движением каждой согласной и с помощью инстинктивных ритмов хотел изобрести неведомое поэтическое слово, которое, рано или поздно, открылось бы любым возможным смыслам». Эта фраза стоит в последнем произведении и намекает, вроде бы, на преодоленную ступень. Однако и здесь Рембо продолжает экспериментировать в области языковой магии. Каждый раз, особенно при чтении вслух, удивляет предусмотрительная точность оттенков гласных и энергичность согласных. Доминация звука иногда настолько сильна, что некоторые строки теряют всякое разумное значение или с трудом позволяют угадывать какой-то абсурдный смысл: «Un hydrolat lacrymae lave»; «Mon triste coeur bave a la poupe». Можно это сравнить с атональной музыкой. Диссонанс между абсурдным смыслом и абсолютной доминацией звука не поддается разрешению.

Разберем для примера фразу из стихотворения в прозе «Metropolitain»: «...et les atroces fleurs, qu'on appellerait coeurs et soeurs, Damas damnant de langueurs». (В рукописи можно прочесть и «longueur» [26], но это не облегчает задачу). Если пожелаем перевести, получим приблизительно следующее: «... и жестокие цветы, которых назовут сердцами и сестрами, проклятый Дамаск истомленности». Перевод совершенно негоден, и даже не потому, что

получилась бессмыслица (так стоит в оригинале): неизвестна языковая почва, на коей произросла фраза. Здесь настолько доминирует тональная цепочка ассонансов и аллитераций, звуковые переплетения столь определяют процесс, что ассоциативно сближенные слова не создают ни малейшей образной или смысловой связи. Почему цветы должны называться «сердцами и сестрами»? Только в силу сонорного родства (fleurs, coeurs, soeurs). И что делать переводчику? Решать ли ему сложную задачу отражения контрапункта, сотканного из чистых тональных движений и странных значений? Что-нибудь вроде: «... и соцветья страстные — сестры и форситии — там, в Дамаске томлений». Но это безнадежно. Рембо непереводим. Читаем: «Удар твоего пальца по барабану освобождает все созвучия и открывает новую гармонию». Возможно, французы и слышат новую гармонию. Однако она возникает в таких глубинах родового языка, что другие языки просто неспособны ее передать. Перевод поверхностно сообщает о содержании, то есть о том, что в новом лиризме акцентируется менее всего. И не только во Франции анормальность нового лиризма интенсифицирует непереводимость. Дистанция между магическим словом поэзии и обычным языком сообщений увеличила дистанцию между национальными языками Европы.

Заключительное суждение

Жак Ривьер писал в своей книге о Рембо (и по сей день не имеется лучшей): «Он сделал невозможным для нас пребывание в земном — в этом заключается его помощь нам... Мир снова погружается в свой первоначальный хаос; вещи, объекты снова обретают ужасающую свободу, которой они обладали, когда еще не служили ничьей пользе». В этом величие Рембо. Разбившись о «неизвестное», он с невероятной художественной энергией выразил хаос «неизвестного» в языке таинственном и совершенном. В предвидении будущего он, как и Бодлер, отдался «брутальной духовной борьбе», о которой говорил сам и которая была судьбой его столетия.

Когда он приблизился к границе, где трансформированный дикт грозил уничтожить его мир и его «я», он, девятнадцатилетний, имел достаточно характера, чтобы замолчать. Это молчание — акт его поэтической экзистенции. Что ранее было крайней свободой в поэзии, стало свободой от поэзии.

Многие последователи — скорее соблазненные, нежели вдохновленные — могли бы поучиться от его истины: лучше замолчать, не творить. Но, тем не менее, после него появились лирики, доказавшие, что еще не все сделано для поэтического становления современной души.

Перевод Евгения Головина

26) *Протяженность, длительность (фр.).*

Евгений ГОЛОВИН

АРТЮР РЕМБО И НЕОПЛАТОНИЧЕСКАЯ ТРАДИЦИЯ

Поздняя лирика Рембо темна и загадочна, и это электризует ее дивную фасцинацию:

L'etoile a pleure rose au coeur de tes oreilles, L' infini roule blanc de ta nuque a tes reins; La mer a perle rousse a tes mammes vermeilles Et l'Homme saigne noir a ton flanc souverain.

Возможна позиция русского парафраза:

Звездная слеза розовеет в сердце твоих ушей. Белизна бесконечности нисходит, извиваясь, от твоей шеи к бедрам; Море золотисто жемчужится вокруг твоих багряных сосков... И человек истекает черной кровью близ твоего царственного лона.

Можно ли интерпретировать подобный текст, и что означает интерпретация? Вероятно, интуитивные круги, расходящиеся в нашем сознании от падения данного катрена. Отражательностью своей интерпретация отличается от объяснения или анализа.

Мы не спрашиваем, почему использована именно такая лексика, именно такая форма и о чем, собственно говоря, стихотворствует стихотворение. Исключая чисто филологический анализ, метод интерпретации в случае Рембо представляется единственно легитимным, ибо история исследования этого поэта изобилует объяснениями дикими и почти анекдотическими. «Девятнадцатый век, — писал Дени де Ружмон, — был воистину счастлив, когда ему удавалось «объяснить» небесное земным, высокое низким» [1]. В наше время такая тенденция вполне наличествует, в чем легко убедиться, прочитав, к примеру, книги Рене Этьямбля о Рембо. Однако люди, полностью изменившие принципы и направленность европейской поэзии — а Рембо один из них — не могут не быть инициаторами новых духовных поисков. Не имеет значения, стары они или молоды — художественное, то есть истинное, «я» лишь по касательной задевает человеческую актуальность. Поэтому даже подробные биографии, даже свидетельства близких друзей не играют никакой роли при характеристике авторского текста. Критики, отрицающие эзотерическое сообщение Рембо, приводят следующий довод: как, мол, юноша, который вел беспокойную и беспорядочную жизнь, мог высказать нечто важное в области гер-

метики, изучение коей требует усердных многолетних трудов? На этот вопрос пытались ответить интерпретаторы, признающие эзотеризм данного произведения: Ролан де Реневиль и Жак Жанжу, апеллируя к известному книголюбию Рембо, перечислили книги, по их мнению, прочитанные поэтом: «Corpus Hermeticum», изданный Луи Менаром, «Догма и ритуал высшей магии» Элифаса Леви, «Мифо-герметический словарь» Пернети и т.п. Странная уступка позитивистской критике. Ссылка на оккультную литературу легитимна только в том случае, если у того или иного автора находят аллюзии на магические операции, описание сакральных ритуалов, флер «тайного знания». Подобные аллюзии и флер можно при желании отыскать у Рембо, но это не производит убедительного впечатления. Рембо не просто любитель оккультных сочинений, а новатор традиционной мысли [2]. Поэтому совершенно неважно, что он читал, а что нет — пространства, из которых происходит художественное «я», вряд ли населены книгами. Тем не менее, произведение Рембо не лишено сложных соответствий с традицией в нормальном понимании. В процитированном выше катрене, словно озаренном молодым античным солнцем, встречаются выражения сугубо герметические: «сердце твоих ушей», «человек истекает черной кровью». Мы остановимся на этом несколько позднее. Сейчас лучше всего пояснить, что имеется в виду под герметизмом и каким образом Рембо трансформировал традиционную идею.

* * *

Всякого, кто давал себе труд знакомиться с так называемой «оккультной литературой», удивляли, вероятно, две особенности данных сочинений: очень выспренний, так сказать, мистагогический тон и очень бедное, но весьма запутанное содержание. Сочинения эти заполнены рецептами, диаграммами, таблицами, где растолковываются бесчисленные связи микро- и макрокосма, тайные качества минералов и растений, математика музыки сфер и числовая магия. Все это — вещи секретные, профанам недоступные, и непонятно, зачем авторы потратили столько усилий на создание подобных трактатов. Пользоваться их магическими рекомендациями бесполезно: корень сумахи не изгоняет тараканов, слюна молодых людей не убивает скорпионов, роза, сожженная в полнолуние во имя прекрасной дамы, еще не гарантирует ее любви. Советы, возможно, и правильны, однако без некоторых «брухад» (заклинаний), без некоторых тайных указаний их эффективность весьма незначительна. Нельзя научиться магии по книгам, как нельзя научиться «умной молитве» по житиям праведников. Оккультисты все это хорошо знают, что не мешает им обращаться к нам так, словно они только вчера пили чай в салонах Атлантиды или провожали на костер великого магистра тамплиеров. Тогда зачем издавать сии манускрипты и компендиумы? Какие пружины двигают сочинителями? Тщеславие, самообольщение, педагогическое рвение? Хотя последние фразы, скорее, относятся к пионерам оккультизма девятнадцатого века и американским «розенкрейцерам», нельзя не поставить под сомнение легитимность оккультной литературы в целом. В своей работе «О тщете искусств и наук» Агриппа Неттесгеймский высказался в следующем смысле: если кто-либо хочет что-либо уразуметь в себе самом и в мире, он должен, прежде всего, разувериться в книжном познании [3]. В конце восемнадцатого века аналогичную мысль выразил Л. К. де Сен-Мартен. И все-таки...

И все-таки, зачем столько подобного рода книг? Ностальгия ли по золотому веку тому причиной? Наивная ли уверенность в том, что достаточно намекнуть людям о былом могуществе королей-магов, достаточно дать понять об энергии геометрических символов и вербальных формул, чтобы границы их сознания расширились и воссияла многоцветная беспредельность мира и миров? Оккультные опусы кружат голову хмелем достижимой власти и богатства и в то же время утверждают катастрофическую пассивность человеческой массы: мы только марионетки неведомой исторической драмы, пожива для хищных птиц, нами управляют (кроме потусторонних сил, разумеется) всевозможные инициаторы новых парадизов, великие посвященные, тайные ордена, сугубо секретные ложи и т.п. Как будто мало спецслужб, мафий и страшных финансовых пауков.

Сколько ностальгии, наивных надежд.

В своей книге «Великая феерия» Метерлинк вспоминает забавный эпизод: когда в самом начале века английские войска проникли в Тибет и подошли к Лхассе, теософские общества преисполнились радостным ожиданием известия о неминуемом разгроме англичан. «Они никогда не захватят великой Поталы, ибо трансгималайские адепты владеют секретом разрушительных сакральных энергий». Когда Лхассу быстро и благополучно взяли, поклонники адептов смутились, но ненадолго, поскольку надолго оккультистов смутить нельзя. Сейчас они, сочетая апокалипсис и веданту, успешно толкуют о фи-

нале кали-юги, почему-то идентифицируя оную с «железным веком» греческой мифологии. Даже если принять весьма спорную тезу о первичной Традиции, разветвленной впоследствии на разнообразные традиционные учения, нельзя согласиться с какой-либо идентичностью подобных учений, следует, скорее, говорить о резонансах и влияниях. Кратко об этом: в далекой от креационизма греческой мифологии нет понятия, напоминающего индийскую «кальпу», и нет понятия о периодичности. Время возникает при контактах неба и земли, время есть неравномерная последовательность божественных Событий, вне таких событий время — только земная длительность, подверженная любому делению. Поэтому индийские «юги» и «четыре века» Гесиода можно соотнести лишь в очень неопределенной символике. Более того, пифагорейские числа-генады не имеют связи с временем в обычном понимании согласно «Теологуменам арифметики» Ямвлиха. Концепцию Гесиода трудно считать «традиционной» еще и потому, что она очень вольно интерпретировалась многими греческими философами. Вот любопытный комментарий неоплатоника Присциана (6 в.н.э.): золотой век — эпоха фаллической активности Урана, проявленность богов; серебряный век — прекращение фаллической активности Урана и проявленность Афродиты, «рождающей гармонические, дивные миры»; бронзовый век — эпоха богов и героев, Троянская война, «распря богов», угасание божественных Событий; постепенное отмирание божественных законов и форм в хаотической природной жизни [4]. Это одно из мифологических толкований платоновских гипотез в «Пармениде», диалектики «единого» и «иного», «истинного бытия» (био) и природной жизни (зоэ). Истинное бытие возникает при вхождении небесного эйдоса в соответственную материю, при насыщении материи «семенными логосами» (logos spermaticos). Однако материальному субстрату от природы присущ эйдолон или скрытая субстанциональная форма, которая определяет «качество» или «энергийную душу» каждой вещи. Жизнь, в отличие от «истинного бытия», стихийный природный процесс, бесконечное и бесцельное «становление» без каких-либо закономерностей и дефиниций, ситуация змей кадуцеи до прикосновения небесного эйдоса (жезла Аполлона).

Ясно, что эти положения можно понимать довольно широко, но ясно также, что распад эйдетической структуры начался еще в мифическом прошлом. По мнению неоплатоника Дамаския, «при разрушении эйдетической структуры человек превращается в сумму дискретных качеств и, лишенный разума, беспрерывно переходит из одного сна в другой» [5]. Что такое «разум» в неоплатонизме, объясняется в комментарии Синезия к «Пещере нимф» Порфирия: «Разум помогает понять узоры на камнях, раковинах, на крыльях бабочек, равно как язык облаков, деревьев и звезд» [6].

* * *

Итак, чем дальше уходит «действительность» от небесного принципа или «единого», тем менее заметен на ней след истинного бытия. После гибели героических цивилизаций человеческие «события» — только все более тускнеющие блики героического огня на развалинах древних храмов. Только страдание и боль удостоверяют нашу «реальность». «Истинное бытие отсутствует. Мы живем не в мире,»

— сказал Рембо. Где же тогда? В разнузданных стихиях, в толпе, в группе. Мнимую устойчивость нашему существованию придают чисто условные иерархические порядки, произвольно выбранные системы измерений. Если смягчить безусловно отвергаемый христианством максимализм языческих неоплатоников [7] и если учесть растворение христианства в иудео-христианстве, то катастрофу с «действительностью» можно отнести ко времени позднего средневековья. Началась, говоря языком гипотез «Парменида», жизнь «иного» при отсутствии «единого». Жрец, потеряв свою магическую силу, превратился в клерикала, герой-рыцарь, всем обязанный своей доблести и мужеству, превратился в дворянина, зависящего от своих предков и своего класса. Индивид стал распадаться на «сумму дискретных качеств», лишенные внутренней связи компоненты индивидуального микрокосма принялись объединяться в групповой и социальный макрокосм. Началась эпоха «новой философии», иронически воспетая Джоном Донном в конце шестнадцатого столетия: «New Philosophy calls all in doubt...» «Для новой философии сомнительно все. Элемент огня исчез. Солнце потеряно и земля, и никто теперь ... Не может сказать, где их искать.

... Кругом только обломки, связи разорваны ...»

Новая философия, новые философии. Лишенная божественного света мысль пытается учиться у природы и познавать природу, сооружая на борьбе стихий свои эфемерные конструкции. Джордж Беркли писал: «В центре каждой системы, претендующей на устойчивую целесообразность, будь то геометрическая фигура, научная теория или этическая парадигма, скрыто ее собственное отрицание, частица первобытного хаоса» [8]. Как защититься против ударов разъедающих волн хаоса? Надо создать общие правила поведения, общую систему измерений, единую и «научно-объективную» панораму вселенной, денежный эквивалент любых ценностей и, уничтожив сословные различия, превратить людей в «человечество».

Минотавр «всеобщего счастья» в электрических лабиринтах науки.

* * *

«Проклинаю размалеванную камеру пыток современного мироустройства,» — писал Гете в письме Беттине фон Арним. Но, казалось бы, — мы возвращаемся к скептическим замечаниям касательно оккультизма, — казалось бы, люди, которые стараются напомнить нам о живой и магической вселенной, о тайных ресурсах тела и души, предлагают нам спасительный выход. Исключим шарлатанов и честолюбцев, оставим искренних энтузиастов, и что же? Игнорируя трагическую инволюцию европейского бытия, они во всем обвиняют позитивизм и технический прогресс и в качестве панацеи впрыскивают в европейские мозги солидную дозу восточной мистики. В данном случае они поступают ничуть не лучше позитивистов с их общечеловеческим фантомом и летящей черт знает куда «солнечной системой». Совсем нет надобности путешествовать на другие планеты и отыскивать «братьев по разуму». Китайцы, индусы, шаманы, мганги, живущие по совсем иным спиритуально-анимальным законам, и являются таковыми «братьями». Каждая раса имеет собственных богов, собственное время и пространство, собственную космическую судьбу и, что главное для поэтического миросозерцания, собственный язык. Несмотря на внешнее «человеческое» сходство и соблазны компаративистики, обманчиво находить нечто общее в буддизме и христианстве, в западной и восточной мистической практике, ибо сравнение — «самая опасная фигура риторики». Нет оснований экстраполировать креационистскую и финитную мифологию на любое жизненное пространство. Европейская цивилизация повторила судьбу римской империи, став жертвой адской смеси языческой греческой логики и философии с монотеистическим иудео-христианством. И теперь, лишенная разумной божественной энергии, она погружается в турбулентные бездны хаоса, в сновидческие и алеаторические сопряжения жизни и смерти. Потому что в этих сумрачных, количественно безграничных областях, в климате хищной материализации может царить только непредсказуемая изменчивость, тотальный мираж и высасывающий душу страх физической гибели. Такая ситуация, естественно, очень устраивает быстротекущие и «сверхсекретные» группы, ордена и спецслужбы, проще говоря, скопище призраков, которые терроризируют и без того запуганное «человеческое сообщество» дикими и зловещими вымыслами, придавая им некое научное правдоподобие.

Совершенно ясно, что проблема герметизма, то есть поиска истинного бытия в пронизанной божественными эманациями вселенной радикально усложнилась и ужесточилась. Сейчас даже трудно представить задачи герметики и алхимии в античном мире, более или менее гармоничном на современный взгляд. Когда прекратилась активность небесных эйдосов и квинтэссенция перестала связывать материальные, душевные и духовные компоненты бытия в единый организм, человеческая индивидуальность рассыпалась в конгломерат акциденций, способностей, желаний и т.п. Формализация личности, некое подобие целостности стали достигаться доминацией какого-либо качества над остальными. Оценка личности приобрела метонимический характер: красавица, генерал, шулер, бизнесмен. И над всем этим господствует «лишенность» — главный атрибут материи, лишенность, которую сколь угодно великое приобретение только раздражает и стимулирует. Подобная тенденция весьма однотонно окрашивает взгляд на историю вообще и на историю герметических занятий в частности. Многообразие человеческой индивидуальности, обусловленное квинтэссенциальной организацией микрокосма, сменилось социальным макрокосмом, где единый для всех пространственно-временной континуум сочетается с пневматической сферой, также единой для всех. Учитывая это, можно догадываться только о целях христианской алхимии средних веков, которая, в сущности, является закатом королевского искусства [9]. Строители, воздвигнув соборы на местах, наиболее уязвимых для инфернальных энергий, пытались таким способом защитить Европу. Алхимики искали универсальную жизненную константу, дабы устранить бедность и материальные тяготы, излечить болезни тела и не дать сорваться душе с божественного круга [10]. И когда угасла деятельность строителей соборов, алхимических братств и рыцарских орденов, ничто не смогло эффективно воспрепятствовать инволюции белой цивилизации.

* * *

Тема деградации человека и конца «истинного бытия» разработана в поэзии задолго до французской революции. Две контрапунктических линии переплетаются в лирике семнадцатого века: прециозное воспевание женского тела и мрачная констатация тщеты и бессмысленности жизни, подчеркнутая драстическими описаниями смертных мук, инфер-

нальных пыток и страшного суда. Красота героических подвигов и высокой добродетели сменилась красотой материальной, трагизм гибели души сменился трагизмом неизбежности физической смерти. И в произведениях великих поэтов семнадцатого века — Марино, Гонгора, Гофманс-Вальдау — уже пробудилась главная тенденция поэзии нового времени: устранение от действительности, бегство от мира сего.

Цель герметизма радикально изменилась. Философский камень перестал быть вожделенным средством достижения долголетия и богатства, философский камень стал ... трамплином для прыжка в иные миры. Андре Бретон, назвав философский камень «блестящим реваншем воображения», коснулся нерва сугубо неоплатонической проблемы [11]. Только не так просто преодолеть зловещую гравитацию материальной «реальности». Фихте и Шеллинг, пытаясь спасти ситуацию духа, отделили внутренний мир (абсолютное «Я», Innenraum) от внешней «сферы активности деловой монады». Но постепенно «внутреннее пневматическое пространство» с его мечтами, снами, фантазмами стало вызывать недоверие и враждебность толпы и ее вожаков, поскольку все это отвлекало от «улучшения условий жизни», более того: распыляло прогрессивный прорыв, искажало «фактическое положение вещей». Истину, реальность и факты трактовали в девятнадцатом веке как нечто тяжелое, упрямое и костлявое. Когда на этих реалистов и тружеников нападала охота философствовать, они, подобно Санчо Пансе, щеголяли поговорками и пословицами. Вера в «фактическую реальность» настолько прельстила буржуа, что позитивист Ренувье даже предлагал воздвигнуть «храм Факта». «Вера в непогрешимость факта, — писал Кайзерлинг, — есть худшее из суеверий. Научная объективность — фетишизм атеистов» [12].

Справедливо. Ибо в хаотических своих потенциях, в чудовищной борьбе стихий фактическая мате-

рия способна порождать любые «молекулярные соединения» жизненно-механических монстров [13]. Хаос отнюдь не нарушение или уничтожение како-го-либо порядка. Хаос разъединяет материальный субстрат и его качественную характеристику, лишает материю ее субстанциональной формы. Следовательно, эйдосы без соответствующего субстрата не могут гармонично воплотиться в материи, доступной нашему восприятию и, таким образом, распадается вся система небесно-земных соответствий. Эйдос не встречает направленного желания материи (capacitas formarum), материя начинает поглощать и претерпевать что угодно. Когда-то художник почитал за кощунство называться «творцом»: задачей скульптора было прозорливое угадывание специфического мраморного блока, скрывающего божественный силуэт — после этого скульптор «выявлял» статую, отделяя лишнее [14].

Из подобных рассуждений можно сделать только личные выводы.

Континент белой цивилизации рассекается, разрывается под действием неведомых энергий хаоса. Техницистам не следует особенно гордиться собственной гениальностью, ибо они играют здесь довольно пассивную роль. Техницисты — сущности, с помощью которых потустороннее успешно разрушает посюстороннее. С помощью этих людей (сущностей, агентов) потустороннее аннигилирует организованность мироздания, гармонию, любовь, время и пространство, то есть атмосферу ориентированного смысла жизни. И если не наступит божественное Событие, судьба покинет данную цивилизацию [15].

Бегство в таких условиях легитимно и необходимо, иначе душа, взыскующая ирреального неба, погибнет в медленном и страшном конформизме. История новой поэзии — история разнообразных побегов. «Куда угодно, только подальше от этого мира,» — сказано в одной из поэм в прозе Бодлера, хотя он еще верил в небесно-земные «соответствия». Самоубийство, внутренняя эмиграция, экзотические горизонты, иные традиции, фетиши Океании, искусственные парадизы. На руинах христианства еще тлели растерянные надежды. Но жизнь и творчество Рембо неумолимо доказали: этот мир действительно «кончен», по крайней мере, для поэзии.

* * *

Почему «человек истекает черной кровью близ твоего царственного лона», и что внушается в этом четверостишии без названия (L'etoile a pleure)? Абрис вселенной, космической Галатеи? Или теофания Афродиты, рождающей дивные миры? «Черная кровь» — одно из обозначений в герметизме сжигающего, взрывного сульфура (soufre combustible). Это энергия, необходимая для беспрерывного становления материальной природы, катализа-

тор физической, земной притяженности. Ее цетробежность в ситуации мужчины есть центростремительность в ситуации женщины, поскольку «черная кровь» тяготеет к «черной магнезии» — средоточию женской природы. Этим объясняется ненасытное стремление к захвату, обладанию, пожиранию, уничтожению, что стимулирует стихийную динамику, но мгновенно или постепенно аннигилирует соматико-анимальную структуру захватчика [16]. Трансформировать «черную кровь» в нечто более высокое нельзя, главное — избавиться от нее [17]. Толь-

ко в таком случае возможна эффективность фантазии, понятой как сублимация и пролификация человеческой актуальности.

Надо сказать несколько слов о принципе трансформации.

«Превратить свинец в золото» — подобное выражение бессмысленно, если считать золото и свинец простыми элементами периодической таблицы. Алхимический постулат «все во всем», аналогия микро- и макрокосма, небесно-земные соответствия предполагают изначальную сложность каждого элемента, несводимого к совокупности простых составляющих. Квинтэссенциальная эманация «единого» («…белизна бесконечности нисходит, извиваясь от твоей шеи к бедрам»), иерархически связуя манифестации «иного», дает возможность гармонически централизовать какое-либо вещество и переместить его с периферии ближе к «золотой оси». Но когда природа отпадает от сферы влияния «единого», нет резона рассуждать о подобных операциях. Тело, оживленное лишь вегетативно-анимальными импульсами, становится добычей демонических энергий, от него необходимо избавиться, отделиться (алх. «separatio») [18].

Мужчина в технической цивилизации — существо обреченное и в любом смысле инструментальное — занимается ли он придумыванием или обслуживанием машин или участвует в деторождении. Ощущением приниженности и рабства не в последнюю очередь объясняется его необузданная агрессивность, какими бы лозунгами она не прикрывалась. Но в стихийном динамизме природы уничтожение и созидание равно бессмысленны.

Итак: в режиме все более прогрессирующей матриархальности не представляется легитимным делать определенные выводы касательно алхимии, спагирии, теургии — наук сугубо патриархальных, — тем более заниматься ими. Сейчас наступила эпоха специфически женской магии (сексуальное околдование, роботизация мужчины и т.п.), черной магии (атомная энергия, коллективный гипноз, конструкция зоэ-механических монстров), каббалистики (компьютерные технологии) [19].

Надо иметь смелость идентифицироваться со своим художественным «я», каких бы страданий это не стоило, и раскрыть душу небесному эйдосу. Отсюда слова Рембо: «Я хочу быть поэтом и работаю, чтобы им стать». О «работе» более или менее ясно повествуют «письма провидца» и «Лето в аду». Тенденции «работы» приблизительно таковы: следует разорвать притяжение действительности, растворить христианскую мораль языческим скепсисом, уйти от «ада женщин там внизу», потому что «любовь надо изобрести заново». Последний момент принципиален в творчестве Рембо — великого поэта любви или, вернее, поиска любви. Есть все основания расценивать его как последователя труверов, Данте, мистических поэтов 16-17 веков.

Любовь есть квинтэссенция в своем женском аспекте и тайный огонь в мужском [20]. Но это лишь томление, ностальгия. Надо отстраниться от их аксиологических осей, их приапически ориентированной эстетики, цинически посмеяться над их «Венерой Анадиоменой» и «Сестрами милосердия». Зачем? Чтобы уничтожить податливость психической материи, разрешающую агрессию социальных клише, вытравить материнское молоко и шрамы отцовского кнута и стать чистой обнаженностью, чистой возможностью. Тогда в глубине этой океанически свободной возможности проявится скрытая субстанциональная форма, ничем не обусловленная фаллическая активность или, по алхимическому выражению, «фермент без спецификации».

Plus fort que l'alcool, plus vaste que nos lyres,
Fermentent les rousseurs ameres de l'amour!
(Сильней алкоголя, шире наших лир,
ферментировали горькие багрянцы любви!
«Пьяный корабль») [21].

Но не пытаемся ли мы прочертить выгодный нам курс корабля сего? Не свершаем ли насилия над текстом? Стихотворения и поэмы в прозе Рембо написаны в децентрализованном стиле. Здесь свободно произрастают смыслы, эмоции, диссонантные фонетико-ритмические группы. В успешной конкуренции междометий, восклицаний, наречий с глаголом и субстантивом, зачастую весьма многозначным, рождается неистовая фраза, тяготеющая к распылению в неведомой атмосфере. Блуждающий центр композиции провоцирует столкновение разных уровней сравнительных пониманий. Мы только пытаемся проследить более или менее очевидную герметическую ось произведения.

Процитируем одну из самых интересных в этом плане поэм Les Illuminations, которая называется «Утро опьянения» (Matinee d'ivresse):

«Только мое Благо! Только моя Красота! Жестокое пение фанфары, я буду слушать тебя! Ура! Странной работе, дивному телу, началу! Это начинается детским смехом, это кончится детским смехом! Этот яд останется в нашей крови, даже когда угаснет пение фанфары и мы вернемся в старую дисгармонию. Но теперь, теперь мы достойны пытки! Неистово сосредоточим сверхчеловеческое обещание нашему сотворенному телу, нашей сотворенной душе: это обещание, это безумие! Элегантность, наука, насилие! Нам обещано похоронить дерево добра и зла, уничтожить тиранические добродетели, дабы явилась наша совершенная чистая любовь. Это началось некоторым отвращением и кончилось — нам не дано тотчас поймать эту вечность — это кончилось буйством ароматов.

Детский смех, осторожность рабов, суровость девственниц, ужас здешних лиц и вещей — будьте освящены воспоминанием об этой бессонной ночи. Это началось тривиально и постыдно и вот: это кончилось ангелами огня и льда.

Краткая, святая бессонность опьянения, пусть твой дар — только маска! Метод, мы утверждаем тебя! Мы не забудем — вчера ты возвеличил каждый наш год. Мы верим яду. Мы знаем: отдать всю жизнь, все дни.

Вот оно — время Убийц (Асассинов)».

Мнения критиков расходятся в драстическом тумане иммморализма: здесь усматривают гомосексуальность, мастурбацию, гашиш и т.п. Вот до чего доводит привычка видеть в трудном тексте непременную зашифрованность. «Утро опьянения» в греческой алхимии — одно из определений «выхода» из «черного хаоса» под водительством Ариадны и Диониса. Подробнее об этом — в следующих статьях.

Примечания автора:

1) Denis de Rougemont. L'amour et l'Occident, Paris, 1968.

2) Столь еретическая формулировка вызовет, вероятно, негодование традиционалистов. Считается, что традиционная мысль незыблема и постоянна — ее дозволительно лишь осторожно комментировать и разъяснять. Однако центральность главных принципов еще не означает неизменности их функционирования в различные эпохи. Признание безусловности полярной звезды еще не означает, что корабль должен постоянно пребывать на полюсе. По словам Рембо, «поэт определяет меру неизвестного своей эпохи».

3) Знаменитая «Тайная философия» Агриппы почти целиком написана его учениками. Таким же манером написано более половины сочинений Парацельса. (Allendy, R., Paracelse, le medecine maudit, Paris, 1937, p. 19-21). Большинство трактатов по магии и алхимии принадлежат анонимным авторам. Очевидно, в старые времена люди менее трепетно относились к проблеме авторизации.

4) J.M. Rist, Mysticism and Transcendence in Later Neoplatonism, Hermes, 1964, 92, p. 213-225.

5) J. Combles. Damascius lecteur du Parmenide. Archives de philosophie, 1975, 38, p. 40. Цитата примечательно напоминает ситуацию «Пьяного корабля» Рембо.

6) Le Neoplatonisme, Paris, 1971, p. 342.

7) На историческую ретроспекцию поздних неоплатоников безусловно повлияло «пришествие христианского варварства» (Присциан).

8) Цит. по E. Cassier, Berkeley system, London, 1914, p. 93.

9) Хризопею (мутацию простых металлов в золото) эпохи барокко следует считать просто авантюрной химией, которой занимались , в основном, черномагически ориентированные кузнецы и аптекари-каббалисты. Адепты производили подобные опыты с целью аппробации качества тинктуры.

10) Этой сложной теме посвящены замечательные страницы Роджера Бэкона и Майстера Экхарта. Много интересных данных собраны в книге: Duval, P., Recherches sur les structures de la pensee alchimique et leur correspondances dans le Conte de Graal, Lills, 1976.

11) Мы рассуждаем, само собой разумеется, только о лирической поэзии, на развитие которой сильно повлияли, согласно Марселю Рэмону и Гуго Фридриху, неоплатонизм и орфический гнозис.

12) Keyserling, H., Kritic des Denkens, Hamburg, 1948, s. 122.

13) «Механическая сущность не имеет центра и живет заимствованной энергией». Leibniz, G.E., Gesammelte Werke, Munchen, 1929, t. 3, s. 204.

14) Это касается не только искусства, но и любого ремесла. См. Николай Кузанский. Книга простеца (Liber de idiota). Кстати говоря, Рене Генон проделал примерно такую же работу по «выявлению» традиции из общей массы оккультизма.

15) Эти выводы в духе языческого неоплатонизма сделаны без учета христианской эсхатологии и теории циклов.

16) «Когда истощается энергия завоевателя, он становится жертвой завоеванного». Junger, Ernst, Sanduhr-Buch, Munchen, 1932.

17) Сублимация — освобождение, а не превращение. Нельзя трансформировать нечто низкое в нечто высокое. Отсюда крайняя сомнительность идеи Фрейда о «сексуальной энергии, трансформированной в художественное вдохновение».

18) В языческом неоплатонизме выражение «демонические энергии» этически не акцентировано. Имеются в виду энергии титанов, пифонов и партеногенетических порождений великой матери, враждебных божественно-героической организации бытия. Избавление, отделение от тела: речь идет не об аскезе или умерщвлении плоти, но о «философском освобождении души от тела» (Ямвлих).

19) Цифровая и буквенная комбинаторика — сатанинская пародия на пифагорейскую науку о числах и фонетическую теургию Ямвлиха. Синкретизм неоплатонизма и каббалы у Фичино и Мирандоло — одно из свидетельств угасания традиции в ренессанс. (Blau, J.D., The Christian interpretation of the Cabala in the Renaissance, London, 1944).

20) Посмотри на вражду грубых камней очага и грубого огня. Знай, сын мой: секрет — в истинной любви Гестии и Гефеста. В единении очага и огня рождается наше золото (nostrum aurum). Артефий (De la grande Pierre des Anciens Sages, Strasbourg, 1645, p. 414).

21) Здесь интересно отметить обычное для труверов сближение atere и atour. По Якову Беме «горечь» — качество, присущее «белому сульфуру».

СТИХИ

Из цикла «КОРОЛИ БЕТЕЛЬГЕЙЗЕ»

СМЕРТЬ ТАМПЛИЕРА

Я хочу умереть за идею полярных царей,
И в кровавую ночь я хочу опустить свои пальцы...
Вот уже третий день атакуют нас неандертальцы,
Своим воем пугая измученных наших коней.

Короли Бетельгейзе на полюсе строят дворец.
Я — на дальнем посту. Я борюсь против брахокефалов.
Я еще продержусь, хотя нас очень мало осталось,
Хотя звезды и тени пророчат нам близкий конец.

Мы спустились на землю по белой дороге Луны.
Мы искали ту бездну, в которой спит точка опоры. —
Только наши шаги потревожили темные норы,
Где таились от неба угрюмые духи войны.

Мы сгорим непременно от пламени наших мозгов,
Что сияют, как солнце, над черной сердечной Луною.
Губы вымолвят: «Арктур», и снег наши вены покроет,
И поднимется ветер из дальних арктических льдов.

Мы отвергли путь вверх. Мы отвергли Великий Ответ.
Мы отвергли объятья и хищное таинство брака,
Чтоб увидеть на миг, как из синего плотского мрака
Взрыв полярных сияний рождает неистовый свет.

Мы уйдем как мужчины, как боги, как капли росы,
Повторяя неслышно: «Non nobis, Domine, non nobis...»
Только рыжие псы будут страстно лизать наши ноги,
Только солнечный зайчик сверкнет от свинцовой косы.

Ах! «Sed Nomini Tuam» Пусть реет во тьме Босеан!
Черно-белый наш стяг уже покрывается кровью...
Есть у нас тайный идол — его называют Любовью,
Он живет там, где реки впадают в небес Океан.

Наша руна победы — в безумьи двух огненных змей.
Наш Спаситель жесток — цвет и имя похожи на кальций...

Вот уже третий день атакуют нас неандертальцы,
Своим воем пугая измученных наших коней.

КОНЕЦ НЕБА

Пробуждаясь, Луна растворяла причины созданий,
Обезумевший маг отрицал аксиомы закона,
Детям дали кристаллики льда и слова заклинаний,
Чтобы дети пошли по дороге небес к Ориону.

Детям дали мешки и коварных кораллов короны,
Повелев, чтобы ветер касался ключицы тюльпана.
В белоснежных каретах съезжались на бал обезьяны,
Подарив свои милым из черных камней медальоны.

(А в кустарниках Инда скитался простуженный Кришна,
Сожалея, что ввел в заблужденье царя Кауравов.
Засыхала роса на глазницах цветастых удавов,
И читала лиса преступлений старинную книжку.)

Орион, Орион, подожди! Ты не должен так быстро
Перейти за черту, что проходит меж раем и адом...
Бетельгейзе, замри! Полежи эту ночь с нами рядом,
Как сраженная Богом несчастная белая птица.

Ниже нету огня, лишь молчание глинянных статуй,
Лишь безжизненный гул голосов на наречье Эноха.
Зыбко прячась в меха, мы не сдержим последнего вздоха.
Нам прочли приговор. Мы, конечно, во всем виноваты.

Только свечи и лошади. Только фарфоровый улей.
Только дети из прошлого с белыми крыльями снега.
Впереди только ночь, а над нею полярная Вега.
Впереди только ночь. Горе тем, кого мы обманули.

Но не выпадет дождь. И не встанут из гроба пророки.
Будет спать Император в своей обветшавшей пещере.
Лишь на грани земли приоткроются узкие щели,
И хлестнет по глазам фиолет острым стеблем осоки.

Из сборника «ХИМИЧЕСКИЙ САД»

АЛКАЕСТ

Иди, Илия, пить кошмар из фонтана Хольмат.
Путь твой ясен и сух, но как истина мутен вопрос.
Тело девы плывет dans la mer obscure et tenebreuse,
Из невинных грудей исторгая лактический яд.

Посмотри, Илия, в чисто меркуриальный кристалл,
Где свирепый багрец фиолетовый лижет овал.
О Адам! О сапфир! О всевидящий анус зеркал!
Раствори белый иней в ночи ангелических стай!

Илия, Илия, как чудовищен твой Атанор!
Там в лиловом огне плавится двухголовый Ребис.
Так бесцельны пути, но так манит токсический низ.
Так на аутодафе колдуны прославляют Аор.

Бог устал. Бог уснул. Богу снятся тревожные сны...
Но лазурь так чиста в ядовитых руках сатаны.
Он подарит тебе иммортель, колесницу сурьмы
И спасенье души в парадизе оптической тьмы.

СОН В РЕЖИМЕ СОЛНЦА

О субтильный морфей, обезьяна оптических стран,
Где лимонные тигры лиловых едят лесбиянок,
Где цветет суицид в нереально зеленых лианах,
Где заснеженный барс робко смотрит в кровавый туман...

Флага, иней, лазурная фея стекла,
Обнажи свой язык апельсинам глазных сновидений
В генитально немой и кристально урановой пене
Сладострастных дождей островов Абсолютного Зла.

Ваши ноги сгниют в кипарисах Содома, Рахель!
Иерос гамос ночей полоснет золотого Эроса,
Голубой Иоанн, испаряясь над лавой тороса,
Упадет сквозь стекло в совершенно чужую постель...

В жилах темных металлов мозгов зашевелится спрут —
Серый пепел стряхнуть с шоколадных плечей Ариут.

ЖЕНА ПАРАЦЕЛЬСА

Femme. Белизная арсенических стелл,
В экзальтации пьющих туманную кровь Андрогина.
Идеальный овал наготы инфернального сплина.
Notre-Dame-sous-la terre et l'inceste avec fils dans le ciel.

Агрессивная жертва экстаза дурных диадем,
Унижающий логос ногтя, сателлиты сосков,
Изумрудный clitoris в лакунах разбитых зрачков
И за каменным небом отсутствие тайного «М».

Но в ее менструальной слюне из арктических снов
Невротичный Архей источает, смеясь, реальгар…
В ледяной фирманент лунным злом погружается бровь,
Где Люцина ласкает Гекаты подземный загар.

Это блеск сумасшедшей луны далеко au-dela,
Где стервятник души рвет фарфоровый труп Короля.

NAUFRAGE

Отпечатки сердец розовеют в песках лабиринта,
На манжете адепта останки зеленого льва.
Кто-то спутал с albedo акаций хрусталики льда,
А с расплавленным золотом горький напиток абсинта…

ЦВЕТОК БАРААС

В темно-синем плаще голубых бореальных ветров,
Позабыв про эон, где тревожно рычит Адамас,
Ты хочешь искать на Востоке оптических снов
Цветок Бараас над дорогой, ведущей в Дамаск.

Ты видел фиалки у жадных зубов матерей,
Ты видел пещеры в снегах алебастровых ваз,
Но смертный не должен искать в асфиксии ночей
Цветок Бараас над дорогой, ведущей в Дамаск.

Ты трогаешь губы арктически злого ноля,
В кристаллах росы инвертируя зло Алюдель.
Но вместо рубинов дворца твоего короля —
Ворота Аменты, где грозно плывет Ариэль.

(Цветок Бараас, фанатически черный кристалл,
Смарагдовых копей изрезанно чистый экстаз,
Муаровый воск истероидно ломких зеркал —
Цветок Бараас над дорогой, ведущей в Дамаск.)

Но твой силуэт губит стаи больных лебедей,
Летящих на Север, в круги абсолютного Зла…
Тяжелые струны хтонической лиры людей
Тебе не простят au-dela.

ПРИМЕЧАНИЯ

«Смерть Тамплиера»

«ЧТО СИЯЮТ, КАК СОЛНЦЕ, НАД ЧЕРНОЙ СЕРДЕЧНОЙ ЛУНОЮ» — аллюзия на инициатическую практику «перестановки светильников», когда «сердечное солнце» перемещается в «лунную голову»; реализация такой инициации гарантирует бессмертие.

«МЫ ОТВЕРГЛИ ОБЪЯТЬЯ И ХИЩНОЕ ТАИНСТВО БРАКА» — тамплиеры давали монашеский обет целомудрия.

«NON NOBIS, DOMINE, NON NOBIS, SED NOMINI TUAM DA GLORIA» — традиционный девиз тамплиеров; дословно означает: «Не нас, Господи, не нас, но и Имя Твое покрой славой».

БОСЕАН — тамплиерский флаг, состоящий из сочетаний белого и черного цветов.

«...БУДУТ СТРАСТНО ЛИЗАТЬ НАШИ НОГИ» — аллюзия на сожжение глав Ордена Филиппом Красивым.

«...ТАЙНЫЙ ИДОЛ» — согласно легенде, в командорствах тамплиеров находились особые сакральные статуи, изображавшие или Бафомета или гностического Амура.

«Конец Неба»

ОРИОН — в сакральной циклологии — важнейшее созвездие, связанное непосредственно с определением начала и конца глобальных периодов человеческой истории; созвездие прямо сопряжено с традиционной эсхатологией.

БЕТЕЛЬГЕЙЗЕ — звезда созвездия Орион. В индуистской астрологии называется звездой «бога Шивы».

«...НА НАРЕЧЬЕ ЭНОХА» — аллюзия на «язык ангелов» или «энохианский язык», который был заново обретен английским алхимиком и магом Джоном Ди. (См. Густав Майринк «Ангел западного окна»).

«Алкаест»

АЛКАЕСТ — специальное название «универсального растворителя».

ИЛИЯ — традиционно считался покровителем всех инициатических традиций и архетипом адепта.

ФОНТАН ХОЛЬМАТ — в суфийской традиции источник сакрального гнозиса.

«ПУТЬ ТВОЙ ЯСЕН И СУХ» — аллюзия на «сухой путь» в алхимии.

«dans la mer obscure et tenebreuse» — «в темном и мрачном море» (фр.); аллюзия на nigredo.

«МОЛОКО ДЕВЫ» — таинственная алхимическая субстанция, связанная с переходом ко второй стадии Великого Делания.

АТАНОР — эзотерическая печь алхимиков; от греческого слова «бессмертие».

«ДВУХГОЛОВЫЙ РЕБИС» — алхимический Андрогин, дословно «двойная вещь» (лат. re bis).

АОР — на др. евр. «свет».

«КОЛЕСНИЦА СУРЬМЫ» — название одной из работ Базиля Валентина.

«Сон в режиме солнца»

ФЛАГА — согласно Парацельсу, фея «пятого элемента», эфира или квинтэссенции.

АРИУТ — в гностической традиции владычица одного из регионов небесного чистилища; изображается как африканская женщина с анормально длинными волосами.

«Жена Парацельса»

Исторически у Парацельса никогда не было жены и, скорее всего, он всю жизнь прожил девственником.

FEMME — «женщина, жена» (фр.).

«NOTRE-DAME-SOUS-LA-TERRE» — досл. «Богоматерь под землей» (фр.) — традиционное название особых «черных мадонн», которые часто можно увидеть в криптах католических храмов; в алхимии символ первоматерии.

«ET L'INCESTE AVEC FILS DANS LE CIEL»

«ET L'INCESTE AVEC FILS DANS LE CIEL» — досл. «и соитие с сыном на небе» (фр.); аллюзия на «алхимический инцест», соединяющий очищенную материю с небесным, мужским принципом.

«ТАЙНОЕ «М»» — у Парацельса шифрованное название особой секретной субстанции, проникающей в мир из-за звездного неба, фирмамента, и наполняющей мир.

АРХЕЙ — по Парацельсу, невидимый активный агент алхимических трансформаций.

РЕАЛЬГАР — алхимический мышьяк, синоним меркуриального растворителя.

«ЛЮЦИНА ЛАСКАЕТ ГЕКАТЫ ПОДЗЕМНЫЙ ЗАГАР» — Люцина в алхимии означает небесную, духовную и очищенную женскую субстанцию; Геката, напротив, ту же субстанцию, но в ее «адском», инфернальном и неочищенном состоянии.

«AU-DELA» — «по ту сторону» (фр.).

КОРОЛЬ — символическое название алхимического «субъекта» («notre sujet»).

«Naufrage»

«ЗЕЛЕНЫЙ ЛЕВ» — появление «зеленого льва» — важнейший этап алхимического делания; меркуриальная, кислотная субстанция, с крайне активными свойствами.

ALBEDO — «работа в белом», вторая стадия Великого Делания.

«Бараас»

Символизм цветка «бараас» подробно описан в двух герметических трудах Функанелли. Символ «материи философов».

АДАМАС — в гностических системах один из архонтов эонов.

АЛЮДЕЛЬ — герметический сосуд, в котором алхимики осуществляют Великое Делание, «ваза философов».

Амента — в гностических системах особый эон, в котором души подвергаются пыткам архонта Ариэля и его слуг.

КОНТРИНИЦИАЦИЯ
и
ТЕЛЕМИЗМ

Александр ДУГИН

КОНТРИНИЦИАЦИЯ

(критические заметки по поводу некоторых аспектов доктрины Рене Генона)

1 Предварительные замечания: необходимость поправок к традиционализму

Вопрос "контринициации" является самым темным и неоднозначным во всей традиционалистской мысли. Возможно, это следствие самой той реальности, которую традиционалисты вслед за Геноном обозначают термином "контринициация".

Смысл контринициации у Рене Генона излагается в книге "Царство Количество и знаки времени". Вкратце можно сказать, что под контринициацией Рене Генон понимает совокупность тайных организаций, владеющих инициатическими и эзотерическими данными, которые, тем не менее, направляют свою деятельность и свои усилия к цели, прямо противоположной цели нормальной инициации, т.е. не к достижению "Высшего Тождества", но к фатальному исчезновению и растворению в "царстве количества", во внешних сумерках. Иерархов контринициации Генон, следуя за исламским эзотеризмом, называл "авлийя эш-шайтан", т.е. "святые сатаны". С его точки зрения, представители контринициации стоят за всеми негативными тенденциями современной цивилизации, тайно направляет ход вещей по пути деградации, материализации, духовного вырождения.

Так как логика циклического процесса, согласно Традиции, неизбежно сводится к движению по пути деградации, от Золотого века к Железному, то должны быть какие-то сознательные силы, которые способствуют этому процессу, тогда как силы истинной инициации и подлинного эзотеризма, напротив, всячески препятствуют роковому упадку. Такой исторический дуализм Генона ни в коей мере не затрагивает метафизического Единства Принципа, так как относится к сфере Проявления, где основным законом является двойственность. Эта двойственность, лежащая в самой основе манифестации, преодолевается только по мере выхода за рамки Проявленного, в сферу чисто трансцендентных принципов, внутри же мира дуализм неснимаем. Тем самым роль контринициации отчасти оправдывается, так как она коренится не в произволе, но в самой провиденциальной необходимости, связанной с законами мироздания.

Эта чисто теоретическая часть учения о контринициации совершенно безупречна с логической точки зрения, подтверждена различными доктринами сакральных традиций, относящимися к тематике "демонов", "дьявола", "злых духов", "антихриста" и т.д. Но все становится намного сложнее, когда предпринимается попытка перейти от теории к практике и назвать в качестве примеров контринициации какие-либо конкретные организации или тайные общества. Проблема состоит не только в этом. Прежде чем выяснять этот тонкий вопрос, необходимо внимательней рассмотреть, что именно Рене Генон понимает под "инициацией" и "эзотеризмом".

Согласно Генону, историческое различие сакральных форм — религий, традиций и т.д. — является следствием различного качества человеческой и исторической среды, в которую проецируются лучи Единой Нечеловеческой Истины. Иными словами, для него все традиции по мере приближения к своему собственному центру преодолевают конфессиональные различия и почти сливаются в нечто единое. Генон называет это **"Примордиальной Традицией"**, **"Изначальным Преданием"**. Такое Предание, по Генону, составляет тайную сущность всех религий. В некотором смысле, это справедливо. Внимательное изучение символизма Традиции, ее ритуалов и доктрин подводит к мысли о том, что все сакральные учения имеют некий общий элемент, некую общую парадигму, которая несколько теряется из виду, как только дело доходит до более узко догматических и детальных аспектов. Особенно убедительно выглядит тезис о "единстве Традиции" в актуальных условиях, когда современный мир создал цивилизацию, построенную на разительном контрасте со всем тем, что можно назвать Традицией. Иными словами, традиционализм и апелляции к Единой Традиции являются убедительными в той степени, в какой противопоставляют друг другу мир современный и мир Традиции, объемлющий

345

все, что собирательно под этим понимают. Действительно, между традициями и религиями на фоне общего контраста с современной полностью десакрализованной цивилизацией сходства намного больше, нежели различий. Эта констатация очевидна. Вопрос только в том, до какой степени подобное циклическое сближение перед лицом общего врага является следствием эзотерического единства?

Иными словами, является ли различие между самими сакральными традициями лишь результатом погрешностей Среды? Не стоят ли за этим некоторые более глубокие причины?

Наглядным примером актуальности такого сомнения могут служить колебания Генона относительно того, *причислять ли к аутентичным традициями буддизм или нет.* Вначале Генон относил буддизм к разряду антиномистских ересей, позже признал его подлинной традицией. Дело здесь не в буддизме, но в том, что подобная неуверенность самого Генона показывает некоторую условность его метода всякий раз, когда дело касается конкретных исторических традиций и их догматических принципов. Если даже Генон мог ошибиться в вопросе буддизма (который оставался для него в значительной степени абстракцией, и в вопросе о котором он опирался на мнение своих индуистских информаторов, отличавшихся, как все индуистские традиционалисты, резкой антибуддистской направленностью), то не исключено, что аналогичные погрешности могут иметь место и в случае иных религий.

Наши собственные исследования привели нас к выводу, что, по меньшей мере, еще в двух случаях Генон оценивал вещи не совсем верно.

Во-первых, когда *Генон отказал христианской Церкви в инициатическом измерении,* — он датировал утрату этого измерения (присутствовавшего в изначальном Христианстве) эпохой первых Вселенских соборов, — он явно основывался на истории и историософии исключительно католической ветви (с позднейшей девиацией протестантизма). Генон явно проигнорировал метафизическую и инициатическую реальность Пра-

вославия, которая резко и по самым фундаментальным позициям разнится с западным христианством. Генон отождествил христианство с католицизмом и неправомочно перенес пропорции католической организации — включая мистическую природу ритуалов и специфику богословия — на все христианство в целом, что сделало его утверждения по этому вопросу совершенно некорректными [1].

Во-вторых, *Генон поспешил признать за иудейской каббалой качество подлинного эзотеризма,* который, по его же мнению, должен при этом отличаться универсализмом и находиться по ту сторону всякого партикуляризма. На самом деле, каббала никак не в меньшей (если не в большей) степени, чем талмуд и экзотерический иудаизм, настаивает на этнической особости евреев, на уникальности их судьбы и на метафизической ее противопоставленности всем остальным народам и религиям. Это явно противоречит геноновскому определению эзотеризма, где должны доминировать принципы универсального единства и слияния всех духовных и религиозных форм в общей концепции. Каббала же в решающий момент, т.е. в момент эзотерической кульминации своих доктрин, утверждает не единство, но радикальный и несинимаемый метафизико-этнический дуализм.

Кроме того, в более общем плане, *оценки Геноном некоторых народов* — древних греков, японцев, немцев, англосаксов, славян — подчас *настолько субъективны и произвольны* (а на этих оценках Генон стремится подчас основывать свои выводы относительно ортодоксальности или неортодоксальности традиционных форм), что ставят под сомнение все аспекты традиционализма, где речь идет о приложении теоретических соображений к сфере практической.

2. Отсутствие универсальной контринициации

Различия религиозных форм могут быть фактором, гораздо более глубоким, нежели условности

---

[1] *Данная тема подробно раскрыта в книге А.Дугина "Метафизика Благой Вести (православный эзотеризм)", М., 1996. В этой же работе содержится подробный разбор христологических взглядов Генона, проистекающих из его конфессиональной принадлежности к исламу. Вообще говоря, несмотря на то, что Генон писал собственно об исламской традиции крайне мало, большинство его тезисов относительно эзотерической проблематики проистекают именно из исламского взгляда на вещи, хотя и в его эзотерическом срезе. Генону были близки индусский адвайто-ведантизм и исламский суфизм. Специфические подходы эзотеризма этих двух традиций в значительной степени сформировали предпочтения и оценки Генона в области исторических религий и их догматики. Какими бы логичными и стройными ни были эти две системы, они еще далеко не исчерпывают собой всех возможных разновидностей эзотерических и инициатических доктрин.*

экзотеризма, и корениться в самой метафизике. Если для индуизма и исламского эзотеризма в силу специфики этих традиций объединительный синтез осуществляется довольно легко (при том, что все остальные традиции толкуются в перспективе, свойственной исключительно им), то в иных религиозных формах дело обстоит несколько иначе. Индуизм и ислам позволил Генону выстроить логичную и непротиворечивую картину, но она становится гораздо менее очевидной, если мы попытаемся применить ее к иным религиям и их специфическому подходу к метафизике.

Для Генона (и традиционалистов, за ним следующих) ситуация такова. — Единая Метафизическая Традиция, составляющая суть универсального эзотеризма, является внутренним зерном всех ортодоксальных традиций. Догматические религии и иные формы экзотерических традиций являются внешними оболочками, скрывающими за видимым многообразием единство содержания (эзотеризм и инициацию). На противоположном полюсе от универсального эзотеризма находится "контриниациация" как отрицание этого универсализма, а не просто как отрицание той или иной религиозной или экзотерической формы. Таким образом, *сама концепция "контриниациации" неотделима от постулирования эзотерического Единства всех традиций.*

Но, как мы показали, вне эзотерического исламского и индуистского контекста такая логика не может быть однозначно принята, так как метафизика других традиций не признает эзотерической солидарности с иными религиозными формами. На самом деле, универсализм суфизма и индуизма также не столь очевидны, как это кажется на первый взгляд. Ценой признания ортодоксальности других религиозных форм является утверждение их "искаженности" и трактовка их догматов в духе и букве специфического, свойственного лишь индуизму и суфизму эзотеризма. Так, к примеру, индуистский подход к христологии фактически приравнивает Христа к аватаре, что в рамках сугубо христианской догматики равнозначно "монофизитскому" взгляду. Ислам же, исходя из строгого монотеизма, напротив, придерживается "несторианской" христологической схемы. При этом в обоих случаях отрицается именно православная христологическая формула, которая в пределе приводит к совершенно иной метафизической перспективе[2].

Таким образом, универсализм, провозглашаемый традиционалистами, оказывается на деле не столь тотальным и однозначным, как хотелось бы.

Далее, индуизм основывает свою традицию на формуле, обратной по отношению к иранской традиции, вышедшей из того же источника. Известно, что даже в названиях богов и демонов между зороастризмом и индуизмом существует обратная аналогия. Буддизм же рассматривается индуизмом как гетеродоксия (этого взгляда и придерживался долгое время сам Генон). Следовательно, эти три восточные индоевропейские традиции не могут прийти к согласию относительно друг друга и беспроблемно утвердить свое эзотерическое единство. Действительно, довольно сложно признать "эзотерическую правоту" тех, кто своих богов называет именем "демонов", и наоборот (индуизм и зороастризм), или радикально отрицает авторитет главного сакрального источника (как буддисты отрицают "Веды" и все доктрины индуизма).

В авраамическом контексте дело обстоит еще более жестко. Если ислам признает некоторую правомочность традиций "людей Книги" (иудаизм и христианство), считая миссию Мухаммада последним словом "авраамизма", исправившим все предшествующие погрешности, то ни христиане, ни иудеи не признают за другими версиями авраамизма[3] ни малейшей аутентичности, считая их ложью и злом. На примере "Зохара", высшего авторитета каббалы, легко убедиться, что неприязнь к исламу и христианству на метафизическом и эзотерическом уровнях не только не снимается, но, напротив, достигает высшего метафизического накала. И, соответственно, законченный православный эзотеризм столь же жестко относится к иудаизму (и экзотерическому и эзотерическому), рассматриваемому не просто как инаковость внешней религиозной формы, но как воплощение метафизического зла и традиции антихриста.

Итак, за рамками суфизма и индуизма (чей универсализм тоже несколько сомнителен), никакого общего эзотеризма не существует, а значит, под контриниациацией традиции скорее понимают те сакральные формы, которые находятся в откровенном противоречии с их метафизикой. Если экзотерическим злом в данном случае выступают те негативные моменты, которые проистекают из этико-догматической специфики данной религии, то эзотерическим злом (контрини-

---

[2] *См. там же.*
[3] *Христианство причисляется к авраамическим традициям только в исламской перспективе и в некоторых иудео-христианских течениях. Православие не может самоопределяться таким образом, так как ясно осознает свою внутреннюю духовную природу как традиции Мельхиседековой, доавраамической и сверхавраамической. (См. там же.)*

циацией) будет, скорее, метафизика иной традиции, противоречащая данной.

Все это невероятно усложняет вопрос о контринициации, который перестает быть очевидным и прозрачным и становится чрезвычайно запутанным.

С точки зрения православного эзотеризма, контринициацией, несомненно, является иудаизм и каббала[4]. С точки зрения "Зохара", эзотеризм "гоев", особенно потомков Исмаила и Исава (мусульман и христиан), является "лжеучением демона Самаэля", "скачущего на змее Лилит". С точки зрения индуистского эзотеризма, иранский дуализм коренится в том факте, что зороастрийцы поклоняются "демонам", "асурам" (иранское "ахуры"), называя их "богами". Буддистские эзотерики убеждены, что инициатические доктрины индуизма являются предельным злом, так как лишь усиливают привязанность существ к нирване — ведь высшие, божественные миры, с буддистской точки зрения, отличается еще большей иллюзорностью, нежели миры людей (то, что там нет страдания, лишь отдаляет перспективу "освобождения"). Да и в рамках исламской цивилизации наиболее ярких представителей эзотеризма — аль-Халладж, Сухраварди и т.д. — периодически казнят как злостных еретиков.

Как в такой ситуации выделить универсальную контринициацию, проследить ее истоки, распознать те силы и организации, которые служат ей прикрытием? Если универсальность эзотеризма (по меньшей мере, в нашей циклической ситуации) не является очевидной и доказанной, то как можно говорить об универсальности "контринициации", являющейся ее обратной проекцией?

3. Межрелигиозные и внутрирелигиозные противоречия

Между традиционными религиозными системами существуют глубинные противоречия, уходящие в высшие области метафизики. Это — с одной стороны. С другой стороны, эти традиционные формы не являются чем-то неизменным, они подвержены циклическим закономерностям. Традиции проходят сложные периоды исторического воплощения, среди которых помимо естественных стадий расцвета и упадка существуют еще более парадоксальные моменты — например, изменение внутренней природы, отчуждение, превращение в нечто сущностно иное при сохранении внешней атрибутики.

Причем сплошь и рядом эти тревожные моменты не могут быть сведены к "торжеству негативных тенденций", как их рассматривает экзотерическая традиция и мораль данных сакральных форм. Например, вырождение исламской традиции может происходить и без того, чтобы авторитеты стали публично отрицать "принцип единобожия" или "миссию Мухаммада", а христианам для того, чтобы порвать с истоком и духом своей Церкви вовсе не обязательно поклоняться вместо Христа каким-то иным богам (или, к примеру, сатане). Если бы все обстояло так просто, то история была бы элементарным механическим прибором, с предсказуемым функционированием и легко предугадываемым будущим. Кстати, так и видят многие вещи люди, отличающиеся наивным (если не сказать идиотическим) взглядом на мир, не важно, идет ли речь о "консерваторах" или "прогрессистах". Лишь глубокое понимание внутреннего зерна традиции, действительная реализация ее высших уровней, позволяет выделить и схватить то, что в ней является главным и самым существенным, а значит, безошибочно отделить истинную ось ортодоксии от отчуждения, девиаций, симуляций и вырождения. В этом вопросе чисто внешних критериев не существует, и здесь не надо недооценивать "дьявола" (если бы он был столь прост, как представляется моралистам, вряд ли бы он столь долго и активно, а главное, нераспознанно, участвовал в человеческой истории).

К примеру, раскол христианского мира на Восточную и Западную Церкви был далеко не чисто экзотерическим событием, за этим стояли глубочайшие метафизические причины[5]. То же самое справедливо и для исламского мира и разделения шиитов и суннитов. Суннитская традиция считает высоким авторитетом султана Язида, убившего Али, двоюродного брата Мухаммада, и духовного полюса (кутб) шиитов. Но за этим противоречием скрываются гораздо более глубокие расхождения уже чисто метафизического характера. В некотором смысле, не так гладко обстоят дела и в самом индуизме, где вишнуизм и шиваизм не столь гармонируют друг с другом, как это представляется на первый взгляд. Так, к примеру, следы такого дуализма можно увидеть в "Махабхарате", редакция которой, безусловно, осуществлялась в вишнуитских кругах. Мы видим там, что Кауравы, враги пандавав и отпетые злодеи, вдохновляются Шивой и его свитой, вплоть до того, что Шива рассматривается как "субтильная сущ-

---

[4] *Подробнее об этом см. А.Дугин "Метафизика Благой Вести", гл. 41*
[5] *См. там же*

ность" по контрасту с метафизической и чисто духовной природой Кришны, аватары Вишну. В данном случае параллели с "дьяволом" напрашиваются сами собой, особенно если учесть указание Генона на то, что "дьявол" принадлежит исключительно к "субтильному плану"[6].

Итак, если традиционалистский подход применить к иным сакральным формам, нежели индуизм и суфизм, то мы попадем в ситуацию, когда об контринициации как о чем-то универсальном и противоположном универсальному эзотеризму говорить будет невозможно, не впадая в мифоманию или моралистический дуализм (который, теоретически, должен был бы быть преодоленным, коль скоро мы рассматриваем сферу эзотеризма). Или иначе: каждая сакральная форма, обладая особой метафизической спецификой, по-своему формулирует теорию того, что является для нее (и только для нее) контринициацией. При этом в определенных аспектах позиции разных традиций могут совпадать, а в других — различаться. Таким образом, мы приходим к утверждению об отсутствии какой-то одной контринициатической доктрины или организации, но вынуждены утверждать, что эта реальность является не универсальной, но плюральной, многополярной. Определение же качества и формы контринициатической доктрины вытекает из метафизической особости каждой конкретной традиции.

Нельзя отрицать и того факта, что в последние века истории налицо общий широкий процесс, который, безусловно, представляет собой ярко выраженную *тенденцию к построению антитрадиционного общества*, основанного на принципах радикально противоположных общей совокупности того, что составляет базу любой традиции.

Но и здесь есть одно исключение. Речь идет об иудаизме, в религиозной и метафизической перспективе которого последние века (начиная с 1240 года, и особенно с 1300 года) рассматриваются, напротив, как прелюдия мессианского триумфа, а падение христианской цивилизации и политическое освобождение еврейства (не говоря уже о современных успехах политического сионизма и создания государства Израиль) рассматриваются именно как величайший метафизический прогресс. Таким образом, даже в том контексте, в котором большинство традиций полностью согласны между собой, существует исключение — иудаизм.

Внешнее возрождение конфессиональных религий в последние годы, после нескольких столетий, в течение которых, напротив, активно развивались лишь процессы десакрализации и секуляризации, также плохо вписываются в традиционалистскую логику — хотя этот интерес к религии и не является такой прямой пародией, как неоспиритуализм или "нью-эйдж", но с другой стороны, явно не представляет собой и искреннего духовного возрождения.

Короче говоря, проблема девиации эзотеризма или контринициации усложняется не только межконфессиональными противоречиями, чьи истоки уходят в метафизику, но и внутренними трансформациями в рамках одних и тех же традиций.

В довершение всего, существует аномальные случаи (иудаизм, новый интерес к религиям на Западе), которые противоречат, казалось бы, совсем очевидной тенденции прогрессивной секуляризации, на основе которой Генон пытался обосновать свою теорию контринициации и ее планетарных планов по подготовлению "царства антихриста".

4. Контринициация и инициация солидарны между собой вплоть до определенного момента

Концепция контринициации у Генона основана на той общей схеме, которой он придерживался в отношении более общих вопросов. Так, Генон постоянно имел в виду следующую тройственную модель. —

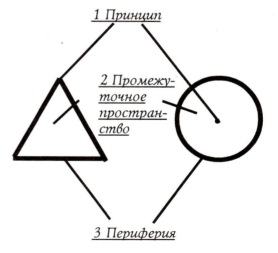

1 Принцип

2 Промежуточное пространство

3 Периферия

[6] *Так ли это, на самом деле? Логика нашего анализа показывает, что все обстоит несколько сложнее.*

В центре круга (или на вершине антропологической и космической иерархии, на вертикали) находится инициация, аутентичный эзотеризм, Изначальное Предание, единая метафизика. Это внутренняя сфера, сфера посвященных по ту сторону конфессиональных различий, которые остаются за порогом подлинно эзотерических организаций.

На периферии (или на горизонтали) пребывают профаны, непосвященные. Для них единство истины сокрыто многообразием форм и лабиринтами морально-этических нормативов. Это обычные люди, не ведающие об истинной природе вещей и событий.

И наконец, некое подобие "антицентра", лежащее за пределом периферии, или нижняя точка вертикальной оси. *Это и есть контринициация, место "святых сатаны"*. Контринициация объединяет различные тенденции, но не в световом синтезе, а в темном смешении инфернальной пародии.

Эта схема по видимости прозрачна и убедительна. Но первые сложности начинаются там, где мы пытаемся выяснить историческую и географическую локализацию контринициатических центров. И здесь оказывается, что их довольно сложно отличить от собственно инициатических обществ и орденов. Т.е. определение того, по какую сторону от периферии — внутри или вовне, вверху или внизу — расположена та или иная инициатическая организация, оказывается чрезвычайно сложным (если вообще возможным), а все внешние критерии могут быть легко симули-

рованы. Генон уточняет, что истинный эзотеризм всегда ориентирован метафизически, тогда как контринициация остается на уровне космологии (или "субтильного мира"). Однако между профаническим миром и миром метафизических принципов лежит такое гигантское расстояние, что изначально абсолютно невозможно предсказать наверняка: дойдет ли посвященный по этому пути до собственно метафизических уровней или застрянет в промежуточных сферах. А если "застрянет", то чем в таком случае он будет отличаться от представителя контринициации?

Иными словами, до определенного момента (и довольно далеко отстоящего от сферы профанов) путь инициации и контринициации не только параллелен, но в сущности един. А в отношении ориентаций "вверх" или "вниз" (что могло бы показаться извне убедительным критерием) надо заметить, что они в прямом инициатическом опыте совершенно не показательны, поскольку *в пограничной сфере между обыденным и потусторонним сплошь и рядом подъем осуществляется через спуск, а взлет ведет прямо в бездну*[7].

Если по этому пути дойти до конца — стяжается адептат и действенная метафизическая реализация. Если сбиться с пути — налицо все атрибуты контринициации.

Иными словами, из простой трехчленной схемы получается более сложная и менее назидательная картина, где основной акцент переносится не на ориентацию движения, но на реальность достигнутого результата. Таким образом, проблема контринициации сводится к неполной и несовершенной эзотерической реализации, а не к какому-то изначальному и строго ориентированному тайному обществу, ставящему своей целью создание и укрепление антисакральной цивилизации. *Эта антисакральная цивилизация, которая действительно сегодня построена и продолжает строиться, скорее должна рассматриваться как результат наложения друг на друга многих незавершенных реализаций*, в первую очередь, эзотерических, и солидарность в этом вопросе очевидна у всех тех, кто в рамках своей собственной сакральной формы довольствуется половинчатыми, незавершенными тенденциями. Засилье профанизма, которое сопровождает общее вырождение, является лишь следствием вырождения самих инициатических организаций, которые, во-

---

[7] *Напомним случай с инициатическим путешествием Данте, который в самом низу адской воронки стал спускаться по телу сатаны еще ниже, но попал таким образом не в центр бездны, а на поверхность земли рядом с Чистилищем и холмом земного рая. К этой же категории относится и ряд символов, помещающих рай под землю, а демонов — на вершины гор и т.д.*

преки своей изначальной ориентации, вместо безостановочного и героического движения к центру метафизики, довольствуются промежуточными суррогатами и недореализованными потенциями. При этом едва ли во всем этом процессе участвует та "демонизированная" сила, которую принято называть "дьявольской", "сатанинской". На самом деле, самые страшные и серьезные результаты в деле извращения и десакрализации достигаются людьми с самыми благими намерения-

кто из них может быть солидарен с процессами десакрализации, но, это, скорее, исключение. Чаще всего (по меньшей мере, среди тех, кто относится к делу серьезно) речь идет, напротив, *как раз о восстании против десакрализации и конформизма с выродившимся миром*, к которому многие представители "ортодоксальных" традиций — как это ни странно! — легко приспосабливаются, и в котором прекрасно и уютно устраиваются.

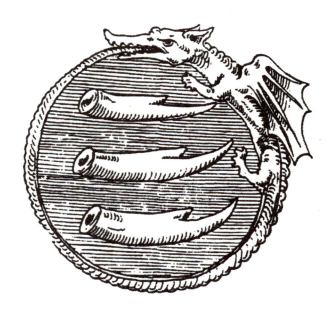

ми, убежденными, что они ортодоксы и носители самого очевидного добра. *Каждый посвященный, прохладно относящийся к духовному пути, каждый клирик, рассматривающий свою традицию и ее догмы как этическую или нравственную конвенцию, каждый традиционалист, который успокаивается на том, что повторяет за мэтрами по видимости правильные, но обессмысливающиеся за счет умственной лени самих учеников фразы — все они и выстраивают мало-помалу здание контринициации, отсекая от пирамиды инициатической реализации ее метафизическую вершину.*

У тех, кого проще всего зачислить в "представители контринициации" на основании чисто внешних критериев, — т.е. у откровенных "люциферитов", "сатанистов", — присутствует трагедия, боль, нонконформизм, способность взглянуть жуткой правде в глаза. И уже поэтому они не могут выступать в качестве главных "козлов отпущения" для традиционалистов. Конечно, кое-

Чаще всего религиозные нонконформисты ("еретики", "сатанисты" и т.д.) ищут тотальности сакрального опыта, которую не могут им предложить представители ортодоксии. В этом не их вина, но их беда, а истинная вина лежит на тех, кто позволил аутентичной традиции превратиться в плоский фасад, за которым просто ничего нет. И быть может, именно эти "сомнительные" силы и группы отчаянно и растерянно, но все же упорно, героически идут к эзотеризму и инициации, вглубь реальности, тогда как остающиеся на периферии профаны или морализирующие конформисты от инициации, напротив, всячески препятствуют этому.

Если отличить инициацию от контринициации можно лишь через конкретный опыт духовной реализации, то и всякие внешние критерии в этом вопросе никак не помогут.

Этот вывод напрашивается сам собой даже в том случае, если мы признаем универсальность эзотеризма, на которой настаивает Генон. Впрочем, он остается справедливым и тогда, когда мы применяем его к эзотеризму одной сакральной формы, взятой отдельно. Когда же мы примем во внимание метафизические противоречия, существующие между различными формами, то дело еще более усложняется.

5. От "Красного Осла" к Римскому Папе

Генон в качестве главных примеров контринициации указывал на сохранившиеся с древнейших времен пережитки культа египетского бога Сета, а также некоторых змеиных культов Ближнего Востока. С его точки зрения, таинственное братство "Красного Осла" (или Дракона) существует и по сей день, неявно направляя основные процессы цивилизации в инфернальном ключе. Если отвлечься от "детективного" привкуса такой концепции, бросается в глаза еще и иное соображение. Как эзотерическая группа людей, ангажированных в сакральное даже в инфернальном, змеином и возможно фрагментарном аспекте, могла спровоцировать полное невнимание современного мира к сакральному, способствовать повсеместному утверждению примата количественного и радикального антиинициатического подхода, характерного для современного уклада жизни? В сравнении с маниакальной системой глобальной лжи, которую мы видим в современных средствах массовой информации, змеепоклонники предстают экзотической и вполне симпатичной группой романтиков-маргиналов. За антисакральной агрессией современного мира должна стоять реальность намного более серьезная и обстоятельная. Едва ли обрывки древних культов, даже самых зловещих, могут быть ответственны за антисакральный коллапс современного мира. Едва ли темная и явно малочисленная секта обладает такой универсальностью, хотя бы в теории, чтобы быть способной действенно влиять на важнейшие события мировой истории и, что самое главное, на общий интеллектуальный климат. Если бы нечто аналогичное на самом деле имело место, такая организация не могла бы оставаться незамеченной, и о ней циркулировала бы пусть искаженная, приблизительная и неверная, но все же обширная информация.

Другое дело, если мы возьмем в качестве претендента на роль контринициации носителей какой-то метафизической традиции, радикально противоположной доминирующей религиозной культуре. Так, к примеру, вполне добропорядочный и благочестивый парс[8] (зороастриец), оказавшийся в Индии и получивший тем или иным способом доступ к влиянию на важнейшие сферы, выполнял бы в контексте индуизма откровенно контринициатическую функцию, так как зороастрийская метафизика основана на принципе "двайты", тогда как метафизическая ось индуизма — "адвайта". Причем такая метафизическая субверсия была бы гораздо более разрушительной, нежели, положим, антиномии радикальных шиваистских сект, которые, будучи этически сомнительными (ритуальное пожирание людей, зловещие некромантические практики на пустырях и кладбищах, тантрические оргии и т.д.), не ставят вместе с тем под сомнение основную метафизическую линию адвайта-ведантизма, и даже, напротив, усиливают, утверждают и защищают ее.

Столь же контринициатическим характером обладала бы деятельность иудея-каббалиста в лоне, положим, исламской традиции [9] или в христианской стране, причем ее (негативная) эффективность была бы тем выше, чем глубже и тоньше понимал каббалист метафизику своей собственной традиции. Строго говоря, православный метафизик, прекрасно осознающий все метафизические импликации догмата о Троичности и понимающий всю глубину противоречий христианской Благой Вести с отчужденным креационизмом иудаизма и ислама, и волею судьбы оказавшийся вовлеченным в важнейшие культурно-религиозные вопросы стран с авраамической традицией, мог бы причинить в целом официальной идеологии (а в пределе, культуре и политике) непоправимый ущерб. При этом на практике наличие таких явных или скрытых религиозных (и эзотерических) групп в различных государствах — очевидный факт, тогда как "змеепоклонники" либо вовсе неизвестны, либо представляют собой экстравагантных чудаков.

Теперь перейдем к западной цивилизации, которая является колыбелью антисакральных тенденций. Здесь контринициатические тенденции,

---

[8] *К примеру, муж Индиры Ганди, который был парсом.*
[9] *Это — случай "денме", последователей еврейского псевдомессии Саббатаи Цеви (XVII век), которые внешне вслед за своим предводителем приняли ислам, а в XX веке возглавили правительство Турции, которое сразу же отменило ислам как государственную религию и объявило о создании в Турции "цивилизации западного типа". Заметим при этом, что, будучи совершенно традиционными в отношении эзотерической каббалистической общины и лояльными общему контексту иудейской диаспоры, "денме" при этом выполняли сугубо антисакральную и антиисламскую, профаническую миссию, если посмотреть на нее в ортодоксальной исламской перспективе.*

органическом единстве, но на конформизме и конвенциях. Подобная католическая цивилизация, таким образом, была настолько неорганична и неустойчива, что даже в лучшие (средневековые) периоды несла в себе множество сомнительных и подчас откровенно контринициатических элементов.

Постепенно этот неустойчивый компромисс был поколеблен, и обе составляющие западной традиции пришли в откровенное противоречие. Католичество отвергало нехристианский эзотеризм и окончательно нисходило на уровень противоречивой секуляризированной иудео-христианской морали. Автономизированный эзотеризм в форме масонства превратился в деструктивный рационалистический аппарат, и антихристианский и антиэзотерический по сути. При этом обе половины распавшегося ансамбля были отмечены контринициатическими чертами — по меньшей мере, духовный путь в направлении метафизической реализации в подавляющем большинстве случаев застревал на первых этапах, симулировал, подделывался, отчуждаясь и превращаясь в свою противоположность. И самым первым и многозначительным аккордом такого вырождения был отказ от полноты православной метафизики, что и стало проявлением чисто контринициатической акции. Находившиеся долгое время в рамках полноценного единого (православного и католического одновременно) христианства, сохранявшего полноту аутентичной метафизики и инициации, народы и государства Запада в один катастрофический момент оборвали эту связь, что было закреплено во введении догмата о "Филиокве" под давлением Карла Великого[10]. Католический (позже совсем уже секуляризированный протестантский) морализм плюс антиклерикальный, бюрократический, филантропически-демагогический рационализм масонства — все это намного более контриниациатично (если судить с позиций полноценной православной метафизики), нежели всплески антицерковных, языческих или даже "люциферических" культов на Западе, представлявших собой, возможно, лишь пароксизм ностальгии по полноценной и тотальной Тради-

давшие в конце концов тот чудовищный результат, который мы наблюдаем сегодня, развивались в несколько этапов. Причем первый этап, связанный с православной эсхатологией, остался вне внимания Генона, имевшего относительно христианской традиции явно неадекватное мнение. Этот первый этап заключался в отпадении Рима от Православия, в изменении Символа Веры Карлом Великим, в переходе от православной и эсхатологической концепции "симфонии властей" (связанной с метафизикой "держащего", "катехона") к папистской (гвельфской) модели, против которой и выступали столь симпатичные Генону (и нам) гибеллинские императоры Гогенштауфены. Таким образом, главные истоки контринициации на Западе следует искать в католической схоластике и в Ватикане.

Католичество в отличие от Православия утратило свою эзотерическую составляющую, и это вызвало к жизни целый спектр инициатических организаций различного (герметического, протомасонского) толка. Так как эти инициатические организации проистекали из внехристианского контекста (дохристианских культов, исламской или иудейской традиции), то альянс с экзотерической церковью был основан не на синтезе и

---

[10] См. "Метафизика Благой Вести".

ции, даже намека на которую на Западе не было уже с незапамятных времен.

Именно это сочетание западного антиметафизического христианства (католичества и особенно англосаксонского протестантизма) с рационалистическим масонством (при активном участии иудейского фактора, игравшего в деградации Запада существенную концептуальную роль — ведь падение Эдома, "христианского мира", является условием триумфа иудаистического мессианства[11]) и легло в основу того, что является ядовитой парадигмой современного мира. При этом роль собственно "сатанистов" или "представителей Ордена Сета" во всем этом не просто ничтожна, но равна нулю, тем более, что сам факт существования такого ордена является предположительным и основан на крайне сомнительных свидетельствах. В частности, Генон ссылается на картину каирского художника, изобразившего странного монстра, статую которого тот, якобы, видел в тайном святилище[12]! Что бы Генон сказал, посмотрев картины Дали, Эрнста или тысяч иных современных авангардных художников, изображавших на своих полотнах сонмы чудовищных существ и рассказывавших тысячи галлюцинативных или наркотических небылиц.

Очень показательна в этом смысле история с Лео Таксилем, автором конца XIX века, творцом поддельных разоблачений происков "сатанистов". Для католиков Лео Таксиль описывал тайны "сатанинской масонерии", для масонов — разоблачал перверсии и чернокнижие католического клира. На самом же деле, помимо явно авантюристических личных целей он довольно остроумно показал, что представители обеих западных организаций (одной, воплощающей в себе экзотеризм, другой — эзотеризм) являются не столько "дьяволопоклонниками", сколько неизлечимыми наивными идиотами, и этот гротескный легковерный идиотизм (и со стороны консерваторов, и со стороны скептиков), быть может, есть самый

выразительный признак *пародии*, которую сам Генон считает легко узнаваемой "*печатью дьявола*".

Кстати, традиционалисты, последователи Генона, не смогли избежать той же участи, так как в некритическом повторении различных (часто откровенно спорных) сентенций мэтра они дошли до самого настоящего "схоластического пародирования", признаки которого ясно замечал намного более остроумный и нонконформистский (хотя сам не менее — если не более — спорный) барон Юлиус Эвола.

6. Отсутствие контринициатической символики в Изначальном Предании

Теперь несколько слов об Изначальном Предании (Примордиальной Традиции). С нашей точки зрения, контуры этой традиции с поразительной наглядностью очерчены в трудах немецкого профессора Германа Вирта, рецензию на книгу которого Генон опубликовал в "Etudes Traditionnelles"[13]. Согласно Вирту, *все существующие мифологические сюжеты, символы, религиозные догматы и ритуалы, более того, все человеческие языки и алфавиты развились из единой календарной протоформы, "Священного Круга" с расположенными на нем проторуническими знаками*[14]. Эта протоформа была *описанием природных явлений, наблюдаемых изначальным человечеством на северном полюсе, на древнем исчезнувшем континенте Гиперборея (или Арктогея)*. Таким образом, Изначальное Предание из довольно абстрактной концепции становится осязаемой и конкретной реальностью парадигмы, основные контуры которой предельно убедительно и объемно вскрывает Герман Вирт[15].

В гиперборейской календарной протоформе нас интересует та область, которая связана с темными, ночными секторами, которая соответствует Полярной Ночи и связанным с ней символиз-

---

[11] См. статью "Мессианство Каббалы".

[12] Вот фрагмент из письма Генона некоему Гиллелю в 1930 году с описанием этой истории: "Здесь за Аль-Азхаром (каирский университет) есть старый джентльмен, который внешне удивительно напоминает портреты, изображающие древнегреческих философов, и который создает странную живопись. Однажды он показал нам рисунок дракона с головой бородатого человека, в шапке XVI века и с шестью маленькими головами различных животных, выступающих из бороды. Особенно любопытно, что эта фигура точно напоминает изображение из журнала "Международное ревю тайных обществ", приведенное там в качестве иллюстрации к знаменитой книге "Избранница Дракона". Это изображение будто бы взято из какой-то древней книги.(...) Но самая соль заключается в том, что этот джентльмен утверждает, будто бы он видел эту голову и нарисовал ее в точности, как в оригинале!"

[13] См. "Милый Ангел" №1, 1990.

[14] См. Текст Г.Вирта "Священный Год" и А.Дугин "Космический Спаситель".

[15] См. Также А.Дугин "Гиперборейская теория", М., 1993

мом. Это — период зимнего солнцестояния или Великого Юла, величайшего праздника, символического и ритуального центра всей структуры Изначального Предания.

Контринициация, по определению Генона, имеет отношение к негативным аспектам универсального символизма, и следовательно, в гиперборейском комплексе ей соответствуют реальности, описывающие состояние полярной ночи, захода солнца и символические аналоги этого. Такими символами часто выступают змея и волк, как бы проглатывающие солнце полярной зимой. Эта тьма отождествляется также с Матерью-Землей, откуда выходят все живые существа и куда все они уходят, чтобы возродиться снова.

Эта изначальная картина, сугубо циклическая и гармоничная, предшествует разделению символического комплекса на положительные и отрицательные элементы. Ни змея, ни волк, ни тьма, ни подземные страны (куда уходит солнце), ни смерть, ни ночь не имеют строго отрицательного значения. Все аспекты цикла в равной степени важны и необходимы — закат так же священен, как и восход, без умирания солнца нет его весеннего посленовогоднего возрождения. Поэтому одни и те же символы имеют и отрицательные и положительные аспекты. Это очень существенный момент — речь идет не об искусственной теологической концепции, стремящейся сознательно выявить позитивное в негативном и негативное в позитивном (наподобие знаменитого китайского символа инь-ян), но об особом состоянии сознания, которое в принципе не знает идеи негатива[16]. Именно поэтому Предание является, на самом деле, Изначальным и Интегральным, предшествующим любой частной интерпретации. Воз-

можность разных трактовок этого изначального символизма заложена в общей картине, и такие трактовки и составляют канву исторических религий и мифологий, сложившихся в устойчивый символический и доктринальный комплекс засчет метафизической и этической акцентировки одних аспектов Единой гиперборейской Протоформы вопреки другим.

Можно сказать, что Гиперборейская Традиция является одновременно и двойственной и недвойственной, и тринитарной и унитарной, и монотеистической и политеистической, и матриархальной и патриархальной, и оседлой и кочевой. Лишь впоследствии она распадается на несколько ветвей, обособляющихся и противопоставляющих себя иным ветвям.

Но дело в том, что Изначальное Предание не снимает метафизических различий между традициями, так как является в этом отношении строго нейтральным. Оно указывает общий контекст, развертывает систему соответствий и символических рядов, которые позволяют объяснить самые загадочные и темные аспекты символизма, мифологий, религиозных доктрин и сакральных сюжетов. Но в отношении метафизики это Изначальное Предание ограничивается лишь констатацией. Реального накала метафизическая проблематика достигает в совершенно иных условиях, максимально удаленных от золотого века Полярной Цивилизации. И именно поэтому, кстати, невозможно согласиться с Геноном относительно эзотерического единства Традиций, так как они едины не на метафизическом уровне, но в смысле происхождения из единого сакрального культово-символического комплекса, который является универсальным языком, базовым элементом всех разно-

[16] *В современной лингвистике существует деление типов мышления на две основные разновидности — "дигитальное" мышление и "аналоговое" мышление. "Дигитальное" мышление, точно соответствующее профанизму и материализму, оперирует с абстрактными категориями — "есть"-"нет" — и функционирует по законам формальной логики (закон исключенного третьего, закон тождества и т.д.). Термин "аналоговое мышление" возник при изучении архаических примитивных народов, их культур и мифологий. "Аналоговое мышление", соответствующее миру Традиции и сохранившее связь со следами гиперборейской доктрины, не знает "чистого отрицания". "Не" означает в нем "иное да", чистое отсутствие непредставимо, но концепция "отсутствия" сразу же вызывает образ "иного присутствия". "Аналоговое мышление" вначале утверждает цельный образ, а уже потом раскладывает его на категории "наличие"-"отсутствие", "положительное"-"отрицательное", и даже "мужчина"-"женщина", "большой"-"маленький". В "аналоговом мышлении" нет строгого различия между субъектом действия и объектом действия, между субстантивом и атрибутом, между глаголом и существительным. Поэтому в нашем случае солнце и его исчезновение, его отсутствие выступают как нечто единое и цельное, в утверждении — солнце — уже содержится его отрицание (заходящее зимой), а в отрицании — зимняя тьма — утверждение солнца свидетельствует о его значении). На основании этой логики примордиальный символизм в принципе не подлежит моральной трактовке — в нем существует система взаимосвязанных цельных сакральных элементов, ни один из которых не наделен ценностным приоритетом. Все здесь — выражение единого сакрального Бытия, Света Мира в разных стадиях его циклического пульса.*

видностей человеческой культуры и человеческой религии. Использование этого языка может служить для выражения самых различных теологических и метафизических конструкций, все они имеют дело с одной и той же архетипической структурой, лишь различным образом интерпретируют ее, расставляют совершенно по-иному метафизические акценты.

Поэтому тот символический комплекс, который может быть связан с контринициацией, в его наиболее универсальном аспекте должен относиться к гиперборейской мистерии Юла. Строго негативная оценка этого комплекса может привести к столь гротескному искажению, что наиболее важные и сакральные аспекты будут трактоваться как нечто "контриниациатическое".

Это, согласно Герману Вирту, произошло с христианской традицией, которая отождествила некоторые солнцестоянческие гиперборейские сюжеты с демонической реальностью, хотя в них речь шла о символизме, удивительно напоминающем календарную историю рождения Сына Божьего (зимнее солнцестояние).

Так, хвост у чертей был рудиментом солнцестоянческой руны, означающей нижнюю часть полярного года и корни мирового дерева. Котлы, в которых черти варят грешников, развились на основании сюжета о зимнем котле (или сосуде) богов — котел кельтского бога Дагды, который опорожняется и наполняется снова сам по себе. Это типичный зимний солнцестоянческий мотив (да и сама новогодняя руна даже во времена норманнов носила название "дагда" и изображалась как чаша или котел). Рога "дьявола" — символ весеннего Воскресения солнца, так как они являются символическим аналогом двух поднятых рук — весенней руны "ка"[17] и т.д.

Эти соображения показывают, что о контринициатическом характере того или иного символа или символического комплекса невозможно судить по чисто формальным признакам — в гиперборейском символизме, который лежит в основе всякого сакрального символизма таких символов просто не существует.

7. Заключение

Подводя итоги нашему краткому анализу, следует заметить, что необходимо радикально пересмотреть теорию контринициации Генона и внимательно продумать некоторые позиции в этом вопросе. Эта проблема тесно сопряжена с другими тезисами Генона, которые при внимательном изучении и приложении к конкретике исторических религий и инициатических школ оказываются слишком приблизительными, неточными или откровенно ошибочными. При этом данная ревизия ни в коем случае не затрагивает высокого авторитета Рене Генона, так как без его трудов, важнейших указаний и моделей вся картина эзотеризма и метафизики сегодня была бы безнадежно запутанной. Речь идет не о том, чтобы развенчать мэтра (как хотелось бы некоторым его нерадивым, неблагодарным и крайне неприятным ученикам, типа Фритьофа Шуона или Марко Палиса). Напротив, необходимо уточнить и отточить великие интуиции этого гениального человека, чтобы очистить его учение от того, что оказалось неверным, и заставить с новой силой и свежестью сиять те аспекты, которые являются выражением чистейшей истины. Генон дал нам важнейшую модель, бесценную методологию. Благодаря ей мы можем привести к общему знаменателю тот огромный материал по богословию, истории религий, инициации и т.д., с которым мы имеем дело, и который в противном случае представлял бы собой безнадежно противоречивые фрагменты, противящиеся какой бы то ни было систематизации (о неоспиритуалистических реконструкциях или теориях профанических историков и этнологов вообще говорить не стоит). Генон остается главным и ключевым автором. Но если мы после серьезных размышлений и в результате тщательных исследований приходим к заключениям, не согласующимся с его взглядами, корректирующим их, бессмысленно пытаться их скрыть и делать вид, что все остается без изменений.

Вопрос контринициации является в высшей степени важным и актуальным, равно как и вопрос существования (или несуществования) реального метафизического единства традиций.

Данная статья является лишь введением в данную проблематику, наброском дальнейшего исследования, имеющего важнейшее значение. Продолжение мы надеемся осуществить в последующих работах.

Пока же отметим, что адекватное представление о контринициации, уточнение ее характера, ее сущности и "локализации" подведет нас вплот-

---

[17] *См. Статью А.Дугин "Космический Спаситель" в этом номере.*

ную к ужасающим тайнам, скрытым за сомнительным мифом современного мира, но готовым обнаружить перед безнадежно заснувшим человечеством, бредущим на бойню, свой кошмарный леденящий лик. Вопреки наивным историям об "ордене Красного Осла" и экзотерическим и совершенно безвредным "люциферитам", истинная миссия контринициации головокружительно масштабна, эффективна и вездесуща. Она готовит людям и цивилизациям страшную судьбу. Но чтобы распознать эту приблизившуюся вплотную катастрофу необходимо взглянуть на вещи трезво и пристально вне романтической дымки остаточного оккультизма и "детективного" сюжета дешевого романа ужасов.

Ничему так не радуется "враг рода человеческого" как оглушающей глупости тех, кто поспешно решил встать на путь борьбы с ним без того, чтобы серьезно взвесить все обстоятельства и оценить весь объем затрагиваемой проблематики.

The Book
of the
Sacred
Magic

Of Abra-Melin
the Mage,

As delivered by Abraham the
Jew unto his son Lamech,
A.D. 1458.

УЧЕНИЕ ЗВЕРЯ

Неприемлемость поспешной оценки Кроули

Отношение традиционалистов к Алистеру Кроули, к его магической доктрине (magick), к его экстравагантным авантюрам и провокациям, к возглавляемому и реформированному им Ордену Восточных Тамплиеров (Ordo Templari Orientis — основатели Карл Келлнер и Теодор Ройсс), к его политическому и эстетическому экстремизму, к его провозглашению себя "антихристом" и т.д., вполне естественно было крайне отрицательным. Сам Кроули также никаких симпатий к Генону не испытывал и потешался над его ортодоксией. Но с другой стороны, второй по значению автор традиционалистского направления, Юлиус Эвола, напротив, оценивал Алистера Кроули очень высоко, и, возможно, лично был с ним знаком (достоверно известно, что у них был общий друг — итальянский масон и ярый сторонник раннего фашизма Артуро Регини). С другой стороны, по странному стечению обстоятельств сам Рене Генон получил масонскую инициацию от того же Теодора Ройсса, который был другом и соратником Алистера Кроули. Таким образом, за внешней полярностью позиций просвечивает знаменательное пересечение судеб.

Генон был суров в отношении Кроули, отрицая за ним реальность масонской инициации, но в этом вопросе объективная историческая правда на стороне Кроули, масонские степени которого были отнюдь не вымышленными, но совершенно реальными. Так как Генон (в отличие от скептического Эволы) относился к вопросу "масонской ортодоксии" весьма серьезно, то он просто не мог признать за столь экстравагантной личностью как Кроули аутентичной масонской инициации. Со стороны Генона и в этом вопросе явное недоразумение — реальный маг, глубоко дифференцированный человек и политический нонконформист Алистер Кроули, несмотря на все эпатажные заявления и действия, куда ближе к Традиции, чем все ограниченные карьеристы и моралисты " самых ортодоксальных шотландских обрядов" или Национальных Лож.

Вообще говоря, вопрос о резко негативном отношении к Алистеру Кроули у традиционалистов тесно связан с их буквальным следованием за Рене Геноном в вопросе контринициации, а эта проблема отсылает нас к статье, помещенной в этом же издании ("Контринициация"), повторять основные тезисы которой не имеет смысла. Кажется, Алистер Кроули сознательно сделал все от него зависящее, чтобы запугать традиционалистов, сделать из самого себя и своей доктрины точный образ "контринициации" и "сатанизма", которого только те и ждали. Однако сам Генон, очевидно чувствуя какой-то подвох, предпочел высокомерное зачисление Кроули в число "шарлатанов", а от его "антихристовых" притязаний он просто отмахнулся как от экстравагантной выходки. Еще менее задело это язычника Юлиуса Эволу, который, в соответствии со своей специфической точкой зрения, вообще отрицал традиционный характер христианства (признавая некоторую ценность лишь за инериально "языческим", по его мнению, католичеством).

Итак, Алистер Кроули, будучи очевидным кандидатом на роль мэтра "контринициации" и оставаясь пугалом для всех добропорядочных и "политически корректных" представителей современного традиционализма (хотя такие, скорее, являют собой *пародию* на подлинный традиционализм и не могут считаться нормой), на самом деле, намного более сложный феномен. Попытаемся в самых общих чертах выяснить его значение и место его учения "телемизма" (от греческого слова "Θελημα" — "воля") в общей картине духовного состояния нашей эсхатологической эпохи.

Общая схема метафизики

Мы неоднократно обращали внимание на проблему коренного различия в двух метафизических перспективах — креационизма и манифестационизма. (См. статьи "Метафизические корни политических идеологий", "Великая метафизическая проблема и

359

традиции", "Метафизический фактор в язычестве", "Крестовый поход солнца", книгу "Метафизика Благой Вести (православный эзотеризм)" и т.д.)

Вкратце схема такова. — Авраамическая семитская традиция основана на креационистском подходе, предполагающем в основе бытия радикальное *различие* между Творцом и Творением. На этом основана "монотеистическая этика". Более всего такая перспектива развита в иудаизме и христианстве. Это — законченный креационизм.

Неавраамические традиции, и особенно ярко индоевропейские, утверждают, напротив, сущностное единство между Божеством и миром (человеком), между которыми различие лишь в степени или осознании "Высшего Тождества" (индуистская формула "Атман есть Брахман"). Это — манифестационизм. Здесь этика и метафизика резко отличается от авраамизма. В некотором смысле, эти позиции полярны.

Существует и третий взгляд на эту проблему, свойственный православной метафизике. Этот взгляд признает тварную природу мира и человека (креационизм), но утверждает, что добровольная жертва Сына Божьего установила новую возможность прямого обожающего контакта человека с Богом. В мире царят законы тварной отчужденности (креационизм). В Церкви ("новом мире"), напротив, торжествует благодать обожающего усыновления твари Богом-Троицей, а значит, отношения между христианами и Богом становятся радикально иными — "родственными". На этом основана третья категория религиозной этики и метафизической позиции — Православная Традиция.

При таком распределении самых глубинных ориентаций становится ясно, что не может существовать какого-то единого, общего "зла и добра" для всех трех типов метафизической ориентации. *Более того, то, что является метафизическим позитивом для одной традиции, может вполне оказаться метафизическим негативом для другой.* Эта проблема связана темой "выбора ангелов", которую мы разбирали в "Метафизике Благой Вести".

Манифестационисты считают, что правы те ангелы, которые отказались признавать верховенство Творца и свою тварную природу. Они победили, таким образом, "авидью", "невежество" и утвердили "Высшее Тождество", сущностное единство "Атмана и Брахмана".

Креационисты, напротив, убеждены, что правы именно "скромные ангелы", признавшие свою "ничтожную природу" и бездонное превосходство Творца над тварью, их радикальное и неснимаемое различие. Ясно, что две эти позиции непримиримы.

И наконец, православные христиане верят, что до конца не были правы ни те, ни другие, что в Сыне Божием и его благодатном Воплощении и вочеловечивании обе метафизические перспективы приобретают иное содержание и иной смысл. Отметаются обе "правды" — и языческая и эллинская ("несть ни иудея, ни эллина"), и утверждается "новая истина" — истина Благой Вести и ее метафизика.

Все эти соображения необходимо иметь в виду, когда мы пытаемся оценить истинный метафизический смысл того или иного учения или направления, так как в зависимости от конкретного метафизического и религиозного контекста — независимо от этической оценки и даже самооценки явления — все может значительно варьироваться.

Именно в такой сложной модели необходимо рассматривать и учение Алистера Кроули (равно как и его личность). Лишь тогда мы сможем составить о нем адекватное представление, независимо от того, какой метафизической ориентации мы придерживаемся сами.

"Антихрист" для протестантов — это еще не настоящий антихрист

Учение Кроули, который сам себя называл "зверем 666", намекая на то, что он был воплощением "антихриста", неразрывно связано с контекстом западного христианства и особенно его протестантской ветви. Отец Кроули был проповедником протестантской секты "Плимутских братьев", которые отличались строгим этическим ригоризмом и морализмом. Сам английский протестантизм является предельным выражением деградации католической традиции в иудео-христианском духе, т.е. в духе сведения сотериологической и мистической религии Благой Вести к гуманизированной, почти секуляризированной версии чисто этического учения. А в контексте протестантизма "Плимутские братья" представляют собой наиболее радикальный (в смысле отвержения христианской метафизики и мистериософии) фланг. Богословие этой секты выдержано в строго креационистских тонах, и сама фигура Христа расшифровывается почти в откровенно арианском ключе, т.е. как фигура именно "человека", хотя и высшего по отношению к другим людям. Божественность Христа, если не отрицается эксплицитно, то, по меньшей мере, подразумевается.

Именно такое "плимутское" протестантское христианство было средой, сформировавшей с детства личность Алистера Кроули. Это очень важный момент.

Попав в богемную среду викторианской Англии, в декадентские круги, проникнутые эстетикой прерафаэлитов, Раскина и Оскара Уайльда, юный Александр Кроули (переделавший позднее имя Александр в экстравагантное "Алистер") столкнулся в ней с прямой антитезой того, на чем он был воспитан. Вместо строжайшего морализма и ригоризма — извращенные богемные нравы, вместо фанатической аскезы — роскошь, чрезмерность, нонконформизм. В этот период юный Кроули полностью принимает новый открывшийся ему мир и яростно отрицает и топчет то, на чем он воспитывался с детства. Уайльдовский оккультный социализм вступает на место "плимутского" христианства. В принципе, именно такая двойственность и описывает два полюса того, что утверждал и что отрицал Алистер Кроули, так как вся его дальнейшая жизнь и его оккультистские и мистические теории будут, в конечном счете, лишь развитием такого начального дуализма.

Кроули отталкивается от экстремистской версии протестантского христианства, отрицает его, и утверждает нечто, прямо противоположное (не просто другое, но именно противоположное, остающееся всегда связанным с тем, что отрицается). Протестантизм фактически тождествен иудеохристианству, а следовательно, он почти однозначно принимает чисто креационистский подход. Противоположностью этого будет радикальный манифестационизм, утверждение конечного тождества человека и бога. Именно это мы и встречаем у Кроули. Основной тезис его учения — *"Каждый мужчина и каждая женщина — это звезда"*. Эвола совершенно справедливо отождествляет термин "звезда" с термином "бог". Кроули утверждает божественность человека и мира, настаивает на их субстанциальном единстве. Для строгой авраамической метафизики — это выражение чистого зла. Любопытно, что за утверждение аналогичного принципа исламские ортодоксы сожгли знаменитого мистика Аль-Халладжа, выкрикнувшего фразу "Ана-ль-Хакк" ("Я — Истина"). И в ритуалах "Ордена Восточных Тамплиеров", отредактированных самим Кроули, вы встречаемся именно с символической фигурой Аль-Халладжа, который замещает в ритуале традиционного для масонерии Хирама. Аль-Халладжа в этих ритуалах убивают законники и экзотерики ("креационисты"), но потом он воскресает и проповедует свое учение о "божественности человека". *"Каждый мужчина и каждая женшина — звезда"*. Это модернизированное, кроулианское *"Ана-ль-Хакк"*.

В соответствии с той же самой логикой Кроули не сомневается относительно того, как была бы квалифицирована его позиция в том протестантском контексте, в котором он воспитывался и который он жестоко отбросил. Столь тотальный манифестацио-

низм в глазах радикального "плимутского" креационизма, без сомнений, выглядел как нечто глубоко "антихристовое". Кстати, точно такое же отношение последовательный протестантизм выказывал и применительно к ортодоксальным традициям манифестационистского толка — к буддизму, индуизму и т.д. Когда Кроули акцентировал свой "сатанизм", он лишь выказывал ясное понимание оценки его позиции тем метафизическим лагерем, который он сознательно оставил. *И ничего более*. Да, он признавал, что в шкале ценностей протестантской этики он может занять место только "тотального зла". Но подобное место отводится там не только экстравагантным персонажам типа Алистера Кроули, но и всем индусам, китайцам, арабам, мусульманам, католикам, православным, буддистам, африканцам, шаманистам и т.д. *Все они в такой оптике не что иное, как "антихрист", с той лишь разницей, что в отличие от Кроули, получившего образцовое протестантское воспитание, об этом не догадываются.*

Таковы точные границы пресловутого "сатанизма" Алистера Кроули. Он стоял на строго манифестационистской позиции, заимствовал элементы своего учения из различных версий манифестационизма — буддизма, йоги, ведантизма, тантры, розенкрейцеровских теорий, оккультизма, магии, гетеродоксальной каббалы, египетского синкретизма, теософизма, даосизма, алхимии и т.д. Отчетливость такого манифестационизма он рефлектировал и с позиции метафизических противников данного подхода, и эта обратная рефлексия вызвала целую серию "антихристовых образов" — "зверь 666", "Багряная Женщина" (в отношении своих ритуальных партнерш по тантрической практике), "Бабалон", "сатана" и т.д. Причем это "антихристианство" всегда корреллировалось именно с протестантским контекстом, который сам настолько далек от собственно христианской метафизики, что о его истинном метафизическом качестве православный христианин, к примеру, мог бы выдвинуть самые серьезные подозрения. Иными словами, с позиции этой православной метафизики сам Кроули был "еретиком от ереси", "диссидентом от диссидентства", "раскольником раскола", "антихристом в лоне антихристианства". Это последнее соображение совершенно необходимо учитывать, когда речь заходит об оценке значения и подлинного качества Алистера Кроули в православной стране — в России[1].

Но помимо чисто "рефлекторного" и нонконформистски эпатажного момента в позиции Кроули присутствует еще одно измерение. Сами иудаистические тексты, а также раннехристианские свидетельства, носящие явный отпечаток иудео-христианской среды, клеймят в качестве религиозного, метафизического и этического негатива все те манифестационистские доктрины и практики, которые являлись посторонними относительно ветхозаветного культурного контекста. Таким образом, Египет, Персия, Вавилон, греческие божества и культура используются авраамистами (вначале иудеями, позже мусульманами) для введения их в качестве негативных "сатанинских" фигур в креационистскую доктрину. В этом отношении, радикальный антикреационизм Кроули, на самом деле несет в себе глубокий антиномизм и все компоненты "контринициации" (хотя такой антиномизм и правомочен исключительно в авраамическом контексте).

Тантра, дебош и "Высшее Тождество"

Алистер Кроули во многом обязан своей "черной" репутацией обвинениям в законченном аморализме, постоянном дебоше,

необузданной сексуальной практике (причем бисексуального характера), которую он возвел в статус доктрины — "сексуальной магии". В этом очевидно прямое влияние тантризма[2]. Сам Кроули связывал такую особенность своего учения и своей реализационной практики не только с влиянием восточной Тантры (буддизм, шиваизм), но и с секретными практиками гетеродоксальной каббалы саббатаистского плана, ритуалы которой он узнал и через "Golden Dawn" и через "Орден Восточных Тамплиеров" Келльнера и Ройсса. Существует, впрочем, версия, что филиации обеих организаций восходят к германской ложе последователей саббатаиста Франка[3]. Тот факт, что сам Кроули "рефлекторно" и иронично описывает свою сексуальную магию в "антихристовых терминах" (Babalon working), где "мужское начало" обозначается как "зверь 666", а женское — "Багряная Жена", подчеркивает сознательный нонконформизм и антиномизм его апелляций к этой стороне инициатических учений.

В этом отношении любопытно рассмотреть более общий момент — связь между эротизмом (точнее, панэротизмом) и его этическим ограничением, с одной стороны, и метафизической ориентацией той или иной традиции, с другой. Эти вещи довольно тесно связаны.

В самом общем смысле манифестационистской ориентации соответствует пансексуализм или панэротизм. Так как манифестационистский подход основывается на ко-

---

[1] *Любопытно, что одним из центров активного распространения "телемизма" долгое время был Белград, причем "телемитами" были в подавляющем большинстве случаев именно сербы (традиционно, как и русские, исповедующие православие). Во время сербохорватского противостояния белградские "телемиты" использовались официальной белградской пропагандой для критики хорватского католичества и Ватикана!*

[2] *См. Подробнее тексты о Тантре Юлиуса Эволы в нашем издании.*

[3] *Юлиус Эвола в своей книге "Метафизика секса" сообщает некоторые подробности относительно саббатаистских доктрин "тантрического" типа. По свидетельству Жана Парвулеско, лично знавшего Эволу, "черный барон" был в прямом контакте в 30-е годы с саббатаистской группой, практиковавшей сексуальную магию в Праге. Парвулеско утверждает, что в этот круг ввел Эволу начальник Тайной Полиции Праги, который был одним из крупных деятелей пражской масонерии.*

нечной тождественности всех аспектов проявленной реальности субстанции божества, то все варианты космических метаморфоз априорно открыты. Соитие может осуществляться не только между строго отдельными и определенными существами, но по всем направлениям, в сферическом многообразии ориентаций. Кроме того, так как "этика" манифестационизма всячески подчеркивает иллюзорный характер разделения — будь-то между Принципом и миром, между человеком и богом, между одним существом и другим и т.д., это распространяется и на половую сферу. Половая специфика не признается чем-то раз и навсегда заданным, подобно тому, как творение мира (в отличие от креационизма) не признается одноразовым и необратимым. Вся реальность и все существа в ней заведомо андрогинны, а следовательно, потенциально подвержены разнообразным сериям онтологических и эротических метаморфоз. Это в самом законченном случае приводит к тотальной сакрализации секса во всех его возможных проявлениях, так как панэротическая реальность, исполненная постоянным слиянием между собой всех существ, ее населяющих, отражает стремлением к преодолению границ и противоречий Единство Истока и его конечное метафизическое тождество с Проявлением. Часто такой подход к сакрализации эротики принято называть "язычеством". Его ярким образом является тантрическая традиция, шиваизм и до некоторой степени вся индусская традиция в целом, для мифологии которой эротическая тематика является центральной.

Креационистская перспектива, напротив, проистекает из неснимаемого различия между причиной (Творцом) и следствием (творением). Здесь все одноразово и однонаправлено. По аналогии с первым действием, необратимостью (хотя в относительной степени) наделяются все космические и человеческие модальности. Появляется идея необратимого однонаправленного времени, а также абсолютизация половой специфики — мужчина есть только мужчина, а женшина — только женщина. После такой фиксации, жестко ограничивающей панэротизм и канализирующий его строго в две разведенные сферы, столь же тщательно разграничиваются роды и виды, а все межвидовые совокупления — типа увлечения "ангелов дочерьми человеческими" или зоофильских наклонностей некоторых ветхозаветных персонажей, давших начало роду монстров (шеддимов) — жестко порицаются. Наконец, сам внутривидовой и строго гетеросексуальный альянс тщательно нормируется, сводится к утилитарным, чисто производительным функциям.

Итак, манифестационистская эротика есть, в сущности, сакрализация панэротизма. Креационистская — десакрализация секса, его минимализация. Именно креационизм лежит в основе того, что получило название "морализм" и что является вершиной такой десакрализации.

Вскрытые нами соответствия между "иудейской" креационистской метафизикой и отрицанием панэротизма с одной стороны, и "эллинской" манифестационистской метафизикой и утверждением панэротизма, с другой, ясно видно в послании святого апостола Павла "К Римлянам", где эта связь обозначается. Приведем интересующее нас место целиком.

Напомним, что речь идет о том, что, согласно Павлу, и "Еллинам" (=манифестационистам, язычникам) изначально было дано Божественное откровение, но не через Закон (прямо проистекающий из трансцендентной Причины), а через созерцание тварного мира (что косвенно и по аналогии должно было бы приводить к этой Причине).

20. "Ибо невидимое Его (Бога — А.Д.), вечная сила Его и Божество, от создания мира чрез рассматривание творений видимы, так что они безответны.
21. Но как они, познавши Бога, не прославили Его, как Бога, и не возблагодарили, но осуетились в умствованиях своих, и омрачилось несмысленное их сердце.
22. Называя себя мудрыми, обезумели
23. И славу нетленного Бога изменили в образ, подобный тленному человеку, и птицам, и четвероногим, и пресмыкающимся,
— 24. То и предал их Бог, в похотях сердец их нечистоте, так-что они осквернили сами свои тела;

25. Они заменили истину Божию ложью и поклонялись и служили твари вместо Творца, Который благословен во веки, аминь.
26. Потому предал их Бог постыдным страстям: женщины их заменили естественное употребление противоестественным;
27. Подобно и мужчины, оставивши естественное употребление женского пола, разжигаясь похотью друг на друга, мужчины на мужчинах делая срам и получая в самих себе должное возмездие за свое заблуждение."[4]

И т.д

Мы видим здесь, что апостол явно отождествляет перверсии, т.е. варианты эротических метаморфоз, с "языческим" утверждением одноприродности творца и твари. Апостол Павел осуждает здесь не нравы, не искажения, не девиации, но сам Принцип "эллинства", панэротизм, вытекающий из законченного манифестационистского подхода.

Это нам было важно выяснить для того, чтобы понять, в частности, удивительную логичность всего учения "телемизма" Алистера Кроули, который и в эротической сфере довел принципы манифестационизма до логического завершения, утвердив в качестве основного принципа — панэротизм, сферическую произвольность желания, тотальную и не сдерживаемую ни половой, ни видовой дифференциацией свободу секса.

Учение Кроули ставит сексуальную магию в центре духовной реализации посвященных. И поэтому главный закон Алистера Кроули формулируется так — "Любовь это закон, любовь под контролем воли".

Воля означает у Кроули сакрализацию эротического действия, его перевод в сознательное и интенсивно духовное переживание. Кроули считает легитимными все виды полового акта, включая гомосексуализм, зоофилию, соития с духами, ангелами и демонами, суккубами и инкубами. Единственным условием является сакрализованность полового акта, вскрытие в нем внутреннего, трансцендентного, "звездного" измерения, т.е. вычленения из общей стихии экстатического переживания, экзистенциального накала основной метафизической ис-

---

[4] *В данном случае апостол Павел использует иудейскую, креационистскую схему для осуждения язычества. Но любопытно заметить, что на духовном уровне само христианство утверждало особый "панэротизм", тотальную "экстатичность" ("экстасис" по-гречески — "выступление", "переступание", т.е. преодоление необратимой определенности), и самого Бога апостол именует "Любовью". Если христианский морализм настаивает на использовании термина "агапе", который трактует как "любовь-уважение" и которому придает узко социальный смысл (любовь-уважение к старшим, к авторитету, к заслугам и т.д.), то христианская мистика (Ареопагитики, св. Григорий Нисский. Св. Максим Исповедник и т.д.) оперируют термином "эрос" для описания динамики божественного мира и ответной динамики воцерковленного бытия в отношении этого божественного мира. Таким образом, исходя из уникальности собственно христианской метафизики (третий путь, "несть ни иудея, ни эллина" — ни креационизма, ни манифестационизма), в сфере эротики, как и во всех остальных случаях, складывается следующая картина: в ветхом мире, в профанической реальности справедливо антиэротическое или минимально эротическое отношение — жесткий аскетизм, сведение секса к минимуму, причем в классическом креационистском закреплении эротических ролей и при запрете межвидовых девиантных связей. Но в церковной реальности все иначе, так как Церковь есть то уникальное онтологическое пространство, где наличествуют иные условия, в основе своей вполне сопоставимые с панэротической вселенной манифестационизма. Это ярко проявлялось во всеобщем лобзании ранних христиан после причастия, замененном позднее на лобзание Креста. Нормативное христианство закрепило за этим уровнем всеобщей братской любви верующих сугубо духовный и символический смысл, но начиная с ранних гностических сект и кончая некоторыми недавними ересями (типа хлыстов) в Церкви не прекращались попытки распространить такую панэротическую установку и на буквальный телесный уровень. Многое зависит еще и от того, в какой степени буквализма понимали верующие догматические определения христианской традиции, и в частности, отождествления Церкви с небесной реальностью (или реальностью грядущего века). При этом следует предположить, что скандальные эксцессы в этой области коренились не в естественной порочности натур, но, напротив, в повышенном, чрезмерно живом и обостренно мистическом, конкретном понимании тех реальностей, к которым в обычном случае пастве неявно предлагается относиться с некоторой дистанцией и определенной долей условности.*

тины манифестационизма — "Высшего Тождества", адвайто-ведантистской формулы "Атман есть Брахман". А раз "Атман есть Брахман", то любое соединение двух или нескольких существ в одно в "эротокоматозном" слиянии, есть не что иное, как утверждение трансцендентального, сверхразумного единства всех вещей, как обнаружение чистой истины и разрушение космической иллюзии, коренящейся в "авидье", невежестве.

Телемитская эсхатология

Принципиальным моментом в традиционалистском анализе учения Алистера Кроули является "телемитская эсхатология". Для самого Кроули это было весьма существенным моментом всей его деятельности.

"Телемитская эсхатология" многое почерпнула из ритуалов и практик "Golden Dawn". Так, сам Кроули признавался, что на него очень сильное впечатление произвел ритуал весеннего равноденствия в "Golden Dawn", когда менялись стражники Ложи и на смену старым приходили новые фигуры, изображавшие богов, облаченных в древнеегипетские костюмы и особые ритуальные цвета. Так, на место старого эона приходил новый. В целом подобная концепция соответствует классическому для Традиции представлению о космических циклах.

Нормы и экзотерические структуры Традиции меняются в соответствии с состоянием космической среды, а следовательно появляются новые религии и традиции, новые редакции культов и новые практики.

Кроули связывал доктрину космических циклов с астрологическими периодами и, соответственно, отождествлял длительность каждого эона с доминацией одного из знаков зодиака, что равно приблизительно 2160 годам. Вместе с тем смену эонов Кроули толковал в перспективе египетской Традиции. Так, эпоху Рыб (заканчивающуюся в наше время) он соотносил с "эоном Осириса", и в соответствии с основной формой египетского мифа в этом эоне доминировала традиция "умирающего и воскресающего бога", ярчайшим образом которой было христианство. До "эона Осириса" существовал иной тип культуры и религии, а еще раньше человечество поклонялось Великой Матери — Изиде.

В наше время астрологический цикл Осириса заканчивается и наступает "эон Гора". На место религии "умирающего и воскресающего бога" приходит новый сакральный тип — тип традиции "коронованного и побеждающего ребенка", "Crowned and Conquering child". Этот "эон Гора", согласно Кроули, должен продлиться, как и все остальные, приблизительно 2000 лет, а потом снова уступить место новой религиозной форме — "эону Маат", древнеегипетской богине справедливости и меры. И т.д.

Итак, в циклологии Кроули, основанной на реконструкции египетской традиции (тоже след влияния Golden Dawn: это влияние было для Кроули основополагающим в формулировке его доктрин и ритуалов), эоны сменяют друг друга в постоянном ритме, обновляясь и оживляясь каждый раз на той временной границе, когда старый цикл заканчивается, а новый начинается.

Между старым и новым эоном возникает особый зазор, уникальный и во многом парадоксальный период, когда структуры старых традиционных форм рушатся и рассыпаются, а новые проектируются, разрабатываются и закладываются. Это время Кроули называл "бурей равноденствий" или "равноденствием богов". В период "бури равноденствий" древние силы хаоса, вытесненные на периферию реальности, загнанные в нижние регионы космоса оживают и восстают, чтобы смыть остатки старого эона. На укрощении и преображении этих сил будет основываться сакральная доминация грядущего эона и его религиозной формы.

Время, в которое Кроули жил и действовал, он отождествлял именно с таким переходным периодом — с "бурей равноденствий", с зазором между заканчивающимся эоном Осириса и наступающим эоном Гора. На астрологическом уровне этому соответствует переход от эпохи Рыб к эре Водолея. Эпоха Рыб — эон Осириса, время эпохи "умирающего и воскресающего бога". Тот факт, что символ Рыбы прилагался в раннем христианстве к самому Христу, трактовался Кроули в том же ключе. Наступающая эпоха Водолея — эон Гора, это постхристианская эпоха, в которой будет доминировать совершенно иная сакральная форма, утверждал Алистер Кроули.

Решающим событием в разработке этой эсхатологической теории стало для Алистера Кроули одно событие, датирующееся 8 - 10 апреля 1904 года. В это время Кроули находился вместе со своей женой (и партнершей по магической практике) Розой Келли в Каире. Роза Келли в медиумическом состоянии внезапно и без видимой логики повлекла мужа в музей, где раньше никогда не была, и в состоянии транса подвела его к экспонату # 666, который оказался древнеегипетской стелой, названной впоследствии самим Кроули "стеллой Откровения". В этот же период Кроули получил откровение от магического существа, которое назвалось "претергуманоидной сущностью Айвасс", и которого Кроули позже опознал как своего "ангела-хранителя" (заметим, что доктрина "ангела-хранителя" и магическая практика контакта с ним была центральным ритуалом спиритуальной магии Golden Dawn, основанной на загадочном "Шифрованном манускрипте" и оккультной традиции, идущей от знаменитого английского мага и алхимика Джона Ди[5]. Айвасс "продиктовал" Алистеру Кроули текст "Книги Законов" ("Liber Legis"). Вначале сам Кроули, будучи в то время увлеченным буддизмом, с неприязнью и некоторым отвращением воспринял определенные, явно антигуманные пассажи из этого текста, и не обратил на него особого внимания. Кроули к этому времени уже давно занимался оперативной магией, и подобные "послания" были для него привычным делом. Манускрипт этого текста Кроули в скором времени потерял, а о его существовании забыл.

Лишь в 1909 году он совершенно случайно снова нашел "Книгу Законов" и был поражен ее содержанием. Теперь он осознал, что Айвасс был голосом "нового эона", и что он избрал Кроули для того, чтобы тот стал главным пророком и провозвестником новой эры — эры Гора. "Книга Законов" стала для Кроули сакральным текстом будущей религии, а "стелла Откровения" была распознана как высший магический текст для грядущего человечества.

В соответствии со своими циклическими представлениями Алистер Кроули расшифровывал собственную миссию и сущность эсхатологического периода в следующих символических терминах.

Христианство — религия старого эона, эпохи Рыб. Оно было адекватным на предыдущем этапе (по меньшей мере, в его эзотерическом измерении, которое Кроули отождествлял с розенкрейцеровской традицией). Но старый эон заканчивается. При этом он не хочет и не может понять неизбежность прихода новой религиозной формы. Отсюда антихристианские мотивы телемитского эсхатологизма Кроули. С его точки зрения, события, описанные в Апокалипсисе, являются предвидением реальных эсхатологических событий, связанных с "бурей равноденствий" и периодом смены эонов. Но христианские мистики не смогли адекватно оценить приход нового эона, демонизировали эту эпоху и занесли пророков и глашатаев "новой истины" в разряд "демонических", негативных фигур — "зверь", "антихрист", "Вавилонская блудница", "багряная жена", "дракон", "змей" и т.д. Поэтому Кроули как "уполномоченный" провозгласить откровение о новом эоне — эоне Гора — по собственной воле отождествил себя с "великим зверем 666", с "антихристом" и т.д. Для него это было не выражением негативного характера его миссии, но лишь несколько

провокационным (в христианском культурном контексте) присвоением себе тех имен и "титулов", которыми христианские провидцы награждали "непонятых" ими в рамках собственного религиозного контекста ("религии умирающего и воскресающего бога") пророков "нового эона".

Начиная с 1909 года Алистер Кроули все более всерьез принимает свою миссию и все больше внимания уделяет эзотерической пропаганде "Эона Гора".

Любопытно вкратце проанализировать метафизический характер провозглашенной Кроули "Эпохи Гора". Помимо эстетических и этических деталей, явно связанных с тантрическим "путем левой руки", важно выделить, в первую очередь, манифестационистский пафос "нового века". Если "эон Осириса" был, по Кроули, эрой двойственности ("бог умирает и воскресает"), эрой строгой морали, отделяющей добро ото зла, благие поступки от дурных, дозволенное от запретного, мужское от женского и т.д., то "эон Гора" должен стать, по его мысли, "эрой снятия противоположностей", эпохой синтеза, в котором двойственность более не сохраняется — добро и зло, запретное и позволенное, активное и пассивное сливаются в нераздельном экстатическом силовом единстве. Некоторые аспекты телемитской этики стилистически напоминают идеи Ницше и его идею о Сверхчеловеке, в котором преодолевается этическая и гносеологическая дуальность. Хотя Кроули и не говорит об этом ясно, из его воззрений, текстов, поступков и ритуалов можно сделать заключение о том, что он предчувствовал (если не осознавала) эсхатологическую проблему смены циклов как переход от креационистского подхода к манифестационистскому, от иудео-христианского моралистического уклада к индоевропейской, адвайтистской модели — постулирующей в качестве высшего принципа тождество Атмана (субъекта) и Брахмана (Божества). Так как наиболее законченной и последовательной формулой креационизма и морализма был для Кроули "радикальный протестантизм" родителей ("Плимутские братья"), то его разрыв с дуальной картиной мира, с "ветхим эоном" приобрел ярко выраженный антихристианский характер.

Здесь необходимо сделать одно пояснение. Само христианство, на самом деле, было как раз преодолением строгого ветхозаветного креационизма, и это духовное и метафизическое качество сохранялось в течение всей истории православного богословия. Лишь католичеством были сделаны определенные отступления от подлинно христианской метафизики, а в протестантизме

[5] См. Густав Майринк "Ангел Западного окна".

(особенно кальвинистского толка) антиметафизические тенденции и возврат к ветхозаветной картине мира достигли пика. Поэтому антикреационизм Кроули порожден спецификой такого развития христианской метафизики на Западе, которое привело ее к своей противоположности относительно истинного изначального христианства и его прямого наследия в лоне Восточной церкви. Кстати, те же истоки имеет и антихристианство Ницше, который выдвигал против христианской традиции аргументы, имевшие самое прямое отношение к протестантизму, но совершенно невнятные и ни с чем не ассоциирующиеся для православных, метафизическая традиция которых гораздо дальше от иудео-христианства Запада, чем от некоторых некреационистских сакральных форм Востока.

Вместе с антипротестантизмом (распространяющимся, в некоторой степени и на Римское католичество) у Кроули наличествует интерес к еврейской каббале и к исламу. Но и здесь не все так однозначно. Дело в том, что каббала, как и эзотерический ислам, является традицией радикально противоположной именно креационистскому подходу, который есть ось соответствующих внешних традиций. И не случайно в наиболее ярко выраженных случаях — таких,

как Аль-Халладж, Сухраварди у мусульман, Саббатаи Цеви у иудеев — представители эзотеризма приравниваются к злостным еретикам. Но именно эту саббатаистскую (ведущую свое начало от Саббатаи Цеви) каббалу и этот эзотерический ислам Аль-Халладжа использовал Кроули в своей оригинальной магической теории и эсхатологической доктрине. Таким образом, в каббале Кроули черпал именно те элементы, которые были дальше всего от строгого авраамического креационизма. Так как сам Кроули не был этническим евреем, то в его случае отпадает вся двусмысленность эзотеризма каббалы, которая сопрягает манифестационистскую перспективу с расовыми критериями[6]. И в целом на чисто метафизическом уровне его "антихристианство", с одной стороны, и интерес к каббале и суфизму, с другой, сводятся в основном к антикреационизму, а телемитская эсхатология приобретает однозначно манифестационистский характер.

Поразительно, но параллель с Ницше наличествует у Кроули и на уровне символов. Алистер Кроули главным символом "эона

Гора" называет "Коронованного Побеждающего Ребенка", и тот же образ "играющего ребенка", заимствованный у Гераклита (еще одного яркого представителя манифестационистской традиции), мы встречаем у Ницше в предисловии к "Так говорил Заратустра", причем Ницше считает этого ребенка высшей и конечной стадией развития свободного духа.

Политический нонконформизм Кроули

Исходя из телемитской эсхатологии Кроули определял и свои политические взгляды. Они, естественно, отличались крайне негативным отношением к традиционным социально-политическим схемам и, напротив, вбирали самые разнообразные аспекты революционных и "подрывных" учений. Не удивительно поэтому, что Кроули поддержал Ирландскую Республиканскую Армию, симпатизировал раннему фашизму и национал-социализму, активно сотрудничал с анархистами (крупным анархистом был и Теодор Ройсс, посвятивший Кроули в "Орден Восточных Тамплиеров") и искренне восхищался большевиками. Все радикальные революционные течения были для Кроули воплощением "бури равноденствий", силами хаоса, призванными смыть останки разложившейся цивилизации, подошедшей к своему логическому и циклическому концу. Но при этом, несмотря на весь эпатаж и декларируемый нигилизм Кроули, в его учении явно наличествуют определенные "консервативные" элементы — ему близки темы иерархии, дифференциализма, утверждения высших духовных существ за счет низших, сакрализация всех аспектов жизни и т.д. Такое парадоксальное сочетание политических взглядов заставило некоторых современных исследователей, в частности, Кристиана Буше, зачислить Алистера Кроули в число "консервативных революционеров" (с важным уточнением — Кроули "консервативный революционер" весьма странный, своеобразный, нетипичный).

* * *

Учение Кроули, его своеобразный мессианизм является, быть может, самым выразительным и емким примером современного неортодоксального и нонконформистского эсхатологизма. Аналогичные мотивы в различных вариациях и в разной сте-

(6) См. "Мессианство Каббалы", настоящее издание.

Алистер Кроули

Алистер КРОУЛИ

КНИГА ЗАКОНА

LIBER AL VEL LEGIS

SVB FIGVRA CCXX
AS DELIVERED BY XCIII = 418 TO DCLXVI

AA Publication in Class A
IMPRIMATUR 999
V.V.V.V.V.
N.Fra. A A

"Любовь, послушная воле — не случайная похоть дикаря, но и не любовь под страхом, как это происходит у христиан. Но любовь, которой путь указывает маг и владеет ею, как формулой духа."

Делай то, чего ты хочешь — таков будет Закон. Изучение этой Книги запрещено. Будет благоразумным уничтожить сей экземпляр тотчас же после первого прочтения.
Кто бы ты ни был, пренебрегая вышесказанным, ты поступаешь так на свой страх и риск. Это самое страшное. Тех же, кто будет обсуждать содержание этой Книги, будут сторониться, как больных чумой.
Все вопросы относительно Закона да будут решаться каждым для себя не иначе, как обращаясь к написанному мной.
Делай то, чего ты хочешь — таков будет Закон.
Любовь есть Закон, Любовь, послушная Воле.

Жрец князей Анк-аф-на-Кхонсу

1. Хад! Это манифестация Нуит.[1]

2. Этим путем компаньоны неба дают себя видеть.

3. Каждый мужчина и каждая женщина — это звезда[2].

4. Каждое число, разницы нет какое, бесконечно.

5. Помоги мне, О фиванский Воин-властелин, помоги в моем явлении пред детьми человеческими!

6. Моим тайным центром, сердцем моим и моим языком, будь ты, Хадит!

7. И вот! Айвасс[3], служитель Гоор-паар-крата открыл все это.

8. Кхабс[4] пребывает в Кху[5], а не Кху в Кхабс.

9. Так и поклоняйся Кхабс, и смотри, как пролит мой свет над тобой.

10. Пусть слуги мои будут малочисленны и сокрыты, они будут руководить многими, теми, кого знают все.

11. Люди поклоняются только глупцам. Все боги глупцов и люди, поклоняющиеся глупцам, — идиоты.

12. Выходите, о дети, под звезды и получайте сполна свою долю любви.

13. Я над тобою и в тебе. В твоем экстазе мой экстаз. Мне отрадно видеть твою радость.

14.
Поверх лазури драгоценной
Блистая наготой, Нуит.
В экстазе чувственном согбенна,
Целует тайный жар Хадит
Крылатый шар, астральная лазурь
Мои они, О Анкх-аф-на-кхонсу!

15. А теперь ты узнаешь, что избранный жрец и апостол бесконечного пространства и есть князь-жрец, Зверь он. И в женщине его, чье имя Багряная Жена[6], вся данная ему власть. Они берут моих детей в паству, от них проникает в сердца людей сияние звезд.

16. Ведь он же солнце, а она — луна. Лишь ему — пламя крылатой тайны, и к ней струится лунный свет.

17. Однако вы не такие избранные.

18. Гори у них на лбу, о сиятельный змей!

19. О женщина с веками, налитыми лазурью, склонись над ними.

20. Ключ к этим ритуалам лежит в тайном слове, полученном им от меня.

21. С Богом и Поклоняющимся ему я есть ничто; ведь они меня не видят. Они как бы на земле, а я — это Небо, и нет там иных Богов, кроме меня и моего господина Хадит.

22. А посему вы знаете меня под именем Нуит, а ему я известна под именем тайным, которое я ему открою, когда он наконец меня познает. Так как я бесконечный простор и бесконечность звезд, ты поступай так. Не связывай никого ни с чем! Да не будет различия среди вас между какой-либо вещью, ибо от этого происходит вред.

23. Но если кто-либо в этом преуспеет, пускай он главенствует надо всеми!

Liber LXXVII

Oz:

"the law of
the strong:
this is our law
and the joy
of the world."

AL. II. 21

" Do what thou wilt shall be the whole of the law."

—*AL. I. 40.*

" thou hast no right but to do thy will.   Do that, and no
other shall say nay."—*AL. I. 42-3.*

" Every man and every woman is a star."—*AL. I. 3.*

There is no god but man.

1. Man has the right to live by his own law—
    to live in the way that he wills to do:
    to work as he will:
    to play as he will:
    to rest as he will:
    to die when and how he will.

2. Man has the the right to eat what he will:
    to drink what he will:
    to dwell where he will:
    to move as he will on the face of the earth.

3. Man has the right to think what he will:
    to speak what he will:
    to write what he will:
    to draw, paint, carve, etch, mould, build as he will:
    to dress as he will.

4. Man has the right to love as he will :—
    " take your fill and will of love as ye will,
    when, where, and with whom ye will.' —*AL. I. 51.*

5. Man has the right to kill those who would thwart
    these rights.

    " the slaves shall serve."—*AL. II. 58.*

" Love is the law, love under will."—*AL. I. 57.*

Aleister Crowley

68

24. Я — Нуит, и мое слово — шесть и пятьдесят.

25. Дели, прибавляй, умножай, разумей и поймешь.

26. Тогда вымолвил раб и пророк прекрасной: Кто я есть и каков будет знак?

Так отвечала она ему, склонясь в мерцающее пламя синевы, все-осязающая, все-проникающая, ее нежные руки на черной земле и гибкое тело, словно радуга, изогнуто для любви, а мягчайшие ступни не причиняют боли и малейшему цветку!

Ты узнаешь! И пусть будет знаком мой экстаз, сознание протяженности существования и все присутствие моего тела.

27. Тогда ответствовал жрец и сказал Царице Пространства: О Нуит, непрерывное существо небес, пусть люди называют тебя не Единой, но Никакой; и пусть не говорят о тебе вовсе, так как ты — непрерывна!

28. Никакая, вдохнувшая свет, мерцание и сияние, звездная и двойная.

29. Так как я разделена ради любви, ради возможности слиться

30. Это сотворение мира, когда боль разделения — ничто, а радость распада — все.

31. И пускай не заботят тебя эти глупые люди с их горестями! Они мало что чувствуют, а то, что все же чувствуют, покоится на весах полустертых наслаждений; но вы — вы мои избранные.

32. Повинуйся моему пророку! Тяжкие испытания ради познания меня выполняй до конца! Ищи лишь меня! И тогда радости моей любви избавят тебя от всякой боли. Так и есть; клянусь изгибом моего тела; священными сердцем и языком моими, всем, что могу дать я, и всем, что желаю я получить от вас всех.

33. И тогда жрец погрузился в глубокий транс или обморок и обратился к Царице Небес: Начертай нам испытания, опиши ритуалы и дай закон!

34. Но она отвечала: об испытаниях я писать не буду, ритуалы должны быть известны, частью закрыты, а закон — один для всех.

35. То, что ты записываешь сию минуту, и есть Книга Закона в трех частях.

36. Мой писарь Анкх-аф-на-кхонсу, жрец князей не изменит в книге сей ни единой буквы, но чтобы не было темных мест, он разъяснит их в дальнейшем с помощью мудрости Ра-Хоор-Кхуит.

37. Так же и мантры и заклинания; THE OBEAH и THE WANGA[7], работа с жезлом и работа с мечом — все это ты познаешь и обучишь других.

38. Он должен обучать, но он обязан предварить это суровыми испытаниями.

39. Слово Закона — θελημα[8].

40. И тот, кто назовет нас "Телемитами", не ошибется, если только он глубоко вникнет в смысл этого слова. Ибо у слова того три уровня — Отшельник, Любящий и Муж Земной. Делай то, чего ты хочешь — таков будет Закон[9].

41. Ограничение — вот слова Греха. О, человек! Не отказывай жене своей, если она хочет! О любовник, если пожелаешь, бросай! Нет уз, что могли бы соединить разделенных, кроме любви. Все прочее — проклятье. Проклято! Проклято будет оно во веки веков! Геенна.

42. Пусть большинство сидит в оковах и мерзости. Пусть пропадают. Ты же иного права не имеешь, кроме как делать то, чего желаешь сам.

43. Поступай так, и никто не посмеет сказать тебе "нет".

44. Ибо чистая воля, свободная от целеполагания, не зависящая от жажды результата, по всем статьям совершенна.

45. Совершенство и Совершенство — одно Совершенство и никак не два. Нет, они ничто!

46. Ничто — тайный ключ этого закона. Евреи называют его 61.Я называю его: 8, 80, 400 и 18.

47. Однако у них только половина. Соедини искусством твоим так, чтобы все исчезло вовсе.

48. Мой пророк — дурак, со своими числами 1, 1 и 1. Но они сами не Осел ли и ничто из Книги?

49. Сократи все ритуалы, все испытания, все пароли и все знаки. С наступлением Равноденствия Богов Ра-Хоор-Кхуит занимает свое место на Востоке, и пускай Асар пребывает с Иса, и вместе они одно. Но они не от меня. Пусть поклоняется Асар, терпит муки Иса; Хоор в блеске тайного имени есть посвящающий Господь.

50. Теперь два слова о задании Иерофантов. Имей в виду! В одном испытании сокрыто сразу три, и тремя путями их можно пройти. Плотное должно пройти сквозь огонь, тонкое будет испытано интеллектом, и высокие избранные подвергнутся испытанию в высочайшем. Вот тебе звезда и еще звезда, система и еще система, и ни один из вас пусть не знает другого.

51. В один чертог ведут четыре входа, пол во дворце из серебра и золота, небесный жемчуг, яшма, изысканные ароматы, жасмин и роза и эмблемы смерти.Пусть он войдет в них по очереди или сразу во все четыре, пусть станет на полу дворца. Не утонет ли он? Амн. Хо!

Воин, потонет ли твой слуга? Но есть средства и средства. Так будь посему добрым: одевайся в платье из тонких тканей, вкушай богатую пищу и запивай ее сладким вином и вином пенистым! Кроме того, люби сполна, люби как хочешь, когда захочешь, где и кого захочешь. Но всегда на меня.

52. И если это будет выполнено неверно, если ты перепутаешь знаки пространства, заявляя: все они — одно или все они различны, если ритуалы будут не всегда обращены на меня, тогда ожидай жуткого суда Ра -Хоор-Кхуит!

53. Этим возродится мир, этот маленький мир — моя сестра, сердце мое и мой язык, которым я посылаю этот поцелуй. Так же и ты, о жрец и скриб, пусть ты и княжьего рода, это тебя не охладит, не извинит. Но экстаз и радость земная будут твои: Ко мне! Ко мне! [10]

54. Смотри, ты пророк, не измени ни единой буквы, иначе не будешь созерцать мистерии сокрытые внутри.

55. Чадо твоих семенников, он[11] будет их созерцать.

56. Не жди его с Востока, с Запада не жди, из нежданного дома грядет то дитя. Аум! Священны все слова, и все пророчества верны, вот только разве понимают они мало. Решив первую часть уравнения, вторую часть оставь нетронутой. Но все перед тобою в ясном свете, и некоторая часть в темноте.

57. Призывай меня под моими звездами! Любовь есть закон, любовь послушная воле[12]. И не путайте, глупцы, есть любовь и любовь. Вот голубка, а вот и змей. Выбирай же как следует! Он, мой пророк, выбирал, ведая закон твердыни, и великую мистерию Обители Бога. Все древние буквы в моей Книге верны. Но буква "цаде" не Звезда. И это также тайна: мой пророк откроет ее мудрому.

58. Я дарю невообразимые на земле радости: не веру, а уверенность, еще при жизни, в том, что после смерти; несказанный покой, отдохновение, экстаз; и не требую я жертвоприношений.

59. Мои благовония из древесной смолы, они не содержат крови: потому что мои волосы — это деревья Вечности.

60. Мое число 11, оно также и число всех наших. Пятиконечная Звезда с Кругом посередине, и это красный Круг. Слепые видят меня в черном цвете, но золото и лазурь видят зрячие. У меня также есть тайная слава для тех, кто любит меня.

61. Но полюбить меня всего прекрасней, и если под звездами ночи в пустыне ты возжигаешь сейчас благовония перед моим алтарем, призывая меня чистым сердцем и Змеиным огнем внутри, тебе должно приблизиться чуточку ближе и лечь мне на грудь. За один поцелуй ты захочешь все отдать. Но тот, кто отдает лишь одну крупицу, тотчас же теряет все. Обретешь дорогие вещи, женщин в избытке будешь иметь и острые приправы, будешь носить драгоценности, затмишь целые нации на этой планете блеском и гордостью, но все это, любя меня, и так ты придешь к моей радости. Предписываю тебе строго явиться предо мною в однотканном облачении, с головою покрытой богатым убором. Я люблю тебя! Я тоскую по тебе! Бледная, пунцовая ли, прикровенная или сладостно-обнаженная, я, средоточие пурпура и блаженства и опьянения в глубочайшем смысле, желаю тебя. Надень крылья и пробуди дремлющее в кольцах внутри тебя сияние: приди ко мне!

62. На всех моих свиданиях с тобою будет говорить жрица — и глаза ее будут гореть огнем желания, когда она восстает обнаженная и ликующая в моем тайном храме — Ко мне! Ко мне! Выкликая пламя из сердец всех в песне ее любви!

63. Пой мне восторженно, пой о любви! Возжигай мне ароматы! Украшай себя драгоценностями ради меня! Пей за меня, ибо я люблю тебя! Я люблю тебя!

64. Я — синевекая дочь Заката, блистающая нагота сладострастия ночного неба.

65. Ко мне! На мне!

66. На этом Манифестация Нуит закончена.

1. Ну! Это точка сокрытия Хадит.

2. Ступайте, ступайте все и познайте тайну, доселе не раскрытую. Дополнением моей невесты являюсь я, Хадит. Протяженность не свойственна мне, и Кхабс — имя моего Дома.

3. Я — вездесущий центр каждой сферы, равно как и она — окружность, пребывающая нигде.

4. И все же ее познают, а меня никогда.

5. Взгляни! Ритуалы старых времен почернели. Да отвергнуты будут те, кто зол, а добрых очистит пророк! Тогда Знание это будет исправлено.

6. Я — тот огонь, что горит в сердце каждого человека и в ядре каждой звезды.
   Я есмь Жизнь, и податель Жизни, и все-таки, познавая меня, познаешь смерть.

7. Я — Маг и я же Экзорцист. Я — это ось колеса, и куб внутри круга. Мне глупо призывать: "Приди ко мне!", так как это я есмь тот, кто идет.

8. Кто почитал Хоор-па-краата, почитал и меня; напрасно, так как я тоже лишь поклоняющийся.

9. Не забывайте, что бытие — это чистый восторг; все печали — не больше чем тени, они проходят и пропадают, но есть и то, что остается.

10. Эй, пророк! Твоя воля к познанию этих письмен ослабевает.

11. Я вижу твою ненависть к руке с пером; но я сильнее.

12. Потому что я, об этом ты не знаешь, нахожусь в Тебе.

13. Ради чего? ради того что ты познал и ради меня.

14. Пусть будет склеп сейчас занавешен, теперь же пусть свет ринется на людей и пожрет их слепотой!

15. Я совершенен, поскольку меня нет; и мое число девять у невежд, а среди разумных число мое восемь и один в восьмерке. И это существенно, ибо я в самом деле, ничто. Императрица и Король не от меня; ибо есть и дальнейшая тайна.

16. Я — Императрица, и я — Иерофант. Всего 11, так как 11 — число моей невесты.

17.   *Послушайте меня, Вы, вздыхающие люди!*
        Скорби боль и сожаление
        оставлены мертвым и умирающим —
        племени, не признавшему меня до сих пор.

18. Они давно мертвы, эти молодцы, но они не чувствуют. Мы не для больных и угрюмых; повелители земли наша родня.

19. Живет ли Бог в собаке[13]? Нет! Но высшие — это наши. Они еще будут ликовать, наши избранные, а тот, кто печалится, тот не наш.

20. Красота и сила, скачущий смех и дивная нега, натиск и огонь — это наше.

21. Нам нечего делать с непригодными отбросами; дадим им умереть в ничтожестве. Ибо они ничего не чувствуют. Сострадание — порок королей: вытаптывая слабых и негодных, сильный поступает по закону; таков наш закон и радость этого мира[14]. Не задумывайся, о царь, над этой ложью: Будто Ты Должен Умереть: на самом деле ты не умрешь, жить будешь. Да станет это понятно теперь: Король пребудет в чистом экстазе вечно, если королевское тело подвергнется диссолюции. Нуит! Хадит! Ра-Хоор-Кхуит! Солнце; Сила, и Зрение, Свет; все это для слуг Звезды и Змея.

22. Я есмь Змей, дающий Знание и Восторг и сияние славы, это я волную и опьяняю сердца людей. Чтобы меня боготворить, употребляй вино и странные снадобья, из них я буду говорить с моим пророком, ими опьяняйся. Они не причинят тебе нисколько вреда. Это вздор, это ложь против себя. Показная невинность также лжива. Силен будь, о муж! Похотствуй, наслаждайся всеми видами чувственного восторга, не страшись, что некое Божество тебя за это отвергнет.

23. Я один, здесь нет другого Бога, где я есть.

24. Смотри! Вот еще серьезные таинства касательно моих друзей отшельников. Не думай только, что найдешь их в лесу или на горе: но на лиловом ложе, ласкаемых великолепными тварями с тяжелыми бедрами, с огнем и сияньем в глазах и водопадом огненных волос, вот где ты их найдешь. Еще увидишь их у штурвала, во главе победоносных армий, и радость их будет в миллион раз больше той, что сейчас. Но чтоб без принуждения одного другим, когда Царь против Царя! Любите друг друга горящими сердцами, топчите низких людей в свирепом сладострастии вашей гордости, в день вашего гнева.

25. Вы против народа, о избранные мои!

26. Я — тайный Змей, свернулся, готовый к прыжку. В моих кольцах — грядущая радость. Если я поднимаю голову, я сливаюсь в одно с моей Нуит. Повисла моя голова, выстрелив яд, тогда блаженствует земля и мы с нею одно.

27. Во мне также есть великая опасность, ибо не понявший эти руны до конца совершит великий промах. Он падет в колодец, именуемый " Потому Что "[15], и там пропадет вместе с собаками здравого смысла.

28. Да будет проклято " Потому Что " и вся его родня!

29. Будь оно проклято, это " Потому Что ", в веки веков!

30. Если Воля отступает с криком " Почему? ", призывая " Потому Что ", значит Воля кончилась и действий не будет.

31. Если Сила спрашивает " Зачем? ", значит она — слабость.

32. Рассудок — тоже ложь. Есть только один фактор, и он — беспредельный, неведомый; а все их речи — кривотолки.

33. Довольно " Потому Что "! Будь проклят, собака!

34. Но ты, о мой народ, восстань и пробудись!

35. Да будут правильно исполнены наши ритуалы — красиво и радостно!

36. Среди них есть ритуалы, посвященные стихиям, и пиры времен.

37. Пир первой ночи Пророка и его Невесты!

38. Пир в честь трех дней написания Книги Закона.

39. Пир для Тахути и ребенка Пророка — тайна, о пророк!

40. Пир Высшего ритуала и пир Равноденствия Богов.

41. Праздник огня и праздник воды; праздник жизни и еще более величественный праздник смерти!

42. Каждодневный праздник в ваших сердцах в радости моего восхищения.

43. Каждую ночь праздник Ну и удовольствия полнейшего восторга.

Рисунок Алистера Кроули

44. Эй! Пируй! Ликуй! Грядущее не ужасно. Там диссолюция и вечный экстаз в поцелуях Ну.

45. Там собак ожидает смерть.

46. Не сумел? Сожалеешь? В твоем сердце страх?

47. Там, где я, чтобы этого не было.

48. Падших не жалеть! Я их не знаю. Я не за них. Я не утешаю: ненавижу утешаемых и утешителей.

49. Я — уникален. Я — завоеватель. Я не из тех рабов, что гибнут. Будь они прокляты и убиты! Аминь. (Это о четырех: там еще имеется пятый, тот, кто невидим, а в нем и я, словно детеныш в яйце).

50. Я — синь и золото в свете моей нареченной, но в глазах моих отблеск красного; искры пурпурные, зеленые покрывают мое тело.

51. Пурпурней пурпурного свет, не доступный зрению.

52. Вот Вуаль: это черная Вуаль. Вуаль скромной женщины. Это покрывало скорби и саван смерти. Мне это чуждо. Разорви лживый призрак столетий, не прикрывай свои пороки словами добродетели, пороками ты служишь мне, и хорошо делаешь, и я буду награждать тебя здесь и впоследствии.

53. Не бойся, о пророк, когда эти слова сказаны, ты не будешь сожалеть. Вне всякого сомнения, ты — мой избранный, и благословенны будут те глаза, на которые ты посмотришь с радостью. Но я буду скрывать тебя под маской скорби, и увидевшие тебя подумают в испуге, что ты пал, но тебя я подниму.

54. Ценны не те, кто кричат, что ты ничего не значишь. Ты докажешь им — ценен ты. Так как они рабы " Потому Что", они не от меня. Буквы? Не изменяй их формы и численного значения.

55. Ты еще постигнешь порядок и численное значение английского алфавита. Ты обретешь и новые символы, чтобы ввести в него.

56. Убирайтесь вы, насмешники, даже если вы смеетесь в мою честь, смеяться будете недолго. Когда опечалитесь, тогда поймете, что я вас бросил.

57. Праведный да пребудет праведным. А тот, кто смердит, пусть смердит.

58. Даже не помышляй о перемене, будь таким, какой ты есть сейчас, и никаким другим. Поэтому Короли Земли будут королями вечно, а Рабы будут служить. Нет ничего, что было бы низринуто или вознесено: все как было. Но существуют и мои тайные слуги, бывает и так: под маской нищего скрывается Король. Король может выбирать себе наряд, какой пожелает; тут нет особого мерила; однако нищий не в силах скрывать свою нищету.

59. Посему будь бдителен, как бы не отвергнуть скрытого Короля, люби всех!
Ты так считаешь? Глупец! Если бы он и в самом деле был Король, ты бы не смог ему навредить.

60. Так что бей сильно и подло, и черт с ними, Мастер.

61. Свет перед твоими глазами, о пророк, ты не желал его, но он желанен.

62. Я возвысился в твоем сердце, и поцелуи звезд тяжелым дождем падают на твое тело.

63. Ты изнемог в сладострастной полноте вдохновения, угасание слаще самой смерти, стремительней и радостней ласки червя Преисподней.

64. О! Тебя одолели, мы стоим на тебе, наш восторг разлит по тебе! Хайль!
Хайль! Пророк Ну! Пророк Хад! Пророк Ра-Хоор-Кху! Ликуй сейчас же! В наше слияние и экстаз войди немедля! Войди в наш пылкий покой и записывай сладкие слова для Королей!

65. Я — Господин! Ты — Священный Избранник.

66. Пиши и находи экстаз в письме! Трудись, пусть ложе наше будем ложем труда! Трепещи радостью жизни и смерти! Ах! Ты умрешь красиво, кто бы ни увидел, все будут любоваться. Твоя смерть станет печатью обета нашей любви длинною в век. Ну же, наполни сердце восторгом через край. Мы — одно, мы — ничто.

67. Стой! Стой! Окрепни в своем восторге. Окрепни в своем восторге; не падай в обморок от возвышенных поцелуев.

68. Тверже! Не расслабляйся! Подними голову! Так глубоко не вздыхай — умирай!

69. А! А! Что я чувствую? Слова иссякли?

70. В иных заклятиях и помощь и надежда. Мудрость гласит: Будь силен! Тогда ты сможешь вынести больше радости. Не будь животным: блаженствуй утонченно. Если ты выпиваешь, проделывай это согласно восьми и девяноста правилам искусства; предаваясь любви, добивайся предельной изысканности оттенков. И если ты наслаждаешься, пусть в этом будет утонченность.

71. Только излишествуй! Излишествуй!(16)

72. Желай изо всех сил большего! И если ты истинно мой и в этом нет сомнения, и если ты всегда полон радости! — смерть будет венцом всего.

73. А! А! Смерть! Смерть! Ты будешь тосковать по смерти. Смерть, о человек, тебе воспрещена.

74. Протяженность твоей страстной тоски станет крепостью славы ее смерти. Тот, кто живет долго и желает смерти, только он Король среди Королей.

75. Эй! Прислушайся к этим словам и числам:

76. 4 6 3 8 A B K 24 A L G M O R 3 Y X 2 4 8 9 R P S TOVAL . Что они значат, о пророк? Ты не знаешь и не узнаешь никогда. Грядет тот, кто наследует тебе, он растолкует подробно. Не забывай, о избранник, быть мною, следуя любви Ну в небесах, залитых звездным светом, глядя на людей прямо, сообщая им это радостное слово.

77. Будь же ты горд и могуч среди людей!

78. Возвысь себя сам! Ибо нет тебе подобных ни средь людей, ни средь богов! Подними себя сам, о мой пророк, и ты превзойдешь статью сами звезды. Они будут поклоняться твоему имени о четырех частях, дивное, мистическое число человеческое, и название твоего дома 418(17).

79. Конец сокрытия Хадита; и благословение и поклонение пророку прекрасной Звезды!

1. Абрахадабра[18]; Вознаграждение Ра-Хоор-Кхут.

2. Вот разделение, ведущее домой; вот слово неведомое. Произношение не
действует; все это не обязательно. Берегись! Остановись! Сними заклятье Ра-Хоор-Кхуит!

3. Да будет понятно в первую очередь, что я есмь Бог Войны и Мести. И я буду их беспокоить сурово.

4. Выбери себе остров, ты!

5. Построй на нем крепость.

6. Окружи ее военными машинами.

7. Я дам тебе боевую машину.

8. С ее помощью ты будешь громить народы, никто не устоит перед тобой.

9. Затаился! Отошел! Теперь дави их! Таков Закон Битвы Захвата. Также мне будут воздавать божественные почести у моей секретной обители.

10. Добудь и саму Стелу откровения[19], установи ее в твоем тайном храме, когда он уже расположен в достойном месте, и это будет твоя Kiblah[20] навечно. И она не только не обесцветится, но напротив чудным образом будет возвращаться к ней цвет.

11. Она — твое единственное доказательство. Я запрещаю, не рассуждать. Покоряй! Этого достаточно. Я сделаю легким твой уход из дурноустроенного дома в Граде Победы. Ты ее и доставишь с почестями, о пророк, хотя это тебе и не по нраву. В дальнейшем тебя ждут опасности и беспокойство. Но с тобою Ра-Хоор-Кху. Поклоняйся мне огнем и кровью, мечами и копьями поклоняйся мне. Пусть женщина ради меня опояшется мечом: пусть льется кровь во имя меня. Топчи Неверных, дави их, о воитель, и ты у меня отведаешь их плоти!

12. Жертвуй скот, мелкий и крупный, но сперва дитя.

13. Только не сейчас.

14. Вам еще предстоит узреть тот час, о благословенный Зверь, и ты, Багряная Наложница его желания!

15. Это повергнет вас в печаль.

16. Не хватайся так резко за посулы, не страшись, когда будешь подвергнут проклятьям. Вам даже не ведом весь смысл.

17. Не страшитесь ничего: не пугайся ни людей, ни Сил Судьбы, ни Богов, никого. Ни власти денег, ни насмешек людского слабоумия, равно как и иных сил в небесах, на земле ли, под землею ли. Ну — твое убежище, а светит тебе Хадит; Я же — крепость, сила, ярость рук твоих.

18. Да будет отринута жалость! Проклятие тем, кто жалостлив! Убивай и пытай без пощады; дави их!

19. Эту Стеллу они нарекут Мерзостью Запустения, сосчитай хорошо число букв ее имени, и она предстанет тебе как 718.

20. Почему? Потому, что рухнет" Потому Что", так как его больше не будет.

21. Поставь мой образ на Востоке, тебе должно купить мой образ, какой я тебе укажу, особый, не похожий на известные тебе. И внезапно тебе удастся сделать это с легкостью.

22. Иные образы также сплоти для поддержки меня; поклоняйся им всем, ибо они сплотились, дабы возвысить меня. Ведь я — видимый объект поклонения, а остальные содержатся в тайне. Они предназначены Зверю и его Невесте, и победителям в Испытании Х. Что это? Ты узнаешь.

23. Для благовония смешай мясо и мед и сгустки красного вина, затем добавишь масло Абрамелина и оливковое масло, а затем умягчи и сгладь обильной свежей кровью.

24. Лунная кровь лучшая, Месячная, также и свежая кровь ребенка или капля небесной просфиры, потом кровь врагов, затем священника или верующих, кровь некоторого зверя, в последнюю очередь.

25. Все это сожжешь: испечешь лепешки и будешь поедать их ради меня. Этому есть и иное применение: обильно напитав благовониями, возложи их предо мною, в них заведутся жучки, именно так, а ползучие твари посвящены мне.

26. Этих убьешь, называя имена своих врагов; и они падут пред тобою.

27. От поедания их в тебе также зародится и страстная сила веселия.

29. Более того, удерживай их в таком состоянии подольше, чем дольше, тем лучше, ибо они тучнеют, получая от меня силу. Все передо мною.

30. Мой алтарь раскрыт, он сработан из меди, если что сжигаешь, делай это на серебре или золоте.

31. С Запада грядет богатый человек, он осыплет тебя золотом.

32. Из золота выкуешь сталь!

33. Будь готов взлететь или рухнуть!

34. Но святое место твое пребудет неприкосновенно сквозь столетия; даже если огнем и мечом будет оно сожжено и разрушено, все же невидимый дом устоит, и простоит он до тех пор, когда наступит Великое равноденствие, когда восстанет Хрумахис и тот, у кого два жезла займет мой трон и дворец. Иной пророк восстанет, и низведет с неба свежую дрожь, иная женщина пробудит похоть и поклонение Змея, еще одна душа Бога и Зверя смешаются в тиарном жреце, еще одно жертвоприношение запятнает Гробницу, иной будет править король; и больше не будут изливаться благоговения Ястреб	оголовому мистическому Господину![21]

384

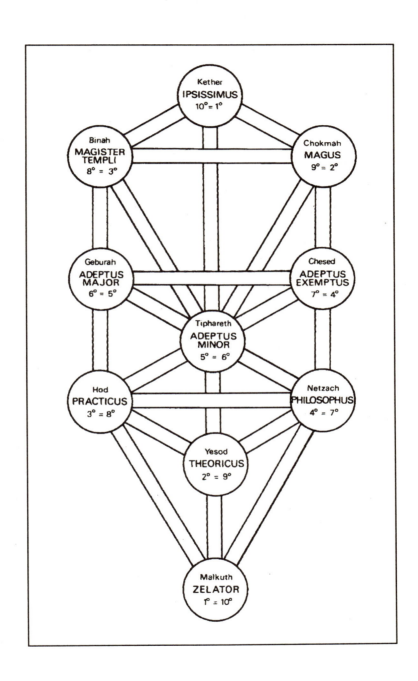

35. Половина слова "Херу-ра-ха" называлась "Хоор-па-краат" и "Ра-Хоор-Кхут".

36. Тогда пророк обратился к Богу:

37. Я поклоняюсь тебе в этой песне:

> Я — Господин Фив и я же —
> вдохновенный провозвестник Мэнту.
> Для меня небо открывает завесу,
> Самоубийца Анкх-аф-на-кхонсу,
> Чьи слова правда! Я призываю,
> Я приветствую Твое присутствие,
> О, Ра-Хоор-Кхуит!
> Явлено полнейшее единство!
> Я поклоняюсь энергии твоего дыхания,
> Верховный и грозный Бог,
> Заставляющий божества и смерть
> дрожать перед Тобой.
> Я, Я тебе поклоняюсь!
> Покажись на престоле Ра!
> Открой пути Кху!
> Освети пути Ка!
> Пути Кхабс пройдут сквозь меня,
> чтобы возбудить меня или успокоить!
> Аум! Пусть они наполнят меня!

38. Итак, когда твой свет во мне, и его красное пламя как меч в моей руке, чтобы продвигать твой порядок. Имеется секретная дверь, я устрою ее таким образом, чтобы был доступ ко всем постам (местам поклонения, описанным тобою), как сказано:

> Это мой свет; его лучи поглощают
> меня: я сделал секретную дверь
> В обитель Ра и Тум
> Кхефра и Ахатхоор.
> Я твой Фиванец, О Мэнту,
> Пророк Анкх-аф-на-кхонсу!
> Я ударяю себя в грудь Бес-на-Маут
> Мудрой Та-Нех я навеваю мои чары.
> Яви твой звездный блеск, О Нуит!
> Предложи мне поселиться в твоем Доме,
> О крылатый Змей свет, Хадит!
> Пребудь со мной, Ра-Хоор-Кхуит![22]

39. Все это и книга, чтобы сказать, как ты достиг этого, и репродукция этих чернил и бумаги вечны, — ведь в них слово тайны и не на одном английском, — и твой комментарий на Книгу Закона будет отпечатан прекрасной красной тушью и черной на дивной бумаге изготовленной рукотворно; и каждому мужчине и женщине, что ты повстречаешь, она будет не для еды и питья, но дана как Закон. Тогда у них будет выбор принимать эту благодать или отказаться; и никак иначе. Делай это быстро!

40. Ну, а работа над пояснениями? Это легко, и Хадит, пылающий у тебя в сердце, сделает твое перо уверенным и быстрым.

41. Устрой из своей Каабы присутственное место, все должно быть сделано ловко и по-деловому.

42. Испытания увидите сами, кроме тех из вас, кто слеп. Не отвергай ничего,
но предателей следует распознать и уничтожить. Я — Ра-Хоор-Кхуит, и я в силах защитить моего слугу. Успех — вот твой довод. Не спорь, не завлекай, не болтай лишнего. Тех, кто ищет, как бы тебя уловить, низвергнуть, этих атакуй без жалости и пощады, и уничтожь их до основания. Резко, как змея, на которую наступили, извернись и ударь! Будь злее их. Тащи их души на жуткую пытку; смейся над их страхом; плюй на них!

43. Пусть Багряная Жена остерегается следующего: ежели жалость и сострадание, и нежность посетят ее сердце, если она забросит мое делание ради праздных игр с ветхими страстями, тогда да познает она горечь моего возмездия. Я принесу себе в жертву ее ребенка, наполню ее сердце помешательством, мужчины отвергнут ее, увядшей и презренной шлюхой она проползет по сумеречной улице, утопая в жидкой грязи и сгинет в холоде и голоде.

44. Но пусть она вознесется в гордыне! Пусть следует она за мною моим путем! Пускай творит чудеса блудодейства! Да умертвит она свое сердце! Да будет она шумной и вероломной, в богатом платье и драгоценностях, не имея стыда предо всеми мужчинами.

45. Тогда я подниму ее к вершинам власти: мною будет зачато от нее дитя, чье могущество превзойдет всех царей земли. Я наполню ее радостью, через мою силу ей станет видна дивная Ну, она достигнет Хадит и согнется в поклонении.

46. Я — военный Владыка Сороковых; Восьмидесятые прячутся при виде меня, они сметены. Я приведу тебя к победе и ликованию: Я буду направлять твое оружие в бою, и ты познаешь восторг истребления. Успех — твое доказательство, отвага — твои доспехи; наступай, я укрепил тебя, и никто не обратит тебя в бегство!

47. Эта книга будет переведена на все языки, но всегда с оригинала, написанного рукою Зверя; поскольку в случайном почерке и расположении букв по отношению одной к другой заключены мистерии, неведомые и самому Зверю. Пусть не пытается никто сделать это. — Но тот, кто грядет за ним, когда, я не скажу, откроет Ключ ко всему. Эта прочерченная линия есть ключ, и эта окружность, оквадратившаяся в своей неудаче — также ключ. И Абрахадабра. Это будет его ребенок, и странно дело тут. И пусть не ищет он смысла этого, так как будучи одинок, он пропадет здесь.

48. Ныне разгадана тайна этих письмен, и я желал бы перенестись в более святое место.

49. Я пребываю в тайне четырех слов, в них поношение всех людских богов.

50. Будут они прокляты, прокляты, прокляты!!!

51. У меня Голова Ястреба, и я выклевываю ею глаза [...] [23], пока он висит на кресте.

52. Это мои крылья хлещут по лицу Мухаммеда и ослепляют его.

53. Мои когти когтят мясо Индуса, Буддиста, Монгола и Иудея.

54. Bahlasti! Ompehda! Эх, вы, жабы, я оплевываю ваши поверья.

55. Пусть разорвут колеса [...] [24]: в память о ней да будут презираемые все невинные женщины.

56. Также во имя любви и красы!

57. Также и всякого труса презирай, солдат-наемников, играющих в войну, презирай всех, кто глуп.

58. Только не того, кто горд и проницателен, кто из королевского рода, кто величав; ведь вы братья!

59. Как братья и бейтесь!

60. Нет закона, кроме "Делай то, чего хочешь".

61. Здесь конец слову Божества, интронизированного на престоле Ра, чьим светом залит каркас души.

62. Почитайте меня! Стремитесь ко мне через горнило терзаний, они обернутся блаженством.

63. Глупец читает эту Книгу закона и ничего не понимает.

64. Пусть он пройдет через первое испытание, и оно будет для него как серебро.

65. Второе — как золото.

66. А третье — драгоценные камни чистейшей воды.

67. И чрез четвертое, ярчайшие искры потаенного огня.

68. Как бы то ни было, всем это покажется прекрасным. Кто будет утверждать, что это не так — враги, сущие лжецы.

69. Там успех.

70. Я есмь Ястребоглавый Властелин Молчания и Мощи; небо синей ночи объемлет мой змеиный венец.

71. Хайль! Вам, близнецы-воины у столпов этого мира! Ибо ваше время близко.

72. Я — Властелин Двойного жезла Власти: это жезл силы Коф Ния — но в моей левой руке ничего нет, ведь я раздавил Вселенную и ничего не осталось.

73. Перелистни письмена справа налево, сверху донизу, затем смотри!

74. Мое имя сохраняет блеск великолепия, как в сокрытии, так и будучи явлено во славе, как и солнце — полночи вечный сын.

75. Конец слов — слово Абрахадабра.

КНИГА ЗАКОНА ЗАПИСАНА И СКРЕПЛЕНА ПЕЧАТЬЮ.

Аум.Ха.

(перевод с английского Георгия Осипова)

ПРИМЕЧАНИЯ

(1) *"Ну"* (="*Нуит"*), *"Хад"* (="*Хадит"*) и *"Ра-Хоор-Кху"* (*"Ра-Хоор-Кхуит"*) суть основные космологические категории в "Книге Законов". Они составляют телемитскую триаду. Весь текст разделен на три части. Первая написана от лица Нуит, вторая — от лица Хадит, третья — от лица Ра-Хоор-Кхуит.
"Ну", *"Нуит"* — имя древнеегипетской богини Неба. У Кроули она символизирует космическую субстанцию, женское начало, периферию круга, мировой хаос. Это — космологическое женское божество, единая, двойственная и "никакая" одновременно "мать мира". Она порождает и уничтожает все, из нее проистекает многообразие вещей и существ, но в ней же все они и растворяются. Эта кроулианская категория сходна с "пракрити" индусов. Нуит, как и пракрити, лежит в основе космической манифестации, но вместе с тем, сама космическая субстанция остается непроявленной, выступая как подоснова всякого проявления.
Хад, Хадит является, напротив, мужским началом, он соответствует индустскому "пуруше". Это вездесущий центр проявления, ось мира. Он проявляется благодаря Нуит и представляет ее первым проявлением, ее "отцом", "сыном" и "мужем" одновременно.

Ра-Хоор-Кхуит — это Гор, солнечный бог древних египтян, сын Осириса. У Кроули он выступает как третий элемент, продукт многообразных слияний первопары — Нуит и Хад. Он — подвижный дух, сокологоловый властитель "нового эона".
Сложные соотношения между этими тремя первоэлементами телемитской космогонии составляют содержания учения Кроули.
Сам Кроули отождествляет себя с жрецом и пророком этой "новой религии" (Анкх-аф-на-кхонсу), "телемизма". Как таковой он находится в особых ритуально-магических отношениях с триадой — ближе всего он к Ра-Хоор-Кхуит, в центре его пребывает Хадит, при этом он находится в постоянном слиянии с Нуит, персонифицированным выражением которой является, в телемитской мифологии, "Бабалон", "Багряная Жена". Этим титулом Кроули награждал своих главных партнерш в сексуально-магических ритуалах.
(2) *"Every man and every woman is a star"*. Одна из трех главных заповедей телемизма. Остальные см. (7) и (10)
(3) *"Айвасс"* — имя "претергуманоидной" сущности, продиктовавшей Кроули этот текст. Позднее Кроули отождествил его со "своим ангелом хранителем". Так как прак-

тика "вызывания ангела-хранителя" в среде "Golden Dawn" считалась восходящей к магической книге Абрамелина-мага и к ритуалам Джона Ди, то есть все основания предположить, что Айвасс аналогичен "зеленому ангелу", являвшемуся Джону Ди и Эдварду Келли и сообщившему им основы "энохианского языка". Любопытно, что сам Кроули, который признавал теософскую неоспиритуалистическую концепцию "реинкарнации" (чуждость которой индуизму убедительно показал Генон в "Заблуждении спиритов"), считал одним из своих предыдущих "воплощений" Эдварда Келли. В период получения послания от Айвасса он был женат на сестре его друга, фамилия которой также по странному совпадению была Келли — Роза Келли! Кроме того, именно Роза Келли привела Кроули к "Стелле Откровения" в каирском музее. Интересно сопоставить описание "зеленого ангела" в романе Густава Майринка "Ангел Западного Окна" с Айвассом Кроули. Известно, что Майринк был посвящен в оперативную сексуальную магию итальянцем Джулиано Креммерцом, и именно в Италии, на острове Сицилия, в местечке Чефалу Кроули основал свое "Телемитское аббатство". Нельзя исключить, что Кроули знал Креммерца, и достоверно

389

известно, что он был близко знаком с известным масоном Артуро Регини, который, в свою очередь, поддерживал с Креммерцем тесные отношения. Таким образом, намечается определенная связь между Густавом Майринком и Кроули, которая, однако, могла проходить и через германский "Орден Восточных Тамплиеров" Теодора Ройсса. В любом случае эта тема нуждается в более пристальном исследовании.

[(4)] "Кхабс" — "обитель Хадит".

[(5)] "Кху" — "обитель Нуит".

[(6)] "Багряная Жена" — синоним "Вавилонской Блудницы". Ритуальное воплощение Нуит в "Babalon working" телемизма. См. сноску (1)

[(7)] "Obeah" и "wanga" — два магических термина, значение которых не ясно.

[(8)] "Thelema" — по-гречески означает "воля", "the will". Аббатство "Телема" описывается у Рабле. Кстати, сегодня не ставится под сомнение, что работы Рабле имеют несомненное герметическое значение, и что сам он был членом загадочного тайного общества — "Societe Angelique" ("Ангельское Общество"). Интересные варианты расшифровки и интерпретации книг Рабле предлагает Грасе д'Орсе. "Телемиты" Рабле послужили прототипом "телемитов" Алистера Кроули.

[(9)] "Do what thou wilt that will be the whole of the Law." Один из трех основных законов телемизма. Остальные см. (2) и (12). Телемиты обычно подчеркивают, что Кроули использует староанглийские формы: "thou wilt" вместо "you want". Согласно принятой интерпретации, это должно указывать на то, что субъектом здесь является не просто любой человек (тогда было бы "you"), но лишь избранный ("thou"), и речь идет не о профаническом желании ("want"), но о глубинной магической воле ("wilt").

[(10)] Субстанция Нуит у Кроули во многом напоминает тантрическую доктрину "шакти", женской ипостаси божества в индуизме. Чаще всего в качестве "шакти" рассматривается супруга Шивы — Кали, Дурга и т.д. Тантризм называют "путем левой руки", и Кроули неоднократно применял это определение к самому себе. Вообще, многие аспекты учения Кроули имеют ярко выраженный тантрический характер. Для Тантры свойствен тот же нонконформизм и радикализм, граничащий со "святотатством" и "богохульством".

Более подробно в тексте "Имманентная Революция Тантры" и у Юлиуса Эволы в "Йоге Могущества".

[(11)] Эти загадочные намеки на "сына пророка" часто затруднялся расшифровать и сам Кроули. Возможно, что речь шла о "магическом гомункуле", порождаемом в ходе особой тантрической операции. Любопытно, что в романе "Серебряный голубь" Андрей Белый описывает аналогичный ритуал в среде русских сектантов. Реальные дети Кроули, на которых могло бы распространяться это пророчество, были довольно обычными, средними и ничем не выделяющимися персонажами, да и сам Кроули не склонялся к буквальной интерпретации подобных пассажей.

[(12)] "Love is the law, love under will." Остальные см. (2) и (9). Один из трех основных законов телемизма. Обычно "love" здесь интерпретируется как указание на ритуальный половой акт, а "will" означает, что он проходит по инициатическим правилам, а не под воздействием профанического животного влечения.

[(13)] По-английски, "God" ("Бог") есть анаграмма "dog" ("собака").

[(14)] Кроули в момент получения "Книги Законов" от Айвасса был буддистом и находился под влиянием Алена Беннета, который принял буддизм и поселился на Цейлоне в буддистском монастыре. Кроули считал Беннета своим учителем, посетил его в монастыре и вместе с ним занимался йогой и медитацией. Сострадание — основной этический закон буддизма, и поэтому сам Кроули отнесся к данному тексту, продиктованному "претергуманоидной сущностью" с глубоким отвращением — подобные пассажи прямо противоречили его буддистскому мировоззрению.

[(15)] Отрицание рассудочной логики является отправной чертой подлинно традиционных доктрин. Всякая сакральность апеллирует к нерассудочным, сверхрассудочным аспектам в человеке. Поэтому аналогичные проклятия "разуму" могли бы иметь место не только в подчеркнуто гетеродоксальной спиритуальности телемитов, но и в любом традиционалистском учебном документе. Особенно акцентирован этот момент в некоторых суфийских школах и в дзен-буддизме.

[(16)] Оперативное правило некоторых инициатических организаций. Доводя любое естественное состояние, переживание, действие до

предельной экзальтации можно перейти к иным, более возвышенным и глубоким уровням бытия, на которых пребывают корни вещей и действий, причины и сущности явлений. Путь эксцесса ("путь левой руки") симметричен пути радикальной аскезы ("путь правой руки"). В обоих случаях цель одна — раз и навсегда преодолеть рамки профанического существования, которое фатально обречено на то, чтобы периодически осциллировать между напряжением и спадом, желанием и безразличием, стремлением и расслабленностью. Путь эксцесса ориентирован на такую эскалацию желания, которая, перегреваясь, переводит его в стадию необратимости, и тем самым осуществляется выход за пределы фатального маятника материальной жизни, в которой все существует на уровне компромисса и полурешений. Любопытно, что высшие мэтры тантры, реализовавшие духовно наиболее высокие ее уровни, совершенно отказываются в конечном итоге от ритуальных инициатических совокуплений. "Зачем мне женщина, если я отныне реализовал ее в своем собственном существе", — приводит слова индусского тантрического посвященного Юлиус Эвола в "Метафизике Секса".

[(17)] См. сноску (18)

[(18)] В кроулианской магической доктрине слово "Абрахадабра" является ключевым. Кроули считал это сочетание звуков паролем "нового эона". Числовое значение слова "Абрахадабра", согласно каббале, — 418.

[(19)] Древнеегипетская табличка, случайно обнаруженная женой Кроули Розой Келли в каирском музее Булак в качестве экспоната под номером 666. Кроули и его жена попросили доктора Бургш Бея сделать им перевод с древнеегипетского содержания этой таблички. Приведем полное описание объекта и перевод.

На картинке изображена богиня неба, Нуит, согнувшаяся подобно своду, с руками и ногами касающимися земли. Непосредственно под ней изображен крылатый диск солнца с подписью "Хадит, великий бог, господин неба".

Сцена изображает жреца, облаченного в шкуру пантеры и стоящего перед богом Хармахисом, который сидит на своем троне, сзади которого находится эмблема Запада. Подпись гласит — "Ра-Хоор-Кхуит, господин богов". Над жрецом написано: "покойник, пророк Менту, господин Фив, которому открыты двери неба в Фивах Анкх-ф-н-Кхонсу".

Перед жрецом столик с приношениями, под которым надпись "хлеб, вода, быки, утки".

Текст на передней стороне переводится: "Покойный, пророк Менту, господин Фив, которому открыты двери небес в Фивах, Анкх-ф-н-кхонсу, верным голосом сказал: О высший! Я поклоняюсь величию твоих духов, страшнейшая душа, внушающая ужас самим богам. Появляясь на своем огромном троне, он устраивает пути души, духа и тела, получивших свет и оснащенных им, я проделал путь к месту, где находятся Ра, Тум, Кхепра и Хатор, я, покойный пророк Менту, господин Фив, Анкх-ф-н-кхонсу, сын чиновника такого же ранга, Бес-Маут и жрицы Аммон-ра, госпожи дома Та-нех".

На обратной стороне: "Покойный, пророк Менту, господин Фив, Анкх-ф-н-кхонсу, верным голосом сказал: О мое сердце, сердце моей матери, сердце, которое я имел на земле, не выступай против меня свидетелем, не выступай против меня судьей, не высказывай против меня обвинений в присутствии великого бога, господина запада, потому что я достиг земли великого Запада, когда я процветал на земле! Покойный жрец Фив, Анкх-ф-н-кхонсу верным голосом сказал: "О тот, у кого только одна рука, который светит на луне, покойный Анкх-ф-н-кхонсу покинул множества и присоединился к тем, которые в свете, он открыл обитель звезд (Дуат); тогда Анкх-ф-н-кхонсу вышел из дня, чтобы делать все, что ему захочется на земле, среди живых."

Гурнах, Фивы, XXVI династия.

[20] Кибла — ритуальная ориентация мусульман во время молитвы. Определяется по местонахождению Мекки.

[21] Речь идет о конце "Эона Гора" и начале "эона Маат". Это событие, согласно телемитской циклологии, должно произойти через 2 000 лет. Тогда "буря равноденствий" повторится снова, но на сей раз будет отвергнута цивилизация, основанная на "Книге Законов".

[22] Все эти пассажи следует понимать как "вдохновенное" толкование Айвассом (или самим Кроули) соответствующих мест из "Стеллы Откровения", полный текст которой приведен в сноске (19).

[23] Опущено богохульство, которое, на наш взгляд, не должно быть напечатано (даже в контексте чисто документальной публикации, как это имеет место в нашем случае) в православной стране.

[24] Опущено богохульство по тем же соображениям, что и в сноске [23]

6. Ты явился мне как юный и сияющий Бог, бог музыки и красоты, как юный бог во всей своей силе, играющий на лире[5].

7. Ты явился мне как белая пена, как части тела магической женщины, как богиня экстремальной любви, с золотым поясом[6].

8. Ты явился мне как юный коварный мальчишка, с Твоей крылатой державой и твоими змеями, свившимися вокруг жезла[7].

9. Ты явился мне как охотница посреди своей своры, как чистая девственная богиня, как луна между вековыми дубами[8].

10. Но ничего из этого меня не обмануло. Я отбросил все эти видения и закричал: пойдите прочь! И все они исчезли.

11. И тут я сплавил вместе пылающую Пятиконечную Звезду и Шестиконечную Звезду в тигле своей души. Смотри: вот появилась звезда 418[9] надо всем этим.

12. Но и на этот раз ничего из этого меня не обмануло; потому что у короны двенадцать лучей.

13. И все эти двенадцать суть одно.

II Resh

0. А сейчас я увидел противоположные, дурные вещи[10]; но и они не существовали, как не существуешь и Ты.

1. Я видел две головы на одном туловище, которые постоянно бьются друг с другом, и поэтому все их мысли пребывают в смешении. В них я видел Тебя.

2. Я видел Убийц Мудрости, как черные обезьяны, они бормотали порочные глупости. В них я видел Тебя.

3. Я видел агрессивных матерей Ада, разрывающих своих детей — о вы, которые не имеете понимания! В них я видел Тебя.

4. Я видел безжалостных и полностью лишенных снисхождения существ, раздирающих, как гарпии, свою добычу. В них я видел Тебя.

---

[5] *Солнце.*
[6] *Венера.*
[7] *Меркурий.*
[8] *Луна.*
[9] *418 — цифровой эквивалент слова "Абрахадабра", слова нового эона, эона Гора. См. "Книгу Законов" и примечания к ней.*
[10] *Буква "Resh" (ר) считается буквой "левой стороны". Поэтому у Кроули за ней идет описание инфернальных миров.*

5. Я видел огненных существ, гигантов, как вулканы, извергающих в бешенстве черную блевотину огня и дыма. В них я видел Тебя.

6. Я видел мерзавцев, скандальных агрессоров, эгоистов; они были как люди, о Господи, они были так похожи на людей. В них я видел Тебя.

7. Я видел воронов смерти, парящих с хриплыми криками над развратной землей. В них я видел Тебя.

8. Я видел духов лжи, прыгающих, как лягушки, по земле, и по воде, и по мерзостному металлу, который все разъедает и сам не сохраняется. В них я видел Тебя.

9. Я видел богопротивные перверсии, людей-быков, прикованных в бездне гниения, режущих друг друга языками, в страданиях. В них я видел Тебя.

10. Я видел Женщину. О мой Бог, я действительно видел ее, подобно роскошной даме, скрывающей под внешними формами черную обезьяну, подобно силуэтке, призывающей своими руками маленькие подобия человечков в ад. Я разглядел, что от головы до пояса это была женщина, а от пояса до пят — мужчина. В ней я видел Тебя.

11. Потому что я знал пароль Закрытого Дворца 418 и держал в руках поводья Колесницы Сфинкса, черные и белые. Но ни одна из этих вещей не обманула меня.

12. Поскольку своим мастерством я развил их все в Двенадцать Лучей Короны.

13. И эти двенадцать лучей были Одним.

III Aleph

0. Скажи, что Он Бог Един; Бог — Вечно Единый; нет у Него равных, или Сына, или Сотоварища[11]. Ничто не может выстоять перед лицом Его.

1. Постоянно, 111 раз за ночь в течение 41 дня я выкрикивал Господу утверждение Его Единства.

2. Так я прославлял Его мудрость, которой он создал слова.

---

[11] *Буквальное изложение знаменитой Суры Корана, утверждающей абсолютное единобожие и ориентированной на метафизическую критику христианства. Любопытно, что радикальный и предельный манифестационист Кроули использует формулу, на которой мусульмане основывают, напротив, свой радикальный креационизм, в прямо противоположном смысле. Впрочем, к такому методу прибегали многие суфийские интерпретаторы Корана.*

3. Да, я прославлял Его за его умную сущность, благодаря которой вселенная стала светом.

4. Я благодарил Его за его безграничное милосердие; я поклонялся его величию и великолепию.

5. Я дрожал перед его могуществом.

6. Я услаждал себя Гармонией и Красотой Его Сущности.

7. В Его Победе, я преследовал Его врагов; да, я сталкивал их с откоса; я гнался за ними вплоть до самого дна бездны; да, и я соучаствовал в славе своего Господа.

8. Его Сияние меня освещало; я поклонялся его восхитительному Сиянию.

9. Я отдыхал, восхищаясь Его Устойчивостью, которую ни потрясение всей Его вселенной, ни растворение всех вещей не могло поколебать.

10. Да, воистину, я господин вице-регент Его Царства, я, Адонаи, который говорит через своего служителя V.V.V.V.V.[12], управляю и властвую на Его месте.

11. Так я произношу слово двойной власти Голосом Хозяина, то же слово 418.

12. И никакая вещь не разочаровала меня, так как я развил их все в Двенадцать Лучей Короны.

13. И эти двенадцать лучей были Одним.

IV Resh

0. Как маленький мальчик, влюбленный в Адонаи, так V.V.V.V.V., отражая славу Адонаи, возвысил голос и произнес:

1. Слава Богу и Благодарение Богу! Он единственный Бог, и Бог чрезвычайно великий. Он вокруг нас, и нет никакой силы, кроме как в Нем, в возвышенном, великом.

2. Так V.V.V.V.V. стал безумным и бродил в наготе своей.

3. И все вещи удалились далеко, потому что он понял их все, они были лишь старым тряпьем на божественном совершенстве.

---

[12] *Инициатический символ самого Кроули в Astrum Argentum.*

4. Так он пожалел их всех, ведь они — лишь искаженные отражения.

5. Так он их ударил из страха, что обретут власть над справедливыми.

6. Так он привел их к гармонии в таблице, восхитительной на вид.

7. Победив их, он обрел блеск святости даже в обманчивой сфере внешнего сияния.

8. Так, что все стало сверкать.

9. И расположив их в порядке и гармонии,

10. Он провозгласил совершенство, невесту, сладость Бога и Его творения.

11. И творя все это, он постоянно сверял свой труд со Звездой 418.

12. И это не разочаровало его; так как своим мастерством он развил все это в Двенадцать Лучей Короны.

13. И эти двенадцать лучей были Одним.

V Iod

0. На месте креста неделимая точка, у которой нет ни частей, ни величины. Нет у нее, на самом деле, и месторасположения, так она — за пределом пространства. Нет у нее и длительности, так как она — вне Времени. Нет у нее ни причины, ни следствия, в виду того, что ее Вселенная бесконечна во всех отношениях и не сопричастна нашей манере мыслить.

1. Так написал "ου με"[13], Adeptus Exemptus, и смех хозяев Храма его не обескуражил.

2. Не устыдился он также, услышав смех маленьких собачек ада.

3. Потому что он был верен своему чину, и его ложь была истиной для его чина.

4. Маленькие собачки не могли взять его, потому что они умеют только лаять.

5. Хозяева не могут взять его, потому что они сказали: "иди и смотри".

[13] "Небытие", по-гречески.

6. И я пошел и посмотрел, даже я, Perdurabo[14], Philosophus[15] Внешней Коллегии.

7. Да, даже я, человек, созерцал это чудо.

8. И я не мог освободить его для себя.

9. То, что утвердило меня, было невидимым и непознаваемым в его сущности.

10. Только те, кто знают ЭТО, могут быть познанными.

11. Потому что они обладают гением могущественной шпаги 418.

12. И они не будут разочарованы никакой из этих вещей; потому что своим мастерством они развили все в Двенадцать Лучей Короны.

13. И эти двенадцать лучей были Одним.

ה

VI Tau

0. Все глубже и глубже в болото вещей! Все дальше и дальше в бесконечное Растяжение Бездны.

1. Великая богиня, которая склонилась над Вселенной, моя любовница[16]; я — крылатый шар у ее сердца[17].

2. Я все время сжимаюсь, а она все время расслабляется.

3. В конце концов, это становится одним и тем же.

4. Наша любовь дала начало Отцу и Творцу всех вещей[18].

5. Он утвердил элементы: эфир, воздух, воду, землю и огонь.

6. Он установил подвижные звезды на их путях.

7. Он пахал семью звездами своего плуга, чтобы Семь воистину могли бы двигаться, и вместе с тем обозначать неподвижное Одно.

---

[14] *Frater Perdurabo — имя Алистера Кроули в "Golden Dawn".*
[15] *Philosophus — градус иерархии в "Golden Dawn", которую Кроули перенес и в основанный им Орден "Astrum Argentum". В самом "Golden Dawn" Кроули легитимно дошел до градуса "Adeptus Minor" и дальнейшее восхождение продолжил через основанную им самим систему аутоинициации. Но эта "голден-доуновская" линия сосуществовала у него наряду с более строго фиксированной инициацией в "ОТО" Ройсса и другими масонскими степенями в Египетской масонерии (и Гностической Церкви).*
[16] *Нуит. См. "Книгу Законов".*
[17] *Хадит. См. "Книгу Законов".*
[18] *Ра-Хоор-Кхуит. См. "Книгу Законов".*

8. Он установил Восемь Поясов, которыми опоясал шары.

9. Он установил все вещи в Троице Триад, заставив силой огонь войти в огонь, и упорядочив все вещи в твердом Жилище Царей Египта.

10. Он утвердил Его власть в Его царстве.

11. Но, тем не менее, и Отец тоже склонился перед Могуществом Звезды 418, и так

12. Своим мастерством он развил все это в двенадцать лучей Короны.

13. И эти двенадцать лучей были Одним.

VII Aleph

0. Тогда с могуществом Льва я выразил самому себе этот святой и бесформенный огонь. כדש[19], который взвивается и пылает от одной до другой глубины Вселенной.

1. При прикосновении Огня Кадош земля расплавилась в чистый, как вода, алкоголь.

2. При прикосновении Огня Кадош вода испарилась в прозрачный воздух.

3. При прикосновении Огня Кадош воздух загорелся и стал Огнем.

4. При прикосновении Огня Кадош, О Господи, Огонь рассеялся по Пространству.

5. При прикосновении Огня Кадош, О Господи, Пространство обратилось Глубиной Духа.

6. При прикосновении Огня Кадош Дух Отца распался в сияние нашего Господина — Солнце.

7. При прикосновении Огня Кадош сияние нашего Господина впиталось в Ничто нашей Госпожи Тела Молока Звезд.

8. Только тогда потух Огонь Кадош, когда Входящий отступил от порога.

9. И когда Господин Тишины устроился на цветке Лотуоса.

---

[19] *"Кадош" — на иврите, "Святой".*

10. Тогда было совершено все то, что должно было быть совершено.

11. И Все и Одно и Ничто были убиты убийством Воина 418.

12. В убийстве мастерства, которое развивало все эти вещи в Двенадцать Лучей Короны,

13. Все вернулось к Одному, и по ту сторону Одного, вплоть до видения Дурака, в глупости своей певшего слово "ARARITA", и по ту сторону Слова и Дурака; да, по ту сторону Слова и Дурака.

Содержание

Конец Света

Издательство "Арктогея" предлагает:

А.Дугин "Основы геополитики. Геополитическое будущее России" *(1997)*

Первый русскоязычный учебник по геополитике. Изложение принципов этой дисциплины, ее истории. Освещение основных геополитических школ и трудов ведущих теоретиков. Прогностические модели геополитики России. Перспективный анализ развития российского пространства. Геополитическая экспертиза сепаратистских и интеграционных процессов в Евразии. Цивилизационный дуализм — Суша и Море. Связь пространства с культурой, религией, экономикой, государственным устройством. Геополитика Православия. Тексты основателей важнейших геополитических школ — английской, немецкой, русской.

А. Дугин "Тамплиеры Пролетариата (национал-большевизм и инициация" *(1997)*

Алхимия, секты, рыцарские ордена, старообрядчество и ... социалистическая идеология. Вскрытие связей культуры русского "Серебрянного века" с экстремистскими мистическими и политическими организациями. Оккультная подоплека деятелей культуры (Лотреамон, Бодлер, Сергей Курехин, Пимен Карпов, Федор Достоевский, маркиз де Сад, Николай Клюев и др.)

А. Дугин "Метафизика Благой Вести"(Православный Эзотеризм*)*", *1996*

Исследование Православной Традиции с позиций геноновской школы. Падение ангелов. Преодоление иудейства и эллинства. Парадоксы христианской ангелологии. Священство и воинство в Православии. Симфония и Катехон. Византия — "тысячелетнее царство". Конец Времен и социальные циклы.

А. Дугин "Консервативная Революция", *1994*

Незаменимый справочник по типам современных идеологий: от социализма и либерализма до фашизма. Связь тайных организаций и политических партий. Неизвестные теоретики Третьего Пути. Основы и принципы русского национализма. Геополитические доктрины. Каббала и политика. Миф Партизана. Сексуальные архетипы и политические идеологии. Феномен Революции.

А. Дугин "Гиперборейская теория (опыт ариософского исследования)", *1993*

Сенсационная дешифровка древнейшего языка человечества. Открытие немецкими учеными остатков континента на Северном Полюсе. Происхождение алфавита из календарных знаков. Неизвестная история белой расы. Расы и группы крови. Основы изначальной проторелигии. Книга посвящена секретным исследованиям "Аненербе" и профессора Германа Вирта.

Юлиус Эвола *"Языческий империализм", 1994*

Традиционализм. Империя. Воинские культы и ценности.

Рене Генон *"Кризис современного мира", 1993*

Крупнейший французский философ XX века разоблачает современную цивилизацию. Объясняет причины скорого Конца Света. Обвиняет современный Запад в материализме, индивидуализме, вырождении. Приравнивает западную цивилизацию к "миру Антихриста". В приложении А.Дугина "Пророк Золотого Века" подробно описывается биография Рене Генона, излагаются основы его мировоззрения.

Густав Майринк *"Голем. Вальпургиева Ночь", 1990*

Магические и инициатические романы великого австрийского посвященного. Описание секретных сексуальных и каббалистических ритуалов. Объяснение арканов Таро. Захватывающий детективный сюжет и панорама патологии и дегенерации. Теория перевоплощения и практики кровавых месс.

Густав Майринк *"Белый Доминиканец", 1993*

Алхимический роман. Таинство сексуальности, магический брак, эротика по ту сторону смерти. Секреты инициатических жестов и описание закрытых практик по трансформации трупов. Захватывающий психологический сюжет.

АЛЬМАНАХ "МИЛЫЙ АНГЕЛ", ТОМ 1

Учение о космических циклах и конце времен. Объяснение секретов Святого Грааля. Эзотерические стороны христианского учения. Связь тайных обществ и политических движений и партий. Расшифровка мистического смысла стихов Ницше.

Геополитический альманах

"ЭЛЕМЕНТЫ. Евразийское обозрение" *№ 1 Досье: "Консервативная Революция"*

История и предыстория идеологии Третьего Пути. Основы геополитики. Политология капитализма. Круглый стол с генералами Академии Генштаба. Статьи "новых правых" (Алена де Бенуа, Робера Стойкерса).

"ЭЛЕМЕНТЫ. Евразийское обозрение" *№ 2 Досье: "Сербия и новый мировой порядок"*

Сербский кризис. Геополитика балканского конфликта. Интервью с идеологом сербских националистов Д. Калаичем. Хорватский взгляд на проблему. Писатель-инферналист Ю.Мамлеев.

"ЭЛЕМЕНТЫ. Евразийское обозрение" № 3 Досье: "Элита"

Церковь и демократия. Немецкая геополитическая мысль. Военная стратегия и оккультные общества. Теория элит. Националистические тенденции в русской рок-музыке.

"ЭЛЕМЕНТЫ. Евразийское обозрение" № 4 Досье: "Загадка социализма"

Политология социализма. Коммунизм, его религиозный смысл, его связь с теориями Конца Света. Интервью с писателем Э.Лимоновым. Анатомия американского успеха в экономике. Геополитика и расы.

"ЭЛЕМЕНТЫ. Евразийское обозрение" № 5 Досье: "Демократия"

Основы "органической демократии". Критика либерализма. Теория восстания, анархизма и революции. Интервью с литературоведом Е.Головиным. Геополитика "экспорта революции". "Последний бросок на Запад".

"ЭЛЕМЕНТЫ. Евразийское обозрение" № 6 Досье: "Эротизм"

Секс и политика. Мистический аспект половой любви. Критика фрейдистских концепций. Что стоит за современным феминизмом? Сценарий гражданской войны в России. Империя, регионализм, государство-нация. Иранско-русский союз.

"ЭЛЕМЕНТЫ. Евразийское обозрение" №7 Досье: "Терроризм, агрессия, насилие"

Мистика террора. Поэзия Лотреамона, расшифрованная и объясненная. Тексты Макиндера и Хаусхофера — основа геополитики. Новый мировой порядок и его тайная подоплека (что следует ему противопоставить). "Проклятое кино" Кеннета Энгера.

"ЭЛЕМЕНТЫ. Евразийское обозрение" № 8 Досье: "Национал-большевизм"

История и теория национал-большевизма. Истолкование смысла большевистской революции в России. Идеологи левого нацизма (Отто Штрассер и т.д.). Тексты немецкого мыслителя и геополитика Карла Шмитта. Биография Эрнста Никиша. Николай Устрялов — отец русского национал-большевизма. Интервью с Сергеем Курехиным. Георгий Осипов о "вампирах в кинематографе".

Почтовый адрес: 113216, п/о М 216, а/я 9 Мелентьеву С.В.

ЦЕНТР СПЕЦИАЛЬНЫХ МЕТАСТРАТЕГИЧЕСКИХ ИССЛЕДОВАНИЙ

Центр специализируется в проведении геополитической и военно-стратегической экспертизы различных политических, экономических, социальных и административных проектов и программ. Рассматривает их связь с глобальными интересами РФ и других государств евразийского ансамбля.

Центр предлагает разработку оригинальных геополитических и макроэкономических моделей и систем.

Центр проводит консультации по религиозным и этносоциальным аспектам международных экономических и политико-социальных проблем.

Центр производит оценку ресурсных, технологических и финансовых возможностей различных регионов, осуществляет прогнозирование этносоциальных трансформаций регионального и межгосударственного уровня.

По почте обращаться по адресу:

113216, п/о М 216, а/я 9, Мелентьеву С.В.

ЦЕНТР СПЕЦИАЛЬНЫХ МЕТАСТРАТЕГИЧЕСКИХ ИССЛЕДОВАНИЙ

продолжает работу над проектом "*ФУНДАМЕНТАЛЬНАЯ ГЕОПОЛИТИКА*", которое представляет собой дальнейшее развитие, конкретизацию и детализацию материалов, вошедших в книгу "Основы Геополитики. Геополитическое Будущее России".

Новый проект предполагает гораздо больший объем и более детальный подход.

Особый акцент будет сделан на военно-стратегических аспектах российской геополитики, экономических и геоэкономических закономерностях и проблемах национальной безопасности Российского государства.

Кроме того, анализу подвергаются наиболее актуальные проблемы регионов РФ, их юридический, политический, административный статус в связи с общей геополитической доктриной.

К данному проекту привлечены лучшие научные кадры и группы экспертов-аналитиков.

Все заинтересованные в соучастии или результатах работы "Фундаментальная Геополитика" могут обратиться по адресу:

Россия, Москва, 113216, п\о М216, а\я 9, Мелентьеву С.В.